롯데학술총서 001

백두산문명과 한민족의 형성

일러두기
• 중국을 제외한 외국 인명, 지명 등은 외래어 표기법을 따랐으며, 중국 인명, 지명은 한자로
　표기할 때 의미가 더 명확하게 통하는 경우가 많아 한자음 그대로 표기했다.
• 전집이나 단행본, 정기간행물은 『　』, 지도, 논문 등은 「　」로 표기했다.

백두산문명과 한민족의 형성

정경희 지음

백두산 서편 옛 제단으로 고찰한 우리 역사

만권당

발간사

───────── ▱ ─────────

　롯데장학재단은 2020년부터 '롯데학술총서' 발간 사업을 시작합니다. 국학(國學)과 관련된 분야에서 이룩한 탁월한 연구 성과이지만 당장은 대중성이 떨어져 책으로 내기가 어려운 경우에 지원합니다. 이러한 연구는 국학의 지평을 넓히고, 우리 고유 사상과 문화에 대한 이해를 심화시키며, 미래를 우리 관점에서 주체적으로 개척하는 데 필수 불가결한 선구적인 작업입니다. 언젠가는 '롯데학술총서'가 우리 국민의 필독서가 될 것으로 기대합니다.

　'롯데학술총서 1' 정경희 교수의 『백두산문명과 한민족의 형성』은 우리 고유의 사유체계인 선도(仙道)사상의 내용과 연원을 밝히고 이 사상이 어떻게 건국이념 홍익인간(弘益人間) 재세이화(在世理化)로 귀결되는지 풀어냈습니다. 특히, 백두산 서쪽 신석기문화가 동아시아 상고문화 원형으로 중원문화나 시베리아문화의 영향을 받은 것이 아니고 오히려 이들 문화의 발전을 이끌었음을 밝혔습니다. 이는 동아시아 문화의 시원이 우리 선도문화였음을 의미하는 획기적인 연구 성과입니다.

　이 책은 우리 역사의 지평을 단군조선 이전으로까지 확장했습니다. 신시(神市) 배달국 시대에 이미 선도사상을 실천하고 있었다고 증명했습니다. 중국학자들이 홍산문화 만기는 국가 단계였다고 주장했지만 방대한 중국 역사서에 이 시기 국가가 있었다는 기록이 없습니다. 오직 우리 역사서에만 이 시기 배달국이 있었음을 기록하고 있습니다. 홍산문화가 우리 역사임을 이 책은 이론적 실증적으로 밝혔습니다.

우리에게는 고유의 사상과 문화가 없이 외국에서 들어온 것들만 배우고 있다고 아쉬워하는 사람들이 많습니다. 통일신라 때 최치원은 중국의 삼교(유·불·도)를 아우르는 풍류도가 있었다고 했습니다. 풍류도는 신라 시대의 선도사상입니다. 이후 외래사상이 득세하고 유교성리학 세상이 되자 선도사상은 개인의 양생술 내지 미신으로 추락하여 잊혔습니다. 이 책은 선도사상의 참모습을 선명하게 보여줍니다. 최치원의 평가가 사실이었음을 확인시켜 주고 있습니다. 앞으로 선도사상이 역사를 비롯한 다양한 학문 분야에서 핵심적인 이론으로 발전하기를 기대합니다.

우리 역사 교과서는 삼국통일 후 또는 고려 때 대몽 항쟁 과정에서 한민족의 정체성이 확립되기 시작했다고 가르치고 있습니다. 그러나 정경희 교수의 이 책은 한민족의 정체성이 서기전 4000년 무렵 선도문화의 형태로 확립되었음을 증명했습니다. 환웅(桓雄)족의 교화를 통해 먼저 웅(熊)족이 천손족으로 통합되었고, 이어 호(虎)족도 천손족화함으로써 한민족의 원류가 형성되었음을 유물과 문헌으로 실증했습니다. 오늘날 민족은 문화를 공유하고 귀속하는 집단입니다. 민족을 자각한 것은 바로 자신의 정체성을 확립한 것입니다. 미래를 자신의 관점에서 바라보고 주체적으로 대응하는 힘은 자신의 정체성에서 나옵니다. 이는 역사 발전의 원동력입니다.

이 책은 우리 민족 정신사의 소중한 자산입니다. 정경희 교수의 노고를 치하합니다.

2020년 8월 8일

허 성 관(롯데장학재단 이사장, 전 광주과학기술원 총장)

서구인들의 동양관에 의해 출발한 근대 동아시아학에서 동북아 상고문화는 대체로 '샤머니즘(무巫)'으로 방향 지워졌다. 당사자인 동아시아인들도 이러한 시각을 무비판적으로 수용하여, 샤머니즘적 시각은 백여 년이 넘도록 동아시아학의 보편 전제로서 굳어져 왔다.

그러던 중 1980년대 이후 중국 동북 지역 고고학의 발달로 과거 요서·요동 일대를 중심으로 펼쳐졌던 동북아 상고문화의 실체가 드러나게 되었다. 한·중 학계의 연구는 처음 문화의 계통성 문제에 집중되었지만 서서히 연구 성과가 집적되면서 점차 문화의 내용성에 대한 연구로 한 단계 깊어질 수 있게 되었다.

동북아 상고문화의 표지인 단·묘·총 및 옥기와 같은 제천유적·유물에 나타난 고도의 사상성과 상징성은 개념조차 모호한 샤머니즘으로는 결코 설명될 수 없는 대단히 고차원적인 세계관과 삶의 방식을 보여주고 있다.

한·중의 많은 고대 문헌들에 나타난바 상고시대 동북방의 신선문화는 그간 이를 입증할 고고문화가 나타나지 않았기에 옛 기록 정도로 치부되었지만 동북아 상고문화의 등장으로 그 역사성을 입증할 수 있게 되었다. 근대 이래의 샤머니즘적 시각에서 '선도문화(선仙)'로 시각 전환이 비로소 가능해진 것이다.

한·중의 많은 문헌들에는 상고시대 동북방의 신선문화·선도문화에 대한 기록이 나타나 있다. 먼저 중국 문헌 중에는 동북방 지역을 신선향으로 흠모하여 군자국(君子國)·군자불사지국(君子不死之國)·대인국(大人國) 등으로 부른 기록, 사람을 보내 선약(仙藥)을 구한 기록 등이 나타나 있다. 중국 문헌에는 동북방을 신선향으로 흠모한 기록만 나타나지만, 한국 문헌에는 신선문화의 실체가 분명하게 적시되어 있다. 곧 '널리 인간사회를 이롭게 하고 세상을 이치로써 다스린다(홍익인간弘益人間·재세이화在世理化)', 또는 '밝음으로 세상을 다스린다(광명이세光明理世)'는 신선문화의 실체를 정확하게 제시하여, 동북방 신선문화의 주체가 한민족이었음을 여실히 보여주었다.

한국의 '선도문화'는 밝음을 이상시하여 '밝문화'로도 불린다. 여기에서 '밝음'이란 단순히 눈에 보이는 하늘이나 해·달 등을 의미하는 것이 아니며 모든 존재의 본질인 '생명(기氣), 일기(一氣)·삼기(三氣), 일(一)·삼(三)[인격화된 표현은 하느님·삼신 또는 마고·삼신]'을 의미한다. 이처럼 선도문화는 모든 존재의 실체를 공히 기로 바라보기에 기를 매개로 사람의 내면 또는 내기(內氣)를 밝혀 깨우는 '천인합일(天人合一), 신인합일(神人合一), 인내천(人乃天)'의 선도수행에 기반하게 된다. 이러한 선도문화의 이상적인 인간형이 '신선'이며, 대표적인 선도수행은 '제천(祭天)'이다. 종래 샤머니즘적 시각에서 제천은 태양 신앙 등의 단순 종교의례로 해석되어 왔지만 선도적 시각에 따르면 '천인합일론에 기반한 내성적(內省的) 심신 단련'으로 바라보게 된다.

이러한 천인합일적 세계관에서 적극적인 사회실천사상인 홍익인간·재세이화, 광명이세 사상이 등장할 수 있었고 공존·공영의 평화적 정치 사회 질서가 구현될 수 있었다. 동북아 요동·요서 지역 상고문화의 주역이었던 배달국·단군조선시대의 동아시아사는 이러한 선도문화의 시각으로 새롭게 해석되어 가야 할 것이다.

과거 요동·요서 지역을 중심으로 동북아에서 펼쳐졌던 상고·고대문화는 저급한 '샤머니즘(巫)'이 아니라 고원한 생명사상과 적극적인 홍익실천을 특징으로 하는 '신선문화, 선도문화(仙)'로, 고대 동·서 문화 교류의 중심이었다. 동아시아문화의 원류로서 선도문화는 생명 존중과 공존·공영이라는 보편가치를 담고 있는 인류의 고귀한 문화자산으로 오늘날 지구화의 시대에 부합하는 대안가치이기도 하다. 한국사, 더 나아가 동아시아사의 출발점을 선도문화로 새롭게 서술해 갈 것을 제안한다.

2020년 8월 8일
필자

차례

부록 통화 만발발자 제천유적 추보(追補) 연구:
『통화만발발자유지고고발굴보고』를 중심으로

서론

1. 연구 경과

　1980년대 중국의 동북방 요서(遼西) 지역, 곧 내몽골 동부 및 요령성(遼寧省) 서부 지역에서 세계 최고 수준의 상고문화가 발견된 이래 중국의 동북공정, 좀 더 구체적으로는 '요하(遼河)문명론'과 '장백산(長白山)문화론'이 시작되었다. 이렇게 시작된 동북공정은 오늘날에 이르기까지 약 40여 년간이나 지속되어 오고 있다. 먼저 중국사가 새로 쓰였고 이를 기준으로 중국 주변국의 역사를 위시하여 동아시아사 전반이 새로 쓰였으며 최근에는 세계사까지 그 영역이 확대되고 있다.

　동북공정이 시작된 이래 요서 지역은 중국문화의 발원지이자 동아시아 상고문화의 발원지로서 변함없는 위상을 누려왔다. 요서 지역 상고문화에 나타난 화려하고 난숙한 문화양상의 이면에 자리한, 동아시아 상고문화로서의 '전형성' 때문이었다.

　한국학계에서도 요서 지역에서 한국사 및 한국문화의 원류를 찾아가는 경향이다. 홍산(紅山)문화를 선(先)고조선 또는 배달국 문화, 또 하가 점하층문화(夏家店下層文化)를 고조선의 문화로 바라본 많은 연구 경향 이 그러하다. 요서 지역 상고문화가 등장했을 당시 한국학계에 주어진 충격을 생각해 보면, 이러한 방식의 접근은 매우 자연스러웠고 또한 이 러한 접근을 통해 선고조선사 또는 배달국사, 또 고조선사 연구가 크게 진척되었던 점은 분명하다.

필자 또한 그간 유물·유적 자료가 풍부한 요서 지역 상고문화를 중심 으로 동아시아 상고의 제천문화를 연구해 왔다. 이렇게 요서 지역 상고 문화에 대한 연구를 진행하던 중 중국 측이 이미 1990년대 10여 년에 걸쳐 요동(遼東) 지역 특히 백두산 서편 통화(通化) 지역을 중심으로 맥 족(한민족의 주족)의 옛 제단군을 조사·발굴했던 사실을 알게 되었다. 당 시에 나온 자료들을 검토한 결과, 중국 측이 처음에는 요하문명론-장백 산문화론의 시각에 따라 옛 제단군의 존재를 크게 부각시켜 집중적인 발굴조사를 행했던 점을 알 수 있었다. 또한 1999년 통화 만발발자(萬 發撥子) 옛 제단의 발굴을 마지막으로 옛 제단 유적들을 은폐하고 관련 연구를 전폐하는 방향으로 선회했던 점도 알게 되었다.

필자는 중국 측의 태도 변화에 유의하면서 관련 자료·유물들을 두루 조사하여, 종합적으로 검토하기 시작했다. 통화 지역 옛 제단 유적지에 대한 현장 조사도 2015년 8월, 2018년 8월 총 2차를 진행했다. 연구를 통해 백두산 서편 통화 일대 맥족문화권에서 발견된 옛 제단군이 중국 측이 진행해 온 동북공정의 허구성을 확인해 줄 뿐 아니라 향후 동아시 아 상고사 연구의 새로운 방향까지 제시해 주고 있음을 알게 되었다. 연 구는 2015년 본격적으로 시작되어 2020년 현재까지 약 6년간 진행되 었고 총 9편의 논문이 제출되었다.

본서는 그 최종 연구 결과물로서 기왕에 제출된 논문 9편을 전체 흐름에 맞추어 총 8부와 부록으로 구성한 글이다. 중국 측 요하문명론-장백산문화론의 핵심 논리 및 한국 측 대응 논리에 대한 논문 1편, 백두산 서편 옛 제단군 중에서도 대표격 유적인 만발발자 옛 제단의 제천시설 변천 과정을 밝힌 논문 3편, 여명 옛 제단에서 시작된 백두산 서편 옛 제단군의 발굴 과정 및 서기전 4000년~600년경 맥족의 대표적인 제천유적인 '환호를 두른 구릉성 제천시설(3층원단·적석단·나무솟대·제천사·선돌·고인돌류)'이 요동·요서·한반도 지역을 두루 관통하고 있었음을 밝힌 논문 1편, 백두산 서편 옛 제단군과 요서 우하량(牛河梁) 지역 옛 제단군의 계승 관계를 밝힌 논문 1편, 서기전 4000년~600년경 요동·한반도 지역 및 요서 지역 적석 단총제에 대한 종합 검토를 통해 맥족의 이동 흐름을 살핀 논문 1편, 요동·요서·한반도·일본열도 지역 및 중원 지역의 적석 단총제에 반영된 선도적 상징체계를 살핀 논문 1편, 백두산 서편 옛 제단군 밀집 지역에서 한국사의 원류인 배달국사가 시작되고 한민족의 원류인 맥족이 형성되었음을 밝힌 논문 1편, 총 9편이다. 다음과 같다.

1부: 「중국 요하문명론의 장백산문화론으로의 확대와 백두산의 선도 제천 전통」(『선도문화』 24, 2018)

2부: 「통화 만발발자 제천유적을 통해 본 백두산 서편 맥족의 제천문화(Ⅰ)—B.C. 4000년~B.C. 3500년경 '3층원단(모자합장묘)·방대'를 중심으로—」(『선도문화』 26, 2019)

3부: 「통화 만발발자 제천유적을 통해 본 백두산 서편 맥족의 제천문화(Ⅱ)—제2차 제천시설 '선돌 2주·적석 방단·제천사'를 중심으

로—」(『선도문화』27, 2019)

4부: 「백두산 서편 제천유적과 B.C. 4000년~A.D. 600년경 요동·요
서·한반도의 '환호를 두른 구릉성 제천시설'에 나타난 맥족의
선도제천문화권」(『단군학연구』40, 2019)

5부: 「홍산문화기 우하량 '3층-원·방-환호'형 적석 단총제의 등장 배경
과 백두산 서편 맥족의 요서 진출」(『동북아고대역사』1, 2019)

6부: 「요동~요서 적석 단총에 나타난 맥족(예맥족)의 이동 흐름」(『동
북아고대역사』2, 2020)

7부: 「동아시아 적석 단총에 나타난 삼원오행론과 선도제천문화의 확
산」(『선도문화』29, 2020)

8부: 「배달국 초 백두산 천평문화의 개시와 한민족(예맥족·새밝족·맥
족)의 형성」(『선도문화』28, 2020)

부록: 「통화 만발발자 제천유적 추보(追補) 연구: 『통화만발발자유지
고고발굴보고』를 중심으로」(『동북아고대역사』3, 2020)

더 많은 연구 과제가 산적해 있고 보완되어야 할 부분도 많지만, 중국
의 요하문명론-장백산문화론을 딛고 일어서 한국사 체계를 새롭게 정
립해 가야 하는 한국학계가 당면한 과제의 시급함으로 인해 그간의 연
구를 일단락해서 제출하게 되었다. 부족한 내용은 향후 계속 보완해 갈
것을 약속한다.

2. 연구 배경: 중국의 장백산문화론과 백두산 서편 옛 제단군의 등장

1) '요하문명론—장백산문화론'의 핵심 논리: '홍산문화(선상황제족—선 상고국—예제문화)론'

1978년 개방 이후 중국 사회는 급속한 자본주의화 과정에서 생겨난 소수민족의 이탈을 방어하기 위해 '통일적 다민족국가론'을 고안했고 우선적으로 소수민족의 역사문화를 중원의 역사문화 속으로 끌어안는 역사공정 작업을 시작했다. 중국 측이 진행한 여러 지역의 역사공정들 중에서도 그 중심은 단연 동북 지역의 역사공정, 곧 동북공정이었다. 중국 측이 동북 지역의 역사공정에 주목하게 된 많은 요인들 중에서도 가장 결정적이고도 중요한 이유는 요서 지역, 곧 내몽골 동부 및 요령성 서부 지역에서 확인된 일련의 후기 신석기~청동기문화가 현재의 중국 영토 내에서 확인된 여러 상고문화 중 가장 오래되고도 가장 찬연하여 중국문명의 시원이자 통일적 다민족국가론의 중심으로 부각되었기 때문이다.

1970년대 말·1980년대 초 이후 내몽골 동부 및 요령성 서부 지역에서는 서기전 7000년경부터 단절 없이 이어진 수준 높은 후기 신석기~청동기문화가 집중적으로 발굴되기 시작했다. 요서 지역의 후기 신석기 문화로는 소하서문화(小河西文化: 서기전 7200년~서기전 6500년), 흥륭와문화(興隆洼文化: 서기전 6200년~서기전 5200년), 사해문화(查海文化: 서기전 5600년경), 부하문화(富河文化: 서기전 5200년~서기전 5000년), 조보구문화(趙寶溝文化: 서기전 5000년~서기전 4400년), 홍산문화(紅山文化) 전·중기(서기전 4500년~서기전 3500년)가 있다. 동석병용기(銅石竝用期) 문화로는 홍산문화 후기(서기전 3500년~서기전 3000년), 소하연문화(小

河沿文化: 서기전 3000년~서기전 2400년)가 있다. 전기 청동기문화로는
하가점하층문화(夏家店下層文化: 서기전 2400년~서기전 1500년),[1] 후기
청동기문화로는 하가점상층문화(夏家店上層文化: 서기전 1400년~서기전
500년), 위영자문화(魏營子文化: 서기전 1400년~서기전 1000년), 십이대
영자문화(十二臺營子文化: 요령식동검문화·비파형동검문화·능하문화, 서기
전 1000년~서기전 400년경)가 있다.

　요서 지역에서 발견된 일련의 문화 중에서도 특히 1980년대 초 세계
인들의 이목을 집중시키면서 등장한 홍산문화(서기전 4500년~서기전 3000
년)는 세계 최고 수준의 후기 신석기~동석병용문화로서 세계사의 신기
원을 열었다. 홍산문화 분기와 관련해서는 2기설, 3기설, 4기설 등이 있
어왔다. 고고문화 분기 구분에 있어 지층학(地層學)과 유형학(類型學)이
중요한데, 특히 지층학은 연대의 조(早)·만(晩) 관계를 구분하는 핵심 근
거로서 분기 구분에 가장 중요하다.[2] 이에 필자는 기왕의 2기설, 3기설,
4기설 중에서도 지층학에 근거하고 있는 경우로 3기설에 주목해 보았다.

　홍산문화기 유적 중 우하량(牛河梁) 유적과 서수천(西水泉) 유적 등은
지층퇴적이 비교적 분명하고 지층 간 겹침이나 파괴 관계 또한 선명하
여 분기 구분에 더없이 좋다. 특히 우하량 유적은 ① 하층유존(下層遺
存) 단계: 서기전 4500년~서기전 4000년, ② 하층적석총(下層積石塚)

---

[1]　중국학계에서는 탄소측정연대(서기전 2000년~서기전 1500년) 또는 교정연대(서기전
　　2300년~서기전 1600년)를 병용한다.(우실하,『고조선문명의 기원과 요하문명』, 지식산업
　　사, 2018, 50쪽) 한국학계도 그러한데 본서에서는 교정연대를 따랐다.(한창균,「고조선의
　　성립배경과 발전단계 시론」,『국사관논총』 33, 국사편찬위원회, 1992: 윤내현,『고조선연
　　구』, 일지사, 1994, 137쪽: 복기대,『요서지역의 청동기시대 문화 연구』, 백산자료원, 2002)
[2]　滕海鍵,「紅山文化的分期和類型」,『赤峰學院學報(漢文哲學社會科學版)』, 2017年
　　第11期.

단계: 서기전 4000년~서기전 3500년, ③ 상층적석총(上層積石塚) 단계: 서기전 3500년~서기전 3000년으로 지층이 선명하게 나뉘고 있어 분기 구분의 명확한 기준을 제시해 주었다. 이에 우하량 유적 발굴보고가 마무리된 2012년 이후 중국학계에서는 대체로 우하량 유적의 지층 분기 및 도기의 조합·형태 비교 분석을 통해 홍산문화를 3기로 구분하는 경향이다. ① 홍산문화 조기: 서기전 4500년~서기전 4000년, ② 홍산문화 중기: 서기전 4000년~서기전 3500년, ③ 홍산문화 만기: 서기전 3500년~서기전 3000년이다.[3]

필자 또한 우하량 유적의 묘제, 부장품인 도기·옥기의 조합과 형태, 무저통형기의 형태 등을 기준으로 홍산문화를 전·중·후 3기, 곧 ① 홍산문화 전기: 서기전 4500년~서기전 4000년, ② 홍산문화 중기: 서기전 4000년~서기전 3500년, ③ 홍산문화 후기: 서기전 3500년~서기전 3000년으로 보았다.

우하량 1·2·3기가 홍산문화 전·중·후기와 합치됨은 배달국사 연구의 출발점이 되는 시기 구분과 관련해서도 최상의 연구 기준을 제공해 주고 있다. 곧 요서 지역 우하량 유적 중 홍산문화기 지층의 3분기 구분, 요서 지역 홍산문화의 후속 문화인 소하연문화의 성격, 홍산문화와 동시기 백두산 서편 지역에서 등장한 옛 제단군의 시기·형태·성격·문화적 계승 관계 등을 두루 종합해 볼 때, 홍산문화 중기·후기 및 소하연문화기를 배달국시기에 맞춰보게 된다. ① 홍산문화 중기: 서기전 4000년~서기전 3500년: 배달국 전기 → ② 홍산문화 후기: 서기전 3500년~서기

3 趙賓福·薛振華,「以陶器爲視角的紅山文化發展階段研究」,『考古學報』2012-1, 1~22쪽: 劉國祥,『紅山文化研究』上, 科學出版社, 2015, 12~20쪽.

전 3000년: 배달국 중기 → ③ 소하연문화: 서기전 3000년~서기전 2400
년: 배달국 후기이다. 이렇게 현재는 고고학 자료가 풍부한 요서 지역의
고고문화를 기준으로 배달국의 시기 구분을 하게 되었지만 향후 중국 측
의 장백산지구 옛 제단군 발굴 결과가 명확하게 공개된다면 요동~요서
전역의 고고문화를 대상으로 배달국사 시기 구분을 할 수 있을 것이다.[4]

홍산문화의 특징을 가장 잘 보여주는 표지(標識) 유적·유물로는 '단
(壇: 제단)·묘(廟: 사당, 여신묘女神廟)·총(塚: 무덤)' 유적 및 총에서 출토
된 '옥기(玉器)' 유물을 들 수 있다. 홍산문화는 동아시아 상고문화의 원
형이자 세계 최고 수준의 동석병용문화로서의 면모를 보여주었기에 중
국학계에서는 이례적으로 홍산문화에 대해 '초급문명사회' 또는 '고국
(古國)' 단계라는 평가를 내린 후 '홍산고국(紅山古國)'의 출현을 선포했
으며, 여기에 멈추지 않고 홍산문화를 중국문명의 원형이자 기원으로
삼아 새롭게 중국사를 재편해 가게 되었다.

동아시아 상고문화의 원형이자 세계 최고 수준의 후기 신석기~동석
병용문화라는 홍산문화의 위상을 생각해 보면, 중국 측이 이를 중국문
명의 기원으로 삼은 점이 비단 중국사 차원의 문제가 아님을 알게 된다.
이는 장차 중국사 차원을 넘어서 동아시아사, 더 나아가서는 세계사가
새롭게 쓰일 것이라는 의미를 내포하고 있기 때문이다. 실제로 동북공
정이 중국 역사학계 내에 성공적으로 안착된 현재, 중국학계에서는 요
서 지역 상고문화가 동아시아사를 넘어 세계사에 미친 영향에 대한 본

---

4 정경희, 「통화 만발발자 제천유적을 통해 본 백두산 서편 맥족의 제천문화(I)—B.C. 4000
   년~B.C. 3500년경 '3층원단(모자합장묘)·방대'를 중심으로—」, 『선도문화』 26, 2019; 「홍
   산문화기 우하량 '3층-원·방-환호'형 적석 단총제의 등장 배경과 백두산 서편 맥족의 요
   서 진출」, 『동북아고대역사』 1, 동북아고대역사학회, 2019.

격적인 논의를 시작해 오고 있다.

중국 측이 홍산문화를 바라보는 기본 시각은 중국 고대 왕조인 은상(殷商) 왕조와 연결 짓는 방식이다. 중국학계는 홍산문화의 주된 흐름을 '홍산문화 → 하가점하층문화 → 은상문화'로 바라보았다. 이러한 흐름은 은상문화를 기준으로 한 것이었기에 홍산문화나 하가점하층문화의 주족은 '선상족(先商族: 은상의 선대 민족, 구체적으로는 황제족黃帝族)', 홍산문화와 하가점하층문화 양대 문화는 '선상문화(先商文化: 은상의 선대 문화)'로 개념화되었다. 또한 중국 측은 은상문화의 성격을 '예제(禮制) 문화'로 바라보기에 선상문화인 홍산문화나 하가점하층문화 또한 내용적으로 예제문화로 인식했다. 홍산문화의 표지인 단·묘·총 및 옥기를 예제문화로 해석한 것이다.

선상문화라는 개념은 중국의 홍산문화나 하가점하층문화에 대한 인식이 은상문화에 준거한 것임을 보여준다. 홍산문화와 하가점하층문화가 아무리 시기가 올라가고 당대 최고의 수준을 자랑하는 문화라 할지라도 이들은 중원에서 시작된 문화가 아니라 동북방 지역에서 시작된 문화일 뿐이다. 따라서 중국 측은 이들이 결국 중원 지역으로 흘러들어 은상문화로 만개했다는 점을 강조하게 되었다. 있는 그대로 홍산문화나 하가점하층문화의 고유 특성이나 자체적인 문화 발전 양상을 밝히기보다는 은상문화의 잣대를 투영한 것으로, 중국 측의 동북방 문화에 대한 관심은 전통적인 중원 중심의 역사인식을 벗어나지 못한 것이며, 더하여 중원 중심의 역사인식을 더욱 강화시켜 가는 방식이었음을 알게 된다.

문화란 위로부터 흘러내리는 것이지 아래에서 소급할 수 있는 성질의 것은 못 된다. 후대문화를 선대문화에 투영하여 '선상문화'라는 애매한 용어를 만들어낸 점은 중국 측이 홍산문화나 하가점하층문화를 제대로 이해하고 있지 못함을 단적으로 보여준다. 중국 측이 홍산문화의 성격으로 내세운 '예제문화'라는 것도 실상 은상의 예제문화를 투영한 것에 불과함을 알게 된다. 중국 측의 중국문화 원형에 대한 인식은 실제로 은상왕조에 머물러 있는 것이다.

이상의 '홍산문화(선상황제족-선상고국-예제문화)론', 좀 더 구체적으로 '홍산문화(선상황제족-선상고국-예제문화) → 하가점하층문화 → 은상문화'론은 중국 동북공정의 핵심이 되는 역사인식으로 1992년 무렵부터 본격화되어 2015년 완결을 보았고 이제는 전 세계적 차원의 홍보 단계로 접어들었다.[5]

이 과정에서 1995년 무렵부터 '요하문명론'이라는 개념이 사용되기 시작했다. 이는 궁극적으로 요서 지역 상고문화를 세계 최고의 문명으로 자리매김하기 위한 목적에 의해 만들어진 개념이다. 홍산문화 연구의 기본 시각을 제시한 고고학자 소병기(蘇秉琦: 1909~1997)가 중화문명 서광의 상징을 홍산문화 단·묘·총으로 보았고 그 제자인 곽대순(郭大順: 1938~현재)은 이를 충실히 계승, 새로운 문명론을 끌어내기 위해 1995년 이 용어를 처음 사용했다.[6]

중국 측은 요서 지역을 중심으로 요하문명론을 정립하는 한편으로 이를 요동 지역까지 확대했는데 이 과정에서 '장백산문화론(長白山文化論)'이 등장했다. 요하문명론의 요체인 '홍산문화(선상황제족-선상고국-예제문화)론'은 애초 중원이나 요서 지역에 대한 이론으로 출발했으나 점

---

5   정경희, 「홍산문화의 제천유적·유물에 나타난 '한국선도'와 중국의 '선상문화'적 해석」, 『고조선단군학』 34, 2016.
6   郭大順, 「遼河文明的提出與對傳統史學的衝擊」, 『尋根』 6, 1995年 第6期.

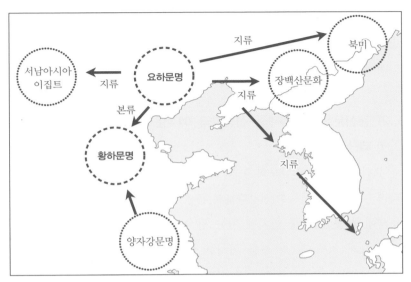

자료1 중국 '요하문명론–장백산문화론'의 세계 상고문명 계통 인식

차 요하문명의 동쪽, 곧 요동·한반도 지역으로도 확대되었고 이 과정에
서 요하문명의 동진 이론으로서 장백산문화론이 등장한 것이다. 장백산
문화론은 1994년 길림성 백산시에서 개최된 '장백산문화연토회(長白山
文化硏討會)'에서 처음 사용되었다.[7] 이처럼 '요하문명론'과 '장백산문화
론'은 동일한 역사인식을 다른 지역에 적용한 것인데, 1994·1995년 즈
음 두 주장이 동시에 제기되었던 점에서 요하문명론자 및 장백산문화론
자들이 함께 논의를 이끌었음을 알게 된다.

　많은 논자들이 요하문명론과 장백산문화론을 별개의 논의로 생각하
고 있지만, 실제로 양자는 동전의 양면과도 같이 동시적으로 구상되고

7　王素玲, 「長白山文化硏討會綜述」, 『社會科學戰線』, 1994年 6期.

동시에 만들어진 논의이기에 함께 다루어져야만 한다. 특히 논의의 출발점이 요서 지역의 상고문화이기에 요하문명론에 대한 이해가 기본이 되며 요하문명론에서부터 장백산문화론을 이해해 가야만 한다.

2) '홍산문화(선상황제족-선상고국-예제문화)론'에 의한 백두산 서편 옛 제단군 발굴

'요하문명론-장백산문화론'의 정립 과정은 중국 측의 선험적이고 목적적 시각인 '홍산문화(선상황제족-선상고국-예제문화)론'을 고고 발굴·조사에 적용, 양자를 합치해 가는 방식으로 진행되었다. 요하문명론의 경우 요서 지역 홍산문화를 위시한 여러 고고문화들이 대상이었다면, 장백산문화론의 경우는 백두산 서편 옛 제단군이 대상이었다. 장백산문화론에서 백두산 서편 옛 제단군이 주 대상으로 부각되었던 이유는 무엇인가?

1990년대 중국 측은 요하문명론-장백산문화론, 좀 더 구체적으로는 '홍산문화(선상황제족-선상고국-예제문화)론'이라는 전혀 새로운 시각으로써 백두산 일대의 문화를 바라보기 시작했다. 동북공정 이전에는 백두산 일대의 문화가 중원계 문화로 인식된 바가 전혀 없었기에 이는 매우 생소한 시각이었고 중국 측은 이러한 주장의 타당성을 검증해 내야만 했다.

'홍산문화(선상황제족-선상고국-예제문화)론'이라는 시각의 성격상, 장백산문화론의 주된 연구 분야는 장백산을 둘러싼 사상·종교문화, 중국식 표현으로는 '장백산 신앙'이 되었다. 곧 중국 측은 장백산 신앙을 '홍산문화(선상황제족-선상고국-예제문화)'의 시각으로 바라보기 시작했고, 연구 방향은 자연스럽게 장백산 신앙이 '홍산문화(선상황제족-선상고국-예제문화)' 계통임을 논증하는 방향이 되었다. 중국 측의 장백산 신앙에 대한 접근 방식은 처음부터 장백산 신앙이 '홍산문화(선상황제족-선상고국-예제문화)' 계통임을 입증해 내려는 목적성과 방향성을 지녔던 것이다.

이에 따라 장백산 신앙의 여러 요소 중에서도 '홍산문화(선상황제족-선상고국-예제문화)'와 연결될 수 있는 부분에 관심이 집중되었는데, 적석(積石) 제단(단) 및 적석 무덤(총)이 그 일차적인 대상으로 부각되었다. '홍산문화(선상황제족-선상고국-예제문화)'의 표지로 지목된 단·묘·총 및 옥기 유적·유물 중에서 단과 총, 곧 적석 형태의 단·총은 요동 지역의 경우에도 후기 신석기 이래 광범하게 나타난다. 중국 측이 요하문명론을 통해 요서 지역의 단·총에 대한 분명한 시각을 정립한 후에 그 전통이 요서에서 요동 일대로 전파된 것으로 바라보게 됨은 매우 자연스러웠는데, 요동 지역 여러 곳의 적석 단·총 중에서도 특히 백두산 서편 통화 일대의 적석 단·총이 주목된 것은 의미심장하다.

통화 지역은 백두산과 압록강·혼강이 주는 풍요로움을 배경으로 후기 신석기 이래 고구려·발해에 이르기까지 인구가 밀집되고 문물이 크게 발달한 백두산 서편 맥족(貊族) 문화권의 최대 중심지였다. 후기 신석기 이래 통화 일대에서 쉼 없이 펼쳐졌던 맥족문화를 대변해 주는 표지가 바로 '적석 단·총', 곧 옛 제단 유적이다. 통화 일대 적석 단·총을 중심으로 한 백두산 서편 옛 제단군에 대한 중국 측의 발굴조사는 1990년대 약 10여 년간 집중적으로 이루어졌다. 방향은 물론 이들 적석 단·총이 홍산문화 계통임을 밝히는 방향이었다.

이렇듯 중국 측은 홍산문화 적석 단·총과 요동 지역 적석 단·총의 관련성 문제를 다루면서 요동 지역의 많은 적석 단·총 지역 중에서도 유독 통화 지역에 주목했다. 이는 요동 지역 적·석 단총 연구에 있어 크게 주목해야 할 점으로 생각된다. 요동 지역 적석 단·총에 대한 연구는 일제에 의해 처음 개시된 이래 대체로 요동반도 요남(遼南) 지역의 후기 신석기~청동기시기 적석총, 또 집안 일대의 고구려 적석총이 중심이 되어왔다. 그러던 중 1990년대 중국 측이 '요하문명론-장백산문화론'에 따라 홍산문화의 요동 지역 전파를 입증하고자 요동 지역 적석 단·총을 본격 연구하면서 요동반도나 집안 지역이 아닌 통화 지역을 대상으로 삼은 것이다. 요동 지역 적석 단·총의 현황을 가장 정확하게 파악하고 있던 중국 측의 이러한 처사는 실제 요동 지역 적석 단·총의 중심이 통화 지역이었음을 시사한다. 이렇듯 중국 측은 홍산문화 적석 단·총과의 일차적 연계 지역을 통화 지역으로 보았기에, 홍산문화 적·석 단총과 요동반도 적·석 단총의 연계 문제에 대해서는 2000년대 이후에야 관심이 나타났다.[8]

3) 맥족의 제천유적, 백두산 서편 옛 제단군

일반적으로 백두산 서편 일대는 맥족의 근거지로 널리 알려져 왔다. 맥족에 대한 연구는 중국 측의 산만하고 단편적인 기록들에 의거하다 보니, 정설이 없다고 할 정도로 갈래가 많다. 필자의 경우 한민족을 구성하는 양대 종족인 예족과 맥족 중에서 주족(主族)은 맥족으로 후대에는 맥족이 종족적 대표성을 띠게 되었다고 보았다. 후대에 이르러 한민족에 대한 지칭으로서 '맥족'과 함께 '예맥족'이라는 호칭이 함께 사용

---

8   徐子峰, 「紅山文化積石塚與遼東半島石墓文化」, 『大連海事大學學報(社會科學版)』
     5-3, 2006: 苗偉, 「試論遼西積石塚與遼東半島積石塚的演變關係」, 『赤峰學院學報
     (自然版)』, 2015(11) 등.

되었지만 그 실제적 무게 중심은 맥족에 있었다고 본 것이다. 이러한 시각에 따라 본고에서는 '맥족'을 '맥족(·예족)'의 의미로 사용했다.[9]

특히 중국 측 기록인 『삼국지』·『후한서』에서는 압록강의 최대 지류인 비류수(沸流水) 혼강(渾江, 동가강佟佳江)[10] 일대에 살고 있는 종족을 '소수맥(小水貊)', 압록강 일대에 살고 있는 종족을 '대수맥(大水貊)'이라 했고, 혼강·압록강 일대를 '맥이(貊夷)'의 땅으로 기록해 왔다.

> 구려(句麗)는 나라를 세울 때 대수(大水)[압록강(필자 주)]에 의거하여 살았다. 서안평현(西安平縣) 북쪽에 소수(小水)[비류수·혼강(필자 주)]가 있으니 남쪽으로 흘러 바다로 들어간다. 구려의 별종이 소수에 의지해 나라를 세웠기에 인하여 소수맥(小水貊)이라 하며 좋은 활이 나오니 이른바 맥궁(貊弓)이 이것이다. _『삼국지』, 290년경[11]

> 구려(句驪)는 일명 맥이(貊耳)[맥이貊夷의 오기(필자 주)]이다. 그 별종으로 소수(小水)[비류수·혼강(필자 주)]에 의거하여 살고 있는 종족이 있는데, 소수맥(小水貊)으로 부른다. 좋은 활이 나오니 이른바 맥궁(貊弓)이다. _『후한서』, 440년경[12]

---

9 정경희, 「배달국 초 백두산 천평문화의 개시와 한민족(예맥족·새밝족·맥족)의 형성」, 『선도문화』 28, 2020.

10 비류수의 위치에 대해서는 『세종실록』 지리지 및 『대청일통지(大淸一統誌)』에서 대동강 지류로 파악한 이래, 압록강설, 혼하(渾河)설, 혼강(渾江)설, 부이강(富爾江)설 등 많은 입장이 있어왔다. 현재는 혼강설이 일반적이다.

11 『三國志』 卷30 魏書 高句麗傳「句麗作國 依大水而居 西安平縣北有小水 南流入海 句麗別種 依小水作國 因名之爲小水貊 出好弓 所謂貊弓是也」.

12 『後漢書』 卷85 東夷列傳 第75 高句麗「句驪 一名貊耳 有別種 依小水爲居 因名曰 小水貊 出好弓 所謂貊弓 是也」.

중국학계에서도 이러한 기록에 따라 혼강·압록강 일대를 고구려의 선민(先民)인 맥족의 근거지로 바라본다. 이러한 맥족의 근거지에서 발견된 옛 제단들은 비록 중국 측의 요하문명론-장백산문화론의 시각에서 접근되었지만, 이러한 시각을 걷어내고 바라보면 한국 고대 제천문화의 실상을 확인하게 된다. 대표적인 맥족계 국가인 부여·고구려가 영고(迎鼓)·동맹(東盟) 등으로 대변되는 제천문화를 특징으로 하고 있다고 할 때 이 옛 제단들은 이러한 맥족 제천문화를 직접적으로 현시해 주는 유적이 되기 때문이다.

중국 측의 요하문명론-장백산문화론은 한국 측으로서는 극히 황당한 이론이지만 실상 한국 상고·고대사 연구에 역으로 활용할 수 있는 부분이 적지 않다. 왜냐하면 그들이 왜곡하고자 집중하는 관심사가 한국 상고·고대사에 있어서도 가장 중요한 주제가 되기 때문이다. 한국학계의 요서·요동 지역 상고·고대사 연구는 많은 난점을 갖고 있다. 중국 측이 독점하고 있는 고고 유적·유물의 활용이 어려운 점, 단편적이고도 중화주의적 편견의 문제가 심각한 중국 측 기록을 활용할 수밖에 없는 점 등의 문제가 그러한데, 이러한 어려움 속에서도 일단 중국 측의 연구 동향을 세심하게 살피면서 그 속에 담긴 의도나 방향을 읽어냄으로써 오히려 한국사 연구의 약석으로 삼을 수 있다.

이러할 때 1990년대 중국 측이 몰두했던 백두산 서편 일대, 특히 통화 지역 옛 제단의 문제는 한국 상고·고대사 연구를 심화시킬 수 있는 관건이 된다. 이는 물론 중국 측이 요하문명론-장백산문화론을 정립하는 과정에서 일어난 일이었지만, 우리로서는 백두산 서편 일대에서 후기 신석기 이래 고구려에 이르기까지 면면히 이어져 내려온 맥족의 오랜 제천문화의 실상을 확인함으로써 한국 상고·고대문화의 요체인 제천문화의 원형을 가늠해 볼 수 있기 때문이다.

이에 필자는 중국 측이 이 유적군을 요하문명론-장백산문화론의 시각으로 바라보았던 것과 달리 '맥족의 제천유적'이라는 시각에서 바라보았다. 용어 면에 있어서도 중국 측이 사용한 '옛 제단'이라는 용어, 또 학계 일반의 '적석 단총'이라는 용어를 사용하는 한편으로 그 의미 규정과 관련해서는 '제천단, 제천유적'이라는 분명한 학문적 정의를 담은 개념어를 사용했다.

3. 연구 시각: '선상황제족-선상고국-예제문화'가 아닌 '맥족-배달국-선도문화'

앞서 요하문명론과 장백산문화론이 동전의 양면으로 하나의 구도 속에서 연구되어야 함을 살펴보았는데, 현재 한국학계의 상황은 그렇지가 못하다. 먼저 남한학계의 경우, 요하문명론이나 장백산문화론에 대한 연구 자체가 많지 않다. 대체로 요하문명론에 대한 연구는 홍산문화·고조선사 연구자들이, 장백산문화론에 대한 연구는 고구려·발해사 연구자들이 중심이 되고 있는데 상대적으로 요하문명론에 대한 대응에 치우쳐 있고 장백산문화론에는 여력이 미치지 못한 형편이다.

실제로 장백산문화론에 대한 대응은 극히 저조하다고 해도 과언이 아니다. 더욱이 요하문명론과 장백산문화론을 하나로 묶어서 바라본 연구, 곧 중국 측이 요하문명론의 연장선상에서 장백산문화론을 시작했음을 인지하고 이러한 인식에 기반하여 장백산문화론을 바라본 연구는 단 한 건도 없는 실정이다.

현재까지 남한학계의 장백산문화론에 대한 대응은 대체로 고구려 이래 한국의 역대 왕조들이 백두산을 민족의 조종산(祖宗山)으로 인식해 왔다는 식, 곧 백두산에 대한 '인식'의 문제를 중심으로 하고 있다.[13] 필자의 경우 이러한 '인식'이 있어왔다 하더라도 이것만으로 중국 측의 주장을 방어하기는 어렵다는 생각이다. 요하문명론–장백산문화론은 비록 중화주의적 역사인식의 소산물이기는 하지만 분명한 '논리'를 갖추고 있기에 '논리'의 차원에서 방어되어야 하기 때문이다.[14]

북한학계의 백두산 연구는 더 뒤떨어져 있다. 종래 백두산 일대를 김일성 일가의 항일활동 성지로서 인식하는 가운데 항일투쟁사적 관점에서 백두산을 상징화하고 선전하는 데 중점을 두었을 뿐 장백산문화론에 대해서는 주목하지 않았다. 백두산에 대해서도 관련 전승이나 자연환경 등을 다루는 정도이며 2012년에는 북한에 귀속된 백두산 개발권조차 중국에 넘겨버린 상황이다.[15]

다시 말하지만, 중국 측의 장백산문화론을 방어하기 위해서는 한국 역대 왕조의 백두산에 대한 인식을 제시하는 정도로는 부족하다. 무엇보다 장백산문화론의 논리를 정확하게 인식한 위에 비판·대안의 논리 또한 확실히 제시할 수 있어야 할 것으로 본서는 이러한 문제의식에서

---

13 송용덕, 「고려, 조선 전기의 백두산 인식」, 『역사와 현실』 64, 2007: 강석화, 「조선 후기 백두산 인식의 변화」, 『조선시대사학보』 56, 2011: 정치영, 「조선시대 지도에 표현된 백두산에 대한 고찰」, 『문화역사지리』 23-2, 2011 등.

14 백두산 일대의 역사문화를 민족사상·민족종교의 시각으로 접근한 연구는 다음을 참조할 수 있다. 김용국, 「백두산고」, 『백산학보』 8, 1970: 조법종, 「한국 고·중세 백두산신앙과 만주 명칭의 기원」, 『한국사연구』 147, 2009: 김철수, 「광명문화와 백산신앙―고대 조선과 일본의 비교를 중심으로―」, 『선도문화』 18, 2015.

15 윤휘탁, 「중국 남·북한 백두산 연구와 귀속권 논리」, 『한국사학보』 51, 2013, 121~136쪽.

시작했다.

첫째, 장백산문화론의 논리 인식의 부분이다. 선행 연구들과 달리 본서에서는 요하문명론의 연장선상에서 장백산문화론을 바라보았다. 곧 요하문명론이 기반한 역사문화 인식의 요체를 '홍산문화(선상황제족-선상고국-예제문화)론'으로 보고 장백산문화론 역시 이러한 시각으로 분석했다.

둘째, 요하문명론-장백산문화론의 요체가 '홍산문화(선상황제족-선상고국-예제문화)론'이라고 한다면 이에 대한 비판·대안 논리 제시의 부분이다. 필자는 요하문명론의 '홍산문화(선상황제족-선상고국-예제문화)론'에 대한 비판·대안으로서 '홍산문화(맥족-배달국-선도문화)론'을 견지해왔는데 장백산문화론에 대해서도 같은 입장이다. 장백산문화론에 대한 본격적인 논의를 시작하기에 앞서, 그간 필자가 요서 지역 홍산문화기 여신묘·여신상 및 옥기 유적·유물을 중심으로 진행해 온 '홍산문화(맥족-배달국-선도문화)론'을 소개하면 대체로 다음과 같다.

동북아 상고문화는 흔히 '샤머니즘(무巫)'으로 인식되는 경향이다. 그러나 실상 이러한 시각은 동아시아인들 스스로가 아닌 서구인들의 국외자적 시각에서 시작된 것이었다. 곧 근대가 시작된 이후 서구인들은 그들로서는 생소하기 짝이 없는 동북아의 상고문화에 대해 '개념조차도 모호한' 샤머니즘(巫)으로 정의를 내리게 되었다. 문제는 동아시아인들이 이러한 시각을 무비판적으로 수용했던 점이다. 샤머니즘적 시각은 백여 년이 넘도록 동아시아학의 보편 전제로서 굳어져 왔다.

그러던 중 1980년대 이후 동북아 요서·요동 일대에서 샤머니즘으로는 설명될 수 없는 차원의 수준 높은 상고문화가 발굴되면서 비로소 기왕의 시각에 대한 반성이 가능해지게 되었다. 한·중의 많은 고대 문헌들에 나타난바 '신선문화'로의 시각 전환이 가능해지게 된 것이다. 중국 문헌 중에는 동북방 지역을 신선향으로 흠모하여 군자국(君子國)·군자 불사지국(君子不死之國)·대인국(大人國) 등으로 부른 기록,[16] 사람을 보내 선약(仙藥)을 구한 기록 등이 허다히 나타난다.[17] 중국 문헌 중에는 동북방을 신선향으로 흠모한 기록만 나타나지만, 한국 문헌 중에는 신선문화의 실체가 분명하게 적시되어 있다. 곧 '홍익인간(弘益人間)·재세이화(在世理化)', 또는 '광명이세(光明理世)'[18]라 하여 신선문화의 내용적 실체가 정확하게 제시되어, 동북방 신선문화의 주체가 한민족이었음을 여실히 보여주었다. 이에 따라 필자는 동북아 상고문화를 샤머니즘이 아닌 '선도문화(仙)'로 바라본다.

한국 고유의 사상 전통은 풍류도(風流道), 풍월도(風月道), 선도(仙道), 신선도(神仙道), 선교(仙敎), 신교(神敎), 고신교(古神敎), 종교(倧敎) 등 다양한 용어로 불려왔다. '선도, 신선도, 선교, 종교'라는 용어에서 알 수

---

16 『山海經』大荒東經「東海之外 大荒之中 有山名曰大言 日月所出 有波谷山者 有大人之國」;『淮南子』卷4 墬形訓「東方有君子之國 東方木德仁 故有君子之國」; 卷5 時則訓「東方之極 自碣石山過朝鮮 貫大人之國」;『說文解字』第4上「唯東夷從大 大人也 夷俗仁 仁者壽 有君子不死之國」.

17 『史記』卷28 封禪書 第6「自威宣燕昭使人入海求蓬萊方丈瀛洲 此三神山者 其傳在勃海中 去人不遠 患且至 則船風引而去 蓋嘗有至者 諸僊人及不死之藥皆在焉 其物禽獸盡白 而黃金銀爲宮闕 未至 望之如雲 及到 三神山反居水下 臨之 風輒引去 終莫能至雲 世主莫不甘心焉 及至秦始皇並天下 至海上 則方士言之不可勝數 始皇自以爲至海上而恐不及矣 使人乃齎童男女入海求之 船交海中 皆以風爲解 曰未能至 望見之焉 其明年 始皇復遊海上 至瑯邪 過恒山 從上黨歸 後三年 遊碣石 考入海方士 從上郡歸 後伍年 始皇南至湘山 遂登會稽 並海上 冀遇海中三神山之奇藥 不得 還至沙丘崩」;『漢書』卷25上 郊祀志 第5上 上同.

18 『三國遺事』卷1 紀異1 古朝鮮王儉朝鮮「庶子桓雄 數意天下 貪求人世 父知子意 下視三危太伯 可以弘益人間…凡主人間三百六十餘事 在世理化」; 卷1 紀異1 新羅始祖赫居世王「因名赫居世王 蓋鄕言也 或作弗矩內王 言光明理世也」.

있듯이 이는 단순한 종교나 신앙 전통이 아니라 '신선(전佺·선仙·종倧)'으로 표상화되는바 전인적 인격체가 되는 심신 수련법을 기반으로 하고 있다. 이처럼 한국의 고유 사상이 단순한 종교·신앙이 아니라 수련법에 바탕을 둔 사유체계라는 점에 주목하여 이러한 계통의 용어 중 '선도'라는 용어를 선택하게 된다. 또한 이것이 최치원(崔致遠)이 지적하고 있는 바와 같이 중국의 도교 전통(세분화하면 도가철학·도교신앙·내단수련법)과 분명히 다른 사상이라고 한다면 '한국선도(韓國仙道)'라는 용어를 사용할 수 있다. 곧 동아시아 상고·고대의 신선사상 하면 당연히 중국사상이자 중국문화로 생각하는 일반적인 인식을 바로잡는 의미에서 '중국도교'와 '한국선도'라는 개념을 대비해서 사용했다.[19]

한국 상고 이래 기나긴 역사 속에서 이러한 선도사상에 기반하여 형성되어 온 역사문화가 '선도문화'이다. 한국의 '선도문화'는 '밝음'을 이상시하여 '밝문화'로도 불린다. 여기에서 '밝음'이란 단순히 눈에 보이는 '하늘'이나 '해·달' 등을 의미하는 것이 아니며 모든 존재의 본질인 '생명(기氣), 일기(一氣)·삼기(三氣), 일(一)·삼(三)[인격화된 표현은 하느님·삼신 또는 마고·삼신]'[20]을 의미한다. 이처럼 선도문화는 모든 존재의 실체를 공히 기로 바라보기에 기를 매개로 사람 속의 내기(內氣)를 밝혀

---

19 정경희, 「한국선도의 수행법과 제천의례」, 『도교문화연구』 21, 한국도교문화학회, 2004; 「중국의 음양오행론과 한국선도의 삼원오행론」, 『동서철학연구』 49, 2008; 「한국의 선도수행으로 바라본 중국의 내단 수행」, 『선도문화』 13, 2012.

20 밝음의 '일기·삼기'로서의 선도기학(仙道氣學)적 의미, 또 '마고·삼신, 하느님·삼신'과의 관계에 대해서는, 정경희, 「한국선도의 '삼원오행론'—'음양오행론'의 포괄」, 『동서철학연구』 48, 2008; 위의 글, 『동서철학연구』 49, 2008; 「한국선도의 일·삼·구론(삼원오행론)에 나타난 존재의 생성·회귀론」, 『동서철학연구』 53, 2009 참조.

깨우는 '천인합일, 신인합일, 인내천'의 선도수행에 기반하게 된다.[21] 이러한 선도문화의 이상적인 인간형이 '신선'이며, 대표적인 선도수행은 '제천'이다. 종래 샤머니즘적 시각에서 제천은 태양 신앙 등의 단순 종교의례로 해석되어 왔지만 선도적 시각에 의할 때 '천인합일의 선도수행 과정을 형식화한 심신 단련 과정'으로 바라보게 된다.[22]

상고시대 '선도문화' 관련 기록은 한·중 문헌들 속에 편린처럼 흩어져 있지만 그 구체적인 역사성을 논하기에는 근대 이후 고고학의 발전을 기다려야만 했다. 특히 1980년대 이후 요서 지역에서 나타나는 일련의 신석기·동석병용기·청동기문화는 현재 중국 측에 의해 '선상황제족-선상고국-예제문화론'으로 접근되고 있지만 이는 실상 '맥족-배달국-선도문화'로써만이 제대로 설명이 가능한 전형적인 한국계 문화이다.

이 중에서도 특히 홍산문화는 선도문화의 관점에서도 전기적인 의미를 갖는다. 이전에도 선도문화의 요소가 나타나지만 홍산문화에 이르러서는 선도문화의 전형이 이루어졌기 때문이다. 특히 홍산문화의 표지인 단·묘·총 및 옥기는 선도적 시각으로만 제대로 설명될 수 있는 전형적인 선도제천 유적·유물이다.

홍산문화의 선도문화적 면모는 시기나 내용 면에서 단군사화에 등장하는 환웅의 사적, 또 단군사화를 자세히 부연하고 있는 선도 문헌 중 배달국의 사적과 부합되기에 한국학계 일각에서는 단군조선 이전의 '배

---

21 정경희, 「동아시아 '천손강림사상'의 원형 연구」, 『백산학보』 91, 2011; 「신라 '나얼(奈乙, 蘿井)' 제천유적 연구」, 『진단학보』 119, 진단학회, 2013.

22 한국의 선도문화 전통에서 가장 대표적인 선도수련이 제천이었던 점에 대해서는, 정경희, 앞의 글, 『도교문화연구』 21, 2004; 「신라 '나얼(奈乙, 蘿井)' 제천유적에 나타난 '얼(井)' 사상」, 『선도문화』 15, 2013 참조.

달국' 문화로 바라보는 시각이 등장하게 되었다.[23]

먼저 고고학 방면에서 홍산문화와 단군조선계 하가점하층문화와의 연속성을 밝힌 연구,[24] 홍산문화권을 '발해만문명(渤海灣文明)'으로 부르면서 단군조선의 선행문화임을 밝힌 연구[25] 등이 시작되었고 이에 기반한 역사학적 접근도 이루어졌다. 특히 윤내현은 요서 일대에서 새롭게 발굴된 신석기·청동기문화 전반에 대해 인류학의 사회발전 단계론을 적용하며, 단군사화(檀君史話)와도 연결하는 거시적인 연구를 시도했다. 고고학 단계와 인류학 단계를 일치시킨 위에 다시 단군사화의 단계(환인시대·환웅시대·환웅과 곰녀시대·단군시대)를 일치시킨 것이다. 이에 의하면 홍산문화 후기는 인류학으로 '고을사회(마을연맹체사회) 단계', 단군사화로 '환웅과 곰녀시대'에 해당한다.[26]

근래에 들어서는 역사민속학 방면에서 임재해가 홍산문화를 환웅의 신시(神市)문화로 적시하고 성읍국가(城邑國家) 또는 신정국가(神政國家)로 바라보아야 한다는 더욱 진전된 견해를 제기했다. 홍산문화에 대한 종합적 분석을 통해 이것이 단군조선 이전의 신시문화이자 중국의

23 정경희, 「홍산문화 옥기에 나타난 '조천'사상(1)」, 『선도문화』 11, 2011, 240~241쪽 참조.
24 한창균, 앞의 글, 13~33쪽: 하문식, 「고조선의 돌돌림유적에 관한 문제」, 『단군학연구』 10, 2004: 「고조선의 돌돌림유적 연구: 추보」, 『단군학연구』 16, 2007: 복기대, 「홍산문화와 하가점하층문화의 연관성에 대한 시론」, 『문화사학』 27, 2007.
25 이형구, 『발해연안에서 찾은 한국고대문화의 비밀』, 김영사, 2004: 이형구·이기환, 『코리안 루트를 찾아서』, 성안당, 2009.
26 구체적으로 ① 환인시대: 무리사회단계, 서기전 8000년 이전, 구석기시대, ② 환웅시대: 마을사회단계, 서기전 8000년~서기전 4000년, 전기 신석기시대 ③ 환웅과 곰녀시대: 고을사회(마을연맹체사회) 단계, 서기전 4000년~서기전 2300년, 후기 신석기시대, ④ 단군의 고조선시대: 국가사회단계, 서기전 2333년~서기전 1세기 초, 청동기시대로 시기 구분했다.(윤내현, 「한민족의 형성과 출현」, 『고조선연구』, 일지사, 1994)

선진(先秦) 문헌에 허다하게 등장하는 '군자불사(君子不死)'의 동이(東夷) 문화로 보았다. 또한 중국학자들이 홍산문화를 초기국가 형태로 보고 '고국(古國, 홍산고국紅山古國)'으로 부르듯이 환웅시대를 '신시고국(神市古國)'으로 한국사에 자리매김할 것을 제안했다.[27] 이외에 요서 일대의 문화를 상고시기 동북아 공동의 문명권으로 바라본 연구도 있다.[28]

이처럼 현재 홍산문화에 대한 연구와 맞물려 단군조선 이전의 환웅시대는 바야흐로 역사화의 과정을 밟아가고 있다. 필자 역시 홍산문화를 맥족(환웅족+웅족)에 의한 배달국문화이자 '선도문화'로 바라보았다. 홍산문화의 핵심이 단·묘·총 및 옥기와 같은 선도제천 유적·유물이기에 홍산문화의 사상·종교적 배경으로서의 선도문화에 대한 이해는 가장 본질적이고도 중요한 문제가 된다.

필자가 홍산문화를 위시한 요서 지역 상고문화에 대해 선도문화로써 접근하는 방식은 선도의 기학적 세계관(선도기학仙道氣學), 곧 '삼원오행론(三元五行論)'[29]에서 출발하는 방식이다.

무엇보다도 홍산문화의 단·묘·총 및 옥기 유적·유물이 삼원오행론적 세계관에 따른 상징체계를 반영하고 있었음을 밝혔다. 특히 단·묘·

---

27 임재해,「한국신화의 주체적 인식과 민족문화의 정체성」,『단군학연구』17, 2007, 292쪽;「단군신화로 본 고조선문화의 재인식」,『단군학연구』19, 2008, 325쪽, 340쪽;「'신시본풀이'로 본 고조선문화의 형성과 홍산문화」,『단군학연구』20, 2009;「신시고국 환웅족문화의 '해' 상징과 천신신앙의 지속성」,『단군학연구』23, 2010.

28 우실하,『동북공정 너머 요하문명론』, 소나무, 2007.

29 삼원오행론(일·삼·구론, 마고신화, 기·화·수·토·천부론, 천부조화론)에 대해서는, 정경희,「『천부경』·『삼일신고』를 통해 본 한국선도의 '일·삼·구론'」,『범한철학』44, 범한철학회, 2007;「「부도지」에 나타난 한국선도의 '일·삼론'」,『선도문화』2, 2007; 앞의 글,『동서철학연구』48, 2008; 앞의 글,『동서철학연구』49, 2008; 앞의 글,『동서철학연구』53, 2009 참조.

	요하문명론-장백산문화론	교정 방향
종족	선상황제족	맥족(환웅족 + 웅족)
국가	선상고국	배달국
중심지	요서	요동 천평 · 요서 청구
주 계승국가	은상	단군조선(기자조선 아님)
문화	(샤머니즘巫에 기반한) 예제문화	선도문화(仙)

자료2 **중국 '요하문명론-장백산문화론'의 교정 방향**

총 중에서도 제천의 신격을 모시고 있어 가장 중요한 유적이라고 할 수 있는 묘(여신묘)와 이곳에 모셔진 3등급의 7여신상들이 삼원오행론에 따라 십자형으로 제작되었음을 밝혔다.[30] 또한 이러한 유의 여신상이 요서 지역 상고문화의 시발점이 되는 흥륭와문화기부터 홍산문화기에 이르기까지 약 3천여 년간 지속적으로 제작되었음을 확인했다. 단·묘·총 제천시에 사용된 옥기 유물에 반영된 삼원오행론에 대해서도 살펴보았다.[31] 또한 홍산문화의 삼원오행론에서 동아시아 고대의 '북두(北斗)-일월(日月)' 사상 및 '일월' 사상이 비롯되었음도 살펴보았다.[32]

이렇게 단·묘·총 및 옥기에 반영된 삼원오행 상징은 상고시기 한국인들의 '생명(氣)'에 대한 인식, 또 생명이 어우러져 만들어내는 '세상'에

---

30 정경희, 「홍산문화 여신묘에 나타난 삼원오행형 마고7여신과 마고제천」, 『비교민속학』 60, 2016.
31 정경희, 「홍산문화 옥기에 나타난 '조천'사상(2)」, 『백산학보』 88, 백산학회, 2010; 앞의 글, 『선도문화』 11, 2011; 「동아시아 '북두-일월' 표상의 원형 연구」, 『비교민속학』 46, 2011.
32 정경희, 위의 글, 『비교민속학』 46, 2011.

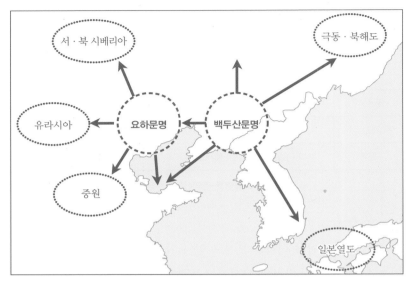

자료3 '배달국문명(백두산문명-요하문명)'의 진행 방향

대한 인식의 뿌리를 드러냄으로써 한국적 세계관이나 가치관의 원형을 보여주었다. 더하여 한국인들의 깊은 무의식의 뿌리에 닿아 있는 우리말의 의미, 노래의 곡조, 춤의 사위, 무예의 동작, 한국적 미의식 등 각종 '한국적인' 것의 원류가 다름 아닌 선도문화였음을 감지케 해주었다.

무엇보다도 한국의 오랜 '일·삼(하느님·삼신, 마고·삼신할미) 문화의 뿌리를 확인할 수 있었다. 특히 여신상의 형태 변화를 통해 선도문화가 애초 신앙적인 방식에서 시작되었다가 배달국시기에 이르러 서서히 선도수행적인 방식으로 변화되어 갔음을 알게 되었다. 더하여 배달국시기까지는 제천문화의 중심이 '생명(氣)'을 상징하는 여신이었지만, 배달국 후기 이래 서서히 제천문화의 실제적인 주관자였던 남신(환인·환웅·단군 삼성) 중심으로 바뀌어가는 변화상도 확인할 수 있었다. 한국 전통문화의 상징격인 여신(하느님·삼신, 마고·삼신할미)과 남신(환인·환웅·단군 삼성)의 관계가 분명하게 드러난 것이다.

특히 배달국시기 제작된 여신상과 남신상 들은 반가부좌 자세였을 뿐 아니라 정수리·이마 등에 중요 혈자리 표식을 지니는 등 선도수행 표식 이 극히 선명하게 표현되어 있었다. 이를 통해 전국 방방곡곡의 삼신(할 미)바위·신선바위 등 각종 제천수행 관련 유적, 또 각종 삼신·신선 관 련 설화나 구비 전승 등의 오랜 역사문화적 배경을 확인할 수 있었다. 특히 동아시아에서도 유독 한국에서만 나타나는 반가부좌 좌법의 원류 를 확인할 수 있었고, 중국이 동북공정의 과정에서 중국의 전통 좌법인 궤좌(跪坐)를 반가부좌 좌법으로 변개해 가는 황당한 사실도 확인할 수 있었다.[33]

생명(氣)과 존재에 대한 깊은 성찰을 담고 있는 아주 특별한 우리말, 가령 한(하나一·전체全·많다多의 의미), 얼(을乙: 하나의 정신이라는 의미), 알(아리: 하나의 생명氣이라는 의미), 울(우리: 하나로 묶인 공간의 의미), 밝 (배달·박달·불·부루·불함: 밝음의 의미), 마(마루·막·말: 근원·생명·하늘· 높다의 의미), 솟(소: 높다·치솟다·하늘·스승의 의미), 치(기·지: 높다·하늘 의 의미) 등의 깊고 오랜 유래도 확인할 수 있었다.

단·묘·총이나 옥기와 같은 선도제천 유물·유적에 대한 연구에다 선 도 문헌까지 더한 연구로, 배달국 환웅천왕에 대한 후대인들의 신앙에 서 동아시아 고대문화 일반의 '천손강림사상'이 생겨났음을 밝힌 연구,[34]

---

33 정경희, 「요서 지역 흥륭와문화기 마고여신상의 등장과 '마고제천'」, 『선도문화』 22, 2017; 「요서 지역 조보구문화~홍산문화기 마고여신상의 변화와 배달국의 '마고제천'」, 『단군학 연구』 36, 2017.
34 정경희, 앞의 글, 『백산학보』 91, 2011.

배달국·단군조선시기 환웅천왕·단군천왕이 이끌던 동아시아 선도제천 문화권의 정치운영 원리였던 선도적 '천자-제후 질서'에 대한 연구, 또 배달국 말기의 '치우' 환웅에 대한 한·중 기록 검토를 통해 배달국 말기 동아시아 선도제천문화권의 동향을 살핀 연구도 있다.[35]

이상과 같이 필자는 기왕에 '홍산문화(맥족-배달국-선도문화)'의 시각으로써 홍산문화 이하 요서 지역 상고문화를 주로 연구해 왔다. 중국의 동북공정 '요하문명론'이 요서 지역 홍산문화에서 시작되었기에 필자의 연구 또한 요서 지역 홍산문화에 맞추어지게 된 것이다.

4. 연구 방향: 백두산 서편 옛 제단군에서 시작하는 배달국 맥족사 연구

1) 서기전 4000년~서기전 3000년경 요동·요서 지역, 배달국 맥족의 대표 제천시설: '환호를 두른 구릉성 제천시설(3층원단류)' 또는 '3층—원·방-환호'형 적석 단총제

필자는 요서 지역 홍산문화 연구를 통해 중국 '요하문명론'의 기본 시각과 논지를 이해하게 되었고 요하문명론이 '장백산문화론'으로 확대되었음을 인식하게 되었다. 또 요하문명론이 장백산문화론으로 확대되는 과정을 검토하면서 요동 지역, 특히 백두산 서편 지역 적석 단총의 존재를 인지하고 새롭게 연구를 시작했다.

연구는 중국 측이 진행해 온 백두산 서편 옛 제단군의 조사·발굴 과

---

35 정경희, 「배달국 말기 천손문화의 재정립과 '치우천왕'」, 『선도문화』 9, 2010; 앞의 글, 『비교민속학』 46, 2011.

정을 추적함으로써 중국 측의 연구 결과를 복원하고 더하여 이러한 결과에 대해 한국인의 시각으로 새롭게 해석하는 작업에서 시작되었다. 연구 결과 백두산 서편의 옛 제단군 중에서 대표격으로 지목된 통화 지역 만발발자 옛 제단의 1차 제천시설이 놀랍게도 서기전 4000년~서기전 3500년 무렵의 '3층원단(圓壇)[모자합장묘(母子合葬墓)]·방대(方臺)'였음을 확인하게 되었다. 또한 백두산 서편 옛 제단군이 대체로 '환호를 두른 구릉성 제천시설(3층원단류)'의 형식이었음도 확인했다. 서기전 4000년~서기전 3500년 무렵 배달국 개창과 맞물려 요동 백두산 서편 지역에서 기왕에 요서~요동 일대에서 나타난 바 없던 전혀 새로운 형식의 적석 단총제가 등장했음을 알게 된 것이다.[36]

이렇게 백두산 서편 지역 적석 단총의 시기·형태·성격이 드러나자 요서 지역 적석 단총의 시기·형태·성격도 새롭게 조정되지 않을 수 없게 되었다. 요서 지역의 적석 단총 전통은 멀리 흥륭와문화기(서기전 6200년~서기전 5200년경)로 소급된다. 흥륭와문화기 서랍목륜하 일대에서 요서 지역 최초의 적석 단총이 등장하게 되는데 그 형태는 단순한 석권(石圈: 돌담) 방식이었다. 흥륭와문화기 석권형의 적석 단총제가 등장한 이후 오랜 문화적 잠복기를 거쳐 홍산문화 중기인 서기전 4000년~서기전 3500년경이 되자 대릉하 지역 우하량 일대에서 기존의 석권 방식을 계승한 적석 단총제가 부활했다. 흥륭와문화기 이래 요서 지역의 전통적인 방식의 적석 단총제가 부활한 것이다(구식). 그러다가 다시 홍산문화 후기인 서기전 3500년~서기전 3000년경이 되자 우하량 일대에서 기왕에 요서 지역에서는 전혀 나타난 바 없던 새

---

36 정경희, 앞의 글, 『선도문화』 26, 2019.

로운 형태의 적석 단총제, 곧 '환호를 두른 구릉성 제천시설(3층원단류)' 방식, 구체적으로는 '3층-원·방-환호'형 적석 단총제가 갑작스럽게 등장했다(신식).

중국학자들은 이러한 변화의 원인이나 배경에 대해 어떠한 해석도 내놓지 못했지만 백두산 서편 옛 제단군으로 인해 해결의 실마리가 풀리게 되었다. 서기전 4000년~서기전 3500년경 백두산 서편 지역에서 새롭게 등장한 적석 단총제와 서기전 3500년~서기전 3000년경 요서 대릉하 우하량 일대에서 새롭게 등장한 적석 단총제가 동일 계통이었던 점에서 자연스럽게 해답이 도출된 것이다. 곧 서기전 4000년~서기전 3500년경 배달국 개창과 맞물려 백두산 서편 맥족 사회에서 새로운 형태의 적석 단총제인 '환호를 두른 구릉성 제천시설(3층원단류)' 방식, 구체적으로는 '3층-원·방-환호'형 적석 단총제가 시작되었고 이후 대략 수백 년의 시차를 가지고서 요서 대릉하 우하량 일대로 전파, 요서 사회에서 만개했음이 밝혀진 것이다.[37]

연구는 애초 요동 백두산 서편 지역 적석 단총의 성격 규명에서 시작되었지만 요서 우하량 적석 단총과의 관련성 문제로 확대되었고, 그 결과 서기전 4000년~서기전 3000년경 요동 천평 지역과 요서 청구 지역을 관통하고 있던 배달국 맥족의 적석 단총제의 실체가 드러나게 되었다. 또한 이것이 요동 천평 지역에서 시작되어 요서 청구 지역으로 전파되었음도 드러났다. 이상의 연구 결과에 기반하여 연구는 재차 배달국 시기 표준 제천시설인 '환호를 두른 구릉성 제천시설(3층원단류)' 또는 '3층-원·방-환호'형 적석 단총제가 후대에 이르러 어떻게 변화되었는

---

37 정경희, 앞의 글, 『동북아고대역사』 1, 2019.

가에 대한 연구로 확대될 수 있었다.

2) 서기전 4000년~600년경 요동 · 요서 · 한반도 지역, 맥족의 대표 제천시설: '환호 · 석성(石城)을 두른 구릉성 제천시설(3층원단 · 적석단 · 나무솟대 · 제천사 · 선돌 · 고인돌류)'

배달국시기 서기전 4000년~서기전 3000년경 요동 백두산 서편 지역과 요서 대릉하 지역에서 공히 확인되는 '환호를 두른 구릉성 제천시설(3층원단류)' 또는 '3층-원·방-환호'형 적석 단총제는 후대 요동·요서·한반도 지역으로 널리 확산되었다. 특히 긴 시간의 흐름 속에서 '환호를 두른 구릉성 제천시설'이라는 기본 형태는 유지되는 한편으로 구릉지 정상부에 자리한 중심 제천시설은 계속 달라져 가는 모습이 나타났다.

먼저 요동·한반도 지역의 경우이다. 백두산 서편 옛 제단군의 대표격인 만발발자 유적의 경우 1차 제천시설인 '3층원단(모자합장묘)·방대' 위로 2차 제천시설인 선돌·적석단·제천사가 순차적으로 들어섰다. 또한 1990년대 이후 한반도 남부 지역에서 빈번하게 발굴되고 있는 청동기~초기철기시대 '환호를 두른 구릉성 제천시설'의 경우도 중심 제천시설이 적석단·나무솟대·제천사·선돌·고인돌 등으로 다변화되어 있었다. 곧 요동·한반도 지역의 경우 '환호를 두른 구릉성 제천시설(3층원단·적석단·고인돌·선돌·제천사·고인돌류)'로 그 형태가 다변화되면서 600년경까지 지속되었다. '환호를 두른 구릉성 제천시설'의 중심 제천시설은 애초 3층원단류의 적석 단총이었으나 시간이 흐르면서 고인돌 이하 각종 다양한 제천시설로 다변화되어 갔다.

다음 요서 지역의 경우, 환호를 두른 구릉성 제천시설(3층원단류)의 적석 단총제는 배달국 후기 일시적 쇠퇴기를 지나 단군조선 전기가 되자 '환호·석성(石城)을 두른 구릉성 제천시설(적석단)'의 형태로 재차 극성하게 된다. 다만 단군조선 후기가 되면서부터는 요서 사회 전반에서 군사문화 요소가 증대하고 북방족의 영향력이 높아지는 변화 속에서 적석 단총제가 전반적으로 약화되는 경향을 보였다.

이상을 종합해, 동북아 상고·고대 맥족의 선도제천문화권을 '① 시기: 배달국~고구려 서기전 4000년~600년경, ② 발원지: 요동 백두산 서편 천평 지역, ③ 권역: 요동·한반도·요서, ④ 대표 제천시설: 환호를 두른 구릉성 제천시설(3층원단)에서 시작되어 환호·석성을 두른 구릉성 제천시설(3층원단·적석단·선돌·나무 솟대·제천사·고인돌류)로 다변화'로 정리해 보게 된다.[38] 시대 흐름에 따른 중심 제천시설의 변화는 있지만 이들은 모두 동일 계통의 맥족계 제천유적이다.

3) 동아시아 상고 · 고대 선도제천문화의 시금석, 적석 단총

맥족이 주도한 선도제천문화는 배달국시기의 표지 유적·유물인 단·묘·총 유적 및 옥기 유물에 가장 전형적인 방식으로 나타나 있다. 이들 중에서도 특히 선도제천문화의 시기·지역적 확산, 또 선도제천문화의 성격 변화 등은 '단·총', 곧 '적석 단총' 유적에 가장 잘 나타나 있다.

동북아 후기 신석기문화의 본격적인 개시기인 흥륭와문화기 서랍목륜하 일대에서 규모와 형식성이 갖추어진 최초의 적석 단총이 등장했

---

38 정경희, 「백두산 서편 제천유적과 B.C. 4000년~A.D. 600년경 요동·요서·한반도의 '환호를 두른 구릉성 제천시설'에 나타난 맥족의 선도제천문화권」, 『단군학연구』 40, 2019; 「통화 만발발자 제천유적을 통해 본 백두산 서편 맥족의 제천문화(Ⅱ)—제2차 제천시설 '선돌 2주·적석 방단·제천사'를 중심으로—」, 『선도문화』 27, 2019; 「요동~요서 적석 단총에 나타난 맥족(예맥족)의 이동 흐름」, 『동북아고대역사』 2, 동북아고대역사학회, 2020.

다. 단·총 결합의 방식이었으며 용도는 제천시설물, 곧 제천단이었다. 이는 또한 여신 신앙과 결합된 모습으로 나타났다. 홍산문화기에 이르러 대릉하 일대 동산취나 우하량 유적에서는 단·총과 여신 신앙의 결합이 더욱 분명해졌다.[39]

이처럼 단·총에서 행해진 선도제천의 신격이 여신이고 이러한 여신이 묘(여신묘)에 모셔졌기에 단·총과 묘는 같은 계통의 유적, 곧 '제천유적'으로 묶어보게 된다. 단·묘·총을 동일 제천유적으로 묶어볼 때 셋 중에서 가장 중요한 것은 단연 묘이다. 단·총에서 행해진 선도제천의 신격인 여신을 형상화한 여신상(女神像)이 모셔진 여신묘가 가장 중요해지는 것이다. 그러나 여신상이나 여신묘 계통의 유적·유물은 홍륭와문화기에 등장한 이래 홍산문화 중·후기에 정점을 찍은 후 청동기문화가 개시되는 하가점하층문화기가 되면서 서서히 쇠퇴하는 모습을 보였다. 반면 단·총은 홍륭와문화기 서기전 6000년 무렵에 시작되어 요동·한반도·일본열도 지역에서는 무려 6~7세기 무렵까지 간단없이 지속되었다.

홍륭와문화기 이래 등장한 최초의 제천시설물은 적석 단총이었지만 시대의 흐름에 따라 '적석 단총(단층·계단식, 원·방형, 후대의 적석단·단순 돌무지 포함), 고인돌이나 선돌 등의 거석 단총, 신목이나 나무솟대, 석인상이나 목인상, 제천건물지(후대의 서낭당·성황당 포함)' 등으로 다변화되어 갔다. 이처럼 다양한 제천시설물들 중에서도 가장 대표적인 경우가 '적석 단총'이다.

적석 단총은 서기전 6000년 무렵 처음 등장한 이래 서기전 4000년경

---

39 정경희, 앞의 글, 『선도문화』 22, 2017; 앞의 글, 『고조선단군학』 36, 2017.

배달국 개창을 계기로 전혀 새로운 형태의 적석 단총제로 거듭나게 된다. 선도적 세계관을 적극 반영하여, 본격적인 선도제천을 위한 시설물로서 '환호를 두른 구릉성 제천시설(3층원단류)' 또는 '3층-원·방-환호' 형태로 정형화된 적석 단총이 등장하여 배달국의 대표 제천시설물이 되었던 것이다.

배달국 이후 시대변화에 따라 제천시설물이 적석 단총에서 고인돌·선돌·신목·나무솟대·석인상·목인상·제천건물지 등으로 다변화되어가는 중에도 적석 단총은 사라지지 않고 계속되었다. 급기야 서기전 3세기 무렵이 되자 대표 제천시설물로서의 위상을 회복하고 고구려 적석총으로 다시 화려하게 부활하는 저력을 보였다. 고인돌이 단군조선시기 2천여 년간 요동·한반도 일대에서 지속되었다면, 적석 단총은 홍륭와문화기 초기 등장부터 따지면 무려 6500여 년간, 또는 배달국부터 따지면 4500여 년간 지속되었고, 지역 면에서는 요서·요동·한반도·일본열도 지역을 넘어 중원 지역·북방시베리아 지역, 또 유라시아 일대에 이르렀다.

6~7세기 이후에는 동북아 사회에서 선도제천문화가 쇠퇴하고, 성격이 선(仙)에서 무(巫)로 변질되면서 적석 단총 전통은 문화적 잠복기로 들어가게 되는데, 이러한 중에도 기층문화로 살아남게 된다. 지금까지도 한반도를 위시하여 신강성·내몽골·몽골·티베트 일대에서는 여전히 적석단(중국명 오보敖包) 전통이 남아 있고 이를 중심으로 공동체문화가 유지되고 있다. 급격한 현대화·세계화의 추세 속에서도 전통문화로서 여전한 생명력을 유지하며 현대적 방식으로 확대 재생산되기도 한다.

이렇듯 긴 시간, 광대한 지역에서 적석 단총 전통이 계속될 수 있었던 것은 적석 단총이 동북아 선도제천문화 전통하에 생겨난 다양한 제천시설물들 중에서 가장 이른 시기에 등장한 제천시설물이라는 이유가 있지만, 더 중요하게는 선도제천문화의 원형기인 배달국시기를 대표하는 제천시설물이었던 이유가 크다. 배달국시기 적석 단총제는 동아시아 적석 단총제의 원형으로서 동아시아 상고·고대 문화의 성격과 범주, 변천 과정 등을 함축하고 있는바 동아시아 상고·고대문화의 시금석이다.

4) 맥족의 적석 단총제로 바라보는 동아시아의 적석 단총문화

앞서 살핀 바와 같이 서기전 4000~600년경 배달국~고구려시기 요동·요서·한반도를 관통하던 '환호를 두른 구릉성 제천시설(3층원단·적석단·나무솟대·제천사·선돌·고인돌류)' 중에서도 가장 이른 시기에 등장하여 가장 오랫동안 지속되었고 지금까지도 살아남아 있는 가장 중요한 제천시설은 다름 아닌 적석 단총류이다. 이에 연구는 재차 적석 단총이 후대로 이어지면서 변화되어 간 양상에 대한 연구로 확대되었다. 맥족의 주 활동 지역인 요동·요서·한반도 지역에서의 변화상을 살펴보는 한편으로 맥족문화의 다대한 영향을 받은 일본열도 지역 및 중원 일부 지역의 경우까지도 함께 살펴보았다. 이외에 북방시베리아 지역이나 극동 지역 역시 맥족 적석 단총문화의 영향권이지만 아직까지 연구가 미치지 못했다. 향후 추가하겠다.

맥족계 적석 단총문화의 변화점을 살피기 위해서는 맥족계 적석 단총문화의 기준점이 있어야 한다. 기준점이 있어야 변화점을 살필 수 있기 때문이다. 맥족계 적석 단총문화가 선도적 세계관에 기반하고 있다고 할 때 이러한 선도적 세계관을 반영한 주요 상징체계, 곧 상(象, 형상)·수(數, 숫자) 상징체계로서 '원·방·팔각' 상징 및 '3·7·5·9 계단수' 상징을 들게 된다. 이는 선도의 삼원오행적 세계관과 선도수행적 의미를 반영한 상징체계인데, 요동·요서·한반도 지역 및 일본열도 지역에서는 이러한 삼원오행적 상징체계의 원형이 잘 유지되었던 반면, 중원 지역에서는 음양오행적 세계관에 의한 상징체계의 변형이 나타나고 있었다.

이러한 고찰을 통해 동북아 상고·고대 맥족의 선도제천문화권역에 일본열도까지 포함, '① 시기: 배달국~고구려 서기전 4000년~600년경, ② 발원지: 요동 천평 지역, ③ 권역: 요동·한반도·요서(넓게는 일본열도 포함), ④ 대표 제천시설: 환호를 두른 구릉성 제천시설(3층원단)에서 시작되어 환호·석성을 두른 구릉성 제천시설(3층원단·적석단·토단·선돌·나무솟대·제천사·고인돌류)로의 다변화'로 바라보았다.[40]

5) 맥족의 적석 단총제로 바라보는 맥족의 형성과 이동

이렇듯 백두산 서편 천평 지역에서 시작되어 동아시아 전역으로 확산된 배달국 맥족의 적석 단총, 또 적석 단총에 나타난 선도제천문화에는 배달국의 시기·중심지, 배달국의 주족인 맥족의 종족 구성, 주변 종족과의 관계, 맥족의 이동 흐름 등이 직·간접적으로 드러나 있다. 필자는 앞서 여신상·여신묘, 또 옥기 등을 통해 배달국 맥족의 선도적 세계관, 선도제천문화 등에 대한 연구를 어느 정도 진행해 왔기에, 본서에서는 적석 단총을 통해 배달국의 시기·중심지, 맥족의 종족 구성, 주변 종족과의 관계, 종족 이동 등에 집중했다.

배달국의 중심지 문제와 관련해서는, 우선 요동 백두산 서편의 천평 (天坪) 권역과 요서 대릉하 일대의 청구(靑邱) 권역을 배달국의 양대 중

---

40 정경희, 「동아시아 적석 단총에 나타난 삼원오행론과 선도제천문화의 확산」, 『선도문화』 29, 2020.

심권역으로 바라보았다. 양대 중심권역 중에서도 맥족 적석 단총문화의 발상지이자 만발발자 제단과 같이 기념비적 거대 제천단이 자리하고 있던 천평 권역 통화 일대를 배달국의 도읍지인 신주 비서갑 지역으로 보았다.

배달국의 주족인 맥족의 성립 문제와 관련해서는, 배달국 초 백두산 천평 지역에서 '[맥족(환웅족+웅족)]+예족(호족) → 한민족(예맥족·새밝족·맥족)'의 방식으로 맥족이 성립되었다고 보았다.[41]

다음 맥족의 이동 문제와 관련해서는, 서기전 4000년~600년경 배달국~고구려시기 맥족의 주 활동 무대였던 요동·한반도 지역(넓게는 일본열도 포함) 및 요서 지역의 적석 단총제를 종합 검토함으로써 '백두산 서편을 축으로 하는 맥족의 요서 진출·정착 및 요동 회귀'라는 맥족의 순환적 이동 흐름을 찾아냈다. 구체적으로는 '백두산 서편 혼강·압록강 천평 지역 → 대릉하 청구 지역 → 서랍목륜하 지역→ 송화강 지역 → 백두산 서편 혼강·압록강 천평 지역 → 일본열도'로의 이동 흐름이다.[42](〈자료4〉참조)

이와 같이 연구는 처음 요동 백두산 서편 지역의 적석 단총 연구에서 시작되었지만 요서 대릉하 지역 우하량 일대의 적석 단총과의 비교 연구를 통해 서기전 4000년~서기전 3000년경 요동~요서 지역을 관통하던 배달국 맥족의 적석 단총제인 '환호를 두른 구릉성 제천시설(3층원단)' 또는 '3층-원·방-환호'형 적석 단총제를 확인했다. 또한 이를 표준

---

41 정경희, 앞의 글, 『선도문화』 28, 2020.

42 정경희, 「요동~요서 적석 단총에 나타난 맥족(예맥족)의 이동 흐름」, 『동북아고대역사』 2, 동북아고대역사학회, 2020.

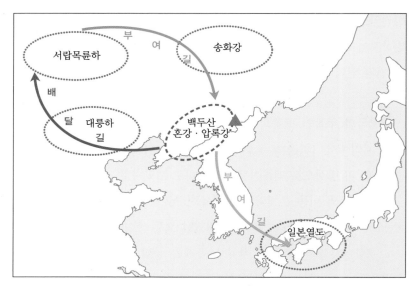

자료4 배달국~고구려시기 맥족의 이동 흐름

삼아 서기전 4000년~600년경 배달국~고구려시기 요동·요서·한반도
(넓게는 일본열도 포함)를 관통하던 '환호를 두른 구릉성 제천시설(3층원
단·적석단·토단·나무솟대·제천사·선돌·고인돌류)'을 확인했다. 또한 백두
산 서편 옛 제단군의 중심지 통화 일대를 배달국의 도읍지 신주 비서갑
지역으로 보았고 이곳에서 '[맥족(환웅족+웅족)]+예족(호족) → 한민족
(예맥족·새밝족·맥족)'의 방식으로 한민족이 형성되었음도 살펴보았다.

1부

중국 요하문명론이
장백산문화론으로 확대되다

1장

요하문명론의 장백산문화론으로의 확대

1. 은상족 중심의 역사인식: '홍산문화(선상황제족—선상고국—예제문화)론'

1970년대 말·1980년대 초 홍산문화를 필두로 요서 일대의 상고문화가 부각되기 시작한 이래, 중국 측은 동북공정을 통해 이를 중국문명의 기원으로 지목하고 '요하문명론'을 정립했다. 요하문명론의 중심은 단연 홍산문화이다. 홍산문화가 한국선도에 기반한 배달국의 문화임은 홍산문화의 표지 유적·유물인 단·묘·총 및 옥기 유적·유물이 오직 한국선도의 삼원오행적 세계관(마고신화, 일·삼·구론, 기·화·수·토·천부론, 천부조화론)과 선도적 시각을 통해 해석 가능한 '선도제천' 유적·유물이라는 점에서 단적으로 드러난다.

특히 단·묘·총에서 행해진 선도제천의 신격은 여신묘에서 발견된 3등급의 7여신상에서 가장 정확하게 드러난다. 여신묘에서 발견된 3등급의 7여신상은 우주의 근원적 생명력인 '일기·삼기(천·지·인 또는 빛·파동·소리, 미세한 소리와 진동을 지닌 빛)'와 일기·삼기가 '2기 → 4기 → 8기'로 분화되면서 물질화(현상화)해 가는 과정을 상징한 '마고여신(마고7여신: 마고·궁희·소희·4천녀)'이었다. 단·총의 신격 또한 '천·지·인(원·방·각)'으로 역시 '일기·삼기'로서의 마고여신이었다. 단·묘·총의 신격은 공히 '일기·삼기(마고)'였던 것이다.[1] 홍산문화 유적에서는 3명의 여신이 서로를 끌어안아 일체를 이룬 형상의 마고삼신상도 발굴된 바 있다.[2]

단·총은 제천수행을 통한 수행의 진전 과정을 하늘로 오르는 계단 형태로 표현했고, 또 수행의 용이함을 위해 강한 자기를 지닌 석재를 사용했다. 또한 대표적인 홍산옥기에는 삼원오행론을 형상화한 '삼원오행형 옥기류', 또 삼원오행론의 수승화강(水昇火降) 원리를 상징한 '용·봉형 옥기류'가 있다. 단·묘·총 및 옥기 유적·유물은 삼원오행적 세계관과 선도수행을 상징화한 선도제천 유적·유물이었던 것이다.[3]

반면 중국 측은 단·묘·총과 옥기에서 '중국 예제의 기원'을 찾고 홍산문화의 성격을 '예제문화'로 정의했다. 곧 단·묘·총과 옥기에 후대 중국왕조(특히 은상왕조)의 종묘제·제단제·능묘제·예기제를 투영해 '중국 예제의 기원'을 찾아냈던 것인데, 이는 실상 후대 중국왕조의 예제를 투영한 인식으로 그 내용적 실체가 분명하게 제시되지 못한 문제가 있다.

1 정경희, 「홍산문화 여신묘에 나타난 삼원오행형 마고7여신과 마고제천」, 『비교민속학』 60, 2016.
2 정경희, 「요서 지역 조보구문화~홍산문화기 마고여신상의 변화와 배달국의 '마고제천'」, 『단군학연구』 36, 2017.
3 정경희, 「홍산문화의 제천유적·유물에 나타난 '한국선도'와 중국의 '선상문화'적 해석」, 『고조선단군학』 34, 2016, 106~214쪽.

이러한 문제는 일차적으로 '예제'의 성립 배경이 된 당시의 선도문화, 특히 선도제천에 대한 인식이 부재했기 때문이다. 선도문화에 대한 인식의 부재 위에 진행된 중국 측의 '예제문화'적 해석이 노정하게 된 많은 문제들 중에서도 가장 근본적인 문제는 예제문화론이 중국 '음양오행론'에 의거하여 '현상론[세상을 보이는 현상(물질)의 차원만으로 인식함]'으로서의 '이원론'적 시각을 보였던 점이다.

홍산문화는 한국선도의 '본질-현상론[세상을 보이지 않는 본질(생명, 일기·삼기)과 보이는 현상(물질)의 조화·균형적 상호 관계로 인식함]'으로서의 '삼원오행론'이 갖는 '삼원론'적 시각으로써만 제대로 해명이 가능한데, 이를 '이원론'으로 해석할 경우 무수한 오해들이 양산된다. 실제로 중국 측의 예제문화론은 단·총을 단지 천·지(원·방) 이원으로 바라볼 뿐 그 속에 내재된 천·지·인(원·방·각) 삼원의 의미를 읽어내지 못했다.

한국선도의 본질-현상적 시각인 '합일적·비서열적' 천·지·인 관에 의하면 천·지·인은 보이지 않는 생명(일기·삼기, 천·지·인 또는 빛·파동·소리), 또 보이는 창공(천)·대지(지)·사람(인)이라는 중의적인 의미를 지닌다. 특히 창공·대지·사람은 생명이라는 점에서는 본질적으로 하나이나 현상적으로 다르게 나타나는 것으로 인식되기에 단·묘·총에서의 제천은 본질적으로 창공·대지·사람이 하나라는 시각, 곧 생명 중심의 시각을 회복하는 의례, 곧 수행의례가 된다. 이렇듯 창공·대지·사람이 하나이기에 창공·대지와 함께 행위의 주체인 사람까지 함께 포함하게 되며, '창공 〉 대지 〉 사람'이라는 등급이 나뉘는 것도 아니다. 창공·대지·사람을 하나로 보기에 한국선도에서의 모든 의례는 창공·대지·사람의 출발점이 되는 생명의 근원성을 자각하는 의례, 곧 생명이 시작된 하늘과 소통하는 '천제'가 될 뿐이다. 반면 중국 측의 현상적 시각인 '분리적·서열적' 천·지·인 관에 따르면 천·지·인은 단순히 보이는 창공·대지·조상신일 뿐으로 보이지 않는 생명(일기·삼기, 천·지·인 또는 빛·파동·소리)으로서의 천·지·인에 대한 자각은 없다. 또한 창공·대지·조상신은 각각 분리된 존재로 '창공 〉 대지 〉 조상신'이라는 서열성을 갖게 된다.[4]

중국은 단·묘·총 제사에 대해서도 이러한 시각을 적용해 창공·대지 이원에만 초점을 맞추고 인(조상신)의 의미는 상대적으로 낮추어 보았다. 이처럼 창공·대지·사람의 중심이 되는 사람이 빠져 있거나 창공·대지에 비해 지위가 낮은 점은 한국의 선도제천적 시각과 완전히 다른 모습이다. 이러하므로 '합일적·비서열적 천·지·인 관'에 따른 선도제천의 수행적 면모, 곧 '천인합일 또는 신인합일 수행'의 면모를 전혀 읽어내지 못했다. 같은 맥락에서 옥기에 대한 분석 또한 선도적 세계관이나 선도수행에 대한 상징성을 읽어내지 못하고 형태 위주의 분석에 치우쳤다. 결국 '선도문화'에 대한 몰이해에서 모든 오해가 생겨난 것이다.[5]

중국 측은 홍산문화에서 '예제문화'를 끌어낸 다음 단계로 이를 후대 중국왕조로 연결시키고자 했다. 홍산문화의 주체를 설정하고 이 계통을 후대의 중국왕조와 연결하는 문제였다. 홍산문화는 오제시대 전기(서기 전 3500년~서기전 3000년)의 문화로 상정되었고, 이 시기 홍산문화의 주체는 『사기』「오제본기」에 따라 '오제(五帝)'인 '황제(黃帝) 계통(황제-전욱顓頊-제곡帝嚳-요堯-순舜)'으로 결론났다. 물론 홍산문화 만기인 서기

4   정경희, 「조선 초기 선도제천의례의 유교 지제화와 그 의미」, 『국사관논총』 108, 국사편찬위원회, 2006, 3~10쪽.
5   정경희, 앞의 글, 『고조선단군학』 34, 2016, 124~131쪽.

전 3500년~서기전 3000년은 중국에서 통설로 비정하는 황제 시기(서기전 2717년~서기전 2599년), 전욱 시기(서기전 2514년~서기전 2437년)보다 무려 1천여 년 정도를 앞선 시기이기에 황제족으로 연결시켜 볼 수 없다.[6]

홍산문화를 황제 계통의 문화로 설정하고 그 문화가 중원 일대로 전파되는 과정을 정리하는 작업은 치우의 한족화(漢族化) 작업(1992년~1997년), 하상주단대공정(夏商周斷代工程: 1996년~2000년), 중화문명탐원공정(中華文明探原工程: 2001년~2015년)을 거치면서 서서히 정립되어 갔다. 이 과정을 거쳐 홍산문화는 황제족 문화로서 동아시아 일대에서 가장 수준 높은 전기 청동기문화인 하가점하층문화를 거쳐 대표적인 중국 고대 왕조인 은상왕조로 이어지는 것으로 정리되었다. 중국 측이 홍산문화·하가점하층문화를 은상왕조로 연결한 것은 실상 1920년대 은상 유적의 발굴 이후 은상문화의 기원과 관련한 여러 학설 중 유력 학설이었던 '은상문화 동북기원설'을 발전시킨 것이었다. 1920년대 정산(丁山)·고힐강(顧頡剛)·왕국유(王國維)·부사년(傅斯年) 등에 의해 '은상문화 동북기원설'이 제기된 이후 1950·1960년대에는 중원 또는 산동에서 선상문화의 기원을 찾는 경향이었다. 그러다가 1970년대 말 이래 요서에서 홍산문화·하가점하층문화 등이 발굴되면서 '은상문화 동북기원설'이 재차 되살아났다. 수준 높은 홍산문화나 하가점하층문화가 중국문명 기원으로 새롭게 조명되면서 중원문명의 백미인 은상문화의 뿌리는 당연히 이들 문화로 여겨진 것이다.

하가점하층문화에서 은상문화로 이어지는 구체적인 과정에 대해서는,

---

6   우실하, 『고조선문명의 기원과 요하문명』, 지식산업사, 2018, 600쪽.

하가점하층문화의 본류가 대릉하·소릉하 일대의 '위영자문화(魏營子文化: 서기전 1400년~서기전 1000년)'로 이어졌고(북경 일대의 '장가원張家園文화' 포함) 이는 다시 주대(周代) 연(燕)문화로 이어졌다고 보았다. 한편 하가점하층문화 세력의 일부는 연산(燕山)을 넘어 남하하여 하북을 거쳐 중원으로 들어가 은상문화를 이루었다고 했다. 이렇게 해서 하가점하층문화 세력이 요서와 중원 전역을 이끌게 되었다는 것이다.

결국 홍산문화에서 비롯된 중국문명 기원 연구는 '홍산문화 → 하가점하층문화 → 은상문화'로 결론났다. 이러한 흐름에서 중국이 가장 중시했던 것은 중원문화의 백미였던 은상문화였고 따라서 홍산문화·하가점하층문화는 모두 은상계 문화, 좀 더 정확하게는 '선상문화(先商文化: 은상의 선대先代 문화)'로 인식되었다. 처음 중국은 홍산문화의 주역을 황제계로 인식했는데 여기에 선상문화라는 개념이 더해지면서 황제계는 선상족계임이 명시되었다.[7]

이 '선상문화'라는 개념은 1970년대 말 이후 홍산문화를 화두로 시작된 중국 동북공정의 향방을 드러낸 개념으로 매우 중요하다. 여기에는 홍산문화·하가점하층문화의 주족을 은상족계(선상족), 홍산문화·하가점하층문화를 은상족계 문화(선상문화)로 본다는 동북공정 요하문명론의 가장 핵심적인 주장, 곧 은상족 중심의 역사인식이 담겨 있기 때문이다.

중국 측은 홍산문화나 하가점하층문화에 대해 고유 특성이나 자체적인 문화 발전 양상을 밝히기보다는 후대의 은상문화를 투영하여 '선상문화'라는 개념을 만들어냈다. 문화는 위에서 흘러내리는 것이지 아래로부터 소급되는 것이 아니다. 홍산문화·하가점하층문화에서 은상문화가

---

7   정경희, 위의 글,『고조선단군학』34, 135~138쪽.

나왔을 뿐, 은상문화에서 홍산문화·하가점하층문화가 나온 것은 아닌 것이다. 선대 문화에다 후대 문화를 투영해 '선상문화'라는 애매한 개념을 만들어낸 사실은 중국 측이 실상 홍산문화·하가점하층문화를 제대로 이해하고 있지 못함을 시사한다. 실제로 중국 측이 홍산문화·하가점하층문화의 성격으로 내세운 '예제문화'라는 것도 은상의 예제문화를 투영한 것이었다. 중국 측의 중국문명 원형에 대한 인식은 은상왕조를 벗어나지 못하고 있었던 것이다. 홍산문화·하가점하층문화는 선도문화에 기반한 배달국·단군조선문화로 중원 지역을 비롯한 수많은 지역으로 흘러 들어가 만개했고 그중 하나가 은상왕조였다.[8]

2. 장백산문화론의 기본 구도

앞서 살펴본바 요하문명론의 '홍산문화(선상황제족-선상고국-예제문화)론'은 애초 중원이나 요서 지역에 대한 이론으로 출발했으나, 이론의 정비 과정에서 요하문명의 동쪽, 곧 요동·한반도 지역으로도 확대되기 시작했고 이 과정에서 요하문명의 동진 이론으로서 '장백산문화론'이 등장했다. 요서 지역 문화의 상징으로 '요하'를 들었다면, 요동·한반도 지역 문화의 상징으로 '장백산'(한국명 '백두산')을 들었음을 알게 된다.

중국 측이 제시하는 장백산문화론의 지리적 범주, 곧 장백산문화권은 '요하 유역-장백산 구역을 문화적 연결고리로 하여 환발해(環渤海) 문화, 한반도 북부 문화, 오소리강 및 동해 문화, 송화강 유역 문화, 송요평

---

8 정경희, 위의 글, 『고조선단군학』 34, 139~141쪽.

원(松遼平原) 문화, 의무려산(醫巫閭山) 이동(以東) 문화를 종합한 문화권'이다.[9] 동북공정의 전체적 방향과 관련하여 장백산문화권을 바라보면, 중국문명의 시원으로 새롭게 자리매김된 요하문명과 문화적으로 연결되어 있는 요하문명의 동쪽, 곧 요동 및 한반도를 중심으로 하는 광대한 영역이 장백산문화권으로 설정되어 있음을 알 수 있다. 요하문명이 요하를 넘어 동진하면서 만들어낸 거대 문화권역으로 장백산문화권이 설정되고 있는 것이다.

중국 측의 백두산 관련 연구가 본격적으로 시작된 것은 1980·1990년대 요서 지역에서 상고문화가 발굴되고 동북공정이 막 시작되던 분위기 속에서였다. 여기에다 1992년 한·중 수교로 많은 한국인들이 만주 지역이나 백두산 일대를 관광하게 되면서 만주 지역에 대한 한국의 역사문화적 연고권 내지 귀속권 문제가 거론되기 시작했다. 이는 중국 측이 동북공정에 더욱 박차를 가하게 된 주요 원인이었고[10] 이러한 분위기 속에서 백두산에 대한 연구 역시 동북공정에 방향이 맞추어지게 되었다. 이처럼 장백산문화론은 요하문명론의 연장으로서 요동·한반도 일대까지 중국문화권으로 바라보려는 시각에 의했지만, 그 밑바닥에는 백두산의 중국화를 통해 만주 지역에 대한 한반도의 영향력을 차단하며 더 나아가 조만간 도래할 남북 통일시대에 분명 제기될 만주 지역에 대한 역사문화적 귀속권 분쟁, 또 간도를 둘러싼 영토 분쟁[11]을 대비하는

---

9   田子馥,「中國長白山文化本原論」,『東北史地』2005-1(동북아역사재단 편,『중국의 '장백산문화론' 논문 선역』, 동북아역사재단, 2008, 109쪽).

10   윤휘탁,「중국의 백두산의 중국화 전략」,『동북아역사논총』48, 2015, 205~206쪽.

11   1909년 일제가 불법적인 간도협약을 통해 백두산 일대를 청조에게 할양한 이래 간도는 지금껏 중국의 영토로 인식되고 있으나 간도협약 자체가 불법이기에 백두산의 귀속 문제

국가전략이 자리하고 있었다.[12]

1990년대 중반 무렵 동북공정의 방향이 정립되면서 백두산 일대의 역사문화에 대해서도 '장백산문화론'의 이름으로 그 방향이 공포되기에 이른다. '장백산문화론'은 1994년 길림성 백산시에서 개최된 '장백산문화연토회(長白山文化硏討會)'를 계기로 처음 제기되었다.[13] 이때의 장백산문화론은 꼭 동북공정의 차원이라기보다는 백두산이 지닌 문화자원 활용을 위한 지역문화 활성화 차원이었다는 시각도 있지만[14] 이미 동북공정의 방향이 정해져 연구가 궤도에 오른 시점이었기에 그 영향을 받고 있었음은 자명하다고 하겠다.

2000년대로 접어들어 중화문명탐원공정의 시작과 함께 동북공정이 본격화되면서 장백산문화론의 성격은 더욱 분명해졌다. 2000년 길림성의 성도인 장춘에서 '길림성장백산문화연구회(吉林省長白山文化研究會)'가 만들어졌는데 여기에 소속된 장복유(張福有)·유후생(劉厚生)·이덕산(李德山)·왕면후(王綿厚) 등은 대표적인 동북공정 계통의 연구자들로 이들을 중심으로 장백산문화론이 창출되었다. '길림성장백산문화연구회'를 필두로 연변조선족자치주 이하 백산시·통화시·길림시·안도현 등지에서도 길림성 정부의 지원하에 '장백산문화연구회'가 조직되었다. 2005년에는 '장백산보호개발구'라는 특별행정구역이 설치되었고 2006

는 여전한 미완의 현안이다.

12 윤휘탁, 「중국의 동북 문화강역 인식 고찰—장백산문화론을 중심으로」, 『중국학보』 55, 2007, 285~313쪽.

13 王素玲, 「長白山文化硏討會綜述」, 『社會科學戰線』, 1994年 6期.

14 배성준, 「장백산문화론에 대한 비판적 검토」, 『중국의 장백산문화론 논문 선역』, 동북아역사재단, 2008, 1쪽; 윤휘탁, 앞의 글, 『동북아역사논총』 48, 2015, 213쪽.

년에는 이를 관할하는 길림성 정부 산하의 '장백산보호개발구 관리위원회'라는 기구가 신설되었다. 2011년부터는 길림성 정부에서 제12차 5개년계획(2011년~2015년)의 중점사업으로 '장백산문화건설공정'이 추진되었다. '장백산문화건설공정'은 장백산문화론을 이론적 기반으로 백두산을 중국화하려는 국가주도의 전략사업이다.[15]

이처럼 1990년대 중반 이래 요하문명론의 한 축으로서 진행되어 온 장백산문화론의 기본 구도와 방향은 장백산문화의 종족적, 문화적 주체에 대한 중국 측의 입장에서 단적으로 드러난다. 중국 측은 장백산문화를 주도한 4대 종족으로 ① 숙신족(肅愼族: 숙신족 → 읍루족 → 물길족 → 여진족 → 만주족으로 명칭 변개, 목단강·흑룡강 유역), ② 예맥족(濊貊族: 부여·고구려족, 한민족, 송화강·눈강 유역), ③ 동호족(東胡族: 대흥안령 호륜패이呼倫貝爾 지역), ④ 화하족(華夏族: 한족, 요서주랑·노합하·서랍목륜하 지역)을 든다.[16]

동북공정이 시작되기 이전까지 이 일대의 중심 국가였던 '배달국 → 단군조선 → 부여 → 고구려 → 발해'의 주족이 예맥족(한민족)이며 숙신족은 예맥족에 긴속된 종족으로 인식되고 있었기에, 이 일대 역사문화의 주족은 당연히 예맥족으로 인식되어 오고 있었다. 그러던 중 동북공정이 시작되면서 중국 측은 이 일대 역사문화의 주족을 은상족계, 곧 화하족(한족)으로 바라보기 시작했다. 은상족 중심의 역사문화 인식인 '홍산문화(선상황제족-선상고국-예제문화) → 하가점하층문화 → 은상' 계

---

15 조법종, 「중국의 장백산문화론과 고구려」, 『백산학보』 76, 2006, 285~291쪽: 윤휘탁, 「중국 남·북한 백두산 연구와 귀속권 논리」, 『한국사학보』 51, 2013, 109쪽.

16 劉厚生, 「長白山文化的界定及其他」, 『中國邊疆史地研究』, 2003년 4期(동북아역사재단 편, 앞의 책, 2008, 90쪽).

통론을 대입시키기 시작한 것인데, 이를 위해서는 일차적으로 예맥족의 지위를 화하족에게 돌려놓아야만 했다. 이렇듯 요동·한반도 지역의 종족적 중심을 은상족계, 곧 화하족 중심으로 바꾸어놓으려는 중국 측의 의도는 "동북삼성 지역을 소수민족의 활동공간으로 간주, 한족(漢族)과 한(漢)문화를 부각시키지 않음으로써 장백산문화를 소수민족의 문화로 잘못 인식해 왔다."[17]는 시각에서 단적으로 확인된다.

이러한 목적을 위해서는 일차적으로 예맥족을 배제하는 것이 필요하다. 장백산문화론의 등장 이후 예맥족 계통이 배제되어 가는 모습은 1998·1999년 무렵부터 2000년대에 이르기까지 장백산에 대한 한국식 호칭인 백두산이 일률적으로 장백산으로 개정된 점에서 단적으로 드러난다. 역사 속에서 백두산은 '태백산(太白山)·대백산(大伯山)·백산(白山)·장백산(長白山)·불함산(不咸山)·도태산(徒太山)·개마대산(蓋馬大山)' 등 다양한 이름으로 불려왔는데 이 중에서도 장백산이라는 호칭은 요·금대부터 사용되기 시작한 호칭으로, 역사기록 중에 처음으로 등장하는 시점은 요 성종(聖宗) 통화(統和) 30년(1012)이다.[18] 이러한 요·금대의 호칭을 사용한 것은 명백히 백두산과 한국의 관련성을 약화시키고 장백산문화론에서 한국을 배제시키려는 의도였다. 또한 같은 맥락에서 종래 백두산을 관할해 오던 연변조선족자치주의 권한을 약화시켰다. 곧 2005년 이후 '장백산보호개발구'가 설치되고 길림성 직속의 '장백산보호개발구 관리위원회'가 설립되면서 연변조선족자치주의 권한이 대폭 줄어들었고 현재는 공산당 길림성위원회 및 길림성 정부가 백두산에 대

---

17 田子馥, 앞의 글, 2005-1(동북아역사재단 편, 앞의 책, 2008, 110~111쪽).
18 『遼史』百官志 聖宗 統和 30年「長白山三十部女眞」.

한 절대적 권한을 장악했다. 이러한 과정을 거치면서 백두산에 대한 연변조선족자치주 정부의 권한이나 조선족의 역사적 심정적 연계성은 급속히 약화되고 있다.[19]

이렇게 예맥계를 장백산문화의 중심에서 배제한 다음 장백산문화의 종족적인 중심은 숙신족, 문화적인 중심은 화하족으로 정의해 갔다. 숙신족을 종족적 중심으로 한 것은 물론 이 일대의 역사문화에서 화하족의 종족적 위상이 낮아서 화하족을 종족적 중심으로 내세우기가 불가능했기 때문이다. 반면 숙신족은 배달국·단군조선 이래 부여·고구려·발해에 이르기까지 예맥족의 부용적 존재로서 긴속되어 있었지만 후금, 또 청조에 이르러 독립 왕조를 세웠고 더 나아가 만주 지역에 머물지 않고 중원 지역으로 들어가 중원왕조가 되었다. 그러다가 결국 화하족화하고 말았는데, 지금의 중국 입장에서는 이들을 숙신계가 아닌 화하계로 바라보기에 장백산문화론의 종족적 중심으로 내세울 수 있었다. 요컨대 장백산문화의 종족적 중심으로 내세워진 숙신족은 실상 화하족의 자격으로 내세워진 것이었다.

중국 측은 이렇게 장백산문화의 종족적 주체는 숙신계로 보면서도 문화적 주체는 화하계로 바라보았다. 숙신문화와 화하문화의 관계에 대해서는 길림성장백산문화연구회의 중심 인물인 유후생의 '장백산문화는 예맥계와 숙신계 문화를 기초로 하고 화하문화를 주체로 하여 융합·발전한 문화'라는 지적이 분명하다.[20] 장백산문화의 기초는 숙신문화나 예맥문화이지만 그 중심은 화하문화로 숙신문화와 예맥문화를 끌어안았다

---

19 윤휘탁, 앞의 글,『동북아역사논총』48, 2015, 212~213쪽.
20 劉厚生, 앞의 글, 2003年 4期(동북아역사재단 편, 앞의 책, 2008, 90쪽).

고 보았다.

이처럼 장백산문화론에서는 예맥족계의 종족적, 문화적 의미가 철저히 배제되고 종족적 주체는 숙신계(화하계의 일종), 문화적 주체는 화하계로 들어 실제적으로 화하계가 중심이 되었다. 이상의 과정을 거치면서 장백산문화는 '한(漢)문화를 주체로 하는 다원복합형 문화'로 규정되었다.[21] 여기에서 말하는 한문화가 앞서 살펴보았던 '홍산문화(선상황제족-선상고국-예제문화)론'을 말함은 물론이다. 다음 장에서는 이러한 '홍산문화(선상황제족-선상고국-예제문화)론'이 장백산문화론 속에 구체적으로 어떻게 접목되어 갔는지를 살펴보겠다.

21　田子馥, 앞의 글, 2005-1(동북아역사재단 편, 앞의 책, 2008, 134~136쪽).

2장
'요하문명론–장백산문화론'의 한국사 말살

---

1. 은상족의 요동·한반도 이주론과 기자조선 인식

앞서 살펴본 바와 같이 중국 측의 홍산문화 연구에서 시작된 요하문명론은 '홍산문화(선상황제족-선상고국-예제문화)론', 곧 '홍산문화(선상황제족-선상고국-예제문화) → 하가점하층문화 → 은상문화'라는 은상족 중심의 역사문화 인식으로 귀결되었다. 중국 측은 이러한 인식을 비단 요서나 중원 지역에 그치지 않고 요동·한반도 지역까지 확대해 바라본다. '홍산문화'의 본원을 계승한 은상왕조가 동북 방면으로도 이주했고, 그이주 과정에서 '홍산문화'를 원류로 하는 은상문화를 한반도 내지까지 깊숙이 전파시켰다는 것이다. 이러한 '은상족의 요동·한반도 이주론', 좀 더 구체적으로는 '홍산문화를 원류로 하는 은상문화의 요동·한반도 전파론'의 근간은 다름 아닌 기자조선론이다.

요하문명론에 이르러 요하문명의 동진론으로서 기자조선이 강조되었지만, 기자조선이 이때에 들어 처음 주목된 것은 아니다. 주지하듯이 중국 측의 기자조선 인식의 출발점은 중국 고대 문헌 중의 '기자동래설(箕子東來說)'이다.[22] 이와 함께 전근대시기 한국인들이 중국의 기자동래설을 수용하여 만들어낸 한국 측의 기자조선 인식도 있다.

한국 사회에 유교문화가 수용되면서 한국인들은 기자동래설을 받아들여 기자조선을 설정하고 단군조선의 후속 국가로 삼았다. 한국사 속에서 유교 교화군주로서의 기자 인식이 처음 등장하는 시점은 고려 중엽이다. 이즈음 유교의 위상이 높아지면서 기자 숭배가 시작되었고 몽골간섭기 성리학의 도입으로 기자의 유교 교화군주로서의 이미지는 더욱 굳어졌다. 이러한 분위기하에 충렬왕 13년(1287) 이승휴(李承休)의 『제왕운기(帝王韻紀)』에서 '단군조선(전조선) → 기자조선(후조선) → 위만조선'의 삼조선설이 등장해 일반론으로 자리 잡았다. 『삼국유사』의 단군사화(檀君史話)까지만 하더라도 '단군조선 → 위만조선' 인식이 일반적이었는데, 『제왕운기』에 이르러 기자조선이 단군조선의 후계자로 부상한 것이다.[23] 전형적인 유교국가였던 조선에서 기자조선은 사대모화의 상징이 되었다. 기자조선은 한국사 최초의 문명국가이자 정통국가로서 단군조선을 능가하는 지위를 누렸고, 단군조선·기자조선·위만조선 할 것 없이 그 중심지는 주로 평양 일원으로 인식되는

---

22 『尙書大傳』卷2 周書 洪範「武王勝殷 繼公子祿父 釋箕子囚 箕子不忍周之釋 走之朝鮮 武王聞之 因以朝鮮封之 箕子既受周之封 不得無臣禮 故於十三祀來朝」; 『史記』卷38 宋微子世家 第8「武王旣克殷 訪問箕子…於是武王乃封箕子於朝鮮 而不臣也」; 『漢書』卷28下 地理志 第8下 玄菟·樂浪郡「殷道衰 箕子去之朝鮮 教其民以禮義 田蠶織作」; 『後漢書』卷85 東夷列傳 第75 濊「昔武王封箕子於朝鮮 箕子教以禮義田蠶 又制八條之教」 등.

23 鄭求福, 『韓國中世史學史』, 집문당, 1999, 303~304쪽.

경향이었다.[24]

근대로 접어들면서 중국 문헌 중의 기자동래설, 또 한국 측의 기자조
선 인식 위에다 근대 학문인 고고학의 성과까지 더해지면서 기자조선
문제는 새로운 국면을 맞게 된다. 곧 1920·1930년대 은허의 발굴로 은
상이 실재한 나라였음이 확인되었고 1980년대 이후에는 요서 지역 상
고문화까지 등장해 중국 측이 이를 은상계 문화로 해석하면서 기자조선
인식이 크게 달라졌던 것이다.

1920·1930년대 은허 발굴 이후 부사년 등 일부 학자들이 '은상문화
동북기원설'을 제기했는데, 여기에 더하여 요령성 일대의 고고학 자료가
추가되면서 은상문화의 동북 기원 내지 동북 진출 문제가 타진되었고
이 과정에서 기자동래 문제가 새삼 주목되었다. 단순히 고대 기록에 의
지한 기자조선상과 고고학이 뒷받침된 기자조선상은 달라질 수밖에 없
다. 중국학자들은 확신에 차서 기자동래설과 고고학 자료들을 뒤섞어
화려한 은상문화가 미개한 요동·한반도 지역으로 전파되었음을 주장하
기 시작했다.

이러한 흐름에서 1940·1950년대가 되면 전통적인 기자조선 평양설
이 주류를 이루는 가운데(김육불金毓黻), 기자가 동쪽 조선으로 도망한
이유에 대해 대릉하·요하·대동강 유역 등지는 과거 은상의 속지(屬地)
였던 지역으로 은상 멸망 후에도 은상문화가 지속되고 있었기 때문으로
보는 견해(오택吳澤), 또 은상이 '진(辰)'으로 별칭되었다고 주장하면서
한반도의 진국(辰國)을 기자진국(箕子辰國)으로 보는 견해(몽문통蒙文通)
등이 등장했다. 기자동래 이전부터 은상문화가 요서는 물론 요동·한반

---

24 정경희, 「조선의 선도」, 『한국선도의 역사와 문화』, 2006, 107~109쪽.

도 지역까지 전파해 이 지역을 식민지화했다고 보았던 것인데 주목할 점은 이러한 주장이 현재 요하문명론상의 기자조선 인식과 흡사한 사실이다.[25] 은허 발굴 이후 은상문화에 대한 과도한 자신감에 준거하여 기자조선에 대한 인식이 크게 바뀌어갔음을 알게 된다.

1970년대 초에는 요서 지역 대릉하 일대 위영자문화권에서 은상·주대의 청동 예기가 집중적으로 매장된 저장구덩이(교장갱窖藏坑) 유적이 지속적으로 발굴되었고 그중에서도 특히 북동촌(北洞村) 유적에서 '기후(箕侯)' 명문이 들어간 방정(方鼎)이 출토되었다.[26] 단순히 기후 방정 한 점으로 인해 이 지역은 기자조선 지역으로 인식되기 시작해 기자조선 연구가 더욱 활성화되었다.

1970년대 말·1980년대 초 이후에는 요서 지역 상고문화의 등장과 동북공정으로 기자조선 연구가 한 단계 촉발되었다. 은허 발굴 이후 중국학계에 깊이 각인된 은상문화 중심의 역사인식은 요서 지역 상고문화조차도 은상계 문화, 곧 선상문화로 바라볼 정도였음은 앞서 살핀 바이다. 동북공정 요하문명론에서는 은상문화와 홍산문화·하가점하층문화가 연결되어, 기왕의 은상족 중심의 역사인식이 더없이 강화되었고 그 선상에서 은상문화의 동북 지역 전파를 담당했던 것으로 믿어졌던 기자조선의 존재가 더욱 크게 부각되었다.

---

25 오강원, 「현대 중국의 고조선 연구와 그 맥락」, 『중국의 고대 한국사 연구』, 고구려연구재단, 2005, 24~26쪽; 박선미, 「동북공정에 나타난 고조선사 인식 논리 검토」, 『동북공정과 한국학계의 대응논리』, 2008, 246쪽; 조원진, 「기자조선 연구의 성과와 과제」, 『단군학연구』 20, 2009, 405~406쪽 참조.

26 喀左縣文化館·遼寧省博物館·朝陽地區博物館, 「遼寧喀左縣北洞村出土的殷周青銅器」, 『考古』 1974-6.

요하문명론에서의 기자조선 연구는 기왕의 기자조선 연구와 달리 요하문명론의 근간이 되는 역사문화 인식인 '홍산문화(선상황제족-선상고국-예제문화) → 하가점하층문화 → 은상문화'와 기자조선을 접목한 방식, 곧 '홍산문화 → 하가점하층문화 → 은상문화 → 기자조선'이었다는 차이가 있다. 단순한 '은상세력의 동북 이주' 문제가 아니라 '홍산문화(선상황제족-선상고국-예제문화)를 본질로 하는 은상문화 전파론'에 초점이 맞추어진 것이었다. 곧 이즈음 기자조선 연구는 요하문명론이라는 큰 틀 안의 주요 연구 분야로서 특히 문화사적 접근을 취했다는 특징을 갖는다.

이러한 접근 방식의 변화도 중요하지만, 요하문명론의 기자조선 인식이 이전 시기의 기자조선 인식에 비해 가장 확연하게 달라진 점은 기자조선으로써 단군조선을 대체하고 기자조선사를 한국사가 아닌 중국사로 바라보았던 점이다. 앞서 1940·1950년대를 거치면서 기자조선에 대한 관심과 시각이 새로워졌으나 1980년대, 또 1990년대 초까지만 해도 중국학계는 기본적으로 기자조선을 한국사의 영역으로 인식하고 중·조 변강사, 또는 중·조 관계사의 영역으로 다루는 것이 좀 더 일반적이었다. 이러한 분위기 속에서 중국학자들 내에서도 기자조선을 부정하고 단군조선을 인정하는 견해가 간간이 제기되기도 했다.[27] 그러다가 요하문명론에 이르러서는 단군조선이나 기자조선을 한국사로 보아오던 기왕의 인식에서 급선회하여, 단군조선을 부정하고 기자조선으로 대체했으

---

27 劉澤華·梁志玖·王玉哲, 『中國古代史』, 人民出版社, 1979; 朴眞奭, 「關於古代朝鮮的幾個問題」, 『朝鮮史通訊』 1980-2; 顧頡剛, 「二監的結局」, 『文史』 總30期, 1988 등. 이러한 연구 경향에 대해서는, 박선미, 앞의 글, 2008, 247쪽; 기수연, 「중국학계의 단군조선, 한사군 인식에 대한 비판적 검토」, 『고조선단군학』 23, 2010, 10~11쪽 참조.

며 더하여 기자조선사는 한국사가 아니라 중국사의 영역이기에 중·조 관계사가 아니라 중국 동북사로 다루어져야 한다고 강변하게 되었다. 이러한 변화는 요하문명론의 기자조선 연구가 기왕의 연구와 달리 '홍산문화 → 하가점하층문화 → 은상문화 → 기자조선'의 분명한 계통 인식에 의했고, 이를 국가 차원에서 확정해 가는 것을 목표로 했기에 단선적이고도 일률적인 계통 인식을 강하게 밀어붙였기 때문이다.

　1990년대 이후 집중적 연구를 통해 모습을 드러낸 요하문명론상의 기자조선 인식의 대체는 다음과 같다. 요하문명론의 기자조선 연구는 대체로 기자동래 지역에 대한 위치 문제를 중심으로 전개되었는데, 고래로 전통적인 입장인 '평양설'과 근대 이후 고고학 성과를 대폭 반영한 입장인 '이동설', 두 계열로 나누어진다. '평양설'의 경우 기자조선은 처음부터 평양에 자리하고 있었다는 입장이다. 곧 은상의 문화는 해외 속지(屬地)의 형태로 한반도에 널리 퍼져 한반도 내 삼한(三韓), 곧 고진국(古辰國)으로까지 전파되었으며, 기자가 조선으로 간 까닭도 은상의 후예인 고진국을 찾아간 것이었다고 보았다. 이 경우 요서 출토 기후 방정은 기자와 상관없는 연 계통의 유물로 본다.(김육불金毓黻·손진기孫進己·장벽파張碧波·이건재李健材 등)[28]

　다음은 '이동설'이다. 앞서 살핀 바와 같이 중국 측은 홍산문화를 계승한 하가점하층문화가 연산 이북 대릉하·소릉하 일대의 위영자문화를 위시하여 연산 이남의 장가원문화나 중원의 은상문화로 이어지는 것으로 바라본다. 이렇게 연산 남·북 지역을 공히 은상계 문화권으로 바라

28　박선미, 위의 글, 2008, 244쪽, 259쪽: 조원진, 앞의 글, 2009, 413~415쪽: 기수연, 위의 글, 2010, 13~18쪽, 23~25쪽.

보기에 은상·주 교체기에도 연산 남·북에 수많은 은상계 국가가 존재했다고 보았다. 특히 이즈음 은상을 멸망시킨 서주가 연산 일대를 연(燕)으로 봉국하게 되면서 위영자문화는 연문화로 이어진다고 본다. 위영자문화가 은상계 문화이기에 연문화 또한 은상계 문화로 보는데, 그 근거로 동북 방향을 숭상하는 습속, 난생설화, 전국시대 연에서 은상 청동기의 도철문이 잘 보존되어 서주 후기부터 중원에서 도철문이 사라져 갔던 점과 대조되는 점, 연의 토기 및 청동기가 은상의 것과 유사했던 점, 연의 수도인 '연박(燕亳)'이 은의 수도인 '박(亳)'과 같았던 점 등을 들고 있다.[29]

연 이외에 연산 이북 지역에도 고죽국(孤竹國), 기자국(箕子國) 등 많은 은상계 나라가 있었다고 보았다. 애초 하가점하층문화의 본류가 위영자문화(장가원문화) 및 은상문화와 같은 중원계 문화로 발전했다면 하가점하층문화의 원산지였던 연산 이북 요서 일대에는 유목문화 요소가 강해진 하가점상층문화(서기전 1400년~서기전 500년), 하북 북부 산지의 옥황묘문화, 대릉하·요하 일대의 요령식곡인청동단검문화(요령식동검문화·비파형동검문화·십이대영자문화·능하문화: 서기전 1000년~서기전 400년) 등이 남게 되었다고 했는데, 중국 측은 이들이 비중원계 문화이지만 하가점하층문화(선상문화)에서 출자된 문화이기에 크게 보아 은상문화의 한 갈래로 볼 수 있다고 했다.[30]

은상 멸망 이후에도 연산 이북 지역에 고죽국, 기자국 등 많은 은상계

29 　郭大順·張星德(김정열 역), 『東北文化와 幽燕文明』 하, 동북아역사재단, 2005(2008), 1047~1049쪽.

30 　정경희, 앞의 글, 『고조선단군학』 34, 2016, 138쪽.

국가가 자리하고 있었다는 것은 바로 이러한 맥락에서 나온 인식이다. 이 중에서도 특히 기자국을 기자조선으로 바라보았다. 곧 서기전 1046년[31] 은상이 멸망하자 은상의 유민세력이 은상족의 기원지였던 연산 일대로 돌아갔는데, 그중 기자세력은 대릉하 지역으로 이주하여 기자국을 세웠다고 했다. 요서 기자국의 주요 근거로 1970년대 초 요서 지역 교장갱에서 출토된 '기후 방정'을 들고 있다. 요서 기자조선은 서주 말·춘추 초 무렵 요동으로 이주했다가 다시 전국 전·중기 무렵 요동으로 세력을 확장한 연에 밀리기 시작했고 급기야 전국 말기인 서기전 300년경 연 진개(秦蓋)의 침공으로 압록강 동쪽으로 밀려나게 되는데, 그 마지막 중심지가 대동강 일대 평양이며 최종적으로 서기전 194년 연 위만에 의해 멸망했다고 보았다. 곧 기자조선은 서기전 11세기 건국 이래 연 위만에 의해 멸망하기까지 '대릉하 일대 → 요하 일대 → 대동강 일대'로 중심지가 바뀌었으며 줄곧 서주·연 등 중국왕조의 지방정권이었다고 했다.(여사면呂思勉·동동佟冬·장박천張博泉·양군楊軍·염해閻海 등)[32]

기자조선의 중심지 문제도 그렇지만, 요하문명론의 기자조선 인식에서 가장 중시된 부분은 바로 홍산문화에서 출발하는 은상문화가 실제로 기자조선의 문화에 어떻게 반영되었는가를 밝히는 부분이었다. 이는 종래 단군조선의 표지로 지목되어 왔던 다뉴기하학문경·비파형동검 등을 은상계 또는 기자조선계 문화로 재해석하는 방식으로 나타났다. 곧 다뉴기하학문경을 기하학적 선을 특징으로 하는 은상의 동경에서 유래한

---

31 하상주단대공정으로 은상의 기년(紀年)은 서기전 1600년~서기전 1046년이 되었다.
32 박선미, 앞의 글, 2008, 244~247쪽, 259쪽; 조원진, 앞의 글, 2009, 413~415쪽; 기수연, 앞의 글, 2010, 13~18쪽, 23~25쪽.

것으로 보거나[33] 비파형동검을 기자조선의 유물로 바라보며 비파형동검이 서쪽에서 동쪽으로 전파된 것을 기자조선 중심지의 이동과 연결시키는 해석이 대표적이다.[34] 이러한 견해는 이전에는 나타나지 않았던 면으로 이 시기 기자조선 인식의 두드러진 특징이었다. 요하문명론의 선상에서 기자조선을 바라보았기 때문이다.

이상에서 살펴본바 요하문명론의 기자조선 인식에 대한 한국학계의 대응은 미진하다고 할 수 있다. 대체로 중국 측이 제시하는 구체적 주장들에 대한 각개 방어에 주안점을 둔 형편이다. 한국학계가 봉착하고 있는 가장 본질적인 문제점은 단군조선이나 기자조선에 대한 입장이 명확하지 않다는 점일 것이다. 주지하듯이 아직 우리 학계는 단군조선의 건국 연대나 강역 문제에 대한 근접된 견해를 갖고 있지 못하며, 이러한 이유로 인해 중국 측의 주장에 효율적으로 대응하지 못하고 단지 각론들을 방어하는 차원에 머물게 되었다.

단군조선이나 기자조선에 대한 시각 정립의 문제 너머로 가장 근본적이고도 일차적인 해결 과제는 중국 측이 요하문명론의 첫머리로 내세운 '홍산문화(선상황제족-선상고국-예제문화)'를 정확한 시각으로 교정하는 일이라고 할 수 있다. 단군조선이나 기자조선 문제는 말할 것도 없고, 요하문명론과 관련한 모든 논의의 출발점이 '홍산문화'에서 시작되기 때문이다. 명백한 선도문화이자 배달국문화인 홍산문화를 예제문화이자 선상문화로 왜곡하는 데서 시작하여 그 본류를 은상으로 연결시킨 후 다시 단군조선을 은상계 기자조선으로 왜곡했으니 문제 해결은 그 첫

33　張碧波, 「古朝鮮銅鏡性質初探」, 『黑龍江社會科學』 2001-3.
34　閻海, 「箕子東走朝鮮探因」, 『北方文物』 2001-2.

출발점에서 시작할 수밖에 없는 것이다.

'홍산문화(선상황제족-선상고국-예제문화)'가 아닌 '홍산문화(맥족-배달국-선도문화)'로서의 성격이 분명해질 때, 그 계후 국가인 단군조선상이 분명하게 그려지고 다음 단계로 기자조선 문제도 자연스럽게 풀리게 될 것이다. 특히 한국 측 선도사서들에는 기자조선의 실체를 가늠하게 하는 기록, 또 기후 방정의 성격을 가늠하게 하는 기록 등이 나타나 있는데, 이 기록들은 단군조선의 입장에서 기자동래나 기자족을 서술했다는 점에서 기자조선에 대한 후대의 많은 기록들과 차별화되는 가장 중요한 일차 자료들이라 할 수 있다.

먼저 기자조선의 실체와 관련된 기록이다. 선도사서에서는 서기전 1122년 은상이 멸망한 이후 수년이 지난 서기전 1119년, 은상의 유민인 기자(箕子) 자서여(子胥餘)가 요서 일대에 자리한 번조선(番朝鮮)의 서남부 말단인 태행산(太行山) 서북 지역으로 망명했고, 또 서기전 1114년에는 서화(西華)라는 곳에 숨어 살았다고 했다.[35] 단군조선은 단군이 주재하던 진조선(진한辰韓, 요동 지역)을 중심으로 번조선(번한番韓, 요서 지역)과 마조선(마한馬韓, 한반도 지역)이 진조선을 좌·우에서 보좌하는 '3조선(3한) 연정 체제'를 이루고 있었는데, 이 중 번조선 지역은 배달국 이래 요서 일대의 선진 문명을 계승했을 뿐 아니라 중원과 문물 교류의 창구 역할을 하여 삼조선 중에서도 가장 문물이 번화하고 개방적인 곳으로 기자와 같은 은상의 유민세력이 정착하기에 적합한 곳이었다.

기자의 번조선 이주에 대한 짧은 기록 이후 더 이상 기자와 관련한 기록이 나타나지 않다가 번조선 말 다시 기록이 등장한다. 곧 서기전

---

35 『太白逸史』三韓管境本紀 馬韓世家下:『檀君世紀』二十五世檀君 率那.

323년 번조선이 약화되고 왕권 쟁탈이 심해지는 와중에 번조선 내 소국인 '수유(須臾)'의 후왕(侯王) 기후(箕詡)가 번조선으로 들어와 70대 왕이 되어 75대 기준(箕準)에 이르기까지 번조선의 왕 노릇을 했다는 기록이다.[36] 후대 한국 사회에서는 이들이 기자의 후예로 알려졌다.

이렇듯 번조선 말 아주 짧은 기간 존속한 왕조였던 기씨 왕조가 후대에 이르러 기자조선으로 왜곡되고 또 모화사대의 상징이 된 것은, 배달국·단군조선을 중심으로 4천여 년간 지속되어 온 동북아시아의 선도문화적 질서가 한대 이후 중국 중심의 중화패권주의적 질서로 바뀌어갔던 시대변화에 기인한다. 고려 중엽 이래 유교가 관학의 지위에 오르면서 역사인식 면에서도 유교적 역사인식이 등장하는데, 이때부터 기자조선은 최초의 문명국가라는 미명하에 배달국·단군조선을 밀어내고 한국사의 첫머리를 차지하게 된다.

이상 선도사서의 기록들과 통하는 연구로, 기자집단이 단군조선을 대체한 것이 아니라 단군조선의 서쪽 변방인 난하(灤河) 하류 동부 유역을 차지한 작은 제후국(거수국渠帥國)이었을 뿐이라는 연구가 있다.[37]

다음으로 중국 측 기자조선설의 핵심 논거로 내세워진 기후 방정의 의미를 전혀 다르게 바라볼 수 있는 선도사서의 기록도 있다. 선도사서 중에는 은상 말기 진조선과 번조선, 또 번조선 내 소국인 청구국(靑丘國)·구려국(句麗國)·남국(藍國) 등이 연합하여 은상을 정벌한 내용, 또 은상이 멸망한 이후에도 주와 연을 정벌한 내용이 계속 등장한다.[38] 이

---

36 『太白逸史』三韓管境本紀 馬韓世家下.
37 윤내현, 「기자신고(箕子新考)」, 『한국사연구』 41, 1983, 1~50쪽; 『고조선연구』, 일지사, 1994, 462~466쪽.
38 『檀君世紀』

러한 기록과 통하는 연구로, 여러 족휘 명문이 새겨진 청동 예기들이 한 곳에 모이고 무질서하게 매장된 정황으로 보아 요서 지역의 토착세력이 연과의 전쟁을 통해 약탈해 온 유물일 것으로 본 연구,[39] 또는 망명한 은상·주 유민이 제사를 지낸 흔적 또는 은상·주 유민이 긴급한 상황에서 매장했거나 토착세력이 약탈을 통해 매장했을 가능성을 밝힌 연구 등이 있다.[40] 은상·주 교체기 은상 유민들이 각처로 흩어져 여러 곳에 기기(彝器)를 남겼고, 또 요서 지역과 중원 지역의 갈등이 더욱 심해진 것이 분명하다면 기후 방정만을 내세워 이곳을 기자국 영토로 비정할 수는 없을 것이며 여러 분야의 연구를 종합해 보아야 할 것이다.

이상에서 살펴본바, 선도사서의 기록들은 현재 기자조선을 둘러싼 한·중 학계의 얽히고설킨 착종을 풀어낼 관건이 되어줄 것임에 틀림없다. 요하문명론을 둘러싼 수많은 혼선과 착종을 해결하는 첫 출발점은 언제나 '홍산문화(맥족-배달국-선도문화)'이며 이러한 시각을 견지하고 있는 선도적 역사인식이 될 수밖에 없는 것이다.

2. 장백산문화론 속의 '홍산문화(선상황제족-선상고국-예제문화) 계통론'

앞서 요하문명론이 요동·한반도 일대로 확대·적용되면서 장백산문

---

39 김정열, 「요서지역 출토 상·주 청동예기의 성격에 대하여」, 『요하유역의 초기 청동기문화』, 동북아역사재단, 2009.
40 조원진, 「요서지역 출토 상주 청동기와 기자조선 문제」, 『백산학보』 88, 2010, 123쪽.

화론이 등장했고, 특히 요하문명론과 장백산문화론을 연결하는 고리로 서 기자조선이 중시되었음을 살펴보았다. 이를 이어 본절에서는 요하문 명론의 '홍산문화(선상황제족-선상고국-예제문화)론'이 구체적으로 장백 산문화론에 어떠한 모습으로 녹아들어 있는지를 살펴보겠다.

장백산문화의 출발점으로 홍산문화, 또 은상문화가 설정되고 있음은 '요하문명이 중화문명의 서광이었다면 지리적 범위로 보아 당연히 장백 산문화의 서광이기도 하다'라는 인식에서 잘 알 수 있다. 중국학계의 장 백산문화의 기원에 대한 입장은 실로 다양해 보이지만 조금만 따져보면 한결같이 홍산문화를 출발점으로 하고 있음을 알게 된다.[41] 이러한 방향 에 따라 '(장백산문화에서는) 숙신인이 있기 이전에 선상인(先商人), 또 은상인이 세운 고국(古國)이 있어 개척 활동을 벌였으니 장백산문화의 개척자는 숙신인이 아니라 선상인·은상인 계통이다'라는 인식이 생겨났 다.[42]

선상인·은상인에 의한 요동·한반도 지역 개척은 서기전 1046년 은 상이 멸망한 이후 기자조선과 연으로 이어진다고 본다. 기자조선에 대 해서는 앞절에서 자세하게 살펴본 바이다. 은상 멸망 이후 은상계 문화 의 주된 담당자로 기자조선을 들기도 하지만, 서주의 제후국이자 정통

---

41 중국학계의 장백산문화 기원에 대한 입장 차이에 대해, 윤휘탁은 ① 홍산문화로 보는 시
    각, ② 중원왕조가 동북 지역에 행정기구를 설치한 시점으로 보는 시각, ③ 숙신계 문화
    로 보는 시각으로 나누었다.(윤휘탁, 앞의 글, 2013, 115~117쪽) 그러나 ②의 경우로 거론
    되는 기자조선·연 등은 한결같이 홍산문화나 은상문화로 연결되고 있어 ①·②는 같은
    계열로 묶어볼 수 있다. ③의 시각도 홍산문화론과 별개의 시각은 아니다. 곧 숙신계가
    후금·청대 이후 한족화하여 홍산문화(선상황제족-선상고국-예제문화)를 뿌리로 하는 한
    족문화로 바뀌어갔다고 보기 때문이다. 중국 측의 숙신계 문화에 대한 태도는 본서 1부
    3장 2절을 참조할 수 있다.
42 田子馥, 앞의 글, 2005-1(동북아역사재단 편, 앞의 책, 2008, 113~114쪽).

중원왕조인 연은 화하문화의 본원으로 더욱 중시된다.[43] 은상 멸망 이후 서기전 3세기에 이르기까지 약 800년간 요하-장백산지구 개발의 중심이 되었다고 보는 것이다.

중요한 점은 중국 측의 기자조선과 연에 대한 강조점이 은상계 국가라는 점에 있다는 사실이다. 연과 기자조선의 관계에 대해서는 국경선 문제가 중심이 되는데, 특히 연 말기 국경선이 청천강 일대라는 입장이다. 근거는 청천강 이북까지 분포하는 도폐(刀幣, 명도전明刀錢)를 연의 화폐로 보는 점, 또 한반도 서북부 대령강(청천강의 지류) 유역에서 조사된 장성을 연장성의 동단으로 보는 점 등이다.[44]

연 멸망 이후에는 연의 망명집단 위만세력이 기자조선의 왕인 준왕(準王)의 양해를 얻어 청천강과 압록강 일대에 자리하고 있다가 기자조선을 멸망시키고 위만조선을 세웠다고 보았다. 중국 측의 기자조선에 대한 관심은 매우 높아 많은 연구가 이루어진 반면 위만조선의 경우는 단기간 존재한 국가로 기자조선의 연장선상에서 다루어지기에 관련 연구가 적고 쟁점 또한 거의 없는 편이다. 기자조선이 기본적으로 은상계 국가로 평가된다면 위만조선의 경우는 서한(西漢)의 지방정권으로서의 성격이 더욱 짙어졌다고 평가되며, 중심지는 시종 평양 일대로 이야기된다.[45] 위만조선은 서한과 갈등하다 서기전 108년 서한 무제(武帝)에 의해 멸망당하고 이후 한사군(漢四郡)의 직접적인 통치가 시작되었는데 한사군 중 현도군의 영역 내에서 고구려가 건국되어, 서서히 한사군을

---

43 田子馥, 위의 글, 2005-1(동북아역사재단 편, 앞의 책, 2008, 114~117쪽).
44 郭大順·張星德(김정열 역), 앞의 책 하, 2005(2008), 1102~1103쪽.
45 박선미, 앞의 글, 2008, 253쪽.

쫓아내고 동북아시아의 새로운 패자로 등장했다고 본다. 부여 역시 현도군의 지배를 받은바 고구려와 같은 계통의 국가이며 고구려·부여는 다시 발해로 이어진다고 보았다. 기자조선이 연의 지방정권, 위만조선이 한의 지방정권이었듯이, 고구려·부여·발해 역시 한결같이 중원왕조의 지방정권으로 인식되었다.

이처럼 요하문명론의 '홍산문화(선상황제족-선상고국-예제문화) → 하가점하층문화 → 은상문화' 계통론은 장백산문화론에 이르러 '[홍산문화(선상황제족-선상고국-예제문화) → 하가점하층문화 → 은상] → (연·)기자조선 → 위만조선 → 한사군 → 고구려·부여 → 발해' 계통론으로 확대되었다. 이러한 계통을 거쳐 전래된 문화의 사상적 실체에 대해서는 대체로 '유교를 중심으로 한 불교·도교 등의 종합문화'로 인식된다. 유교의 경우, 은상 이래 요동·한반도 일대로 널리 전파되었으며 특히 은상의 유민 기자가 시·서·예·악, 의약, 복서 등을 가져가 야만을 문명으로 전화시켰다고 보았다. 연이나 한사군 등도 시·서·예·역·춘추 등 유교 경전을 전함으로써 국가 관념, 종법 관념, 예 관념 등을 지속적으로 전파했다고 보았다.[46] 이렇게 장백산문화에는 유교의 인·의·예·지·신이 기반이 되어 도가나 묵가 등도 혼합되었으니, 이러한 화하계 철학사상과 토착문화(숙신계 중심)가 결코 충돌되지 않았다고도 했다.[47] 요하문명의 뿌리인 홍산문화의 내용을 '예제문화'로 보기에 장백산문화 역시 유교의 '예제문화' 중심으로 바라보고 있음을 알게 된다.

---

46 田子馥, 앞의 글, 2005-1(동북아역사재단 편, 앞의 책, 2008, 118~119쪽).
47 曲巖, 「長白山文化及其在東北亞地區和平與穩定中的作用」, 『黑龍江社會科學』 88, 2005-1(동북아역사재단 편, 앞의 책, 2008, 142~143쪽).

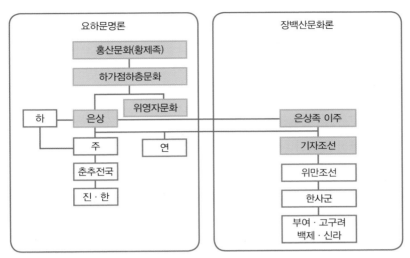

자료1 **요하문명론-장백산문화론의 관계**

상기 계통 인식의 관건은 다름 아닌 요하문명론 이래의 은상족 중심
론이다. 요하문명론의 은상족 중심의 인식이 장백산문화론으로 그대로
이어지고 있었던 것인데, 이는 극히 집요하여 연과 기자조선을 은상계
국가로서 강조할 뿐 아니라 그 후속 국가인 고구려·부여까지도 은상계
국가로 규정했다.

1980년대 정도만 해도 중국학계의 고구려 기원에 대한 연구는 맥 또
는 예맥설(장박천), 부여설(왕건군王健群)이 일반적이었는데, 동북공정이
본격화되던 1990년대에 들어 '고이설(高夷說)'(김육불, 유자민劉子敏), '은
상(殷商) 후예설'(경철화耿鐵華), '염제(炎帝) 후예설'(이덕산李德山) 등 요
하문명론에 따른 주장들이 나왔다.[48] '고이설'은『일주서(逸周書)』「왕회

---

48 기수연, 「중국학계 고구려의 商人, 炎黃後裔說에 대한 비판적 고찰」,『고구려연구』 27,

해(王會解)」에 나타난 고이를 고구려로 바라보는 입장이다. 이에 의할 때 고구려의 기원은 서기전 11세기까지 소급되는데, 이러할 경우 그 앞 시기는 은상과 연결되며 은상은 다시 홍산문화와 연결된다. '은상 후예설' 역시 앞 시기가 홍산문화와 연결된다. '염제 후예설'은 중국의 양대 족원(族源)으로 황제족과 염제족을 구분하고 황제족은 중원을 차지하고 있던 전통적인 화하족으로, 염제족은 산동에서 기원한 여러 동이계통의 선조로 보았는데, 고구려를 산동 지역의 동이와 연결시켜 염제족의 후예로 산동에서 옮겨 왔다고 보는 입장이다. 이처럼 '고이설', '은상 후예설', '염제 후예설'은 강조점에 있어 다소간의 차이는 있지만 실상은 한결같은 '황제(홍산문화) 또는 염제 후예설'로서 요하문명론에 극히 충실한 논의였다.

물론 이 중에서도 요하문명론의 '은상족 중심의 역사인식'에 가장 충실한 입장은 '은상 후예설(경철화)'로, 요하문명론–장백산문화론의 공식적인 고구려관이다. 주창자인 경철화는 동북공정을 이끄는 대표적인 연구자 중 한 명으로 통화사범학원 교수 출신이며 1980년대부터 이러한 논의를 지속적으로 개발해 왔다. 경철화의 주장은 『중국고구려사』(2002)로 집대성되어 나왔는데, 중국의 국책연구기관으로 동북공정을 진행하고 있는 중국사회과학원 변강사지연구중심(邊疆史地研究中心)의 주목을 받아 중국 측의 공식적인 동북사관이 되었다. 변강사지연구중심에서는 동북공정의 입장에서 고구려사를 새롭게 정리하여 『고대중국고구려역사총론』(2001) 및 『고대중국고구려역사속론』(2003)이라는 두 권의 책을 냈다. 이 중 첫 번째 『고대중국고구려역사총론』에는 마대정(馬大正)·양

2007, 11~13쪽.

보륭(楊保隆) · 이대룡(李大龍) · 권혁수(權赫秀) · 화립(華立)이 참여했는데, 두 번째『고대중국고구려역사속론』단계에 이르러 저자 중 양보륭 · 화립이 빠지고 경철화가 참여하는 변화가 있었다.

『중국고구려사』와『고대중국고구려역사속론』두 책자는 단순한 고구려사 연구서가 아니라 요하문명론-장백산문화론에 따라 홍산문화(선상황제족-선상고국-예제문화)의 요동 · 한반도 방면으로의 계통성을 밝힌 것이다. 이들 저서에서는 홍산문화를 '선상문화'로 규정하고 이것이 은상으로 이어졌으며 다시 서기전 1600년~서기전 1300년 사이에 은상의 한 갈래가 떨어져 나가 고구려(· 부여) 등이 되었다고 했다. 고구려문화에 나타난 홍산문화나 은상문화의 영향으로는, 유물 · 유적 면에서 토기 · 옥기 · 석기 · 청동기의 제작 기법과 형태, 적석무덤 등을 들었고, 내용면에서 복희 · 여와 · 희중 · 염제 · 황제 등의 전승, 사신도(四神圖) · 선인(仙人)문화, 은력(殷曆) 사용과 흰색 숭상 등을 들었다. 자세한 내용은 아래와 같다.

1980년대 이래 요령 서부, 내몽골 동부, 하북 북부 유연(幽燕) 지역의 고고 발굴은 선상(先商) 문화인 홍산문화의 유적 · 유물로서 동북 지구의 고고학 문화, 민족문화에 중요한 영향을 끼쳤다. 고구려 고고문화에는 많은 선상문화 요소가 있는데, 일부 토기 · 옥석기 · 청동기 제작 기법과 형태는 많은 유사점이 있다. 예를 들면 타제 돌괭이 · 거미줄무늬 청동거울 · 청동제 도끼 등이다. 특히 고구려의 적석무덤은 홍산문화 적석무덤, 요동 고인돌무덤 및 대개석(大蓋石) 무덤의 영향력하에 형성 · 발전 · 변화된 것이다. 이외에 고구려 벽화무덤에 나타난 복희(伏羲) · 여와(女媧), 신농염제(神農炎帝), 희중(羲仲)의 수레 만들기, 황제(黃帝)의 순시 등 전통 이야기와 많은 주작·현무·청룡·백호 사신도(四神圖), 기악선인(伎樂仙人) 등은 모두 염황문화의 영향하에서 기원했다. 이는 고구려가 은상씨족에서 기원했다는 것을 진일보 증명하는 것이며, 오제 계통에 속한다는 추리는 충분한 이유와 근거가 있는 것이다.[49]

고구려민족의 기원은 상(商)이 중원을 통치한 전후로 거슬러 올라간다. 하상주단대공정(夏商周斷代工程)에서 공포한 『하상주연표(夏商周年表)』에 근거해 보면 고구려인이 은상(殷商)씨족에서 분리되어 나온 시기는 탕(湯)에서 반경(盤庚) 이전인 서기전 1600년~서기전 1300년이다. … 사서에 의하면 '동이(東夷)의 옛말에 고구려는 부여의 별종이라 하는데, 말이나 풍속 등이 부여와 같은 점이 많다'고 기록되어 있고 또 부여는 '은력(殷曆) 정월에 지내는 제천행사는 국중대회로 날마다 음주가무하며 의복은 흰색을 숭상한다'고 기록되어 있어, 고구려와 부여국이 은상민족에서 나온 것을 증명할 수 있다. 북방 홍산문화는 상나라 이전의 문화로서 중국 고대문화의 원류 가운데 하나이다. 북방 민족의 형성과 발전에 중대한 영향을 미친 것은 두말할 필요가 없다.[50]

중국 측은 이러한 요소들의 사상적 내용성에 대해서는 '유·불·도 삼위일체의 사상'으로 바라보았다.[51] 이렇게 '고구려 은상 후예설'은 1990

---

49 耿鐵華(박창배 역), 『中國高句麗史(중국인이 쓴 고구려사)』上, 고구려연구재단, 2002(2004), 80쪽.
50 馬大正·李大龍·耿鐵華·權赫秀(서길수 역), 『古代中國高句麗歷史續論(동북공정 고구려사)』, 사계절, 2003(2006), 485~486쪽.
51 馬大正·李大龍·耿鐵華·權赫秀(서길수 역), 위의 책, 2003(2006), 395쪽.

년대 이후 중국문명의 기원으로 새롭게 떠오른 요하문명론의 요동·한반도 일대로의 확산 이론으로서 장백산문화론의 핵심적 역사인식이요, 좀 더 구체적으로는 '[홍산문화(선상황제족-선상고국-예제문화) → 하가점하층문화 → 은상] → (연·)기자조선 → 위만조선 → 한사군 → 고구려·부여 → 발해' 계통론이라고 할 수 있다. 이는 중국학계 내에서의 소소한 입장 차이를 넘어서 중국 측의 공식 이론이 되었다. 특히 2004년 고구려 유적을 북한과 공동으로 세계문화유산으로 등재한 이후부터는 이러한 시각에 따라 고구려·부여·발해 유적들을 대대적으로 개발·단장하고, 이들을 한족계 지방정권으로 선전하고 있다.

얼핏 보기에 장백산문화론에서는 고구려사가 집중적으로 강조되어 특히 한국인들에게는 장백산문화론의 중심이 고구려사 왜곡인 듯 비추어지기도 한다. 그러나 이는 단순한 고구려사 왜곡이 아니라 백두산 일대의 가장 대표적인 국가인 고구려에 요하문명론의 '홍산문화(선상황제족-선상고국-예제문화)' 계통론을 연결한 것이다. 장백산문화론의 수면 위로 드러난 사안인 고구려사 왜곡, 또 같은 맥락에서 부여사 및 발해사 왜곡의 이면으로 단군조선의 기자조선으로의 왜곡 문제가 자리하고 있으며, 더 나아가서는 모든 왜곡의 출발점에 '홍산문화(맥족-배달국-선도문화)'에 대한 '홍산문화(선상황제족-선상고국-예제문화)'로의 왜곡이 자리하고 있다. 요하문명론-장백산문화론에 따른 모든 부면의 주제들이 실상 '홍산문화(선상황제족-선상고국-예제문화)론'의 확대·부연이기에 그 오류 교정에 있어 '홍산문화(맥족-배달국-선도문화)'의 기준점은 한결같이 중요해진다.

3장

'요하문명론-장백산문화론'의 허구성

---

1. 선도제천유적에 대한 '홍산문화(선상황제족-선상고국-예제문화) 계통론' 적용의 딜레마

앞서 요하문명론-장백산문화론에서 요동·한반도 일대 문화의 종족적 주체를 숙신계, 문화적 주체를 화하계로 바라보며, 특히 화하계 문화의 계통을 '[홍산문화(선상황제족-선상고국-예제문화) → 하가점하층문화 → 은상] → (연·)기자조선 → 위만조선 → 한사군 → 고구려·부여 → 발해'로 잡고 있음을 살펴보았다.

동북공정 이전에는 이 일대의 문화가 화하계로 인식된 바가 전혀 없었기에 이는 매우 생소한 주장이었고 중국 측은 이러한 주장의 타당성을 검증해야만 했다. 장백산문화론의 핵심은 무엇보다도 백두산 일대의 사상·종교문화, 중국식 표현으로는 '장백산 신앙'이기에 일차적으로 장백산 신앙을 화하계로 해석해 내고자 했다. 요하문명론-장백산문화론의 시각에서 장백산 신앙을 화하계로 바라본다는 것은 장백산 신앙이 '홍산문화(선상황제족-선상고국-예제문화)' 계통임을 논증하는 것이 된다. 이에 중국 측의 장백산 신앙에 대한 접근 방식은 처음부터 '홍산문화' 계통을 입증하고자 하는 목적성과 방향성을 지닌 것이 되었다.

이에 따라 장백산 신앙의 여러 요소 중에서도 '홍산문화'와 연결될 수 있는 부분에 관심을 보였는데, 적석 제단 및 무덤이 그 일차적인 대상으로 부각되었다. '홍산문화'의 표지인 단·묘·총 및 옥기 유적·유물 중 적석 제단(단)과 적석 무덤(총) 유적은 요동 지역 상고문화에서도 공히 나타난다. 요동 지역 적석 단·총에 대한 연구는 요동반도가 중심이 되고 있는데, 소주산상층문화(小珠山上層文化: 서기전 3000년~서기전 2500년)로 소급되며[52] 이는 다시 전기 청동기문화인 쌍타자(雙陀子) 1기 문화(서기전 2100년~서기전 1900년)로 이어졌다가 후기 청동기문화의 지석묘로 이어지는 모습을 보였다.[53]

중국 측이 요하문명론을 통해 요서 지역의 적석 제단과 무덤에 대한 분명한 시각을 정립한 후에 그 전통이 요서에서 요동 일대로 전파된 것으로 바라보게 됨은 매우 자연스러웠다.[54] 중국 측은 요동 일대의 적석 제단 및 무덤 유적들 중에서도 장백산 신앙의 중심이었던 백두산 일대에서 발견된 단·총에 관심을 가졌다.

지금까지 발견된 백두산 일대의 옛 제단 유적은 백두산 서북편에 자

52　郭大順·張星德(김정열 역), 앞의 책 상, 2005(2008), 449~452쪽.

53　오대양, 「요남지역 청동기시대 유적의 발굴 현황과 연구 성과」, 『고조선단군학』 29, 2013, 210쪽.

54　徐子峰, 「紅山文化積石塚與遼東半島石墓文化」, 『大連海事大學學報(社會科學版)』 5-3, 2006: 苗偉, 「試論遼西積石塚與遼東半島積石塚的演變關係」, 『赤峰學院學報(自然版)』, 2015(11): 하문식, 「요동지역 문명의 기원과 교류」, 『동양학』 49, 2011, 17쪽.

리한 길림성 통화·무송(撫松) 일대에 집중되어 있다. 가장 먼저 1995년 통화 여명 유적에서 서기전 2000년까지 올라가는 40여 기의 옛 제단이 발견되어 세간의 이목을 집중시켰다.[55] 이어 1997년에는 여명 유적에서 가까운 통화 만발발자(왕팔발자) 유적에서 서기전 4000년~서기전 3000년 무렵 홍산문화 우하량의 제13지점 초대형 피라미드를 상회하는 거대 규모의 전방후원형 삼환제단이 발굴되었다.[56] 2008년에는 백두산에서 북서쪽으로 72km 떨어진 무송현 만량진(萬良鎭) 대방정자(大方頂子, 대황정자大荒頂子)산 해발 900m 지점에서 동남쪽으로 백두산을 바라보고 일렬로 배치된 6개의 방형 제단, 2개의 원형 제단, 1개의 옛 우물(고정古井), 비석 1좌 등이 발견되었다.[57] 제단 유적들이 1995년 이후 집중적으로 발견된 것은 당연히 '요하문명론-장백산문화론'과 관련이 있다. 앞서 살펴본 바와 같이 1994년 장백산문화론, 1995년 요하문명론이 표방되면서, 장백산 신앙에 대한 본격적 관심이 시작되었고 이러한 관심도에 비례하여 백두산 일대의 유적 중에서도 특히 장백산 신앙 관련 유적에 대한 관심이 높아지는 분위기 속에서 옛 제단 유적이 집중적으로 조명, 강조되기 시작한 것으로 볼 수 있다.

이처럼 백두산 일대에서는 시기나 형태 면에서 요서 지역 홍산문화의

---

55 『星島日報』, 1995年 6月 26日: 서정록, 『백제금동대향로』, 학고재, 2001, 382쪽, 주(86): 우실하, 『동북공정 너머 요하문명론』, 소나무, 2005, 113~134쪽.

56 李樹林, 「躍進文化的考古發現與高句麗民族起源研究」, 『黑土地的古代文明』, 遠方出版社, 2000, 119~139쪽: 「千年神驚現古國通化王八脖子遺址探秘(李樹林)」, 『吉林日報』, 2002年 8月 19日: 「고구려 유적 下—유적 현장의 역사왜곡 실태」, 『한국일보』, 2005년 8월 3일자: 기수연, 앞의 글, 2007, 16~17쪽.

57 「長白山區首次發現大型祭壇群遺址, 對東北歷史文化意義重大」, 『新華網 吉林頻道』, 2008年 6月 23日.

제단 유적과 통하는 많은 제단 유적들이 발견되었는데, 이러한 유적들에 대한 유일한 문헌기록을 갖고 있는 민족은 오직 한민족뿐이다. 한민족에게 백두산 일대는 줄곧 한국사의 발원지, 또 고유문화인 선도문화의 발원지로 인식되어 왔고, 특히 그 중심 산인 백두산은 대표적인 선도제천산으로서 더없는 숭경의 대상이었다. 한국사 속 백두산의 심중한 의미는 단군사화를 위시한 여러 선도사서들에 잘 나타나 있다.

먼저 단군사화에서는 환인의 명을 받은 환웅천왕이 환웅족 3천 명을 거느리고 '태백산' 신단수 아래로 하강하여 웅녀를 교화하고 신시를 건국하여 홍익인간·재세이화의 이상을 펼쳤으며 이러한 전통은 단군왕검으로 이어졌다고 했다.[58] 단군사화를 채록한 일연이 태백산이 곧 묘향산이라는 주석을 달아[59] 후세의 혼란을 가중시키기도 했지만, 태백산(개마대산·백산·불함산·도태산·태백산·장백산)이 현재의 백두산이라는 데 학계의 이견이 없다.[60]

다음으로 단군사화의 원자료였던 '고기(古記)', 곧 선도사서들에서도 태백산이 다름 아닌 백두산으로 배달국 최고의 소도제천지이며 고대 중국 문헌 중에 중국인들이 그렇게 흠모해 마지않던 '삼신산(三神山)'임을 자세하게 밝히고 있다.[61] '태백(太白)'은 '한밝, 큰 밝음'의 의미로, 존재

---

58 『三國遺事』卷1 紀異1 古朝鮮王儉朝鮮.
59 『三國遺事』卷1 紀異1 古朝鮮王儉朝鮮「雄率徒三千降於太伯山頂 卽太伯 今妙香山」.
60 조법종, 「백두산과 장백산 그리고 만주」, 『백두산 현재와 미래를 말한다』, 한국학중앙연구원, 2010, 36~42쪽 참조.
61 『揆園史話』肇判記「太白山者 卽白頭山也」;『太白逸史』神市本紀「太白山 獨壓崑崙之名 亦有餘矣 古之三神山者 卽太白山也 亦今白頭山也」;「則蘇塗祭天之古俗必始於此山 而自古桓族之崇敬 亦此山始 不啻尋常也 且其禽獸悉沾神化 安棲於此山 而未曾傷人 人亦不敢上山 溲溺而瀆神 恒爲萬歲敬護之表矣」.

의 본질이자 근원적 생명력으로서의 기에너지, 곧 '일기·삼기(마고·삼신, 하느님·삼신)'가 지닌 밝음을 의미한다. 선도사서에서는 백두산이 배달국 최고의 소도제천지였을 뿐 아니라 그 일대에 배달국의 도읍인 '신시(神市, 신주神州)'가 자리하고 있었다고 했다.

> (환웅이) 백산(白山)·흑수(黑水) 사이로 내려와 천평(天坪)에 자정(子井)·여정(女井)[남녀를 구분하여 지급한 정전井田(필자 주)]을 긋고, 청구(青邱)에 정지(井地)를 그었다. 천부인(天符印)을 지니고 오사(五事)[주곡·주명·주형·주병·주선악(필자 주)]를 다스려 재세이화(在世理化)·홍익인간(弘益人間)했으니 도읍은 신시(神市), 국호는 배달(倍達)이다.[62]

여기서는 '환웅족이 천평(天坪) 및 청구(青邱), 두 지역에 정전제(井田制)를 실시했다'고 했다. 이 중 천평은 백두산 기슭에 대한 총칭이며 구체적으로는 현재의 서북 양 간도를 지칭한 것이니[63] 신시와 같은 의미이다. 또한 청구는 홍산문화 중심지로 알려진 요서 대릉하 북쪽 일대이다.[64] 곧 환웅족은 본격적인 통치를 위해 사람과 물산이 집결되던 두 곳, 신시(신주·천평)와 청구를 배달국의 동쪽과 서쪽의 양대 중심지로 삼아 요서·요동·한반도 일대를 두루 경영했던 것이다.[65] 이렇게 신시와 청구가 배달국의 양대 중심지였다면 청구 지역 홍산문화기 단·묘·총으로

---

62 『三聖紀全』 上 「降于白山黑水之間 鑿子井女井於天坪 劃井地於青邱 持天符印 主五事 在世理化 弘益人間 立都神市 國稱倍達」.

63 최남선 저·임선빈 역, 『백두산근참기』, 경인문화사, 1927(2013), 119쪽.

64 정경희, 「배달국 말기 천손문화의 재정립과 '치우천왕'」, 『선도문화』 9, 2010, 235~236쪽.

65 정경희, 앞의 글, 『단군학연구』 36, 2017.

대변되는 선도제천유적과 신시 지역 백두산 일대에서 발견된 옛 제단 유적이 동일 계통의 유적임을 알게 된다.

이상 백두산 일대의 선도제천에 대한 한국 측의 기록과 달리 중국 측은 장백산 신앙과 한민족의 연관성을 철저하게 부정한다. 요하문명론-장백산문화론의 기본 방향이 종족·문화적으로 예맥족계를 철저히 배제하는 방향이었음은 앞서 살핀 바이다. 장백산 신앙과 한민족의 연관성에 대한 부정은 무엇보다도 단군사화 중의 태백산에 대한 태도에서 단적으로 드러난다. 중국 측은 단군사화를 채록한 일연의 주석을 그대로 가져와 태백산은 장백산이 아닌 묘향산인데 조선조에 이르러 장백산으로 둔갑해 비로소 한민족의 성산이 되었다고 보았다. 또 단군신화는 신화일 뿐인데 한국에서 역사화하여 단군조선의 실재를 주장한다고도 했다.[66]

이러한 기본 시각에 따라 1995년 이후 백두산 일대에서 발견된 제천단 유적들에 대해 화하계 문화라는 시각, 곧 '홍산문화(선상황제족-선상고국-예제문화)론'을 투영하기 시작했다. 백두산 일대에서 발견되어 세간의 주목을 끈 최초의 제천단은 1995년 통화 여명 유적에서 발견된 40여 기의 옛 제단이다. 통화 지역은 고구려의 근기(近畿) 지역에 해당했기에 애초 고구려의 선주민인 맥족계의 유적으로 인식되었다.

중국 측이 특히 이 유적에 주목하게 된 이유는 서기전 2000년까지 올라가는 이 유적의 시기 때문이었다. 당시 진행되고 있던 동북공정, 곧 요하문명론-장백산문화론의 논리에 의할 때 서기전 2000년 무렵의 유적이라면 은상문화나 기자조선의 영향을 받기 이전의 시기이니 홍산문화의 영향으로 설명될 수 있었다. 이렇듯 여명 유적과 홍산문화와의 연

---

66 張碧波, 「長白山與太白山考論」, 『滿語研究』 2002-2.

결 가능성이 주목되었던 사실은 중국 측이 여명 유적 발굴 직후 곧바로 인근 만발발자 유적에 대한 재조사를 시작했던 점에서 단적으로 드러난다.

곧 중국 측은 여명 옛 제단 유적의 성격을 좀 더 분명히 하고자 통화 일대의 저명한 신석기 유적지였던 통화시 만발발자(왕팔발자) 유적에 대한 재조사를 시작했다. 당시 만발발자 유적은 이 일대에서 가장 대표적인 신석기 후기 유적으로 분류되고 있었기에, 통화 일대 제천단 유적의 홍산문화와 연관성 부분에 대해 충분한 답을 줄 수 있을 것이라는 기대가 있었던 것으로 보인다. 1997년 재발굴 조사 결과 만발발자 유적 내에서 놀랍게도 서기전 4000년~서기전 3000년 무렵 홍산문화의 제13지점 적석 단총을 상회하는 초대형 전방후원 형태의 삼환제단이 발굴되었다. 시기 면에서 홍산문화 단·묘·총 유적의 전형인 우하량 유적이 홍산문화 후기(서기전 3500년~서기전 3000년)에 해당하는데 이와 동시기, 형태 면에서는 홍산문화 일반의 원·방을 형태소로 하는 삼환제단의 형식, 또 규모 면에서는 오히려 홍산문화를 능가하는 등 모든 면에서 사람들의 이목을 집중시켰다. 이외에 수암옥(岫巖玉)으로 제작된 옥부(玉斧)·옥분(玉錛)·옥결(玉玦)·옥환(玉環)·옥벽(玉璧) 등 다수의 옥기, 도소인두상(陶塑人頭像) 등도 함께 출토되었다.[67]

중국 측은 처음 이 유적에 대해 장백산문화와 홍산문화와의 관련성을 보여주는 좋은 사례로 반기는 분위기였다. 이 유적이 홍산문화의 영향

---

67 李樹林, 「躍進文化的考古發現與高句麗民族起源研究」, 『黑土地的古代文明』, 遠方出版社, 2000: 「千年神驚現古國通化王八脖子遺址探秘(李樹林)」, 『吉林日報』, 2002年 8月 19日.

에 의한 것임을 강조하면서 고구려사, 또 고구려와 동종계 국가인 부여사를 한족계 국가로 바라보는 근거로 삼았다. 또한 이러한 판단에 따라 이례적으로 유적지 근처에 유물 전시를 위한 대규모 박물관까지 건설하는 모습을 보였다. 대표적인 동북사관인 경철화류의 역사인식에 의한 것이었다.

이러한 발굴 초기 중국 측의 태도는 2000·2001년 공식적인 결과 보고 단계에 이르러 백팔십도 달라지게 된다. 여기에서는 삼환제단에 대한 부분, 또 홍산문화와의 연관성 부분이 전혀 언급되지 않았다.[68] 박물관 또한 건물은 완공되었음에도 불구하고 폐건물로 방치되어 유물 공개가 이루어지지 않았다. 이러한 급작스러운 태도 변화의 이유는 요하문명론-장백산문화론의 논리 안에서 찾아진다.

애초 중국은 만발발자 유적을 통해 요하문명론-장백산문화론의 '홍산문화(선상황제족-선상고국-예제문화) 계통론'을 입증하고자 했으나 검토 결과 이는 홍산문화기와 동시기, 내용이나 규모 면에서도 홍산문화와 맞먹는 수준의 유적임을 알게 되었다. 이로써 요서 홍산문화 지역 및 요동 백두산 지역이 상고시기 제천문화의 양대 중심이었음이 드러났으니, 요하문명의 동진이라는 시각에서 장백산문화를 바라보고 있던 중국 측의 방향에 배치되는 유적이었던 것이다.

중국 측은 요동·한반도 지역의 문화에 대해 기본적으로 홍산문화나 은상문화의 영향에 의한 것으로 보면서도 문화수준에 대해서는 요서 지

---

68 金旭東·安文榮·楊立新,「探尋高句麗早期遺存及起源─吉林通化萬發撥子遺址發掘獲重要收穫」,『中國文物報』, 2000年 3月 19日版; 國家文物局 主編,「吉林通化萬發撥子遺址」,『1999中國重要考古發現』, 文物出版社, 2001, 26~31쪽.

역에 비해 크게 낮추어 보는 입장이다. 가령 기자조선은 읍락연맹체 단계, 위만조선은 국가 이전 단계이며 3세기경에야 비로소 한반도에 국가가 성립된다고 본다.[69] 이러한 시각으로 볼 때 요서 지역 홍산문화의 제단 유적과 맞먹는 수준의 제단 유적은 기존의 인식 체계를 조정하지 않는 이상 그대로 공개하기는 어려운 유적이 된다. 만발발자 유적에 대한 중국 측의 태도 변화는 바로 이러한 이유 때문으로 여겨진다.

백두산 일대에서 발견된 제단 유적 중 시기 면에서 상고·고대의 시기, 규모나 형태 면에서 홍산문화 적석 단·총과 같은 수준의 제단이라면 두말할 것도 없이 배달국 이래 고구려·발해에 이르기까지 한국의 역대 북방 왕조들에 의해 조성된 선도제천유적이다. 물론 그중에 숙신족이나 거란족 등이 조성한 제단도 없지는 않겠지만, 시기적으로 한민족이 백두산 일대를 상실하고 이들 종족에게 백두산 일대가 넘어간 후대에 조성된 유적으로 볼 수 있다. 중국 측이 여명 유적이나 만발발자 유적을 제대로 해명하지 않고 은폐할 수밖에 없었던 것은 상고시기 제천문화가 요서 홍산문화 지역 및 요동 백두산 지역의 양대 중심을 갖고 있었음을 알게 되었고 또 이러한 내용이 요하문명의 동진으로서의 장백산문화라는 요하문명론-장백산문화론의 기본 시각과 배치되었기 때문이다. 백두산 일대의 선도제천 전통 및 만발발자 유적의 구체적인 발굴 과정 및 발굴 내용에 대해서는 지면상 원고를 달리하여 살펴보았다.

이상에서 살핀 바와 같이 요하문명론-장백산문화론에서는 요동·한반도 일대의 종족적 주체는 숙신계, 문화적 주체는 화하계로 보는데, 화하계 문화란 다름 아닌 '홍산문화(선상황제족-선상고국-예제문화) 계통론'을

69　楊軍·王秋彬,『中國與朝鮮半島關系史論』, 社會科學文獻出版社, 2006, 7~23쪽.

의미했다. 이러한 인식에 따라 중국 측은 백두산 일대의 제단 유적에 '홍산문화 계통론'을 적용했으나 결과적으로 홍산문화기 요서 홍산문화 일대와 요동 백두산 일대를 관통했던 제천문화의 양대 중심을 만나게 되었다. 이를 인정할 수 없었던 중국 측은 결국 유적을 은폐하게 된다. 백두산에서 맞닥뜨린 요하문명론-장백산문화론의 딜레마를 중국 측이 어떻게 풀어나갔는지 그 방식에 대해서는 다음 절에서 살펴보겠다.

2. 숙신계 장백산 신앙으로의 선회

앞서 살핀 바와 같이 중국 측은 백두산 일대의 제단 유적에 '홍산문화(선상황제족-선상고국-예제문화) 계통론'을 투영, 장백산 신앙의 주체를 화하계로 몰아가고자 했으나 오히려 홍산문화기 요서 홍산문화 일대와 요동 백두산 일대를 관통했던 제천문화의 양대 중심을 확인하고 요하문명론-장백산문화론의 오류를 깨닫게 되었다. 그렇다고 장백산 신앙을 화하계 문화로 규정한 기본 시각을 포기할 수도 없었기에 결국 차선책으로 숙신계의 장백산 신앙을 내세우게 된다.

1990년대 후반 여명 유적이나 만발발자 유적 사태를 경험하면서 중국 측이 장백산 신앙의 중심을 서서히 숙신계로 바꾸어가는 시점은 2000년대 초이다. 물론 이전에도 숙신계 장백산 신앙에 대한 연구가 있었지만 이즈음부터는 숙신계가 장백산 신앙의 중심이라는 것으로 연구 방향이 달라진 차이가 있다. 이 무렵 중국의 여러 학자들은 장백산문화의 특징에 대해 공히 '농경과 어렵이 결합된 물질문화, 간소한 정치와 군사민주제의 유풍이 짙은 정치문화, 질박하고 자연스러우며 대의를 중시하고 이익을 가벼이 보는 풍속, 기마술·궁술(기사騎射)에 능하고 집단주의 정신이 강한 풍속, 하늘을 경외하는 종교문화, 산악을 숭배하는 사상의식, 애니미즘과 다신숭배의 샤머니즘 문화'라는 정의를 공유하게 되었다.[70] 이 중에서 장백산 신앙과 관련되는 특징으로는 '하늘 숭경, 산악 숭배, 애니미즘과 다신숭배의 샤머니즘'을 들 수 있는데, 이는 장백산 신앙의 피상적 특징의 나열일 뿐 장백산 신앙의 전체상을 보여주지는 못한다. 다만 이를 통해 중국 측이 장백산 신앙의 기본을 '하늘 숭경, 산악 숭배, 애니미즘과 다신 신앙'을 특징으로 하는 '샤머니즘'으로 이해하고 있음을 알게 된다.

중국 측은 이러한 샤머니즘을 숙신계 문화로 바라본다. 장백산문화의 주족을 숙신족으로 보고, 장백산을 숙신족의 발상지로 보며, 장백산 신앙의 뿌리를 숙신족의 샤머니즘으로 바라보는 것이다. 숙신족이 대대로 장백산 일대에서 번창하면서 백두산이라는 대자연의 위력을 두려워하여 대자연신에 대한 숭배를 통해 대자연신이 민족을 보호하고 도와줄 것으로 기대하는 원시 종교의식, 곧 샤머니즘으로 발전하게 된 것으로 보았다.[71] 숙신족의 농경 습속의 관점에서 장백산 신앙을 바라본 것도 같은 시각이다.[72]

숙신계 샤머니즘 속의 백두산 관련 신격으로는 남성신이면서 호랑이

---

70 李澍田·衣保中,「論長白山文化」,『長白山文化論叢』, 時代文藝出版社, 2003: 劉厚生,「長白山文化的界定及其他」,『中國邊疆史地研究』, 2003年 4期(동북아역사재단 편, 앞의 책, 2008, 91~94쪽): 李德山,「試談長白山文化的特點」,『中國邊疆史地研究』, 2003年 4期(동북아역사재단 편, 앞의 책, 2008, 72~83쪽) 등.

71 劉厚生,「長白山考—關於長白山地區歷史上的歸屬問題研究—」,『中國歷史地理研究』, 2006年 2月(동북아역사재단 편, 앞의 책, 2008, 186~187쪽).

72 郝慶雲,「肅愼族系長白山觀念透析」,『中國邊疆史地研究』 2003-4.

신(호신虎神)인 산신아비(산신야山神爺), 여성신으로 백산성모(白山聖母, 불교 습합으로는 백의관음白衣觀音), 호국신(護國神)인 흥국영응왕(興國靈應王), 신화적인 방산인(放山人)인 개산파두(開山把頭) 4종류를 든다.[73] 이 중에서 산신아비(산신야, 조야祖爺, 활합점야撮哈占爺, 백산조야白山祖爺)의 위상이 높은 편이어서 이에 대한 관심이 높은 편이다.[74] 이외에 숙신족이 여진족으로 불리던 시기, 후금(청)의 시조로 알려진 '애신각라(愛新覺羅) 포고리옹순(布庫里雍順)'의 탄생설화에 등장하는 '장백산 삼선녀(三仙女)'도 중국 측이 장백산 신앙의 숙신계 귀속성을 강조하기 위해 특히나 강조하는 신격이다. 여진족 외에 거란족도 백두산을 '백의관음'으로 숭상했음을 언급하기도 하지만 그들의 관심은 오로지 숙신계 신앙에 맞추어져 있다.

이처럼 중국 측은 장백산 신앙의 중심으로 숙신계 샤머니즘을 제시하는데, 여기에서 그들이 가장 주안점을 두는 부분은 그 샤머니즘적 성격 자체가 아니라 이러한 샤머니즘적 성격이 중국의 영향으로 서서히 화하계 문화로 달라져 갔다는 새로운 해석법이다. 이러한 변화의 시점으로는 금·청대가 이야기된다. 곧 금·청대 숙신족이 중원 지역으로 들어가 중원왕조가 되면서 화하문화의 영향을 받아 장백산 신앙이 화하문화로 달라져 갔다고 보았다. 장백산이 왕조 발생의 성지(흥왕지지興王之地)로서 중시되어, 작위가 내려지고 사우가 건립되며 유교식 예의로써 치제되었던 점, 곧 중국 유교문화 속의 산악숭배로 바뀐 점에 초점이 맞추어

---

73 汪玢玲, 「長白山-自然保護神崇拜的文化內涵」, 『社會科學戰線』, 1994年 第6期, 193쪽.

74 劉厚生, 「長白山與滿族的祖先崇拜」, 『淸史硏究』, 1996年 第3期; 「滿族薩滿敎神詞的思想內涵與藝術魅力」, 『民族硏究』, 1997年 6期.

졌다.

먼저 금대(金代)의 경우, 금 세종(世宗) 12년(1172)에 백두산을 '흥국영응왕(興國靈應王)'으로 봉하고 백두산 북쪽에 '흥국영응왕묘'를 세워 제사하다가 15년(1175) 3월부터는 매년 봄·가을로 치제했던 점, 금 장종(章宗) 4년(1193)에 백두산을 '개천굉성제(開天宏聖帝)'로 책봉하고 '개천굉성제묘'를 설치해서 매년 봄·가을로 치제했던 점 등이 강조되었다. 금대의 장백산 신앙이 형태 면에서 중원 지역 화하족의 산악숭배와 유사한 모습으로 바뀐 점에 강조점이 두어졌다.

다음 후금(청)대의 경우, 강희제·옹정제·건륭제 시기 백두산 관련 제식이 규례화된 점에 초점이 맞추어졌다. 강희(康熙) 17년(1678) 강희제가 백두산의 지위를 최상으로 끌어올려 오악(五岳) 위에 올린 후 21년(1682) 백두산 친제를 위해 동순(東巡), 길림에 이르러 백두산을 향해 망제했던 점, 옹정(雍正) 11년(1733) 옹정제가 길림 서남쪽 온덕향산(溫德享山, 소백산小白山)에 망제단(望祭壇)을 수축하여 매년 봄·가을로 망제를 지내도록 규례화한 점, 건륭(乾隆) 19년(1754) 건륭제가 길림 망제전에 이르러 백두산에 친제한 점 등이 강조되었는데, 특히 제례 방식이 숙신족의 전통적인 방식이 아니라 화하족의 봉건예의를 흡수한 방식, 곧 '봉선(封禪)'의 방식으로 치러짐으로써 중원의 오악과 같은 반열에 놓이게 된 점을 강조했다.[75] 숙신족의 장백산 신앙이 저급한 토착문화로

---

75 李自然, 「試談淸代的長白山封禪及其特點」, 『內蒙古工業大學學報(社會科學版)』, 第9卷 第1期, 2000: 李德山, 「試談長白山文化的特點」, 『中國邊疆史地硏究』 2003-4: 劉厚生, 「長白山考—關於長白山地區歷史上的歸屬問題硏究—」, 『中國歷史地理硏究』, 2006年 2月: 汪亭存, 「滿族長白山崇拜論析」, 『民族文學硏究』 第4期, 2009: 杜家驥, 「淸代滿族皇帝對長白山的高度神化及其祭祀之禮」, 『滿族硏究』 第3期, 2010 등.

서의 샤머니즘의 차원에서 화하족의 수준 높은 예제문화의 차원으로 바꾸어갔다는 데 초점을 맞춘 것이었다. 급기야는 이러한 해석에 따라 2012년 길림성 돈화 시내 백두산이 바라보이는 곳에 청 역대 황제들의 사당인 청조사(淸祖祠)를 세운 후[76] 그 입구에 '장백산신사(長白山神祠)'를 건립했다. 장백산신사의 망제 형태는 당연히 숙신계 문화가 아닌 화하계 예제문화 방식이었다.

동일한 맥락에서 만발발자 사건 이후 백두산 일대에서 발견되는 제단이나 건물 유적들은 한결같이 숙신계로 단정되었다.[77] 그 대표적인 사례가 2008년 통화 근방 무송 지역의 대방정자(대황정자)산에서 발견된바, 백두산을 바라보고 일렬로 배치된 방형 제단 6기, 원형 제단 2기이다. 6개의 방형 제단은 30m 간격을 두고 서로 떨어져 있었으며, 6호 방형 제단에서 150m 떨어진 곳에는 지름이 10m에 이르는 대형 원형 제단 2개가 위치했다. 이곳은 원래 고구려 산성 유적으로 알려진 곳으로[78] 고구려, 또는 그 이전 시기 한민족계의 제단 유적으로 바라보는 것이 사세상 합당했다. 그러나 중국학계는 한민족과의 연결 가능성을 전혀 언급하지 않았고 단지 진(秦)·한대(漢代) 이후 숙신계가 지속적으로 사용해

---

76 돈화시에 청조사를 세운 것이 발해를 숙신왕조로 비정하기 위한 동북공정의 차원이었던 점에 대해서는, 박정민, 「청조 발상지 鄂多理城 논의에 대한 재검토―둔화설의 타당성을 중심으로」, 『동북아역사논총』 제52호, 2016 참조.

77 이외에 1996년 백두산 천지 북쪽에서 작은 제단이, 1999년 8월에는 제단 인근에서 여진문자비(女眞文字碑)가 발견되었는데, 문자비에 새겨진 3개의 글자 중 2개가 '태백신(太白神)'을 뜻하는 여진 문자인 것으로 밝혀졌다 한다.(「中작가, 백두산 천지에 '여진제단' 복원 주장」, 『연합뉴스』, 2006년 9월 11일자) 작은 돌무지 규모의 민간 차원에서 조성된 제단으로, 백두산 주변에서 발견되는 거대 원·방형 적석 제단류와 차이가 있어 중국 측도 크게 주목하지 않았고 본고에서도 논외로 했다.

78 조법종, 「한국 고·중세 백두산신앙과 만주 명칭의 기원」, 『한국사연구』 147, 2009, 128쪽.

온 제단 유적으로 보았다. 특히 제단의 형태와 규모로 보아 중원의 태산 봉선(泰山封禪)에서 천자가 태산에 제사하던 의식에 사용된 제단과 유사하다고 했다.[79] 제단의 크기나 원·방의 형태 면으로 볼 때 상고 이래 요서·요동 일대에 많은 원·방형 적석 제단 및 무덤을 남긴 한민족계 유적임이 명백하며 발해왕조대까지도 한민족에게 긴속되어 있던 숙신계가 조성한 유적으로 보기는 어렵다. 특히 중원의 봉선의식으로 연결시킨 데서 그 의도가 명백하게 드러났다고 할 수 있다.

2014년에는 백두산 천지 북쪽 30km 거리에 자리한 '보마성(寶馬城)' 유적에 대해 발해시대 역참 유적이라는 기왕의 인식을 뒤집고 금조가 백두산신 치제를 위해 조성한 사당 유적으로 결론냈다.[80] 실제로 12세기 금 황실이 백두산 북쪽에 흥국영응왕묘(興國靈應王廟, 개천굉성제묘開天宏聖帝廟)를 설립한 바 있으니 보마성 유적이 흥국영응왕묘(개천굉성제묘)일 수 있겠으나, 금이 사우를 설립하기 이전 이 지역은 고구려·발해 이래의 제천처였을 가능성이 매우 높다. 제천유적의 경우 아무 연고 없는 땅에 세워지는 경우가 거의 없기 때문에 이와 같은 맥락에 대한 연구도 중요한데, 이러한 문제에 대한 어떠한 지적도 없이 오직 금만을 내세운 데는 분명 장백산 신앙을 숙신계로 몰아가는 분위기가 작용되고 있었다.

중국 측은 장백산 신앙의 중심을 숙신계로 몰아가는 동시에 이를 국가 차원으로 널리 홍보했다. 2008년경 북경올림픽 및 2010년 상해 세

---

79 「長白山區首次發見大型祭壇群遺址, 對東北歷史文化意義重大」, 『新華網 吉林頻道』, 2008年 6月 23日.

80 「발해 유적으로 알려진 보마성, 中 '금나라가 세운 건축물' 주장」, 『한국일보』, 2014년 10월 12일자.

계박람회에서 백두산과 숙신계 문화가 연결, 대대적으로 홍보되었다. 2009년에는 길림성 백산시에서 '장백산만족문화박물관'을 개관했는데, 여기에서는 장백산 신앙이 전적인 숙신계 문화로 조명되었다. 특히 2011년 무렵부터는 길림성정부에서 제12차 5개년계획의 중점사업으로 장백산문화건설공정을 본격적으로 추진하면서 이러한 시각이 확고부동해졌다.[81] 앞서 살핀바 백두산 일대 제단 유적 은폐에서 드러나듯이 중국 측은 장백산 신앙에 대하여 '홍산문화(선상황제족-선상고국-예제문화)'적 요소를 검증하지 못했고, 차선책으로 숙신계 샤머니즘으로 후퇴하는 모습을 보였다. 그 배경에 장백산 신앙을 결코 화하계 문화로 만들어낼 수 없었던 중국 측의 고민이 자리하고 있었음은 물론이다.

여기에서 유의해야 할 점은 첫째, 숙신계 샤머니즘이 중원식 산악숭배로 바뀌어갔다면 장백산 신앙의 원모습은 숙신계 샤머니즘일 뿐이라는 점이다. 둘째, 더욱 중요한 사실은 숙신계 샤머니즘이 단순히 숙신계 고유의 샤머니즘이 아니라 배달국·단군조선 이래 선도문화권이었던 동북아 일대의 보편적 선도제천문화가 숙신화한 형태였다는 점이다.

가령 숙신계 샤머니즘의 주요 신격인 '백산성모·장백산 삼선녀·백의관음'과 같은 여신 신앙은 배달국·단군조선 이래 선도문화권이었던 동북아 일대에 널리 퍼져 있던 '일기·삼기(마고·삼신, 삼신할미)' 신앙을 원류로 하며 후대에 불교와의 습합 과정에서 백의관음으로 변화된 것이었다.

한국의 경우에도 주요 제천산을 중심으로 백산성모(백의관음) 신앙이

---

81 조법종, 앞의 글, 2006, 299~300쪽: 윤휘탁, 앞의 글, 2013, 116쪽: 윤휘탁, 앞의 글, 2015, 224쪽.

널리 전해오고 있는데, 후기 신라의 '삼산오악(三山五岳)'의 경우가 대표적이다. 삼산오악 중 남악 지리산의 산신은 마고성모로 백산성모·백의관음으로도 널리 알려져 있다. 서악 계룡산의 산신은 호랑이를 탄 여성 산신의 형상, 또는 백의관음의 형상인데, 특히 동학사(東鶴寺) 일원은 지금까지도 백의관음 신앙의 성지로 유명하다. 북악 태백산과 삼산(三山, 경주 일원의 나력·골화·혈례산)의 경우는 백의관음의 흔적 대신 마고삼신의 흔적이 남은 경우이다. 북악 태백산 산정에 자리한 3기의 제천단중 가운데 중앙 제단인 천왕단은 '마고탑'으로 불리었으며, 삼산의 주신은 '호국삼낭자(護國三娘子)'로서 마고삼신에 다름 아니었다.[82]

숙신계 샤머니즘의 또 다른 주요 신격인 산신아비(산신야)의 경우 대체로 호랑이를 탄 남성신의 형상으로 한국 산신의 이미지와 동일하다. 이는 배달국·단군조선 이래 선도문화권에 공유되고 있던 삼성(환인·환웅·단군) 신앙이 숙신화한 형태였다.

한국의 삼성 신앙은 불교와의 습합 과정에서 '문수보살(文殊菩薩) 신앙'으로 변개되는데 태백산, 계룡산의 경우가 대표적이다. 태백산에는 마고삼신(백의관음)의 흔적과 함께 문수보살의 흔적이 역력하다. 후기 신라 자장(慈藏)이 태백산에 문수 신앙을 전파한 기록과 함께[83] 문수봉이라는 봉우리 이름 등으로 문수 신앙의 흔적이 남아 있는데, 이는 자장대에 이르러 태백산의 삼성 신앙이 문수 신앙으로 변개되어 갔음을 보여 준다. 계룡산의 경우도 동학사 일원에는 백의관음 신앙과 함께 문수

---

82 정경희, 「신라의 천제문화」, 『제1회 팔공산 천제단 복원 학술대회 자료집』, 대구국학운동 시민연합·대구국학원, 2016.
83 『三國遺事』卷4 慈藏定律.

신앙이 세트를 이루고 있다.

숙신계도 마찬가지여서 산신야 신앙은 문수 신앙으로 변개되는데, 그 대표적인 사례가 백두산이다. 청조에 이르러 청 황제들은 백두산의 주신을 문수보살로 보아 스스로를 문수보살의 화신으로 포장하고 종족명이나 구 강토명을 '만주(滿洲, 문수의 이칭)'로 불렀다.[84]

이처럼 동아시아 일원의 산악신앙에 나타나는 백의관음 신앙 및 문수보살 신앙은 상고 이래 오랜 선도제천 전통의 일기·삼기(마고·삼신) 신앙과 삼성 신앙에 불교가 습합되면서 나타난 현상이었다. 선·불 습합의 '백의관음-문수보살' 신앙에 대해서는 지면상 별고에서 자세하게 살펴보겠다.

이상에서 숙신계 샤머니즘의 원류가 배달국·단군조선 이래 선도문화권의 오랜 '일기·삼기(마고·삼신)-삼성' 신앙이었음을 살펴보았다. 이렇게 중국 측이 장백산 신앙의 중심으로 삼은 숙신계 샤머니즘이 선도제천문화가 숙신화한 형태였다면, 결국 장백산문화의 중심은 예맥족계의 선도제천문화로 돌아가게 된다. 중국 측이 아무리 '요하문명론-장백산문화론'을 통해 예맥족계를 배제하려 해도 요서-요동 문화의 주역은 예맥족계일 수밖에 없는 것이다.

---

84 조법종, 앞의 글, 2009 참조.

4장
맺음말

———— 〽️ ————

　요하문명론의 요체인 '홍산문화(선상황제족-선상고국-예제문화)론'은 애초 중원이나 요서 지역에 대한 이론으로 출발했으나 점차 요하문명의 동쪽, 곧 요동·한반도 지역으로도 확대되었고 이 과정에서 요하문명의 동진 이론으로서 장백산문화론이 등장했다. 장백산문화론은 1990년대 중반 이래 요하문명론의 한 축이면서 동북아에 대한 중국의 역사문화적 귀속성을 뒷받침하는 이론으로서 역할하고 있다. 장백산문화론의 기본 구도는 한민족(예맥족)계의 종족적, 문화적 의미를 철저히 배제한 위에 종족적 주체로 숙신계[후금·청대 이후 화하족(한족)화했기에 화하계로 인식], 문화적 주체로 화하계를 드는 방식이다.

　이러한 장백산문화론과 요하문명론이 연결되는 중간 고리는 다름 아 닌 기자조선이다. 한·중 간 역사 논쟁의 주요 사안인 기자조선 문제의 뿌리는 중국 고대 문헌 중의 기자동래설, 또 전근대시기 한국인들이 중 국의 기자동래설을 수용하여 만들어낸 한국 측의 기자조선 인식이다. 여기에다 근대 이후 중국 고고학의 발달로 문제가 크게 증폭되었다.

1920·1930년대 은허의 발굴로 은상이 실재한 나라였음이 확인되었고, 1970년대 말·1980년대 초 이후에는 요서 지역 상고문화가 등장, 은상계 문화로 해석되었다. 단순히 고대 기록에 의지한 기자조선상과 고고학에 뒷받침된 기자조선상은 달라질 수밖에 없다. 중국학자들은 확신에 차서 한·중의 문헌기록과 고고학 자료를 뒤섞어 화려한 은상문화가 미개한 요동·한반도 지역으로 전파되었음을 주장하기 시작했다.

특히 1970년대 말·1980년대 초 이후 동북공정은 기자조선 연구를 촉발시켰다. 동북공정 요하문명론의 '홍산문화(선상황제족-선상고국-예제문화) → 하가점하층문화 → 은상문화'라는 은상족 중심의 역사인식에 따라 은상문화의 동북 지역 전파를 담당했던 것으로 믿어졌던 기자조선의 존재가 부각된 것이었다. 요하문명론의 기자조선 연구는 기왕의 기자조선 연구와 달리 단순한 은상세력의 동북 이주가 아니라 '홍산문화(선상황제족-선상고국-예제문화)'를 본질로 하는 은상문화 전파론에 초점이 맞추어졌다. 이렇게 요하문명론의 기자조선 연구는 '홍산문화(선상황제족-선상고국-예제문화)론'이라는 분명한 계통 인식에 의했고 이를 중국 정부 차원으로 확정해 가는 방향이었기 때문에, 기자조선으로써 단군조선을 대체하고 기자조선사를 한국사가 아닌 중국사로 바라보는 변화가 있었다. 기왕의 기자조선 연구와 달리 한국사의 뿌리를 말살해 가는 방향이었던 것이다.

요하문명론의 기자조선 인식에 대한 한국학계의 대응은 매우 미진한 편으로 그 근본 원인은 한국학계가 단군조선이나 기자조선에 대한 명확한 입장을 정립하지 못했기 때문이다. 중국 측의 기자조선 인식에 대응하기 위해서는 단군조선·기자조선에 대한 명확한 입장 정립이 필요하며, 단군조선·기자조선에 대한 입장 정립을 위해서는 무엇보다도 중국 측이 요하문명론의 첫머리로 내세운 '홍산문화(선상황제족-선상고국-예제문화)'를 정확한 시각으로 교정하는 일이 필요하다.

중국 측이 명백한 선도문화이자 배달국문화인 홍산문화를 예제문화이자 선상문화로 왜곡하는 데서 시작하여 그 본류를 은상으로 연결시킨 후 다시 단군조선을 은상계 기자조선으로 왜곡했으니 '홍산문화(맥족-배달국-선도문화)'로서의 성격이 분명해질 때, 그 계후 국가인 단군조선상이 분명하게 그려지고 다음 단계로 기자조선 문제도 자연스럽게 풀리게 될 것이기 때문이다. 요하문명론을 둘러싼 수많은 혼선과 착종을 해결하는 첫 출발점은 언제나 '홍산문화(맥족-배달국-선도문화)'요, 이러한 시각을 견지하고 있는 선도적 역사인식이 될 수밖에 없다.

요하문명론의 '홍산문화 → 하가점하층문화 → 은상문화' 계통론은 장백산문화론에 이르러 '[홍산문화(선상황제족-선상고국-예제문화) → 하가점하층문화 → 은상] → (연·)기자조선 → 위만조선 → 한사군 → 고구려·부여 → 발해' 계통론으로 확대되었다. 이러한 문화 계통의 사상적 실체는 대체로 '유교를 중심으로 한 불교·도교 등의 종합문화'로 인식된다. 요하문명의 뿌리인 홍산문화를 내용적으로 '예제문화'로 보기에 장백산문화 역시 유교 '예제문화' 중심으로 바라보는 것이다.

이상 장백산문화론의 계통 인식은 요하문명론의 은상족 중심의 역사인식을 확장한 것으로 연과 기자조선을 은상계 국가로서 강조할 뿐 아니라 그 후속 국가인 고구려·부여까지도 은상계 국가로 바라본다. 특히 '고구려 은상 후예설'의 경우 백두산 일대의 가장 대표적인 국가인 고구려에 '홍산문화(선상황제족-선상고국-예제문화)' 계통론을 연결한 것이었다. 장백산문화론의 수면 위로 드러난 사안인 고구려사 왜곡, 또 같은 맥락에서의 부여사·발해사 왜곡의 이면으로 단군조선의 기자조선으로의 왜곡 문제가 자리하고 있으며, 더 나아가서는 모든 왜곡의 출발점에 '홍산문화(맥족-배달국-선도문화)'에 대한 '홍산문화(선상황제족-선상고국-예제문화)'로의 왜곡이 자리하고 있다. 요하문명론-장백산문화론에 따른 모든 부면의 주제들이 실상 '홍산문화(선상황제족-선상고국-예제문화)론'의 확대·부연이기에 그 오류 교정에 있어 '홍산문화(맥족-배달국-선도문화)'의 기준점은 한결같이 중요하다.

1990년대 후반 중국 측은 장백산문화가 홍산문화(선상황제족-선상고국-예제문화) 계통임을 입증하고자 장백산문화론의 핵심인 '장백산 신앙'에다 '홍산문화론'을 투영했는데, 장백산 신앙의 여러 요소 중에서도 홍산문화와 가장 근접한 백두산 일대의 옛 제단들이 일차 대상이 되었다. 중국 측이 요하문명론을 통해 요서 지역의 단·묘·총에 대한 시각을 정립한 다음 단계로 요동 지역의 단·총에 관심을 기울이게 됨은 자연스러웠다.

중국 측이 백두산 일대의 옛 제단에 '홍산문화론'을 투영한 결과, 홍산문화기 요서 홍산문화 일대와 요동 백두산 일대를 관통했던 제천문화의 양대 중심을 확인하게 되었다. 요하문명론-장백산문화론과 배치되는 결과였던 것이다.

홍산문화기 요서 홍산문화 일대와 요동 백두산 일대를 관통했던 제천문화의 양대 중심에 대한 명확한 문헌기록을 갖고 있는 나라는 오직 한국이다. 곧 단군사화 및 선도사서들에서는 백두산 일대가 한국사의 발원지이자 선도문화의 발원지인 신시(천평) 지역으로, 또 신시의 중심 산인 백두산은 대표적인 선도제천산으로 나타난다. 또한 배달국의 양대 중심지로 천평(신시, 백두산 지역)과 청구(홍산문화 지역)가 제시되어, 청구 지역 홍산문화기 단·묘·총으로 대변되는 선도제천유적과 신시 지역 백두산 일대의 옛 제단 유적이 동일 계통의 유적임을 보여주었다.

중국 측은 백두산의 옛 제단 유적을 통해 장백산 신앙을 화하계 문화로 몰아가는 것이 불가능해지자 차선책으로 숙신계의 장백산 신앙에 주목하게 된다. 1990년대 후반 백두산 옛 제단 문제를 경험하면서 중국 측이 장백산 신앙의 중심을 서서히 숙신계로 바꾸어가는 시점은 2000년대 초 무렵이다. 이즈음 중국 측은 장백산 신앙의 중심을 숙신계 샤머니즘으로 변경한 후, 숙신족이 중원왕조화한 금·청대 이후 장백산 신앙이 샤머니즘의 차원에서 중원왕조의 산악숭배 차원으로 변모되어 갔음을 강조하는 방식으로 장백산 신앙의 중국적 귀속을 주장했다. 그 배경에 장백산 신앙을 결코 화하계 문화로 만들어낼 수 없었던 중국 측의 고민이 자리하고 있었음은 물론이다.

숙신계 샤머니즘이 중원식 산악숭배로 바뀌어갔다면 장백산 신앙의 원모습은 숙신계 샤머니즘일 뿐이다. 더욱이 숙신계 샤머니즘은 단순한 숙신계 고유의 샤머니즘이 아니라 배달국·단군조선 이래 선도문화권이었던 동북아 일대의 보편적 선도제천문화가 숙신화한 형태였다. 곧 숙신계 샤머니즘의 중심인 산신아비(산신야) 신앙, 또 백의관음(백산성모, 장백산 삼선녀) 신앙은 배달국·단군조선 이래 선도문화권 일반의 삼성(환인·환웅·단군) 신앙, 마고·삼신(일기·삼기) 신앙이 숙신화한 형태였다. 중국 측이 아무리 요하문명론이나 장백산문화론을 통해 동아시아 상고문화에서 예맥족계를 배제하고 화하계(선상계·은상계) 중심으로 몰아가려 해도 결국은 예맥족계, 무엇보다도 예맥족계의 선도제천문화를 만나게 되는 것이다.

2부

통화 만발발자 제천유적에서 맥족의 선도제천문화를 보다 1:

3층원단(모자합장묘) · 방대

1장

1990년대 후반 '요하문명론–장백산문화론'과
만발발자 제천유적의 발굴

1. 1997년~1999년 만발발자 유적의 발굴 배경

통화 일대 적석 단·총을 중심으로 한 백두산 서편 옛 제단군에 대한 중국 측의 발굴조사는 1990년대 약 10여 년간 집중적으로 이루어졌다. 방향은 물론 이들 적석 단·총이 홍산문화 계통임을 밝히고자 한 것이었다. 10여 년에 걸친 연구 과정은 1995년을 기점으로 전·후기로 나누어진다.

먼저 연구 전기(1989년~1995년)는 1989년 '여명(黎明) 옛 제단'의 발견에서 시작되었는데, 중국학계 및 중국공산당의 주목을 받아 1995년까지 통화 일대의 '여명 옛 제단' 및 '만발발자(萬發撥子) 옛 제단'을 위시하여 무려 40여 기에 이르는 옛 제단이 조사·보고되었다. 시기는 대체로 서기전 2000년~서기 전후 무렵, '3층의 원형 제단('삼환제단三環祭壇·삼환계제三環階梯', 이하 '3층원단'으로 지칭)' 형태를 기본으로 했으며 홍산문화와의 직접적인 관련성이 제기되었다. 옛 제단군을 특징으로 하는 이 문화 유형은 중국 내 다른 지역에서는 나타나지 않는 장백산지구만의 특징적인 문화 유형으로 강조되었다.[1] 이 모든 일련의 과정은 당시 중국 측이 추진하던 '요하문명론-장백산문화론'에 따른 것이었다.

다음 연구 후기(1995년~1999년)는 연구 전기, 여명 옛 제단과 함께 통화 지역의 대표적인 옛 제단으로 지목되었던 '만발발자 옛 제단'의 발굴이 중심이 되었다. 1997년~1999년간 요동 지역에서는 유례가 없을 정도로 체계적이고 대대적인 발굴이 이루어졌고 그 결과 후기 신석기 이래 고구려시기에 이르기까지 이 일대에서 끊임없이 이어져 왔던 제천문화의 실상이 드러나게 되었다.

중국 측의 보고자료는 제천시설을 드러낸 자료(1990년대 백두산 옛 제단군의 조사·발굴을 주도한 이수림李樹林의 보고), 제천시설을 배제한 자료(국가문물국國家文物局의 보고), 두 계통으로 나뉜다.[2] 현재까지 나온 많지 않은 만발발자 유적 관련 연구들은 전적으로 국가문물국의 보고만을 이용하여, 시기 면에서는 선(先)고구려 및 초기 고구려 시기, 분야 면에서

---

1 「東北考古獲重大發現—長白山區首次發現古代文化祭壇群址」, 『中國文物報』, 1995 年 6月 4日: 「李樹林業餘考古有新發現」, 『人民日報』, 1995年 6月 8日: 公茂祥·宋 玉文, 「用知識捍衛國家的領土主權—人武幹部李樹林業餘自費考古十年獲重大發 現」, 『國防』1999-7 등.

2 첫째 계통은 李樹林, 「躍進文化的考古發現與高句麗民族起源研究」, 『黑土地的古代 文明: 中國社科院 邊疆史地研究中心 主編 東北民族與疆域研究 論文集』, 2000年 1月, 遠方出版社, 119~139쪽: 李樹林, 「千年神驚現古國 通化王八脖子遺址探秘」, 『吉林日報』, 2002年 8月 17日이다. 둘째 계통은 金旭東·安文榮·楊立新, 「探尋高句麗 早期遺存及起源—吉林通化萬發撥子遺址發掘獲重要收獲」, 『中國文物報』, 2000年 3月 19日: 國家文物局, 「吉林通化萬發撥子遺址」, 『1999中國重要考古發現』, 文物出 版社, 2001, 26~31쪽이다. 자세한 차이점은 1장 3절 1항 '유적 발굴보고의 두 유형'을 참고할 수 있다.

는 묘제·환호취락 등에 집중했으며[3] 제천시설에 대한 논의는 일절 없는 형편이다.

　반면 필자는 양자를 종합해서 바라보았다. 그 결과 만발발자 유적은 제천시설·주거시설·무덤시설로 구분되며, 이 중 핵심시설인 제천시설은 1차 시설 및 2차 시설로 구분됨을 알 수 있었다. 1차 시설은 후기 신석기 서기전 4000년~서기전 3500년 무렵 조성된 '3층원단(모자합장묘)·방대'이며 2차 시설은 '선돌 2주(柱)·방단(方壇)·제천사(祭天祠)'이다. 이들 제천시설은 한국 제천문화의 변천 과정을 압축해서 보여주고 있는바, 그 함의는 실로 깊고도 넓다. 2부에서는 1차 시설만을 다루고 나머지 2차 시설은 3부에서 살펴보겠다.

　1989년 '여명 옛 제단' 발견에서 시작된 백두산 서편 옛 제단군에 대한 조사는 당시 중국 측이 추진하고 있던 '요하문명론-장백산문화론'에 부합하는 연구로서 크게 주목되었고, 요하문명론자들의 적극적인 관심과 자문하에 연구가 진행되었다.

　1995년 6월 1차 연구 결과로 통화 지역의 '여명 옛 제단' 및 '만발발자 옛 제단'을 위시하여 무려 40여 기에 이르는 옛 제단이 조사·보고되었다. 옛 제단군의 위치는 대체로 '혼강 중상류, 송화강 중상류, 동요하

3　중국 측 연구로는 王綿厚, 「通化 萬發撥子 遺址에 관한 考古學的 觀察」, 『고구려연구』 12, 2001: 朱泓·賈瑩·金旭東·趙展坤, 「通化萬發撥子遺址春秋戰國時期叢葬墓顱骨的觀察與測量」, 『邊疆考古研究』 2, 2004, 남한 측 연구로는 윤명철, 「고구려의 단군조선 계승성에 관한 연구 1」, 『고구려연구』 13, 2002: 오강원, 「萬發撥子를 통하여 본 통화지역 先原史文化의 전개와 초기 고구려문화의 형성과정」, 『북방사논총』 창간호, 2004: 하문식, 「渾江유역의 적석형 고인돌 연구」, 『선사와 고대』 32, 2010, 북한 측 연구로는 김성철, 「만발발자 유적의 성격에 대하여」, 『조선고고연구』 2009-1, 사회과학출판사가 있다.

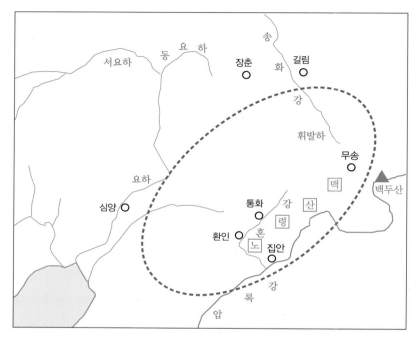

자료1 **백두산 서편 옛 제단군 밀집 지역**

(東遼河) 중상류, 길림성 중남부, 요령성 동부, 장백산 지역', 또는 '혼강 유역 및 휘발하(揮發河: 제2송화강의 지류) 상류 지구를 중심으로 하는 심길철도(瀋吉鐵道: 심양-길림 간 철도) 동쪽-길림지구(吉林地區) 이남-노령산맥(老嶺山脈: 장백산맥의 지맥으로 백두산 북서쪽 무송撫松에서 시작, 서남 방향으로 흘러내려 환인桓仁에 이름) 북쪽 지역', 곧 장백산 서북부 광대한 지역으로 보고되었다.[4] 지도로 보면 〈자료1〉과 같다.

---

4 「類似於通化市王八脖子祭壇遺址的壇狀建築物, 根據筆者的調査, 在渾江流域, 揮發河上流地區多有分佈. 其範圍大體上在瀋吉鐵路東, 吉林地區以南, 老嶺山脈以北

자료2 1995년 만발발자 3층원단 환계 부분

　당시 40여 기의 옛 제단들 중 대표 제단으로 통화 지역 여명 및 만발발자 옛 제단의 사진이 공개되었는데, 여명 옛 제단의 경우 이때 이미 유적지 일부분에 대한 시굴 조사가 완료된 상태였다. 만발발자 제단의 경우도 제단을 이루고 있는 둥근 계단(환계環階)이 드러나 있어 전면적인 발굴까지는 아니어도 부분적인 발굴조사가 이루어진 상태임을 보여 주었다.[5]

　중국 측은 백두산 서편 옛 제단군의 존재를 통해 자신들의 '요하문명

　的長白山西北部廣大區域。」(李樹林, 앞의 글, 遠方出版社, 2000年 1月, 123쪽)

5　國家文物局, 「東北考古獲重大發現─長白山區首次發現古代文化祭壇群址」, 『中國文物報』, 1995年 6月 4日.

론-장백산문화론'이 입증되었다고 보고 기쁜 마음에 국내외 많은 언론들에 앞다투어 '여명문화(여명 유적의 소재지가 여명촌이기에 붙은 이름)'의 등장을 알렸다. 국내외 홍보에 이어 중국 측은 후속 연구를 빠르게 추진했다. 그 중심에 선 중국공산당은 후속 연구를 위해 전문가들의 협조가 필요하며, 연구는 가능한 한 빨리 수행되어야 하고, 인적·물적 자원 지원이 시급하다고 보았다. 이러한 판단에 따라 국가문물국에서 두 차례 전문가·학자를 통화에 파견하여 실지 조사를 행했고 가장 대표적인 '3층원단' 유적으로 보고된 통화시 만발발자 유적의 발굴을 길림성 문물고고연구소에 위탁, 대규모 발굴을 진행하도록 조처했다.[6]

이렇게 1995년 백두산 서편 일대의 옛 제단군 발표는 만발발자 유적에 대한 대대적인 발굴로 이어졌다. 중국 측이 만발발자 유적을 본격적으로 발굴하게 된 이유는 아래에 잘 나타나 있다.

> 통화 만발발자 유적의 발굴은 통화가 중심이 된 장백산지구에서 발견된 옛 제단의 성질을 해명하고 고구려 조기 유적 및 고구려의 기원을 밝히기 위해 진행된 발굴이다.[7]

---

6 「當時, 一位中央領導同志批示, 要組織專家協助研究, 對此項工作要從速進行, 並在人力、物力上給予支持。近幾年, 國家文物局先後兩次派專家學者到通化進行實地考查, 委託吉林省文物考古研究所對"三環祭壇"遺址進行了大規模發掘, 並把此項研究課題列入"九五"期間國家重點考古發掘項目和科研攻關項目。」(公茂祥·宋玉文, 앞의 글, 1999-7, 32쪽)

7 「通化萬發撥子遺址的發掘是爲解決以通化爲中心的長白山地發現的"古祭壇"性質, 探尋高句麗早期遺存及高句麗起源所進行的一項主動發掘。」(金旭東·安文榮·楊立新, 앞의 글, 2000年 3月 19日)

이러한 하나의 중대한 발견은 광범위하게 중화문명사와 동북고대민족사 등에 중대한 과제를 안겨주었으며 국내외 사학계의 커다란 관심을 불러일으켰다. 장백산의 중심 지역인 통화에서 발견된 옛 제단의 성격을 풀기 위해, 또한 고구려 초기문화 유적과 고구려민족의 기원의 관계를 찾기 위해 1996년 국가문물국에서는 왕팔발자(王八脖子)[만발발자의 속칭(필자 주)] 유적에 대해 과학적인 발굴을 대규모로 주도하기 위한 계획을 비준했다.[8]

'통화 지역 옛 제단의 성격을 해명하고 고구려의 문화적·민족적 기원을 찾겠다'는 것은 '요하문명론-장백산문화론'을 논증하겠다는 의미로, 좀 더 구체적으로는 홍산문화(선상황제족-선상고국-예제문화)의 동진에 따라 은상족들이 장백산 일대로 이주하여 홍산문화의 표지인 3층원단류의 옛 제단이 등장하게 되었으니 고구려민족은 중화민족 은상족의 일원이며 고구려문화는 중화문화의 일부임을 논증하고자 한 것이었다.

이처럼 만발발자 유적의 대대적인 발굴은 여명 유적의 경우와 마찬가지로 '요하문명론-장백산문화론'을 논증하기 위한 차원에서 시작되었다. 중국 측의 높은 기대감은 요하문명론의 선구자인 소병기, 중국사회과학원 고고연구소 유진상(劉晉祥), 주연평(朱延平) 등이 '이는 대문화·대문물·대발견이며 도읍의 성격을 갖춘 것이다', '이러한 종류의 유적지는

---

8   「鑑於這一重大發現廣泛涉獵中華文明史和東北古代民族史等重大歷史課題, 引起了國內外史學界的高度關注. 爲解決以通化爲中心的在長白山地發現的古祭壇的性質, 探尋高句麗早期文化遺存與高句麗民族起源的關係, 1996年國家文物局批准立項, 對"王八脖子"遺址進行大規模的主動性科學發掘.」(李樹林, 앞의 글, 2002年 8月 17日)

결코 일반적인 취락이 아니며 일종의 의례와 관련된 건축물이다'라며[9] 집중적인 관심을 보였던 점에서도 잘 알 수 있다.

애초 만발발자 유적은 통화 일대에서 가장 대표적인 원시유적으로 널리 알려져 있었다. 1956년 3월부터 5월까지 길림성문물국 산하 고고조사팀에 의해 처음으로 발견·조사되었는데 채집된 석기, 굵은 모래 입자가 섞인 토기, 토기조각 같은 유물·유적의 상황 및 범위를 근거로 신석기시대 유적으로 확정되었다.[10] 이어 1958년 7월 길림성 문물공작 현장회의에 참가한 고고학자들은 유적 조사 과정에서 2점의 토기 다리를 발견했는데 1점은 사각기둥 모양(방주형方柱形), 다른 1점은 둥근기둥 모양(원주형圓柱形)이며 10cm 전후로 혼강 상·중류 지역에서도 삼족기(三足器)가 사용되었음을 확인했다. 이후에도 1960년 4월, 1985년 5월과 8월, 1988년 5월, 1995년 10월 길림성과 통화시 발굴조사팀은 여러 차례 반복적인 조사를 통해 돌괭이·돌도끼·돌칼·돌낫·돌화살촉·돌창·돌공이·돌어망추·토제항아리·토제바리때·토제제기(두豆)·토제잔·토제방추차·토제어망추 등을 발굴·채집했다.[11]

이처럼 만발발자 유적은 1956년 처음 조사가 시작된 이래 여러 차례 조사가 지속될 정도로 그 중요도가 널리 인지되고 있었다. 중국 측이 1995년 여명 옛 제단 유적 발굴을 통해 요하문명론-장백산문화론에 대

---

9 「"神繁"的發現, 引起中國考古學界的廣泛重視. 已故考古學宗師蘇秉琦教授驚嘆道:"這是大文化、大文物、大發現, 具有都邑性質!"中國社科院考古研究所劉晉祥、朱延平等權威專家認爲: 這種遺址本身決非一般性聚落, 而是一種禮儀性建築。(李樹林, 위의 글, 2002年 8月 17日)

10 康家興,「渾江中流的考古調査」,『考古通訊』, 1956年 第6期.

11 吉林省文物志編委會,『通化市文物志』, 1986, 10~15쪽.

124 · 백두산문명과 한민족의 형성

한 확신을 얻은 후, 이를 확실하게 증명해 줄 유적으로 만발발자 유적을 지목한 것은 이러한 배경이 작용하고 있었다. 곧 만발발자 유적은 1995년 무렵 통화 지역의 가장 대표적인 옛 제단 유적으로 지목되기 이전인 1950년대부터 삼족기나 두(豆)와 같은 제기류가 지속적으로 수습되고 있던 이 일대의 핵심적인 신석기 유적이었다. 여명 옛 제단보다 훨씬 앞선 시기의 신석기 유적이었기 때문에 여명 옛 제단 이전 장백산지구에서 처음으로 옛 제단이 등장하게 되는 과정을 보여줄 수 있을 것으로 기대되었다. 곧 앞서 발굴이 이루어졌던 여명 옛 제단은 서기전 2000년 ~서기 전후 시기의 3층원단으로 형태 면에서 홍산문화와의 연관성이 분명하게 감지되었지만 시기 면에서 홍산문화에서 너무 멀어 문화적 연관성을 명확히 하기에 어려운 문제가 있었다. 반면 통화 일대의 대표적인 신석기 유적인 만발발자 유적은 시기적으로 홍산문화에 가까워 문화적 연관성을 명확히 해줄 것으로 기대했던 것으로 보인다.

여명 옛 제단 및 만발발자 옛 제단의 관계에 대한 중국 측의 인식은 다음 글에서 분명히 드러난다. '약진촌(躍進村) 왕팔발자 유적은 여명 유적에 비해 전형성을 갖춤으로 인해 여명문화는 약진문화(만발발자 유적의 소재지가 약진촌이기에 붙여진 이름)로 불리게 되었다'[12]고 했으니, 여명 옛 제단에 비해 더욱 전형성을 지닌 만발발자 옛 제단에 이르러 장백산지구 옛 제단군의 내용성과 계통성이 보다 분명해졌다고 보았다.

---

12 「發現並命名了"躍進文化", 塡補了鴨綠江流域無考古學文化的空白。由于躍進村"王八脖子"遺址比黎明遺址更具有典型性, "黎明文化"由此更名爲"躍進文化"。(李樹林, 앞의 글, 2002年 8月 17日)

2. 만발발자 유적의 위치 및 형태

앞서 1995년 여명 옛 제단을 위시한 장백산지구의 옛 제단군 조사·발굴 결과, 만발발자 옛 제단이 가장 전형적인 유적으로 평가되어 만발발자 옛 제단의 대대적인 발굴로 이어지는 과정을 살펴보았다. 본절에서는 만발발자 유적의 위치 및 그 대략적인 형태를 살펴보겠다.

만발발자 유적은 통화시 중심가에서 남쪽으로 3km 정도 떨어진 통화시 동창구(東昌區) 금창진(金廠鎭) 약진촌에 위치하고 있다. 노령산맥의 끝자락, 동북-서남 방향으로 뻗은 거북 모양의 산구릉지 전체가 유적이다. 거북머리 쪽으로 혼강 본류가 흐르고 있고, 거북머리 아래 남쪽약 400m 정도에 혼강 지류인 금창하(金廠河)가 흘러 혼강 본류와 합류하고 있다. 이처럼 유적지는 야트막한 산구릉지의 한 자락으로 유적지의 서쪽에 혼강, 남쪽으로는 금창하를 끼고 주변으로는 넓은 충적평야가 펼쳐져 있는바, 최상의 주거 환경을 갖추고 있다. 이러한 주거 환경으로 인해 유적지 부근에는 후기 신석기 이래 명대에 이르기까지 다수의 고취락·고묘군·산성지가 밀집 분포되어 있다. 통화 지역 내 여명 옛 제단 및 만발발자 옛 제단 유적의 위치를 표시해 보면 〈자료3〉과 같다.

만발발자 옛 제단의 발굴은 1996년 국가문물국의 비준 이후 길림성 문물고고연구소의 주관하에 1997년 5월부터 1999년 10월까지 2년 6개월간 계속되었다. 유적의 전체 규모는 동서 750m, 남북 200m, 총 면적은 150,000m²이고, 발굴 면적은 총 6,015m²이다. 지금까지 길림성 남부에서 진행된 발굴 면적 중 최대 규모로서 문화퇴적층이 두텁고 출토품이 가장 풍부한 경우에 해당한다. 출토된 유물은 도기·석기·골기·청동기·유금기(鎏金器: 도금 청동기)·은·자기·철기, 총 6,942건으로 수량

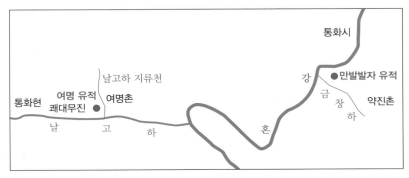

자료3 **통화 여명 옛 제단 및 만발발자 옛 제단 유적의 위치**

이 많고 종류가 다양하며 품질이 높았다.

만발발자 유적은 멀리서 보면 거북(왕팔王八)이 길게 목을 빼고 물을 먹기 위해 금창하를 거쳐 혼강으로 나아가는 형상과 흡사하여 속칭 '거북이 목(왕팔발자王八脖子)'으로 불려왔다. 유적지 형태에 대한 이해를 돕기 위해 2014년 항공사진, 유적 발굴 당시 사진, 2015년 사진을 〈자료4〉에 제시했다.

유적지의 전체적인 형태는 〈자료4-1〉에 가장 잘 나타나 있다. 유적지의 서남쪽, '거북머리' 부분은 융기된 둥근 언덕이다. 거북머리는 동북 방향으로 '거북목' 부분과 이어지고 있다. 일제시기 일본인들이 도시를 개발하면서 거북목 부분에다 통화(通化)-집안(集安) 도로(303번국도)를 내는 바람에 거북머리·목 부분 및 거북몸체 부분이 서남과 동북 지역으로 양분되었다.[13] 303번국도가 산 구릉지를 깊이 파고 들어왔기 때문에 303번국도 위쪽의 '거북몸체' 부분은 현재 급경사지를 이루게 되었다.

---

13 李樹林, 앞의 글, 2000年 1月, 119쪽.

1. 2014년 1월 28일 항공사진

2. 발굴 현장 사진

3. 2015년 8월 11일 답사 때 촬영한 사진

자료4 **통화 만발발자 제천유적 전경**

거북어깨 303번국도변에 자리한 건물은 7천여 점에 이르는 출토품들을
전시하기 위해 발굴과 동시에 지어진 박물관이다. 발굴과 동시에 박물
관이 지어지는 것은 매우 이례적인 경우로 애초 중국 측이 만발발자 유
적을 통해 '요하문명론-장백산문화론'을 입증할 수 있을 것으로 보고
야심찬 기대 속에 서둘러 발굴을 진행했음을 보여준다.

'거북머리 → 거북목 → 거북어깨' 부분은 유적상으로 '3층원단 → 방
대 → 무덤지'에 해당한다. 2014년 항공사진을 보면 거북머리 3층원단
의 계단식 구조가 이때까지도 비교적 정확하게 남아 있음을 알 수 있다.
처음 유적이 조성될 당시 제천단 시설로 3층원단(모자합장묘)·방대가
조성되었다가 후대에 이르러 제천단이 폐기되는 시점에 제단은 거북어
깨 쪽의 무덤지와 마치 하나의 산줄기처럼 연결되어 버렸을 것이다. 그

전체적 형상이 마치 거북이가 목을 뺀 모습처럼 보였기에 주민들에 의해 '거북이 목(왕팔발자)' 언덕으로 불리게 되었음을 알게 된다.

3. 만발발자 유적의 제천시설 개관

앞서 만발발자 유적의 위치 및 형태를 살펴보았다. 본절에서는 후기 신석기 이래 고구려에 이르기까지 지속되었던 유적 내 제천시설에 대해 살펴보겠다. 논의에 앞서 유적 발굴보고에 두 유형이 있음을 살펴볼 필요가 있다.

1) 유적 발굴보고의 두 유형

1999년 유적 발굴이 종료된 이후 중국 측이 제출한 결과보고는 두 유형이 있다. 첫째는 이수림의 보고, 둘째는 국가문물국의 보고이다. 이수림은 통화현 출신으로 1990년대 백두산 서편 옛 제단군의 조사·발굴·연구를 주도한 인물이다. 중국학계의 주요 '요하문명론-장백산문화론'자들의 자문을 받아가면서 여명 옛 제단 이하 40여 기에 이르는 옛 제단군을 조사·발굴했고 이어 만발발자의 발굴까지 이끌어냈으며 발굴에도 가장 직접적인 위치에서 참여했다.[14] 국가문물국은 1995년 백두산 서편 옛 제단군이 공표된 이후 중국공산당의 비준하에 만발발자 유적의 발굴을 총괄 지휘했다. 양측 모두 만발발자 유적을 통해 '요하문명론-장

---

14 이수림의 이력·연구성향·학술활동 등은 다음 글에 자세하게 소개되어 있다. 公茂祥·宋玉文, 앞의 글, 『國防』 1999-7.

백산문화론'을 논증하고자 하는 동일한 문제의식을 갖고 출발했지만 결과보고는 상이했다.

이수림의 보고는 1999년 10월 발굴이 종료된 직후인 2000년 1월에 나온 논문 「약진문화의 고고발견과 고구려민족의 기원 연구」[『흑토지적고대문명: 중국사과원 변강사지연구중심 주편 동북민족여강역연구논문집(黑土地的古代文明: 中國社科院 邊疆史地研究中心 主編 東北民族與疆域研究論文集)』] 및 2002년 8월 「천년의 신령한 거북(신별神鱉)이 고국(古國)에 나타나다. 통화 왕팔발자 유지(遺址)의 신비를 탐구하다」[『길림일보(吉林日報)』]이다. 국가문물국의 보고는 2000년 3월 「고구려 조기 유존 및 기원을 탐구하다—길림 통화 만발발자 유지 발굴의 중요수확」[『중국문물보(中國文物報)』] 및 2001년 「길림 통화 만발발자 유지」[『1999중국중요고고발현(中國重要考古發現)』]이다.

두 보고는 내용 면에서 큰 차이를 보였다. 이수림의 보고는 제천시설 및 관련 유물이 중심이다. 관심사도 홍산문화와의 연관성 문제에 초점이 맞추어져 있다. 애초 중국 측이 만발발자 발굴을 시작하게 한 목적과 방향이 그대로 가감없이 나타나 있고 발굴 결과도 매우 자세하다. 반면 국가문물국의 보고는 제천시설 및 관련 유물에 대한 언급이 일절 없으며 전적으로 3기 이후의 주거지 및 무덤지가 중심이다.

같은 유적, 같은 발굴 결과에 대해 이처럼 상반된 시각과 내용이 나온 이유를 생각해 보게 된다. 이수림의 글은 한결같이 만발발자 옛 제단을 통해 '요하문명론–장백산문화론'이 입증되었다는 결론이다. 애초 그의 관심사가 옛 제단과 홍산문화의 연관 문제였으며 발굴을 통해 문제가 해명되었다고 보고 발굴 결과를 자세하게 보고했다. 반면 국가문물국에서는 2년 6개월여의 발굴·검토 과정을 거치면서 최종적으로 '요하문명론-장백산문화론'과 배치되는 유적으로 판단, 결과보고에서 제천시설과 관련된 부분을 배제했다.

국가문물국이 실제로 제단을 발굴했지만 소기의 목적에 부합되지 않자 제단을 사후 은폐했음은 길림성박물원(吉林省博物院: 길림성급 박물관, 장춘 소재)의 만발발자 유적 개관에도 나타나 있다. 길림성박물원 4층에서는 기획전시 「족적(足跡)·회망(回望)·전승(傳承): 길림성(吉林省) 고고성취전(考古成就展)─1997~2016」이 진행중으로, 그 첫머리에 '압록강 중상류의 역사기년(歷史紀年)'이라 하여 만발발자 유적 발굴 과정 및 성과가 소개되고 있다. 전시주제로 보아 전시는 2017년 무렵부터 시작된 것으로 보인다. 전체적인 개관 내용은 2000·2001년 국가문물국의 보도방향과 꼭 같아 제단에 대한 어떠한 내용도 나타나 있지 않다. 그런데 벽면에 부착된 발굴 현장 사진들 중에는 '1998년 만발발자 제단의 북부 지역 환계(둥근 계단) 발굴 현장' 사진이 있다. 사진의 오른쪽으로 적석형 환계가 드러나 있다.(2018년 8월 11일 현재)

유적 개관과 전혀 다른 자료로, 비록 실수로 전시되었다 할지라도 당시에 실제로 제단이 발굴되었음을 확인해 준다. 이외에도 국가문물국 결과보고에서 5기에 대한 설명 중에 '3기·4기에 비해 주거지의 규모가 축소되어 다만 서부 환구(圜丘)의 정상부에 주거지가 자리하고 있었다'는 내용이 있다.[15] 국가문물국 결과보고에서 제천시설 관련 내용이 배제되었음에도 불구하고 '환구'라는 표현이 자연스럽게 사용될 정도로 보고자들이 제단에 대한 내용을 잘 알고 있었음을 보여준다. 국가문물국

---

15 「五期遺存的分布面積大大縮小, 生活居址只見于西部圜丘的頂部, 反映出當時的家落規模已遠遠小于三、四期。」(金旭東·安文榮·楊立新, 앞의 글, 2000年 3月 19日)

1. 길림성박물원의 만발발자 유적 소개

2. 1998년 만발발자 유적 북부 환계 발굴 현장 사진

万发拨子遗址1998年北部环阶发掘现场

자료5 **만발발자 유적**

이 제단을 은폐할 수밖에 없었던 이유는 2장, 3장에서 살펴볼 것이다.

이렇게 만발발자 유적의 핵심시설인 제단 관련 부분이 은폐됨으로써 국가문물국의 결과보고는 분량이 극소해지게 되어, 이수림의 풍부한 결과보고와 대비되었다. 이수림의 글 중에서도 특히 2000년의 논문 「약진문화의 고고발견과 고구려민족의 기원 연구」는 만발발자 유적에 대한 가장 자세한 보고로 12,000자 규모이다. 『길림일보』의 논고도 8,000자에 이른다. 반면 국가문물국의 결과보고인 『중국문물보』는 2,300여 자, 『1999중국중요고고발현』은 사진과 영문 개요를 빼면 1,300여 자에 불과하다. 결과적으로 만발발자 유적의 발굴보고는 이수림의 보고가 가장 자세하고 정확하다. 이에 필자는 양측의 보고를 종합하고 발굴 현장에 참여한 중국학자들의 일부 전언(傳言)까지 더하여[16] 유적의 전체상을 맞추어보았다.

2) 유적 층위와 시기 구분

두 유형의 보고에서는 만발발자 유적의 층위를 공히 6기(期) 7단(段) (또는 6기 13층層)으로 구분한다. 곧 ① 1기: 6000년~5000년 전(서기전 4000년~서기전 3000년)이며 조(早)·만(晚) 양단(兩段)으로 나뉜다. 조단은 서기전 4000년~서기전 3500년, 만단은 서기전 3500년~서기전 3000년이다. ② 2기: 상주시대(서기전 1600년~서기전 771년), ③ 3기: 춘추전국시대(서기전 770년~서기전 221년), ④ 4기: 서한시대(서기전 206년~25년), ⑤ 5기: 위진대(221년~589년), ⑥ 6기: 명대이다.[17]

---

16 오강원은 국가문물국의 보고자료만을 토대로, 초기 고구려시기의 유적을 분석했다.(오강원, 앞의 글, 2004) 본문 중에 국가문물국 보고자료에 없는 내용들이 간혹 나타났는데, '발굴에 참여했던 중국학자들에게 전해 들은 내용'이라고 했다.

17 「萬發撥子遺址的遺存共分爲六个時期七个階段。一期爲新石器時代晚期遺存, 年代在距今6000~5000年間, 其又可分爲早、晚兩段: 二、三、四、五、六期分別相當于商

후기 신석기 이래 고조선(은상계 기자조선이 아닌 단군조선)을 거쳐 고구려·발해로 이어진 맥족의 역사는 발해 이후 여진족의 역사로 대체될 때까지 간단없이 이어졌다. 이러하므로 최소한 고구려·발해 이전의 역사에 관한 한, 한국사 시대구분이 기준이 되어야 하며 중국왕조의 시대구분이 적용될 수는 없다.

이러한 문제를 의식한 때문인지 길림성박물원의 만발발자 유적 소개에서는 '① 1·2기: 신석기시대, ② 3기: 선(先)고구려, ③ 4기: 고구려 조기, ④ 5기: 고구려 만기, ⑤ 6기: 만주족(만주족 선세先世 5종족의 문화)'이라 했다.(2018년 8월 11일 현재) 애초 중국왕조를 기준으로 시기를 구분했던 방식에서는 달라졌지만, 1기 외에 2기까지도 신석기시대로 본 점, 고조선사에 대한 언급 없이 고구려사만을 기준으로 구분한 점 등 의도가 분명하게 읽히는 시기 구분법이다. 2000년대 초 이래 고구려사를 둘러싼 한국 측과의 마찰을 의식해 겉으로는 고구려를 내세워 고구려 유적임을 인정해 주는 듯하지만 고구려 이전사는 오랜 신석기시대의 끝에 국가적 실체도 없는 애매한 '선(先)고구려'가 있었다고 했다. 그 이면에 동북공정의 기본시각인 은상족과 고구려를 연결하는 역사인식이 자리하고 있음은 물론이다. 마땅히 '① 1기: 배달국, ② 2기: 단군조선, ③ 3기: 단군조선, ④ 4기: 선(先)고구려~고구려 초, ⑤ 5기: 고구려, ⑥ 6기: 만주족'으로 변개되어야 할 것이다.

周、春秋戰國、西漢、魏晉及明。」(金旭東·安文榮·楊立新, 앞의 글, 2000年 3月 19日): 「發現文化堆積13層6期, 被分爲六期七段: 一期爲新石器時期遺存, 早段年代距今 6000~5500年, 晚段年代距今5500~5000年: 二期、三期、四期、五期、六期相當于中原地區的殷商、春秋戰國、兩漢、魏晉和明代。」(李樹林, 앞의 글, 2000年 1月, 126쪽)

3) 유적의 세 유형

양대 결과보고를 종합해 볼 때 유적은 크게 세 유형으로 나누어진다.

① 제천시설—1차 시설: 3층원단(모자합장묘母子合葬墓)·방대(方臺)

　　　　　　　2차 시설: 선돌 2주(柱)·방단(方壇)·제천사(祭天祠)

② 주거시설—주거지(방지房址) 22좌(座), 회갱(灰坑: 재구덩이) 160개,

　　　　　　회구(灰溝: 재고랑) 9조(條)

③ 무덤시설—무덤(묘장墓葬) 56좌

만발발자 유적 이해에 있어 일차적으로 유념해야 할 점은 이곳이 애
초 거대 제천시설이 있는 신성 지역, 곧 '소도제천지'로 조성되어 무려 5
기 고구려시기에 이르기까지 그 성격을 그대로 이어갔던 점이다. 따라서
전체 유적 중 가장 중요한 부분은 제천시설이며 이외의 주거시설이나
무덤시설은 제천시설과 직·간접적으로 연동된 시설물로 볼 수 있다.

실제로 후기 신석기시기부터 명대에 이르는 장구한 시간 동안 이곳에
조성된 주거지(1기·3기·4기·5기에 해당)는 총 22좌에 불과했고 무덤(3
기·4기·5기·6기에 해당)은 총 56좌였다.[18] 주거지의 경우, 무덤의 숫자

---

18 먼저 주거지이다. 이수림의 보고는 1·3·4·5기이다.[「祭壇內發現的 "躍進二期文化"(即
商周時期) 文化現象十分罕見, 性質特殊. 表現爲: 沒有發掘出一座房址和一個灰
坑, 而 "一期、三期、四期、五期文化" 卻發現了22座房址、159個灰坑。」(李樹林, 앞의
글, 2000年 1月, 121쪽)] 국가문물국의 보고는 1·3·5기라고 하는[「遺址中發現的22座
房址分爲三個時期 一期…三期…五期」(金旭東·安文榮·楊立新, 앞의 글, 2000年 3月
19日)] 한편으로 '4기에 환호가 설치되고 대형촌락이 자리했으며 생활주거지에서 토기가
출토되었다'고 했다.[「遺址四期遺存發現的環山圍溝證實, 在西漢時期萬發撥子遺址
是一个有較嚴密組織的大形村落. 生活居址中出土的陶器以罐、壺、豆爲基本組合.
除鐵鏃外, 未見中原漢文化遺物, 這一點與吉林省中南部遺存形成顯明對比。」(金旭

보다 훨씬 적은 특수성을 보였으니 이러한 면모는 주거지를 소도제천지에 자리한 특수 목적의 건물, 곧 제천건물지(제천사祭天祠)로 보지 않으면 이해될 수 없는 측면이다. 이곳의 주거지는 일반생활용이 아닌 제천시설용으로서 제천의례 종사자들의 공간이었던 것이다. 무덤의 경우 총 7종의 묘제로 인해 크게 주목되었는데, 토갱묘(土坑墓) 토갱석곽묘(土坑石槨墓), 토갱석곽석관묘(土坑石槨石棺墓), 대개석묘(大蓋石墓: 고인돌), 대개석적석묘(大蓋石積石墓: 적석형 고인돌), 적석묘(積石墓), 계단적석묘(階壇積石墓)이다. 이 중 토갱묘가 28좌로 가장 많았으며 계단적석묘는 단 1좌였다.

4) 유적 내 제천시설 및 존속 시기

만발발자 유적의 제천시설은 크게 두 부분, ① 1차 시설: 3층원단(모자합장묘)·방대, ② 2차 시설: 선돌 2주·방단·제천사로 나뉜다. 1차 시설인 '3층원단(모자합장묘)·방대'의 조성 시기에 대해서는 신석기 만기~청동시대, 동주~한대, 한대, 요금시대 등 여러 설이 제기되었다.[19] 이수

東·安文榮·楊立新, 같은 글) 결국 두 보고 모두 '1·3·4·5기'를 말했다.

다음 무덤지의 경우 국가문물국의 보고에서 3·4·5·6기라 했다.「墓葬始見于遺址的三期、四、五、六期均有發現。這些墓葬多分布在遺址的東側。西部僅發現四座, 而這四座墓葬均屬遺址的第三期, 這一情況反映出在春秋戰國時期此遺址的生活遺址和墓地并不是截然分開的, 但到了四期以後, 生活居址與墓地已涇渭分明, 各有自己的分布區域。」(金旭東·安文榮·楊立新, 같은 글)]

19 「關于該壇狀類遺址的斷代, 考古界曾有過異議。主要三種觀點: (1)新石器晚期至青銅時代; (2)東周至漢代; (3)漢代。此外, 還有遼金時期的說法。筆者根據十餘年的實地考察與研究, 曾提出其文化的上限應爲青銅時代早期(商周時期), 下限爲西漢中期(包括高句麗早期)。」(李樹林, 위의 글, 2000年 1月, 123쪽)

림의 경우는 '2기(상주시기)~4기(서한시기)'[20]로 보는 한편으로 시기를 좀 더 넓게 잡아 '상한은 1기(서기전 4000년~서기전 3000년)에 달하고 하한은 5기(위진시기)까지 이어진다'고 했다.[21]

애초 이수림의 연구 출발점이 홍산문화를 직접적으로 계승한 은상족의 이주로 장백산지구에 3층원단이 나타났음을 논증하는 것이었고, 최종 보고자료에서도 이를 결론으로 확정했다. 곧 은상이 건국될 즈음에 그 일파가 동북방으로 옮겨 가서 고구려문화를 일구었으니 고구려문화는 '홍산문화(선상황제족의 선상고국) → 은상문화'에서 비롯했다고 보았다.[22] 이러하므로 이수림이 제단의 시기를 '2기(상주시기)~4기(서한시기)'로 본 것은 이미 정해진 결론이었다고 할 수 있다. 다만 여기에 상한을 설정하여 여지를 둔 것은 제단에 나타난 강한 홍산문화적 요소 때문으로 이해된다.

이수림은 제단이 홍산문화와 긴밀히 관계되어 있다고 보았는데 그 근거로 첫째 홍산문화의 단·묘·총과 약진문화의 단(壇)·락(落: 주거시설의 의미)·총(塚)이 배대될 수 있는 점을 들었다. 물론 약진문화에서는 '묘(여신묘)'의 요소가 보이지 않지만 도소인두상(陶塑人頭像: 여신상)이 발견된 점에서 같다고 보았다. 둘째 3층원단의 조형이 완전 일치하는

---

20 위와 같음.

21 「通化市王八脖子祭壇爲代表。…上限可達新石器中晚期(巨今6000年前), 下限延續到 魏晉時期(高句麗早期)。」(李樹林, 위의 글, 2000年 1月, 124쪽)

22 「近年來, 一些學者根據遼西紅山文化的特徵, 考證商人發祥於這一區域, 認爲紅山 文化卽爲商先文化。紅山文化的大形積石塚群與高句麗早期大形積石墓有緊密的淵 源, 提出高句麗人可能是商人建國或入主中原前向東北方遷徙的一支, 高句麗源於 商人。紅山文化族屬已有許多學者考證爲黃帝族系,…高句麗民族確爲炎黃系統的後 裔。」(李樹林, 위의 글, 2000年 1月, 134~135쪽)

점, 셋째 제사 방식 및 습속이 비슷한 점, 넷째 토기에 있어 통형관 및 '빗살문(지자문之字紋·인자문人字紋)'이 공히 나타나는 점을 들었다.[23] 요컨대 이수림은 '요하문명론-장백산문화론'에 따라 제단의 성립 시기를 2기(상주시기)로 믿었지만, 실제로 제단에 나타난 강한 홍산문화적 요소로 인해 제단의 상한을 1기까지 올려 보았다.

이처럼 만발발자 제단은 이수림과 같은 인물조차도 2기(상주시기) 이후로 고집할 수 없을 정도로 홍산문화와 직접적인 연관성을 보였다. 필자의 경우는 3층원단 꼭대기층(평대平臺)에 조성되었던 모자합장묘의 형태 및 출토품을 근거로 그 시기를 명백하게 1기, 그중에서도 특히 '조단(서기전 4000년~서기전 3500년)'의 시기로 바라보았다. 자세한 내용은 2장·3장에서 살펴볼 것이다.

다음 2차 시설인 선돌 2주·방단·제천사의 시기이다. 1차 시설인 '3층원단(모자합장묘)'의 꼭대기층(평대) 위로 어느 시점인가에 '선돌(천연대괴석天然大塊石) 2주·방단·제천사(온돌을 깐 건물지)'가 시차를 두고서 들어섰다. 이에 대해서는 3부에서 자세하게 살펴보겠다.

---

23 李樹林, 위의 글, 2000年 1月, 130~131쪽.

3층원단(모자합장묘)과 방대, 배달국 초
제천문화의 흔적

1. 형태 및 모자합장 방식: 신석기 모계사회의 제천문화 수용

1) 기본 형태: 3층원단(모자합장묘) · 방대

만발발자 유적의 거북머리 · 거북목 부위에는 '3층원단(모자합장묘) · 방대' 시설이 일렬로 자리하고 있다. 거북머리 부분에 3층원단(모자합장묘), 거북목 부분에 방대가 자리했다. 제단시설에서 채취된 석체(石砌)로써 살펴볼 때 제단시설의 축조 방식은, ① 석체 섞어쌓기(착봉법錯縫法), ② 석체 겹겹이쌓기(첩체법疊砌法), ③ 토 · 석 섞어쌓기(토석혼축법土石混築法), ④ 토 · 석 번갈아쌓기(토석질축법土石迭築法) 등을 사용하여 계장(階墻)을 보호하고 환계의 붕괴를 방지했다.[24]

---

24 「祭壇的階牆採取石砌錯縫法、疊砌法、土石混築法和迭築等方法, 并採用了護階牆防上環階坍塌。」(李樹林, 앞의 글, 2000年 1月, 128쪽)

거북목(방대) 부분에서는[25] 주거지도 발견되었다.[26] (F6·F7) 주거지(제천사)는 주(主)의례 공간인 거북머리 원단 자리에 자리할 수 없으며 굳이 위치하자면 부(副)의례 공간인 거북목 방대 자리에 위치하는 것이 맞다. 거북목 부분 주거지는 원형의 반수혈식 건물이며 중앙에는 타원형 및 방형의 화로시설(노지爐址)이 있었다.[27] 주거지 유물로는 통형관(筒形罐)이 중심이며 소량의 발(鉢)도 있다. 도기의 문양은 거칠며, 1기-조단에는 '빗살문(지자문·인자문)'을 기본 조합으로 하다가 1기-만단에는 '기하문'이 나타났다.[28] 현재 만발발자 빗살문 및 기하문 토기는 비공개 상태이지만 '1기-조단: 빗살문'에서 '1기-만단: 기하문'으로의 변화는 동북아 신석기 토기의 변화상과 합치된다.

주지하듯이 동북아 후기 신석기 토기의 양대 주종은 '빗살문' 토기와 '소용돌이문·기하문' 채도이다. 대체로 서기전 6000년~서기전 5000년 무렵 새로운 토기 유형인 빗살문 토기가 등장하여 크게 성행하다가 서기전 4000년~서기전 3000년 무렵 전형적인 제천문화가 등장하면서 소용돌이문, 또 소용돌이문을 변형시킨 기하문을 기본으로 하는 전형적 의기(儀器)인 채도가 나타났던 것이다.

다음은 '3층원단(모자합장묘)·방대'의 구체적인 형태이다. 이수림은

---

25 오강원, 앞의 글, 2004, 158쪽.

26 國家文物局, 앞의 글, 2001, 28쪽.

27 「遺址中發現的22座房址分爲三個時期。一期的房址呈圓形半地穴式, 居住面不加處理, 爐址有橢圓形, 長方形兩種。」(金旭東·安文榮·楊立新, 앞의 글, 2000年 3月 19日)

28 「萬發撥子一期是吉林省東南部首次發現的具有明確層位關係的新石器時代遺存, 陶器以筒形罐爲主, 別有少量的鉢類。陶器紋飾粗方, 潦草, 早段以退化之字紋與刻劃人字紋構成基本組合, 晚段多見刻劃幾何形紋飾。」(金旭東·安文榮·楊立新, 위의 글, 2000年 3月 19日); 「早期陶片刻劃壓印多種紋飾, 有"之"、"人"字紋等。」(李樹林, 앞의 글, 2000年 1月, 127쪽)

자신의 논문에서 제단의 형태를 비교적 자세하게 설명했으며 논문 말미에는 도해(圖解)까지 실었다고 했다.[29] 하지만 실제로 논문 말미에는 도해가 실려 있지 않았다. 이에 필자는 2014년 만발발자 유적 항공사진(〈자료4-1〉)과 논문 내용을 더하여 제단의 형태를 재구성해 보았다. 2014년 항공사진은 3층원단·방대의 기본 구조 이해에 많은 도움이 되었다. 논문 내용에 의거한 작업으로 위험 부담이 있었지만 논의의 진행을 위해 불가피했다. 조속한 발굴결과 공개를 바란다.(〈자료6〉)

　논문에 나타난 제단 형태, 또 이에 대한 필자의 해석을 아래에 제시했다. 필자의 해석은【 】로 구분했다.

(1) 3층원단(모자합장묘)

3층 (계단식) 원단의 높이는 지면으로부터 21m이다. 10m 높이의 방대로부터 10m 더 높이 솟아 있다.【약간의 경사가 있는 지형으로 인해 원단의 지면이 방대보다 1m 더 높아진 것으로 이해된다.】

---

29 「遺址造型呈前方後圓, 方位爲東北至西南向, 分爲方臺(卽脖頸)、圓丘(卽頭部)和階地(卽王八身)三部分(見圖2)。方臺面積爲50×40米, 高出平原約10米 圓丘呈三級階梯式, 高出平原約21米。第一級(卽下層)環階寬爲9至12米不等, 周長約近200米, 在正南方向有一段長約30餘米的斜坡未有接通, 此階高出方臺約1米, 坡度爲45°; 第二級(卽中層)環階寬10至15米不等, 周長約100米, 在正北方向遺有一段長約20餘米階地未有連通, 上階高出第一級環階約10米; 第三級(卽上層)環階爲一橢圓形平檯, 面積約800餘平方米, 高出第二級環階約2米, 正南角有一組天然大塊巖石豎立。在第二級環階和第一級環階之間的西側地表上, 發現一條寬約2米、長15米的石築階梯; 在圓丘的東部和南部第一級環階下面, 保存着數道完整的石砌牆, 系用小石塊精心壘築而成, 相距1.5至4米寬不等, 牆高1-2米。經過認眞觀察, 此處環階較北側環階地勢偏低, 應爲防止雨水沖刷防止環階坍塌所築的防護牆。」(李樹林, 앞의 글, 2000年 1月, 120쪽)

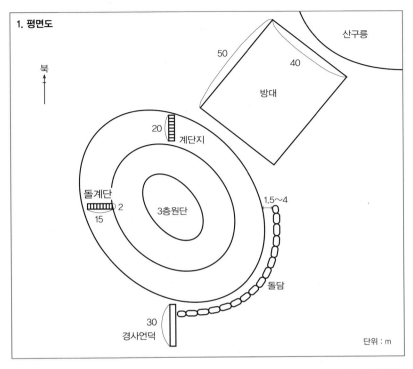

1. 평면도

북

산구릉

50

40

방대

20 계단지

돌계단

2

15

3층원단

1.5~4

돌담

30

경사언덕

단위 : m

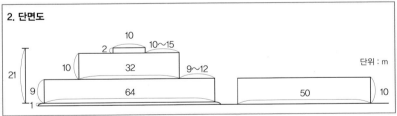

2. 단면도

10

2

10~15

10

32

9~12

단위 : m

21

9

64

50

10

1

자료6 만발발자 '3층원단(모자합장묘)·방대'의 구조

① 제1단(하층)

둘러진 단(환계)의 너비(관寬)는 약 9~12m로 같지 않다.【제1단 및 제2
단이 정원(正圓)이 아닌지라 너비가 균일하지 않게 된 것으로 이해된다.】둘레의 길이(주장周長)는 약 200m이다.【정원이 아니기에 둘레로 표시한 것이다. 정원의 경우 원둘레 200m이면 지름은 64m라 참고가 된다.】정남 방향에 약 30여m의 경사언덕(사파斜坡)이 있는데 연결되어 있지 않다.【경사언덕을 연결하지 않은 것은 제단에 무단으로 오르지 못하게 한 것이며, 의식을 행할 때는 접이형 다리를 사용했을 것으로 여겨진다.】이는 방대로부터 약 1m 높이에서 시작되었고【원단쪽 지면이 방대쪽보다 1m 높다.】, 언덕(파坡)의 경사도는 45°이다.【높이 9m, 빗변 30m이면 경사도는 17° 정도로 45°가 아니다.】

② 제2단(중층)

둘러진 단(환계)의 너비(관)는 10~15m로 같지 않다.【제2단 및 제3단이 정원이 아닌지라 너비가 균일하지 않게 된 것으로 이해된다.】둘레의 길이(주장)는 약 100m이다.【정원이 아니기에 둘레로 표시한 것이다. 정원의 경우 원둘레 100m이면 지름은 32m라 참고가 된다.】정북 방향에 20여m의 계단식 언덕(계지階地, 계단지)이 있는데 연결되어 있지 않다. 제1단으로부터 10m 높이로 솟아 있다.【높이 10m, 빗변 20m이면 경사도는 30°이다. 계단식 언덕을 연결하지 않은 것은 제단에 무단으로 오르지 못하게 한 것이며, 의식을 행할 때는 접이형 다리를 사용했을 것이다.】

③ 제3단(상층, 평대, 모자합장묘)

둘러진 단(환계)은 타원형의 '평대(平臺)'이며, 면적은 800여㎡이다.【면적 800여㎡이면 제2단과 제3단이 같은 문제가 발생한다. 80㎡의 오기인 듯한데, 80㎡이면 정원으로 상정할 때 지름이 10m가 되어 자연스러운 3층 제단 모습이 성립되기 때문이다.】제2단으로부터 약 2m 정도 솟아 있다. 제2단 환계와 제1단 환계 사이의 서쪽 지표상에 폭 약 2m, 길이 15m의 돌계단(석계제石階梯)이 발견되었다.【혹 사세상 돌계단이 제2단과 제3단 사이에 있어야 하는 것으로 생각할 수 있지만 이수림은 논문(2000)의 다른 곳에서도 '돌계단(통천석제通天石梯)'이 중·하 양층 환계의 사이에 있다고 했다.[30] 이 돌계단의 경우는 떨어져 있지 않다는 언급이 없어 연결되어 있음을 알게 된다. 높이 10m, 빗변 15m이면 경사도는 41.5° 정도이다. 제단에 오르는 3건의 통로시설은 특히 주목을 끈다. 남쪽 경사언덕(지면 → 제1단), 북쪽 계단식 언덕(제1단 → 제2단), 서쪽 돌계단(제1단 → 제2단)'이 그것인데, 이 중 경사언덕이나 계단식 언덕(계단지)에 비해 돌계단이 돌로 만들어진 정식 계단이고 끊어져 있지도 않아 제천의례시 대사제(大司祭)가 이용하는 주통로였던 것으로 여겨진다. 경사언덕과 계단식 언덕을 끊어둔 것은 평소 제단을 보호하기 위한 고려로 보인다.】

평대에는 '모자합장묘'가 자리하고 있었다. 모자합장묘에서는 '도소인두상(陶塑人頭像)·도저(陶猪)·옥기[玉器: 옥부玉斧·옥분玉錛·옥결玉玦·옥환玉環·옥벽玉璧 등, 소재는 수암옥岫巖玉(요동반도 수암 지역 출토, 홍산옥기의 대표 옥재)][31]·대량의 무늬없는 복골(卜骨: 돼지·소·양·사슴뼈 등 19점)·대량의 동물뼈(호랑이, 곰 등 29종)·일정 수량의 원시문자와 부호·십자문(十字紋)[32]이 새겨진 도기 파편' 등 많은 중요 유물이 출토되었다. 동

---

30 「平臺有"社石", 中、下兩層環階之間有"通天石梯"相連。」(李樹林, 위의 글, 2000年 1月, 124쪽)

31 「玉器: 有斧、錛、玦、環、璧等, 皆爲遼寧岫巖玉質, 還有綠松石墜飾、瑪瑙串珠等。」(李樹林, 위의 글, 2000年 1月, 127쪽)

32 이수림은 '十字紋'을 태양 신앙과 관련해서 보기에 '太陽符號'로 표현한다.[李樹林(정원

물뼈는 이외에도 환계 내 퇴적유물 중에 인위적으로 훼손된 상태로 던져진 경우가 있었다.[33] 【'3층원단·방대'가 곧 모자합장묘였던 것으로, '3층원단·방대'는 단순 제단이 아닌 무덤(총) 형식의 제단(단)이었다.】

④ 돌담

동부와 남부 제1단 환계 아래에 완정한 돌담(석체장石砌墻)이 있는데 작은 돌들로 정성껏 쌓은 것이다. (3층원단으로부터) 거리는 1.5~4m로 균일하지 않으며, 담장의 높이는 1~2m이다. 북쪽 환계의 지세에 비해 이쪽 환계가 낮아 빗물의 침식 또는 환계의 붕괴를 막기 위한 방호벽이다.

(2) 방대

방대의 규모는 50m×40m×10m이다. 3층원단의 높이가 21m였던 데 비해 10m가 낮다.【지세상 방대 쪽의 지면이 원단 쪽에 비해 1m 정도 낮았음은 앞서 살핀 바이다. 원단에 대한 설명이 매우 자세한 데 비해 방대에 대한 부분은 소략하다. 3층원단과 방대는 기능상의 차이를 갖고 있었다. 3층원단이 제천의례의 집전자인 대사제 이하 주요 의례자들이 의례를 하는 공간이라면 방대는 의례를 할 때 필요한 각종 물품들을 준비

철 역), 「길림성 고구려 3319호 무덤 日月神闕에 대한 고증과 이와 관련된 몇가지 중요한 문제에 대한 연구」, 『고구려연구』 15, 2003, 271쪽, 275쪽]

33 「平臺上的"母子合葬墓", 具有母系氏族部落首領(女祭司)和戰爭祭祀性質; 該層出土的玉器、神格化的動物陶豬(誇大了的雄、雄性生殖器官)、陶塑人頭像(是否爲女神?!)、大量無文卜骨(共19件, 系豬、牛、羊、鹿骨, 占卜方式以灼爲主)、大量獸骨(虎、熊等29種動物)、陪葬器物文物具有禮儀性質, 尤其是環階內堆積的遺物, 獸骨似乎人爲損毁拋置於內, 應與祭祀習俗有關。」(李樹林, 앞의 글, 2000年 1月, 121~122쪽): 「動物泥塑藝術品及少量的刻劃在陶片上的原始文字符號。」(李樹林, 같은 글, 127쪽)

하거나 의례 종사자들이 머무는 제천사가 자리한 공간이었다. 1기·2기에 소수의 주거지 및 회갱이 거북목(방대) 지역에서 발견된 점에서 이를 알게 된다. 3기가 되면서 방대 위에 주거지 13좌 및 무덤 4좌가 들어서는데 이즈음부터 방대의 용도에 다소간의 변화가 있었던 것으로 보인다.】

이상 '3층원단(모자합장묘)·방대'의 전체 규모는, '3층원단(모자합장묘): 약 64m(제1단 기준)×21m(높이) + 방대: 50m×40m×10m(높이) = 총 130m(동북-서남)×110m(서북-남동)'[34]였다. 만발발자 발굴 당시까지 최대의 사전(史前) 구조물로 주목받고 있던 홍산문화 우하량 유적 제13지점의 전산자(轉山子) 원형 계단식 제천건물지의 경우 전체 규모가 지름 100m, 높이 7m 정도였는데,[35] 이보다도 규모가 컸다.

2) 모자합장 방식

3층원단의 꼭대기층 평대 내에 자리한 모자합장묘는 두 가지 중요한 시사점을 제시해 준다. 첫 번째는 모자합장 방식에 나타난 모계사회의 요소이다. 거대한 '3층원단·방대' 방식의 무덤 주인이 '남성'도 '여성'도 아닌 '모자(母子)'였다는 점은 당시 사회가 후기 신석기 모계제사회였음

---

34 「遺址造型呈前方後圓三環階梯式結構, 東北至西南向長130米, 西北至東南向寬爲 110米。圓丘高21米, 比遼西紅山文化牛河梁巨型"金字塔"祭壇還要高出5米, 它是一座目前國內發現的規模最大的史前三環祭壇建築。」(李樹林, 앞의 글, 2002年 8月 17日)

35 郭大順·張星德(김정열 역), 『東北文化와 幽燕文明』 상, 동북아역사재단, 2005(2008), 379~380쪽.

을 시사한다. 곧 제단이 조성될 무렵 백두산 서편 일대는 후기 신석기 모계사회로서 그 수장인 여성 통치자가 당시 제천문화를 이끄는 사제(司祭)로서의 역할까지 겸하고 있었음을 알게 된다. 이수림 또한 이 무덤의 주인공을 '신석기 모계씨족 부락을 이끌던 여성 사제'로 보았다.[36]

만발발자 제단에 나타난 모계제적 요소는 동시대 요서 지역의 대표적 적석총인 우하량 적석총[하층적석총(서기전 4000년~서기전 3500년) 및 상층적석총(서기전 3500년~서기전 3000년)]에서는 보이지 않는 면모이다. 우하량 적석총 출토 총 73인의 인골 분석 결과를 보면 남녀의 성비가 거의 비슷하되 남성이 조금 많은 편이다.[37] 또한 전체 인골 중 미성년자는 2인에 불과하며 이조차도 대략 13~15세, 14~15세 정도여서 미성년자는 이곳 묘지에 묻히지 못하는 관행이 있었던 것으로 이해된다.[38] 우하량 적석총에는 만발발자의 경우와 같은 모계제사회의 관행, 곧 '모자합장'의 사례가 없었던 것이다. 이처럼 만발발자의 '3층원단(모자합장묘)·방대'는 부계사회에 앞섰던 신석기 모계사회를 반영하고 있어 동시대 요서 우하량 적석총과 차별화된다. 이러한 면모는 만발발자 적석총의 조성 시기를 만발발자 1기-조·만단 중에서도 이른 단계인 1기-조단(서기전 4000년~서기전 3500년)으로 바라보게 한다.

두 번째는 신석기 모계사회에 새롭게 제천문화가 수용된 점이다. 여

---

36 「平臺上的"母子合葬墓", 具有母系氏族部落首領(女祭司)和戰爭祭祀性質。」(李樹林, 앞의 글, 2000年 1月, 121쪽)

37 우하량 유적군에서 출토된 73인의 인골 분석 결과는 남성 31인, 여성 27인, 남성경향 2인, 여성경향 1인, 성별미상 10명, 미성년 2명이다.[遼寧省文物考古研究所, 『牛河梁-紅山文化遺址發掘報告(1983~2003年度)』中, 文物出版社, 2012, 491쪽]

38 遼寧省文物考古研究所, 위의 책, 2012, 492쪽.

성 통치자 겸 사제와 그녀의 아들은 일반적인 무덤이 아니라 '3층원단·방대', 곧 전형적인 제천단에 묻혔다. 제천단의 규모 또한 엄청났다. 후기 신석기 사회의 인력·물력 수준을 고려해 볼 때 이처럼 거대한 제천단의 주인공이 될 수 있었던 인물이라면 일반적인 통치자 정도가 아니라 그들 중에서도 좀 더 특별한 존재, 곧 '제천문화의 개조(開祖)적 위상을 지닌 존재'였을 것으로 생각된다. 그만큼 비중을 지닌 존재였기에 사람들은 그녀를 기념하기 위해 거대한 '3층원단·방대' 형식, 곧 전형적인 제천단 형식으로 합장묘를 조성하여 그들 사회의 제천문화를 대표하는 상징적 제천단으로 삼았을 것이다. 더욱이 이 제단은 고구려시기에 이르기까지 기능성을 유지했는데, 이 점 또한 이 여성 통치자가 이 지역 제천문화의 상징적인 존재로서 후대에 이르기까지 길이길이 추념된 존재였음을 시사한다.

만발발자 모자합장묘의 여성 묘주와 관련하여 주목되는 출토품으로 '도소인두상(陶塑人頭像)'이 있다. 모자합장묘의 여러 출토품들 중에서도 도소인두상은 이수림이 단연 주목한 유물이다. 이수림은 이를 홍산문화 우하량 출토 여신상 계통으로 보고[39] 더 나아가 홍산문화 우하량 여신상, 만발발자 모자합장묘 도소인두상, 고구려시기 우산하고분군 3319호 고분 바위그림 여신상을 모두 같은 계통으로 보았다. 홍산문화의 여신상 전통이 장백산 지역으로도 전해져 만발발자 도소인두상으로 나타났고 후대 고구려시기까지 이어진 것으로 본 것이다.[40]

---

39 李樹林(정원철 역), 앞의 글, 2003, 271쪽, 275쪽.
40 「高句麗"太陽女神"的面部特徵, 竟與紅山文化女神頭像特徵非常相似, 也與"躍進文化"人頭像應爲同一性質。」(李樹林, 앞의 글, 2000年 1月, 132쪽)

1. 우하량 여신묘 출토 여신상(왼쪽, 복원)과 5지점 2호묘 출토 여신상(오른쪽)

2. 우산하고분 3319호 바위그림(왼쪽)과 모사도(오른쪽)

자료7 **홍산문화 우하량 여신상과 고구려 우산하고분 바위그림 여신상**

　　요서 지역의 경우 여신상은 흥륭와문화기(서기전 6200년~서기전 5200
년) 신앙형 자세의 여신상이 등장하기 시작하여 홍산문화기에 이르러
반가부좌에 양손이 배를 감싼 전형적인 선도수행형 자세의 여신상으로
발전되었다. 이러한 여신상들은 다름 아닌 제천의 신격으로 그 선도적
의미는 '북두칠성 근방의 하늘에서 시작된 우주의 근원적 생명력으로서
의 '일·삼(일기一氣·삼기三氣, 하느님·삼신, 마고·삼신)'이다.[41]

41　정경희, 「홍산문화 여신묘에 나타난 삼원오행형 마고7여신과 마고제천」, 『비교민속학』 60,

만발발자 도소인두상의 경우 두 가지 해석이 가능할 것이다. 첫째 3층원단·방대라는 전형적인 제천단 형식의 모자합장묘에 부장된 경우이기에 제천의 신격으로 볼 수도 있다. 이러할 경우 홍산문화 우하량 여신상과 같은 계통이 된다. 둘째 모자합장묘의 묘주인 '여성 통치자 겸 사제'를 신격화한 것일 수도 있다. 유물이 공개되지 않은 상태인지라 더 이상의 논의는 어렵다.

2. 만발발자 1차 제천시설과 우하량 상층적석총의 관련성

앞서 살펴본바 만발발자의 1차 제천시설 '3층원단(모자합장묘)·방대'의 형태는 요서 지역 홍산문화기 우하량 유적의 상층적석총 단계에서도 공히 나타나고 있어 그 관계를 따져보게 된다. 우선 논의를 위한 기본 전제로서 우하량 유적의 1·2·3기 3층위 구분의 문제, 또 그중 3기 상층적석총 단계에 대해 먼저 살펴본 다음 논의를 진행하도록 하겠다.

배달국의 양대 중심지는 백두산 서편의 천평(天坪: 신주神州·신시神市) 지역과 대릉하 북쪽 일대의 청구(靑邱) 지역[42]인데, 이 중 하나인 청구 지역 최대의 소도제천지는 단연 우하량이다. 우하량은 홍산문화 전·중·후기 약 1500여 년간 지속된 요서 지역 최고의 소도제천지로 노노아호산 자락 해발 550~650m 사이의 완만한 구릉들이 연이어 있는 산

2016; 「요서 지역 홍륭와문화기 마고여신상의 등장과 '마고제천'」, 『선도문화』 22, 2017; 「요서 지역 조보구문화~홍산문화기 마고여신상의 변화와 배달국의 '마고제천'」, 『단군학연구』 36, 2017.
42 정경희, 앞의 글, 『단군학연구』 36, 2017, 256~259쪽.

곡 전체가 유적지이다. 1983년부터 발굴조사가 시작되어 약 50km² 범위 내 16개 지점에서 시기를 달리하는 20기 이상의 유적군이 발견되었다. 또한 이 유적군을 중심으로 100여km²의 범위 내에 어떠한 주거유적도 나타나지 않아 이곳이 홍산문화기 제천을 위해 특별히 관리된 신성 지역이었음을 보여주었다. 16개 지점의 중심은 단연 유적지의 북쪽 끝에 자리한 1지점(N1) 여신묘이다. 여신묘는 우하량의 중심 줄기인 북쪽 산 중앙 정상부(671.3m)에 해당되어 유적지 중에서 가장 높은 곳에 자리한다. 제천유적군에서 가장 높은 지대에 자리했다는 것은 천인합일(신인합일, 인내천)이라는 제천의 목적에 따른 하늘과 사람의 소통의 중심이 바로 이 여신묘 자리라는 의미이다.

N1 여신묘의 아래로 단총군들이 흩어져 있다. 매 단총군들은 각각 야트막한 언덕산을 차지한 채 독립된 단위를 이루고 있다. 일반적으로 '단과 총의 결합'으로 이야기되듯이 이곳에서는 단은 물론 총도 단으로서의 기능을 겸하는 경우가 대부분이다. 16개 지점 중 정식 발굴된 경우는 2지점(N2), 3지점(N3), 5지점(N5), 16지점(N16)이다. 이외에 N1 및 N13은 시굴(試掘)되었고 N10은 적석총의 위치가 확인되었으며 나머지는 지점에 대한 조사 정도가 이루어졌다. 이 중에서도 가장 중심이 되는 단총군은 단연 N2이다. 위치적으로 여신묘와 가장 가까이 있어 그 중요성을 짐작해 보게 하며 규모 면에서도 많은 적석총들이 군집된 다총(多塚)으로 우하량 최대 규모이다. 형식 면에서도 가장 다양하고 복합적이다. 보존 상태도 매우 양호하여 발굴 결과 최상급의 부장품들이 쏟아져 나왔다. N3은 N2의 남쪽으로 약 200m 정도 떨어진 산구릉의 정상부에 위치하여 N2의 전경이 한눈에 내려다보인다. 구릉 정상부에 단독으로 조성된 단총(單塚)으로 규모가 작다. N5는 N3에서 멀지 않은 산구

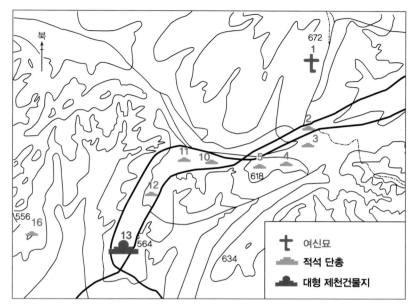

자료8 우하량 유적 분포도[43]

릉 정상부에 자리하고 있으며, 두 적석총이 있는 쌍총(雙塚)이다. N16은
N2·N3·N5에서 비교적 멀리 떨어져 유적군의 남서쪽 산구릉인 성자
산(城子山) 정상부에 위치한다. 단총이지만 규모는 대단히 크다.[44] (〈자료
8〉)

　이처럼 N1을 위시하여 N2·N3·N5·N16 모두가 산정상부, 또는 산
구릉 높은 지대에 위치했던 점은 흥륭와문화기 이래 탁 트인 조망을 지

43　郭大順의 「中華五千年文明的象徵—牛河梁紅山文化壇廟塚」(『牛河梁紅山文化遺址
　　與玉器精髓』, 文物出版社, 1997) 중에 실린 우하량 유적 분포도를 필자가 수정한 것
　　이다.
44　遼寧省文物考古研究所, 앞의 책 上·中, 2012.

닌 야트막한 산구릉 정상부에 적석 단총을 조성하여 제천하는 전통을 계승한 것이었다. 하늘과 가까우면서도 많은 대중들을 운집시킬 수 있는 이러한 입지 조건은 선도제천의 주요 특징으로 후대에 이르기까지 면면히 지속되었다.

특히 우하량 유적은 무덤 위에 또 무덤이 들어서는 방식으로 무덤이 층층이 누적되어, 무덤의 형식 및 규모 면에서의 변화를 명확하게 보여줌으로써 홍산문화기 적석총 제도의 시작과 끝을 잘 보여주었다. 우하량 유적의 층위는 대체로 3기로 나뉘는데, ① 1기 하층유존(下層遺存) 단계, ② 2기 하층적석총 단계, ③ 3기 상층적석총 단계이며 이 중 상층적석총 단계는 다시 조기와 만기로 나뉜다.[45] 발굴된 적석총 N2·N3·N5·N16 중 1기 하층유존이 있는 경우는 N5과 N16이다. 또한 발굴된 적석총 모두는 2기 하층적석총 및 3기 상층적석총을 가지고 있다. 다만 N3의 경우는 하층적석총의 도편(陶片: A형 무저통형기無底筒形器 도편)이 발견되었지만 명확한 하층적석총 층위의 유적은 없었다.[46]

기왕에 진행된 우하량 유적 4처에 대한 탄소연대측정값을 통해 3기의 대체적인 시기를 가늠해 볼 수 있다. 이에 의할 때 우하량 유적의 존속 시기는 '서기전 3779년~서기전 2920년'을 기준으로 하게 된다. 측정값의 최고치인 N2 1호총 봉토의 서기전 3779년과 최하치인 N2 1호총 M8호의 서기전 2920년에 의한 것이다. 향후 측정 사례가 추가되면 변동도 가능하겠지만 현재로는 이를 기준으로 논의를 시작한다.

---

45 遼寧省文物考古研究所, 앞의 책 中, 2012, 469쪽.
46 遼寧省文物考古研究所, 위의 책 中, 2012, 468쪽.

위 치	측정 연대	교정 연대
N2 1호총 봉토(封土)	4995±110	서기전 3779년~서기전 3517년
N2 1호총 M8	4605±125	서기전 3360년~서기전 2920년
N1 여신묘 북연(北緣)	4975±85	서기전 3771년~서기전 3519년
N1 여신묘 방지(房址)	4970±80	서기전 3700년~서기전 3521년

자료9 **우하량 유적의 탄소연대측정값**[47]

또한 우하량 유적의 분기 구분에는 무저통형기(無底筒形器)의 형태가
주요 기준이 되는데 크게 A형·B형으로 나뉘며, A형은 2기 하층적석총
단계, B형은 3기 상층적석총 단계로 배대되는 경향이다.[48] (〈자료10〉 참조)

이상의 A·B형 통형기 구분은 N2·N3·N5·N16 하·상층 적석총 통
형기 형식에 전적으로 배대된다. 반면 N1 여신묘의 경우 제3건축지
(N1J3)에서 B형보다 이른 시기의 절연통형기(折沿筒形器: 〈자료10〉에서
'N1J3:20'류)가 출토되었고, 산대(山臺)에서는 절연통형기와 A형은 나오
되 B형은 나오지 않았다. 이를 근거로 여신묘는 대체로 하층적석총이
형성되던 때에 조성되었거나 혹은 하층적석총이 형성된 이후에 건립이
시작되어 상층적석총이 형성되기 이전에 완성된 것으로 이해된다.[49] 이
러할 때 하층적석총의 시기와 여신묘의 시기를 매치할 수 있게 되며 따
라서 여신묘의 탄소연대측정값인 '서기전 3771년~서기전 3519년(교정

---

47 遼寧省文物考古研究所, 위의 책 中, 2012, 479쪽.
48 遼寧省文物考古研究所, 위의 책 中, 2012, 467~468쪽.
49 遼寧省文物考古研究所, 위의 책 中, 2012, 469쪽.

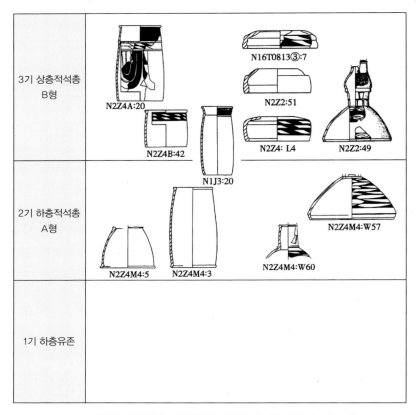

3기 상층적석총 B형	N2Z4A:20　N2Z4B:42	N16T0813③:7 N2Z2:51 N2Z4: L4　N2Z2:49
2기 하층적석총 A형	N1J3:20 N2Z4M4:5　N2Z4M4:3	N2Z4M4:W57 N2Z4M4:W60
1기 하층유존		

자료10 우하량 하층적석총 · 상층적석총과 배대되는 무저통형기 A형 · B형

연대, 여신묘 북연 기준)' 즈음을 하층적석총의 조성 시기로 비정할 수 있
게 된다. 이렇게 하층적석총의 시기를 비정하게 되면 그 전후 시기인 1
기 하층유존 및 3기 상층적석총의 시기도 비정 가능하다.

　1기 하층유존에서는 적석묘 이전의 묘제인 수혈식토광묘가 나타났는
데 형태가 서랍목류하 일대 남대자 M1호, 백음장한 M23호 등과 같은
계통이었다. 이에 이들 무덤의 시기로 비정된 서기전 4500년~서기전

4300년 무렵을 우하량 1기 하층유존의 기준점으로 잡게 된다.

3기 상층적석총의 경우 여신묘 이후에 해당하므로 여신묘보다 늦은 탄소연대측정값을 지닌 N2 1호총 M8의 서기전 3360년~서기전 2920년을 기준으로 삼게 된다. 이상의 비정 결과 우하량 1·2·3기는 대체로 홍산문화 전·중·후기와 배대되었다. 〈자료11〉과 같다.

우하량 하층적석총은 외관상 한결같이 원형이며 계단식 방식은 없었다. 그러다가 상층적석총 단계에 이르러 원형뿐 아니라 방형, 원·방 결합형(전방후원형)이 나타난다. 또한 3층의 계단식 방식이 등장하며, 원단을 둘러싸고 환호가 설치된 경우도 생겨난다.

만발발자의 '3층원단(모자합장묘)·방대'는 3층 계단식에다 원·방 결합형(전방후원형)이라는 점에서 우하량 상층적석총 단계와 같은 계통이었다. 특히 우하량 상층적석총 중에는 만발발자 '3층원단(모자합장묘)·

분기	구 분	무덤 단계	여신묘와의 관계	연대 산정 기준 (교정 연대)	홍산문화 분기
1기	하층유존 N5·N16	수혈식토광묘 단계	여신묘 이전	하층유존 내 수혈식토광묘 (서기전 4500년~ 서기전 4300년)	홍산문화 전기 (서기전 4500년~ 서기전 4000년)
2기	하층적석총 N2·N5·N16	적석묘 단계 (부석-통형기권 묘 단계)	여신묘 당대	여신묘 북연(北緣) (서기전 3771년~ 서기전 3519년)	홍산문화 중기 (서기전 4000년~ 서기전 3500년)
3기	상층적석총 N2·N3·N5·N16	적석총 단계 (3층-원방-환 호 단계)	여신묘 이후	여신묘보다 늦은 우하량 유적 N2 1호총 M8 (서기전 3360년~ 서기전 2920년)	홍산문화 후기 (서기전 3500년~ 서기전 3000년)

자료11 우하량 유적 3기의 연대 산정

1. 평면도

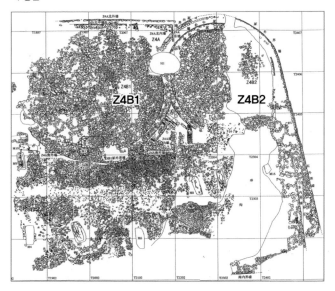

2. 3층원단 · 방대의 형태

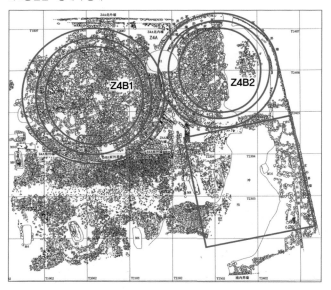

자료12 **우하량 2지점 4호총 상층적석총 N2Z4B2: '3층원단(총) · 방대'**

방대'와 동일한 형태가 2건이나 발견되었다. 2지점 4호총 상층적석총 B단(N2Z4B2) 및 5지점 상층적석총 1호총(N5SCZ1)으로 모두 3층원단(총)에 방대가 부가된 형태였다.

먼저 2지점 4호총 상층적석총 B단(N2Z4B2)을 보면, 하층적석총을 메운 점토층 위로 거대 규모의 '3층 원형 적석총 2기(Z4B1, Z4B2)'가 동·서로 조성되었는데, 서로 연접해 있으며 맞닿은 부분은 연결되어 있다. 이 중 동쪽 적석총 Z4B2의 경우 그 남단으로 길게 방형 기단이 놓여 있는데 제단의 역할을 했던 것으로 여겨진다.[50] Z4B2와 방형 기단을 합하면 전방후원 형태로 만발발자 제단과 같은 계통이다.[Z4B2 3층원총(지름 외권 15.3m, 중권 13.4m, 내권 12m) + 방대 = 남북 총장 34.6m]

다음으로 5지점 상층적석총 1호총(N5SCZ1)을 보면, 5지점의 하층적석총 위로 상층적석총 1호총(N5SCZ1)과 2호총(N5SCZ2)이 들어섰으며 이 2좌의 적석총 사이에 장방형의 제단이 설치되었다. 곧 5지점 상층적석총은 양총일단(兩塚一壇)의 형식이었다. 2좌의 적석총 중 1호총은 언덕산인 5지점의 가장 높은 곳에 위치하고 있다. 중심부에 1호묘(N5Z1M1)가 있는데 그 위로 다시 흙을 메워 전체 3층 원형의 적석총 외곽을 만들고 적석으로 마감했다. 3층 원형 적석총의 외권(外圈) 지름은 20~22m, 중권(中圈) 18~20m, 내권(內圈) 16.5~18.5m이다. 3층 원형 적석총의 외곽으로는 환호가 둘러져 있다. 1호총의 서남쪽 아래로 방형 내지 장방형의 2호총이 있고 그 사이에 장방형의 제단이 있다.(매변 5.5m×5.3m×8.6m×7.6m)[51] 1호총 3층원단과 장방형 제단을 합치

50 遼寧省文物考古研究所, 앞의 책 上, 2012, 139쪽, 185~186쪽.
51 遼寧省文物考古研究所, 앞의 책 中, 2012, 312~313쪽.

1. 평면도

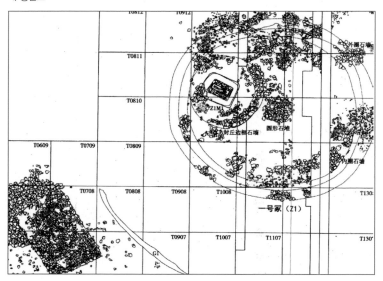

2. 3층원단(총)·방대의 형태

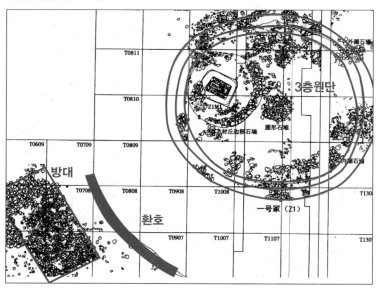

자료13 **우하량 5지점 상층적석총 1호총 N5SCZ1: '3층원단(총)·방대'**

면 전방후원 형태로 2지점 4호총 B단 N2Z4B2, 또 만발발자 제단과 같은 계통이 된다.

이상 만발발자 '3층원단(모자합장묘)·방대'와 같은 형태가 우하량 상층적석총에서 2건이나 나타나고 있었음을 살펴보았다. 만발발자의 경우가 '1기-조단(서기전 4000년~서기전 3500년)' 무렵, 우하량 상층적석총이 '서기전 3500년~서기전 3000년' 무렵이라면 백두산 서편에서 시작된 배달국 초의 제천문화가 요서 지역으로 전파된 것으로 바라보게 된다.

마지막으로 한 가지 더, 우하량 3기=홍산문화 3기 구분을 배달국 전·중·후 3기 구분과 연계해 보는 문제가 있다. 우하량 1·2·3기가 홍산문화 전·중·후기와 배대됨은 선도제천문화의 변천 과정 연구에 적격이지만, 배달국사 연구의 출발점이 되는 시기 구분과 관련해서도 최상의 연구 기준을 제공해 주고 있다.

필자는 우하량 3기=홍산문화 3기를 배달국 분기 구분과 연결해 보았다. 먼저 이전에 없던 새로운 형태의 적석 단총제가 등장하고 부장품으로 옥고(玉箍)와 같은 새로운 유형의 옥기가 등장하는 홍산문화 중기 사회를 배달국 전기로 보았다. 또 '환호를 두른 구릉성 제천시설(3층원단)' 또는 '3층-원·방-환호형 적석 단총제'라는 배달국 특유의 적석 단총제가 등장하고 부장품으로 삼원오행(三元五行)이라는 고차원적인 선도적 세계관을 표현한 전형적인 홍산옥기가 집중적으로 부장된 홍산문화 후기 사회를 배달국 중기로 보았다. 또한 홍산문화 후기 이후 요서 지역에서는 홍산문화를 계승하면서도 상대적으로 퇴락한 면모의 소하연문화(小河沿文化: 서기전 3000년~서기전 2400년경)가 등장하는데, 이를 배달국 후기로 보았다. 이러할 때 소하연문화가 끝나는 서기전 2400년경 무렵 등장한 조기 청동기 하가점하층문화(夏家店下層文化: 서기전 2400년~

서기전 1500년경)는 단군조선 전기 사회가 된다.

요컨대 요서 지역 고고문화를 기준으로 할 때, 홍산문화 중·후기 및 소하연문화기를 배달국시기에 배대해 보게 된다. ① 홍산문화 중기: 서기전 4000년~서기전 3500년: 배달국 전기 → ② 홍산문화 후기: 서기전 3500년~서기전 3000년: 배달국 중기 → ③ 소하연문화: 서기전 3000년~서기전 2400년: 배달국 후기이다. 이렇게 현재 고고학 자료가 풍부한 요서 지역의 고고문화를 기준으로 시기 구분을 하게 되었지만 배달국의 제일 중심지였던 요동 천평 지역 역시 그러했을 것으로 여겨진다. 1990년대 중국 측이 진행했던 장백산지구 옛 제단군에 대한 조사·발굴 사업 성과의 조속한 공개를 통해 요동~요서 지역을 아우른 배달국사의 전체 규모가 하나로 맞추어지기를 기대한다.

이상 만발발자 '3층원단(모자합장묘)·방대'와 같은 형태가 우하량 상층적석총에서 2건이나 나타났던 점을 통해 백두산 서편에서 시작된 배달국 초의 제천문화가 요서 지역으로 전파되었을 것으로 바라보았다. 이러한 추정은 모자합장묘 출토품과 우하량 상층적석총 출토품의 비교를 통해 더욱 분명해진다. 이를 3장에서 살펴보겠다.

3장

모자합장묘 출토품에 나타난
배달국 초의 제천문화

―――― ❄ ――――

1. 모자합장묘 출토 곰소조상(도웅): 웅족(후대의 맥족) 사회의 제천문화 수용

앞서 '3층원단(모자합장묘)·방대'의 형태 및 모자합장 방식을 통해 후기 신석기 모계사회 단계에 머물렀던 만발발자 사회에 새롭게 제천문화가 도입되었던 정황을 확인했다. 본절에서는 모자합장묘 출토품 중 '곰소조상(도웅陶熊)'이 지닌 여러 함의를 고찰해 보겠다. 논의에 앞서 중국 측에서는 이를 곰소조상이 아닌 '돼지소조상(도저陶猪)'으로 바라보는 입장임을 먼저 밝혀둔다.

1) '돼지소조상'이 아닌 '곰소조상'

모자합장묘 출토품 중 대부분이 비공개 상태이지만 곰소조상(도웅)은 다행히도 통화시박물관에 전시되고 있다.(2018년 8월 8일 현재) 정확한 크기는 나타나 있지 않은데 대략 엄지손가락 크기이다.

1. 통화시박물관 전시 유물

2. 전시 유물 정보

자료14 만발발자 모자합장묘 출토 '곰소조상(도웅)'

　　통화시박물관은 2017년 10월 만발발자 유적지 인근에서 개관했는데 (통화시 강남대가江南大街), 만발발자 유적부터 전시를 시작하고 있었다. 유적 개관은 국가문물국의 결과보고와 같이 제천시설 관련 내용이 전혀 나타나 있지 않다. 전시유물에 있어서도 제천시설 관련 유물, 가령 1기의 모자합장묘 출토품이나 2기의 제천의기(격隔·두豆) 등은 전적으로 배제되었다. 이러한 상황에서 모자합장묘 출토품으로 알려진 '도웅(중국 명 도저)'이 전시되고 있어 내심 크게 놀랐다. 그러다가 '진한시기(秦漢 時期), 홍갈니질도(紅褐泥質陶), 국가3급문물'이라는 유물 정보를 읽으면서 이유를 짐작하게 되었다.

　　얼핏 보기에 매우 작고 초라해 보이는 이 유물에 대해 중국 측이 그 심중한 의미, 곧 웅족 사회의 표지(標識)로서의 의미를 이해하지 못했던 것이 분명하며(국가3급문물), 또는 만발발자 사회의 후진성을 강조하려는 의도에서 후대의 유물로 분식하며(진한시기), 내용적으로도 곰토템이 아닌 돼지토템으로 오인한 것으로 이해되었다. 여기에서 만발발자 유적에서 출토된 7천 점에 달하는 유물들에 대한 중국 측의 관리 실태에 대해 생각해 보게 되었다. 길림성박물원에도 만발발자 출토품 일부가 전시되어 있는데, 유물 정보란에 시기가 표시되지 않은 경우가 대부분이었기 때문이다. 필자는 유물 정보 혼착에도 불구하고 모자합장묘에서 '도저'가 나왔다는 기록에 따라[52] 이를 모자합장묘 출토 유물로 보았다. 또한 동아시아 후기 신석기 도저 및 도웅 일반을 두루 고찰한 결과 '도저'가 아닌 '도웅'임을 알게 되었다.

동아시아 신석기문화에서 돼지와 곰은 가장 널리 숭상된 동물들로서 도기나 옥기의 모델로 널리 등장한다. 얼핏 보면 형태가 비슷해 보이기도 하여 그 조형적 특징을 두고 돼지와 곰을 주장하는 시각 차이가 있어왔다. 대표적인 경우가 요서 지역 홍산문화기 옥룡(玉龍)을 둘러싼 '돼지룡(저룡猪龍)·곰룡(웅룡熊龍)' 논의이다. 처음의 견해 차이는 서서히 좁혀져, 현재는 '곰룡(웅룡)'으로 보는 경우가 일반적이다.[53] 만발발자 출토건의 경우에도 이러한 시각차가 적용된다. 먼저 이수림은 모자합장묘

---

52 「平臺上的"母子合葬墓", 具有母系氏族部落首領(女祭司)和戰爭祭祀性質; 該層出土的玉器、神格化的動物陶豬(誇大了的雄、雄性生殖器官)、陶塑人頭像(是否爲女神?!)」(李樹林, 앞의 글, 2000年 1月, 121~122쪽)

53 대표 사례로 홍산문화 연구의 개척자 곽대순(郭大順)의 경우 홍산문화 연구 초기에는 '저룡'설을 주장했다가 2005년 무렵 '웅룡'으로 견해를 변개했다.(郭大順, 『紅山文化』, 2005, 文物出版社, 99쪽) 신화학 방면에서는 섭서헌(葉舒憲)이 황제족의 곰토템설을 주장하며 단군신화까지 중화계 신화로 바라본다.(葉舒憲, 『熊圖騰—中華祖先神話探源』, 上海錦繡文化出版社, 2007)

1. 중원: 양자강 하모도문화(왼쪽), 산동성 대문구문화(가운데), 호북성 석가하문화(오른쪽)

2. 요동·한반도: 요동반도 소주산문화 오가촌(왼쪽), 목단강 앵가령문화(가운데), 경남 통영 욕지도(오른쪽)

자료15 **중원~요동·한반도 지역의 신석기 도저**

의 여러 출토품들을 거론하면서 '도저(陶猪)'를 언급했지만 필자는 '도저'가 아닌 '도웅'으로 보았다. 근거는 동아시아 신석기문화의 도저·도웅 출토 사례이다.

주지하듯이 동아시아 신석기문화에서는 신앙·기원 등의 목적에서 소형 동물소조상이 널리 제작되었다. 지역 환경에 따라 특정 동물상이 제작되기도 했지만 지역을 막론하고 가장 널리 제작된 동물상은 돼지상이다. 신석기문화의 시작과 함께 돼지 사육이 이루어지면서 돼지는 신석기인들의 삶에서 가장 중요한 동물로서 풍요와 부의 상징이 되었고 무덤의 부장물로 묻히는 경우가 많았는데, 이러한 정서에 의한 것이었다. 돼지소조상은 중원 지역은 물론 요동·한반도에 이르기까지 널리 나타난다. 크기는 대체로 10cm 미만이다. 사례를 들어보자면, 양자강 하모도문화 도저는 길이 6.7cm, 산동성 대문구문화 도저는 길이 21.5cm, 요동반도 소주산문화 오가촌(吳家村) 도저는 길이 6.9cm, 목단강 앵가령문화 도저는 길이 2.7cm, 한반도 통영 욕지도 도저는 4.2cm 정도이다. 이러한 돼지소조상의 조형상 최대 특징은 한결같이 '단면으로 처리된 넙적한 코'이다.

한편 동북아시아 흑룡강·삼강평원·연해주·한반도 일대에는 조기 신석기 이래 곰소조상이 널리 제작·신앙되었다. 후기 구석기~신석기 북·동 유럽, 시베리아, 흑룡강·사할린, 만주·한반도, 일본 북해도, 북극해안, 북아메리카에 이르기까지 곰 신앙이 성행했음은 주지의 사실이다.[54] 돼지가 동아시아 전반에서 풍요·다산의 기원과 관련된 동물이었다면, 곰은 동북아시아 조기 신석기 이래의 곰토템과 관련된 동물로 양자의 성격은 다르다.

현재까지 동북아시아에서 출토된 가장 오래된 곰상은 흑룡강 하류 일대의 조기 신석기 오시포프카문화기(Osipovka Culture: 서기전 11000년~서기전 9000년)의 토제 및 석제 곰상으로 극히 간략화된 형태였다. 중·후기 신석기문화인 말르이쉐보문화기(Malyshevo Culture: 서기전 5000년~서기전 2500년)가 되면서 형태가 보다 정확해지고 숫자적으로도 다수의 토제 곰상, 곧 '도웅'이 등장하게 된다. 특히 말르이쉐보문화 수추섬 유적(서기전 4100년~서기전 2700년)에서는 도웅이 무려 4건이나 출토되었다. 각각 2.4cm×2.4cm(〈자료16-1-①〉), 8.5cm×5cm(〈자료16-

---

54 이정재, 『동북아의 곰문화와 곰신화』, 민속원, 1997, 39~40쪽: 한스요하임 파프로트 지음, 강정원 옮김, 『퉁구스족의 곰의례』, 태학사, 2007, 18쪽.

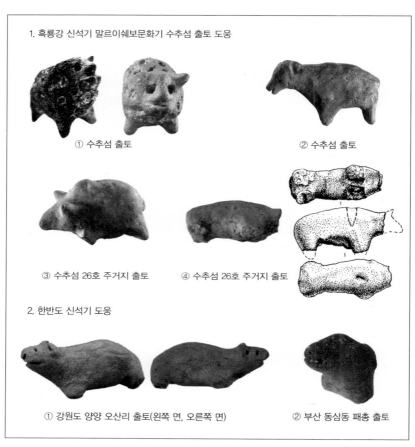

1. 흑룡강 신석기 말르이쉐보문화기 수추섬 출토 도웅

① 수추섬 출토　　　　　　　　　　② 수추섬 출토

③ 수추섬 26호 주거지 출토　　　④ 수추섬 26호 주거지 출토

2. 한반도 신석기 도웅

① 강원도 양양 오산리 출토(왼쪽 면, 오른쪽 면)　　② 부산 동삼동 패총 출토

자료16 동북아시아 흑룡강~한반도의 신석기 도웅

1-②)), 4.2cm×2.2cm(〈자료16-1-③〉), 5.2cm×2.5cm(〈자료16-1-④〉)
이다. 크기 면에서 도저와 비슷하다.[55]

55　국립문화재연구소 편,『한·러 공동발굴 특별전 아무르·연해주의 신비』, 2006: 국립문화재
　　연구소·러시아과학원 시베리아지부 고고학민족학연구소 편,『러시아 아무르강 하류 수추

자료17 말르이쉐보문화기 수추섬 도웅(왼쪽)과 만발발자 도웅(오른쪽) 비교

한반도 일대에서도 나타나는데, 양양 오산리 유적(서기전 6000년~서기전 5000년) 출토, 부산 동삼동 패총(서기전 4500년~서기전 3500년) 출토 도웅이 유명하다. 크기는 각각 5.5cm×2.3cm, 3.3cm×3.5cm이다.

이상에서 동아시아 신석기 소형 동물소조상의 중심인 도저, 또 동북아시아 신석기 소형 동물소조상의 중심인 도웅에 대해 살펴보았다. 이러한 이해에 기반하여 만발발자 모자합장묘 출토건을 살펴볼 때, 도저가 아닌 도웅임을 단적으로 알게 된다. 무엇보다 도저 조형의 최대 포인트인 '단면으로 처리된 넓적한 코'가 전혀 표현되어 있지 않으며, 앞서 제시한 도웅의 조형에 훨씬 가까운 모습이기 때문이다. 만발발자 도웅은 형태 면에서 특히 흑룡강 말르이쉐보문화기 수추섬 26호 주거지 출토 도웅과 가장 유사하다.(〈자료17〉 참조)

만발발자 모자합장묘 도웅이 흑룡강~한반도 일대의 도웅 계통이라 할 때, 시기 면에서도 수추섬 유적 서기전 4100년~서기전 2700년, 한반도 오산리 유적 서기전 6000년~서기전 5000년, 부산 동삼동 패총 유적 서기전 4500년~서기전 3500년으로 한결같이 후기 신석기시기에 해

섬 신석기시대 주거유적 발굴조사보고서(Ⅱ)』, 2002.

당한다. 결코 진한대 유물이 될 수 없다.

2) 곰소조상에 나타난 웅족(후대의 맥족) 사회와 제천문화의 개시

모자합장묘 출토 곰소조상(도용)은 3층원단(모자합장묘)·방대가 처음 조성될 당시의 만발발자 사회가 곰을 신성시하는 전통, 곧 '곰 신앙'을 갖고 있었음을 보여주었다. 만발발자 사회의 곰 신앙과 관련하여 한 가지 중요한 점은 혼강·압록강 일대 맥족(貊族)의 종족 명칭인 '맥(貊)'이 '곰의 신격화'된 표현이라는 점이다.

곧 중국 문헌 중에는 '맥(막貘)'이라는 신수(神獸)가 널리 등장하는데 곰을 신격화한 표현이었다. '맥은 곰(웅熊)과 유사한 형상이며 구리·쇠 (동·철銅鐵)를 먹는다'고 설명되어 왔다.[56] 이처럼 '곰(웅)'의 신격화된 표 현이 '맥(막)'임을 이해할 때, 백두산 서편의 곰을 신성시하는 전통을 지

---

[56] 『爾雅』釋獸「貘 白豹 (註) 似熊 小頭(該字)脚 黑白駁 能舐食銅鐵及竹骨 骨節强 直 中實少髓 皮辟濕」；『說文解字』卷10 多部 貘「似熊而黃黑色 出蜀中 從多莫聲 出蜀中 (注) 卽諸書所謂食鐵之獸也」. 이외에 좀 더 자세한 기록도 있다. "맥(貊)의 음 (音)은 막(莫)과 백(白)의 반절(맥)이며, 또한 모(模)와 각(各)의 반절(막)이다.[이외에 貘· 獏·狛으로 쓰기도 한다. 『이아(爾雅)』에 이르기를 '맥(貘)'은 흰색 표범(豹)이라고 했다. 『설문(說文)』에서는 맥(貊)은 곰(熊)의 일종으로, 검고 누런색을 띠고 있으며, 촉중(蜀中) 지방에서 난다고 했다. 『자림(字林)』에서 이르기를, 흰색 곰(熊)인데, 촉군(蜀郡)의 남중 (南中)에서 난다고 했다. 『군지(郡志)』에 이르기를, 맥(貊)의 몸집은 당나귀(驢)만큼 크 고, 곰(熊)과 흡사한데, 건드리면 꺾이지 않는 것이 없다고 한다. 『광지(廣志)』에서는 색창 (色蒼)의 말에 따르면 그 가죽은 몸을 덥히는 데 사용된다고 했다. 곽씨(郭氏)가 이르기 를, 맥(貘)은 곰(熊)처럼 다리가 짧으며, 흰색과 검은색 얼룩무늬가 있다. 뼈마디가 단단하 고 곧으며, 골수가 적고, 동철(銅鐵)과 죽골(竹骨)을 혀로 핥아 먹을 수 있다. 그 가죽은 습기를 막을 수 있다. 음(音)은 맥(陌)이라고 했다.] 적(狄)의 이름에 사용된다."[『六書故』 卷18「貊音莫白切 又模各切 (又作貘·獏·狛 爾雅曰 貘白豹 說文曰 貊似熊黃黑色出 蜀中 字林曰 似熊而白出蜀郡南中 郡志曰 貊大如驢 頗似熊 所觸無不摧 廣志曰 色 蒼曰其皮溫煖 郭氏曰 貘似熊庳脚 黑白駁 骨節彊直 中實少髓 能舐食銅鉄及竹骨 其皮辟濕 音陌) 用爲狄名」]

닌 종족, 곧 '웅족'이 후대에 이르러 '맥족'으로 불리게 되었음을 알게 된다. 이렇게 모자합장묘에서 곰(맥)을 신성시하는 웅족(맥족)의 전통이 확인됨으로써 신석기 모계제하의 여성 통치자 겸 사제가 다스리던 만발발자 사회가 웅족 사회이며 후대의 맥족 사회로 이어졌음을 알게 된다.

이처럼 만발발자 사회가 '신석기 모계제하의 여성 통치자 겸 사제가 통치하던 웅족(후대의 맥족) 사회'였다고 할 때 다시금 주목되는 점은 3층원단(모자합장묘)·방대가 상징하는 '제천문화'와 '곰 신앙'이 상호 이질적인 문화이면서도 하나로 결합되어 있었던 점이다. '곰 신앙 전통'을 지닌 웅족 사회의 여성 통치자 겸 사제가 3층원단·방대라는 전형적인 '제천단 방식의 무덤'에 묻혀 있었음은 곰 신앙이라는 구래의 전통 위에 새로운 제천문화가 결합되었음을 시사해 준다. 이렇게 제천문화를 수용한 여성 통치자 겸 사제는 새로운 제천문화의 상징적인 존재가 되었고, 그녀의 무덤은 제천단의 형식으로 조성되어 후대까지 지속적으로 숭상되었음을 알게 된다.

만발발자의 3층원단(모자합장묘)·방대에 내포된바, 이처럼 의미심장한 함의들은 한국의 단군사화 및 선도사서(仙道史書)의 내용과 통한다. 먼저 단군사화에서는 '천왕(天王)' 환웅이 이 태백산 신단수 일대로 천강하여 '웅녀(熊女)'를 교화한 후 신시(神市)를 개창했고 그 전통이 단군조선으로 이어졌다고 했다. 태백산은 개마대산(蓋馬大山)·백산(白山)·불함산(不咸山)·도태산(徒太山)·태백산(太伯山)·장백산(長白山) 등 다양한 이칭으로 불리었던바 현재의 '백두산'이다. 백두산 일대의 토착세력으로 웅녀를 든 것은 많은 점을 시사한다. 무엇보다도 조기 신석기 이래 동북아시아 흑룡강~한반도까지 널리 퍼져 있었던 곰 신앙을 이해할 때 웅녀가 곰 신앙을 지닌 웅족 사회의 여성 통치자 겸 사제임을 알게 된다. 이러한 웅족 사회에 천왕 환웅으로 대표되는 천손족, 곧 곰 신앙보다 훨씬 선진적인 선도제천문화를 지닌 환웅족이 도래하여 제천문화를 보급하고 신시를 세웠음도 알게 된다.

선도사서에는 단군사화의 내용이 더욱 자세하게 부연되어 있다. 곧 서기전 3898년 선진문화를 지닌 천손족의 우두머리 '거발환(居發桓) 환웅(재위 서기전 3898~서기전 3804)'[57]이 무리를 이끌고 태백산(현 백두산) 서북편 천평(또는 신시·신주) 일대로 이주하여 토착민으로서 문화수준이 낮았던 웅족의 여성 통치자, 곧 웅녀군(熊女君)과 연맹하는 방식으로 배달국을 개창했다고 했다.[58] 환웅족은 소수였고 토착세력이었던 웅족이 국인(國人)의 대다수를 차지했기에 웅족 출신의 '웅녀군'을 매개로 통치했던 것이다. 또한 이렇게 천평 일대 신시 지역을 도읍으로 삼았지만 도읍이 동쪽에 치우쳐 있는 문제를 해소하기 위해 요서의 청구 지역까지 함께 경영했다고도 했다.[59] 청구 지역은 흥륭와문화 이래 홍산문화에 이르기까지 문화가 크게 번성하던 요서 대릉하 일대로 배달국 말기 14대 치우천왕대 중원 지역의 본격적인 경영을 위해 천평 신시 지역에서 청구 지역으로 도읍을 옮긴 바 있다.[60]

이상의 기록에 나타난 환웅을 곰 신앙을 지닌 웅족 사회에 선진적 제천문화를 보급한 이주세력으로, 또 웅녀군을 신석기 모계사회 웅족 사

---

57 『三聖紀全』下 神市歷代記 「一世曰桓雄天皇 一云居發桓 在位九十四年 壽一百二十歲」.
58 『太白逸史』神市本紀 「至是熊女君聞桓雄有神德 乃率衆往見 曰願賜一穴廛 一爲神戒之珉 雄乃許之 使之奠接 生子有産 虎終不能悛 放之四海 桓族之興此始」.
59 『三聖紀全』上 「降于白山黑水之間 鑿子井女井於天坪 劃井地於靑邱 持天符印 主五事 在世理化 弘益人間 立都神市 國稱倍達」.
60 정경희, 「배달국 말기 천손문화의 재정립과 '치우천왕'」, 『선도문화』 9, 2010, 235~236쪽.

회의 여성 통치자로 본다면, 모자합장묘의 묘주인 여성을 웅녀군과 같은 존재, 곧 웅족의 여성 통치자 겸 사제로 볼 수 있을 것이다. 이처럼 만발발자 유적은 단군사화 및 선도사서의 내용과 상통하여, 서기전 3900년 무렵, 중국 측의 시기 구분에 의하면 '만발발자 1기-조단(서기전 4000년~서기전 3500년)' 무렵 백두산 서편 웅족(맥족) 사회가 배달국 신시 사회로 바뀌어갔던 역사를 실증해 주었다.

이상에서 '3층원단(모자합장묘)·방대', 또 이곳에서 출토된 '도웅'을 통해 서기전 3900년 무렵 또는 만발발자 1기-조단 무렵 곰을 신성시하는 전통을 지닌 후기 신석기 모계제하의 웅족(맥족) 사회가 새롭게 제천문화를 수용해 갔음을 살펴보았다. 곰 신앙이라는 과거의 전통과 제천문화라는 새로운 전통이 결합된 결과물이 '3층원단(모자합장묘)·방대'였던 것이다. 이러한 두 요소의 결합은 만발발자 '3층원단(모자합장묘)·방대'가 제천문화 개시기의 유적임을 보여주었다. 전형적인 제천문화이기는 하지만, 요서 지역 후기 홍산문화에서 나타나는 난숙함과 다른 초기 형태를 보여주고 있는 것이다.

한 가지 더 유의할 점은 통화 일대의 후기 신석기 제단으로 만발발자 외에 다른 제단들도 있었다는 점이다. 이수림은 백두산 서편의 옛 제단 형태를 '삼환계제식(三環階梯式)' 및 '환구평대식(圜丘平臺式)'으로 구분했다. '삼환계제식'은 만발발자 유적을 대표로 하며 3층 계단에다 층층이 통로시설('통천通天'시설로 호칭)을 갖춘 형태이다. '환구평대식'은 원형의 고대(高臺)를 수축하는 방식으로 삼환계제식과 같은 환계·환호 등은 없으며, 휘남현(輝南縣) 대의산향(大椅山鄕) 하동(河東)의 환형평대(圜形平臺) 제단, 또 유하현(柳河縣) 향양향(向陽鄕) 왕팔발자(王八脖子) 제단을 대표로 한다. 이상의 내용을 통해 삼환계제식은 '3층원단', 환구평대식은 '단층원단' 형태임을 알게 된다.

이 중 환구평대식의 대표 제단으로 지목된 휘남현 하동 제단과 유하현 왕팔발자 제단은 만발발자 1~2기에 상응하는 유적임이 지적되었다. 먼저 휘남현 하동 제단의 경우는 소사하(蘇沙河) 동쪽의 언덕에 위치하며 높이는 5m, 둘레는 80여m(정원으로 계산할 경우 지름은 대략 10m임)의 원형 토대(土臺)로 부근에서 대량의 흑요석 괄삭기·타제석호·마제석부·도·렴 등의 석기와 소면협사도·압인각획문도·채회도 3종이 발견되었으며 특히 압인각획문도에는 '빗살문(지자문·인자문)'이 있었다. 또한 제단 북부의 높은 대지에는 대량의 마제석기와 반쯤 가공된 석기 자료가 산포되어 있었으니 석기 제작소일 가능성이 있으며 또 제단 부근에서 주거지도 발견되었다고 했다. 다음 유하현 왕팔발자 제단의 경우는 옥부·옥수(玉髓)·세석기(細石器) 등이 발견되었으며 시기 면에서 상한은 신석기 만기, 하한은 청동시대 조기, 곧 만발발자의 1~2기에 상응한다고 했다.[61]

이렇듯 통화시 만발발자 옛 제단의 주변인 휘남현·유하현 일대에 후기 신석기시대의 옛 제단이 여럿 발견되었던 점은 이 일대를 중심으로

---

61 「典型遺址以輝南縣大椅山鄕河東圓形平臺祭壇(見圖3)爲代表. 遺址地處葦沙河以東的長崗階地上, 爲龍崗山脈伸向松嫩平原的一條長達1800餘米的漫崗. 在位於東南端較高的山頭平崗上, 平地突起一高約5米, 周長約80餘米的圓形土臺, 附近散佈着大量的黑曜石刮削器·打製石鏃·磨製石斧·刀·鎌等石器, 陶器可分爲素面夾砂陶·壓印·刻劃紋陶和彩繪陶三種, 刻劃紋陶可見"人"字·"之"字形紋飾, 彩陶只發現一殘片…在祭壇北部一高崗旁的階地上, 散佈着大量的磨製石器和加工半成品的石器胚料, 這可能是一處石器加工作坊遺址. 此外祭壇附近還發現了一處居住址,…此類型的祭壇, 典型的還有柳河縣向陽鄕王八脖子遺址等, 曾採集到玉斧和玉髓等小件細石器. 推斷該類遺址的上限應爲新石器晚期, 下限到靑銅時代早期(相當於"躍進文化"一·二期)」(李樹林, 앞의 글, 2000年 1月, 124~125쪽)

맥족 제천문화가 성행했음을 보여준다. 물론 이들 제단군 중에서도 맥족 제천문화의 기념비적 상징물은 통화시 만발발자 옛 제단이니 이곳을 중심으로 배달국 신시의 제천문화권이 형성되어 있었음을 알게 된다.

2. 우하량 상층적석총 출토품과의 관련성

앞서 만발발자 제천단의 형태가 우하량 상층적석총 단계와 유사함을 살펴보았는데, 모자합장묘 출토품의 경우에도 우하량 상층적석총 단계, 특히 옥기류와 깊은 연관성을 보였다.

우하량 하층적석총과 상층적석총은 무덤 규모나 형태뿐 아니라 부장품 면에서도 큰 차이가 있었다. 하층적석총 단계에서는 부장품이 대형의 뚜껑 덮인 채도항아리(罍罍) 등이 중심이었고 옥기는 옥고(玉箍) 정도에 불과했다. 그러다가 상층적석총 단계에 이르러서는 점차 옥기가 주가 되면서 채도 제기는 무덤 밖으로 밀려나 최종적으로 오로지 옥기만을 수장하게 되었다('유옥위장唯玉爲葬').[62] 옥기의 품목 또한 점차 다양해지고 조형이나 기법 면에서도 복잡해지고 세련되어 갔다.

모자합장묘 출토품 중 상층적석총의 옥기 출토품과 동일 계통으로 상호 비교가 가능한 경우로 도웅, 옥환·옥벽 등 단순한 기형의 옥기류, 십자문 토기가 있다. 이들을 상층적석총 옥기 중 곰(용)형 옥기, 복잡한 기형의 옥기류, 십자문 옥기와 비교해 보았다.

---

62 遼寧省文物考古硏究所, 앞의 책 中, 2012, 471쪽, 477쪽, 481쪽.

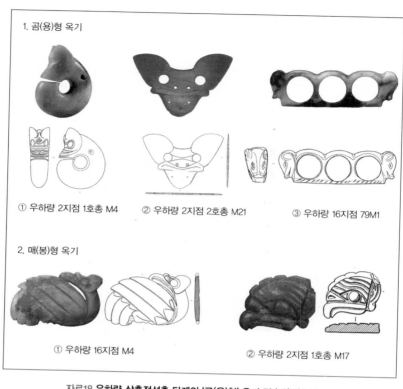

1. 곰(용)형 옥기

① 우하량 2지점 1호총 M4   ② 우하량 2지점 2호총 M21   ③ 우하량 16지점 79M1

2. 매(봉)형 옥기

① 우하량 16지점 M4   ② 우하량 2지점 1호총 M17

자료18 우하량 상층적석총 단계의 '곰(용)형' 옥기 및 '매(봉)형' 옥기

1) 우하량 상층적석총 곰(용)형 옥기와 모자합장묘 곰소조상

요서 지역의 용·봉 표상은 요서 지역 상고문화의 본격적 시작기라 할 수 있는 흥륭와문화 이래 나타나기 시작하는데 홍산문화기에 이르러 그 선도적 의미가 분명해지는 모습이었다. 선도 전통에서 여신상과 용·봉 표상은 하나로 연결되어 있다. 곧 여신상은 일기·삼기를 의미하며 이러한 일기·삼기의 움직임, 곧 '수승화강'을 시각적으로 표상화한 것이 용·봉이다. 홍산문화기 도기·옥기 등의 제작기술이 비약적으로 발전하

고 표현법도 사실화하면서 용·봉의 실제 모델로 곰·매가 등장하게 되었다.[63] 홍산문화기 곰·매를 모델로 한 용·봉 표상은 여신묘에서 나타나기 시작하여 우하량 상층적석총 단계의 옥기 부장품에서 정점을 찍게 된다. 위에 제시한 곰·매(용·봉)형 옥기는 한결같이 우하량 상층적석총 단계의 출토품들이다.

이 중 곰(용)형 옥기와 만발발자 곰소조상(도옹)을 비교해 보면, 만발발자 도옹의 경우는 재료가 흙이며 표현 방식이 거칠고 크기도 매우 작다. 또한 매와 세트를 이루는 상징체계도 나타나 있지 않다. 반면 곰(용)형 옥기의 경우 재료가 옥이며 표현 방식이 정세하고 크기도 대단히 크다. 또한 매와 세트를 이루는 상징체계도 나타나 있다. 만발발자 도옹은 '만발발자 1기-조단(서기전 4000년~서기전 3500년)'의 유물로서 이보다 대략 500년 뒤 홍산문화 상층적석총 단계(서기전 3500년~서기전 3000년)의 유물인 곰(용)형 옥기에 비해 형태나 상징성의 면에서 훨씬 고졸한 원형성을 보였던 것이다.

2) 우하량 상층적석총 옥기류와 모자합장묘 옥기류

모자합장묘에서는 수암옥으로 제작된 '옥부·옥분·옥결·옥환·옥벽' 등의 옥기가 출토되었다.[64] 현재 이 옥기들이 공개되고 있지는 않지만 품목만으로 보아도 우하량 상층적석총에서 출토된 극히 다양하고 복잡한 형태의 옥기류들과 차별화되는 기본적이고 단순한 품목들임을 알게

---

63 정경희, 「홍산문화의 제천유적·유물에 나타난 '한국선도'와 중국의 '선상문화'적 해석」, 『고조선단군학』 34, 2016, 123~124쪽; 앞의 글, 『선도문화』 22, 2017, 220~222쪽.
64 「玉器: 有斧、錛、玦、環、璧等、皆爲遼寧岫巖玉質、還有綠松石墜飾、瑪璃串珠等」(李樹林, 앞의 글, 2000年 1月, 127쪽)

1. 만발발자 유적 관옥 · 소옥벽(길림성박물원 소장)   2. 소남산 유적 옥기

자료19 후기 신석기 만발발자 유적 및 소남산 유적 출토 옥기 비교

된다.

중국 측이 공개하고 있는 만발발자 옥기류로는 길림성박물원에서 전시하고 있는 시기 미상의 '관옥(管玉, 대롱옥) 11건·소옥벽 1건'(2018년 8월 11일 현재), 3기 유물로 공개된 깨진 옥벽 1건[65]이 있다. 길림성박물원 옥기의 경우 출토 장소나 시기에 대한 언급은 없지만 홍산문화기 번화한 옥기문화가 나타나기 이전, 동북아 조·중기 신석기시기에 일반적으로 나타나는 옥기 계통이다.(〈자료19-1〉)

후기 신석기 요동 지역의 가장 저명한 옥기 출토지로 삼강평원 우수리 강변의 소남산(小南山) 유적(서기전 5500년~서기전 3500년, 흑룡강성 쌍압산시雙鴨山市 요하현饒河縣 소재)이 있다. 이곳에서는 드물게 옥기묘

---

65 '瑪瑙環(春秋戰國)'으로만 표기된 파손된 옥벽 1건으로 크기는 나타나 있지 않다.(國家文物局, 「吉林通化萬發撥子遺址」, 『1999中國重要考古發現』, 文物出版社, 2001, 27쪽)

(玉器墓)가 발굴되었는데, 옥비(玉匕)·옥벽·옥결·옥주(玉珠)·옥부·옥계(玉筓) 등 67점에 달하는 옥기가 출토되었다. 길림성·흑룡강성 일대에서 신석기 옥기 출토량 면에서 단연 주목되는 경우로 '소우하량(小牛河梁)'이라는 별칭까지 얻을 정도였다.[66] 이처럼 많은 옥기가 출토되었음에도 불구하고 옥기 품목상으로 볼 때 원형 이상의 복잡한 기형은 출토되지 않았다. 요동 지역으로는 만발발자 옥기, 요서 지역으로는 흥륭와문화 옥기류와 같은 계통이다.(〈자료19-2〉) 동북아시아의 옥기문화는 요서 후기 홍산문화 단계, 구체적으로는 우하량 상층적석총 단계에 이르러 사상성·표현력·품목·크기 등 모든 측면에서 '격절적'이라고 해도 좋을 정도의 발전을 이루어냈는데 그 이전 단계에 해당한다.

3) 우하량 상층적석총 십자문 옥기와 모자합장묘 십자문 토기

다음으로 모자합장묘 출토 토기에 표현된 십자문이다.[67] 우하량 상층적석총 단계에서는 제천문화의 기반이 되는 선도기학적(仙道氣學的) 세계관(삼원오행론)에 의거한 추상적 소용돌이문·기하문이 널리 나타난다. 대표적인 경우가 소용돌이문을 기본으로 다양한 갈래를 지닌 '삼원오행형' 옥기류이다. 이는 선도의 요체인 일기·삼기를 소용돌이 형태의 영기(靈氣) 문양으로 형상화한 후 이것이 3갈래, 2갈래, 4갈래, 8갈래로 분명한 법칙성과 규칙성을 가지고 나뉘어 점차적으로 세계가 만들어져 가는 과정을 표현하고 있다. 중국 측은 이를 다만 '갈고리구름형(구운형勾雲形)' 또는 '갈고리형(구형勾形)'으로 분류할 뿐 그 의미를 설명하지 못

---

66 郭大順·張星德(김정열 역), 앞의 책 상, 2005(2008), 514~516쪽.
67 李樹林(정원철 역), 앞의 글, 2003, 271쪽, 275쪽.

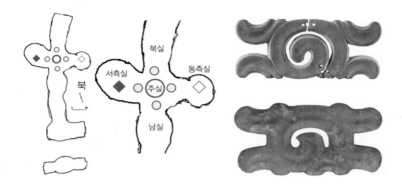

1. 우하량 십자형 여신묘 및 여신상 배치도   2. 우하량 상층적석총 출토 십자형 옥기 2종

자료20 **홍산문화 우하량 단 · 묘 · 총에 나타난 십자문**

했다.[68]

삼원오행형 옥기 중에서도 소용돌이 중심에서 4갈래가 뻗쳐 나간 '십자형 소용돌이문'은 비단 옥기뿐 아니라 홍산문화 전반에 나타나고 있어 홍산문화의 상징으로 보기에 무리가 없다. 대표적으로 우하량 여신묘가 십자형이었으며, 여신묘 내의 여신상들도 십자형으로 배치되어 있었다. 우하량 상층적석총 단계에도 십자형 옥기들이 허다하게 출토되었다.[69]

우하량의 십자문 전통을 익히 알고 있던 이수림은 모자합장묘에서 십자문 토기가 나오자 이를 자연스럽게 홍산문화로 연결시켰다. 이와 함

---

68 정경희, 「홍산문화 옥기에 나타난 '조천'사상(2)」, 『백산학보』 88, 2010; 「홍산문화 옥기에 나타난 '조천'사상(1)」, 『선도문화』 11, 2011 참조.
69 정경희, 앞의 글, 『비교민속학』 60, 2016.

께 고구려 우산하고분군 3319호 고분 바위여신상의 가슴 위에 그려진 옻판형 십자문도 홍산문화의 영향으로 보았다.(〈자료7-2〉참조) 물론 그 사상 배경을 중국계 '음양오행사상·태양 신앙'으로 보았는데,[70] 백두산 일대가 한국의 주족인 맥족의 근거지라면 중국적 세계관이 아닌 한국적 세계관, 곧 선도의 '삼원오행사상·북두칠성 신앙'으로 보아야 할 것이다. 한 가지 더 교정되어야 할 점은 만발발자의 십자문이 홍산문화의 영향을 받은 것이 아니라는 점이다. 시기 면에서도 그렇지만, 만발발자 십자문이 토기 문양 정도라면 우하량 십자문은 토기 문양은 물론 여신묘와 여신상, 옥기 등 문화 일반의 대표 상징격이었다. 문화 상징으로의 진전 정도라는 측면에서도 만발발자의 십자문을 우하량 십자문 이전 형태로 바라보게 된다.

이상에서 모자합장묘 출토품들이 우하량 상층적석총 출토품과 같은 계통이되 내용적으로 훨씬 거칠고 고졸한 원형성을 보이고 있었음을 살펴보았다. 만발발자 1기-조단(서기전 4000년~서기전 3500년) 백두산 서편에서 시작된 새로운 방식의 제천문화가 요서 지역으로 전파되면서, 우하량 상층적석총 단계(서기전 3500년~서기전 3000년)에 이르러 크게 만개했음을 알게 된다.

---

70 李樹林(정원철 역), 앞의 글, 2003, 271~273쪽.

4장

맺음말

　1990년대 중국의 '요하문명론-장백산문화론' 정립 과정에서 백두산 서편 옛 제단군 중 가장 전형적인 홍산문화계 옛 제단으로 지목되어 전면 발굴이 이루어졌던 만발발자 유적은 서기전 4000년~600년 무렵, 곧 배달국~고구려시기 한민족의 주족인 맥족계의 선도제천문화가 성립·변천되어 가는 과정을 집약적으로 함축하고 있는 더없이 귀중한 유적이다. 유적은 제천·주거·무덤 시설로 이루어졌는데 제천시설이 중심이며 나머지 시설은 부속시설에 해당한다. 제천시설은 다시 1차 제천시설 '3층원단(모자합장묘)·방대', 2차 제천시설 '선돌 2주·적석 방단·제천사'로 나뉜다.

　애초 중국 측이 만발발자 유적에 대해 요동 지역 초유의 대대적 발굴을 하게 된 이유는 '요하문명론-장백산문화론'을 입증하기 위한 목적, 구체적으로는 '홍산문화(선상황제족-선상고국-예제문화)'의 계승자인 은상족이 요동 장백산지구로 이주하여 '홍산문화'를 전달했음을 확인하기 위한 것이었는데 예상치 못한 상황을 맞닥뜨리게 되었다.

먼저 1차 제천시설을 보면, 전체 규모 130m(동북-서남)×110m(서북-남동)에 달하는 '3층원단(모자합장묘)·방대' 중 3층원단의 꼭대기층 평대는 모자합장묘였다. 묘주가 남성도 여성도 아닌 모자였던 점은 동시대 최대의 적석총군인 우하량 적석총(서기전 4000년~서기전 3000년)에는 나타나지 않는 면모로 제단이 조성될 당시 만발발자 사회가 후기 신석기 모계사회였음을 보여주었고, 이에 제단의 성립 시기를 만발발자 1기(서기전 4000년~서기전 3000년) 중에서도 '1기-만단(서기전 3500년~서기전 3000년)'보다는 '1기-조단(서기전 4000년~서기전 3500년)'으로 바라보게 했다. 또한 모자가 일반 무덤이 아닌 거대 제천단인 3층원단·방대에 묻힌 점, 제단이 고구려시기까지 기능성을 유지했던 점 등은 여성 묘주가 일반 통치자가 아니라 '제천문화의 개조(開祖)'적 위상을 지닌 존재로서 후대까지 숭앙되었음을 보여주었다.

만발발자의 '3층원단·방대(전방후원)' 형태는 요서 홍산문화기 우하량 유적의 상층적석총 단계(서기전 3500년~서기전 3000년)에서 2건이나 나타났다. 만발발자 제단이 1기-조단(서기전 4000년~서기전 3500년), 우하량 상층적석총이 서기전 3500년~서기전 3000년에 해당하니, '3층원단·방대' 형태가 요동 백두산 서편에서 요서 우하량 지역으로 전해졌음을 알게 된다.

또한 모자합장묘에서는 '곰소조상(도웅)'이 출토되어, 만발발자 사회의 오랜 '곰 신앙' 전통을 보여주었다. 혼강·압록강 일대 맥족의 종족 명칭인 '맥'이 곰의 신격화된 표현임을 이해할 때, 모자합장묘의 여성 통치자가 다스리던 당시 만발발자 사회가 웅족 사회이며 후대의 맥족 사회로 이어졌음을 알게 된다. 이렇게 곰 신앙 전통을 지닌 웅족 사회의 여성 통치자가 3층원단·방대라는 전형적인 제천단 방식의 무덤에 묻혔음은 곰 신앙이라는 구래의 전통 위에 새롭게 제천문화가 결합되었음을 시사한다.

모자합장묘에 나타난 이러한 의미심장한 함의들은 한국의 단군사화 및 선도사서의 내용과 직결된다. 특히 선도사서에서는 단군사화를 자세하게 부연하여, 서기전 3900년 무렵 선진적 제천문화를 지닌 천손족 환웅족이 태백산(현 백두산) 서북편 천평(또는 신시·신주) 일대로 옮겨 와 토착민으로서 문화수준이 낮았던 웅족의 여성 통치자, 곧 웅녀군(熊女君)과 연맹하는 방식으로 배달국을 개창했다고 했다. 이렇듯 만발발자 유적은 곰 신앙을 갖고 있던 후기 신석기 모계사회 단계의 웅족 사회가 새롭게 선진적인 제천문화를 수용, 배달국 사회로 바뀌어갔던 역사를 실증해 주었다. 통화 일대의 후기 신석기 제단으로 만발발자 제단 외에도 휘남현 대의산향 하동 제단, 유하현 향양향 왕팔발자 제단 등이 있으니 통화 일대를 중심으로 배달국 천평의 제천문화권역이 형성되어 있었음을 알게 된다.

만발발자의 '3층원단·방대' 형태가 요서 우하량 상층적석총 단계로 전해졌듯이 모자합장묘 출토품들 역시 우하량 상층적석총 단계로 이어졌다. 모자합장묘 출토품들 중 도옹, 옥기(옥부·옥분·옥결·옥환·옥벽 등), 십자문 토기의 경우 한결같이 작고 단순하며 고졸한 형태였다. 우하량 상층적석총 단계에 집중적으로 등장하는 옥기류에는 곰(용)형 옥기, 선도적 상징을 담은 삼원오행형 옥기, 삼원오행형 옥기 중 대표 유형인 십자형 옥기 등이 있었는데 한결같이 크고 복잡하며 세련된 형태였다.

이상에서 만발발자의 '3층원단(모자합장묘)·방대'를 통해 서기전 4000년~서기전 3500년 무렵 배달국 개창 초 백두산 서편 천평 일대 웅족 사회에서 시작된 새로운 형태의 제천문화를 가늠해 보았고 또 이러한 제천문화가 서기전 3500년~서기전 3000년 무렵 요서 우하량 지역 상층적석총 단계로 계승, 발전되었음도 살펴보았다. 환웅족과 웅족이 주도한 배달국 초 천평 일대의 제천문화는 천평 지역에서 시작된 이후 점차 천평 지역을 넘어 청구 지역까지 전파되었던 것이다.

이렇게 서기전 4000년~서기전 3500년 무렵 백두산 서편 천평 지역에서 새로운 형태의 선도제천문화가 흥기되었고 이것이 요서 지역으로도 전해져 만개했다면 요동~요서 제천문화의 주체는 공히 '환웅족+웅족=후대의 맥족'이 된다. 실제로 우하량 단·총에서는 곰·매(용·봉) 표상이 널리 나타난다. 이는 요동 지역 웅족의 족휘이자 토템 신앙 대상에 불과했던 곰이 선도제천문화의 진전과 함께 선도적 세계관의 대표적 상징체계인 곰·매(용·봉) 표상으로 달라져 갔음을 보여준다.

만발발자 발굴 결과는 1980년대 이후 현재에 이르기까지 요서 지역을 중심으로 했던 동아시아 상고사 연구 경향의 새로운 방향 전환을 예고해 준다. 종래 '요하문명론-장백산문화론'에서는 동아시아 상고문화의 원류는 요서 홍산문화이며 이것이 중원 지역은 물론 요동까지 전파되어 갔다고 보았다. 그러나 만발발자 유적의 발굴 결과는 선도적 세계관에 기반한 전형적인 제천문화가 오히려 요동 백두산 서편에서 시작되어 요서로 전파, 요서에서 만개했음을 보여주었기 때문이다.

이러한 발굴 결과에 따를 때 중국문명의 기원도 달라지게 된다. 곧 백두산 서편 지역에서 전형적인 제천문화가 생겨나 홍산문화 지역으로 들어가 만개했다면, (중국 측이 '요하문명론-장백산문화론'을 통해 입증한 대로) 이 홍산문화가 다시 은상을 통해 중원 지역으로 들어갔으니, 중원 지역은 백두산 서편 제천문화를 홍산문화를 거쳐 전달받은 것이 된다. 1980년대 이후 약 20여 년간 그들이 애써 구축해 놓은 '요하문명론-장백산문화론'이 무너지는 정도가 아니라 그 방향이 역으로 흘러 은상문화의 원뿌리가 요동·요서 지역, 특히 요동 백두산 서편임이 드러나게 된 것이었다.

만발발자 발굴 결과를 두고 중국 측이 겪었을 혼란은 상상하고 남음이 있다. 결과를 용납할 수 없었던 중국 측은 결국 만발발자 유적 중에서 제천시설 부분을 은폐하게 된다. 국가문물국의 결과보고에서 제천시설 부분이 배제된 것은 이러한 이유 때문이다.

3부

통화 만발발자 제천유적에서
맥족의 선도제천문화를 보다 2:
선돌 2주 · 적석 방단 · 제천사

1장

1기의 소도제천지 성격을 계승한
2기의 제천시설

앞서 2부에서 만발발자 유적의 1차 제천시설 '3층원단(모자합장묘)·
방대'가 서기전 4000년~서기전 3500년 무렵 요동 백두산 서편(배달국
천평 지역)에서 개시된 전형적 선도제천문화를 상징하는 기념비적 구조
물이었음을 밝혔고, 특히 이러한 형태가 요서 대릉하 지역(배달국 청구
지역) 우하량 상층적석총 단계(서기전 3500년~서기전 3000년경)로 전파
되어 요서 지역에서 만개했음을 밝혔다.

이상의 연구를 이어 3부에서는 만발발자 유적의 2차 제천시설을 고
찰했다. 시간이 흐르면서 만발발자의 3층원단 위로 '선돌 2주·적석 방
단·제천사'가 들어서는 과정을 구체적으로 살피되 특히 이러한 형태가
한반도 남부의 청동기~초기철기시대의 대표적 제천시설인 '환호를 두
른 구릉성 제천시설(적석단·나무솟대·제천사·선돌류)'의 중심 제천시설 3
종이 중첩된 형태였음을 밝히려고 한다.

만발발자 2차 제천시설을 살피기 위해서는 1차 제천시설 '3층원단(모
자합장묘)·방대'의 전체 형태 및 구조에 대한 이해가 필요하다. 1차 시

설 위로 2차 시설이 들어섰기 때문이다. 이에 대해서는 2부의 유적 항공사진(〈자료4-1〉) 및 3층원단(모자합장묘)·방대의 평·단면도(〈자료6〉)를 참고하기 바란다.

만발발자 유적에 대한 두 계통의 결과보고 중 제천시설 부분을 배제했던 국가문물국의 보고에서는 1·2기에 대한 내용이 극소하다. 1·2기는 1차 제천시설인 3층원단(모자합장묘)·방대와 직접적으로 관련된 시기이기에 역으로 가장 소략해지게 된 것으로 이해된다. 특히 2기의 경우 주거지와 무덤이 나타나지 않았을 뿐 아니라[1] 거북목(방대) 국부에서[2] 일부 유구와 유물만이 확인되었다고 했다.

만발발자 3기에는 방대 위로 '환호·주거지 13좌·무덤 4좌'가 들어서 2기에 비해 상대적으로 많은 변화가 생겨나게 되는데, 이러한 3기의 모습을 기준으로 할 때 2기는 '문화현상의 흔적이 거의 나타나지 않는 특수성'으로 평가되거나[3] '이러한 현상이 절대인구의 문제 때문인지 아니면 시간별 입지 선호도의 차이와 관련된 것인지' 의문을 표하게 된다.[4] 이러한 문제는 당시 이곳이 '3층원단(모자합장묘)·방대'가 자리한 중요 소도제천지였다는 점을 이해할 때 자연스럽게 풀린다. 곧 이즈음 만발발자 지역은 중요 소도제천지로서 엄격하게 관리되고 있어 주거지나 무덤지가 들어설 수 없었던 것으로 이해된다.

---

1   2부 주18 참조.
2   오강원, 「萬發撥子를 통하여 본 통화지역 先原史文化의 전개와 초기 고구려문화의 형성과정」, 『북방사논총』 창간호, 2004, 158쪽.
3   「祭壇內發現的 "躍進二期文化"(即商周時期)文化現象十分罕見, 性質特殊。」(李樹林, 「躍進文化的考古發現與高句麗民族起源研究」, 『黑土地的古代文明: 中國社科院 邊疆史地研究中心 主編 東北民族與疆域研究論文集』, 2000年 1月, 121쪽)
4   오강원, 앞의 글, 2004, 158쪽.

2기 출토 유물은 대족격(袋足鬲: 포대자루 모양의 다리 3개가 달린 삼족기三足器)·누공권족두(鏤孔圈足豆)·관(罐)을 기본 조합으로 하며 관류가 다소 많은 편이었다. 대족격·누공권족두·관 3종 유물 중에서도 '대족격(도격陶鬲)'은 특히나 주목되는 유물이다. 만발발자 유적에서 삼족기는 이미 1958년 발견되어 보고된 유형이기도 한데, 처음 발견되었을 당시 압록강 중상류 및 길림성 동남부에서는 삼족기가 사용되지 않았다는 기왕의 인식을 바꾸어놓을 정도로 큰 의미가 부여된 바 있다. 그런데 1997년~1999년 발굴에서도 역시 삼족기인 대족격이 나온 것이다.

삼족기는 중기 신석기 이래 청동기시기에 이르기까지 동북아~중원 일대에 널리 나타나는 기형(器形)이다. 신석기 삼족기의 경우 중원 지역의 사례가 잘 알려져 있는데, 가장 오래된 예로 서기전 5000년 무렵 황하 중류 자산(磁山)문화, 배리강(裵李崗)문화의 삼족기를 든다. 이 무렵의 삼족기 조형은 매우 간단하고 기능은 단일했으니 술잔 용도가 일반적이었다.[5] 요서 지역의 경우도 우하량에서 출토되는 삼족기가 모두 술잔용 예기 일색이었던 점을 통해[6] 중원 지역과 사정이 비슷했음을 알게된다.

삼족기는 청동기시대가 되면서 동북방 지역에서 더욱 성행하게 되는데, 특히 요서 지역의 가장 이른 시기 청동기문화인 하가점하층문화(夏家店下層文化: 서기전 2400년~서기전 1500년) 및 고대산문화(高臺山文化: 서기전 2100년~서기전 1500년경)에 들어 삼족기의 수량·종류·형태가 다

---

5   王秋義 主編, 『遼寧地域文化通覽: 阜新卷』, 遼寧民族出版社, 2013, 45~46쪽.
6   遼寧省文物考古研究所, 『牛河梁-紅山文化遺址發掘報告(1983-2003)』 上, 2012, 183~184쪽; 같은 책 中, 366쪽, 368쪽.

변화되면서 크게 성행하게 된다. 이즈음 삼족기의 전형적인 유형은 격(鬲)·언(甗)·정(鼎)이며 이 중에서도 격이 가장 많이 나타난다. 삼족기는 생활용품이면서 부장품으로도 사용되었다. 부장용 삼족기는 매우 정성껏 만들어졌는데 대표적인 경우가 하가점하층문화의 붉은색·흰색·검정색 물감을 사용하여 도철문(치우문蚩尤紋·귀문鬼紋)을 그려 넣은 채회삼족기(彩繪三足器)이다. 부장용 삼족기는 격·정을 중심으로 했다.[7] 만발발자 대족격의 경우 다른 지역에서는 나타나지 않는 특수 형태로 하가점하층문화와 긴밀히 연결된 고대산문화의 강평(康平) 순산둔(順山屯) 유형 및 무순(撫順) 망화(望花) 유형과 유사함이 지적되었다.[8]

다음 '누공권족두(도두陶豆)'이다. 두는 나팔 형태의 긴 다리에서 알 수 있듯이 비실용적인 예기 용도의 그릇이다. 그중에서도 '누공권족두'는 긴 원형의 다리(권족圈足)에 구멍(누공鏤孔)을 뚫어 장식성을 더한 고급형 두이다. 만발발자 누공권족두의 경우 요동반도 남단 쌍타자(雙陀子) 3기 문화(서기전 1400년~서기전 1100년)의 누공권족두와 유사함이 지적되었고[9] 더하여 대족격·누공권족두의 조합 방식은 요동반도 여순·대련 지구의 동시기 유적과 흡사함이 지적되었다.[10] 현재 만발발자의 대

---

7   王秋義 主編, 앞의 책, 2013, 45~46쪽.

8   오강원, 앞의 글, 2004, 163쪽: 김성철, 「만발발자 유적의 성격에 대하여」, 『조선고고연구』 2009-1, 사회과학출판사, 34~36쪽.

9   위와 같음.

10 「二期遺存的陶器以袋足鬲、鏤孔圈足豆、罐爲基本組合, 以罐類爲大宗。這種袋足鬲形制較爲特殊, 不見于相隣區域。但袋足鬲與鏤孔圈足豆這一組合形式在旅大地區同時期遺存却屢有發現。因此, 陶鬲在此地的出現, 不僅可以改變鴨綠江中上遊, 吉林省東南部不使用陶三足鬲這一傳統看法, 亦不可深人們對東北青銅時代文化總體格局的認識。」(金旭東·安文榮·楊立新, 「探尋高句麗早期遺存及起源─吉林通化萬發撥子遺址發掘獲重要收穫」, 『中國文物報』, 2000年 3月 19日)

1. 하가점하층문화 대전자(大甸子)
유적 채회도격(彩繪陶鬲)

2. 요하평원 고대산문화
부신(阜新) 대해(代海)
유적 도격

3. 요동반도 여순 철산
우가촌(鐵山于家村)
유적 누공권족두

자료1 하가점하층문화 · 고대산문화의 대족격과 요동반도 청동기시대 누공권족두

족격과 누공권족두가 공개되지 않은 상황이기에 참고를 위해 만발발자
대족격 및 누공권족두와 유사성이 거론된 하가점하층문화 · 고대산문화
의 대족격, 또 요동반도 청동기시기의 누공권족두를 〈자료1〉에 제시해
보았다.

이상에서 살핀 바와 같이 만발발자 대족격과 누공권족두는 예기류로
서 3층원단 · 방대에서 행해진 제천의례시에 사용되었을 것으로 여겨지
며, 더하여 만발발자 2기 사회가 요하 및 요동반도 일대와 긴밀하게 연
계되어 있었음도 보여주었다.

이렇듯 만발발자 2기에 고급 예기류가 출토되었음에도 불구하고 길
림성박물원(장춘 소재)에 소개되고 있는 만발발자 유적 개관에는 만발발
자 1기 및 2기 사회가 더없이 후진적인 '신석기 사회'로 그려져 있다.
가령 1기의 대표 유물로 골기(骨器) · 치상석기(齒狀石器) · 도병(陶餠) ·
석추(石墜), 2기의 대표 유물로 골어표(骨漁鰾) · 석촉(石鏃) · 석호(石鎬)
와 같이 작고 볼품없는 석기 · 골기만 나타나 있다.(2018년 8월 11일 현재)

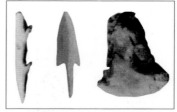

자료2 길림성박물원 만발발자 유적 개관 중 1기 대표 유물(왼쪽)과 2기 대표 유물(오른쪽)

1기의 경우 모자합장묘에서 출토된 도소인두상, 십자문 토기, 옥기류 등과, 2기의 경우 대족격이나 누공권족두 등의 중요 유물들이 전적으로 배제되어 있다.

　이처럼 만발발자 유적에 대한 두 계통의 보고 중 국가문물국의 보고에서는 제천시설을 배제했기 때문에 3층원단(모자합장묘)·방대가 조성되었던 1기, 또 3층원단(모자합장묘)·방대가 기능성을 유지했던 2기를 극히 소략하게 다루었다. 그 결과 1·2기의 만발발자 사회는 더없이 후진적인 신석기 사회로 그려지고 말았다. 국가문물국의 보고에서는 상대적으로 3기 이후에 집중하는 경향이었는데 그 내용은 다음 장에서 살펴보겠다.

2장

거북목(방대)에 자리한
주거지와 무덤의 의미

─────── ❧ ───────

1. 3기 환호 · 주거지 · 무덤의 가설과 여성 사제 전통

국가문물국의 보고에서는 3기의 유적 분포 면적이 가장 넓고 퇴적층이 두꺼우며, 출토 유물 또한 가장 풍부하다는 이유에서 만발발자 유적의 중심 시기로 보았다.[11] 3기에 들어 원형 및 장방형의 수혈식 주거지가 나타났다고 했으나 주거지의 숫자는 밝히지 않았다.[12]

반면 이수림의 보고에서는 국가문물국의 보고에는 없는 내용이 나타나 있다. 방대 자리에서 춘추시대(3기에 해당) 및 양한시대(4기에 해당)의

---

11 「一、二期遺存分布範圍極小, 其中三期遺存是遺址的主體, 遍布整个遺址, 出土的遺蹟、遺物亦最爲豊富, 文化堆積也較厚, 遺址⑧~④層均屬此期。」(金旭東·安文榮·楊立新, 앞의 글, 2000年 3月 19日)

12 「三期的房址亦爲半地穴式, 有圓形、長方形兩類, 除個別房址地面經火烤處理外, 大部未加整修, 修築較爲簡單, 火膛位于房址中部。」(金旭東·安文榮·楊立新, 위의 글, 2000年 3月 19日)

환호가 발견되었다는 내용이다. 곧 이수림은 백두산 서편 옛 제단군 주
변의 취락시설을 ① 계지식(階地式) 취락, ② 환호식(環壕式) 취락으로
나누어 보면서 만발발자 3기 및 4기의 환호 문제를 아래와 같이 언급했
다. 국가문물국의 보고에서는 4기에 환호, 곧 '환산위구(環山圍溝)'가 나
타났다고 했는데[13] 이와 달리 3기 및 4기에 환호가 나타났다고 한 차이
가 있다.

① 계지식 취락: 약진문화(躍進文化)[14] 1~3기
완만한 언덕 위에 계단식으로 분포되어 있는 취락으로 이 시기에는 '환
호가 있는 산성(山城) 성질의 취락[환호식 취락(필자 주)]'이 나타나지 않
음. 통화시 만발발자 남산(南山) 취락군지, 주군(駐軍) 206 의원(醫院) 뒤
쪽의 취락군지, 유하현(柳河縣) 향양향(向陽鄉) 왕팔발자(王八脖子) 제단
부근의 취락군지, 유하현 삼원포진(三源浦鎮) 어대(魚臺) 제단 등.[15]

---

13 「遺址四期遺存發現的環山圍溝證實, 在西漢時期萬發撥子遺址是一个有較嚴密組
   織的大形村落。生活居址中出土的陶器以罐、壺、豆爲基本組合。除鐵鏃外, 未見中原
   漢文化遺物, 這一點與吉林省中南部遺存形成顯明對比。」(金旭東·安文榮·楊立新,
   위의 글, 2000年 3月 19日)

14 1997년~1999년 통화시 약진촌에 자리한 만발발자 제단 유적 발굴이 종료된 이후 이수
   림은 이 경우가 여명 옛 제단 유적보다 백두산 서북 지역 옛 제단군을 대표하는 전형성
   을 갖추고 있다고 보았다. 이에 1995년 여명 옛 제단을 대표명으로 하여 붙여진 '여명문
   화'를 '약진문화'로 변개해서 불렀다.

15 「階地式聚落。此類遺址主要分布在祭壇附近的向陽階地上, 沿緩坡呈階梯狀分布,
   面積廣大, 此類聚落最大的特點就是周圍沒有發現同時期的環壕式山城性質的聚
   落。推測凡是遇有重大事情, 氏族集團成員都要到祭壇上擧行活動, 尚未發生部落
   間爭鬪或防禦外族入侵的戰爭。如通化市王八脖子南山聚落群址、駐軍206醫院後山
   聚落群址; 柳河縣向陽鄉王八脖子祭壇附近的聚落群址、柳河縣三源浦鎮釣魚臺祭
   壇等。年代應爲"躍進文化"一至三期。」(李樹林, 앞의 글, 2000年 1月, 125쪽)

② 환호식 취락: 약진문화 3~5기

지세가 탁 트인 곳의 많은 계단식 지세(계지)의 중심지대로 눈에 확 들어오는 산정상부에 자리한다. 산정의 평대(平臺) 위 평평하고 완만한 곳을 둘러싸고 양도(兩道)·환계(環階)·환호(環壕)가 파여 있는 것이 특징이며 그 외곽에 환장(環墻)이 있다. 내부에는 소수의 사람이 주거한다. 이는 다시 두 유형으로 나뉘는데,

㉮ 야수 방어용: 대표적으로 통화시 만발발자 제단 중 방단(方壇) 위 춘추시기[3기에 해당(필자 주)] 환호(환호 내 주거지 13좌) 및 양한시기[4기에 해당(필자 주)]의 환호(환호 내 주거지 3좌)

㉯ 외침 방어용:

- 대표적으로 통화현 쾌대무진(快大務鎭) 산정 환호·금두향(金斗鄉) 소남구(小南溝) 산정 환호·유하현(柳河縣) 성관향(城關鄉) 조어대(釣魚臺) 환호·매하구시(梅河口市) 화수산(樺樹山) 산정 환호 등

- 자연 산세를 이용하여 수축한 소형취락 성지(城址)

- 환호 밖에서 동시기의 비교적 많은 주거지 발견

- 청동기시기~진·한 시기 유물이 출토되었고 금속병기 포함

- 여기에서 후대 고구려 산성이 파생[16]

---

16 「環壕式聚落。此類遺址主要分布在地勢開闊、階地衆多的中心地帶某一顯眼的山頂上。特點是圍繞山頂平臺在平緩處挖築兩道環階或環壕(外爲環墻), 內居少量居民。第一類主要用于以防野獸襲擊, 如通化市王八脖子遺址方壇上發掘出來的春秋時期環壕(內發現房址13座), 兩漢時期環壕(內發現有3座房址); 第二類主要是防禦部落之間爭戰和抵御外侵者性質的山遺址, 如通化縣快大茂鎭黎明山頂環壕遺址(見圖4)、金斗鄉小南溝山頂環壕遺址、柳河縣城關鄉釣魚臺環壕遺址、梅河口市樺樹山頂環壕遺址等, 都是利用自然山勢修築的小型聚落城址。這些遺址的環壕外面臺地上均發現了同期數量較多的房址, 出土了靑銅時代至秦漢時期的文化遺物, 包括金屬兵器在內。說明戰爭以降臨到他們頭上, 爲後來形成的高句麗山城"築斷爲墻"的建築

내용을 살펴보면 계지식 취락은 산등성이에 자리한 취락지, 환호식 취락은 옛 제단군 주변에 둘러진 환호 속에 자리한 취락지를 의미한다. 이 중 환호식 취락의 사례로 만발발자의 경우를 들었다. 곧 만발발자의 '3층원단·방대' 중 방대(방단) 위치에서 춘추·양한시대 환호 2기가 발견되었고 춘추시대 환호 내에서는 주거지 13좌, 또 양한시대 환호 내에서는 주거지 3좌가 확인되었다고 했다. 환호의 용도에 대해서는 야수를 방어하기 위한 용도로 보았다.

만발발자 유적에서는 1~6기, 곧 서기전 4000년 이래 명대에 이르는 기나긴 시간 동안 주거시설이 총 22좌(1기·3기·4기·5기), 무덤시설이 총 56좌(3기·4기·5기·6기)가 확인되었다. 그토록 오랜 기간 동안 주거지가 22좌에 불과하며 특히 무덤보다도 훨씬 적었던 이곳의 주거지는 필경 일반 주거지가 아니라 소도제천지 용도의 특수 주거지, 곧 제천의례 관련 종사자들이 머물며 의례를 행하거나 준비하는 제천사(祭天祠) 용도였을 것이다. 이러한 22좌의 주거시설 중 절반이 넘는 13좌가 3기, 그것도 방대 위에서만 오롯이 발견되었다는 점은 시사하는 바가 크다. 무엇보다 이즈음 방대가 보조제단으로서의 기능을 완전히 상실했음을 보여준다.

3기 방대 위에는 13좌의 주거지와 함께 4좌의 무덤도 발견되었다. 만발발자의 무덤은 3·4·5·6기에 걸쳐 총 56좌였는데 대부분이 유적의 동부 거북어깨부에 분포되어 있었고, 유적의 서부 거북목(방대) 부분에는 단지 4좌만이 있었는데 4좌 모두가 3기에 속했다. 곧 3기에는 아직까지

特點到了源頭。這兩類聚落相當于"躍進文化"三期至五期。」(李樹林, 앞의 글, 2000年 1月, 125~126쪽)

주거지·무덤지의 분리가 일어나지 않아 거북목(방대) 부분에 주거지 13좌와 함께 무덤 4좌가 뒤섞여 있었으며, 4기 이후 비로소 주거지와 무덤지의 분리가 일어나 거북어깨부가 무덤지로 정해졌음을 알게 된다.[17]

3기에 이르러 거북목(방대) 부위에 4좌의 무덤이 들어선 것은 '3층원단(모자합장묘)·방대'가 조성된 이후 처음 있는 일이다. 곧 만발발자에서 최초로 등장한 무덤이었던 것인데, 이 역시 이즈음에 들어 방대가 보조제단으로서의 기능을 상실했음을 보여주는 또 다른 징표이다.

거북머리 3층원단 자리는 실제적으로 제천이 이루어지는 중심 영역이었기에 여기에 주거시설이나 무덤시설이 조성되기는 어렵다. 따라서 무덤이 조성된다면 거북목이나 거북어깨 부위가 되는데, 양 지역 중에서도 거북목 부위가 좀 더 비중 있는 지역이다. 제천단의 지근이면서 제천시설용 13좌의 주거지가 자리한 이곳에 묻힌 인물들은 제천의 집전자였던 사제이거나 사제와 관계된 인물들이었을 것이다.

만발발자의 무덤 총 56좌는 양식 면에서 무려 7종, 곧 토갱묘(土坑墓), 토갱석곽묘(土坑石槨墓), 토갱석곽석관묘(土坑石槨石棺墓), 대개석묘(大蓋石墓: 고인돌), 대개석적석묘(大蓋石積石墓), 적석묘(積石墓), 계단적석묘(階壇積石墓)에 해당했다. 이 중 토갱묘가 28좌로 가장 많았으며 계단적석묘는 단 1좌였다.[18] 토갱묘·토갱석곽묘는 춘추전국시기(3기), 토갱

---

17 「墓葬始見于遺址的三期、四、五、六期均有發現。這些墓葬多分布于遺址的東側。西部僅發現四座, 而這四座墓葬均屬遺址的第三期, 這一情況反映出在春秋戰國時期此遺址的生活居址和墓地并不是截然分開的, 但到了四期以後, 生活居址與墓地已涇渭分明, 各有自己的分布區域。」(金旭東·安文榮·楊立新, 앞의 글, 2000年 3月 19日)

18 「墓葬種類較多, 形制亦較爲複雜, 有土坑墓、土坑石槨墓、土坑石槨石棺墓、大蓋石墓、大蓋石積石墓、積石墓、階壇積石墓等七種。其中以土坑墓的數量最多, 共計28座, 階壇積石墓見一例。」(金旭東·安文榮·楊立新, 위의 글, 2000年 3月 19日)

석곽석관묘는 전국 중만기(3기), 대개석묘는 전국 말~한 초(3기 말·4기 초), 대개석적석묘는 전국 말·한 초~고구려 조기(4기), 적석묘는 고구려 조기(4기), 계단적석묘(3층)는 위진시기(5기)이다.[19]

3기 무덤 4좌 중 가장 주목되는 경우로 M21호 대묘(大墓)가 있다. 이는 만발발자 무덤 총 56좌 중 가장 크고 중요한 무덤으로 손꼽힌다. 무덤 양식은 토갱묘로 남북 2.3~2.5m, 동서 16.5~16.7m의 좁고 긴 장방형 공간에 무려 35인의 사람들이 묻힌 다인합장묘(多人合葬墓)이다. 발굴 당시 동북 지역 최대의 다인합장묘로 큰 주목을 받았다. 무덤 중앙에는 많은 부장품을 지닌 30세 전후의 여성 2명의 인골이 안치되어 있고 좌우로 인골 33기가 배장(配葬)되어 있었다. 배장 인골의 연령대는 6개월부터 50세까지이며 남녀 비율은 대체로 비슷했다. 이 무덤에서는 각종 도기·옥기·청동기·석기·골기·주범(鑄范) 등 500여 점에 달하는 많은 부장품이 출토되었다. 도기는 관(罐) 종류가 가장 많고 형태가 복잡했으며 호(壺)·권족완(圈足碗)·발(鉢) 등도 출토되었다. 일정 수량의 복골과 동물뼈도 나왔다.[20] M21 발굴 당시 모습, 또 M21 출토품 중 여성 묘주의 부장품 포함[21] 3기의 출토품[22]은 〈자료3〉과 같다.

---

19 國家文物局, 「吉林通化萬發撥子遺址」, 『1999中國重要考古發現』, 文物出版社, 2001, 29~30쪽.

20 李樹林, 앞의 글, 2000年 1月, 122쪽: 金旭東·安文榮·楊立新, 앞의 글, 2000年 3月 19日: 國家文物局, 위의 글, 2001, 29쪽.

21 「如21號墓, 年齡從6個月~50歲, 墓中男女比例大體相近. 隨葬品近500件, 以骨、石質鏃數量最多, 每具成人個體一般隨葬2~3件陶器, 出土隨葬品最多的是位于墓葬中部的兩位30歲左右的女性, 除習見于的陶、石、骨器外, 還葬有青銅泡、玉環, 其中一位女性雙臂各帶有13個以大蚌磨成的蚌環堪稱精品.」(金旭東·安文榮·楊立新, 위의 글, 2000年 3月 19日)

22 「(三期) 發現的青銅有青銅短劍、青銅錠、青銅矛、青銅泡、青銅環、青銅斧等.」(金旭

1. M21호묘 발굴 상황

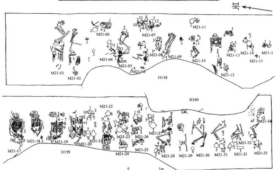

2. M21호묘 외 3기 출토품
위는 왼쪽부터 길림성박물원 소장 청동모(靑銅矛), 청동단검(靑銅短儉) 2종, 선형동부(扇形銅斧), 청동환(靑銅環)이며, 아래는 조개팔찌와 옥벽이다.

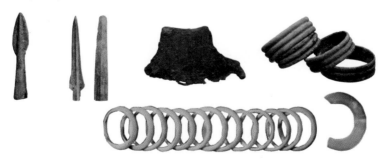

자료3 M21호묘 발굴 상황과 3기 출토품

이수림은 M21의 묘주였던 2명의 여성을 좌무(左巫)·우무(右巫)의 역할을 했던 신권적 존재로 바라보았다.[23] 필자는 동북아 상고문화를 샤머니즘이 아닌 선도문화로 바라보기에 만발발자 옛 제단 유적을 제천단 유적으로 보았고 따라서 M21 묘주였던 2명의 여성들 또한 여무라기보다는 제천의례의 집전자, 내용적으로는 여성 선가(仙家) 겸 사제로 바라보았다. 주변에 묻힌 사람들은 생전 그녀들과 연결된 사람들이었을 것이다. 방대 위 좁은 공간에 무덤을 조성하고 더하여 많은 사람들까지 배장하다 보니 무덤의 형태가 이와 같이 좁고 길어질 수밖에 없었을 것이다. 이처럼 좁은 공간에 어렵사리 무덤을 조성했던 점은 방대 자리가 제천단 지근의 매우 특별한 신성 공간이었음을 재차 확인해 준다.

M21 묘주가 여성 선가 겸 사제였던 점 또한 만발발자에서 행해졌던 제천문화의 행태와 관련하여 많은 시사점을 준다. 앞서 서기전 4000년~서기전 3500년경에 조성된 '3층원단(모자합장묘)·방대'의 묘주가 여성이었던 점을 통해 맥족 제천문화의 시작점에서 여성 통치자 겸 사제가 제천문화의 개조(開祖)적 위상을 지니고 있었음을 확인할 수 있었는데,[24] 이후 긴 시간이 흐른 시점인 3기에도 여전히 2명의 여성이 수많은 배장인들을 거느리고 이곳에 묻혀 있었다. 나머지 무덤들의 성별 구성에 대한 연구가 좀 더 진행되어야 할 것이지만, 백두산 서편 일대 제천

東·安文榮·楊立新, 위의 글, 2000年 3月 19日)

23 「使人不得不想到21號大墓中心的那兩位尊貴女性, 或許就是氏族首領兼祭司"左巫" "右巫"一類的神權人物。(李樹林, 「千年神鱉現古國 通化王八脖子遺址探秘」, 『吉林日報』, 2002年 8月 17日)

24 정경희, 「통화 만발발자 제천유적을 통해 본 백두산 서편 맥족의 제천문화(I)—B.C. 4000년~B.C. 3500년경 '3층원단(모자합장묘)·방대'를 중심으로—」, 『선도문화』 26, 2019, 34~36쪽.

문화에서 전통적으로 여성 사제의 비중과 역할이 대단히 높았을 가능성을 짐작하게 된다.

2. 4기 환호·주거지의 가설과 무덤의 자리 이동

국가문물국의 보고에서는 만발발자 3기에 비해 4기층은 면적은 넓지만 퇴적층이 얇은 편이라고 했다.[25] 또한 만발발자 4기에는 비교적 엄밀하게 조직된 대형 환호취락이 형성되어 있었다고 했다.[26] 그럼에도 환호 내 주거지의 규모는 밝히지 않았다.

앞서 이수림의 보고를 통해 만발발자 3기의 13좌 환호취락, 4기의 3좌 환호취락의 존재를 확인할 수 있었다. 반면 국가문물국의 보고에서는 3기의 13좌 환호취락 부분을 언급하지 않았고, 4기의 3좌 규모에 불과한 극소형 환호취락을 '엄밀하게 조직된 대형 환호취락'이라고 했다. 이처럼 국가문물국의 보고에서 3기의 환호취락을 밝히지 않은 이유, 또 4기의 극소형 환호취락을 대형 환호취락으로 과장한 이유가 궁금해진다. 필자는 국가문물국의 보고를 토대로 만발발자의 4기 환호시설을 연구한 중국학자 왕면후의 글을 통해 그 이유를 짐작해 보게 되었다.

왕면후는 만발발자 4기에 환호취락 형태가 나타나지만 씨족취락 단계일 뿐 국가단계로 보기 어려워 고구려 이전에 옛 '구려국(句麗國)'이

---

25 「四期遺存面積較大, 但堆積較薄。」(金旭東·安文榮·楊立新, 앞의 글, 2000年 3月 19日)

26 「遺址四期遺存發現的環山圍溝證實, 在西漢時期萬發撥子遺址是一个有較嚴密組織的大形村落。」(金旭東·安文榮·楊立新, 위의 글, 2000年 3月 19日)

있었다는 (북한 측의) 주장은 성립될 수 없다고 했다.[27] 반면 북한 측은 고구려가 성립되기 이전, 이미 백두산 서편에 선(先)고구려 사회로서 구려국이 성립되어 있었다고 보며, 따라서 만발발자 시기 구분에 있어서도 2기 고조선문화에 이어 3기를 '구려문화'로 바라보았다.[28] 곧 국가문물국의 보고에서는 3기의 13좌 환호취락의 존재가 북한 측의 구려국 주장을 뒷받침하는 증거가 될 수 있음을 경계하여, 3기 환호 및 13좌에 달하는 주거지의 숫자를 밝히지 않았으며 대신 4기 3좌 규모에 불과한 극소형 환호취락을 대형 환호취락으로 호도했던 것으로 여겨진다. 참으로 애매한 부분인데, 한 가지 분명한 사실은 전체 시기를 통틀어 겨우 주거지 22좌가 나온 이곳을 두고 대형 환호취락지 운운하는 왕면후의 주장이 더욱 의심스러워 보인다는 점이다. 이처럼 만발발자 유적은 비단 제천시설뿐 아니라 환호취락 문제에 이르기까지 중국의 '요하문명론-장백산문화론'에 의해 전적으로 농단된 유례없는 유적이다. 그만큼 만발발자 유적이 중요하다는 의미이다.

이렇게 방대 위에는 3기 소규모 환호취락에 이어 4기에도 3좌 규모의 극소형 환호취락이 조성되어 있었다. 4기의 주거지 역시 3기의 주거지와 마찬가지로 제천의례를 집전하는 선가 겸 사제들의 의례를 행하는 공간 또는 의례 준비를 위한 공간이었을 것인데, 다만 3기에 비해 숫자가 크게 줄어든 점이 눈에 띈다. 3기에 비해 만발발자의 소도제천지로서의 위상이 낮아졌을 가능성, 또는 소도제천지 관리가 보다 엄격하게 이루어졌을 가능성 등을 두루 생각해 보게 된다.

---

27 王綿厚, 「통화 만발발자 유지에 관한 고고학적 관찰」, 『고구려연구』 12, 2001, 904쪽.
28 김성철, 앞의 글, 2009-1, 34~36쪽.

다음은 무덤시설이다. 3기에는 거북목(방대) 부위에 주거지와 무덤이 함께 조성되었지만 4기에는 주거지와 무덤의 분리가 일어나 거북목 부위에는 주거지가, 거북어깨 부위에는 무덤이 조성되었다. 3기 방대 위에 주거지와 무덤이 들어서기 시작한 이래 4기에 이르러 더 이상의 공간이 없자 거북어깨 부위로 옮겨 가게 되었을 가능성이 높다. 4기의 무덤 역시 3기와 마찬가지로 제천의례를 담당하던 선가 겸 사제들의 무덤으로 여겨진다. 출토된 토기는 관·호·두를 기본 조합으로 하며, 철궐(鐵鐝: 철괭이)을 제외하고는 중원계 유물이 보이지 않아 길림성 중남부 지역과 명확히 대비되었다.[29] 4기 무렵까지 만발발자 일대에서 고유문화의 전통이 강고했음을 보여주었다.

---

29 「遺址四期…生活居址中出土的陶器以罐、壺、豆爲基本組合。除鐵鐝外, 未見中原漢文化遺物, 這一點與吉林省中南部遺存形成顯明對比。」(金旭東·安文榮·楊立新, 앞의 글, 2000年 3月 19日)

3장

3층원단 위 선돌 2주·적석 방단·
제천사의 의미

1. 2기 이후 선돌 2주의 가설

1) 큰 자연바위 세트는 '선돌' 계통

앞서 살핀 바와 같이 3~4기 방대 위에 주거지 및 무덤 다수가 들어섰던 점은 이즈음 제천의 중심 공간이 산정상부로 집중되고 있었음을 보여준다. 이러한 변화를 직접적으로 보여주는 증거로 3층원단 꼭대기층 평대 위 정남 방향에서 발견된 '큰 자연바위 세트(천연 대괴암석大塊巖石 일조一組)'가 있다.[30]

이수림은 이를 '원시 선민(先民)들이 제사하던 사석(社石: 토지신 바위)'으로 보았지만,[31] 제천단 꼭대기층 위에서의 토지신 향사는 사세상

---

30 「第三級(即上層)環階爲一橢圓形平臺, 面積約800餘平方米, 高出第二級環階約2米, 正南角有一組天然大塊巖石豎立。」(李樹林, 앞의 글, 2000年 1月, 120쪽)

31 李樹林(정원철 역), 「길림성 고구려 3319호 무덤 日月神闕에 대한 고증과 이와 관련된 몇가지 중요한 문제에 대한 연구」, 『고구려연구』 15, 2003, 275쪽.

맞지 않다. 중국 측이 유적을 은폐해 버린 현재로서는 실물 확인이 불가능하지만, 제천단 꼭대기층 위에 의도적으로 세워진 큰 자연바위 세트라면 단순 바위로 볼 수는 없으며 제천시설 용도의 바위로 바라보게 된다. 특히 한국의 제천문화 전통에서 제천시설 용도의 큰 자연바위는 단연 '선돌(입석立石)' 계통이라 할 수 있다.

요동 백두산 서편 옛 제단군이나 요서 우하량 적석총에서 알 수 있듯이 서기전 4000년~서기전 3000년 무렵 배달국 시기 요서·요동 지역의 대표적인 제천시설은 '환호를 두른 구릉성 제천시설(3층원단류)', 곧 '3층', '원·방', '환호'를 주요 요소로 하는 거대 규모의 '적석(積石) 단·총'이었다. 이후 청동기 단군조선시기가 되면서 이러한 '적석 단·총' 외에 고인돌이나 선돌로 대표되는 '거석(巨石) 단·총'이 새로운 제천시설로서 등장하게 된다. 시대변화에 따라 제천시설이 바뀌는 것은 매우 자연스럽다.

고인돌은 대체로 서기전 1500년~서기전 200년 무렵 요동·한반도 일대에서 성행한 새로운 유형의 단총이다. 요하를 경계선으로 하여 요서 지역에서는 나타나지 않으며 최대 중심지는 요남 벽류하·대양하 유역이며 다음은 백두산 서편 휘발하 유역이다. 특히 요남 지역의 고인돌은 대형 탁자식으로 규모나 형태 면에서 가장 크고 정세하여, 요남 지역이 고인돌의 발원지이자 중심지였음을 보여주었다.[32] 고인돌 외에 선돌 또한 거석문화의 범주 내에서 고인돌과 같은 시기로 평가된다. 이들 거석 단총은 적석 단총과 마찬가지로 주로 하천 주변의 탁 트여 조망이 좋은

---

32 하문식, 「요동지역 문명의 기원과 교류」, 『동양학』 49, 2011, 18~19쪽.

구릉성 산지의 정상 평탄부에 자리하여[33] 양자의 계승 관계를 더욱 분명하게 보여주었다.

배달국 '적석 단총제'가 단군조선에 이르러 '거석 단총제'로 바뀌었다는 그 실제적인 의미는 양 방식의 공존과 결합이다. 문화의 기저부에 자리하여 극히 보수적일 수밖에 없는 단총제의 속성상 구식이 신식으로 전면 교체되는 방식이 아니라 구·신식이 공존하거나 하나로 결합하는 방식이 자연스러운 것이다.

고인돌 계통의 새로운 제천시설인 선돌은 하늘을 향해 솟아 있는 기둥(천주天柱·솟대)의 방식을 통해 제천의 궁극적 목표인 '통천(通天)'을 상징해 낸, '거석 단·총'의 일종이다. 선돌의 시기는 대체로 거석문화의 범주 안에서 고인돌과 같은 시기로 여겨지며 실제 발굴에서도 청동기시대로 밝혀진 경우가 많았다.[34] 자연석을 그대로 세우거나 일부분을 다듬어 세운 것들이 대부분이지만 원래부터 있던 거석을 선돌로 삼는 경우도 있었다. 둥근 형태 또는 모난 형태 등이 있으며 넓적한 판석도 있다. 탁 트여 조망이 좋은 구릉지나 산의 정상부나 비탈 등지에 세워지는 경우가 많지만 마을 어귀와 같은 평지에 세워지기도 했다.

2) 선돌 2주는 청동기시대 이후의 제천시설

이렇게 만발발자 평대 위 정남 방향에 세워진 큰 자연바위 세트를 '선돌 2주'로 바라볼 때(이하 '선돌 2주'), 이를 3층원단의 부속물로 보느

---

33 하문식, 「고인돌의 숭배의식에 대한 연구—요령지역을 중심으로—」, 『비교민속학』 35, 2008, 119쪽.
34 하문식, 「경기지역 선돌 유적과 그 성격」, 『고문화』 72, 2008, 40~41쪽.

냐 아니면 후대의 가설물로 보느냐의 문제, 또 후대의 가설물로 본다면 그 시기를 언제로 보느냐의 문제가 생겨난다. 배달국 시기의 '환호를 두른 구릉성 제천시설(3층원단류)' 전통에서 단·총 위에 솟대(천주)류를 설치하는 경우는 없었다. 또한 무엇보다도 선돌은 대체로 청동기시대의 제천시설물로 여겨진다. 이러한 점들을 두루 고려해 보면 만발발자의 선돌 2주는 이곳에 처음 3층원단이 조성될 때 3층원단의 부속물로서 세워진 것이 아니라 청동기시대 이후에 새롭게 가설되었던 것으로 바라보게 된다.

청동기시대 이후라면 만발발자 층위 구분법으로 2기 이후에 해당하므로 선돌 2주의 가설 시기를 잠정적으로 '2기 이후'로 바라보게 된다. 가설 시기와 관련하여 일차 고려하게 되는 시기는 3기이다. 곧 3기에 들어 방대 위로 환호취락이 들어서는 등 방대가 보조제단으로서의 기능을 상실하고 제천의 기능성은 3층원단 지역으로 집중되는 등 만발발자 지역에 큰 변화가 생겨나고 있었기 때문이다. 일단 3층원단 지역으로 제천의 기능성이 집중되면서 새로운 제천시설로서 선돌 2주가 들어서게 되었을 가능성이 농후해 보인다. 이때에는 방대의 기능성이 상실되면서 '3층원단·방대'의 형식성이 의미를 잃어버렸기에 3층원단 위로 새롭게 시설을 더하는 것이 더 이상 문제가 되지 않았을 것으로 여겨진다.

3) 선돌과 환호를 두른 구릉성 제천시설

만발발자에 새롭게 등장한 선돌의 성격과 관련해서는 1990년대 이후 한반도 남부에서 발굴되기 시작한 청동기~초기철기시대 '환호를 두른 구릉성 제천시설(적석단·나무솟대·제천사·선돌·고인돌류)'이 주목된다.

1996년 부천 고강동 유적을 시작으로 하여 한반도 남부에서는 구릉성 산지 위에 환호로 둘러싸인 청동기~초기철기시대의 제천시설들이 대거 발굴되었다. 이 경우 대체로 주변에 대한 조망이 가능한 야산 또는 구릉지의 정상부 평탄지에 적석단(적석 유구)·선돌·여러 개의 나무솟대 구멍(주혈柱穴 유구)·제천건물지(제천사) 등의 중심 제천시설이 자리하고 주변에 환호가 둘러진 형태였다. 유적의 시기는 넓게 청동기시대부터 초기철기시대에 걸쳐 있지만 중심 시기는 초기철기시대 원형점토대토기 단계에 집중되는 경향을 띠었다.

이 지역들은 주변에 대한 조망이 좋고 하늘과 가까운 느낌을 주는 고지성 입지, 환호로 둘러싸인 구역 내부 산정상부에 적석단·자연석·수혈(隧穴) 유구 등 의례시설이나 신앙대상물이 일부 확인되며 이들 외에는 공지로 비어 있는 점, 환호 내부에서 수혈 유구·토기편·소토(燒土: 불탄 흙)·목탄 등이 확인되는 점, 원형으로 복원되는 유물이 없고 유구 내에 정치(定置)된 상태로 출토된 유물이 없어 유물에 대한 훼기 및 폐기 행위가 이루어졌음을 보여주었던 점, 제사용 그릇인 두형(豆形) 토기가 출토된 점 등 여러 측면에서 의례용 공간으로 인식되었다. 특히 이곳에 환호를 두른 것은 신성 공간임을 표현한 것으로 금줄을 돌리는 행위와 같은 성(聖)·속(俗) 구분의 의미로 이해되었다. 환호의 정상부에는 유구의 밀집도가 떨어지며 그 아래 낮은 능성 부위에는 대체로 환호와 동일 시기일 가능성이 높은 주거지들이 입지하는 경향이 있다. 이 경우 주거지의 수가 제한되어 제의와 관련된 주거지일 가능성이 있으며 이렇게 제의를 지내는 사람들이 속한 중심마을과 그 아래에 위치하는 하위마을은 환호 내 시설과 별개로 존재했다.[35]

---

35 하문식, 「청동기시대 제의 유적의 몇 예―경기지역을 중심으로」, 『문화사학』 27, 2007,

대체로 이곳은 산이나 구릉지 아래의 일반마을과 구분되는 신성 지역으로 『삼국지』 위지 동이전 한조(韓條)에 나오는 '소도' 관련 기사와 연결하여, 제천의례 또는 천신의례가 행해졌던 소도의 원형으로 밝혀졌다.[36] 근래에 이르기까지 적지 않은 사례가 발굴되었기에 이를 종합정리한 후 특히 환호시설에 주목, '취락방어용 환호'와 차별화하여 '고지성(高地性) 환구(環溝)'로 개념화한 연구도 나왔다.[37] 필자의 경우는 이를 '제천시설용 환호'로 바라보는 입장이다.

이상 한반도 남부에서 발굴된 '환호를 두른 구릉성 제천시설'은 환호 정상부에 자리한 중심시설을 기준으로 하위 유형 구분이 가능한데, ① 적석단(적석 유구) 유형, ② 나무솟대(주혈 유구) 유형, ③ 제천사 유형, ④ 선돌 유형, ⑤ 고인돌 유형 등이다. 각 유형의 대표 사례는 다음과 같다.

① **적석단(적석 유구) 유형**: 초기철기시대 부천 고강동 유적
② **나무솟대(주혈 유구) 유형**: 청동기시대 평택 용이동 유적, 초기철기시대 경주 나정 유적
③ **제천사 유형**: 청동기시대 울산 연암동 유적

73~76쪽; 김권구, 「청동기시대~초기철기시대 고지성(高地性) 환구(環溝)에 관한 고찰」, 『한국상고사학보』 76, 2012, 66쪽.

36 배기동·강병학, 『부천 고강동 선사유적 제4차 발굴조사보고서』, 부천시·한양대학교박물관, 2000, 155~159쪽; 정의도 외, 『울산 연암동 환호유적─학술조사연구총서 제54집』 울산광역시종합건설본부·경남문화재연구원, 2006, 119~120쪽; 최몽룡, 「마한연구의 새로운 방향과 과제」, 『한국 청동기·철기시대와 고대사회의 복원』, 주류성, 2008, 338~340쪽.

37 김권구, 앞의 글, 2012, 65~66쪽.

④ **선돌 유형**: 초기철기시대 안성 반제리 유적, 초기철기시대 오산 가
   장동 유적

⑤ **고인돌 유형**: 청동기시대 창원 진동리 유적

먼저 ① 적석단(적석 유구) 유형은 환호의 중심부에 적석단이 자리한
경우이다. 부천 고강동 유적은 김포평야가 한눈에 내려다보이는 해발
91.6m의 야산인 청룡산 정상부에 위치하고 있다. 정상부의 중심 제천
시설은 6m×6m의 방형 적석단으로 막돌을 2~3단쯤 쌓아올린 형태이
며 현재는 무너져 내린 상태이다. 이 적석단 주변으로 63m 가량의 환
호가 둘러져 있다. 환호의 북쪽은 이중이며 서쪽으로 1m쯤 끊어져 있어
출입시설로 여겨진다. 의기인 두형 토기 등과 함께 의례활동의 흔적인
소토가 나왔다.[38](〈자료4-1〉)

② 나무솟대(주혈 유구) 유형은 환호의 중심부에 다수의 기둥 구멍(주
혈)이 정형성을 가지지 않고 확인된 경우이다. 주혈은 나무솟대 구멍으
로 한반도 전역에서 널리 발견되는 청동의기(매달기 위한 고리나 구멍 등
이 있는 경우가 많음), 목제품, 토제품 등을 나무솟대에 달거나 묶어서 장
식했을 것으로 추정되었다. 여기서 사용되었을 목제조각상이나 청동의
기들은 사용 후 다른 곳으로 옮겨져 보관되었다가 최종적으로 의례주관
자의 무덤에 묻혔을 가능성이 높다.[39]

대표 사례인 평택 용이동 유적은 구릉성 산지의 정상부에 자리한다.

---

38 배기동·강병학, 앞의 책, 2000, 38~44쪽: 배기동, 「고강동 청동기 주거유적 발굴 성과와
    의의」, 『선사와 고대의 의례 고고학』, 2004, 9~10쪽.
39 김권구, 앞의 글, 2012, 71쪽.

환호의 지름은 약 24m 정도이다. 중심부에는 지름 24~77cm의 작은 구멍 34개가 있는데, 간격이 일정하지 않다. 환호 외곽에는 주거지가 자리하고 있다.[40](〈자료4-2〉 왼쪽) 경주 나정 유적 역시 구릉지상에 환호가 둘러진 제천유적이다. 나정의 1차 시설물은 서기전 2세기 무렵 환호로 둘러진 거대한 주혈 유구이다. 주위에 경사길(사도斜道)이 있어 주혈이 나무솟대를 세우기 위한 용도였음을 알게 된다. 이렇게 나정은 거대한 나무솟대가 세워진 소도제천지로 출발했다가 다시 5세기 소지왕대 원형신궁, 7세기 문무왕대 팔각신궁으로 이어졌다.[41](〈자료4-2〉 오른쪽)

③ 제천사 유형은 환호의 중심부에 건물지 유구가 확인된 경우이다. 울산 연암동 유적의 경우 산정상부에 자리한 환호 중앙에서 장방형 수혈 유구(5m×3.9m×0.3m)가 발견되었다. 환호 내외부에 주거지가 없고 목책 등 방어 관련 시설이 확인되지 않는 등 여러 정황상 실생활과 관련 없는 특수 공간이자 의례 공간으로 추정되었다. 수혈 내부에 목탄과 소토가 흩어져 있었다.[42](〈자료4-3〉)

④ 선돌 유형은 환호의 중심부에 선돌이 확인된 경우이다. 안성 반제리 유적은 해발 95m의 야트막한 매봉산 정상부에 자리한다. 길이 약 71m, 너비 3m 정도의 환호로 둘러싸인 산정상부의 평탄면에 자연바위가 솟아 있다. 자연바위의 평면 형태는 장방형이며 규모는 최대 길이 4.14m, 최대폭 3.2m, 높이 86cm로 제천단의 기능을 했다. 환호 조성

---

40 「전기 청동기시대 '제의용 환호' 평택-구리에서 잇달아 발견」, 『동아일보』, 2015년 10월 15일자.
41 정경희, 「신라 '나얼(奈乙, 蘿井)' 제천유적 연구」, 『진단학보』 119, 2013: 중앙문화재연구원, 『경주 나정』, 2008.
42 정의도 외, 앞의 책, 2006, 109~111쪽.

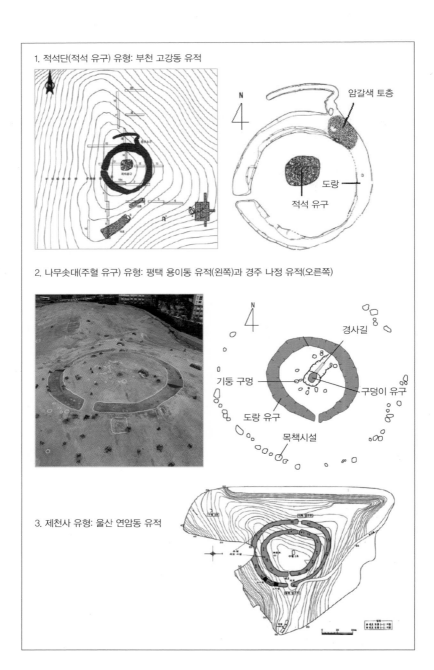

1. 적석단(적석 유구) 유형: 부천 고강동 유적

암갈색 토층

도랑

적석 유구

2. 나무솟대(주혈 유구) 유형: 평택 용이동 유적(왼쪽)과 경주 나정 유적(오른쪽)

경사길

기둥 구멍

구덩이 유구

도랑 유구

목책시설

3. 제천사 유형: 울산 연암동 유적

4. 선돌 유형: 안성 반제리 유적(왼쪽)과 정상부의 자연석 형태 선돌(오른쪽)

5. 고인돌 유형: 창원 진동리 유적 평면도(위)와 현재 복원 모습(아래)

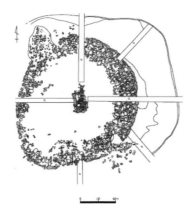

자료4 한반도 남부의 청동기~초기철기시대 '환호를 두른 구릉성 제천시설'

당시의 주거지들은 모두 환호 외부에 위치하여 제의와 관련한 신성한 장소를 생활 공간과 구분했던 것으로 추정되었다.[43] (〈자료4-4〉) 오산 가장동 유적은 오산 여계산 남쪽 80m 정도의 야트막한 구릉성 산지에 자리하고 있다. 주거지 유적을 비롯하여 회갱, 환호 등이 발굴되었는데, 환호의 정상부에 자연석이 여럿 자리하고 있어 제천단 역할을 했음을 알게 된다. 자연석 부근에서 간돌도끼 1점이 수습되었다.[44] 이외에 산구릉지 정상부에 자연석 형태의 선돌을 세우되 환호를 두르지 않은 경우도 있다. 하남 덕풍골 유적, 양평 신원리 유적 등이 그러하다.[45]

⑤ 고인돌 유형은 환호의 중심부에 고인돌이 확인된 경우이다. 경남 창원 진동리 고인돌 A군 1호의 경우가 그러하다. 이 경우 구릉지에 단독으로 조성된 경우는 아니며 집단 묘역 중에 위치하고 있다. 원형으로 봉토하고 적석을 가하여 고대(高臺)를 조성한 후 그 정상부에 고인돌 무덤을 조성했다. 원형의 높다란 묘역은 구획석(區劃石)으로 둘러져 있는데 그 외곽으로 너비 최대 4m의 환호를 둘렀다. 구조물 전체의 지름은 약 20.2m 정도이다. 평지보다 다소간 높게 인공적으로 원형의 고대를 조성한 후 정상부에 고인돌을 설치한 점, 전체 묘역을 환호로 둘러싼 모습은 환호를 두른 구릉성 제천시설류와 같은 구조이다.[46] (〈자료4-5〉)

이 중에서도 선돌 유형은 환호의 중심부에 선돌이 확인된 경우로 만발발자 유적의 '선돌 2주'와 같은 계통으로 더욱 주목된다.

---

43 중원문화재연구원, 『안성 반제리유적—조사보고서 제45책』, 2007, 293쪽, 347~357쪽, 533쪽.
44 기전문화재연구원, 『오산 가장지방산업단지내 문화유적 시발굴조사 약보고서』, 2006.
45 하문식, 앞의 글, 2007, 65쪽, 69쪽.
46 경남발전연구원, 『마산 진동 유적Ⅱ』, 2011, 59~66쪽.

4) 선돌 2주의 의미

이상 한반도 남부의 '환호를 두른 구릉성 제천시설' 중 선돌 유형을 통해 만발발자 평대 위에 들어선 선돌의 성격을 이해해 보게 된다. 그런데 만발발자의 경우는 선돌이 1주가 아닌 2주였다. 한반도의 선돌은 주수(柱數) 면에서 '2주'인 경우도 적지 않았는데 만발발자의 경우도 그러한 계통이었던 것으로 여겨진다.

한반도의 선돌은 1주가 가장 일반적이지만(〈자료5-1〉) 이외에 2주, 3주, 기타 다수 주 등의 방식이 있다. 이 중 한국적 세계관의 핵심인 '일·삼론(一·三論)'에 의할 때 1주와 3주는 하나로 묶어보게 된다. 왜냐하면 '일·삼(일기·삼기, 하느님·삼신, 마고·삼신, 위치상 북두칠성 부근)'은 '일(존재 자체·전체)이 천·지·인 삼원으로 이루어져 있다'는 존재론적 성찰을 다양한 방식으로 표현한 것으로, '일'이 곧 '삼'이 되는 구조를 갖고 있으며 따라서 표현 방식에 있어 '일'로도 '삼'으로도 표현이 가능하기 때문이다.

또한 한국의 오랜 '삼신할미 또는 마고할미' 전승이 그러하듯이 '일·삼'은 '모든 존재 자체를 품고 있는 원초적 생명력 자체'라는 의미에서 큰 어머니(한어머니, 할머니)로 표현되는 경우가 많았다.[47] 고인돌이나 선돌의 경우 시기가 고대로 올라갈수록 여성으로 표현되는 경우가 많았던 점, 또 여성형 선돌의 경우 할미바위, 마고할미(마귀할미) 지팡이, 삼신바위 등으로 불리었던 것은[48] 이러한 전통으로 인한 것이다.

---

47 정경희, 「한국선도의 삼원오행론―음양오행론의 포괄」, 『동서철학연구』 48, 2008; 「중국의 음양오행론과 한국선도의 삼원오행론」, 『동서철학연구』 49, 2008 참조.

48 하문식, 앞의 글, 2008, 32쪽, 43쪽.

1. 한반도 일대의 선돌 1주

① 평북 피현군 동상리   ② 평남 평성시 후탄리   ③ 경기 용인시 남사면 창리

2. 한반도 일대의 선돌 3주

① 충북 옥천군 군서면 은행리 상은마을   ② 충북 옥천군 안남면 청정리 송정마을 선돌1·2·3호

자료5 한반도 일대의 선돌 1주와 3주

   1주를 대신해 3주 형태로 표현하는 경우, 한 지점에 3주를 몰아 세우는 경우 및 마을 전체에 3주를 분산해서 세우는 경우로 나누어지는데 후자의 경우가 더욱 일반적이었다. 먼저 3주를 몰아 세우는 경우로는 충북 옥천군 군서면 은행리 상은마을의 경우를 들 수 있다.(《자료5-2-①》) 다음 3주를 분산해서 세우는 경우는 허다한데, 일례로 충북 영동군의 경우만 들더라도 용산면 한곡리 선돌 3주, 황간면 회포리 마포마을 선돌 3주, 황간면 우천리 소내마을 선돌 3주, 양강면 만계리 성동마을 선돌 3

① 충북 단양군 각기리

② 경북 영주시 청구리

③ 충북 제천시 황석리

④ 경북 구미시 인동동

자료6 한반도 일대의 선돌 2주

주가 있다. 이 중 우천리 소내마을 선돌의 경우 소내(우천牛川)를 사이에 두고 삼각형을 이루고 있어 선돌 3주가 각각이 아니라 세트를 이루고 있었음을 보여주었다. 또한 회포리 마포마을 선돌 1호의 경우 뒷면 밑부분에 7개의 홈이 파여 있어 칠성 신앙을 보여주었다.[49] 충북 옥천군 안남면 청정리 송정마을 선돌도 3주의 형태이다.(〈자료5-2-②〉)

2주의 경우는 만발발자와 같은 사례로 주목된다. 이 경우 보통 남석과 여석으로 구분되는 경우가 많으며 몸체에는 성혈(星穴)이 파인 경우

---

49 이융조·우종윤, 「영동지역의 선사문화」, 『호서문화 창간호』, 2013, 137~139쪽.

가 많다. 나무솟대 천하대장군·지하여장군 2기와 같은 계통이다. '일·
삼(하느님·삼신, 마고·삼신)' 사상에서 '이(二)'는 '일·삼'이 재차 '여
(呂)·율(律): 음·양에 대한 한국선도식 표현' 이원적 분화를 거듭하면서
세상이 만들어지고 움직여가는 질서에 대한 표현이다.[50] 〈자료6〉에 대표
사례를 들었다.

이상에서 만발발자 2기 이후 3층원단 평대 위 정남쪽에 새롭게 '선돌
2주'가 들어서는 과정을 살펴보았다. 선돌 2주의 가설은 단지 만발발자
의 중심 제천시설이 3층원단에서 선돌 2주로 교체되는 것 이상의 의미
가 있다. 제천시설이 전통적 권위의 상징물이었던 점을 염두에 둘 때 제
천시설의 변개는 단순한 시설 변화의 차원을 넘어 제천문화의 변화, 더
나아가 맥족 사회 전반의 변화를 보여주고 있기 때문이다.

2. 5기 적석 방단 · 제천사의 가설

1) 5기 적석 방단은 제천단

본절에서는 만발발자 5기에 이르러 3층원단 평대 위로 재차 적석 방
단·제천사가 들어서 선돌 2주와 병행되었음을 살펴보겠다. 이수림의 보
고에 의하면 3층원단 평대 위 동쪽으로 '석체(石砌) 방단(方壇)'이 자리
하고 있었으며 시기는 5기, 그중에서도 '고구려 초(구체적으로는 한·위
시기)'라고 했다.(이하 '적석 방단')[51] 평대 정남쪽에 선돌 2주가 자리하고

---

50 정경희, 앞의 글, 『동서철학연구』 48, 2008; 앞의 글, 『동서철학연구』 49, 2008.
51 「在 "躍進五期文化" 圓丘平臺頂端, 有一石砌方壇, 非墓非坑, 筆者認爲應是高句麗時

있었다면 5기가 되면서 다시 평대 동쪽으로 적석 방단이 들어서 선돌 2
주와 병행되었던 것이다.

이수림은 이 적석 방단의 용도를 '사단(社壇: 토지신 제단)'으로 보았
다.[52] 앞서 선돌 2주를 '사석(社石: 토지신 돌)'으로 보았기에, 이러한 성
격의 선돌 옆에 자리한 적석 방단 또한 같은 계통의 토지신 제단으로
본 것이다. 이러한 해석은 고구려 집안 국내성 동대자(東臺子) 건물지
유적의 '적석 방단·석좌'에 대한 중국학계의 '사석(社石)·사주(社主)'설
에 근거한 것이었다.

고구려왕실의 제사시설로 알려진 동대자 건물지 유적은 4실(室)·회
랑 등으로 구성되어 있다. 4실의 중심부인 제1실 중앙에는 강돌을 이용
하여 다듬은 '적석 방단'(면적 4m²)이 있고 그 중심부에 '장방형 석좌[石
座, 가로 80cm×세로 60cm×높이(지면으로부터) 60cm]'가 놓여 있다. 주
변에 온돌(쪽구들) 시설도 있다.

필자는 동대자 건물지를 고구려왕실의 제천건물지로, 또 그 안의 중
심 시설인 '적석 방단·석좌'를 제천단으로 바라본다. 천손사상과 제천문
화를 기반으로 하는 고구려왕실의 중요 제사시설이라면 제천시설로 볼
수 있으며 특히 적석단의 경우 가장 일반적인 제천단 시설이기 때문이
다.(〈자료7〉)

반면 중국학계는 이곳을 토지신 제사터(사지社地), 장방형 석좌는 '사
석' 또는 '사주'로 바라본다.『삼국사기』중 고국양왕 8년(391)에 '국사

期的"社壇"建築, 與集安市東臺子祭祀遺址中發掘出的方形"社石"性質是一樣的。』
(李樹林, 앞의 글, 2000年 1月, 122쪽) 방단은 평대 동쪽에 위치했고, 고구려 초 한·위
시기의 유적이라고 했다.[李樹林(정원철 역), 앞의 글, 2003, 275쪽]
52 위와 같음.

1. 유적 내 '적석 방단 · 석좌'의 위치

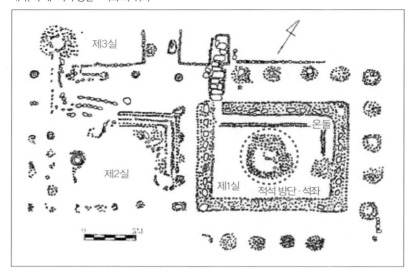

2. '적석 방단 · 석좌' 발굴 상태

자료7 동대자 유적 제1실 내 '적석 방단 · 석좌'

(國社)'를 설치했다는 기사[53]에 등장하는 국사를 이곳으로 본 것이다.[54] 이수림은 이러한 인식을 그대로 가져와서 만발발자 적석 방단을 동대자 유적의 적석 방단·석좌와 같은 계통의 '사단'으로 보았다.

만발발자 적석 방단의 성격에 대해 앞서 연구가 이루어졌던 동대자 적석 방단·석좌의 사례와 관련시켜 바라본 것은 타당하지만 사단으로 해석한 점, 또 선돌 2주까지 사석으로 해석한 점은 중국 측의 고구려 제천문화에 대한 무지를 보여준다. 이수림은 만발발자에서 은상의 10월 제천의 영향을 받아[55] 고구려 동맹이나 부여 영고류의 10월 제천이 행해졌을 것으로 보면서도[56] 제천단 꼭대기의 선돌이나 방단을 토지신 제사로 연결시키는 모순을 보였다. 아마도 10월 제천의 성격을 삼중천(三重天, 천天·지地·신神)에 대한 향사로 보는 시각에서,[57] '선돌·방단'을 '사석·사단'으로 본 것으로 추정된다.

그러나 동북아 상고 선도제천문화의 이론적 기반인 '일·삼론'으로써 볼 때 삼원은 '천·지·신(神)'이 아닌 '천·지·인(人)'으로 '신'과 '인'은 명백히 다른 차원이다. 또한 일의 세 가지 모습인 천·지·인은 언제나

---

53 『三國史記』卷18 高句麗本紀6 故國壤王 八年「三月 下教 崇信佛法求福 命有司 立 國社 修宗廟」.

54 方起東, 「集安東臺子高句麗建築遺址的性質和年代」, 『東北考古與歷史』1982-1.

55 「隨著中原文明的傳播, 亦很可能用殷歷計年, 幷以殷十月祭天。」(李樹林, 앞의 글, 2000年 1月, 128쪽)

56 「貊族人相信自然界萬物有靈, 存在着以崇拜和敬奉太陽爲主神的一種原始宗教信仰, 居住在"神鰲"一帶的卒本夫餘人, 高句麗人在祭天上繼承了先人貊族的文化習俗。 『三國志·夫餘傳』曰:"以殷十月祭天, 國中大會連日飮酒歌舞, 名曰迎鼓。"『三國志· 高句麗傳』曰:"以十月祭天, 國中大會, 迎隧神還, 于國東有大穴, 名隧穴。十月國中 大會, 迎隧神還, 于國東上祭之, 置木隧于神座。"」(李樹林, 앞의 글, 2002年 8月 17日)

57 「原始數字中"三"是形容多的意思, "三重天"就是最高的天, 代表了"天、地、神"三界。」 (李樹林, 앞의 글, 2000年 1月, 129쪽)

분리되지 않은 상태, 곧 일의 상태로 존재하며 이러한 '일·삼'의 시발점은 언제나 하늘, 구체적으로는 '북두칠성 근방의 하늘'이 된다. 이러하므로 선도제천은 언제나 (천·지·인 합일로서의) '천제'일 뿐 천제·지제·인제가 분리되는 것은 아니므로[58] 만발발자 제천단에 별도로 사직이 들어설 이유는 없다. 요컨대 만발발자의 적석 방단은 사단이 아닌 제천단으로 바라보아야 한다.

2) 적석 방단과 함께 자리한 '온돌식 지상건물지'

적석 방단은 동시기의 '온돌식 지상건물지'와 함께 자리하고 있었던 것으로 보인다. 국가문물국의 보고에서는 3기·4기에 비해 5기에는 주거지 규모가 대대적으로 축소되어 다만 '서부 환구(圜丘)의 정상 부분', 곧 3층원단의 꼭대기층 평대에 주거지가 자리했다고 했다.[59] 또한 5기의 주거지를 설명하면서 온돌시설을 특징으로 들었다.[60] 이수림의 보고에서도 위진시기, 곧 5기에 고구려인들이 건축한 온돌식 건물지가 있었다고 했고, 이곳의 온돌시설은 당시까지 발견된 온돌시설 중 가장 이른 시기임을 지적했다.[61] 이수림의 경우 이러한 온돌시설로 인해 이 건물지

---

58 정경희, 「조선초기 선도제천의례의 유교 지제화와 그 의미」, 『국사관논총』 108, 국사편찬위원회, 2006.

59 「五期遺存的分布面積大大縮小, 生活居址只見于西部圜丘的頂部, 反映出當時的家落規模已遠遠小于三、四期。」(金旭東·安文榮·楊立新, 앞의 글, 2000年 3月 19日)

60 「五期的房址較具特色, 在挖成淺穴後, 以塊石或板石在房址的四周砌成兩組煙道, 上鋪平整的板石, 形成長方形火坑, 爐址位于火坑的北部。」(金旭東·安文榮·楊立新, 위의 글, 2000年 3月 19日)

61 「遺址中共發現22座不同年代的古房址。年代最早的房址距今約5000-6000年, 最晚爲魏晉時期高句麗人所建, 晚期房址較具特色, 在挖成淺穴後, 以塊石或板石在房子的四周立砌成兩組烟道, 上鋪平整的板石, 形成長方形火坑, 以利于寒冬季節里房內

를 자연스럽게 집안 동대자 건물지와 연계하며 더하여 건물지 주변의
선돌·적석 방단까지도 동대자 건물지 내의 사석·사단으로 연결했을 가
능성이 있다.

온돌식 건물지의 성격은, 만발발자 내 총 22좌 주거지 중에서 유일하
게 3층원단 정상부에서 발견된 주거지이며 제천시설물인 선돌 2주·적
석 방단과 함께 자리하고 있었다면 이 역시 일반 건물지가 아닌 제천건
물지(제천사)로 바라보게 된다.

3. 선돌 2주 · 적석 방단 · 제천사가 중첩된 양상과 한반도 일대 제천시설 비교

이렇게 만발발자 5기에 들어 3층원단 평대 위에 적석 방단과 제천사
가 새롭게 들어섬으로써, 5기 평대 위로는 '선돌 2주·적석 방단·제천사'
가 함께 중첩된 형국이 되었다. 시간이 흘러 산구릉지로 화해 버린 거대
한 3층원단 평대 위에 3종의 제천시설이 조밀하게 중첩된 것이다.

이처럼 다수의 제천시설들이 중첩된 양상은 한반도 일대의 제천유적
에서 쉽게 발견되는 모습이다. 한반도 내 제천유적에서는 고인돌·선
돌·돌돌림 제단·적석 제단·나무솟대·제천사 등 각종 제천시설들이 다
양한 조합을 이루면서 중첩되는 경우가 매우 많다.

첫 번째는 선돌과 고인돌의 조합이다. 이는 가장 일반적인 조합 방식
으로 남·북한을 막론하고 전국 곳곳에서 널리 나타난다. 두 번째는 선

取暖, 這是迄今爲止發現的年代最早的火坑。」(李樹林, 앞의 글, 2002年 8月 17日)

돌과 돌돌림 제단(돌을 원형으로 둘러 만든 제천유적으로 주변에 제천단 역할을 한 판자돌이 있는 경우도 있음)의 조합으로 함북 길주 평류리, 평북 피현 동상리 유적 등이 있다. 세 번째는 고인돌과 돌돌림 제단의 조합으로 황해도 연탄 송신동 유적, 평양 당모루 유적 등이 있다.[62] 네 번째는 선돌과 돌방단(또는 적석 방단)의 조합으로 용인 두창리 선돌, 의정부 녹양동 선돌, 청원 진사골 선돌, 옥천 거흠 선돌,[63] 여주 점동면 처리 선돌, 옥천 군서면 은행리 상은마을 선돌 등이 있다. 이외에 후대에 이르러 나타난 다섯 번째 예는 선돌·적석탑·신목·장승 등 각종 제천시설들이 질서 없이 하나로 뒤엉켜 중첩된 경우로 옥천 군서면 금천리, 괴산 청천면 고성리 등이 있다. 이는 고래로부터의 선도제천문화가 불교 및 유교에 밀려 민속문화로 기층화되면서 그 내용적, 형태적 정형성을 잃어버리고 박잡해진 사정을 보여준다.(〈자료8〉)

이처럼 한국의 제천 전통에서 고인돌·선돌·돌돌림 제단·적석 제단·나무솟대·제천사 등 각종 제천시설들이 다양한 방식으로 조합되거나 중첩되었던 모습은 한국 전근대 사회에서 제천문화가 어느 정도로 일상화되어 있었는지를 보여주는 좋은 지표가 된다. 만발발자 5기 평대 위에 선돌 2주·적석 방단·제천사가 중첩되고 있었던 점 또한 이러한 선상에서 이해해 보게 된다.

5기에는 적석 방단·제천사 외에 무덤 1좌도 나타났다. 거북어깨 부위의 무덤지에서 계단적석묘 방식의 무덤 1좌(3층방단, M29호)가 발견되었다. 4기를 이어 거북어깨 부위에 무덤이 들어선 것이다.

---

62 하문식, 「고조선의 돌돌림유적 연구: 추보」, 『단군학연구』 16, 2007, 8쪽, 10쪽.
63 하문식, 앞의 글, 2008, 40쪽.

자료8 민속문화에 나타난 각종 제천시설의 집성

　이렇듯 만발발자 5기에는 적석 방단·제천사·무덤 1좌만이 나타났으니 3기·4기에 비해 훨씬 소활해진 모습이었다. 만발발자의 소도제천지 성격을 이해하지 못할 때 이러한 면모는 '이즈음 이곳이 취락의 입지로서 그리 선호되지 않았다'는 식으로 해석될 수 있다.[64] 반면 만발발자의 소도제천지로서 성격을 이해할 때 오히려 이즈음 만발발자에 적석 방단·제천사가 새롭게 시설되면서 소도제천지로서 엄격하게 관리와 통제가 이루어지고 있었던 것으로 바라보게 된다. 2기 주거지와 무덤이 일절 나타나지 않았지만 고급 예기류가 출토되는 등 소도제천지로서 기능성이 지속되었던 것과 같은 모습인 것이다.

　이상 5기의 만발발자 사회가 고구려 주요 소도제천지로서 기능성을 이어갔음을 살펴보았다. 5기 이후 6기 명대가 되기까지 이곳에서는 제천시설·주거시설·무덤시설 등이 일절 나타나지 않아 고구려의 멸망 이후 이곳이 오래도록 폐허가 되었음을 보여주었다. 발해시기 통화 지역

64　오강원, 앞의 글, 2004, 161쪽.

은 여전히 번성하여 발해인들의 주거지나 무덤지 등이 발견되고 있지만 만발발자 지역의 경우 유서 깊은 소도제천지로서의 기억과 전통은 잊힌 것이다.

다시 시간이 흘러 6기 명대가 되자 만발발자 지역은 여진족의 무덤지로 변모하게 된다.[65] 명대 통화 일대에는 건주여진(建州女眞) 완안(完顏) 부락이 들어와 현재 통화시 북쪽 지역에 자리한 옛 고구려 산성 자안산성(自安山城)을 중심으로 활동하고 있었다. 이즈음 만발발자 3층원단의 하층 환계 부분에서 비교적 큰 가족묘지가 발견되었고 여기에서 자기 등이 출토되었다.[66]

이상에서 만발발자 5기 3층원단 평대 위로 적석 방단·제천사가 들어서 선돌 2주와 병행되었음을 살펴보았다. 또한 이러한 형태가 한반도 남부 청동기~초기철기시대에 널리 나타난 '환호를 두른 구릉성 제천시설(적석단·나무솟대·선돌·제천사·고인돌류)' 중 3종의 제천시설이 중첩된 방식이었음도 살펴보았다.

65 「六期遺存只見墓葬, 未見生活居址, 在這个時期萬發撥子遺址應是作爲其墓地使用的。」(金旭東·安文榮·楊立新, 앞의 글, 2000年 3月 19日)

66 「到了明代, 通化一帶住居着建州女眞完顏部落, 都邑在市區江北自安山城。在"神鰲"的西南下層大環階, 考古發掘出一處較大的家族墓地, 葬有明代瓷器等文物。」(李樹林, 앞의 글, 2002年 8月 17日)

4장

중국문명의 기원 문제와 백두산 서편
옛 제단군의 은폐

---

1. 중국문명의 기원 문제와 만발발자 유적 발굴 결과

애초 중국이 만발발자 유적을 발굴하게 된 것은 요하문명론-장백산
문화론을 입증하기 위한 목적, 좀 더 구체적으로는 '홍산문화(선상황제
족-선상고국-예제문화)-하가점하층문화'의 계승자 은상족이 요동 장백산
지구로 이주하여 홍산문화 계통의 은상문화를 전파했음을 확인하기 위
한 것이었다.

실제로 만발발자 유적의 발굴을 선도한 이수림은 은상이 건국될 즈음
그 일파가 동북 지역으로 옮겨 가 고구려문화를 일구었으니 고구려문화
는 '홍산문화-은상문화'에서 비롯되었다고 보았다.[67] 좀 더 구체적으로

---

[67] 「近年來, 一些學者根據遼西紅山文化的特徵, 考證商人發祥於這一區域, 認爲紅山
文化即爲商先文化。紅山文化的大型積石塚群與高句麗早期大型積石墓有密切的淵
源, 提出高句麗人可能是商人建國或入主中原前向東北方遷徙的一支, 高句麗源於
商人。…紅山文化族屬已有許多學者考證爲黃帝族系,…高句麗民族確爲炎黃系統的

는 요하문명론-장백산문화론의 계통 인식인 '홍산문화(선상황제족-선상고국-예제문화)-은상-(연)·기자조선-위만조선-한사군-부여·고구려-발해' 계통론에 따라 은상이 망한 후 기자가 유민(遺民)들을 이끌고 장백산 지역으로 달아나 토착민과 연합하여 기씨후국(箕氏侯國)을 건립했으니 장백산 지역 문화의 주인공은 토착 고이(高夷, 맥족)와 중국 은·주인으로 보았다. 다시 진·한에 이르러 이곳에 현도군(玄菟郡)이 설치되어 고이를 부여족과 고구려족으로 나누어 다스렸으니 진·한대 이 지역의 주인공 역시 맥족과 한인(漢人)으로 보았다. 결론적으로 선진(先秦) 시기 동북방의 종족들은 모두 삼황오제와 혈연관계가 있어 화하족으로 통칭할 수 있으며 따라서 혼강 일대의 종족도 고대 화하족의 일원이라고 했다.[68]

이수림의 시각은 실상 장백산문화론의 핵심 이론가인 경철화 학설의 부연에 다름 아니다. 경철화는 은상 초인 서기전 1600년~서기전 1300년경 은상의 한 갈래가 동북 지역으로 이주하여 홍산문화(염황문화)를 전했다고 보았다. 중국 연구자들 사이에서 은상족의 동북 지역 이주 시기에 대해서는 입장 차이가 있기도 하지만 은상족을 동북문화의 주체로 바라보는 기본 시각은 동일하다.[69]

만발발자 유적 발굴의 시각과 방향이 이와 같았음에도 불구하고 발굴 결과는 예상 밖이었다. 무엇보다도 1차 제천시설인 3층원단(모자합장묘)·방대는 요하문명론-장백산문화론의 허구성을 여지없이 드러냈다.

後裔」(李樹林, 앞의 글, 2000年 1月, 134~135쪽)
68 李樹林, 앞의 글, 2002年 8月 17日.
69 정경희, 「중국 요하문명론의 장백산문화론으로의 확대와 백두산의 선도제천 전통」, 『선도문화』 24, 2018, 32~34쪽.

전체 규모 130m(동북-서남)×110m(서북-남동)에 달하는 3층원단(모자합장묘)·방대 중 3층원단의 꼭대기층 평대는 모자합장묘였다. 묘주가 남성도 여성도 아닌 모자였던 점은 동시대 적석총군인 우하량 유적(서기전 4000년~서기전 3000년)에는 나타나지 않는 모습으로 무덤이 조성될 당시 만발발자 사회가 후기 신석기 모계사회였음을 보여주었고 제단의 성립 시기를 만발발자 1기 중에서도 좀 더 이른 시기인 '1기-조단(서기전 4000년~서기전 3500년)'으로 바라보게 했다. 또한 모자가 일반 무덤이 아닌 거대 제천단인 3층원단·방대에 묻힌 점, 만발발자 지역이 고구려까지 소도제천지로서의 면모를 유지했던 점 등은 여성 묘주가 일반 통치자가 아니라 '제천문화의 개조'적 위상을 지닌 존재로 후대까지 숭모되었음을 보여주었다.

또한 모자합장묘에서는 '곰소조상(도웅)'이 출토되어 만발발자 사회의 오랜 '곰 신앙' 전통을 보여주었다. 혼강·압록강 지역 맥족의 족휘(族徽)인 '맥'이 곰을 신격화한 표현임을 이해할 때, 모자합장묘의 여성 통치자가 다스리던 당시 만발발자 사회가 웅족 사회이며 후대의 맥족 사회로 이어졌음을 알게 된다. 곰 신앙 전통을 지닌 웅족 사회의 여성 통치자가 3층원단이라는 전형적인 제천단 방식의 무덤에 묻힌 것은 곰 신앙이라는 기왕의 전통 위에 새로운 방식의 제천문화가 결합되었음을 시사한다.

모자합장묘에 담긴 이러한 의미심장한 함의들은 단군사화 및 선도사서에 나타난바, 서기전 3900년 무렵 선진적인 제천문화를 지닌 환웅족이 태백산(현 백두산) 서북편 천평(또는 신시·신주) 일대로 옮겨 와 문화 수준이 낮았던 토착세력 웅족의 여성 군왕, 곧 웅녀군과 연맹하는 방식으로 배달국을 개창했다는 내용과 상통, 배달국 개창초 맥족(환웅족+웅

족)의 역사를 실증해 주었다.[70]

특히 만발발자의 '3층원단·방대' 방식은 요서 지역 홍산문화기 우하량 상층적석총(서기전 3500년~서기전 3000년)에서 2건이나 나타났다. 만발발자 제단이 서기전 4000년~서기전 3500년, 우하량 상층적석총이 서기전 3500년~서기전 3000년에 해당하니, '3층원단·방대' 방식이 요동 백두산 서편에서 요서 우하량 지역으로 전해졌음을 알게 된다. 백두산 서편 웅족 사회에서 새롭게 개시된 선진적인 제천문화가 수백 년의 시차를 가지고 요서 지역으로 전파되어, 요서 지역에서 만개했던 것이다.[71]

1차 제천시설 '3층원단(모자합장묘)·방대'도 그렇지만 2차 제천시설 '선돌 2주·적석 방단·제천사' 또한 '요하문명론–장백산문화론'의 허구를 재차 확인해 주었다. 먼저 방대의 경우, 3~4기에 들어 방대 위로 환호·주거지·무덤이 들어서면서 방대의 보조제단으로서의 기능이 상실되고 제천의 기능은 3층원단 지역으로 집중되었다. 3층원단의 경우, 2기 이후 3층원단 평대 위로 2차 제천시설인 선돌 2주가 들어서고 5기에는 다시 적석 방단·제천사가 들어서 선돌 2주와 병행되었다. 이러한 형태는 한반도 남부의 청동기~초기철기시대 '환호를 두른 구릉성 제천시설(적석단·나무솟대·제천사·선돌·고인돌류)' 계통에 다름 아니며 이 중에서도 특히 3종의 제천시설이 '중첩'된 형태였다.

곧 서기전 4000년~서기전 3000년 무렵 배달국 요동 천평 지역~요서 청구 지역의 대표적인 제천시설인 '환호를 두른 구릉성 제천시설(3층

---

70 정경희, 앞의 글,『선도문화』 26, 2019, 31~37쪽, 42~52쪽.
71 정경희, 위의 글, 2019, 37~42쪽.

원단류)'은 청동기~초기철기 단군조선·열국시기에 이르러 '환호를 두른 구릉성 제천시설(적석단·나무솟대·제천사·선돌·고인돌류)'로 바뀌어 있었는데, 만발발자의 2차 제천시설은 이러한 변화를 반영하고 있었던 것이다.(단, 만발발자에 환호가 둘러진 것은 아니었다.)

요컨대 만발발자의 1차 및 2차 제천시설은 크게 보아 서기전 4000년~600년 무렵(정식 발굴을 거쳤을 뿐 아니라 가장 넓은 시기값을 지닌 만발발자 유적의 시기를 기준으로 함) 요동·요서·한반도의 '환호를 두른 구릉성 제천시설(3층원단·적석단·나무솟대·제천사·선돌·고인돌류)' 계통으로 중원 지역에서는 전혀 나타나지 않는 형태였다.

이상 만발발자 유적의 발굴 결과는 단순히 애초의 기대에 미치지 못하는 차원, 또는 '요하문명론-장백산문화론'의 허구가 밝혀지는 차원을 넘어 중국문명의 기원 문제, 또 동북아 상고문화의 현재적 계승 문제를 새롭게 바라보게 했다. 곧 '요하문명론-장백산문화론'에서는 홍산문화의 본류가 은상족을 통해 중원으로 들어갔으니 동북아 상고문화의 직접 계승자는 현재의 중국이며, 홍산문화의 한 지류가 은상족을 통해 장백산 지구·한반도 일대로 흘러갔기에 한국사는 실상 중국사의 일부라고 보았다. 그러나 발굴 결과는 이러한 문화 전파의 경로 및 현재적 계승에 대한 인식을 완전히 뒤집어놓았다.

첫째, 1980년대 이래 요서 지역 중심의 동북아 상고사 연구를 요동 중심으로 돌려놓았다. 종래 요하문명론-장백산문화론에서는 요서 지역 홍산문화가 중원 지역은 물론 요동 지역 백두산 서편까지 전파되어 갔다고 보았지만, 만발발자 유적의 발굴 결과는 오히려 선도사상에 기반한 전형적인 선도제천문화가 요동 백두산 서편 지역에서 요서로 전파되어 요서에서 만개했음을 보여주었기 때문이다.

둘째, 중원문화의 기원이 배달국 요동 천평문화~요서 청구문화였음을 보여주었다. 요동 백두산 서편에서 '환호를 두른 구릉성 제천시설(3층원단류)'로 대표되는 전형적인 제천문화가 생겨나 요서 지역에서 만개했다면, (중국이 요하문명론-장백산문화론을 통해 입증한 바와 같이) 요서 지역의 문화가 은상을 통해 중원으로 들어갔으니 중원 지역은 백두산 서편에서 흥기한 제천문화를 요서를 거쳐 전달받은 것이 되기 때문이다.

셋째, 중원문화가 배달국문화의 본령인 선도제천문화의 전형을 제대로 전수하지 못했음을 보여주었다. 서기전 4000년~600년 무렵 요동·요서·한반도의 '환호를 두른 구릉성 제천시설(3층원단·적석단·나무솟대·제천사·선돌·고인돌류)'은 맥족계 선도제천문화를 보여주는 대표 유적으로 중원 지역에서는 전혀 나타나지 않았다. 이는 중원문화가 배달국문화의 영향으로 발전했지만 배달국 선도제천문화의 전형을 제대로 전수하지 못했음을 보여주었다.

이처럼 만발발자 유적의 발굴 결과는 1980년대 이후 약 20여 년간 중국 측이 애써 구축해 놓은 요하문명론-장백산문화론을 무너뜨리는 정도가 아니라 중원문화의 기원 및 성격을 새롭게 바라보게 했다. 애초 1970년대 말·1980년대 초 홍산문화의 발견 당시 중국 측은 홍산문화와 중원문화와의 깊은 관련성에 주목하고, 결국 홍산문화를 중국사의 원류로까지 삼았지만 홍산문화의 원류가 요동 백두산 서편 배달국 천평문화라는 점, 또 요동~요서를 아우른 배달국문화의 영향으로 중원문화가 개화되었지만 내용 면에서 배달국문화의 요체인 선도제천문화가 제대로 전수되지 못했던 점까지는 결코 생각하지 못했을 것이다.

2. 중국의 만발발자 발굴보고와 제천시설 부분 은폐

발굴 결과를 두고 중국 측이 겪었을 혼란은 상상하고도 남음이 있다. 이 부분을 용납할 수 없었던 중국은 결국 만발발자 유적 중 제천시설 부분을 선별적으로 은폐하게 된다. 만발발자 유적은 1997년~1999년간 공개적으로 발굴이 진행되었을 뿐 아니라 발굴 과정에서 무려 7천여 점의 유물이 쏟아져 나와 발굴과 동시에 박물관까지 건립될 정도였다. 이는 매우 이례적인 일로서 당시 중국 측이 만발발자 유적을 통해 요하문명론-장백산문화론을 입증할 수 있을 것으로 보고 야심찬 기대 속에서 발굴을 진행했음을 보여주었다. 이처럼 만발발자 유적은 워낙 공개적으로 발굴이 진행되었기에 어떤 식으로든 발굴 결과가 나와야만 했다.

결국 1999년 10월 발굴이 종료된 이후, 국가문물국에서는 제천시설 부분을 배제한 약식 보고를 냈다.[① 2000년 3월, 「고구려 조기 유존 및 기원을 탐구하다―길림 통화 만발발자 유지 발굴의 중요 수확」, 『중국문물보(中國文物報)』, 약 2,300자, ② 2001년, 「길림 통화 만발발자 유지」, 『1999중국중요고고발현(中國重要考古發現)』, 약 1,300자] 이후 2000년 6월 만발발자 유적은 국가문물국과 신화통신사 등에 의해 1999년도 전국 10대 고고발견 중의 3번째로 평가되었고, 2001년에는 국무원에 의해 전국제3중점문물보호단위로 선정되었지만[72] 옛 제단 문제와는 전혀 무관하게 진행되었다.

국가문물국의 보고는 이수림의 보고와 크게 대비되었다.[① 2000년 1월, 「약진문화의 고고발견과 고구려민족의 기원 연구」, 『흑토지적고대문명: 중

---

72 李樹林, 앞의 글, 2002年 8月 17日.

국사과원 변강사지연구중심 주편 동북민족여강역연구논문집(黑土地的古代文明: 中國社科院邊疆史地研究中心主編東北民族與疆域研究論文集)』, 약 12,000자, ② 2002년 8월, 「천년의 신령한 거북(神鱉)이 고국(古國)에 나타나다. 통화 왕팔발자 유지(遺址)의 신비를 탐구하다」, 『길림일보』, 약 8,000자] 이수림의 보고가 분량 면에서 매우 자세하고 내용 면에서도 제천시설을 자세하게 다루었던 반면 국가문물국의 보고는 분량이 극히 소략하고 무엇보다도 제천시설이 전적으로 배제되었다. 정식 발굴보고서는 아직까지 나오지 않은 상태이다.

국가문물국의 보고 중 『중국문물보』(2000)를 간략히 살펴보면, 첫머리에 '만발발자 발굴은 통화를 중심으로 장백산지구에서 발견된 옛 제단의 성질을 해결하고 고구려 조기 유적 및 고구려의 기원을 밝히기 위해 진행되었다'[73]고 했으나 실제로 본문 중에는 옛 제단 관련 내용이 전혀 나타나지 않았다. 1기는 전체 6기 중에서 가장 소략하다. 주거지와 출토 유물 등이 간략히 소개되었다. 2기 역시 1기와 마찬가지로 소략한데 유적 공간이 협소하며 단순하다고 했다. 다만 각종 생활유구와 함께 발견된 격(鬲) 등의 삼족기에 대해 혼강 상류 일대에서 처음 발견된 것임이 지적되었는데 이는 1950년대부터 이미 알려진 내용이다. 3·4기에 대해서는 주거지·무덤 할 것 없이 가장 풍부한 유적·유물이 나왔다며 가장 자세하게 다루었다. 3기는 전체 유적의 중심층으로 유적 전체에 널려 있고 출토된 유물도 풍부하며 문화퇴적층도 두텁다고 했다. 이 시

---

73 「通化萬發撥子遺址的發掘是爲解決以通化爲中心的長白山地發現的"古祭壇"性質, 探尋高句麗早期遺存及高句麗起源所進行的一項主動發掘。」(金旭東·安文榮·楊立新, 앞의 글, 2000年 3月 19日)

기 무덤 양식 4종을 소개하되, 특히 대규모 합장묘인 M21호를 집중적으로 다루었다. 4기의 경우 면적이 비교적 넓지만 퇴적층이 얇다고 했다. 새로운 무덤 양식 2종을 소개하고 환호를 취락방어용으로 소개했다. 5기는 3·4기에 비해 취락 규모가 축소되고 유물의 수준이 떨어진다고 했고 5기의 묘제를 소개했다. 6기는 거의 내용이 없다.[74] 다음 해 출간한 『1999중국중요고고발현』(2001)은 사진자료집에 가깝다. 물론 옛 제단에 대한 내용은 없다.

1999년 10월 발굴 종료 후 약 20여 년의 시간이 흐른 후인 2017년, 중국 측은 드디어 만발발자 출토 유물 일부를 통화시박물관(만발발자 유적지 인근 강남대가江南大街 소재) 및 길림성박물원(길림성 성급 박물관, 장춘시 소재)에서 전시하기 시작했다.

먼저 통화시박물관을 보면, 2017년 10월 만발발자 유적지에서 그리 멀지 않은 곳에 개관했다. 여기에서는 통화 지역사의 첫머리를 만발발자 유적에서부터 시작하고 있는데 전시 방향 및 내용은 국가문물국의 보고와 꼭 같다. 3·4기를 위주로 하되 특히 3기 M21호 무덤을 모형으로 만들어 강조하고, 여기에서 출토된 석기·토기·골기·청동기 등을 중심으로 일부 유물을 전시해 놓았다. 제천시설 관련 내용이나 유물은 전혀 없다.(2018년 8월 8일 현재)

길림성박물원도 2017년 무렵부터 만발발자 유적을 소개하기 시작했다. 4층 기획전시실에서 「족적·회망·전승: 길림성 고고성취전—1997~2016」이라는 주제로 길림 지역 고고 발굴 성과를 소개했는데, 그 첫머리가 만발발자 유적이었다. '1997~2016'이라는 시기로 보아 2017

---

74 金旭東·安文榮·楊立新, 위의 글, 2000年 3月 19日.

자료9 2015년 8월 만발발자 폐박물관(왼쪽)과 2018년 8월 통화장백산민속박물관(오른쪽)

년 통화시박물관과 함께 만발발자 유적을 소개하기 시작했음을 알게 된
다. 만발발자 유적 발굴 과정을 담은 사진자료 다수를 벽면에 전시하고
일부 토기·석기·옥기·청동기 출토품을 전시하고 있는데 국가문물국의
보고, 통화시박물관의 전시 방향과 전적으로 같다. 만발발자 1·2기를
후진적인 신석기 사회로 묘사하고 있으며 3·4기 중심이다. 제천시설 관
련 내용이나 유물은 전혀 없다.(2018년 8월 11일 현재)

이외에 폐박물관으로 방치되고 있던 유적지 옆 박물관도 2017년 드
디어 '통화장백산민속박물관'으로 개장했다. 애초 유물들은 길림성문물
고고연구소에 수장되었다가 박물관 개관과 함께 이관될 예정이었는데,
발굴 이후 중국 측의 유적에 대한 태도가 뒤바뀌면서 박물관 자체도 완
공되지 못하고 무려 20여 년간이나 흉물스런 폐박물관 상태로 방치되었
었다.

만발발자 1~5기가 맥족문화, 6기만이 만주족문화인데도 불구하고 이
곳에서는 만주족문화를 위주로 하여 일부 조선족의 문화, 그것도 근대
이후의 민속문화를 전시하고 있다. 유적과 전혀 상관없는 내용이다.

주지하듯이 2000년대 이후 중국 측 장백산문화론의 방향은 크게 달

라졌다. 장백산문화에 대한 '홍산문화(선상황제족-선상고국-예제문화)론'
의 적용이 중지되었으며 대신 만주족의 샤머니즘이 강조되기 시작했다.
곧 장백산 신앙의 중심을 숙신계 샤머니즘으로 변개했으며, 숙신족이
중원왕조로 화한 금·청대 이후가 되면서 장백산 신앙이 샤머니즘의 차
원에서 중원왕조의 산악숭배 차원으로 달라져 갔음을 강조하는 방식으
로 장백산 신앙이 중국문화로 귀속되었다고 주장하게 된다.[75] 통화장백
산민속박물관은 전적으로 이러한 방향에 의하고 있었다.

3. 만발발자 관련 연구 동향 및 백두산 서편 옛 제단군의 은폐

국가문물국에서 펴낸 2종의 약식보고, 또 출토 유물을 소개·전시하고
있는 박물관들의 상황이 이와 같으므로 이들을 이용한 연구 역시 같은
방향이 되고 말았다. 국가문물국의 보고를 기준으로 한 연구로 중국 경
철화·왕면후, 남한 오강원·윤명철·하문식·임웅재, 북한 김성철 등이
있다.

먼저 경철화를 보면, 앞서 이수림의 시각이 실상 경철화류의 인식에
다름 아니었음을 살펴보았는데, 정작 경철화는 그의 주 저서인 『중국고
구려사』(2002)나 『고대중국고구려역사속론』(2003)에서 만발발자 유적
자체를 비중 있게 다루면서도 국가문물국의 보고를 간략히 소개했을 뿐
제천시설과 관련된 부분을 일절 언급하지 않았다.[76]

---

75 정경희, 앞의 글, 『선도문화』 24, 2018, 43~49쪽.
76 耿鐵華(박창배 역), 『中國高句麗史(중국인이 쓴 고구려사)』 상·하, 고구려연구재단,

왕면후는 이전부터 압록강·혼강 지역을 중심으로 한 요령성 환인·신빈, 길림성 통화·집안·임강 지구를 포괄하는 지역의 고구려 선대 청동기문화가 서한 이전 옛 문헌에 나타나는 요동 맥족(고이)의 문화임을 계속 주장해 왔는데[77] 이러한 입장에서 만발발자 유적을 분석했다. 그는 오로지 3·4기만을 집중 분석하여, 이를 토착 맥족(고이) 문화이자 선(先)고구려문화로 보았다. 특히 3기의 토갱묘·토갱석곽묘를 대표로 하는 앙신직지장(仰身直肢葬), 화장 습속의 적음, 소량의 삼족기 등은 송화강 유역의 예족(濊族) 서단산(西團山)문화의 영향으로 보았다. 그러다가 4기 이후 적석묘가 나타나는 등 예족의 영향이 약화되었다고 보았다. 또한 4기에 환호취락 형태가 나타나지만 씨족취락 단계일 뿐 국가 단계로 보기 어려워 고구려 이전에 옛 '구려국'이 있었다는 (북한 측의) 주장은 성립될 수 없다고 했다.[78] 애초부터 맥족문화는 주변 문화의 절대적 영향을 받았고 무려 4기까지도 씨족단계에 머문 후진 사회로 본 것이다.

남한학자 오강원 역시 3·4기를 중심으로 했다. 그는 우선 만발발자 유적의 층위 구분이 중국사를 기준으로 이루어진 점을 비판하고 선(先)·원사(原史) 시대는 도구를 기준으로, 역사시대는 해당 지역 역사문화 및 민족공동체를 기준으로 할 것을 제안하면서도 고구려만을 거론하고 고구려 이전의 고조선은 언급하지 않았다. 곧 제1기: 후기신석기 문화층, 제2기: 청동기문화층, 제3기: 전기철기시대 문화층, 제4기: 고구려문화 1기층, 제5기: 고구려문화 2기층, 제6기: 만주족 문화층으로 보았

2002(2004), 107~110쪽: 馬大正·李大龍·耿鐵華·權赫秀(서길수 역), 『古代中國高句麗歷史續論(동북공정고구려사)』, 사계절, 2003(2006), 530~534쪽.

77 王綿厚, 「關於漢以前東北貊族考古學文化的考察」, 『文物春秋』 1994-1.
78 王綿厚, 앞의 글, 2001, 904쪽.

다.[79] 또한 1기를 서기전 2500년~서기전 2000년으로 낮추어 보았다. 그리고 서기전 3세기를 기점으로 이 지역이 느슨한 청동기 사회에서 완전한 청동기 사회로 바뀌었다고 보았으며, 서기전 2~1세기를 기점으로 묘제가 바뀌는 점, 취락이 대형화하고 방어적 성격의 전면 환호가 등장하는 점 등을 들어 환인 지역의 적석묘 세력과 대립한 것으로 보았다.[80]

이외에 남한학자들은 대체로 '대개석적석묘'가 지석묘와 적석묘의 특징을 결합한 묘제라는 점에 주목했다. 윤명철은 이 묘제가 혼강·태자하 유역에서 널리 나타나는 고조선의 묘제로 고구려 적석묘로 넘어가는 과도적 형태라고 보았다.[81] 하문식은 혼강·태자하 유역에 나타나는 대개석적석묘를 '적석형 고인돌'로 명명했다.[82] 임웅재는 만발발자를 위시한 혼강·태자하 유역의 적석형 고인돌이 적석묘 계통의 다양한 묘제들 중 유일하게 요서 지역에서 나타나지 않는 형태로 한반도로 계승되었음에 주목했다.[83]

반면 북한의 김성철은 중국 측이 만발발자의 시기 구분을 중국왕조 중심으로 하고 더 나아가 고이족을 중화민족의 일원으로 보는 문제를 지적하면서 만발발자 유적이 한민족의 유적임을 밝히는 데 주력했다. 1기층은 서기전 4000년기 말 길림성 서단량산 유적 2기층, 좌가산 유적 3기층과 비슷하며, 2기는 고대산문화의 혼하(渾河) 망화 유형, 요동반도

---

79 오강원, 앞의 글, 2004, 157쪽, 162쪽, 164쪽.
80 오강원, 위의 글, 2004, 168~170쪽.
81 윤명철, 「고구려의 단군조선 계승성에 관한 연구 1」, 『고구려연구』 13, 2002, 94~95쪽.
82 하문식, 「渾江유역의 적석형 고인돌 연구」, 『선사와 고대』 32, 2010.
83 임웅재, 「적석형 고인돌의 문화적 계승성에 대한 연구」, 『고조선단군학』 37, 2017, 324~339쪽.

남단의 쌍타자 유적 2~3기 문화층과 유사하다고 보았다. 3기는 서기전 1000년 무렵의 구려문화층, 4기는 서기전 3세기~서기전 2세기 무렵의 고구려문화층, 5기층은 온돌시설·묘제 등으로 미루어 3세기~4세기 고구려문화층으로 보았다. '1기: 후기신석기문화, 2기: 고조선문화, 3기: 구려문화, 4기: 고구려1문화, 5기: 고구려2문화'로 본 것이다.[84]

이처럼 만발발자 유적에 대한 중국 측 보고나 이를 이용한 연구에서는 제천시설에 대한 언급이 전혀 없고 3·4기 이후의 묘제 변화나 환호 취락 문제를 중심으로 고구려 선대와 고구려의 접점 문제, 또 고구려의 형성 문제에 주목했다. 애초 만발발자 유적이 홍산문화계 옛 제단 유적으로 지목되어 발굴과 연구가 시작되었던 데 비해 시기나 초점이 완전히 달라진 것이다. 이는 물론 중국 측 보고자료에 의해 방향이 잡힌 바였다.

만발발자 외에 이미 발굴조사되었던 백두산 서편 옛 제단들도 함께 은폐되었다. 1989년~1995년 사이에 가장 먼저 조사·발굴되었던 여명 유적의 경우 1995년 유적 공개 이후 지금까지 약식보고도 정식보고도 나오지 않은 상태이다. 유적지는 인공조림 후 방치되어 옛 제단의 흔적을 찾기 어려우며, 다만 마을과 산구릉 등지에 허다히 노출되어 있는 방형의 마감돌들이 과거 적석 단·총군의 존재를 보여주고 있다.[85] 이외에 이수림이 만발발자 1기와 동시기로 지목했던 휘남현 대의산향 하동 제단, 또 유하현 향양향 왕팔발자 제단 등도 관심에서 멀어져 이제 이러한

---

84 김성철, 앞의 글, 2009-1, 34~36쪽.
85 정경희, 「백두산 서편의 제천유적과 B.C. 4000년~A.D. 600년경 요동·요서·한반도의 '환호를 두른 구릉성 제천시설'에 나타난 맥족의 선도제천문화권」, 『단군학연구』 40, 2019, 39~40쪽.

옛 제단 문제를 언급하는 논자는 단 일인도 없는 실정이다. 중국 측이 현재 맥족계 제단으로 공식 인정한 경우는 2006년 공개한 통화현 토주자(土珠子) 제단이 유일하다. 시기는 은상·주대~당대로 비정되며, 통화 지역을 졸본부여로 비정하기 위한 근거로 활용되고 있다.

5장

맺음말

———— 🔷 ————

 앞에서 만발발자 유적의 1차 제천시설 '3층원단(모자합장묘)·방대'에 대해 살펴보았다. 서기전 4000년~서기전 3500년경에 조성된 '3층원단 (모자합장묘)'의 꼭대기층 평대 내에 자리한 모자합장묘, 또 여기에서 출 토된 곰소조상(도웅) 등은 후기 신석기 곰 신앙 전통을 갖고 있던 모계 사회 단계의 웅족 사회가 선진문화를 지닌 이주세력 환웅족과 연대, 환 웅족이 가져온 선진적 선도제천문화를 수용함으로써 배달국 맥족(환웅 족+웅족) 사회로 바뀌어갔음을 보여주었다. 또한 만발발자의 '3층원단· 방대' 방식은 요서 지역 홍산문화기 우하량 상층적석총 단계(서기전 3500년~서기전 3000년경)에서 2건이나 확인, 요동 배달국 천평 사회에 서 개시된 선도제천문화가 요서 배달국 청구 사회에서 만개했음을 보 여주었다.

 이후 시간이 흘러 1차 제천시설인 '3층원단(모자합장묘)·방대'가 제천 시설로서의 시의성을 상실하게 되자 그 위로 새로운 형태의 제천시설로 서 '선돌 2주·적석 방단·제천사'가 순차적으로 들어서게 된다.

우선 만발발자 2기까지는 주거시설·무덤시설이 나타나지 않고 제천의례시에 사용된 예기류로 보이는 기종들이 나타나 이즈음 만발발자 사회가 1기 이래의 '3층원단·방대'를 중심으로 소도제천지로서의 기능성을 이어가고 있었음을 보여주었다.

그러다가 만발발자 3기 이후가 되자 1차 제천시설 '3층원단·방대' 위로 2차 제천시설을 위시하여 주거시설·무덤시설이 들어서게 된다. 먼저 방대를 보면, 3~4기에 들어 방대 위로 환호·주거지·무덤이 들어서면서 방대의 보조제단으로서의 기능이 상실되고 제천의 기능은 3층원단 지역으로 집중되었다. 3층원단의 경우는, 2기 이후 3층원단 평대 위로 2차 제천시설인 선돌 2주가 들어서고 5기에는 다시 적석 방단·제천사가 들어서 선돌 2주와 병행되었다. 이러한 형태는 한반도 남부의 청동기~초기철기시대 '환호를 두른 구릉성 제천시설(적석단·나무솟대·제천사·선돌·고인돌류)' 계통에 다름 아니며 이 중에서도 특히 3종의 제천시설이 '중첩'된 형태였다.

곧 서기전 4000년~서기전 3000년 무렵 배달국 요동 천평 지역~요서 청구 지역의 대표적인 제천시설인 '환호를 두른 구릉성 제천시설(3층원단류)'은 청동기~초기철기 단군조선·열국시기에 이르러 '환호를 두른 구릉성 제천시설(적석단·나무솟대·제천사·선돌·고인돌류)'로 바뀌어 있었는데, 만발발자의 2차 제천시설은 이러한 변화를 반영하고 있었던 것이다.(단, 만발발자에 환호가 둘러진 것은 아니었다.)

이렇듯 만발발자의 1차 및 2차 제천시설은 크게 보아 서기전 4000년~600년 무렵(정식 발굴을 거쳤을 뿐 아니라 가장 넓은 시기값을 지닌 만발발자 유적의 시기를 기준으로 함) 요동·요서·한반도의 '환호를 두른 구릉성 제천시설(3층원단·적석단·나무솟대·제천사·선돌·고인돌류)' 계통으로 중원 지역에서는 전혀 나타나지 않는 형태였다.

이상의 만발발자 유적 발굴 결과는 단순히 애초의 기대에 미치지 못하는 차원, 또는 '요하문명론-장백산문화론'의 허구가 밝혀지는 차원을 넘어 중국문명의 기원 문제, 또 동북아 상고문화의 현재적 계승 문제를 새롭게 바라보게 했다. 곧 '요하문명론-장백산문화론'에서는 홍산문화의 본류가 은상족을 통해 중원으로 들어갔으니 동북아 상고문화의 직접 계승자는 현재의 중국이며, 홍산문화의 한 지류가 은상족을 통해 장백산 지구·한반도 일대로 흘러갔기에 한국사는 실상 중국사의 일부라고 보았다. 그러나 발굴 결과는 이러한 문화 전파의 경로 및 현재적 계승에 대한 인식을 완전히 뒤집어놓았다.

첫째, 1980년대 이후 현재에 이르기까지 요서 지역 중심의 동북아 상고사 연구를 요동 중심으로 돌려놓았다. 종래 요하문명론-장백산문화론에서는 요서 지역 홍산문화가 중원 지역은 물론 요동 지역 백두산 서편까지 전파되어 갔다고 보았지만, 만발발자 유적의 발굴 결과는 오히려 선도적 세계관에 기반한 전형적인 제천문화가 요동 백두산 서편 지역에서 요서로 전파되어 요서에서 만개했음을 보여주었기 때문이다.

둘째, 중원문화의 기원이 배달국 요동 천평문화~요서 청구문화였음을 보여주었다. 요동 백두산 서편에서 '환호를 두른 구릉성 제천시설(3층원단류)'로 대표되는 전형적인 선도제천문화가 생겨나 요서 지역에서 만개했다면, (중국 측이 '요하문명론-장백산문화론'을 통해 입증한 대로) 요서 지역의 문화가 은상을 통해 중원 지역으로 들어갔으니, 중원 지역은 백두산 서편에서 흥기한 문화를 요서를 거쳐 전달받은 것이 되기 때문이다.

셋째, 중원문화가 배달국문화의 본령인 선도제천문화의 전형을 제대로 전수하지 못했음을 보여주었다. 서기전 4000년~600년 무렵 요동·

요서·한반도의 '환호를 두른 구릉성 제천시설(3층원단·적석단·나무솟대·제천사·선돌·고인돌류)'은 맥족계 선도제천문화를 보여주는 대표 유적으로 중원 지역에서는 전혀 나타나지 않았다. 이는 중원문화가 배달국문화의 영향으로 발전했지만 배달국 선도제천문화의 전형을 제대로 전수하지 못했음을 보여주었다.

중국 측은 애초 '요하문명론-장백산문화론'을 입증하기 위한 목적에서 만발발자 유적을 발굴했지만 최종적으로 '요하문명론-장백산문화론'의 오류 차원을 넘어 동북아 상고문화의 기원과 계승 관계에 대한 새로운 사실을 확인하게 되었다. 결과를 수용할 수 없었던 중국 측은 결국 만발발자 유적 중 제천시설 이하 1990년대에 발굴조사되었던 백두산 서편 옛 제단군 전부를 은폐하게 된다.

4부

백두산 서편 제천유적이
요서·한반도에도 나타나다:
환호를 두른 구릉성 제천유적

1장

1990년대 전반 요하문명론-장백산문화론과 백두산 서편 옛 제단군의 발굴

---

1. 통화 지역의 인문지리 환경과 적석 단·총 전통

적석 단·총은 제천문화의 핵심 상징물이다. 사람과 하늘을 하나로 보는 천인합일(신인합일·인내천)의 제천문화 전통에서, 단과 총은 공히 제천(조천朝天, 귀천歸天)의 제장으로서 기능해 왔다. 단 앞에 사람들이 모여 천인합일을 자각하듯이, 총 앞에 모인 사람들 또한 총에 묻힌 인물을 천인합일의 상징이자 매개로 삼아 천인합일을 자각하게 되기 때문이다. 실제로 총의 경우 대체로 정상부가 평탄면으로 무덤인 동시에 제단의 성격을 겸하고 있어 제천단의 일종으로 평가되어 왔다.[1]

통화는 어떠한 곳이기에 중국 측이 홍산문화(선상황제족-선상고국-예제문화)의 일차 전파 지역으로 이곳을 지목했는가? 한·중 국경을 이루

---

[1] 정경희, 「홍산문화의 제천유적·유물에 나타난 '한국선도'와 중국의 '선상문화'적 해석」, 『고조선단군학』 34, 2016, 115~116쪽.

고 있는 장백산맥(長白山脈)의 주봉인 백두산의 서편은 지형상 산세나 강세가 모두 북동-서남 방향으로 흘러내리는 형국이다. 백두산에서 발원하여 북동-서남 방향으로 길게 뻗어 내린 압록강의 위쪽으로는 장백산맥의 지맥인 노령산맥(老嶺山脈)이 역시 북동-서남 방향으로 길게 뻗어 있다. 노령산맥은 백두산 북서쪽 무송 지역에서 시작하여, 서남쪽 환인 지역으로 흘러내리면서 압록강과 혼강을 가르고 있는 형국이다. 노령산맥의 위쪽으로는 안온한 분지형 지형이 발달했는데, 그 가운데를 혼강이 관통하고 있다. 혼강은 강의 북쪽에 자리한 용강산맥(龍崗山脈) 남록, 현재의 강원(江原) 지역에서 발원하여 역시 북동-서남 방향으로 흐르다가 환인 지역에 이르러 방향을 바꾸어 남류, 압록강에 합류한다. 이렇게 백두산 서편의 노령산맥과 용강산맥 일대에 자리한 거대 수원 압록강과 혼강은 백두산 서편을 가로질러 황해로 들어가는 대표적인 양대 수원으로 압록강은 '대수(大水)', 혼강은 '소수(小水)'로 불려왔다.

소수 혼강은 중류 지역에 이르러 광막한 분지형 대지를 만나게 된다. 혼강 상·중류의 수많은 지류들이 이곳 분지로 모여들어 수량이 크게 늘어나게 되는 데다 강줄기까지 굽이굽이 만곡을 이루면서 더없이 넓고 풍요로운 저습지와 충적평원을 발달시켰다. 바로 이곳에 통화 지역이 자리하고 있다. 이렇듯 통화 지역은 백두산과 혼강이 주는 천혜의 자연환경을 두루 갖추어 고래로 '풍요로운 땅'으로 불리면서 많은 인구와 물산을 결집시켰다. 여기에 더하여 요서·요동을 연결하는 요하 지역, 그중에서도 최대 중심지였던 심양·무순 지역으로 진출하는 길목에 위치하여, 주변 지역과 사통팔달 소통하는 대읍지로 성장할 수 있는 면모까지 갖추었다. 후기 신석기 이래 큰 강을 중심으로 문명이 크게 번성하게 되는데 통화 지역은 이러한 조건들을 두루 갖춘 땅이었다. 통화 지역의 젖

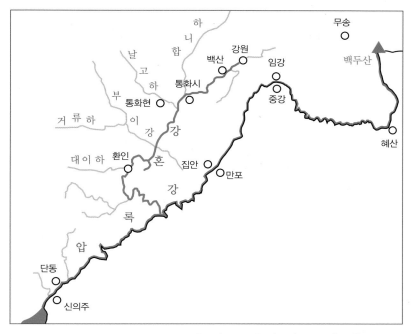

자료1 백두산 서편 통화 지역의 지리환경: '백두산−혼강(小水)·압록강(大水)'

줄인 주요 수계를 표시해 보면 〈자료1〉과 같다.

　이상의 조건들로 인해 통화 지역은 후기 신석기 이래 인구가 밀집되고 문물이 크게 발달하여, 백두산 서편 일대 최대 중심지로서의 위상을 누려왔다. 통화 지역 문화의 주체는 '맥족', 조금 더 세분하자면 혼강 일대의 '소수맥'과 압록강 일대의 '대수맥'이다. 맥족은 후기 신석기 이래 고조선, 고구려를 거쳐 발해에 이르기까지 이 일대 문화의 주역이었다. 그러다가 발해왕조를 마지막으로 맥족이 만주 지역을 상실하고 한반도로 들어가면서 숙신족(만주족)이 이곳으로 들어와 청대까지 이어졌다.

　이러한 역사성을 반영하듯 통화 지역에는 주변 지역에 비해 압도적으로 많은 주거유적, 단·총 유적, 산성유적 등 각종 유적이 분포되어 있는데, 후기 신석기시대 이래 명청대에 이르기까지 문화층이 끊이지 않고 차곡차곡 누적되는 면모가 특히 현저하다. 1950년대 이후 현재에 이르기까지 많은 유적지가 조사·발굴되었는데, 2006년 통화시정부 문화주관부에서 전체적으로 조사·발표한 유적군 일람표를 제시해 보면 〈자료 2-1〉과 같다. 여기에다 2006년에 이르러서 다시 통화현 대도령향(大都嶺鄕) 일대와 집안시 접경 지역인 두도진(頭道鎭) 일대에서 '용강 유적군(龍崗遺蹟群, 또는 강연 유적군江沿遺蹟群)'이 추가되었다.(〈자료2-2〉) 이 외에 이들 표에 수렴되지 않은 수많은 유적지가 있다. 실로 통화분지 내 낮은 산곡 사이 굽이굽이 흐르는 혼강가로 펼쳐진 통화 지역 전역이 유적지라고 해도 과언이 아닐 정도이다.

	유 적 명	위 치
1	만만천(灣灣川) 유적	통화현 快大茂鎭 灣灣川
2	강구(江口) 유적	통화현 大泉源 江口村
3	우가구(于家溝) 유적	통화현 大川鄕 勝利村 于家溝
4	동대자(東臺子) 유적	통화현 大都嶺鄕 大都嶺村
5	서강(西江) 유적	통화현 西江村 北
6	소용두산(小龍頭山) 유적	통화현 西江村 南
7	금주(金珠) 유적	통화현 江甸子鄕 金珠村
8	여명(黎明) 유적	통화현 快大茂鎭 黎明村
9	적백송고성(赤柏松古城) 유적	통화현 快大茂鎭 赤柏松村
10	금두(金斗) 유적	통화현 金斗鄕 小學校 北
11	서강(西崗) 유적	통화현 金斗鄕 金斗村

12	소남구(小南溝) 유적	통화현 金斗村
13	후산(後山) 유적	통화현 英戈布鄉 英戈布村
14	요상(窯上) 유적	통화현 英戈布鄉 英戈布村
15	이밀대(二密臺) 유적	통화현 二密鎮 東
16	광화(光華) 십대(十隊) 유적	통화현 光華鄉政府 南1公里
17	포권촌(抱圈村) 동파(東坡) 유적	통화현 三棵榆樹鄉 沿江村
18	연강(沿江) 이대(二隊) 유적	통화현 三棵榆樹鄉 沿江二隊 北
19	금두(金斗) 쌍요(雙窯) 유적	통화현 金斗鄉 金斗村
20	금두(金斗) 북구문(北溝門) 유적	통화현 金斗鄉 北溝門
21	홍석립자(紅石砬子) 유적	통화현 大泉源鄉 紅石砬子村
22	만발발자(萬發撥子, 왕팔발자王八脖子) 유적	통화시 東昌區 躍進村
23	도교배(刀橋背) 유적	통화시 金廠鎮
24	평강산(平崗山) 유적	통화시 新站街東嶺
25	내화창(耐火廠) 북산(北山) 유적	통화시 江東鄉 自安村
26	협심둔(夾心屯) 유적	통화시 江東鄉 自安村
27	입립둔(砬砬屯) 유적	통화시 二道江區 桃源村
28	화수하구(樺樹河口) 유적	통화시 二道江區 樺樹河口
29	서열촌(西熱村) 유적	통화시 二道江區 西熱村
30	동열촌(東熱村) 유적	통화시 二道江區 東熱村
31	수동(隧洞) 산정(山頂) 유적	통화시 二道江區 鴨園鎮 隧洞山
32	번영(繁榮) 고분	통화현 大都嶺鄉 繁榮村
33	용승(龍勝) 고분	통화현 大都嶺鄉 龍勝村
34	신개(新開) 고분	통화현 大都嶺鄉 新開村
35	녹장(鹿場) 고분	통화현 大都嶺鄉 繁榮村 一隊
36	강연(江沿) 고분	통화현 大都嶺鄉 江沿村 北
37	고석(孤石) 고분	통화현 大川鄉 建設村

38	금주(金珠) 고분	통화현 江甸子鄉 金珠村
39	태평(太平) 고분	통화현 江甸子鄉 太平村
40	민화(民和) 고분	통화현 江甸子鄉 民和村
41	동강(東江) 고분	통화현 江甸子鄉 東江村
42	번영일대(繁榮一隊) 고분	통화현 大都嶺鄉 繁榮一隊
43	우가구(于家溝) 고분	통화현 大川鄉 于家溝村
44	우승첨(牛承沾) 고분	통화현 赤柏松古城 西南
45	금창진(金廠鎭) 대개석묘(大蓋石墓)	통화현 金廠鎭 金廠村
46	금창진(金廠鎭) 청동단검묘(靑銅短儉墓)	통화현 金廠鎭 金廠村 二組
47	통화(通化) 동산(東山) 석붕묘(石棚墓)	통화시 新站街 靖宇山

자료2-1 **통화 일대 유적 및 고분 일람**[2]

	용 강 유 적 군	위　치
1	토주자(土珠子) 유적	통화현 大都嶺鄉 龍泉村
2	하룡두(下龍頭) 용강(龍崗) 유적	통화현 大都嶺鄉 下龍頭村
3	어영(漁營) 장강(長崗) 유적	통화현 大都嶺鄉 江沿村
4	용천촌(龍泉村) 용강(龍崗) 유적	통화현 大都嶺鄉 龍泉村 北
5	장강촌(長崗村) 용강(龍崗) 유적	집안시 頭道鎭 長崗村
6	두도진(頭道鎭) 동촌(東村) 유적	집안시 頭道鎭 西北 東村
7	남두둔(南頭屯) 고분	통화시 金廠鎭 江沿村 6隊
8	하룡두(下龍頭) 고분	통화현 大都嶺鄉 下龍頭村 北

자료2-2 **용강 유적군 일람**[3]

2　通化市文管會辦公室(王志敏),「通化江沿遺蹟群調査」,『東北史地』2006-6, 42쪽.
3　通化市文管會辦公室(王志敏), 위의 글, 2006-6, 39~41쪽.

이렇게 후기 신석기 이래 통화 일대에서 쉼 없이 펼쳐졌던 맥족문화를 대변해 주는 표지가 바로 '적석 단·총', 곧 옛 제단 유적이다. 중국 측은 1990년대 들어 '요하문명론-장백산문화론'을 추진하면서 통화 지역의 옛 제단 유적에 주목하게 된다. 물론 맥족문화가 아닌 '홍산문화(선상황제족-선상고국-예제문화)'의 관점에서였다.

2. 1989년~1995년 백두산 서편 옛 제단군의 발굴

'요하문명론-장백산문화론'이 한창 진행중이던 1995년 6월 4일, 『중국문물보』에 '동북 고고학의 중대 발견─장백산지구에서 처음으로 고대문화 제단군지(祭壇群址) 발견'이라는 기사가 실렸다. 이어 6월 7일 신화통신사(新華通信社)에서 '장백산에서 옛 제단 처음 발견, 이수림이 10여 년 만에 고고 중대 발견을 하다'라는 기사가 났다.[4] 6월 8일에는 신화통신사 통신을 인용, 『인민일보(人民日報)』에서 '이수림이 자비(自費)로 고고 연구를 한 지 10년 만에 대발견을 하다'라는 기사가 났다. 내용의 요지는 이수림이라는 29세의 군인 겸 고고학자가 통화현 쾌대무진 여명촌에서 옛 제단 유적을 발견한 것을 시작으로 길림성·요령성 일대에서 무려 40여 기[5]의 제단을 발견했다는 것이다. 『중국문물보』

---

4 卜昭文·魏運亨, 「李樹林自費考古十年獲重大發現」, 『新華社國內外電訊通稿』, 1995年 6月 7日.

5 『중국문물보』(1995)·『인민일보』(1995)에는 '40여 곳'으로 되어 있는데, 이수림의 전기(傳記) 기록인 『國防』(1999)에는 '20여 곳'으로 되어 있다. 단순 오기인지 아니면 1999년의 시점에서 20여 곳으로 확인되었는지 현재로는 확인이 어렵다.

및 『인민일보』의 관련 내용을 제시하면 아래와 같다. 먼저 『중국문물보』이다.

『중국문물보』-① 현재 29세의 길림성 통화현(通化縣) 인민무장부(人民武裝部, 인무부人武部) 간사 이수림은 다년간 업무 외 여가시간에 고고학을 연구하여 큰 성과를 얻었다. 그는 장백산 서북부의 광대한 지역에서 근 40좌(座)의 청동시대~서한 중기까지의 제단 유적을 발견했다. 현재 이 성과는 중국사회과학원 고고연구소 전문가들의 관심을 받았다.

『중국문물보』-② 가장 조기에 발견한 제단 유적은 길림성 통화현 쾌대무진 여명촌 산정상에 위치했고 이후에 혼강 중상류, 송화강 중상류, 동요하 중상류, 길림성 중남부 지역, 요령성 동부, 장백산 지역에서 근 40좌를 연이어 발견했다. 이들 제단 전부는 강에 연해 있는 구릉과 산정상에 위치했고 해발고도는 일반적으로 200~400m 정도였다. 지리 위치는 매우 뛰어났다. 제단 부근에는 비교적 밀집된 동시기의 취락유지가 발견되었다.

『중국문물보』-④ 대체로 대량의 유물이 출토되었는데, 석도(石刀)·석호(石鎬)·석촉(石鏃)·환상석기(環狀石器)·석부(石斧)·도완(陶碗)·도관(陶罐)·도호(陶壺)·도발(陶鉢)·도증(陶甑)·도두(陶豆)·도배(陶杯)·도망추(陶網墜)·도방륜(陶紡輪)·철촉(鐵鏃) 등이다. 그중 구멍 뚫린 석촉(石鏃: 돌화살촉), 대칭교상수이(對稱橋狀竪耳) 형태의 도기, 소횡장식첩이(小橫裝飾貼耳) 형식 도기의 조형이 특이하다. 각획현문(刻劃弦紋)의 붉은색 또는 흑색의 도두(陶豆)[두豆는 높은 다리가 있는 제기(필자 주)]는 고대인의 제기이다. 평대 위에는 대량의 화소석(火燒石: 불탄 돌), 홍소토(紅燒土: 불탄 흙), 회진(灰燼: 재 찌꺼기)이 발견되었다. 환계(環階)와 환호(環壕) 내외에는 많은 수골(獸骨: 동물뼈)이 분포되어 있었다.

『중국문물보』-⑤ 이 유적들은 지형이 험하여 방어하기 쉽고 공격하기는 어려운 산성의 성격이 아니며, 지세가 평탄하여 농경하면서 살 수 있는 취락지의 성격도 아니며, 산이 높아 눈에 띄며 일정한 거리를 두면서 분포한 봉수(烽燧, 봉화 유적)의 성격도 아니다. 마땅히 고대 부락이 제사하던 제단 유적이다. 이들 유적의 연대는 청동시대부터 서한시대로 간주된다. 분포 지역이 매우 넓고 제단의 숫자가 많았으며 장백산구에서는 처음으로 발견된 것이다. 국내[중국(필자 주)]의 기타 지역에서는 매우 드물게 보인다. 이 제단들은 장백산 지역 고대 고고학의 공백을 메우는 동시에 동북 지역 및 동북아 지역의 고대문화사, 민족발달사 등 방면의 연구에 있어 십분 중대한 가치를 지닌다.[6]

---

6 「① 現年29歲的吉林省通化縣人武部干事李樹林, 多年來積極從事業餘考古的潛心研究, 取得了一批科研成果。他首次在長白山西北部的廣大地區發現了近40座靑銅時代至西漢中期的祭壇遺址, 目前這項成果已得到中國社會科學院考古研究所專家們的關注。② 最早發現的祭壇遺址位于吉林省通化縣快大茂鎭黎明村山頂上, 後又在渾江中上流, 松花江中上流和東遼河中上流地區的吉林省中南部和遼寧省東部長白山區連續發現近40座。這些祭壇全部坐落在江河沿岸的丘陵和山頂上, 海撥高度一般爲200至400米左右, 地理位置非常優越。在祭壇附近還發現了分布比較密集的同時期聚落遺址。③ 祭壇方位多坐北朝南, 平臺呈橢圓形。面積較大的遺址達近萬平方米, 一般遺址也有數千平方米。由平臺、古建築址、環階、環壕、環墻和古道六部分組成。平臺一般周長100米左右, 高出環階0.5~5米, 環階、環壕寬度爲3.5~6米, 長百米左右, 幷列緊緊環繞崗頂平臺, 環壕一般1米左右, 壕外爲土石混築的環墻, 墻外緣高在5米以下, 隨山勢而築, 多在陡坡或斷崖處消失, 古道皆由環階、環壕敞口處盤亘至山下, 路寬1米, 在祭壇附近, 還發現了規模較大的積石塚群。祭壇全爲三環階梯結構, 層層通天, 基本上分爲全環階式、環階環壕相間式、全環壕式3種類型。④

다음은 『인민일보』이다.

『인민일보』-① 길림성 통화현 인민무장부(人民武裝部) 간사 이수림(李樹林)은 업무 외 여가 중에 고고 연구에 잠심하여 장백산 서북부에서 지금부터 4000년에서 2000년에 이르는 옛 제단(古祭壇) 유지 40좌 및 이들을 둘러싼 수백 기의 취락유적과 적석총군을 발견했다. 저명한 고고학자이며 중국고고학회 이사장인 소병기(蘇秉琦) 교수는 유적 지도와 사진, 그리고 그곳에서 출토된 유물들을 검토한 후, "이것은 읍도(邑都)의 성격을 갖추고 있으며 일종의 새로운 고고문화로서 고고학적으로 대단히 높은 가치가 있다"고 했다.

『인민일보』-② 금년 29세의 이수림은 10년 전 여가를 이용해 고고학에 몰두했다. 1989년 봄 그는 통화현 쾌대무진 여명촌에서 최초로 이 제사유적을 발견했고, 이후 길림성·요령성에서 계속해서 근 40기를 발견했다. 이 제사유적들은 모두 강 연안의 구릉과 산 정상에 질서정연하게 위

普遍出土大量文物, 常見的有石刀、石鎬、石鏃、環狀石器、石斧、陶碗、陶罐、陶壺、陶鉢、陶甑、陶豆、陶杯、陶網墜、陶紡輪、鐵钁。其中以鑽孔石鏃, 對稱橋狀竪耳和小橫裝飾貼耳陶器造型爲特色。陶器紋飾刻劃弦紋, 施有紅衣、黑衣陶豆應是古代人類祭祀器皿。平臺上發現大量火燒石、紅燒土、灰燼。環階和環壕內外分布着較多的獸骨。⑤ 該遺址旣不具備地形險要、易守難攻的山城性質, 也不具有地勢平坦、耕做居住的聚落性質, 更不符合山高顯眼、隔距分布的烽燧性質, 應是古代部落用于祭祀的祭壇遺址。這些遺址的年代估計爲靑銅時代至西漢時期。如此分布地域之廣、數量之多的古代祭壇, 在長白山區爲首次發現, 在國內其他地區也十分罕見。該祭壇添補了長白山區古代考古學的空白, 同時對于硏究東北及東北亞地區的古代文化史、民族發展史等方面具有着十分重大的考古價値和科硏價値。」(「東北考古獲重大發現─長白山區首次發現古代文化祭壇群址」, 『中國文物報』, 1995年 6月 4日)

치하고 있었다.[7]

가장 먼저 주목되는 점은, 장백산지구 옛 제단군의 존재는 1995년에 비로소 세상에 알려졌지만 이에 대한 최초 연구는 1989년 여명 옛 제단의 발견을 계기로 시작되어(『인민일보』-②), 5년여의 조사연구를 거쳤으며 그 과정에서 무려 40여 기에 이르는 제단들이 조사되었다는 점이다.

발견된 곳은 '혼강 중상류, 송화강 중상류, 동요하 중상류, 길림성 중남부 지역, 요령성 동부, 장백산 지역'(『중국문물보』-②)이라고 했는데, 이수림의 논문 「약진문화의 고고발견과 고구려민족 기원 연구」(2000)에는 그 범위가 좀 더 구체적으로 제시되어 있다. 여기에서는 먼저 '혼강 유역 및 휘발하(揮發河, 제2송화강의 지류) 상류 지구'를 지목한 다음 그 범주로 '심길철도(瀋吉鐵道, 심양-길림 간 철도) 동쪽-길림지구(吉林地區) 이남-노령산맥 북쪽'의 장백산 서북부 광대한 지역을 들었다.[8] 이렇게

---

7 「本報訊 新華社記者魏運亨, 卜昭文報導：① 吉林省通化縣人民武裝部幹事李樹林, 業餘時間潛心考古, 在長白山西北部發現了40座距今4000年至2000年前的古祭壇遺址, 以及圍繞它們的數百座聚落遺址和積石塚群. 著名考古學家·中國考古學會理事長蘇秉琦教授看到考察畫圖·照片和出土文物後很感興趣, 認爲這具有邑都性質, 可能是一種新的考古學文化, 有很高的考古價値. ② 今年29歲的李樹林是十年前迷上業餘考古的. 1989年春季, 他在通化縣快大茂鎭黎明村最早發現了這種祭壇遺址, 而後在吉林·遼寧陸續發現近40座. 這些祭壇遺址全都有規律地坐落在江河沿岸的丘陵和山頂上, ③ 分爲全環階式·環階與環壕相間式和全環壕式三種類型. 祭壇方位多爲坐北朝南, 由平臺·"神廟"·環階·環壕·環牆·古道構成, 其附近地域分佈著比較密集的同期聚落遺址和積石塚群.」(「李樹林業餘考古有新發現」, 『人民日報』, 1995年 6月 8日)
8 「類似於通化市王八脖子祭壇遺址的壇狀建築物, 根據筆者的調查, 在渾江流域, 揮發河上流地區多有分佈. 其範圍大體上在瀋吉鐵路東, 吉林地區以南, 老嶺山脈以北的長白山西北部廣大區域.」(李樹林, 「躍進文化的考古發現與高句麗民族起源研究」, 『黑土地的古代文明: 中國社科院 邊疆史地研究中心 主編 東北民族與疆域研究 論文集』, 2000年 1月, 遠方出版社, 123쪽)

백두산 서편 옛 제단군의 밀집 지역으로 지목된 '심길철도 이동-길림 이남-노령산맥 이북' 지역을 요동 제천문화의 중심 지역으로 볼 수 있을 것이다.(2부 〈자료1〉 참조)

또한 『중국문물보』에는 40여 기의 옛 제단들 중에서도 대표 제단으로 통화 지역 여명 및 만발발자 옛 제단의 사진을 싣고 있었다. 이들은 당시 옛 제단 연구의 양대 중심이다. 여명 옛 제단 및 만발발자 옛 제단의 모습은 〈자료3〉과 같다.

이 중 여명 옛 제단의 항공사진을 보면 산정상부에 삼각형 모양, 또 산비탈부에 직사각형 모양의 발굴 흔적이 역력하다. 발굴 지역은 선을 긋듯이 반듯하게 구획되어 벌목되고 지면이 드러나 있어 이때 이미 유적지 일부분에 대한 시굴 조사가 완료된 상태임을 보여준다. 만발발자 제단의 경우도 둥근 계단(환계)이 드러나 있어 전면적인 발굴까지는 아니어도 부분적인 발굴조사가 이루어진 상태임을 보여준다.(만발발자 유적의 본격적인 발굴은 1997년 5월~1999년 10월 사이에 이루어졌다.) 여명 및 만발발자 옛 제단은 1990년대 '요하문명론-장백산문화론'의 구체적인 진행 과정을 보여주는 핵심 유적인 것이다. 통화 지역 내 여명 및 만발발자 옛 제단 유적의 정확한 위치는 2부 〈자료3〉과 같다.

이상 후기 신석기 이래 백두산 서편의 최대 중심지였던 통화 지역의 유서 깊은 적석 단·총제 전통이 1990년대 전반 '요하문명론-장백산문화론'에 의해 새롭게 주목되었고, 그 결과 1995년 통화 일대의 여명 및 만발발자 옛 제단을 위시하여 무려 40여 기에 이르는 백두산 서편 옛 제단군의 조사·발굴로 이어지게 되었음을 살펴보았다.

河

1. 여명 옛 제단(항공사진, 위)

2. 만발발자 옛 제단(아래)

자료3 **통화 여명 옛 제단 및 만발발자 옛 제단**

3. 발굴 배경 및 과정

앞서『중국문물보』·『인민일보』의 내용을 통해 백두산 서편 옛 제단군에 대한 연구가 1989년 이수림이라는 인물의 개인 연구에서 시작되었음을 살펴보았다. 이에 백두산 서편 옛 제단군 연구의 초기 진행 과정은 이수림 개인의 연구활동을 중심으로 살펴보겠다.

이수림(李樹林: 1966~현재)은 한족(漢族) 출신의 군인 겸 고고학자로 공산당원이다. 본적은 산동성(山東省) 제성시(諸城市)이지만 통화현에서 출생하여 어린 시절부터 지금까지 계속 이 지역에서 거주해 오고 있다. 그는 특이하게도 10대부터 향토문화를 연구한 이력을 갖고 있다. 17세 (1983)에 향토문화 참장(站長)에 임명되었으며 18세(1984)에는 길림성 문물간부 훈련 및 통화현의 문물조사에 참여했다. 22세(1988)에 동북사 대(東北師大) 미술간부 전문대학 연수반을 졸업했다. 23세(1989) 이후 직업군인이 되어 통화현문화관(通化縣文化館) 문물간부(文物幹部), 통화 현 인무부(人武部) 부영직간사(副營職幹事), 매하구시(梅河口市) 인무부 정공과장(政工科長), 통화군분구(通化軍分區) 정치부간사(政治部幹事), 집안시 인무부 부부장(副部長), 시국방교육판부주임(市國防教育辦副主任) 등을 두루 거쳤다.[9] 이러한 이력은 그가 10대 후반부터 향토문화 담당 요원으로 훈련되었고 이러한 이력으로 인해 직업군인이 되어서도 군내 정치·교육·문화 관련 업무를 담당하게 되었음을 알게 한다.

이수림은 직업군인이 된 이후 향토문화 연구에 더욱 매진하여, 자신의 고향인 통화현 일대를 중심으로 옛 제단 연구에 전념한다. 1989년 여명 옛 제단을 시작으로 1995년까지 무려 40여 기의 옛 제단을 조사했음은 앞서 살핀 바이다. 1989년~1995년 즈음이면 중국학계가 1970

---

9 「李樹林, 男, 漢族, 中共黨員, 祖籍山東諸城。1966年生於吉林省通化縣。工作簡歷, 1983年任鄉文化站長; 1984年參加吉林省文物幹部培訓及全縣文物普查; 1988年東北師大美術幹部大專進修班畢業; 1989年後歷任通化縣文化館文物幹部, 縣人武部副營職幹事, 梅河口市人武部政工科長(正營中校軍銜), 通化軍分區政治部幹事(正營職), 集安市人武部副部長(副團), 市國防教育辦副主任。」(「人才: 軍旅中的考古人才─李樹林」, 『焦點信息網』, 2017年 2月 11日)

년대 말·1980년대 초 요서 지역에서 동산취나 우하량 옛 제단 유적 등을 발굴한 이후 본격적으로 동북공정, 곧 '요하문명론–장백산문화론'의 밑그림을 그려나가고 있던 시기이다. 동북공정의 핵심 개념어인 요하문명론이 1995년, 장백산문화론이 1994년에 등장했던 점은 이러한 정황을 잘 보여준다.[10] 이수림의 옛 제단 연구는 고향에서 어린 시절부터 익숙하게 보아오던 향토문화재에 대한 개인 취향의 연구로 볼 수도 있지만, 당시 중국학계가 골몰하고 있던 국가정책적 연구 방향에 추동되었던 측면이 분명하다.

이수림은 넉넉지 않은 환경 속에서도 사비를 털어 어렵게 연구를 진행했다고 한다. 수십 차례 답사를 통해 총 100여 개가 넘는 유적에서 1천여 건의 문물 표본을 채집하고 2천여 장이 넘는 사진을 촬영했으며, 대

10　정경희, 「중국 요하문명론의 장백산문화론으로의 확대와 백두산의 선도제천 전통」, 『선도문화』 24, 2018, 77쪽.

량의 일차자료를 섭렵했다. 수집한 자료의 역사문화적 의미를 이해하기 위해 역사학·민족학·민속학·고대 철학·고건축 등을 연구했으며 자비로 20여 종의 고고학 전문잡지류를 구독해 가면서 공부했다. 또한 연구 대상 지역의 소수민족사(한민족과 만주족을 지칭하는 듯함) 공부를 위해 소수민족의 언어와 방언까지 공부했다고 한다. 전문가들에게도 지속적으로 자문을 구했는데 연구 개시 후 몇 년이 지난 시점이 되자 홍산문화 연구의 권위자인 중국고고협회 이사장 소병기 교수, 중국미술학원 근지림(靳之林) 교수, 중국역사박물관 송조림(宋兆林) 연구원, 길림대학 고고계 주임 위성존(魏成存) 등을 방문하여 지지를 받아냈다. 이들과의 교류를 통해 연구는 더욱 발전되었다.[11]

노력 결과 1993년 봄에는 '삼환제단(三環祭壇, 3층원단) 유적의 환계·환장·사석 등을 발견하고 그 얕은 표층 위에 있던 문물의 잔편을 대량 수집했다'고 했다. 이수림의 논문(2000)에서는 장백산지구의 가장 전형적인 3층원단으로 통화시 만발발자 옛 제단을 들고 이곳에서 환계·환장·사석이 나왔다고 했으니,[12] 1993년 봄 발견했다는 삼환제단은 만발

---

11 「李樹林幾十次外出考察, 行程2萬多公里, 從100多個遺址中採集了近千件文物標本, 拍攝了2000多張考察圖片, 掌握了大量的第一手資料。考證歷史僅僅局限在採集標本、調查遺址上是遠遠不夠的, 更重要的是通過這些外在的特徵, 研究其歷史原貌和文化特點, 找出它的內在含義。而這就需要具有深厚的專業知識和廣博的社會科學知識。爲此, 李樹林先後自學了歷史學、民族學、民俗學、古代哲學、古建築學等專業知識, 還自費訂閱了中國文物報、考古、社會科學戰線等20餘種報刊雜誌。爲看懂少數民族史料, 他還學習了少數民族語言甚至方言土語。爲弄淸一些專業問題, 他虛心向專家請教。幾年中, 他先後拜訪了中國考古協會理事長蘇秉琦教授、中國美術學院靳之林教授、中國歷史博物館宋兆林研究員和吉林大學考古系主任魏成存等人, 專家們深深地爲他那份對祖國、對民族、對人民的摯愛所感動, 對他的研究給予大力支持。」(公茂祥·宋玉文, 앞의 글, 1999-7, 31~32쪽)
12 李樹林, 앞의 글, 2000年 1月, 119~122쪽.

발자 옛 제단을 가리키는 것으로 여겨진다. 이외에도 '40여 곳 이상' 비슷한 성격의 유적을 발견했는데 시기는 대체로 조기 청동기~서한 중기, 곧 서기전 2000년~서기 전후의 시기로 이야기되었다. 이렇게 백두산 서편이라는 특정 지역에서 유사 성격의 옛 제단 유적이 집중적으로 발견되자 이는 특정의 고고학 유형으로 분류, '여명문화'로 명명되었다. 학계에서 고고문화의 명칭을 정할 때 최초로 발견된 전형적 유적지의 이름을 따는 관행에 의한 것이었다.[13]

이수림의 조사·연구의 방향은 단연 '요하문명론-장백산문화론'에 맞추어진 것이었다. 옛 제단의 조사 과정에서 홍산문화 연구의 개척자이면서 '요하문명론-장백산문화론'의 기본 방향을 설정한 소병기 이하 여러 홍산문화 전문가들과 교류하고 지지를 받았다고 했는데, 이는 그들의 직접적인 자문하에 조사가 진행되었음을 시사한다.

1995년 5월 이수림은 그간의 조사·연구를 최종 정리해 「여명문화의 발견연구 및 상관(相關) 문제의 초보 검토」 및 「집안 고구려 태양여신 고각인상(古刻人像) 연구—고구려왕릉이 한대(漢代) 고분을 모방한 성격을 겸하여—」 등의 연구물, 또 20kg 이상의 실물자료를 북경에 있는 전문가·학자들에게 전달했다. 그 자리에서 소병기 교수는 크게 감격하여 '이는 대문화·대유적·대문물·대발견이며 과학적 연구의 가치가 높다'며 찬사를 보냈다고 한다.

---

13 「1993年春, 他發現了具有鮮明時代特徵的"三環祭壇"古文化遺址, 找到了環階、環牆、社石等建築, 收集了大量淺表層上的文物殘片。同時, 他還陸續發現了20多處類似的古遺址。通過分析論證, 他推斷出這些遺物其年代應爲青銅器時代早期至西漢中期, 距今約爲2000年-4000年前。按學術界關於考古學文化命名的辦法, 他給最早發現的典型遺址起名爲"黎明文化"。(公茂祥·宋玉文, 앞의 글, 1999-7, 32쪽)

중국학계는 이수림의 연구에 대해 중국학계가 다년간 해결하지 못하고 있던 중대 과제인 '홍산문화와 장백산문화의 관계를 증명해 주는 연구'로 높이 평가했다. 곧 '여명문화의 주인공인 맥족은 물론 변경의 소수민족들은 모두 염·황의 자손, 문화는 전형적인 중국 전통문화이니, 역대 중원왕조들의 변경 소수민족에 대한 정복은 침략이 아니라 통일전쟁이었음을 밝혔다', '유적 발굴 결과 변경 소수민족이 자고로 중화민족의 일부로서 그 문화 내용이 당시 중원문화와 일맥상통하며 중화문화권의 범주에 있음을 보여주었다. 동북지구는 자고로 중국의 영토임을 보여주는 반박할 수 없는 역사적 증거가 되어주었다'는 식이다.[14] 이에 따라 이수림은 '강렬한 애국심으로 지식을 이용하여 국가의 영토주권을 지켜낸 중국 군부의 인재', '뛰어난 공헌을 한 발군의 인재'로 평가되었고 통화시로부터 포상까지 받았다.[15]

중국 측은 여명문화를 통해 자신들의 '요하문명론-장백산문화론'이 입증되었다고 보고 기쁜 마음에 국내외 많은 언론들에 앞다퉈 여명문화의 등장을 알렸다. 1995년 6월 4일 『중국문물보』를 시작으로 『인민일보』,

---

14 「並與我國學術界多年未解的重大課題"紅山文化"相聯繫和對比, 硏究"黎明文化"的淵源, 系統證明了: "黎明文化"的貊族系統和它的分支邊境少數民族都是炎黃子孫, 是龍的傳人, 其文化主體是中國典型的傳統文化; 而歷代中原王朝對邊境少數民族政權的征戰, 不是侵略, 而是統一戰爭, 1995年5月, 當「黎明文化的發現硏究及相關問題的初探」和「集安高句麗"太陽女神"古刻人像考—兼論高句麗王陵仿漢代墓葬性質」等40多萬字的論文和20多公斤重的實物資料擺在北京專家、學者的面前時, 中國考古學會理事長蘇秉琦教授激動地說: "這是大文化、大遺址、大文物、大發現, 科硏價値很高."」(위와 같음)

15 「憑著强烈的赤子之情, 李樹林在自費業餘考古硏究中取得了突出成績, 在軍分區負責報導工作期間, 一年內在軍內外各種報刊雜誌上發表稿件達300多篇, 被軍區評爲報導工作先進個人, 被通化市授予"有突出貢獻的撥尖人才", 並享受政府津貼.」(위와 같음)

CCTV 등에 기사를 내보냈고 이어 순차적으로 홍콩·마카오·대만·북한·한국·일본·러시아 등지의 신문에도 기사를 내보냈다. 이때 '여명문화는 인류문화의 공동유산'임이 강조되었는데, 그 정확한 의미는 '홍산문화가 인류문화의 공동유산이니 그 영향을 받은 여명문화 또한 인류문화의 공동유산이다'라는 것으로 과거 홍산문화 발굴 후 이를 전 세계에 대대적으로 홍보했듯이 같은 맥락에서 장백산문화도 홍보한 것이었다.[16] 한국에는 홍콩 『성도일보(星島日報)』 1995년 6월 26일자의 기사가 전해져 일각에서 관심을 표한 경우도 있었지만[17] 본격적인 연구로 이어지지는 않았다.

국내외 홍보에 이어 중국 측은 후속 연구를 빠르게 추진했다. 그 중심에 선 중국공산당은 후속 연구를 위해 전문가들의 협조가 필요하며, 연구는 가능한 한 빨리 수행되어야 하며, 인적·물적 자원 지원이 시급하다고 보았다. 이러한 판단에 따라 국가문물국에서 두 차례 전문가·학자를 통화에 파견하여 실지 조사를 행했고 가장 대표적인 '3층원단' 유적으로 보고된 통화시 만발발자 유적의 발굴을 길림성문물고고연구소에 위탁, 1997년~1999년 사이 대규모 발굴을 진행하도록 조처했다.[18]

---

16 「人們驚呼, 這是了不起的重大發現, 是人類文化的共有遺産。隨即, 中國新聞社向全世界播發了"長白山區首次發現古代文化祭壇群址"的消息, 『中國文物報』在頭版進行了報導, 『人民日報』、中央電視臺等報刊電臺, 以及港、澳、臺地區的新聞媒體也予以轉載, 朝鮮、韓國、日本、俄羅斯等國家的新聞機構也紛紛報導, 在國內外引起了轟動。」(위와 같음)

17 서정록, 『백제금동대향로』, 학고재, 2001, 382쪽, 주(86): 우실하, 『동북공정 너머 요하문명론』, 소나무, 2005, 113~134쪽.

18 「當時, 一位中央領導同志批示, 要組織專家協助研究, 對此項工作要從速進行, 並在人力、物力上給予支持。近幾年, 國家文物局先後兩次派專家學者到通化進行實地考查, 委託吉林省文物考古研究所對"三環祭壇"遺址進行了大規模發掘, 並把此項研

이렇게 이수림은 중국학계·중국공산당의 지대한 관심과 전폭적인 지지 속에서 중국 고고학계의 신예로 등장하여 큰 주목을 받았다. 이후 전문 연구자로서 성장하게 되는데, 그의 연구 경향은 중국의 대표적인 '요하문명론-장백산문화론'자인 통화사범학원 교수 '경철화' 계통으로 분류될 수 있다.

경철화는 동북공정을 이끄는 대표적인 연구자 중 한 명으로 요하문명론의 '은상족 중심의 역사인식'에 충실하게 부응하여, 요하문명론-장백산문화론의 공식적인 고구려관인 '고구려 은상 후예설'을 주창한 인물이다.[19] 경철화의 주장은 『중국고구려사』(2002)로 집대성되어 나왔는데, 중국의 국책연구기관으로 동북공정을 진행하고 있는 중국사회과학원 변강사지연구중심(邊疆史地硏究中心)의 주목을 받아 중국 측의 공식적인 동북사관이 되었다. 그의 대표 저서 『중국고구려사』와 『고대중국고구려역사속론(古代中國高句麗歷史續論)』(공저, 2003)은 단순한 고구려사 연구서가 아니라 요하문명론-장백산문화론에 따라 홍산문화(예제문화·선상문화)의 요동·한반도 방면으로의 계통성을 밝힌 책자이다. 여기에서는 홍산문화를 '선상문화'로 규정하고 이것이 은상으로 이어졌으며 다시 서기전 1600년~서기전 1300년 사이에 은상의 한 갈래가 떨어져 나가 고구려(·부여) 등이 되었다고 했다. 고구려문화에 나타난 홍산문화나 은상문화의 영향으로 유물·유적 면에서는 토기·옥기·석기·청동기의 제작 기법과 형태, 적석총 등을 들었다. 또한 사상 면에서는 복희·여

究課題列入"九五"期間國家重點考古發掘項目和科硏攻關項目。(公茂祥·宋玉文, 앞의 글, 1999-7, 32쪽)

19 정경희, 앞의 글, 『선도문화』 24, 2018, 32쪽.

와·희중·염제·황제 등의 전승, 사신도·선인문화, 은력 사용 및 흰색 숭상 등을 들었고 '유·불·도 삼위일체의 사상'으로 평가되었다.[20]

통화 지역을 중심으로 한 경철화의 연구는 현재 막강한 영향력을 갖고 있으며 왕면후·장복유·유후생 등 많은 동일 계통 연구자들과 연대되어 있다. 통화 출신 이수림은 자연스럽게 이 계통에 소속되었으며, 2011년 이후에는 통화사범학원 고구려여동북민족연구중심(高句麗與東北民族研究中心)의 초빙교수를 역임하고 있다. 국책기관인 길림성사회과학원 통화분원 소속 연구원이기도 하다.[21]

이수림은 현재까지 약 40여 편의 논문과 저서를 내는 등 활발한 학술활동을 하고 있다. 처음 연구 분야는 옛 제단 분야, 연구 방향은 중국사상(이른바 염炎·황黃 사상)의 동북 지역 전파 문제였다. 한국에도 소개된 바 있는 그의 논문 「고구려 우산하 3319호 무덤 석인상의 윷판 문양」을 보면 윷판 문양을 태양 신앙의 일종인 '십자형(十字形) 도안'으로 이해하고, 여기에 '삼환개천설(三環蓋天說)·낙서·하도·음양오행' 등 최소한 6가지 이상의 중국 고대 전통문화가 들어가 있다고 보았다. 고구려가 이러한 중국 염황문화를 그대로 수용하여 하늘과 태양에 제사했다고 본 것이다.[22]

이러한 그의 연구 분야는 2000년 초에 들어 서서히 바뀌게 된다.

---

20 耿鐵華 著(박창배 역), 『中國高句麗史(중국인이 쓴 고구려사)』 상, 고구려연구재단, 2002(2004), 80쪽: 馬大正·李大龍·耿鐵華·權赫秀(서길수 역), 『古代中國高句麗歷史續論(동북공정고구려사)』, 사계절, 2003(2006), 395쪽, 485~486쪽.

21 「人才: 軍旅中的考古人才—李樹林」, 『焦點信息網』, 2017年 2月 11日.

22 李樹林(정원철 역), 「길림성 고구려 3319호 무덤 日月神闕에 대한 고증과 이와 관련된 몇가지 중요한 문제에 대한 연구」, 『고구려연구』 15, 2003, 271~274쪽.

1999년 만발발자 유적에 대한 조사가 마무리된 이후 2000년대 초 중국 측은 여명 및 만발발자 옛 제단에 대한 입장을 정리한다. 곧 만발발자 이하 장백산지구 옛 제단군에 대해 '요하문명론–장백산문화론'과 맞지 않으며 오히려 이를 거꾸로 뒤집을 수 있는 위험한 유적으로 판정하고, 결국 만발발자 유적의 제천시설 부분이 선별적으로 은폐되었고[23] 여명 유적 또한 은폐되었다. 또한 이후 장백산지구에서 발견되는 옛 제단들은 숙신계로 평가되었다.[24] 이후 이수림은 연(燕)·진(秦)·한(漢) 시기 장성(長城) 문제를 주로 연구하고 있다.[25]

---

23 정경희, 「통화 만발발자 제천유적을 통해 본 백두산 서편 맥족의 제천문화(I)—B.C. 4000 년~B.C. 3500년경 '3층원단(모자합장묘)·방대'를 중심으로—」, 『선도문화』 26, 2019, 20~23쪽.

24 정경희, 앞의 글, 『선도문화』 24, 2018, 35~49쪽.

25 李樹林, 「通化渾江流域燕秦漢遼東長城障塞調查」, 『東北史地』, 2012年 第2期: 「秦 開東拓與燕修築遼東長城時間新考」, 『通化師院學報』, 2013年 第1期: 「燕秦漢遼東 長城障塞結構研究」, 『第七次長白山文化硏究論文集』, 2013年 9月版 등.

백두산 서편 옛 제단군과
여명 옛 제단의 형태

1. 백두산 서편 옛 제단군의 형태와 유형: 환호를 두른 구릉성 제천시설

　　백두산 서편에서 발견된 40여 기의 옛 제단의 형태 및 유형과 관련한 1995년『중국문물보』·『인민일보』의 내용은 아래와 같다.

　　『중국문물보』-③

　　㉮ 제단의 방위는 북쪽에서 자리하여 남쪽을 향한 경우가 많았다.

　　㉯ 평대(平臺)는 타원형이다.

　　㉰ 큰 유적은 면적이 거의 1만㎡에 달했고 일반적으로는 수천㎡ 정도였다.

　　㉱ (유적은 대체로) 평대·고건축지(古建築地)·환계(環階)·환호(環壕)·환장(環墻)·고도(古道) 6부분으로 이루어졌다.

　　㉲ 평대는 일반적으로 둘레(주장周長)가 100m 정도이고[정원正圓의 경우, 둘레가 100m이면 지름은 32m임(필자 주)] 환계로부터 0.5~5m 정도 높

이에 있었다.

ⓑ 환계나 환호의 너비(관도관도寬度)는 3.5~6m 정도, 길이(장장長)는 100m 정도로 작은 언덕의 꼭대기에 자리한 평대를 감아 돌았다. 호(호壕)의 깊이는 일반적으로 1m 정도였다.

ⓢ 호의 밖으로는 토(토土)·석(석石)을 섞어 쌓은 환장이 있다. 환장의 외연(외연外緣) 높이는 5m 이하이며 산세를 따라 축조되었다. 다수는 비탈언덕에 있었고 혹 절벽에 있는 경우는 소실되었다.

ⓐ 고도는 대개 환계에서 시작되었다. 환호의 열린 입구로 둥글게 돌아 산 아래에 이르렀는데, 길 너비는 1m였다.

ⓩ 제단 부근에서는 규모가 비교적 큰 적석총군이 발견되었다.

ⓒ 제단은 '삼환계제[3층원단(필자 주)]' 구조인데, 층층이 통천(통천通天)하게 되어 있었다[위층으로 올라가는 경사길 또는 계단과 같은 시설물이 있었다는 의미(필자 주)]. 기본적으로 '전적인 환계 방식(전환계식전환계식全環階式)', '환계·환호가 결합된 방식(환계환호상간식환계환호상간식環階環壕相間式)', '전적인 환호 방식(전환호식전환호식全環壕式)' 3유형이 있다.[26]

『인민일보』-③

ⓐ (제단의 유형을) 나눠보자면, '전적인 환계 방식(전환계식全環階式)', '환계·환호가 결합된 방식(환계환호상간식環階環壕相間式)', '전적인 환호 방식(전환호식全環壕式)' 3종류이다.

ⓑ 제단의 방위는 대다수가 북쪽에서 남쪽을 향하고 있다.

ⓒ 평대·신묘·환계·환호·환장·고도로 구성되었다.

---

26 주6과 같음.

㉑ 부근 지역에는 동시대의 취락유적과 적석총군이 비교적 밀집된 형태로 분포되어 있다.[27]

먼저 백두산 서편 옛 제단들이 대체로 평대·고건축지(또는 신묘)·환계·환호·환장·고도 6시설로 구성되어 있었다고 했는데(『중국문물보』-③-㉑, 『인민일보』-③-㉓) 우선적으로 그 의미부터 살펴볼 필요가 있다. 이수림의 논문(2000)에서는 만발발자 3층원단의 구조를 설명하면서 이들 용어를 사용하고 있어 정확한 의미 파악이 가능했다.

'환계'는 '둥근 계단'의 의미, 곧 3층원단을 이루는 3개의 둥근 계단이다. '환호'는 환호(環濠)·환구(環溝)·주구(周溝)로도 불리는바, 둥근 형태의 해자로 제단을 보호하기 위한 시설물이다. '평대'는 3층원단의 3환계 중에서도 특히 꼭대기층의 환계를 지목한 것이다. '환장'은 제단이 빗물이나 강물 등에 쓸려 내려가는 것을 막기 위해 제단을 에워싸고 설치된 담장이다.[28] '고도'는 '환계에서 시작되어 환호의 열린 입구로 둥글게 돌아 산 아래에 이르며 길 너비는 1m 정도'라 했으니(『중국문물보』-③-㉕) 제단-환호-환호 밖 마을을 연결하는 길로 이해된다. '고건축지(신묘)'는 제천의 신격을 모시는 사당 건물로 제단 부근에 자리하고 있었을 것으로 보인다.

또한 제단은 3유형으로 구분되었으니 ① 전적인 환계 방식, ② 환계·환호의 결합 방식, ③ 전적인 환호 방식이라고 했다.(『중국문물보』-③-㉔, 『인민일보』-③-㉓) 환계나 환호의 의미에 유의하면서 3유형을 살펴보면

---

27 주7과 같음.
28 李樹林, 앞의 글, 2000年 1月, 120쪽.

아래와 같다.

① 전적인 환계 방식(전환계식)

환호가 결합되지 않고 온전히 환계(둥근 계단)만 있는 방식, 곧 전형적인 '3층원단' 방식이다.

② 환계·환호의 결합 방식(환계환호상간식)

환계 방식(3층원단)에다 환호가 더해진 방식, 곧 '3층원단을 환호가 둘러싼 방식'이다.

③ 전적인 환호 방식(전환호식)

환계에 대한 언급이 없고 전적인 환호 방식이라고 했으니 환호의 중심부에 환계(3층원단)가 없거나 아니면 환계가 아닌 다른 형태의 제단이나 제천시설이 자리하는 등의 방식이었을 것으로 여겨진다. 확실한 것은 알 수 없다.

이수림은 백두산 서편 옛 제단군 중 3층원단이 아닌 다른 형태의 제단으로 '단층원단'을 제시한 바 있다. 곧 이수림의 논문(2000)에서는 장백산지구의 옛 제단 유형을 2가지, 곧 '㉮ 3층원단 방식(삼환계제식三環階梯式)' 및 '㉯ 단층원단 방식(환구평대식圜丘平臺式)'으로 구분했다. 환계·환호의 결합을 기준으로 한 3유형 구분과 달리 순전히 제단 형태로만 구분한 방식이다.

㉮ 3층원단 방식(삼환계제식): 3층계단에다 층층이 통로시설('통천通天'시

설로 호칭)을 갖춘 형태로 만발발자 옛 제단을 대표로 한다.[29]

ⓝ 단층원단 방식(환구평대식): 자연적인 산구릉이나 지세가 평탄한 대지를 택하여 원형의 고대(高臺)를 제단 형태로 만든 경우로 환계나 환호가 보이지 않는다. 휘남현 대의산향 하동의 환형평대제단(圜形平臺祭壇), 또 유하현 향양향 왕팔발자 제단을 대표로 한다.[30]

이상 백두산 서편 옛 제단군의 유형은 대체로 '① 전적인 환계 방식: 3층원단, ② 환계·환호 결합 방식: 3층원단+환호, ③ 전적인 환호 방식: 환호 외 중심 제천시설 미상'의 3유형으로 구분되었다. 이러한 유형 구분에서 나타난바, 백두산 서편 옛 제단군의 가장 두드러진 특징은 첫째 제단의 형태 면에서 환계(3층원단) 형태가 많았던 점, 둘째 제단의 부속 시설로 환호가 둘러진 경우가 많았던 점이다. 요컨대 백두산 서편의 옛 제단군에는 3층원단의 형태, 또 환호가 더해진 형태가 많아 유형화의

---

29 「三環階梯式。特點是圜丘呈三層階梯式層層通天結構, 典型遺址以通化市王八脖子祭壇爲代表。」(李樹林, 앞의 글, 2000年 1月, 124쪽)

30 「圜丘平臺式。特點是選擇一自然山丘或地勢平坦的臺地, 修築或堆築圜形高臺成壇狀, 不見環階、環壕遺迹。典型遺址以輝南縣大椅山鄉河東圜形平臺祭壇(見圖3)爲代表。遺址地處蘇沙河以東的長崗階地上, 爲龍崗山脈伸向松嫩平原的一條長達1800餘米的漫崗。在位於東南端較高的山頭平崗上, 平地突起一高約5米, 周長約80餘米的圜形土臺, 附近散佈著大量的黑曜石刮削器、打製石鎬、磨製石斧、刀、鎌等石器, 陶器可分爲素面夾砂陶、壓印、刻劃紋陶和彩繪陶三種, 刻劃紋陶可見"人"字、"之"字形紋飾, 彩陶只發現一殘片…在祭壇北部一高崗旁的階地上, 散佈著大量的磨製石器和加工半成品的石器胚料, 這可能是一處石器加工作坊遺址。此外祭壇附近還發現了一處住居址, …此類型祭壇, 典型的還有柳河縣向陽鄉王八脖子遺址等, 曾採集到玉斧和玉髓等小件細石器。推斷該類遺址的上限應爲新石器晚期, 下限至靑銅時代早期(相當於"躍進文化"一、二期)。這兩種祭壇的類型, 應爲同一文化在時間和空間上的變異反映, 很可能圜丘平臺式祭壇的建築年代要早于三環階梯式祭壇。」(李樹林, 위의 글, 2000年 1月, 124~125쪽)

주요 기준으로까지 등장했다. 제단의 형태는 3층원단(삼환계제) 형태가 많았지만 이외에 단층원단(환구평대) 형태도 있었다.

필자는 백두산 서편 옛 제단군의 많은 형태적 특징들 중에서도 첫째 산구릉 정상부에 자리한 점, 둘째 3층원단이 많았던 점, 셋째 환호를 두른 경우가 많았던 점에 주목하고, 백두산 서편 옛 제단군의 형태적 특징을 '환호를 두른 구릉성 제천시설(3층원단류)'로 정리했다.

이상의 유형 구분은 1995년까지의 발굴조사 결과인데, 이후 중국 측은 백두산 서편 옛 제단군의 대표격으로 만발발자 제단을 지목하고 1997년~1999년 약 2년 6개월여 동안 동북 지역 최초의 체계적이고 대대적인 발굴을 행하게 된다. 만발발자의 발굴 결과는 앞서의 1995년 발굴조사 결과와 합치되는 면도 있었지만 새롭게 밝혀진 면도 있었다.

먼저 합치된 면은 3층원단의 방식이다. 곧 만발발자 제단은 거대 규모의 '3층원단(모자합장묘)'에 보조 제단으로서 방대가 부가된 전방후원(前方後圓) 형식, 곧 '3층원단(모자합장묘)·방대'의 형태였다.[31] 이수림이 백두산 서편 옛 제단군의 대표 형식으로 제시한 환계(삼환계제, 3층원단) 형식의 모범으로서 손색이 없는 모습이었다.(2부 〈자료6〉 참조)

새롭게 밝혀진 점은 옛 제단군의 존속 시기, 또 긴 존속 시기 동안 3층원단 외의 새로운 제천시설류가 부가되고 있었던 점이다. 1995년 처음 백두산 서편 옛 제단군의 존재가 드러났을 때 시기는 대체로 서기전 2000년~서기 전후로 이야기되었다. 그러나 만발발자 유적의 경우, 발굴 결과 유적 층위는 6기 7단(또는 6기 13층), 곧 ① 1기: 서기전 4000년~

---

31 李樹林, 앞의 글, 2000年 1月, 120~121쪽: 정경희, 앞의 글, 『선도문화』 26, 2019, 120~126쪽.

서기전 3000년(조단: 서기전 4000년~서기전 3500년, 만단: 서기전 3500년 ~서기전 3000년), ② 2기: 상주시대(서기전 1600년~서기전 771년), ③ 3기: 춘추전국시대(서기전 770년~서기전 221년), ④ 4기: 서한시대(서기전 206 년~25년), ⑤ 5기: 위진대(221년~589년), ⑥ 6기: 명대였다. 물론 백두산 서편 맥족의 역사는 배달국 이래 고조선(은상계 기자조선이 아닌 단군조선)을 거쳐 고구려·발해로 이어졌고 발해 이후 여진족의 역사로 대체되었기에 중국 측이 제시한 시기 구분은 마땅히 '① 1기: 배달국, ② 2기: 단군조선, ③ 3기: 단군조선, ④ 4기: 선고구려~고구려 초 ⑤ 5기: 고구려, ⑤ 6기: 만주족'으로 변개되어야 한다. 이 중에서도 만발발자 제단이 조성된 시기는 1기-조단(서기전 4000년~서기전 3500년)이며 만발발자 제단 외에 휘남현 대의산향 하동 제단, 또 유하현 향양향 왕팔발자 제단 등도 만발발자와 동시대에 조성되었음이 밝혀졌다. 또한 2기 이후 만발발자 3층원단 위로 선돌 2주·적석 방단·제천사가 순차적으로 가설되면서 만발발자의 소도제천지로서의 기능은 무려 5기(221년~589년), 곧 600년경까지 지속되었음도 밝혀졌다. 요컨대 만발발자의 거대한 3층원단 위로 새롭게 제천시설 선돌·적석단·제천사가 들어서면서 소도제천지로서의 기능이 서기전 4000년~600년경까지 지속되었다.[32]

이처럼 만발발자 유적은 백두산 서편 옛 제단군 중에서 유일하게 전면 발굴, 형태·시기 등이 확정된 경우이기에 백두산 서편 옛 제단군 인식의 준거가 되어줄 수 있다. 특히 이로써 1995년까지의 발굴조사 결과를 새롭게 교정할 수 있게 되었다. 먼저 시기 면에서 처음 백두산 서편 옛 제단군의 시기로 거론된 서기전 2000년~서기 전후를 서기전 4000

---

32 정경희, 위의 글, 『선도문화』 26, 2019, 115~116쪽.

년~600년경으로 넓혀볼 수 있게 되었다. 형태 면에서도 환호를 두른 제천시설(3층원단)을 환호를 두른 구릉성 제천시설(3층원단·선돌·적석단·제천사류)로 넓혀볼 수 있게 되었다.

이에 필자는 만발발자 유적 발굴 결과를 통해 백두산 서편 제천유적의 기본 성격을 '서기전 4000년~600년경 환호를 두른 구릉성 제천시설(3층원단·선돌·적석단·제천사류)'로 보았다. 이는 발굴을 통해 확정된 경우일 뿐 아니라 시기값이나 형태값이 워낙 넓어 향후 중국 측이 제천유적을 공개하고 백두산 제천유적에 대한 연구가 새롭게 재개되기 이전까지 연구의 기준으로 잠정 사용할 수 있을 것이다.

2. 여명 옛 제단의 위치 및 형태

1) 여명 옛 제단의 위치

앞서 1995년 백두산 서편 제천유적의 등장 과정, 또 기본 성격에 대해 살펴보았다. 본절에서는 만발발자 제단과 함께 백두산 서편 제천유적의 대표격으로 지목된 여명 제단에 대해 살펴보겠다. 백두산 서편 제천유적에 대한 이해는 만발발자 및 여명 양대 제단에서 출발하게 되므로 만발발자 제단에 이어 여명 제단에 대한 이해가 필요하다.

여명 제단의 소재지로 알려진 통화현 쾌대무진 여명촌에는 현재 여명 제단의 흔적이 전혀 보이지 않는다. 만발발자 발굴 이후 중국 측이 장백산지구 옛 제단군에 대한 입장을 새롭게 정리하면서 여명 유적을 은폐해 버렸기 때문이다. 여명 제단 이해의 첫 출발점으로 위치부터 확인해야만 했다.

자료5 **2014년 통화현 여명촌 일대 항공사진**

필자는 2018년 8월 8일 여명 유적이 자리한 여명촌 일대를 답사한
바 있다. 통화시를 관통하고 있는 혼강 본류에서 갈라져 나온 지류 날고
하(蝲蛄河)가 동서 방향으로 흐르고 있는 강변의 북쪽, 통화현 쾌대무진
의 정동 방향에 여명촌이 자리하고 있다.(2부 〈자료3〉 참조) 통화현의 북

쪽을 가로막고 있는 산지의 사이, 남북 방향으로 길쭉하게 분지형 대지
가 형성되어 있고 여기에 경작지와 마을이 들어서 있다. 이 길쭉한 분지
형 대지에 자리한 마을들 중에서 날고하 쪽에 가장 가까운 작은 마을이
여명촌이다. 논의를 위해 마을의 서쪽과 동쪽을 에워싸고 있는 야트막
한 구릉성 산지를 각각 서산과 동산으로 호칭하겠다.(〈자료5〉)

  여명촌 일대를 두루 답사했지만 유적지를 알리는 표지석 하나 세워져
있지 않았다. 1995년 중국학계를 떠들썩하게 했던 유적의 흔적은 찾기

1. 마을 곳곳에 널린 방형 마감돌

2. 마감돌을 활용한 축대 · 수로

자료6 **통화현 여명촌 내 적석 단 · 총의 흔적**

어려웠다. 그럼에도 불구하고 얼핏 보아 적석 단·총의 재료임을 알 수 있는, 정사각형·직사각형 형태의 반듯하고 매끈하게 다듬어진 돌들이 마을 전체의 수로·축대·담벽, 마을 주변 산구릉지의 축대 등지에 수도 없이 박혀 있어 마을과 마을 주변 산구릉 일대에 적석 단·총이 넓게 산포되어 있었음을 짐작할 수 있었다. 마을의 촌로들에 의하면 온 동네에 이런 돌들이 널려 있었고 이를 빼어다가 집을 짓고 수로를 만들었다고 했다.(〈자료6〉) 제단은 강에 연한 산구릉이나 정상부에 자리했고 그 부근으로 적석총·주거유적이 밀집되어 있었다는 『중국문물보』·『인민일보』의 내용과 통했다.

필자는 제천유적의 위치를 확인하기 위해 1995년 『중국문물보』에 실린 여명 제단 항공사진과 2014년 여명촌 일대의 항공사진을 대조해 보았다.(〈자료7〉) 그 결과 여명촌 서편에 자리한 서산의 끝자락, 곧 거북머리 모양의 둥근 구릉지가 유적지 자리임을 확인할 수 있었다.

먼저 1995년 항공사진의 경우, 제단 유적 정동쪽의 '하(河)'자 표식은 날고하 지류천을 표시한 것이다. 여명촌 주변의 하천이라고는 오직 이 지류천밖에 없다. 또한 산정상부에 삼각형 발굴지, 또 산비탈부에 직사각형 발굴지 흔적이 나타나 있는데, 특히 산정상부의 삼각형 모양이 평평한 것은 발굴을 통해 제단의 꼭대기 평대 부분을 드러낸 것이다. 여명 옛 제단이 산정상부에 위치하고 있었다는(『중국문물보』-②) 내용과 통한다.

이를 2014년 항공사진과 대조해 보면, 서산의 한 자락으로 거북이 목과 머리처럼 툭 튀어나온 구릉지가 있는데 이곳이 바로 1995년 항공사진의 유적지 자리이다. 무엇보다도 지세 및 주변 환경이 거의 변하지 않았다. 거북머리형의 둥근 산구릉 정동쪽에는 '날고하 지류천'이 남북 방향으로 길게 흘러내려 날고하까지 닿아 있다. 거북머리형 산구릉지를

1. 1995년 항공사진

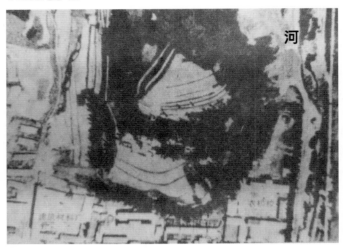

河

2. 2014년 항공사진(〈자료5〉 중 서산 자락 확대도)

자료7 **여명 제천유적 항공사진 비교**

감싼 경작지나 건물지의 모습도 거의 변하지 않았다. 또한 산구릉 전체에 나무가 조림되어 있기는 하지만 조림된 나무의 방향을 잘 살펴보면 거북머리형 산구릉지의 정상부 삼각형 발굴지, 산비탈부 직사각형 발굴지의 흔적, 곧 삼각형·직사각형 모양의 조림 자국이 남아 있다. 이처럼 항공사진 비교를 통해 여명촌 서산 자락의 거북머리형 둥근 산구릉지가 옛 제단 유적 자리임을 확인할 수 있었다.

한 가지 흥미로운 사실은 유적지의 형세가 흡사 거북이가 목을 빼고 날고하 지류천을 거쳐 날고하 방향으로 나아가고 있는 형국이며 이러한 형세는 만발발자 유적의 형세와도 같다는 점이다. 만발발자 유적의 경우 거북이가 목을 빼고 혼강 본류 및 지류 금창하 방면으로 물을 먹으러 가는 형국임이 지역민들 사이에서 널리 회자되어 왔고 이에 따라 이 일대는 '거북이 목'이라는 의미의 '왕팔발자'라는 속칭으로 통칭되어 왔다. 통화 지역의 대표적인 양대 옛 제단이 모두 혼강을 향해 나아가는 거북머리·목의 형세였던 것이니, 이는 애초 이수림이 강에 연한 구릉성 산지, 특히 거북머리·목과 같은 형세의 산구릉지를 '전방후원형'의 제단 터로 보고 이와 같은 지세에 유의하면서 제단 유적지들을 선별했음을 보여준다. 여명 제단이 만발발자 제단과 같은 '3층원단·방대'의 전방후원 형태였음은 아래에서 자세히 살펴보겠다.

2) 여명 옛 제단의 형태

2004년 7월 길림시 용담산성 앞에 세워진 안내문, '고구려인은 조선인이 아니다(고구려인병비조선인高句麗人幷非朝鮮人)'에서는 여명 및 만발발자 제단이 삼환계단식 전방후원형 제단이었음을 밝히고 있다. 안내문 전체 내용은 아래와 같다.

자료8 2004년 길림시 용담산성 안내문

몇몇 학자들은 이미 고구려 문화와 은상(殷商) 문화 사이의 밀접한 관계에 주목했으며 아울러 저작과 논문에서 거듭 주장했다. 길림성 집안 경내 고구려 무덤 벽화 가운데 용과 뱀의 그림, 기악비천(伎樂飛天), 복희(伏羲)·여와(女媧), 신농(神農)·황제(黃帝) 및 사신(四神)의 형상은 염황문화(炎黃文化)의 내용을 표현한 것이다. 최근 통화시 부근 왕팔발자(王八脖子) 유적[만발발자 유적의 이칭(필자 주)]과 통화현 여명(黎明) 유적 같은 대표적인 옛 유적에서 옛 문헌에 나오는 삼환제단(三環祭壇)이 발견되었다. 이 제단은 문화 구조상 모두 삼환계단식(三環階段式) 전방후원(前方後圓) 구조로 하늘과 태양을 숭배하는 삼중천(三重天)과 천인합일(天人合一)의 관념을 구현한 것이다. 이것은 중국 원시본원 철학사상의 정수이며, 또 지역적으로도 서로 가깝고 시간적으로도 서로 이어져 있다. 많은 역사문화의 구성 요소들이 고구려인은 상인(商人)에서 나왔다는 것을 보여주고 있다. 고구려는 상인이 건국하거나 상인이 중원으로 들어가기 전후 동북방으로 옮겨 온 한 종족일 수 있다. 고구려의 근원은 상인으로 오제(五帝) 계통이고 염황문화의 후예이다.[33]

이상의 기록에 따라 여명 제단이 만발발자 제단과 같은 '3층원단·방대'의 형태였음을 알게 된다. 여명 제단은 '3층원단·방대'의 형태였을 뿐 아니라 여기에 더하여 환호시설까지 갖추고 있었던 것으로 보인다.

여명 옛 제단에 환호가 부가되어 있었던 것으로 바라보게 되는 근거는 첫째, 이수림의 논문(2000)에서 여명 유적을 '여명환호(黎明環壕) 유적'으로 칭하고 있는 점이다.[34] 둘째, 이수림의 논문(2000)에서 백두산 서편 옛 제단 주변의 취락지를 정리하면서 ① 계지식(階地式) 취락, ② 환호식(環壕式) 취락으로 나누었는데, 이 중 ②에 여명 유적이 포함되어 있는 점이다. 아래와 같다.

① 계지식 취락: 약진문화(躍進文化)[35] 1~3기
완만한 언덕 위에 계단식으로 분포되어 있는 취락으로 이 시기에는 '환호가 있는 산성(山城) 성질의 취락[환호식 취락(필자 주)]'이 나타나지 않음. 통화시 만발발자 남산(南山) 취락군지, 주군(駐軍) 206 의원(醫院) 뒤쪽의 취락군지, 유하현 향양향 왕팔발자 제단 부근의 취락군지, 유하현

---

33 「고구려 유적 下—유적 현장의 역사왜곡 실태」, 『한국일보』, 2005년 8월 3일자.

34 「通化縣黎明環壕遺址, 輝南縣大椅山祭壇等遺址周圍, 同樣分布着衆多的聚落群址」(李樹林, 앞의 글, 2000年 1月, 124쪽)

35 3부 주14와 같음.

삼원포진의 어대(魚臺) 제단 등.[36]

② 환호식 취락: 약진문화 3~5기

지세가 탁 트인 곳의 많은 계단식 지세(계지)의 중심지대의 눈에 확 들어 오는 산정상부에 자리한다. 산정의 평대 위 평평하고 완만한 곳을 둘러 싸고 양도(兩道)·환계·환호가 파여 있는 것이 특징이며 그 외곽에 환장 이 있다. 내부에는 소수의 사람이 주거한다. 이는 다시 두 유형으로 나뉘 는데,

㉮ 야수 방어용: 대표적으로 통화시 만발발자 제단 중 방단 위 춘추시기 [3기에 해당(필자 주)] 환호(환호 내 주거지 13좌) 및 양한시기[4기에 해당(필 자 주)]의 환호(환호 내 주거지 3좌)

㉯ 외침 방어용:

- 대표적으로 통화현 쾌대무진 산정 환호·금두향(金斗鄕) 소남구(小南 溝) 산정 환호·유하현(柳河縣) 성관향(城關鄕) 조어대(釣魚臺) 환호· 매하구시(梅河口市) 화수산(樺樹山) 산정 환호 등

- 자연 산세를 이용하여 수축한 소형취락 성지(城址)

- 환호 밖에서 동시기의 비교적 많은 주거지 발견

- 청동기시기~진한시기 유물이 출토되었고 금속병기 포함

- 여기에서 후대 고구려 산성이 파생[37]

이상의 내용은 백두산 서편 옛 제단 다수에 부속된 환호시설에 대해

---

36 3부 주15와 같음.
37 3부 주16과 같음.

많은 시사점을 주며, 특히나 만발발자 제단이나 여명 제단에 환호가 있었음을 보여준다. 백두산 서편 옛 제단군에 부속된 환호시설은 대체로 '산정에 자리한 평대(제단)를 감아 도는' 형식이었다고 하지만(『중국문물보』-③-㉕) 만발발자 제단의 경우는 3층원단이 아닌 방대('방단') 위치에서 춘추시기(3기에 해당)와 양한시기(4기에 해당), 시기를 달리하는 환호 2기가 발견되었고 그 안에 각각 13좌와 3좌의 주거지가 있었다고 했으니, 이 기록만으로 볼 때 3층원단을 환호가 둘러싼 형태는 아니었던 것으로 보게 된다. 반면 여명 제단의 경우는 '여명 제단이 산정에 자리한 점'(『중국문물보』-②), '여명 환호유적'[이수림의 논문(2000)], '통화현 쾌대무진 산정 환호'[이수림의 논문(2000)] 등의 기록을 통해 산정의 제단에 환호가 딸려 있었음을 알게 된다. 물론 환호의 정확한 위치나 형태는 현재로서는 확인이 불가능하다.

다음은 백두산 서편 옛 제단군에 둘러진 환호의 성격 문제이다. 백두산 서편 옛 제단군에는 환호가 둘러진 경우가 매우 많아 유형 구분의 기준이 될 정도였으며 무엇보다도 '산정에 자리한 제단(평대)을 감아 도는' 부속시설의 형식이었다는 점에서 그 기본 용도를 '제천시설용'으로 바라보게 된다. 물론 이수림은 '야수·외침 방어용'으로 보았지만 위의 내용을 잘 살펴보면, '탁 트인 곳 산정에 평대·양도·환계·환호·환장의 시설을 갖추고 있었으며 환호의 내부에는 소수의 사람이 거주하고 환호의 외곽으로는 동시기 많은 사람들이 거주하는 주거지가 있었다'고 했다. 산정의 중심시설이 제단(평대)이었다면 제단 주변의 환호는 일차적으로 제단과 관련한 용도, 가령 (금기·탈속의 의미를 담은) 성(聖)·속(俗) 구획, 제천시설 및 제천의례 종사자의 보호 등을 일차적인 목표로 했다고 보는 것이 사세상 합리적이다. 특히 환호 내에 소수의 사람이 거주하고 환호 밖에 다수의 주거지가 자리하고 있었다면 이를 방어용으로 보기 어렵다는 문제도 있다. 물론 유사시에 야수나 외침을 방어하기 위한 목적도 일부 없지는 않았을 것이지만 이를 주된 용도로 볼 수는 없다. 옛 제단군에 부속된 환호의 기본 용도는 방어용보다는 제천시설용으로 보는 것이 타당하다는 것이다. 이상에서 여명 제단이 산정부에 자리한 3층원단·방대 형태로서 환호시설을 갖고 있었음을 살펴보았다.

'환호를 두른 구릉성 제천시설'의 전파: 요서 우하량 유적 및 한반도 남부

1. 요서 우하량 유적의 '환호를 두른 구릉성 제천시설(3층원단류)'

앞서 살펴본바 백두산 서편의 '서기전 4000년~600년경 환호를 두른 구릉성 제천시설(3층원단·선돌·적석단·제천사류)' 중에서도 가장 오래된 고형(古形)은 만발발자나 여명 제단과 같은 '3층원단류'인데, 동시기 요서 지역의 대표적 소도제천지였던 우하량 지역에서도 이러한 형태가 나타났다.

우하량 유적에서는 현재까지 16개 지점에서 시기를 달리하는 20기 이상의 유적군이 발견되었다. 유적지의 북쪽 끝에 자리한 1지점 여신묘 아래 남쪽 구릉지에 원형 및 방형의 단총군이 흩어져 있다. 16지점 중 정식 발굴된 적석총은 2·3·5·16지점 4곳으로 이들 적석총의 층위는 대체로 3기로 나뉜다. 1기 하층유존 단계, 2기 하층적석총 단계, 3기 상층적석총 단계이며 이 중 상층적석총은 다시 조·만기로 나뉜다. 1기 하층유존은 5·16지점, 2기 하층적석총은 2·5·16지점, 3기 상층적석총은

2·3·5·16지점 4곳 모두에 있다. 필자는 무저통형기(無底筒形器)의 형태 및 우하량 4곳에 대한 탄소연대측정값을 기준으로 다음과 같이 우하량 유적의 시기를 구분해 보았다. 곧 ① 1기 하층유존 단계: 서기전 4500년~서기전 4000년, ② 2기 하층적석총 단계: 서기전 4000년~서기전 3500년, ③ 3기 상층적석총 단계: 서기전 3500년~서기전 3000년이다.[38]

우하량 하층적석총은 외관상 한결같이 평면 원형이며 계단식 방식은 없었다. 그러다가 상층적석총 단계에 이르러 원형뿐 아니라 방형, 원·방 결합형(전방후원형)이 나타난다. 또한 3층 계단식이 등장하며, 원단을 둘러싸고 환호가 설치된 경우도 생겨나는 등 규모가 커지고 형식이 복잡해진다. '3층-원·방-환호'의 형식이 등장한 것이다.

실제로 우하량 상층적석총에서는 ① 만발발자 옛 제단류의 '3층원단(총)·방대'에 환호가 둘러진 형태 1건[5지점 1호총(N5SCZ1)], ② '(3층 가능성이 높은) 층수 미상의 원단(총)'에 환호가 둘러진 형태 1건[3지점 상층적석총], ③ 만발발자 옛 제단류의 '3층원단(총)·방대'에 환호가 없는 형태 1건[2지점 4호총 B단 2호(N2Z4B2)]이 나타났다.

① 5지점 1호총(N5SCZ1): '환호를 두른 3층원단(총)·방대'

언덕산인 5지점의 하층적석총 위로 상층적석총 1호총(N5SCZ1)과 2호총(N5SCZ2)이 들어섰으며 이 2좌의 적석총 사이에 장방형의 제단이 설치되었다. 곧 5지점 상층적석총은 양총일단(兩塚一壇)의 형식이었다. 2좌의 적석총 중 1호총은 언덕산인 5지점의 가장 높은 곳에 위치하고

---

38 정경희, 앞의 글, 『선도문화』 26, 2019, 38~39쪽.

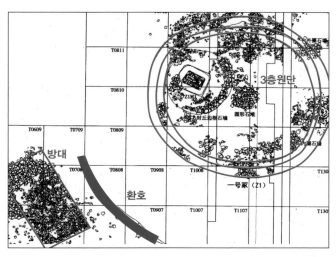

자료9 우하량 5지점 상층적석총 1호총 N5SCZ1: '환호를 두른 3층원단(총) · 방대'

있다. 중심부에 1호묘(N5Z1M1)가 있는데 그 위로 다시 흙을 메워 전체 3층 원형의 적석총 외곽을 만들고 적석으로 마감했다. 3층 원형 적석총의 외권(外圈) 지름은 20~22m, 중권(中圈) 18~20m, 내권(內圈) 16.5~18.5m이다. 3층 원형 적석총의 외곽으로는 환호가 둘러져 있다. 발굴시에 평면 호형(弧形)으로 발굴되었으나 호의 각도로 보아 환호의 원래 모습은 원형이었을 것으로 추정되었다. 이러할 경우 환호의 지름은 42m 정도가 된다. 1호총의 서남쪽 아래로 방형 내지 장방형의 2호총이 있고 그 사이에 장방형의 제단이 있다.(매변 5.5m×5.3m×8.6m×7.6m)[39] 1호총 3층원단과 장방형 제단을 합치면 전방후원 형태로 만발

---

39 遼寧省文物考古研究所, 『牛河梁-紅山文化遺址發掘報告(1983-2003)』 中, 2012, 312~313쪽.

발자 제단이나 여명 제단, 또 우하량 2지점 4호총 상층적석총 B단 2호
(N2Z4B2)와 같은 형태이다.

② 3지점 상층적석총: '환호를 두른 (3층 가능성이 높은) 층수 미상의 원단(총)'

2지점의 정남쪽 지근에 자리한 3지점 역시 언덕산 정상부에 위치하
고 있다. 3지점의 경우 원래 하층적석총이 있었지만 파괴되어 상층적석
총만 남아 있다. 상층적석총은 언덕산 정상부에 단독으로 조성된 단총
(單塚)으로 규모는 비교적 작다. 지름 약 17m의 원형으로 지금으로는 3
층 여부를 확인하기 어렵지만 당시의 일반적인 형태로 보아 3층이었을
가능성이 높다. 언덕산의 정상부이자 무덤 중심부에 중심대묘인 M7호
가 있고 주변에 M1호, 또 서남부 지역에 10좌의 무덤이 있다. 특이점은
무덤을 둘러싼 환호시설이다. 환호에서는 홍산문화기 유물과 함께 전국
~한대의 유물이 출토되었다. 홍산문화기 유물로는 도소인상(陶塑人像)
면부(面部) 잔편·도편·석기 등이, 전국~한대 유물로는 철기·철촉·청
동전패(靑銅錢佩) 등이 출토되었다.[40] 홍산문화기 유물이 출토된 것으로
보아 환호는 3지점이 조성될 때 만들어졌을 가능성이 높으며, 5지점 상
층적석총의 환호시설로 미루어 동시대 유적으로 보인다.

③ 2지점 4호총 B단 2호(N2Z4B2): '환호가 없는 3층원단(총)·방대'

우하량 유적에서 가장 높은 지점인 1지점 여신묘 바로 아래 구릉지에
2지점이 위치하고 있다. 이곳의 하층적석총 위를 메운 점토층 위로 거

---

40 遼寧省文物考古硏究所, 위의 책 上, 2012, 228~229쪽.

자료10 우하량 3지점 상층적석총과 평면도: '환호를 두른 층수 미상의 원단(총)'

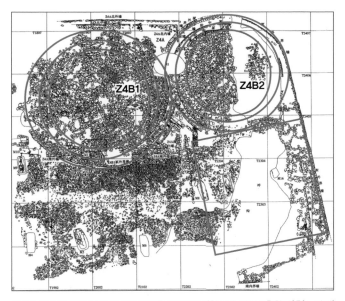

자료11 우하량 2지점 4호총 상층적석총 N2Z4B2: '환호가 없는 3층원단(총) · 방대'

대 규모의 '3층 원형 적석총 2기(Z4B1, Z4B2)'가 동·서로 조성되었는데, 서로 연접해 있으며 맞닿은 부분은 연결되어 있다. 이 중 동쪽 적석총 Z4B2의 경우는 남단에 방형 기단이 달려 있는데 보조제단으로 여겨진다.[41] Z4B2와 방형 기단을 합하면 전방후원(前方後圓) 형태로 만발발자 제단이나 여명 제단과 같은 계통이다.[3층원단(지름 외권 15.3m, 중권 13.4m, 내권 12m)+방대=남북 총장 34.6m] '환호가 없는 3층원단(총)·방대' 형태로 제단 조성시 환호의 설치 여부가 선택사항이었음을 보여준다.

이렇듯 우하량 상층적석총에서는 ① 환호를 두른 3층원단(총)·방대 1건[N5SCZ1], ② 환호를 두른 (3층 가능성이 높은) 층수 미상의 원단(총) 1건[N3 상층적석총], ③ 환호가 없는 3층원단(총)·방대 1건[N2Z4B2]이 나타났다. 이들은 한결같이 언덕산 정상부에 자리하고 있었으니 백두산 서편 제천유적 중 가장 고형인 '환호를 두른 구릉성 제천시설(3층원단류)' 계통에 다름 아니었다.

'3층원단(총)·방대' 형식의 원류인 만발발자 제단으로 대변되는 백두산 서편의 '환호를 두른 구릉성 제천시설(3층원단류)'의 시기가 서기전 4000년~서기전 3500년경, 우하량 상층적석총의 시기가 서기전 3500년~서기전 3000년경이니,[42] 백두산 서편의 '환호를 두른 구릉성 제천시설(3층원단류)'이 수백 년의 시차를 가지고 우하량 상층적석총 단계로 전파되었음을 알게 된다. 이렇듯 백두산 서편 지역과 우하량 지역은 '환호를 두른 구릉성 제천시설(3층원단류)', 또 구체적 형식 면에서 '3층-원·방-환호'의 형식을 공유하되 시기 면에서 백두산 서편 지역이 우하량 지역을 수백 년 정도 앞서고 있었다.

이상 요동 백두산 서편 지역의 서기전 4000년~서기전 3500년경 환

---

41 遼寧省文物考古研究所, 위의 책 上, 2012, 139쪽, 85~186쪽.
42 정경희, 앞의 글, 『선도문화』 26, 2019, 40~42쪽.

호를 두른 구릉성 제천시설(3층원단류) 및 요서 우하량 지역의 서기전 3500년~서기전 3000년경 환호를 두른 구릉성 제천시설(3층원단류)은 시기·내용 면에서 '배달국의 선도제천유적'에 다름 아니다. 곧 백두산 서편 지역과 요서 우하량 지역은 배달국의 양대 중심지로서 백두산 서편 지역은 천평(신주·신시) 지역, 우하량 지역은 청구 지역에 해당했다. 이 중 백두산 천평 지역은 환웅족과 웅족(후대의 맥족)이 주도하는 새로운 형태의 전형적인 선도제천문화가 개시된 곳이었다. 또 요서 청구 지역은 천평 지역에서 새롭게 개시된 전형적인 선도제천문화가 요서 지역 홍륭와문화기 이래 구래의 선도제천문화와 결합함으로써 배달국 선도제천문화가 만개된 곳이었다. 요컨대 배달국의 양대 중심지 요동 천평 지역과 요서 청구 지역에 나타난 '환호를 두른 구릉성 제천시설(3층원단류)', 구체적으로 '3층-원·방-환호'형의 적석 단총류는 배달국의 선도제천문화를 대표하는 제천시설이었다.

2. 청동기~초기철기시대 한반도 남부의 '환호를 두른 구릉성 제천시설(적석단 · 나무솟대 · 제천사 · 선돌 · 고인돌류)'

앞서 살펴본바 배달국시기의 '환호를 두른 구릉성 제천시설(3층원단류)'은 청동기~초기철기시대 한반도 남부 지역의 '환호를 두른 구릉성 제천시설(적석단·나무솟대·제천사·선돌·고인돌류)'의 형태로 이어졌다. 이는 탁 트인 조망을 지닌 야트막한 산구릉지의 정상부에 적석단·나무솟대·제천사·선돌·고인돌 등의 제천시설이 시설되어 있고 그 주변으로 환호가 둘러진 유적 형태를 지칭한다. 이때 환호는 생략되기도 한다.

이러한 유적 형태는 1996년 부천 고강동 유적을 시작으로 하여 한반도 남부에서 널리 발견되기 시작했으며, 대체로 산구릉지 아래의 일반 마을과 구분되는 신성지역으로 『삼국지』 위지 동이전 한조(韓條)에 나오는 것처럼, 제천의례 또는 천신의례가 행해졌던 소도의 원형이었다.[43] 유적의 시기는 넓게 청동기시대부터 초기철기시대에 걸쳐 있지만 중심 시기는 초기철기시대 원형점토대 토기 단계에 집중되는 경향을 띠었다.

1990년대 이후 한반도 남부의 '환호를 두른 구릉성 제천시설'은 산구릉 정상부에 자리한 중심 제천시설을 기준으로 하위 유형 구분이 가능한데, 현재로는 ① 적석제단(적석 유구) 유형, ② 나무솟대(주혈 유구) 유형, ③ 제천사 유형, ④ 선돌 유형, ⑤ 고인돌 유형으로 구분된다.

① 적석제단(적석 유구) 유형은 환호의 중심부에 적석제단이 자리한 경우로 초기철기시대 부천 고강동 유적을 대표로 한다. ② 나무솟대(주혈 유구) 유형은 환호의 중심부에 다수의 나무솟대 구멍이 정형성을 가지지 않고 확인된 경우로 청동기시대 평택 용이동 유적, 초기철기시대 경주 나정 유적을 대표로 한다. ③ 제천사 유형은 환호의 중심부에 건물지 유구가 확인된 경우로 청동기시대 울산 연암동 유적을 대표로 한다. ④ 선돌 유형은 환호의 중심부에 선돌이 확인된 경우로 초기철기시대 안성 반제리 유적, 초기철기시대 오산 가장동 유적을 대표로 한다. ⑤

---

43 배기동·강병학, 『부천 고강동 선사유적 4차 발굴조사보고서』, 부천시·한양대학교박물관, 2000, 155~159쪽: 정의도 외, 『울산 연암동 환호유적—학술조사연구총서 제54집』, 울산광역시종합건설본부·경남문화재연구원, 2006, 119~120쪽: 하문식, 「청동기시대 제의 유적의 몇 예—경기지역을 중심으로」, 『문화사학』 27, 2007, 73~76쪽: 최몽룡, 「마한연구의 새로운 방향과 과제」, 『한국 청동기·철기시대와 고대사회의 복원』, 주류성, 2008, 338~340쪽: 김권구, 「청동기시대~초기철기시대 고지성 환구에 관한 고찰」, 『한국상고사학보』 76, 2012, 66쪽 등 참조.

고인돌 유형은 환호의 중심부에 고인돌이 확인된 경우로 경남 창원 진동리 고인돌 A군 1호를 대표로 한다.[44](3부 〈자료4〉 참조)

이상에서 살펴본 바와 같이, 배달국시기의 '환호를 두른 구릉성 제천시설(3층원단류)'과 청동기~초기철기시대 한반도 남부 지역의 '환호를 두른 구릉성 제천시설(적석단·나무솟대·제천사·선돌·고인돌류)'은 시대 변화에 따른 중심 제천시설의 차이는 있지만 모두 동일 계통의 유적이다.

① 요동 백두산 천평 지역
- 서기전 4000년~서기전 3500년경 환호를 두른 구릉성 제천시설(3층원단류)에서 시작
- 서기전 4000년~600년경 환호를 두른 구릉성 제천시설(3층원단·선돌·적석단·제천사류)로 다변화

② 요서 우하량 청구 지역
- 서기전 3500년~서기전 3000년경 환호를 두른 구릉성 제천시설(3층원단류)에서 시작

③ 한반도 남부 지역
- 청동기~초기철기시대 환호를 두른 구릉성 제천시설(적석단·나무솟대·제천사·선돌·고인돌류)

---

44 정경희, 「통화 만발발자 제천유적을 통해 본 백두산 서편 맥족의 제천문화(Ⅱ)—제2차 제천시설 '선돌 2주·적석 방단·제천사'를 중심으로—」, 『선도문화』 27, 2019, 34~36쪽.

이렇게 지역·시기·형태를 종합해서 '서기전 4000년~600년경 요동·요서·한반도의 환호를 두른 구릉성 제천시설(3층원단·적석단·나무솟대·제천사·선돌·고인돌류)'로 총칭해 보게 된다.

시기를 백두산 지역에 맞춘 것은 이 지역의 시기값이 가장 길어 다른 지역의 시기값을 포함하고 있기 때문이다. 지역을 요동·요서·한반도로 본 것은 백두산 서편을 요동, 우하량 지역을 요서, 한반도 남부를 한반도의 대표로 본 것이다. 또한 환호 중심부에 자리한 3층원단·적석단·나무솟대·제천사·선돌·고인돌을 동일 계통의 제천시설류로 보았다. 가장 먼저 3층원단류가 서기전 4000년~서기전 3500년 무렵 요동 백두산 지역에서 시작되어 서기전 3500년~서기전 3000년 무렵 요서 우하량 지역으로 전파되었고 청동기~초기철기시대가 되면서 백두산 서편 지역과 한반도 남부 지역을 중심으로 새로운 제천시설인 적석단·나무솟대·제천사·선돌·고인돌 등이 생겨났다고 보았다.

이렇듯 중국 측이 요하문명론—장백산문화론을 추진해 간 결과 역으로 서기전 4000년~600년경 요동·요서·한반도 지역을 관통하고 있던 맥족계 선도제천문화의 실체가 드러나게 되었다. 이상의 시기와 지역을 중심으로 맥족계 선도제천문화권의 설정이 가능할 것이다. 물론 그 세부적인 변화상은 향후 더 면밀하게 채워나가고 또 수정·보완해 가야 할 것이지만, 우선적으로 큰 구도의 방향 제시가 필요하다고 보았다.

이상에서 살펴보았듯이 '서기전 4000년~600년경 요동·요서·한반도 지역의 환호를 두른 구릉성 제천시설(3층원단·적석제단·나무솟대·제천사·선돌·고인돌류)'에 나타난 요소들, 곧 하늘과 가까운 구릉성 입지, 하늘로 나아가는 3층 계단에 표현된 선도사상의 요체인 일·삼(천·지·인, 원·방·각, 하느님·삼신, 마고·삼신, 북두칠성) 사상, 역시 하늘로 나아가는 의미를 담은 각종 제천시설들, 환호에 담긴 성·속 구분의 의미 등은 맥족계 선도제천문화의 기본 특징들을 보여주며 현재까지도 한국 사회 곳곳에서 전통문화로서 여전한 생명력을 이어오고 있다. 중국 측이 애초 장백산지구의 옛 제단 유형이 중국 내 타 지역에 나타나지 않음을 지적했듯이 이는 전형적인 한국계 문화인 것이다. 중국 측이 '요하문명론-장백산문화론'을 추진해 간 결과 역으로 서기전 4000년~600년경 요동·요서·한반도 지역을 관통하고 있던 맥족계 선도제천문화의 실체가 드러나게 되었음은 아이러니하기까지 하다.

4장

맺음말

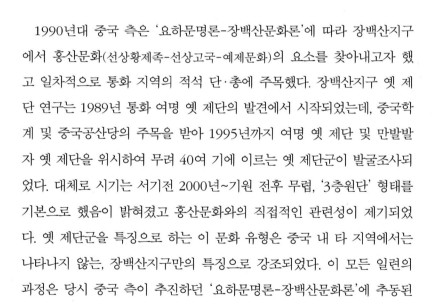

1990년대 중국 측은 '요하문명론-장백산문화론'에 따라 장백산지구에서 홍산문화(선상황제족-선상고국-예제문화)의 요소를 찾아내고자 했고 일차적으로 통화 지역의 적석 단·총에 주목했다. 장백산지구 옛 제단 연구는 1989년 통화 여명 옛 제단의 발견에서 시작되었는데, 중국학계 및 중국공산당의 주목을 받아 1995년까지 여명 옛 제단 및 만발발자 옛 제단을 위시하여 무려 40여 기에 이르는 옛 제단군이 발굴조사되었다. 대체로 시기는 서기전 2000년~기원 전후 무렵, '3층원단' 형태를 기본으로 했음이 밝혀졌고 홍산문화와의 직접적인 관련성이 제기되었다. 옛 제단군을 특징으로 하는 이 문화 유형은 중국 내 타 지역에서는 나타나지 않는, 장백산지구만의 특징으로 강조되었다. 이 모든 일련의 과정은 당시 중국 측이 추진하던 '요하문명론-장백산문화론'에 추동된 것이었다.

백두산 서편 옛 제단군의 유형은 대체로 '① 전적인 환계 방식: 3층원단, ② 환계·환호 결합 방식: 3층원단+환호, ③ 전적인 환호 방식: 환호

외 미상'의 3유형으로 구분되었다. 이처럼 백두산 서편의 옛 제단군에는 환계(3층원단) 방식, 또 환호 방식이 많아 유형화의 주요 기준으로까지 등장할 정도였다. 제단의 형태는 3층원단 형태가 많았지만 이외에 단층 원단 형태도 있었다. 이에 의하면 백두산 서편 옛 제단군은 첫째 산구릉 정상부에 자리한 점, 둘째 3층원단이 많았던 점, 셋째 환호를 두른 경우가 많았기에, '환호를 두른 구릉성 제천시설(3층원단류)'로 정리된다.

이상의 3유형 구분은 1995년까지의 발굴조사 결과였는데, 이후 1997년~1999년 사이에 만발발자 유적에 대한 전면 발굴이 있었다. 만발발자 유적의 발굴 결과는 1995년의 발굴조사와 합치되는 면도 있었지만 새롭게 밝혀진 면도 있었다.

발굴 결과 만발발자 유적 중 1차 제천시설 '3층원단(모자합장묘)·방대'가 조성된 시기는 서기전 4000년~서기전 3500년경, 또 1차 제천시설 위로 2차 제천시설인 '선돌 2주·적석 방단·제천사'가 순차적으로 들어서면서 만발발자 지역이 소도제천지로서의 기능을 유지했던 시기는 서기전 4000년~600년경으로 밝혀졌다. 이상의 결과를 통해 처음 백두산 서편 옛 제단군의 시기로 거론된 서기전 2000년~기원 전후를 서기전 4000년~600년경으로 교정할 수 있게 되었다. 또한 제천시설도 처음에는 3층원단이 위주였지만 후대에 이르러 선돌·적석단·제천사 등 다양한 형태가 생겨났던 것으로 교정할 수 있게 되었다. 이에 필자는 1995년까지의 발굴조사 결과에다 만발발자 유적의 발굴 결과를 두루 종합하여, 백두산 서편 옛 제단군의 기본 성격을 '서기전 4000년~600년경 환호를 두른 구릉성 제천시설(3층원단·선돌·적석단·제천사류)'로 교정했다.

만발발자의 1차 제천시설 '3층원단(총)·방대'는 만발발자와 동일 계통의 제단으로 지목되었던 여명 제단의 이해에 많은 도움을 주었다. 1995년 여명 유적을 촬영한 항공사진 검토를 통해 현재 통화현 쾌대무진 여명촌 서쪽 산자락의 거북머리형 둥근 산구릉지가 여명 제단 자리임을 알 수 있었다. 더하여 관련 기록들을 통해 여명 제단이 만발발자 제단과 같이 산구릉 정상부에 자리한 '3층원단·방대' 형식으로 환호시설이 딸려 있었음을 알 수 있었다.

백두산 서편의 '서기전 4000년~600년경 환호를 두른 구릉성 제천시설(3층원단·선돌·적석단·제천사류)' 중에서도 가장 고형(古形)은 만발발자나 여명 제단과 같은 '3층원단'인데, 이러한 형태는 동시기 요서 지역의 대표적 소도제천지였던 우하량 지역에서도 똑같이 나타났다. 우하량 유적의 상층적석총 단계(서기전 3500년~서기전 3000년경)는 하층적석총 단계(서기전 4000년~서기전 3500년경)에 비해 적석총의 규모·결구 방식·부장품 등 모든 부면에서 전기적 변화가 있었는데 특히 적석총의 규모가 커진 만큼 외관 면에서도 많은 변화가 있었다. 그 주된 변화점은 첫째 3층 계단식이 나타난 점, 둘째 원형 외에 방형이 나타난 점, 셋째 단층 주변으로 환호가 둘러지기 시작한 점, 곧 '3층-원·방-환호'의 형식이다.

특히 우하량 상층적석총 단계에서는 ① 환호를 두른 3층원단(총)·방대 1건[N5SCZ1], ② 환호를 두른 (3층 가능성이 높은) 층수 미상의 원단(총) 1건[N3 상층적석총], ③ 환호를 두르지 않은 3층원단(총)·방대 1건[N2Z4B2]이 나타났다. 이들은 한결같이 언덕산 정상부에 자리했으니 백두산 서편 제천유적 중 가장 고형인 '환호를 두른 구릉성 제천시설(3층원단류)'에 다름 아니었다.

'3층원단(총)·방대' 형식의 원류인 만발발자 제단으로 대변되는 백두산 서편의 '환호를 두른 구릉성 제천시설(3층원단류)'의 시기가 서기전 4000년~서기전 3500년경, 우하량 상층적석총의 시기가 서기전 3500년 ~서기전 3000년경이니, 백두산 서편의 '환호를 두른 구릉성 제천시설(3층원단류)'이 수백 년의 시차를 가지고 우하량 상층적석총 단계로 전파되었음을 알게 된다. 이렇듯 백두산 서편 지역과 우하량 지역은 '환호를 두른 구릉성 제천시설(3층원단류)', 또 구체적 형식 면에서 '3층-원·방-환호'의 형식을 공유하되 시기 면에서 백두산 서편 지역이 우하량 지역을 수백 년 정도 앞서고 있었다.

이상 요동 백두산 서편 지역의 서기전 4000년~서기전 3500년경 환호를 두른 구릉성 제천시설(3층원단류) 및 요서 우하량 지역의 서기전 3500년~서기전 3000년경 환호를 두른 구릉성 제천시설(3층원단류)은 시기·내용 면에서 '배달국의 선도제천유적'에 다름 아니다. 곧 백두산 서편 지역과 요서 우하량 지역은 배달국의 양대 중심지로서 백두산 서편 지역은 천평(신주·신시) 지역, 우하량 지역은 청구 지역에 해당했다. 이 중 백두산 천평 지역은 환웅족과 웅족(후대의 맥족)이 주도하는 새로운 형태의 전형적인 선도제천문화가 개시된 곳이었다. 또 요서 청구 지역은 천평 지역에서 새롭게 개시된 전형적인 선도제천문화가 요서 지역 흥륭와문화기 이래 구래의 선도제천문화와 결합함으로써 배달국 선도제천문화가 만개된 곳이었다. 배달국의 양대 중심지 요동 천평 지역과 요서 청구 지역에 나타난 '환호를 두른 구릉성 제천시설(3층원단류)', 구체적으로 '3층-원·방-환호'형의 적석 단총류는 배달국의 선도제천문화를 대표하는 제천시설이었던 것이다.

배달국시기의 '환호를 두른 구릉성 제천시설(3층원단류)'은 시간이 흘러 청동기~초기철기시대가 되면서 한반도 남부 지역의 '환호를 두른 구릉성 제천시설(적석단·나무솟대·제천사·선돌·고인돌류)'의 형태로 이어 졌다. 시대변화에 따른 중심 제천시설의 차이는 있지만 이들은 모두 동 일 계통의 유적이다. 이에 ① 요동 백두산 천평 지역: 서기전 4000년 ~600년경 환호를 두른 구릉성 제천시설(3층원단·선돌·적석단·제천사 류), ② 요서 우하량 청구 지역: 서기전 3500년~서기전 3000년경 환호 를 두른 구릉성 제천시설(3층원단류), ③ 한반도 남부 지역: 청동기~초 기철기시대 환호를 두른 구릉성 제천시설(적석단·나무솟대·제천사·선돌 ·고인돌류)의 지역·시기·형태를 종합해서 '서기전 4000년~600년경 요 동·요서·한반도의 환호를 두른 구릉성 제천시설(3층원단·적석단·나무솟 대·제천사·선돌·고인돌류)'로 총칭해 보게 된다.

먼저 3층원단류가 서기전 4000년~서기전 3500년 무렵 요동 백두산 지역에서 시작되어 서기전 3500년~서기전 3000년 무렵 요서 우하량 지역으로 전파되었고 청동기~초기철기시대가 되면서 백두산 서편 지역 과 한반도 남부 지역을 중심으로 새로운 제천시설인 적석단·나무솟대· 제천사·선돌·고인돌 등이 생겨났다고 보았다. 이상의 시기와 지역을 중심으로 맥족의 선도제천문화권을 상정해 보게 된다. 이렇듯 중국 측 이 요하문명론-장백산문화론을 추진해 간 결과 역으로 서기전 4000년 ~600년경 요동·요서·한반도 지역을 관통하고 있던 맥족계 선도제천문 화의 실체가 드러나게 되었다.

이렇게 맥족의 선도제천문화권이 상정될 수 있다면 그 다음 단계로 제천시설의 변화, 제천문화 권역의 변화 등 많은 세부적인 연구가 필요 해진다. 가령 제천시설의 경우, 배달국의 대표 제천시설인 '적석 단총제' 가 단군조선에 이르러 고인돌(특히 요동 지역의 거대한 탁자식 고인돌)·적 석형 고인돌·선돌 등의 '거석 단총제'로 계승되는 과정에 대한 연구가 필요할 것이다. 또한 서기전 3세기~서기전 2세기 이후 백두산 서편 일대에서 다시 '적석 단총제'가 부활하여 고구려 적석 단총제로 이어지는 문제에 대한 연구도 필요할 것이다.

제천문화 권역의 경우, 배달국의 적석 단총제가 요동에서 시작되어 요서 지역까지 퍼져나갔던 반면 단군조선의 거석 단총제는 요하 이동으로 밀려나게 된 점에 대한 연구가 필요할 것이다. 주지하듯이 고인돌이나 적석형 고인돌의 주요 분포 범위는 요동·한반도이다. 또한 단군조선이 와해되는 서기전 3세기~서기전 2세기 이후 부활한 적석 단총제가 한반도·일본열도 지역으로 밀려났던 점에 대한 연구도 필요할 것이다. 곧 '① 배달국시기의 적석 단총제: 요서·요동 중심 → ② 단군조선시기의 거석 단총제: 요동·한반도 중심 → ③ 단군조선 이후의 적석 단총제: 한반도·일본열도 중심'으로의 변화 과정에 대한 연구가 필요한 것이다. 이러한 선도제천문화권 내에서의 변화 추세는 '배달국 → 단군조선 → 단군조선 와해 이후'를 거치면서 맥족(예맥족)의 선도제천문화가 처음 서(西)로 확장되었다가 서서히 서에서 동(東)으로 이동해 가는 문화의 흐름을 보여주기에 더욱 중요하다.

5부

요동 백두산 서편 선도제천문화가
요서로 전파되다:
홍산문화 '3층-원·방-환호'형
적석 단총제의 등장 배경

1장

홍산문화기 적석 단총의 등장 배경:
흥륭와문화기의 '석권 단총'

———— ✦ ————

   선도제천의 신격인 '일기·삼기' 또는 그 신화적 상징으로서의 '마고7
여신(마고·삼신이 분화된 형태)'은 평소 여신묘에 모셔졌으나 실제로 많
은 사람들이 모여 제천을 행하는 대규모의 제장은 단과 총이었다. 단이
순수 제천단이라면 총은 무덤에 묻힌 인물을 매개로 하는 제천단이지
만, 양자를 명확하게 구분하기는 불가능하다. 요서 지역 상고문화의 개
시기인 흥륭와문화기(서기전 6200년~서기전 5200년) 이래 선도제천 전통
에서 총은 단을 겸해 왔고 이러한 전통은 홍산문화기는 물론 후대에 이
르기까지 지속되어, 동아시아 단총 제도의 기본으로 이어졌기 때문이다.
다만 홍산문화기 이후에는 단과 총이 분리되는 경향이 생겨나기도 했지
만 단총이 결합된 기본 성격에는 변함이 없었다. 따라서 본고에서도 성
격이 명확한 경우는 총 또는 단으로 적시하였고 그렇지 않은 경우는 단
총을 병칭하였다.

   요서 지역 최초의 적석 단총은 흥륭와문화기에 등장하는데 묘 상부에
작은 돌들을 올린 후 주변으로 원형의 석권(石圈, 돌담)을 두르는 간단

한 방식이었다. 홍산문화기 적석 단총은 이러한 전통이 계승되는 한편으로 전혀 새로운 방식이 나타나 전통적인 방식과 새로운 방식이 결합되는 모습을 보였다. 홍산문화기 적석 단총의 대표격은 단연 우하량 적석 단총이다. 우하량 적석 단총은 홍산문화기 전체를 통틀어 최장 기간, 최대 규모, 최고 수준의 형식성과 부장품을 갖춘바, 홍산문화기 적석 단총 문화의 시금석이다. 특히 우하량의 적석 단총군은 기존의 무덤 위로 흙을 메운 후 다시 그 위로 무덤을 쓰는 중층적 방식을 취하였기에 적석 단총제의 변천 과정을 살피기에 적격이다.

본문 중에서 자세하게 살펴보겠지만 우하량 적석총군의 층위와 시기는 ① 1기 하층유존 단계: 홍산문화 전기(서기전 4500년~서기전 4000년), ② 2기 하층적석총 단계: 홍산문화 중기(서기전 4000년~서기전 3500년), ③ 3기 상층적석총 단계: 홍산문화 후기(서기전 3500년~서기전 3000년)이다. 1기 하층유존의 수혈식토광묘 단계를 지나, 2기 하층적석총 단계에서 적석묘 제도가 다시 부활하게 되는데 홍륭와문화기 이래의 석권 방식이 다소간 변형된 모습, 곧 석권이 무저통형기로 대체된 방식이었다. 2기 하층적석총이 홍륭와문화기 이래의 오랜 전통을 계승한 방식이었다면 3기 상층적석총 단계에 이르러서는 갑자기 새로운 방식이 등장한다. 적석총의 규모가 거대해지고 결구 방식이 정교해지며 다인합장 방식이 일반화되었다. 외형 면에서는 이전에 볼 수 없었던 3층 계단식이 나타났으며 원형 외에 방형이 등장하여 원단·방총으로 분리되는 경향이 분명해졌다. 부속시설로 환호도 나타났다.

이러한 하·상층 적석총 간의 급격한 변화는 선도제천문화의 변화, 더 나아가서는 홍산 사회의 변화를 반영한 것으로 극히 중요한 연구 주제임에 틀림없지만, 그 변화 과정, 의미, 등장 배경 등에 대한 연구는 제대로 이루어지지 못했다. 이에 필자는 하·상층 적석총의 변화를 선도제천문화의 변화라는 시각으로 새롭게 조명해 보았다. 곧 하층적석총 단계가 홍산 중기 사회를, 상층적석총 단계가 홍산 후기 사회를 반영한 것이라면, 이 중에서도 특히 홍산 후기는 선도제천문화가 절정에 도달한 시기이기에 이러한 관점으로 상층적석총을 바라본 것이다. 하층적석총 단계에서 상층적석총 단계로의 변화를 '선도제천문화의 심화'라는 측면으로 바라볼 때 많은 변화점들 중에서도 특히 적석총 외형상의 변화점에 주목하게 된다. 이즈음 크고 복잡해진 적석총의 외형에 선도제천의 의미나 목적이 상징적인 방식으로 구현된 것으로 바라보게 되기 때문이다.

기왕에 중국학계에서도 우하량 적석총의 외형에 대한 관심은 있어왔다. 특히 하층적석총의 경우는 외관상 특징이 워낙 단순하여 발굴보고서에서도 이를 '부석묘(敷石墓)', 또는 '통형기권묘(筒形器圈墓)'로 그 특징을 정의한 바 있다.[1] 반면 상층적석총의 경우는 외형상의 변화점이 너무 많고 복합적이어서 이들을 요령있게 분석한 개념적 정의가 내려지지 못하였고 등장 배경이나 의미 등에 대한 연구로도 확대되지 못했다. 반면 필자는 상층적석총의 외형상 변화점들 중에서도 가장 두드러진 요소로 '3층 계단식', '원·방', '환호' 3가지 요소에 주목, 이를 '3층-원·방-환호'형 적석 단총제로 새롭게 개념화해 보았다. 또한 그 등장 배경과 관련해서 요동 지역 백두산 서편의 맥족계 선도제천문화와의 연관성 문제에 대해서도 살펴보았다.

---

1   遼寧省文物考古研究所,『牛河梁-紅山文化遺址發掘報告(1983~2003年度)』上, 2012, 142쪽; 같은 책 中, 2012, 471쪽.

1. 홍산문화 단 · 묘 · 총 제도의 원류: 흥륭와문화 백음장한 유적의 적석묘와 여신상

홍산문화기에 나타나는 난숙한 제천문화가 하루아침에 생겨난 것이 아니라 그 이전 시기부터 점진적으로 발전해 온 것이라 할 때, 일반적으로 그 원류로 요서 지역 상고문화의 본격적 시작기인 흥륭와문화기 시라무렌강(서랍목륜하西拉木倫河) 일대에서 펼쳐진 문화 유형인 '백음장한(白音長汗) 유형'에서 나타나는 초기 형태의 제천문화를 든다.

흥륭와문화 백음장한 유형의 대표 유적인 백음장한 유적에서는 적석단총 및 여신상이 세트를 이루어 홍산문화 단·묘·총 제도의 원류이자 요서 지역 제천의 원류로서 주목되어 왔다.[2] 백음장한 유적의 적석묘는 규모 면에서 홍산문화에 미치지 못했지만 기본 구조는 홍산문화의 그것과 거의 동일했다. 무덤의 축조 방법 및 구조, 연속된 무덤 간의 주(主)·차(次) 관계, 제단과 무덤의 결합, 옥기 부장품의 사용 등 모든 측면에서 홍산문화의 적석 단총제와 계승 관계를 보였다.

물론 흥륭와문화기와 홍산문화기의 차이도 있다. 가장 큰 차이는 적석묘의 방식이다. 흥륭와문화기 백음장한 유형의 경우는 단일의 적석묘가 십여 기 정도 모여 있는 소규모 형태였다. 따라서 홍산문화 중기에 재차 적석묘 제도가 부활할 때에도 흥륭와문화기 적석묘 제도에서 다시 시작하게 된다. 홍산문화 중기 적석묘 제도는 홍산문화 후기에 이르러 홍산문화 특유의 거대한 집체묘인 적석총 제도로 발전하게 된다. 곧 거대 적석묘인 중심대묘를 중심으로 여러 등급의 크고 작은 적석묘들이

---

2   정경희, 「요서지역 흥륭와문화기 마고여신상의 등장과 '마고제천'」, 『선도문화』 22, 2017.

부속묘 형태로 군집되어 무덤군을 이루며 그 위에 다시 크게 적석 봉분이 가해져 전체가 하나의 무덤이 되는 새로운 형태의 무덤이 등장한 것이다. 중국학계에서는 이러한 차이를 '적석묘(積石墓)'와 '적석총(積石塚)'으로 구분한다. 대체로 적석묘는 하나의 묘실을 가진 소규모의 무덤, 적석총은 하나의 묘역 내에 다수의 묘실이 군집된 대형 무덤군을 지칭한다.[3] 본고에서도 이러한 구분법에 따라 적석묘·적석총을 구분해서 사용했다.

흥륭와문화기 백음장한 유형 백음장한 유적 1호 묘지 M5호는 백음장한 유적의 적석묘들 중 가장 오래되고 가장 크며 가장 잘 만들어진 무덤이다. 야트막한 야산의 정상부에 위치하고 있는 지름 6~7m 규모의 원형 석권 방식의 단총이다. 장방형의 묘실은 잘 다듬어진 석판(石板)을 이어 세웠는데, 이미 도굴을 당한 상태였다. 다시 묘실 상부로 여러 장의 석판을 덮은 후 그 위로 돌을 쌓고 다시 주변으로는 원형의 석권을 둘렀다. 묘주는 남성이었다.[4](〈자료1〉)

천 년여가 지난 후에 이 무덤을 둘러싸고 다시 중·소형 적석묘가 설치되었는데, 토갱묘 상부에 간단하게 적석을 더한 형태였다. 이러한 모습은 홍산문화 후기 적석총이 중심부의 중심대묘를 중심으로 주변부에 중·소형의 여러 묘실을 거느리고 있는 방식의 원형으로 볼 수 있는 모습이었다. 곧 야산의 정상부에 자리한 중심묘는 무덤과 원형 제단이 일체화된 단총 결합형의 구조로서 긴 시간 동안 이 지역 제천의 중심으로

---

3   오대양, 「요서지역 적석총 문화의 기원과 형성 과정」, 『동북아역사논총』 45, 2014, 205쪽.
4   田廣林, 「論紅山文化壇廟塚與中國古代宗廟陵寢的起源」, 『史學集刊』 2, 2004: 오대양, 위의 글, 2014, 242~244쪽.

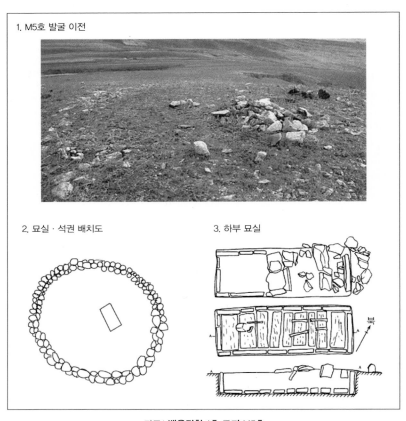

1. M5호 발굴 이전

2. 묘실 · 석권 배치도

3. 하부 묘실

북

자료1 **백음장한 1호 묘지 M5호**

기능해 왔다. 뿐만 아니라 백음장한 유적을 위시한 일대의 유적에서는 여신상 여러 기가 발견되었다. 대체로 집안 중앙에 자리한 화로터 부근 바닥에 하체가 꽂힌 형태였으며 두 손을 가슴이나 복부 위에 모으고 있는 형상이었다. 제천의 신격으로 요서 지역 여신상의 원형이었다.[5]

─────────

5   정경희, 앞의 글,『선도문화』22, 2017.

이상 흥륭와문화기 백음장한 유적의 적석 단·총과 여신상으로 대표되는 초기적 형태의 제천 전통은 홍산문화기에 이르러 '격절적(隔絶的)'이라고 해도 좋을 정도의 변화를 보이면서 전형적인 제천문화로 발전하게 된다.

먼저 여신상의 경우를 보면, 홍산문화기의 여신상은 흥륭와문화기에 비해 제작 방식이나 표현 기법 면에서도 큰 변화를 보였지만 특히 자세면에서 제천 방식의 변화와 관련한 의미심장한 변화가 간취되었다. 곧 흥륭와문화기의 여신상이 양손을 가슴에 모은 '신앙형' 자세였던 데 비해 홍산문화기의 여신상은 이마·정수리·척추선 부위에 혈(穴)자리 표식이 있거나 반가부좌에 양손으로 배를 감싸고 수행을 하는 '선도수행형' 자세를 보였다. 이는 흥륭와문화기 제천이 애초 선도수행적 방식이 아닌 신앙적 방식으로 시작되었다가 홍산문화기에 이르러 선도수행적 방식으로 변화해 갔음을 보여주었다. 이외에 흥륭와문화기에는 여신상만 제작되었지만 홍산문화기에는 여신상과 함께 제천의 주재자이자 통치자였던 남신상이 함께 제작되는 변화도 있었다.[6]

다음 옥기의 경우를 보면, 백음장한 유형의 옥기 부장품은 옥결(玉玦)·옥비(玉匕) 등 장신구, 또 옥선(玉蟬)과 같은 동물상으로 품목이 단순하고 수량이 적었다. 반면 홍산문화기에 이르러서는 선도적 세계관을 다양한 방식으로 상징화해 낸 많은 옥기류가 등장하여, 품목이나 수량면에서 이전과 비교할 수 없을 정도가 되었다. 홍산옥기 중에서도 선도적 세계관을 표현해 낸 대표 유형으로 갈기 달린 소용돌이 형태의 '삼원

---

6 정경희, 「홍산문화 여신묘에 나타난 삼원오행형 마고7여신과 마고제천」, 『비교민속학』 60, 2016.

오행' 유형이 있다.(중국식 '구운형勾雲形' 또는 '구형勾形') 이들은 우주의 근원적인 생명력이 '1·3 → 2 → 4 → 8' 갈래로 나뉘면서 점차적으로 세계가 만들어져 가는 과정을 표현하였다.[7]

　다음은 적석 단총의 경우인데, 흥륭와문화 말기를 즈음하여 적석묘 제도는 잠복 상태에 들어가 후속문화인 조보구문화기(서기전 5000년~서 기전 4400년)에는 명확한 형태의 무덤이 발견되지 않았다. 조보구문화기 이후의 홍산문화 전기, 곧 서기전 4500년~서기전 4300년 무렵 요서 지 역에서는 적석이 없는 순수 흙무덤인 수혈식토갱묘(竪穴式土坑墓)가 일 반적이었다. 이즈음 무적석형 수혈식토갱묘의 대표 사례로 남대자(南臺 子) M1호와 백음장한 M23호 등이 있다.[8]

2. 적석묘 전통의 부활: 홍산문화 중기 서랍목륜하 및 대릉하 일대

　홍산문화 중기인 서기전 4000년~서기전 3500년 무렵이 되면 다시 흥륭와문화기 이래의 적석묘 전통이 부활하게 된다. 홍산문화기의 대표 적인 적석 단총 유적으로는 능원(凌源) 우하량(牛河梁)·전가구(田家溝), 객좌(喀左) 동산취(東山嘴), 조양(朝陽) 반랍산(半拉山), 오한기(敖漢旗) 초모산(草帽山)·소고입토(小古立吐)·북우석하(北牛夕河), 부신(阜新) 호 두구(胡頭溝), 임서(林西) 백음장한, 극십극등기(克什克騰旗) 남대자(南

7　정경희, 「홍산문화 옥기에 나타난 '조천'사상(2)」, 『백산학보』 88, 2010; 「홍산문화 옥기에 나타난 '조천'사상(1)」, 『선도문화』 11, 2011; 「동아시아 '북두-일월' 표상의 원형 연구」, 『비교민속학』 46, 2011.

8　오대양, 「홍산문화 적석총 유적의 형식과 발전과정」, 『동양학』 57, 2014, 27~28쪽.

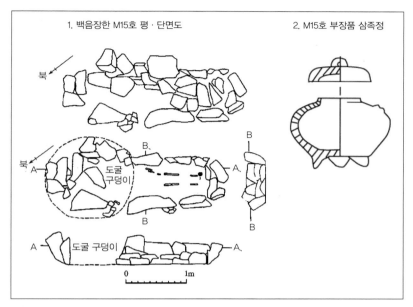

1. 백음장한 M15호 평·단면도　　　　2. M15호 부장품 삼족정

북

북

A

도굴 구덩이

B

B

A

B

B

B

A

도굴 구덩이

A

0　　　　　1m

자료2 홍산문화 중기 서랍목륜하 일대 적석묘 전통의 부활

臺子), 파림우기(巴林右旗) 홍격력도(洪格力圖), 옹우특기(翁牛特旗) 해랍소진(海拉蘇鎭), 적봉시(赤峯市) 강가만(康家灣) 유적 등이 널리 알려져 있다. 홍산문화기 적석 단총 제도는 흥륭와문화기의 적석 단총 제도를 기본으로 승계하는 한편으로 홍산문화기의 훨씬 깊어진 선도문화를 반영하여, 형식이나 부장품 면에서 큰 변화와 발전을 보였다.

　홍산문화 중기 가장 이른 시기에 적석묘 제도가 등장한 곳은 서랍목륜하 일대의 임서현 백음장한 유적 및 극십극등기 남대자 유적, 또 대릉하(大凌河) 일대의 능원·건평현 우하량 유적이다. 서랍목륜하 일대는 흥륭와문화기 이래 적석묘 전통이 간직되어 오던 곳이기에 적석묘 전통의 부활은 매우 자연스럽다. 대표 무덤으로 백음장한 M15호, 남대자 유적 M7호 등이 있는데[9] 이 중 백음장한 M15호의 경우, 묘실에 석판을 깔고 묘의 상부에 석괴(石塊, 돌덩이)를 쌓아둔 방식으로 흥륭와문화기의 적석묘 제도를 계승하였다.(〈자료2-1〉)

이렇듯 홍산문화 중기 무렵 서랍목륜하 일대에 적석묘가 재등장했지만[10] 이즈음 요서 지역 적석묘 문화의 중심은 서랍목륜하가 아닌 대릉하 일대로 옮겨져 있었다. 대표적으로 동시기 대릉하 일대에 등장한 거대 소도제천지 우하량 적석 단총군은 모든 측면에서 서랍목륜하 일대를 단연 능가하는 모습이었다. 가령 백음장한 M15호의 부장품으로 새로운 토기 유형인 뚜껑 덮인 삼족정(三足鼎, 도정陶鼎)이 나타났다.(〈자료 2-2〉)[11] 이 삼족정은 우하량 2기 하층적석총 단계(서기전 4000년~서기전 3500년)의 주요 부장품인 뚜껑 덮인 채도항아리 및 삼족배의 형태적 특징이 조합된 모습이었는데, 우하량의 뚜껑 덮인 채도항아리 및 삼족배에 비해 크기·제작기법 면에서 크게 떨어지는 모습이었다.(〈자료10·11〉 참조) 우하량 유적은 홍산문화 중·후기의 최장 기간, 최대 규모, 최고 수준의 형식성과 부장품을 갖춘 최고의 적석총군이었다.

홍산문화의 표지 유적인 적석 단총에서 알 수 있듯이 홍산문화의 중심지는 첫째 대릉하 일대, 둘째 서랍목륜하 일대였다. 중국학계에서도 대체로 이러한 시각을 보여 홍산문화의 유형을 크게 ① 우하량 유형, ② 나사태(那斯台) 유형, 양대 유형으로 나눠보는 경향이다.[12] 유형을 좀 더

9   오대양, 위의 글, 2014, 24~26쪽.
10 劉國祥, 『紅山文化』 上, 2015, 329쪽.
11 索秀芬·郭治中, 「白音長汗遺址紅山文化遺存分期探索」, 『内蒙古文物考古』 2004-1期, 45~46쪽.
12 索秀芬·李少兵, 「紅山文化研究」, 『考古學報』, 2011年 3期 등 다수.

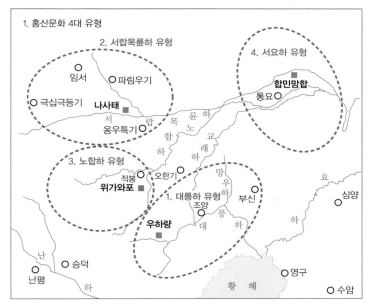

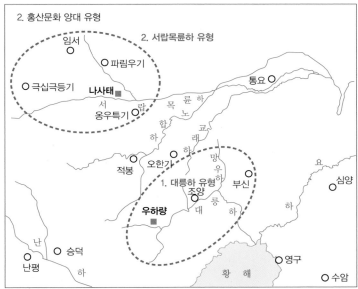

자료3 홍산문화의 양대 중심 유형

세분화하는 경우에도 대체에는 변함이 없다. 가령 유국상(劉國祥)은 홍산문화 유형을 ① 우하량-홍륭구(興隆溝) 유형, ② 나사태 유형, ③ 위가와포(魏家窩鋪) 유형, ④ 합민망합(哈民忙哈) 유형의 4대 유형으로 보았는데 이 중에서도 ①②를 양대 중심으로 보았다.[13] 필자는 홍산문화의 유형을 강 중심으로 분류하여 ① 대릉하 유형, ② 서랍목륜하 유형, ③ 노합하(老哈河) 유형, ④ 서요하(西遼河) 유형으로 보았고 그중에서 ①②를 양대 중심 유형으로 보았다.

이상에서 홍산문화 중·후기에 새롭게 부활한 적석 단총제의 최대 중심이 대릉하 일대이며 그 대표 유적이 우하량 적석 단총임을 살펴보았다. 앞서 살핀 바와 같이 우하량 적석 단총은 1·2·3기 3층위로 구분되어 있었고 매 층위마다 묘제가 달랐다. 다음 장부터는 우하량 3기 구분에 기반하여 홍산문화기 적석 단총제도의 성립 및 변화 과정을 가늠해보겠다.

---

13 劉國祥, 앞의 책 上, 2015, 20~42쪽.

2장

우하량 1기 하층유존: 수혈식토광묘 단계

앞서 2부에서 살핀 바와 같이 우하량 적석총군(정확하게는 적석 단총군이나 편의상 적석총군과 통용함)의 층위는 대체로 3기로 나뉜다. ① 1기 하층유존 단계: 홍산문화 전기(서기전 4500년~서기전 4000년), ② 2기 하층적석총 단계: 홍산문화 중기(서기전 4000년~서기전 3500년), ③ 3기 상층적석총 단계: 홍산문화 후기(서기전 3500년~서기전 3000년)이며 이 중 상층적석총 단계는 다시 조기와 만기로 나뉜다.

우하량 적석총군에 대한 본격적인 논의에 앞서 적석총군 분류 방식부터 간단하게 소개한 후 논의를 시작하겠다. 우하량 유적은 '여러 개의 적석총군'으로 이루어져 있는데 이를 N[Niuheliang(牛河梁)의 약자]으로 표시한다. 각 N은 '여러 개의 적석총'으로 이루어져 있는데 이를 Z[Zhong(塚)의 약자]로 표시한다. 각 Z는 '여러 적석묘'로 이루어져 있는데 각각을 M[Mu(墓)의 약자]으로 표시한다. 곧 ① N: 적석총군(지점) → ② Z: 적석총 → ③ M: 적석묘의 순이다.[14]

기발굴된 적석총 N2·N3·N5·N16 중 하층유존이 있는 경우는

N5·N16이다. 또한 N2·N5·N16은 하층적석총 및 상층적석총을 가지고 있으며 N3은 상층적석총만 있다. 우하량 1기 하층유존의 존재는 우하량 일대에 적석총군이 들어서고 여신묘가 조성되기 이전의 시기, 이미 대릉하 일대의 원주민들이 우하량 일대에서 활동하고 있었음을 보여준다. 1기 하층유존 중에는 묘장과 제사 유존도 있지만 주거와 관계된 유존도 있어 당시에는 주거와 제사가 완전히 분화되지 않았음을 보여준다.[15]

1. 5지점

N5는 크게 3개의 층위를 갖는데, 하층유존 → 하층적석총 → 상층적석총이다. 하층유존에는 비록 주거유적은 없지만 밀집된 회갱(灰坑) 총 29좌에서 생활용 도기로 지자문(之字紋, 빗살문) 도기편, 지자문 통형관(筒形罐), 삼족환저관(三足圜底罐), 골기, 석기 등이 대량 발견되었다.[16] 특히 삼족환저관의 경우 요서 지역에서는 처음으로 등장한 삼족기(三足器) 형태로 우하량 2기 하층적석총 단계 N2 및 N16 하층적석총의 삼족배(三足杯), 또 서랍목륜하 백음장한 M15호의 삼족정으로 이어졌다.

---

14 遼寧省文物考古研究所, 앞의 책 上, 2012, 57~58쪽 참조.
15 遼寧省文物考古研究所, 위의 책 中, 2012, 469쪽, 471쪽.
16 遼寧省文物考古研究所, 위의 책 中, 2012, 274~291쪽.

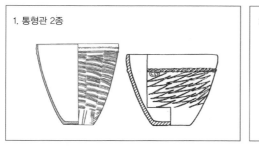

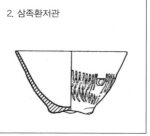

자료4 5지점 하층유존 단계 출토품

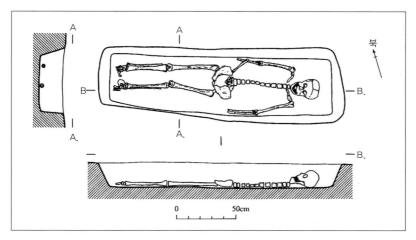

자료5 16지점 하층유존 단계: 수혈토광묘 M2

2. 16지점

N16은 크게 3개의 층위를 갖는데, 수혈토광묘 유존(하층유존) → 하층
적석총 → 상층적석총이다. 이 중 수혈토광묘 유존은 5지점의 하층유존

에 대응한다. 특히 수혈토광묘의 존재는 홍산문화기 우하량 지역에 하층 적석총이 들어서기 이전에 이미 이 지역에 묘장이 존재하고 있었음을 보여준다.[17] 묘장은 총 3좌인데(N16M2·M7·M8), 묘실에 석축시설이 없 으며 다만 무덤 상부에 일부 깨진 돌들을 올린 극히 단순한 형태이다. 단인장에 앙신직지장이며 무장구 무덤이다. 다만 M2호 전토(塡土: 채워 넣은 흙) 중에서 협사갈도소면통형관(夾砂褐陶素面筒形罐) 잔편이 나왔 을 뿐이었다.[18] 새로운 제천문화의 개시를 알리는 하층적석총이 들어서 기 이전 우하량 일대가 전혀 특별하지 않은 지역이었음을 보여준다.

17 遼寧省文物考古研究所, 위의 책 中, 2012, 469쪽.
18 遼寧省文物考古研究所, 위의 책 中, 2012, 361~362쪽.

3장

우하량 2기 하층적석총:
석권 단총의 계승, '부석-통형기권묘' 단계

1. 2지점 4호총 하층적석총(N2Z4M)

N2는 동서 135m, 남북 50m, 면적 6,000㎡ 범위 내에 적석총 5처 (Z1·Z2·Z4·Z5·Z6) 및 제단 1처(Z3)를 갖춘 다총(多塚) 형식의 우하량 최고 적석총군이다. 각 총 간의 거리는 1m 이내이며 담장으로 엄정하게 구분되어 독립성이 강하다.(〈자료6〉) 다만 Z6의 경우는 유적 범위가 작

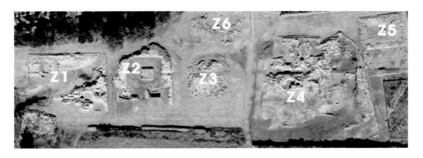

자료6 **2지점 유적 배치도**

Z4M: 하층적석총　　Z4B1–Z4B2: 상층적석총 B단　　Z4A: 상층적석총 A단

자료7 N2Z4 하층적석총과 상층적석총

고 무저통형기 파편이나 출토 유물이 극소하며 무덤도 서쪽으로 치우친 곳에서 1좌만 발견되어 총으로 보기에 애매한 문제가 있다.

　N2의 적석총 5처 중 가장 이른 시기에 조성된 것은 4호총(Z4)이다. Z4는 N2 내에서도 규모가 제일 커 동서 20m, 남북 36m의 규모에 달하며 구조도 가장 복잡하다. N2 내 다른 적석총들이 상층적석총만으로 이루어진 것과 달리 하층적석총(N2Z4M)과 상층적석총이 겹쳐 있으며 상층적석총은 다시 B단(조기, N2Z4B)·A단(만기, N2Z4A) 두 층위로 나뉜다.

　하층적석총의 아래는 생토(生土)인데 이러한 생토층과 닿아 있는 회갱 유적이 한 건 있다(N2Z4H1). 여기에서는 지자문 토기편, 인장형(印

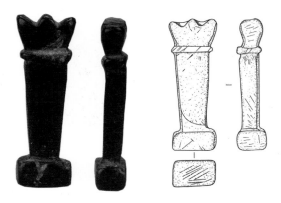

자료8 N2Z4M 아래 생토층 출토 인장형 옥기

章型) 옥기, 석기 등이 출토되었다.[19] 인장형 옥기의 손잡이 끝이 3갈래임은 N2나 N16 하층적석총 단계의 삼족배와 통한다.(〈자료8〉)

Z4의 남부 지역에서는 하층적석총 총 10기가 확인되었다. 전체 4줄로 동서 방향의 규칙적인 배열 상태를 보였는데, 서로 맞닿거나 겹치기도 하였다. 묘실은 토갱석판묘(土坑石板墓)로 1총 1실 방식의 단인장이다. 상부로 펴 널은 돌(부석敷石)들이 쌓여 있으며 그 외곽으로 무저통형기가 원형으로 둘러져 있다. 상부에 돌이 깔려 있다고 해서 '부석묘(敷石墓)', 무저통형기가 원형으로 둘러져 있다고 해서 '통형기권묘(筒形器圈墓)'로도 불리는데, 필자는 '부석-통형기권묘'로 표현하였다. 모두 보존 상태가 매우 양호하다. 대표적으로 M4호를 소개하면 〈자료9〉와 같다.

이들 무덤의 대표 부장품은 뚜껑 덮인 채도항아리(개채도옹蓋彩陶瓮,

---

19   遼寧省文物考古研究所, 위의 책 上, 2012, 139~142쪽.

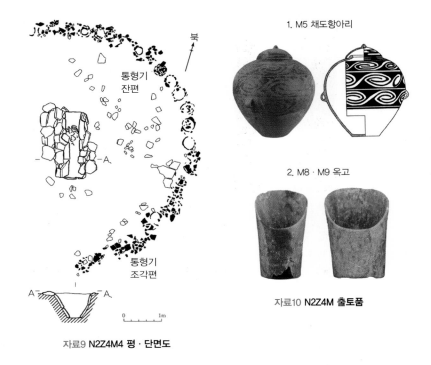

1. M5 채도항아리

2. M8 · M9 옥고

자료10 N2Z4M 출토품

자료9 N2Z4M4 평 · 단면도

뢰罍)이다. 옥기 유물이 있는 경우는 드물어 정수리 부근에 옥고(玉箍 ·
사구통형옥기斜口筒形玉器: 옥상투 내지 옥관 용도)가 있는 경우가 2건이
다.(N2Z4M8 · N2Z4M9)[20](〈자료10〉)

이상 '부석-통형기권묘' 방식은 흥륭와문화의 석권묘 방식과 흡사한
데, 석권 대신 무저통형기로 대체된 차이가 있을 뿐이다. 우하량에서 새
롭게 시작된 적석묘, 곧 '부석-통형기권묘'는 흥륭와문화의 석권묘 전통
을 계승한 것이었다.

---

20 遼寧省文物考古硏究所, 위의 책 上, 2012, 142~143쪽.

2. 5지점 하층적석총(N5ZCZ1, N5ZCZ2)

N5 하층적석총은 묘장의 결구 방식 및 무저통형기의 형식이 N2Z4M
과 같지만 규모나 형태 면에서 N2Z4M의 수준에 미치지 못한다. 총 2
좌(N5ZCZ1, N5ZCZ2)이며 이외에 제사갱 9개, 회갱 1개가 있다.
N5ZCZ1, N5ZCZ2의 경우 묘의 상부에 작은 돌을 깔아두었을 뿐 대계
(臺階)를 세우지 않았고 총구(塚丘)도 없다. 묘광은 돌을 깔아서 만든 석
체묘(石砌墓)로 규모가 크지 않다. 단인장이며 출토 유물로는 지자문 통
형관, 무저통형기 파편이 있을 뿐이다. 다만 예외적으로 N5Z1M7에서
옥촉(玉鐲, 옥환玉環) 1건이 출토되었다. 제사갱의 경우 홍산문화 적석총
에서 발굴된 최초의 경우로 9개의 제사갱이 일직선상에 배열되어 있었
고 제기가 완정한 형태로 출토되었다.[21]

3. 16지점 하층적석총

N16의 하층유존(수혈토광묘) 위에 자리한 하층적석총은 파괴가 심하
여 묘 상부의 결구 형식을 제대로 파악하기 어렵다. 다만 지자문 도기
편, 삼족배, 무저통형기 등이 허다히 출토되었다.[22] (〈자료11〉)

이 단계에 속한 대표 무덤은 N16 북쪽에 위치한 M9이다. M9는 장방
형 수혈토광묘이며 무장구의 간소한 무덤이다. A형 무저통형기 잔편 등

---

21 遼寧省文物考古研究所, 위의 책 中, 2012, 292~310쪽.
22 遼寧省文物考古研究所, 위의 책 中, 2012, 366쪽, 368쪽.

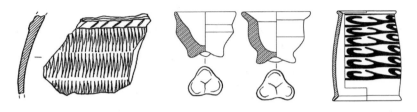

1. 지자문 도편　　　　2. 삼족배　　　　3. 무저통형도기(복원)

자료11 N16 하층적석총 출토품

이 발견되었고 묘 상부의 적석에서 B형 통형기 도편이 발견되었다.[23] 이러한 모습은 이미 우하량 일대가 하층적석총 단계로 접어들었음에도 일부 지역에서는 하층유존 단계의 묘제인 수혈토광묘가 인습되고 있었음을 보여준다.

　다음으로 N16 상층적석총 서측에 위치한 N16M1·M10·M11의 경우 일반적으로 상층적석총 묘장이 동서 방향인 것과 달리 N2 하·상층적석총의 묘장 방향인 남북 방향을 취하였다. 또 묘상(墓上) 적석총에서는 B형 통형기가 출토되었고 묘실 내 석판의 규범이 떨어지는 경향이었다. 이러한 여러 정황상 그 시기를 상층적석총의 조기, 하·상층 적석총의 새로운 중간 층위, 하층적석총 등으로 다기하게 바라보게 되었다.[24] 발굴보고서에서는 하층적석총에 포함시켰다. 묘실은 토광으로 석체(石砌)를 둘렀으며 묘 상부에 돌을 올렸다. 묘장의 규모는 매우 작은 단인장이다. 묘실의 규모가 작고 거칠게 만들어졌음에도 불구하고 쌍련벽(雙

23　遼寧省文物考古研究所, 위의 책 中, 2012, 371~372쪽, 374쪽, 469쪽.
24　遼寧省文物考古研究所, 위의 책 中, 2012, 462쪽, 469쪽.

1. M1 쌍련벽 · 삼련벽　　2. M10 옥고　　3. 서측 묘장 옥거북

자료12 **N16 하층적석총 출토 옥기**

聯璧)·삼련벽(三聯璧, N16M1), 옥벽(N16M11), 옥고·옥환(N16M10), 옥
거북(서측 묘장 퇴적 내)과 같은 양질의 옥기가 출토되었고 무저통형기
파편이 허다히 출토되었다.[25](〈자료12〉)

　이상에서 우하량 유적에서 처음 등장하게 되는 적석묘로 2기 하층적
석총 단계를 살펴보았다. N3을 제외하고 N2·N5·N16 지점은 모두 하
층적석총을 가지고 있다. 이 중 N5의 경우 적석총의 규모가 작고 형식
이나 출토품 등이 여타 하층적석총에 비해 크게 떨어지는 모습이었다.
N16의 경우는 파괴가 심하여 무덤 상부의 결구 형식을 제대로 파악할
수 없었다. 반면 N2Z4의 경우 규모가 크고 형식적으로 정형화되었으며
보존 상태도 매우 양호했다. 이에 N2Z4 하층적석총을 우하량 2기 하층
적석총 단계의 대표격으로 바라보게 된다. N2Z4 하층적석총을 중심으
로 우하량 하층적석총 단계의 특징을 정리하면 아래와 같다.

　첫째, 묘의 상부에 잔돌이나 돌덩이를 깐 부석묘 형식이다. 둘째, 부석
의 주변으로 무저통형기를 둥글게 배열한 통형기권묘 형식이다. 이때의

25　遼寧省文物考古研究所, 위의 책 中, 2012, 377~385쪽.

통형기는 모두 A형에 속했다. 필자는 첫째와 둘째 특징을 결합하여 '부석-통형기권묘'로 개념화했다. 셋째, 묘장은 중앙에 있으며 장방형 토갱의 내벽에 석판을 깔았다. 묘혈이 정제되지 않고 입석(立石)에 규범이 없다. 넷째, 묘를 줄지어 배열했다. N2Z4는 동서로 줄지어 배열했고 총내 묘장은 남북향이다. 다섯째, 부장품은 도기와 옥기인데, 수량은 매우적어 대부분 단건 수장인 경우가 많다. 옥기는 옥고와 옥촉 2종류, 도기대부분은 뚜껑 덮인 채도항아리(뢰)이다.[26]

특히 주목되는 점은 N2Z4의 '부석-통형기권묘' 방식이 기본적으로 홍륭와문화기의 '석권 단·총' 형식을 잇고 있는 점이다. 홍륭와문화기의 석권이 이때에 들어 무저통형기로 대체된 것으로, 적석 단총제가 오랜 잠복기를 거쳐 다시 부활하게 될 때 기왕의 형식에서 출발하는 현상이다.

26　遼寧省文物考古硏究所, 위의 책 中, 2012, 471쪽.

4장

우하량 3기 상층적석총:
'3층-원·방-환호' 단계

---

1. 3층—원·방의 요소: 2지점

앞서 살펴본 바와 같이 우하량 2기 하층적석총 단계에는 이미 적석총의 기본 특징들이 모두 나타났고 일정한 규격도 생겨났지만 상층적석총 단계에 비해 규모가 작고 결구 형식이 매우 단순했으며 부장품이 적었다. 3기 상층적석총 단계가 되면 적석총의 규모·결구 방식·부장품 등 모든 부면에서 큰 변화가 생겨나게 된다.

먼저 상층적석총의 하부 구조이다. 하층적석총 단계에 비해 묘실의 축조법이 정세해지고 규율이 생겨난다. 특히 중심대묘를 둘러싸고 중소형 무덤들이 질서있게 배열되면서 주·차 구별이 분명해지고 중심대묘와 중소형 무덤 간의 옥기 수량·결구 방식·규모·종류 등에 등급이 생겨났다. 이른바 중심대묘를 기준으로 한 '일총다실(一塚多室)'의 방식이다. 매장 습속 면에서는 하층적석총의 묘향이 대체로 남북향이었던 데 비해 동서향으로 변화가 있었다. 부장품 면에서는 하층적석총이 대형의 뚜껑 덮인 채도항아리(瓿)가 대부분이고 옥기는 매우 적었던 데 비해 옥기가 대부분을 차지한다. 채도는 무덤 밖으로 밀려나 최종적으로 오로지 옥기만을 부장하게 된다(유옥위장唯玉爲葬). 부장 옥기의 경우 품목이 다양해지고 조형이나 기법 면에서 복잡하고 세련된 형태로 바뀌어갔다.[27]

다음은 상부 구조이다. 상층적석총 단계에서는 묘 하부가 일총다실의 방식을 위주로 하다 보니 적석총의 규모가 현격히 커지고 사용된 적석의 양이 크게 증가했다. 무덤 규모는 대체로 지름 또는 한 변 길이가 20m 정도였다. 조성 방식을 살펴보면, 먼저 묘를 만들고 묘 위에 묘를 둘러싼 총대(塚臺)를 만든다. 이어 묘와 총대 위에 봉토를 하고 봉토 위에 적석을 한다. 이어 적석의 네 둘레에 돌들을 단단하게 쌓아 총계(塚界)를 만든다. 또한 총계에서부터 다시 대계(臺階, 계단)의 형식으로 적석을 가하는데 계단은 3층인 경우가 많다. 이러한 형식을 취하다 보니 적석총의 명확한 경계가 생겨나게 되었고 더 나아가 적석총 주변으로 돌담을 쌓아 경계를 표시하는 경우도 있었다.[28]

적석총 하부 및 상부 구조에 나타난 많은 변화점들 중에서도 일차적으로 주목되는 부분은 단연 적석총의 외관이다. 적석총 외관상의 변화는 상층적석총 단계에 생겨난 많은 변화들의 방향과 의미를 겉으로 드러낸 것이기에 더욱 주목해 보게 된다. 필자는 상층적석총 단계의 대표적인 외관상 변화점으로 3가지에 주목했다.

첫째, 3층 계단식이 나타난 점이다. 하층적석총의 묘 상부는 부석이

27　遼寧省文物考古研究所, 위의 책 上, 2012, 219쪽, 221쪽.
28　遼寧省文物考古研究所, 위의 책 中, 2012, 471쪽.

깔린 평면 원형으로 계단식 형태는 전혀 나타나지 않았다. 반면 상층적석총 조기~만기의 중요 단총은 거의 3층 계단식이었다.

둘째, 원형 외에 방형이 나타난 점이다. 홍륭와문화기 석권묘, 우하량 2기 하층적석총 '부석-통형기권묘' 단계에서 알 수 있듯이 총의 시작점은 원형이었고 단을 겸했다. 그러다가 상층적석총에 이르러 거대한 원형 총의 보조 제단으로 '방대' 형태가 나타났고 '방총'도 나타났다.

셋째, 단총을 둘러싼 환호시설이 나타난 점이다. 하층적석총에서는 보이지 않던 환호시설이 상층적석총 단계에 나타나기 시작했다.

이상 상층적석총 외관상의 3가지 변화점, 곧 '3층-원·방-환호' 형식은 하층적석총 외관상의 '부석-통형기권묘' 형식과 대비되는 주요 변화점이다. 아래에서 '3층-원·방-환호' 형식 중에서도 특히 '3층-원·방'의 요소가 나타나게 되는 과정을 구체적으로 살펴보겠다.

1) 2지점 상층적석총 조기(N2Z4B): '3층원총·방대'의 등장

앞서 N2에서 하층적석총을 보유한 유일한 적석총이 Z4였음을 살펴보았다. N2Z4 하층적석총(N2Z4M) 위로 상층적석총이 겹쳐지게 되는데 B단(조기)·A단(만기)으로 나뉜다. B단에서는 새로운 적석총 형태로 거대 규모의 '3층원총 2기(Z4B1·Z4B2)'가 나타났다. 하층적석총 '부석-통형기권묘'가 원형 무덤이니 '원형'의 요소는 기존의 방식을 계승했다면 '3층 계단식'은 전혀 새로운 요소이다.(〈자료7〉 참조)

상층적석총 단계에서 새로 생겨난 '3층 계단식'은 선도문화의 요체인 천·지·인(원·방·각) 삼원사상을 반영한 것으로 대단히 중요한 변화점이다. 3층 계단식이라는 새로운 요소에 주목해 볼 때 N2Z4 하층적석총 위 매립층(점토층墊土層)에서 출토된 '삼족배'가 주목된다. 상층적석총을

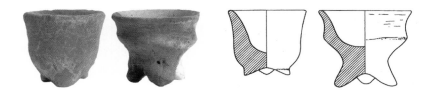

자료13 N2Z4 하·상층적석총 사이 점토층(N2Z4BD) 출토 삼족배

조성할 때 하층적석총을 복토한 위에 만들게 되므로 그 사이에 매립층이 생겨나게 되는데(N2Z4BD) 여기에서 삼족배가 출토된 것이다.[29]

앞서 N5 하층유존 단계에서 삼족환저관, N2 하층적석총 아래 생토층에서 3갈래 손잡이 인장형 옥기, N16 하층적석총 단계에서 삼족배 2건이 출토되었음을 살펴보았는데, 이를 이어 N2 상층적석총 아래 매립층에서도 삼족배 2건이 출토된 것이다.

N5 하층유존 삼족환저관과 같은 유의 삼족기는 후기 신석기 이래 동북아~중원 일대에 이르기까지 널리 나타나는 기형이다. 신석기 삼족기의 경우 중원 지역의 사례가 잘 알려져 있는데, 가장 오래된 경우로 서기전 5000년 무렵 황하 중류 자산(磁山)문화, 배리강(裵李崗)문화의 삼족기 등을 든다. 이 무렵의 삼족기 조형은 매우 간단하고 기능은 단일하였으니 술잔 용도가 일반적이었다. 요서 지역의 경우도 우하량에서 출토되는 삼족기가 모두 술잔용 예기 일색이었던 점을 통해 중원 지역과 사정이 비슷했음을 알게 된다. 삼족기는 청동기시대가 되면서 동북방 지역에서 더욱 성행하게 되는데, 특히 요서 지역에서 가장 이른 시기의

---

29   遼寧省文物考古硏究所, 위의 책 上, 2012, 183~184쪽.

청동기문화인 하가점하층문화 및 고대산문화기에 들어 삼족기의 수량·종류·형태가 다변화되면서 크게 성행한다.[30]

이렇듯 삼족기가 후기 신석기 이래 술잔 용도의 예기에서 출발했고 부장품 등으로 많이 나타난다면, 요서 지역의 경우는 특히 홍륭와문화기 이래의 적석 단총이나 여신상 등으로 대변되는 선도제천문화와 관련해서 바라보게 된다. 특히 선도제천문화에서 3은 천·지·인(원·방·각) 삼원사상의 상징수이기에 더욱 그렇다. 이러할 때 우하량 하층유존 단계 이래 지속적으로 삼족기가 등장하다가 상층적석총 단계에서 3층의 적석 단총 방식이 새롭게 등장한 점은, 하층유존 단계 이래 천·지·인(원·방·각) 삼원사상이 이어져 오다가 상층적석총 단계에 이르러 그 이해가 본격화된 것으로 바라보게 된다.

N2 하층적석층 매립층 위로 상층적석총 B단의 '3층원총 2기(Z4B1·Z4B2)'가 동·서로 조성되었다. Z4B1 3층원총의 지름은 외권 19.2m, 중권 17.4m, 내권 15.6m이며, Z4B2 3층원총의 지름은 외권 15.3m, 중권 13.4m, 내권 12m이다. 서로 연접해 있으며 맞닿은 부분은 하나의 구조로 연결되어 있다. 큰 규모에 비해 총 내 묘장의 수량이 많지 않고 대형 묘장이 없거나 적으며 총의 형태와 대응되지 않는 모습이다. 우하량의 전형적인 상층적석총이 중심대묘를 중심으로 주·차 관계가 선명한 것과 다른 초기적 모습이다.[31]

특히 동쪽 적석총 Z4B2의 경우 남단으로 길게 방형 기단이 놓여 있는데 제단의 역할을 했던 것으로 여겨진다. Z4B2와 방형 기단을 합하

---

30 王秋義 主編, 『遼寧地域文化通覽: 阜新卷』, 遼寧民族出版社, 2013, 45~46쪽.
31 遼寧省文物考古研究所, 앞의 책 上, 2012, 185~187쪽, 218쪽.

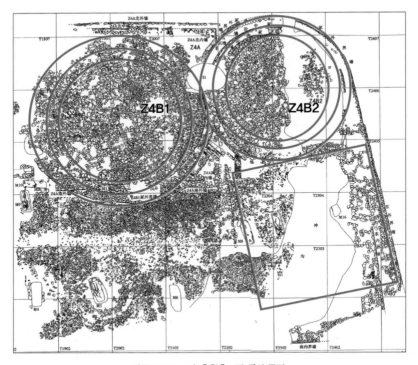

자료14 N2Z4B '3층원총 · 방대'의 등장

면 '3층원총 · 방대', 곧 전방후원(前方後圓)의 형태가 된다.(남북 총장 34.6m) 이는 특히 동북아 상고·고대 적석 단총의 주요 형태인 전방후원형 적석 단총의 시원적 형태로서 크게 주목된다. 중국 측 보고서에서는 '북원남방(北圓南方)'으로만 표현했는데,[32] 후대 동북아 및 일본열도에 널리 나타나는 전방후원형 단총을 고려해 볼 때 '전방후원형'으로 표현하는 것이 합당하다.

---

32 遼寧省文物考古硏究所, 위의 책 中, 2012, 472쪽.

하층적석총 N2Z4M의 '부석-통형기권묘' 방식에서 상층적석총 N2Z4B의 '3층원총'(N2Z4B1) 및 '3층원총·방대'(N2Z4B2) 방식으로의 변화는 2가지 중요한 변화점을 갖는다. 첫째, 같은 원형 총이기는 하지만 평면 원형(N2Z4M)에서 3층 원형(N2Z4B)으로 달라졌다. 둘째, 3층원총에 방대가 딸린 전방후원형(N2Z4B2)이 나타났다.

2) 2지점 상층적석총 만기(N2Z4A · N2Z3 · N2Z2 · N2Z1 · N2Z5 · N2Z6): '3층원단'과 '3층방총'의 분리

(1) N2Z4A: 3층방총

Z4 B단이 조성된 이후 시간이 흘러 다시 그 위로 A단이 들어서게 된다. 곧 Z4B1 위로 N2Z4A, '3층방총'이 들어선 것이다. 3층의 원형 적석총 위에 3층의 방형 적석총이 들어선 것인데, 이를 Z4B2의 전방후원형 적석총과 대비해서 '하원상방형'으로 해석하기도 하지만[33] 애초 하원상방형으로 만들어진 무덤이 아니라 3층 원형 적석총 위에 3층 방형 적석총이 들어선 경우이기에 하원상방형으로 해석할 수는 없다. N2Z4A에 속한 무덤은 총 6좌이다.(〈자료7〉 참조)

다시 시간이 흘러 N2Z4A 위로 총상(塚上) 무덤이 들어섰다(N2Z4). N2Z4 총상무덤은 총3좌(85M1·85M2·85M3)로 N2에서 가장 늦은 시기의 무덤이다. 가장 늦은 시기의 무덤답게 청동귀걸이가 출토되었다(85M3). 이처럼 N2Z4는 '하층적석총-상층적석총 B단-상층적석총 A단-총상무덤'에 이르기까지 총 4단의 층위를 지닌 적석총으로 이즈음

---

33 遼寧省文物考古硏究所, 위의 책 中, 2012, 472쪽.

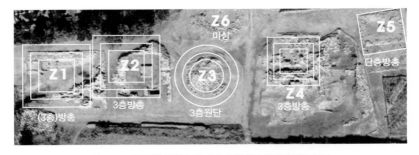

자료15 **2지점 상층적석총 만기: '3층원단'과 '3층방총'의 분리**

선대의 적석총 위로 다시 적석총을 조성하는 것이 일종의 관행이었음을
보여주었다.

(2) N2Z3: 3층원단

N2Z3은 내부에 묘장이 없어 적석총이 아닌 제단으로 평가되지만, 이
시기 제단 일반이 그러하듯 제단 표토층에서 무묘장·무장구의 인골 3
구가 발견되었다. 홍산문화기 제단 표토층에서 발견되는 일부 무묘장·
무장구 인골의 성격에 대해 제의시 하층계급을 희생물로 공양한 것으로
바라보는 견해가 제기되었는데[34] 후대 중원 지역, 특히 은대에 크게 성
행한 순장제를 투영한 해석으로 여겨진다. 동맹·영고·무천 등 한국의
선도제천 전통으로써 바라볼 때 선도제천은 천인합일의 수행에 기반한
공동체의식의 함양을 본질로 하며 결코 인신공희를 행하지 않는다. 실
제로 인신공희가 행해졌다면 우하량의 그 많은 적석 단층 위로 수많은
인골들이 발견되었어야 하는데 전혀 그렇지가 않다. 동북아 상고문화는

---

34 오대양, 「요서지역 적석총 문화의 기원과 형성 과정」, 『동북아역사논총』 45, 2014, 213쪽.

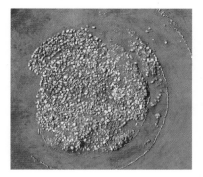
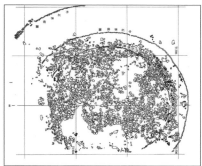

자료16 N2Z3과 평면도

선도문화를 이해하지 않고는 해명이 불가능하므로 향후 고고학과 선도 문화적 해석이 하나로 결합되어 가야 할 것이다.

N2Z3은 '3층원단'의 형태로, 원단의 하단 지름이 22m에 이른다. 위 치 면에서 N2의 가장 중심부에 위치하여 N2에 속한 여러 적석총들을 아우르는 중심 제천단 역할을 한 것으로 보인다. 중심 제천단으로서 N2Z3의 중요성은 재질이나 결구 면에서도 잘 나타나 있다. 주변의 적 석총들이 한결같이 백색 석회암을 사용했다면 Z3은 담홍색 현무암을 사용하였고 결구 면에서도 돌을 세워 석책(石柵) 형식을 취했다.[35]

Z3 바닥의 매립층(점토층 N2Z3D)에서는 B형 통형기 중에서도 짧은 몸통에 줄무늬가 있는 무저통형기(단체통형기短體筒形器)가 출토되었는 데, Z4B1·Z4B2 주변에서도 꼭 같은 유형이 출토되었다.(〈자료17〉)

다만 N2Z3의 무저통형기는 적석총 위가 아니라 바닥의 매립층(점토 층 N2Z3D)에서 출토되었기에 Z4B1·Z4B2에 비해 다소 늦은 상층적석

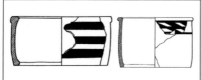
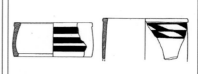

자료17 Z4B 출토 무저통형기(왼쪽)와 N2Z3D 출토 무저통형기(오른쪽)

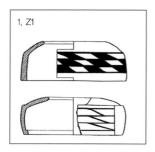
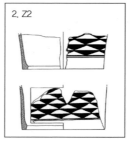
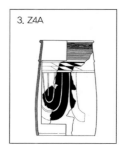

자료18 N2 방총 출토 무저통형기

총 단계로 비정된다. 또한 Z4B1·Z4B2나 N2Z3와 같은 형식의 '3층 원형 단총'은 N2의 방형 적석총들, 곧 N2Z1·N2Z2·N2Z4A보다 조금 이른 시기에 해당한다. 왜냐하면 방형 적석총들에서 출토된 무저통형기는 N2Z3에서 출토된 무저통형기보다 연대가 다소 늦기 때문이다.[36] (〈자료18〉) 무저통형기 형태 비교표는 2부 〈자료10〉을 참조할 수 있다.

이상 무저통형기 형태 비교를 통해, '① 상층적석총 조기(Z4B1·Z4B2): 3층원총(·방대)' 다음으로 '② 상층적석총 만기(Z3): 3층원단'이 들어섰고, 그 다음으로 '③ 상층적석총 만기(Z4A·Z2·Z1): 3층방총(Z1은 층수 미

---

36 田廣林·翟超, 「對牛河梁遺址第二地點遺蹟年代的認識」, 『遼寧師範大學學報(社會科學版)』, 2017年 6期, 131쪽.

상이나 3층일 가능성이 높음)'이 들어섰음을 알 수 있었다.

(3) N2Z2: 3층방총

N2Z3 서편에 자리한 N2Z2는 N2에서 가장 중요한 적석총으로 많은 중요 유물이 출토되었다. 3층의 정방형으로 길이 17.5m, 너비 18.7m이다. 중심부에 중심대묘 M1이 있고 주변으로 중소형 석관묘들이 펼쳐져 있다. 봉토부의 둘레에만 적석을 가하여 적석총 상부 전체에 적석을 가한 Z1 적석총과 비교된다.[37]

(4) N2Z1: 방총

N2의 서편 끝에 위치한 N2Z1은 장방형으로 길이 26.8m, 너비 19.5m의 대규모 적석총이다. N2Z2와 달리 3층 여부는 명확치 않지만, N2 상층적석총의 방총이 거의 3층인 점으로 미루어 3층이었을 가능성이 높다. 전체를 적석으로 감쌌다. 중심대묘 M25와 M26을 중심으로 중소형 석관묘 25기가 배열되었다. N2Z2와 함께 많은 양질의 유물들이 출토된 중요 적석총이다.[38]

(5) N2Z5: 단층방총

N2Z5는 소규모의 단층 장방형 적석총으로 전체가 '日(일)'자 모양이다. Z1·Z2·Z4에 비해 격이 떨어지며 결구 방식도 다소 다르다. N2 적석총군의 부속총으로 평가된다. 부장품도 통형기 파편 정도가 출토되었

---

37 遼寧省文物考古硏究所, 앞의 책 上, 2012, 116~118쪽.
38 遼寧省文物考古硏究所, 위의 책 上, 2012, 213~214쪽.

는데, 연대가 Z1 · Z2 등보다 다소 늦다.[39]

(6) N2Z6: 미상

N2Z6은 정남북 방향의 적석총으로 총체의 형상과 결구를 판별할 수
없다. 묘장이 매우 적다. 통형기 잔편으로 미루어 N2Z2와 같은 시기로
본다.[40]

2. 환호의 요소: 5 · 3지점

1) 5지점: 환호를 두른 '3층원총 · 방대'

N2Z4B의 '3층원총 · 방대' 방식은 N5 상층적석총에서도 유사하게 나
타났다. 앞서 살펴본 N5 하층적석총인 N5ZCZ1 및 N5ZCZ2 2좌 위로
상층적석총이 들어서게 되는데 N5ZCZ1 위로는 N5SCZ1이, N5ZCZ2
위로는 N5SCZ2이 들어선 방식이다. 또한 N5SCZ1 · N5SCZ2 두 적석
총 사이에 장방형의 제단이 설치되었다. 곧 N5 상층적석총은 양총일단
(兩塚一壇)의 형태였다.

N5SCZ1는 언덕산인 5지점의 가장 높은 곳에 위치하고 있다. 다른
지점의 상층적석총과 달리 N5SCZ1의 무덤은 M1(N5Z1M1) 하나뿐이다.
M1은 정성껏 만들어진 대형 적석묘로 양질의 옥기 부장품이 다수 출토
된 중요 무덤이다. 이러한 M1 위로 다시 흙을 메워 전체 '3층 원형'으

---

39 遼寧省文物考古研究所, 위의 책 上, 2012, 213~214쪽, 218쪽.
40 遼寧省文物考古研究所, 위의 책 上, 2012, 218쪽.

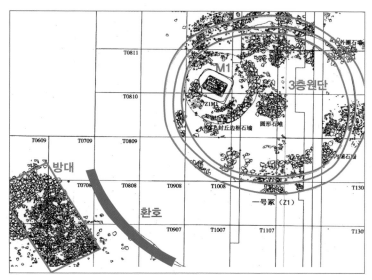

자료19 N5 상층적석총 N5SCZ1: '3층원총 · 방대'

로 적석총 외곽을 만들고 그 위를 적석으로 마감하였다. 3층 원형 적석총의 외권 지름은 20~22m, 중권 18~20m, 내권 16.5~18.5m이다. 이외의 특이점으로 3층원총의 외곽으로 환호가 둘러져 있다는 점이다. 발굴시에 평면 호형(弧形)으로 발굴되었으나 호의 각도로 보아 환호의 원래 모습은 원형이었을 것으로 추정되었다. 이러할 경우 환호의 지름은 42m 정도가 된다.

N5SCZ1의 서남쪽 아래로 N5SCZ2가 자리하고 있다. 방형 내지 장방형으로 심하게 파괴되었다. 묘장은 총 4좌로 원래는 10기 정도의 석관이 있었을 것으로 추정된다. 또한 N5SCZ1과 N5SCZ2의 사이에 장방형의 제단이 자리하고 있는데, 매변의 길이는 5.5m, 5.3m, 8.6m, 7.6m이다. 제단의 북쪽에 2차장으로 보이는 인골 4인분이 발견되었는데, 제

단에서 으레 발견되는 무묘광·무장구의 인골이다.[41]

여기에서 주목되는 점은 N5SCZ1 3층원총과 장방형 제단을 합치면 앞서 N2 Z4B2 '3층원총·방대(전방후원형)'와 같은 형태가 되는 점이다. 우하량 상층적석총-조기 단계에서 '3층원총·방대'가 등장한 이래 이러한 형식이 상층적석총의 주요 형식으로 자리 잡게 되었음을 알게 된다.

2) 3지점: 환호를 두른 원총

N5 상층적석총 N5SCZ1 '3층원총·방대'에 환호가 둘러져 있었듯이, N3 상층적석총에서도 환호가 확인되었다. N3의 경우 원래 하층적석총이 있었지만 파괴되어 상층적석총만 남아 있다. 상층적석총은 언덕산 정상부에 단독으로 조성된 단총(單塚)으로 규모는 비교적 작다. 지름 약 17m의 원형으로 지금으로는 3층 여부의 확인이 어렵지만 당시의 일반적인 형태로 보아 3층이었을 가능성이 높다. 언덕산의 정상부이자 무덤 중심부에 중심대묘인 M7호가 있고 주변에 M1호, 또 서남부 지역에 10좌의 무덤이 있다.[42]

특이점은 무덤을 둘러싼 환호시설이다. 환호에서는 홍산문화기 유물과 함께 전국~한대의 유물이 출토되었다. 홍산문화기 유물로는 도소인상 얼굴 부위(面部) 잔편·도편·석기 등이, 전국~한대 유물로는 철기·철촉·청동전패 등이 출토되었다. 홍산문화기 유물이 출토된 것으로 보아 환호는 N3이 조성될 때 만들어진 것으로 보이며, N5 상층적석총의 환호시설로 미루어 동시대 유적으로 보인다. 이렇듯 우하량 상층적석총

---

41 遼寧省文物考古研究所, 위의 책 上, 2012, 312~313쪽.
42 遼寧省文物考古研究所, 위의 책 上, 2012, 228~229쪽.

자료20 N3 상층적석총과 평면도

중 원총을 둘러싼 환호의 사례가 2건이나 나타나 필자는 환호시설을 상층적석총 단계의 주요 특징으로 바라보았다.

이상에서 N2 상층적석총을 중심으로 '3층' 및 '원·방'의 요소를, 또 N5·N3 상층적석총을 중심으로 '환호'의 요소를 살펴보았다. 이 중에서도 특히 N2 상층적석총은 원·방 요소의 등장 및 기능 분기 과정을 잘 보여주었다. 곧 N2의 '상층적석총 조기: Z4B' 및 '상층적석총 만기: Z4A·Z3·Z2·Z1·Z5·Z6' 중에서 부속총 Z5 및 성격이 애매한 Z6을 논외로 하고, N2 내 상층적석총들의 조성 시기 및 형태 변화를 정리해 보면, ① 상층적석총 조기(Z4B1·Z4B2): 3층원총·방대 → ② 상층적석총 만기(Z3): 3층원단 → ③ 상층적석총 만기(Z4A·Z2·Z1): 3층방총(Z1은 층수 미상이나 3층일 가능성이 높음)이 된다.

흥륭와문화기 석권묘 단계, 또 홍산문화 중기 우하량 2기 하층적석총 부석-통형기권묘 단계에서 알 수 있듯이 총의 시작점은 원형이었고 단을 겸했다. 그러다가 ① 상층적석총 조기 단계에 이르러 거대한 원형 총의 보조 제단으로서 '방대' 형태가 처음으로 등장했다. 이즈음 총의 규모가 거대해지고 단으로서의 기능이 강화되면서 보조 제단으로서 방대의 필요성이 생겨나게 된 것으로 이해된다. 이렇듯 방형은 애초 보조 제단 형태로 등장하여, 원형에 비해 지위가 낮았다.

② 상층적석총 만기가 되자 N2 내 여러 총들을 아우르는 순수 제단의 필요성이 대두했다. 이러한 필요에 따라 순수 제단 용도의 단을 원형으로 만들게 되었다. 물론 같은 우하량 내에서도 N5·N3의 상층적석총과 같이 쌍총(N5) 또는 단총(N3)인 경우는 별도로 순수 제단을 만들 필요가 없었고 이에 고래로부터의 원형 총(·단) 방식이 지속되었다. 그러나 우하량 내에서 가장 규모가 큰 N2 다총 적석총의 경우는 사정이 달랐다. 여러 총들을 아우를 순수 제단이 필요해졌던 것인데, 그 현실적 의미는 각각의 독립된 적석총을 지닌 여러 족단세력을 하나로 통합하는 의미였을 것이다.

③ 순수 제단이 원형으로 만들어지자 순수 제단의 하위에 놓이게 된 총은 순수 제단과의 구분을 위해 방형의 형식을 취하게 되었다. '원단'과 '방총'으로의 분리가 일어난 것이다.

이렇게 방형은 처음 상층적석총 조기에 보조 제단(방대) 형태로 등장했다가 상층적석총 만기에 이르러 총의 기본 형식이 되었다. 이러한 과정을 거치면서 후대의 총은 (흥륭와문화기 이래의) 원형도 있지만 (홍산문화 후기 이래의) 방형이 더욱 일반적이게 되었다.[43]

---

43 華玉氷·楊榮昌의 경우, 우하량을 기준으로 홍산문화기 묘장이 대체로 '석권(石圈) → 통형기권(筒形器圈) → 원형석단(圓形石壇) → 방형석광계(方形石框界)'로 바뀌어갔다고 보았다.(華玉氷·楊榮昌, 「紅山文化墓葬剖析」, 『靑果集』, 知識出版社, 1998, 35~43쪽) 그러나 홍산문화기에 이르러 묘제가 일률적으로 원형에서 방형으로 바뀐 것은 아니

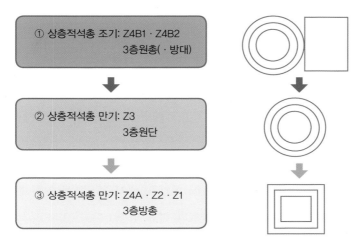

자료21 N2 무저통형기의 형태로 바라본 원단 · 방총의 분기 과정

3. '3층─원 · 방─환호'의 원류와 삼원사상

또 한 가지 중요하게 고려되어야 할 문제로 처음 원·방 분기의 시발점이 된 '3층원총·방대'의 시원 문제가 있다. N2Z4B2의 '3층원총·방대' 형태는 N5 상층적석총에서도 꼭 같이 나타나 이것이 우하량 상층적석총의 주요 형태였음을 보여주었다. 그런데 이러한 '3층원총·방대' 형태는 실상 멀리 요동 백두산 서편 통화 지역에서 가장 먼저 나타났다. 곧 1997년~1999년 발굴된 통화 만발발자 옛 제단은 '3층원단(모자합장묘)·방대'의 형태였으며, 시기는 우하량 상층적석총 단계보다 수백 년

___

다. 흥륭와문화기 이래 후대에 이르기까지 단·총의 기본은 원형이었다.

앞서는 서기전 4000년~서기전 3500년경이었다.[44] (2부 〈자료6〉 참조)

　이러한 정황은 우하량 상층적석총 조기에 갑작스럽게 등장한 '3층원총·방대' 형태가 우하량 지역에서 자체적으로 발생한 것이 아니라 처음 요동 백두산 서편 일대에서 시작되어(서기전 4000년~서기전 3500년) 요서 우하량 일대로 전해졌음을(서기전 3500년~서기전 3000년) 시사한다.

　상층적석총 단계의 '3층-원·방-환호' 형식 역시 같은 시각으로 바라보게 된다. 백두산 서편 옛 제단군은 대체로 조망이 좋은 야트막한 산구릉 정상부에 입지하고 있었으며 형태 면에서 '① 전적인 환계 방식(全環階式): 3층원단, ② 환계·환호의 결합 방식(環階環壕相間式): 3층원단+환호, ③ 전적인 환호 방식(全環壕式): 환호 외 중심 제천시설 미상'의 3유형으로 구분된다.[45] 이러한 3유형 구분에서 나타난바, 백두산 서편 옛 제단군의 가장 두드러진 특징은 첫째 제단의 형태 면에서 환계(3층원단) 형태가 많았던 점, 둘째 제단의 부속시설로 환호가 둘러진 경우가 많았던 점이다. 필자는 백두산 서편 옛 제단군의 여러 형태적 특징 중에서도 첫째 산구릉 정상부에 자리한 점, 둘째 3층원단이 많았던 점, 셋째 환호를 두른 경우가 많았던 점에 주목, 백두산 서편 옛 제단군의 형태적 특징을 '환호를 두른 구릉성 제천시설(3층원단류)'로 정리해 보

44　李樹林, 「躍進文化的考古發現與高句麗民族起源研究」, 『黑土地的古代文明: 中國
　　社科院 邊疆史地研究中心 主編 東北民族與疆域研究 論文集』, 2000年 1月, 遠方
　　出版社, 120쪽: 정경희, 「통화 만발발자 제천유적을 통해 본 백두산 서편 맥족의 제천문
　　화(I)—B.C. 4000년~B.C. 3500년경 '3층원단(모자합장묘)·방대'를 중심으로—」, 『선도문
　　화』 26, 2019 참조.

45　「東北考古獲重大發現—長白山區首次發現古代文化祭壇群址」, 『中國文物報』, 1995
　　年 6月 4日: 「李樹林業餘考古有新發現」, 『人民日報』, 1995年 6月 8日.

는 입장이다.[46]

우하량 상층적석총 역시 한결같이 산구릉 정상부에 입지하고 있었고 형태적 특징 또한 '3층-원·방-환호' 방식이었으니 백두산 서편 옛 제단군과 동일 계통이다. 이렇듯 요동 백두산 서편 지역과 요서 우하량 지역의 적석 단총이 '환호를 두른 구릉성 제천시설(3층원단류)' 또는 '3층-원·방-환호'의 형식을 공유하되, 만발발자의 경우에서 알 수 있듯이 시기 면에서 백두산 서편 지역이 우하량 지역을 수백 년 정도 앞서고 있었다. 이는 서기전 4000년~서기전 3500년경 요동 백두산 서편 지역에서 선도사상에 입각한 새로운 형태의 전형적인 선도제천문화가 개시된 이래 수백 년의 시차를 가지고서 요서 지역으로 전파되어 만개하였음을 보여준다.

한국의 단군사화 및 선도문헌에서는 서기전 3900년 무렵 선진적인 선도제천문화를 지닌 환웅족이 백두산 서편 천평(신시 또는 신주) 지역으로 이주하여, 토착세력 웅족과 연맹하는 방식으로 배달국을 개창하였으며(환웅족+웅족=후대의 맥족), 이러한 배달의 양대 중심지가 요동 백두산 서편 일대 천평 지역과 요서 우하량 일대 청구 지역이라고 했다.[47]

이상의 내용을 정리해 보자면, 서기전 4000년~서기전 3500년경 백두산 서편, 곧 배달국 천평 지역에서 개시된 맥족의 전형적인 선도제천문화, 곧 '환호를 두른 구릉성 제천시설(3층원단류)' 또는 '3층-원·방-환호' 형식을 주요 특징으로 하는 선도제천문화가 서기전 3500년~서기전

---

46 정경희, 「백두산 서편 제천유적과 B.C. 4000년~A.D. 600년경 요동·요서·한반도의 '환호를 두른 구릉성 제천시설'에 나타난 맥족의 선도제천문화권」, 『단군학연구』 40, 2019 참조.
47 정경희, 앞의 글, 『선도문화』 26, 2019; 위의 글, 『단군학연구』 40, 2019 참조.

3000년경 요서 우하량 일대, 곧 배달국 청구 지역으로 전파되었음을 알게 된다.

다음으로 고려되어야 할 문제로 '3층-원·방-환호'의 형식에 나타난 '천·지·인(원·방·각)' 삼원사상의 문제가 있다. 3층 계단식은 '천·지·인 삼원사상', 원·방형은 '원·방·각 삼원사상'을 표현한 것으로 양자는 실상 동일한 내용의 다른 표현이었다.[48] 이처럼 '3층' 및 '원·방'의 요소가 선도적 세계관의 요체인 천·지·인(원·방·각) 삼원사상에 의하고 있었음은 '3층-원·방-환호' 형식의 등장이 선도제천문화가 본격화하였던 시대의 소산이었음을 보여준다. '3층' 및 '원·방' 요소의 선도적 의미에 대해서는 7부에서 살펴보겠다.

---

48 정경희, 「신라 '나얼(奈乙, 蘿井)' 제천유적에 나타난 '얼(井)' 사상」, 『선도문화』 15, 2013, 53~56쪽.

5장

구식(석권 단총)과 신식(3층-원·방-환호)의
결합: 5지점·호두구·동산취

앞서 우하량 상층적석총 단계에 이르러 백두산 서편 맥족의 새로운 적석 단총 제도인 '3층-원·방-환호'의 방식이 나타났음을 살펴보았다. 우하량 상층적석총 단계에서는 이외에도 주목할 만한 여러 변화점들이 나타났는데, 본장에서는 흥륭와문화기 이래의 전통적 방식인 '석권 단총' 방식과 우하량 상층적석총 단계에 새롭게 등장한 '3층-원·방-환호' 방식이 결합되고 있었던 측면을 살펴보겠다.

1. 5지점 상층적석총 1호총

앞서 N5 상층적석총 1호총 N5SCZ1이 '3층원총(단)·방대·환호'의 형태였음을 살펴보았는데, 한 가지 더 주목되는 점으로 3층원단의 중심부에 자리한 M1(N5Z1M1)의 형식 문제가 있다. M1의 묘실은 석판(石板)과 석체(石砌)로 정세하게 조성되었고, 묘 상부에 둥글게 석권(돌담)

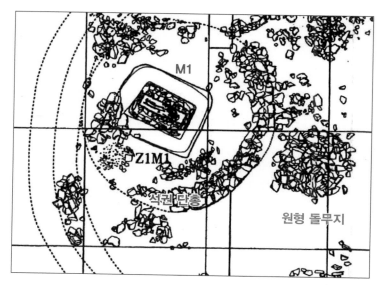

자료22 N5SCZ1 M1 확대도: '석권 단총+원형 돌무지'

을 돌린 후 다시 석권 안쪽으로 흙을 쌓아 올린 방식, 곧 봉구변광석장 (封丘邊框石墻) 방식이었다. 무덤의 지름은 7.8m이다. 또한 무덤 앞에는 다시 지름 약 3m의 원형 석퇴(石堆, 돌무지)를 쌓아 올렸는데, 제단시설 로 여겨진다. 곧 M1은 흥륭와문화기 이래의 석권 단총이었던 것이다.

또한 M1은 고래의 석권 단총 형식에 머무르지 않고 시대변화에 따른 새로운 형식과 결합되었다. 곧 무덤 앞의 원형 석퇴를 중심점으로 하여 3층원단을 쌓아 올렸고 환호와 방대도 더했다.(〈자료19〉 참조) 요컨대 M1은 구래의 석권 단총 위로 우하량 상층적석총 단계에 등장한 신식, 곧 거대 규모의 '3층원총(단)·방대·환호'가 더해져서 구식과 신식이 결 합된 모습이었다.

이러한 모습은 애초 N5SCZ1이 석권 단총 형식으로 만들어져 원형 돌무지 제단까지 설치되어 제향되다가, 우하량 상층적석총 단계 어느 시점에 이르러 3층원단·방대·환호가 덧씌워지는 방식으로 무덤이 크게 확장되었음을 보여준다. 이는 요서 지역 적석 단총제가 '석권묘' 방식에서 '부석-통형기권묘' 방식으로, 또 '부석-통형기권묘' 방식에서 다시 '3층-원·방-환호'형 방식으로 바뀌어갔던 추세와 합치된다.

2. 호두구 적석총

이상 N5SCZ1와 같은 방식은 대릉하 권역의 호두구(胡頭溝) 적석총에서도 꼭 같이 나타났다. 호두구 적석총은 부신(阜新)과 조양(朝陽)의 경계를 이루고 있는 대릉하의 지류, 망우하(牤牛河) 일대의 완만한 구릉지 절벽(단애斷崖) 주변 흙언덕(토구土丘)에 자리한다. 적석총의 상층은 춘추시대 토광묘로 비파형동검이 출토되었고 그 아래 하층이 홍산문화 후기의 적석총이다. 적석총의 절반은 이미 망우하에 침식되어 쓸려 내려간 상태이다. 적석총 중심부에 중심대묘 M1이 자리하고 있고 외곽으로 소형무덤 3기가 자리한다.

중심대묘 M1은 석관묘 형식이며 묘장의 방향은 우하량 상층적석총 단계와 같은 동서향이다.[49] 우하량 상층적석총 단계의 삼원오행형(갈기 달린 소용돌이형) 옥기·옥응(玉鷹)·옥웅(玉熊)·옥벽 등 많은 양질의 옥기가 출

---

49   方殿春·劉葆華, 「遼寧阜新縣胡頭溝紅山文化玉器墓的發現」, 『文物』 1984-6, 3쪽: 方殿春·劉曉鴻, 「遼寧阜新縣胡頭溝紅山文化積石塚的再一次調査與發掘」, 『北方文物』 2005-2, 2쪽.

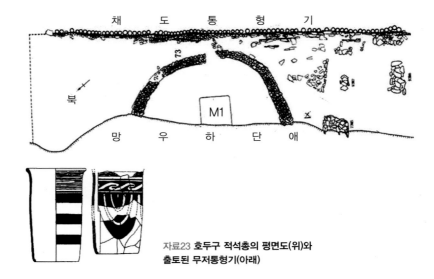

자료23 **호두구 적석총의 평면도(위)와
출토된 무저통형기(아래)**

토되었다. 특히 주목되는 점은 묘의 상부로 지름 13m 정도의 석권이 둘러져 있는 점이다. 또한 석권 위로 대계(臺階), 곧 계단식 적석이 가해졌으며, 그 층수는 미상이다. 무덤 위로 계단식 적석이 가해진 점은 우하량 5지점 상층적석총 N5SCZ1과 흡사하다고 지적되었으며 이러한 형태는 우하량 적석총에 널리 나타나고 있다.[50] 요컨대 우하량 N5SCZ1이 석권묘 위에 3층원단이 더해진 경우였듯이 호두구 적석총 역시 석권묘 위에 계단식 적석이 더해졌는데 3층이었을 가능성이 매우 높다. 실제로 M1 위의 계단식 적석을 3층원단으로 바라본 견해도 있다.[51]

　무덤의 외곽으로는 무저통형기로 방형의 테두리를 만들어 놓았는데,

50　方殿春·劉曉鴻, 위의 책, 2005-2, 2~3쪽.
51　王秋義 主編, 앞의 책, 2013, 30쪽.

무저통형기 형태는 우하량 상층적석총 단계 B형에 해당한다.(2부 〈자료 10〉 참조) 형태가 잘 보존된 동쪽 테두리의 경우 남북 32.75m이다. 남쪽에는 테두리가 확인이 되지 않아 북·동·서를 둘렀을 것으로 여겨졌다.[52] 원형 무덤과 방형 테두리는 원·방을 결합시킨 모습으로 정확히 말하면 상원(上圓)·하방(下方) 형태이다. 우하량 상층적석총 단계에서 전방·후원형, 원형, 방형이 나타났으니 동일 계통으로 이해된다. 이렇듯 호두구 적석총은 3층 계단식, 묘장의 방향, 무저통형기의 형태, 원·방 결합 방식 등에서 우하량 상층적석총과 같은 시기의 적석총임을 보여주었다.

이상 호두구 적석총은 우하량 5지점 상층적석총 N5SCZ1과 같이 홍륭와문화기 이래 요서 지역의 전통적인 석권 단총 방식 위에 우하량 상층적석총 단계의 '3층-원·방-환호' 방식이 결합된 형태였다.

3. 동산취 적석단

우하량 5지점 상층적석총·호두구 적석총 외에 대릉하 일대의 동산취 적석단도 같은 계통이다. 동산취 적석단은 우하량 인근의 대릉하 상류 객좌현 대성자진(大城子鎭) 내 야트막한 구릉지에 위치하고 있으며, 시기는 홍산문화 후기 서기전 3640년~서기전 3382년[53] 무렵이다. 이곳에서는 총 3기의 단이 발굴되었는데, 시기 순으로 보면 ① 3개의 석권단,

---

52 위와 같음.

53 北京大學考古學碳十四實驗室, 「碳十四年代測定報告(六)」, 『文物』 4, 1984.

자료24 동산취 3종의 단(위)과 1개의 석권단(아래)

② 1개의 석권단, ③ 방단 순이다. 먼저 유적의 남쪽에 ① (석체를 둥글게 돌린) 3개 석권단이 연접한다.(지름 3m) 일부는 훼손되었으나 2개는 윤곽이 비교적 잘 남아 있다. 그 북쪽에 ② 1개의 석권단이 자리한다.(지름 2.5m) 지층으로 볼 때 ①이 ②보다 시기가 빨라 ①을 폐기한 후 ②를 신축한 것으로 본다. 다시 그 북쪽에 ③ 대형 방단이 위치한다.(11.8m× 9.5m) 그 동·서 양쪽으로 건물지의 돌담장(석장기지石墻基址)·깐돌(포석

기지鋪石基址)·주거지(방지房址) 등이 발견되었다.[54]

3기의 단 중에서 ①·②가 먼저 조성되었음은 처음 단을 조성할 때 흥륭와문화기 석권 단총을 계승하는 방식으로 단이 조성되었음을 보여준다. 석권단 다음 단계에 등장한 ③은 우하량 상층적석총 단계가 되면서 원형 외에 방형의 단총이 생겨났던 변화의 추세와 일치한다. 이처럼 동산취 적석단 역시 고래의 석권 단총 방식을 계승하는 한편으로 우하량 상층적석총 단계의 원·방 형식을 새롭게 수용하고 있었다.

이상에서 5지점 상층적석총 N5SCZ1·호두구 적석총·동산취 적석단의 사례를 통해 흥륭와문화기 이래의 전통적 방식인 '석권' 방식과 우하량 상층적석총 단계의 새로운 방식인 '3층-원·방-환호' 방식이 결합되었던 면모를 살펴보았다. 흥륭와문화기 이래의 '석권' 방식은 우하량 하층적석총 단계에서 '부석-통형기권묘' 방식으로, 또 우하량 상층적석총 단계에서는 석권 방식 위에 '3층-원·방-환호' 방식이 결합되는 방식으로 이어지고 있었던 것이다.

---

54 郭大順·張克擧, 「遼寧省喀左縣東山嘴紅山文化建築群址發掘簡報」, 『文物』 1984-11, 1~11쪽.

6장

적석 단총제 형태 변화로 본 배달국시기 요동
백두산 맥족의 요서 이동과 지배세력 교체

석권 단총 방식이 흥륭와문화 이래 요서의 전통적인 방식, 또 '3층-
원·방-환호' 방식이 요동 백두산 서편 일대에서 개시되어 요서로 전해
진 방식이었다면, 이러한 구식과 신식의 결합은 요서 지역 구래의 선도
제천문화와 요동 백두산 서편 지역에서 시작된 새로운 선도제천문화가
하나로 결합되었음을 상징적으로 보여준다.

사상·종교적 변화의 기저에 정치·사회적 변화가 자리하고 있음은 물
론이다. 곧 구식이 요서 지역 토착세력의 전통적인 방식, 신식이 요동
지역 맥족이 가져온 방식이었다면 양자의 결합 방식은 요서 토착세력과
요동 맥족 간의 교섭을 통한 요서 사회의 대대적인 변화까지 함축적으
로 담아내고 있다.

앞서 흥륭와문화기 이래 서랍목륜하 일대를 중심으로 했던 요서 지역
의 문화 중심이 홍산문화기에 이르러 대릉하 일대로 옮겨졌다고 했다.
그런데 홍산문화 후기 대릉하 일대에 새롭게 나타난 적석 단총제 방식
으로써 살펴보자면, 요서 토착문화 구래의 구식 석권 방식 위로 요동 맥

족이 주도한 신식 3층-원·방-환호 방식이 덧씌워지는 방식이 나타나고 있었다. 이러한 방식을 통해 홍산문화 후기 요서 사회가 달라진 두 가지의 방향성을 확인하게 된다.

첫째, 대릉하 일대 지배세력이 요서 토착세력에서 요동 맥족으로 교체되었던 점이다. 둘째, 요서 토착세력에서 요동 맥족으로의 지배세력 교체 방식이 갈등적 방식이 아닌 융화적 방식이었다는 점이다. 구식을 전적으로 폐기하는 것이 아닌, 구식 위에 신식이 덧씌워지는 방식을 통해 이러한 점을 추론해 보게 된다.

한 가지 더 중요한 사실은 이즈음 새롭게 등장한 맥족계 3층-원·방-환호형 적석 단총제가 서랍목륜하 일대에서는 나타나지 않고 대릉하 일대에서만 집중적으로 나타났다는 점이다. 곧 우하량에서 3층-원·방-환호형 적석 단총제의 전형이 등장했으며 우하량 지근에 위치한 능원 전가구 유적에서도 3층 원형의 단총이 나타났다.[55] 또한 대릉하 지류 망우하에 자리한 부신 호두구 적석총 역시 3층의 계단식일 가능성이 매우 높다.[56]

반면 서랍목륜하 일대에서는 3층-원·방-환호형 적석 단총제가 나타나지 않았다. 서랍목륜하 일대 여신상이나 옥기류 등에서는 삼원적 상징성이나 선도수행적 표현 등이 분명하게 나타났으며 선도제천문화의

---

55 2009년 3월에 발견된 전가구(田家溝) 적석 단총은 홍산문화 후기의 적석 단총으로 대릉하 지류 삼진하(滲津河) 왼쪽 능원 삼가자향(三家子鄕) 하남촌(河南村)에 자리하고 있다. 우하량 유적에서 대략 50km 정도, 동산취 유적에서는 34km 정도 떨어진 위치이다. 총 3기의 홍산문화계 적석총이 발견되었는데 이 중 제3지점은 전형적인 3층 적석 단총이다.(遼寧省文物考古硏究所, 「凌源市西梁頭紅山文化石棺墓地的發掘與硏究」, 『玉魂國魂―中國古代玉器與傳統文化學術討論會文集 4』, 2010)

56 王秋義 主編, 앞의 책, 2013, 30쪽.

수준이 매우 높아 대릉하 일대와 우열을 가리기 힘들 정도였다. 그럼에 도 불구하고 유독 3층-원·방-환호형 적석 단총제는 나타나지 않았던 것인데, 이러한 모습은 홍산문화 후기 서랍목륜하 사회가 요서 지역의 새로운 문화중심으로 부상한 대릉하 사회와의 교섭을 통해 새로운 방식 의 맥족계 선도제천문화를 적극 수용하였지만 문화적 이해도나 깊이는 대릉하 사회에 미치지 못했음을, 또한 대릉하 사회가 맥족계 새로운 제 천문화의 일차적인 중심이었음을 보여준다.

요컨대 홍산문화 후기 대릉하 일대에 집중적으로 나타난 3층-원·방- 환호형 적석 단총은 비단 사상·종교 차원의 변화를 넘어 정치·사회 차 원의 변화, 곧 요동 백두산 맥족의 요서 진출, 요동 맥족으로의 지배세 력 교체, 요서 토착세력과 요동 맥족 간의 종족적 문화적 융화 등의 변 화점들을 시사해 주었다.

이상 홍산문화 중·후기 요동~요서 지역의 적석 단총제 형태에 나타 난바, 배달국시기 백두산 맥족의 요서 진출 경로 또는 맥족계 선도제천 문화의 전파 경로는 대체로 ① 요동 백두산 서편 혼강 일대(배달국 천평 문화) → ② 요서 대릉하 일대(배달국 청구문화) → ③ 요서 서랍목륜하 일대(배달국 서랍목륜하문화)가 된다.

배달국시기 맥족의 이동 루트 또는 맥족의 선도제천문화 전파 과정을 통해 요동·요서·한반도 일대에 맥족, 또 맥족계 선도제천문화가 널리 퍼져나갔음을 알게 된다. 이는 배달국 이후 배달국을 계승한 맥족계 국 가인 단군조선-부여-고구려-발해가 요동·요서·한반도 일대를 주 무대 로 펼쳤던 역사문화의 출발점이자 배경이 되므로 특히나 눈여겨보아야 할 대목으로 생각된다.

실제로 많은 중국 문헌들에서는 '구이(九夷)가 곧 구맥(九貊)'이라 하

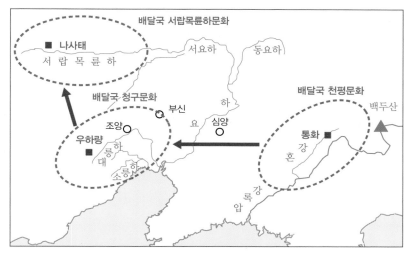

자료25 **홍산문화 중·후기 적석 단총제를 통해 본 백두산 맥족의 요서 진출 경로**

여 맥족을 동이족에 대한 이칭으로 설명한다.[57] 거주 지역 면에서도 맥
은 요동 백두산 서편 지역뿐 아니라[58] 중원 지역의 북쪽 요서 지역,[59]
또 한반도 북부 및 중부 지역까지 널리 퍼져 있었던 것으로 나타난다.[60]

---

57 『資治通鑑』卷10 漢紀2 太祖高皇帝 4年「八月 北貉燕人來致梟騎助漢 應劭曰: 北
　　貉 國也…師古曰: 貉在東北方 三韓之屬 皆貉類也 蓋貉人及燕皆來助漢 孔穎達曰:
　　經傳說貉多是東夷 故職方掌九夷九貉 鄭志答趙商云: 九貉卽九夷也」.

58 『後漢書』卷85 東夷列傳 第75 高句麗「句驪 一名貊耳 有別種 依小水爲居 因名曰
　　小水貊 出好弓 所謂貊弓 是也」；『三國志』卷30 魏書 高句麗傳「句麗作國 依大水
　　而居 西安平縣北有小水 南流入海 句麗別種 依小水作國 因名之爲小水貊 出好弓
　　所謂貊弓是也」.

59 『管子』卷8 小匡「(桓公) 一匡天下 北至於 孤竹 山戎 穢貉 拘秦夏」；『山海經』海內
　　西經「貊國在漢水東北 地近于燕」.

60 『三國史記』卷1 新羅本紀1 儒理尼師今17「秋九月 華麗不耐二縣人連謀 率騎兵犯
　　北境 貊國渠帥 以兵要曲河西 敗之 王喜 與貊國結好」；卷35 雜志4 地理2 新羅 朔
　　州「朔州 賈耽古今郡國志云 句麗之東南 濊之西 古貊地 蓋今新羅北朔州 善德王

이처럼 배달국 이래 고구려·발해에 이르기까지 요동·요서·한반도 일대 역사문화의 종족적 중심, 또 문화내용적 중심을 맥족계 선도제천문화로 바라볼 때 흥륭와문화기 서랍목륜하 일대에서 등장한 석권 단총제가 단군조선 시기 맥족문화권의 남단인 한반도 서북 지역의 석권 단총(일명 돌돌림 유적)으로 면면히 이어지는 모습이[61] 전혀 어색하지 않게 된다. 곧 흥륭와문화기 석권 단총제는 홍산문화기에 이르러 대릉하 일대 맥족의 선도제천문화와 결합하여 맥족문화로 화했기에 이후 긴 시간적 공간적 격간을 넘어 한반도 지역까지 확산·공유될 수 있었던 것이다.

六年 爲牛首州 置軍主 一云 文武王 十三年 唐咸亨四年 置首若州 景德王改爲朔州 今春州」.

61 하문식, 「고조선의 돌돌림유적에 관한 문제」, 『고조선단군학』 10, 2004; 「고조선의 돌돌림 유적 연구: 추보」, 『단군학연구』 16, 2007, 20쪽.

7장

우하량 말기 중심 단총의 변화: 16·13지점

1. 16지점: 방총

해발 556m 성자산(城子山)의 정상부에 자리한 N16 상층적석총 (N16Z1)은 단총(單塚)에 불과하지만 총의 규모는 대단히 크다. 상층적석총 위로 전기 청동기문화인 하가점하층문화 유존이 자리한 탓에 하가점하층문화에 의해 크게 파괴되고 일부 적석들은 하가점하층문화기 생활 유적 조성에 쓰이기도 했다. 이렇게 파괴가 심하다 보니 총계(塚界)의 대부분이 사라졌지만 남아 있는 국부의 석장(石墻)으로 미루어 장방형임을 알게 된다.[62]

총 내 묘장은 총 8좌로, 중심대묘 M4를 중심으로 중소형 무덤 7좌가 주로 남쪽에 배열되어 있다. M4는 특별히 깊게 파인 묘광에 석판을 겹겹이 쌓아 묘실을 만들고 묘광의 상단에는 구멍 뚫린 석체시설을 두어

---

62 遼寧省文物考古硏究所, 앞의 책 中, 2012, 461~462쪽, 472쪽.

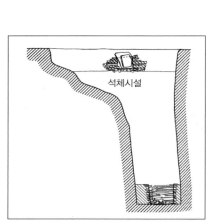
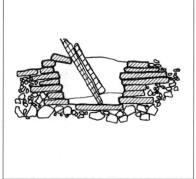

석체시설

자료26 N16M4 단면도(위 왼쪽)와 석체시설
단면도(위 오른쪽), 출토 옥인과 옥봉(아래)

대단히 난이도 높은 결구 방식을 보였다. 석체시설은 무저통형기와 같
은 의미, 곧 '통천(通天)'이라는 선도적 의미로 이해된다. 묘주는 40~45
세 정도의 남성으로 부장품 면에서도 옥봉(玉鳳), 옥인(玉人) 등 새로운
유형의 옥기가 출토되어 피장자의 높은 신분을 보여주었다.[63] 여타 무덤
에서도 삼원오행형 옥기, 쌍웅수삼공옥기(雙熊首三孔玉器), 옥룡(玉龍)
등 중요 옥기가 다수 출토되었다.(〈자료26〉) 이러한 면모로 인해 우하량
말기 N2가 쇠퇴하면서 우하량의 중심이 N16으로 옮겨간 것으로 설명

---

63 遼寧省文物考古研究所, 위의 책 中, 2012, 394~407쪽.

되며[64] 더하여 이즈음 일인독존(一人獨存)의 왕권이 확립된 것으로 설명되기도 한다.[65]

상층적석총이 지속된 시간이 매우 길어 그 안에서 다시 2단계 구분이 가능한데, 아랫단은 79M1·79M2·79M3·M4, 윗단은 M12·M13·M14·M15에 해당한다. 상층적석총 위로는 하가점하층문화 유존이 겹쳐져 있는데, 방지(房址) 8좌·회갱(灰坑)·회구(灰溝)·교혈(窖穴: 저장구덩이)·환호 등이다. 시기는 대략 하가점하층문화 중기~만기에 해당된다. 하가점하층문화 유존은 지금껏 발굴된 지점들 중에서 유독 N16에서만 나타난다. 앞서 우하량 말기가 되면서 N2가 쇠퇴하고 우하량의 중심이 N16으로 옮겨 갔다고 보았는데, 하가점하층문화기가 되어서도 유독 N16 위에서만 유적이 나타나고 있었던 것이다.

2. 13지점: 3층원단 계통의 제천건물지

N13은 우하량 유적군의 가장 남쪽에 위치하고 있다. N1 여신묘에서는 멀리 떨어져 있지만 N16과는 매우 가깝다. N13의 상층적석총 유적으로 해발 588m 전산자산(轉山子山) 정상부에 위치한 '3층원단' 계통의 제천건물지가 있다. 제천건물지의 전체 규모는 지름 100m에 달하며 잔존 높이는 7m 정도이다. 유적의 안쪽으로 지름 60m의 원형 돌계단

---

64 王芬·欒豊實,「牛河梁紅山文化積石塚的分期和年代」,『中原文物』, 2016-4, 山東大學歷史文化學院, 30쪽, 31쪽.

65 劉國祥, 앞의 책 下, 2015, 764쪽.

자료27 N13 '3층원단 계통의 제천건물지' 유적 전경

이 있는데, 정(正) 원형으로 조금의 흐트러짐도 없이 만들어졌다. 그 위로 다시 항축(夯築) 방식으로 조성된 지름 40m의 토대(土臺)가 있다. 토대의 정상 평탄부는 건물지이다. 건물지 중심부에 구리 제련의 흔적이 남아 있는 도가니 파편(감과편坩鍋片)이 산포된 층이 교란되어 있다.[66] 이 시기 제단 일반이 그러하듯이 무묘광·무장구의 인골은 발견되었지만 무덤은 나타나지 않아 제단식의 신전 건물지, 곧 제천건물지로 평가되었다.

이렇듯 N13 상층적석총 단계의 유적은 '지름 60m의 원형 돌계단 → 지름 40m의 원형 토대 → 제천건물지'의 형태였다. 우하량 상층적석총 단계에서 3층의 계단식이 일반적이었던 것을 생각해 보면 '원형 돌계단

---

66 郭大順·張星德(김정열 역), 『東北文化와 幽燕文明』상, 동북아역사재단, 2005(2008), 379~380쪽.

→ 원형 토대 → 제천건물지' 방식을 3층 계단식 계통으로 볼 수 있다. 제천단의 꼭대기층을 건물로 대체한 방식은 홍산문화 후기 조양 반랍산 적석 제천단에서도 똑같이 나타나고 있었다.[67] 홍산문화가 마감되는 시점, 제천단 양식에 새롭게 변화가 생겨나고 있었음을 시사받게 된다.

다만 지금껏 살펴본 상층적석총 단계 '3층 원형 단총'의 지름이 대체로 20m 전후였음을 생각해 보면 규모가 더없이 커졌다. 실상 이 유적은 지금까지 중국에서 발굴된 선사시대 건축물 중 가장 대규모의 시설물로 알려져 있다. 제단 정상부에 건물지를 올린 방식, 거대한 제단 규모 등은 이 유적이 우하량 상층적석총 단계 중에서도 가장 늦은 시기의 유적임을 시사한다. 제천건물지 내 야동(冶銅) 유적의 존재 또한 홍산문화 후기(서기전 3500년~서기전 3000년) 이후 소하연문화(서기전 3000년~서기전 2400년)·하가점하층문화(서기전 2400년~서기전 1500년)를 거쳐 청동기시기로 진입해 가는 과정, 특히 제천의기류 또는 위세품이 옥기에서 청동기로 바뀌어가는 변화점을 보여주었다. 이렇게 N13의 경우, 상층적석총 일반의 3층 원형 단총에 비해 현격하게 커진 규모, 꼭대기층을 건물지로 대체한 방식, 야동 유적의 등장 등 시대변화에 따른 새로운 변화점이 나타났다.

이처럼 N13과 N16은 상층적석총 단계의 '3층-원·방-환호'라는 기

---

67 2014년~2016년간 발굴된 조양 반랍산 적석 단총은 요령성 조양시 용성구(龍城區) 소도 파진(召都巴鎭) 윤장자촌(尹杖子村) 반랍산 정상부에 위치한다. 유적의 남부는 적석총, 유적 내 가장 높은 지대인 북부는 방형 제단(동서 13.8m, 남북 11.5m)이다. 제단 위에 제사갱 다수가 자리하며, 특히 제단의 서부 지대에서 장방형 건물지가(남북 6.6m, 동서 4.5m) 발견되었다.(遼寧省文物考古研究所·朝陽市龍城區博物館, 「遼寧朝陽市半拉山 紅山文化墓地的發掘」, 『考古』, 2017年 2期, 7쪽)

본 형태 내에서 시대변화에 따른 새로운 변화점을 보였다. 특히 우하량의 적석총군이 각 족단세력을 대표하는 상징성과 독립성을 갖추고 있었던 점을 이해할 때 우하량 말기 중심으로 부각된 N16 거대 방총 및 인근의 N13 3층원단 계통 제천건물지는 홍산 사회를 주도한 족단세력의 교체를 시사해 준다. 물론 이미 배달국 요서 청구 사회의 지배세력으로 자리를 잡은 맥족세력 내에서의 족단세력 교체로 이해된다.

8장

맺음말

　요서 지역 흥륭와문화기 서랍목륜하 일대에서 시작된 적석묘 제도는 오랜 문화적 잠복기를 지나 홍산문화 중기 무렵 서랍목륜하 및 대릉하 일대를 중심으로 다시 부활하게 된다. 이즈음 새롭게 부활한 적석묘·적석총 문화의 중심은 서랍목륜하가 아닌 대릉하 일대로 옮겨져 있었다. 특히 대릉하 일대의 대표적인 소도제천지였던 우하량 적석총은 모든 면에서 서랍목륜하 일대를 단연 능가하는 모습이었다. 우하량 적석총은 홍산문화기 전체를 통틀어 최장 기간, 최대 규모, 최고 수준의 형식성과 부장품을 갖춘바, 홍산문화기 적석총문화의 시금석이다.

　우하량 적석총군의 층위는 대체로 3기로 나뉘는데 ① 1기 하층유존 단계: 홍산문화 전기(서기전 4500년~서기전 4000년), ② 2기 하층적석총 단계: 홍산문화 중기(서기전 4000년~서기전 3500년), ③ 3기 상층적석총 단계: 홍산문화 후기(서기전 3500년~서기전 3000년)이며 이 중 상층적석 총 단계는 다시 조기와 만기로 나뉜다. 기발굴된 적석총 N2·N3·N5· N16 중 하층유존이 있는 경우는 N5·N16이다. 또한 N2·N5·N16은 하층적석총 및 상층적석총을 가지고 있으며 N3은 상층적석총만 있다.

먼저 1기 하층유존 단계를 보면, N16 하층유존에서는 당시 요서 지역 일반의 무덤 양식인 무장구 단인장 형태의 소박한 수혈토광묘가 나타났다. 새로운 제천문화의 개시를 알리는 하층적석총이 들어서기 이전 우하량 일대가 전혀 특별하지 않은 지역이었음을 보여주었다.

다음 2기 하층적석총 단계는 N2Z4 하층적석총(N2Z4M)을 대표로 하며, '부석-통형기권묘' 형태였다. '부석-통형기권묘' 형태는 흥륭와문화기의 석권 단총 방식을 계승한 것이었다. 곧 흥륭와문화기의 석권이 이때에 들어 무저통형기로 대체된 것으로, 적석 단총제가 오랜 잠복기를 거쳐 다시 부활했을 때 기왕의 형식에서 출발하게 된 현상이다.

다음 3기 상층적석총 단계에서는 적석총의 규모·결구 방식·부장품 등 모든 부면에서 전기적 변화가 있었다. 특히 적석총의 규모가 커진 만큼 외관 면에서도 많은 변화가 생겨났는데 주된 변화점으로 첫째 3층 계단식이 나타난 점, 둘째 원형 외에 방형이 나타난 점, 셋째 단총 주변으로 환호가 둘러지기 시작한 점 등을 들 수 있다. 곧 하층적석총의 '부석-통형기권묘' 형식이 상층적석총에 이르러 '3층-원·방-환호' 형식으로 바뀌게 된 것이다.

특히 N2 상층적석총에는 원단·방총의 분기 과정이 잘 나타나 있다. N2 상층적석총의 조성 시기 및 형태 변화는 ① 상층적석총 조기 (Z4B1·Z4B2): 3층원총·방대 → ② 상층적석총 만기(Z3): 3층원단 → ③ 상층적석총 만기(Z4A·Z2·Z1): 3층방총(Z1은 층수 미상이나 3층일 가능성이 높음)으로 정리된다.

흥륭와문화기 석권 단총, 우하량 2기 하층적석총 부석-통형기권묘 단계에서 알 수 있듯이 총의 시작점은 원형이었고 단을 겸했다. 그러다가

① 상층적석총 조기 단계에 이르러 거대한 원형 총의 보조 제단으로 '방대' 형태가 처음으로 등장했다. 이즈음 총의 규모가 거대해지고 단의 기능이 강화되면서 보조 제단으로서 방대의 필요성이 생겨나게 된 것이다. ② 상층적석총 만기가 되자 N2 내 여러 총들을 아우르는 순수 제단의 필요성이 대두했고 이러한 필요에 따라 순수 제단 용도의 단을 원형으로 만들게 되었다. ③ 순수 제단이 원형으로 만들어지자 순수 제단의 하위에 놓이게 된 총은 순수 제단과의 구분을 위해 방형의 형식을 취하게 되었다. '원단' 및 '방총'의 분기가 일어난 것이다. 이러한 과정을 거치면서 동북아 단총제도에서 단은 원형, 총은 (흥륭와문화 이래의 전통적인) 원형 또는 (홍산문화 후기 이래의) 방형이 되었다.

한 가지 중요한 문제로 우하량 상층적석총 단계 조기에 나타난 '3층 원총(단)·방대' 방식의 시원 문제가 있다. N2Z4B2 및 N5SCZ1에 나타난 '3층원총(단)·방대' 방식이 요동 백두산 서편 통화 지역에서 가장 먼저 나타났던 문제이다. 곧 1997년~1999년 발굴된 통화 만발발자 옛 제단은 '3층원단(모자합장묘)·방대' 방식으로 그 시기가 우하량 상층적석총 단계(서기전 3500년~서기전 3000년)보다 대략 500년 정도 앞서는 서기전 4000년~서기전 3500년경이었다. 이러한 정황은 '3층원총(단)·방대' 형태가 요서 우하량 지역에서 자체적으로 발생한 것이 아니라 요동 백두산 서편 지역에서 시작되어 요서 우하량 일대로 전해졌음을 시사한다.

우하량 상층적석총 일반의 '3층-원·방-환호' 제도 역시 그러하다. 중국 측 보고자료에 의하면 백두산 서편 옛 제단군의 형태적 특징은 '환호를 두른 구릉성 제천시설(3층원단류)'로 정리된다. 우하량 상층적석총 역시 한결같이 산구릉 정상부에 입지하였고 '3층-원·방-환호' 방식이었으니 백두산 서편 옛 제단군과 동일 계통의 '환호를 두른 구릉성 제천시설(3층원단류)'이다. 이렇듯 요동 백두산 서편 지역과 요서 우하량 지역이 '환호를 두른 구릉성 제천시설(3층원단류)', 좀 더 구체적으로 '3층-원·방-환호'의 형식을 공유하되 만발발자 제단에서 알 수 있듯이 시기면에서 백두산 서편 지역이 우하량 지역을 수백 년 정도 앞서고 있었다.

이는 서기전 4000년~서기전 3500년경 홍산문화 중기 요동 백두산 서편 지역에서 선도사상에 입각한 새로운 형태의 전형적인 선도제천문화가 시작된 이후 수백 년의 시차를 가지고서 요서 지역으로 전파, 홍산문화 후기 요서 지역에서 만개했음을 보여준다. 한국의 단군사화 및 선도문헌에서는 서기전 3900년 무렵 선진적인 선도제천문화를 지닌 환웅족이 백두산 서편 천평(신시 또는 신주) 지역으로 이주, 토착세력 웅족과 연맹하는 방식으로 배달국을 개창했으며(환웅족+웅족=후대의 맥족), 이러한 배달국의 양대 중심지가 요동 백두산 서편 천평 지역과 요서 우하량 일대 청구 지역이라고 했다.

'환호를 두른 구릉성 제천시설(3층원단류)' 또는 '3층-원·방-환호' 형식에 나타난바 선도적 세계관의 요체인 '천·지·인(원·방·각)' 삼원사상의 문제도 중요하다. 3층 계단식은 '천·지·인 삼원사상', 원·방형은 '원·방·각 삼원사상'을 표현한 것으로 양자는 실상 동일한 내용의 다른 표현이었다. '3층-원·방-환호' 형식의 등장은 새로운 형태의 전형적인 선도제천문화가 등장했음을 보여준다.

더하여 우하량 상층적석총 5지점 1호총 N5SCZ1, 또 같은 시기의 단총인 호두구 적석총 및 동산취 적석단의 사례를 통해 흥륭와문화기 이래의 구식 '석권' 방식 위로 우하량 상층적석총 단계의 신식 '3층-원·방-환호' 방식이 결합되고 있었음도 주목된다. 흥륭와문화기 이래의 '석

권' 방식은 우하량 하층적석총 단계에서 '부석-통형기권' 방식으로 변형
되기도 했는데, 우하량 상층적석총 단계에 이르러서는 '석권' 방식 위로
'3층-원·방-환호' 방식이 덧씌워지는 모습으로 나타났다.

앞서 흥륭와문화기 이래 서랍목륜하 일대를 중심으로 했던 요서 지역
의 문화 중심이 홍산문화기에 이르러 대릉하 일대로 옮겨졌다고 했다.
특히 홍산문화 후기 적석 단총제에 있어, 요서 토착문화 구래의 구식 석
권 방식 위로 요동 맥족이 주도한 신식 3층-원·방-환호 방식이 덧씌워
지는 방식이 생겨났다. '석권' 방식이 요서 지역의 전통적인 구식, '3층-
원·방-환호' 방식이 요동 백두산 지역에서 새롭게 생겨난 신식이었다
면, 양자의 결합은 요서 지역 구래의 선도제천문화와 요동 지역의 새로
운 선도제천문화가 하나로 결합되었음을 보여준다. 이러한 사상·종교적
방면의 변화는 요서 사회의 정치·사회적 변화까지 함께 담아내고 있었
는데, 첫째 대릉하 일대 지배세력이 요서 토착세력에서 요동 맥족으로
교체되었던 점, 둘째 요서 토착세력에서 요동 맥족으로 지배세력 교체
의 방식이 갈등적 방식이 아닌 융화적 방식이었던 점을 알게 했다.

한 가지 더 주목되는 점은 이즈음 새롭게 등장한 맥족계의 3층-원·
방-환호형 적석 단총제가 서랍목륜하 일대에서는 나타나지 않고 대릉
하 일대에 집중적으로 나타났던 점이다. 이는 홍산문화 후기 서랍목륜
하 사회가 요서 지역의 새로운 문화중심으로 부상한 대릉하 사회와의
교섭을 통해 새로운 방식의 맥족계 선도제천문화를 적극 수용했지만 문
화적 이해도나 깊이는 대릉하 사회에 미치지 못했음을 보여준다.

이상 홍산문화 중·후기 요동~요서 지역의 적석 단총제 형태에 나타
난바, 배달국시기 백두산 맥족의 요서 진출 경로 또는 맥족계 선도제천
문화의 전파 경로는 ① 요동 백두산 서편 혼강 일대(배달국 천평문화) →

② 요서 대릉하 일대(배달국 청구문화) → ③ 요서 서랍목륜하 일대(배달국 서랍목륜하문화)가 된다.

배달국시기 맥족의 이동 루트 또는 맥족의 선도제천문화 전파 과정을 통해 요동·요서·한반도 일대에 맥족, 또 맥족계 선도제천문화가 널리 퍼져나갔음을 알게 된다. 이는 배달국 이후 배달국을 계승한 맥족계 국가인 단군조선-부여-고구려-발해가 요동·요서·한반도 일대를 주 무대로 펼쳤던 역사문화의 출발점이자 배경이 되므로 특히나 눈여겨보게 된다.

배달국 이래 고구려·발해에 이르기까지 요동·요서·한반도 일대 역사문화의 종족적 중심, 또 문화내용적 중심을 맥족계 선도제천문화로 바라볼 때 흥륭와문화기 서랍목륜하 일대에서 등장한 석권 단총제가 단군조선 시기 맥족문화권의 남단인 한반도 서북 지역의 석권 단총(돌돌림 유적)으로 면면히 이어지는 모습이 전혀 어색하지 않게 된다. 곧 흥륭와 문화기 서랍목륜하 일대의 석권 단총제는 홍산문화기에 이르러 대릉하 일대 맥족의 선도제천문화와 결합, 맥족문화로 화했기에 이후 긴 시간적 공간적 격간을 넘어 한반도 지역까지 확산·공유될 수 있었다.

마지막으로 우하량 상층적석총 단계 중에서도 가장 늦은 시기에 해당하는 N16 거대 방총 및 N13 3층원단 계통 제천건물지를 통해 요서 지역 배달국 사회의 변화상을 엿보게 된다. 먼저 N16의 경우, 중심대묘 M4의 결구 방식, 옥봉·옥인 등 신유형 옥기의 출토 등을 통해 우하량 말기 N2가 쇠퇴하고 우하량의 중심이 N16으로 이동되었음을 보여주었다. 다음 N13의 경우, 상층적석총 일반의 3층원단에 비해 현격하게 커진 규모, 꼭대기층을 건물지로 대체한 방식, 야동 유적의 등장 등 선도제천문화의 변화를 보여주었다. 우하량의 적석총군이 각 족단세력을 대표하는 상징성과 독립성을 갖추고 있었다고 할 때 우하량 말기 N16과 N13의 부상은 홍산 사회를 주도한 족단세력의 교체, 곧 요서 청구 사회의 지배세력으로 자리를 잡은 맥족세력 내에서의 족단세력 교체를 시사해 준다.

6부

요동~요서 제천유적에서
맥족(예맥족)의 이동 흐름을 읽다

1장

한국 상고문화 연구의 3계통론과
요서 예맥 중심의 연구 경향

1. 외래문화 계통론: 중원문화 계통론 · 시베리아문화 계통론

앞서 배달국 전·중기 서기전 4000년~서기전 3000년경 본격적인 선
도사상에 의한 새로운 형태의 적석 단총제가 백두산 서편 천평 지역에
서 발원하여 요서 대릉하 청구 지역으로 확산되었음을 살펴보았다. 6부
에서는 고찰 시기를 좀 더 길게 잡아보았다. 곧 배달국 이래 고구려에
이르기까지 요동~요서 적석 단총제의 변천 과정을 통해 예맥족의 이동
흐름 및 분포 범위를 살펴보았다. 배달국의 주족 맥족이 애초 백두산 서
편 천평 지역에서 발원한 이래 어떠한 경로를 따라 요동·요서·한반도
전역으로 확산하여, 동북아 상고문화의 주역으로 자리 잡게 되었는지
적석 단총을 매개로 살펴보고자 한 것이다. 본격적인 논의에 앞서 한국
상고문화 연구의 3계통론(중원문화 계통론·시베리아문화 계통론·고유문화
계통론) 및 요서 예맥 중심의 연구 경향부터 먼저 살펴본 다음 논의를
시작하겠다.

19세기 말·20세기 초 일제 관학자들에 의해 한민족 기원 연구의 일환으로서 '예맥'에 대한 연구가 처음 시작된 이래[1] 현재에 이르기까지 예맥 연구의 주된 연구 대상 지역은 요동이나 한반도 지역이 아닌 요서 지역이었다. 고고학 연구 성과가 불비한 상황에서 개시된 예맥 연구는 문헌 연구를 위주로 하게 되었는데, 문헌 중에서도 가장 많은 예맥 관련 기사를 싣고 있는 문헌은 중국 문헌이었으며 여기에 나타난 가장 이른 시기의 예맥 관련 기록이 주로 요서 지역 예맥에 대한 것이었기 때문이다.

중국 문헌 중에는 요동이나 한반도 중부의 예맥에 대한 기록도 일부 있지만 화북(華北)~요서 지역 예맥 관련 기록이 대부분이다. 멀리 요동이나 한반도 지역의 예맥보다는 중원 지역과 국경을 맞댄 화북~요서 지역 예맥과 영토를 다투거나 교역을 하는 등 긴밀한 관계를 유지했기 때문이다.

요서 지역 예맥에 대한 한국학계의 연구는 다기한 방향성을 보였는데, 필자는 대체로 문화 내용의 측면에서 기존의 연구를 3계통으로 나누어볼 수 있다는 입장이다. 첫째 중원문화 계통론, 둘째 시베리아문화 계통론, 셋째 고유문화 계통론이다. 근대 이후 동북 지역 고고학의 점진적 발전에 따라 요서 지역 예맥문화에 대한 인식이 대체로 위의 3단계 과정을 밟으면서 변화·발전되어 온 것으로 바라본다.

---

1 일제시기 일인 관인학자들의 한민족 기원 연구의 방향성에 대해서는, 정경희, 「배달국 초 백두산 천평문화의 개시와 한민족(예맥족·새밝족·맥족)의 형성」, 『선도문화』 28, 2020 참조.

1) 중원문화 계통론

요서 지역 예맥문화를 중원문화 계통으로 바라보는 인식의 출발점은 중국의 중화주의적 한국사 인식의 원류인 기자조선 인식이다. 중국의 기자조선 인식은 고려 이후 중화주의 유교사학과 함께 한국 사회에 본격 도입되었고 전형적인 유교국가인 조선에 이르러 미개한 단군조선과 차별화되는 진정한 문명개화의 시발점으로 인식되기에 이르렀다.

조선시대가 끝나고 근대 역사학이 시작된 이후에도 기자조선 인식은 고고학에 기반한 근대 역사학적 방법론으로써 계속 모습을 바꾸면서 끈질지게 생명력을 이어갔다. 전근대의 기자조선 인식을 20세기 초 고고학에 기반한 근대 역사학적 방법론으로써 새롭게 경신한 대표 논자로 부사년(傅斯年: 1896~1951)이 있다.

1920년대 은허의 발굴을 시작으로 산동~화북 지역에 이르는 은상(殷商) 문화의 실체가 모습을 드러냈고 차츰 동북방 요서·요동 지역과의 관계도 드러나게 되었다. 1920년대 이후 은상문화의 기원과 관련해서 동방기원설, 동북방기원설, 서방기원설 등 다양한 견해가 제기되었다. 일반적으로 은상의 최초 기원지는 동방 및 인근 발해만 연안으로 여겨졌으나 견해 차이는 적지 않았다. 정산은 하북 남부, 고힐강은 동북 지역 남부 및 하북 북부, 왕국유는 연(燕) 지역으로 보았다. 특히 부사년은 중국 고전에 나타나는 동이족(東夷族)이 산동반도와 그 남쪽의 회수(淮水) 유역에 분포한 것으로 보던 종전의 견해를 동북 지역으로 확대하고, 멀리 백두산 지역까지 포함하는 발해만 일대로 확대했다. '상의 흥성은 동북에서 시작되었고 멸망한 후에는 동북으로 되돌아갔다. 상은 중국사의 제1장이며 동북사의 첫페이지이다'라고 하여 '은상문화 동북기원설'의 근간을 제시했고[2] 많은 동조자들을 얻었다.

물론 부사년 등이 인식한 동이족의 중심은 은족이다. 은족 계통의 동이가 동북 만주 지역까지 분포했으며 여기에 예맥족이 포함된다는 인식이었다. 이 견해는 이로부터 훨씬 뒤 예일부(芮逸夫)·문숭일(文崇一) 등의 중국(대만) 학자들에 의해서 계승되었고 한국학계에도 큰 영향을 끼쳤다.[3] 이렇듯 20세기 초 중국 측이 제기한 동이문화론의 주족은 은족이 되기에 이러한 시각을 수용할 경우 예맥족은 은족의 방계, 예맥문화는 은문화의 방계가 된다.

구한말 이래 한국학계에서는 기자조선에 내포된 중화주의적 요소를 거부하고 기자조선을 한국사에서 퇴출시키기도 했지만 전면적인 퇴출에는 이르지 못했다. 곧 중국학계의 동이문화론적 시각이 재차 한국학자들에게 수용되었으니 대표 논자로 1940년대 김상기(金庠基)가 있다. 그는 한·예·맥족이 애초 섬서성 일대에 거주했으며 서기전 8세기 무렵이 되자 한 갈래는 산동 방면으로 내려가 우이(嵎夷)·래이(萊夷)·회이(淮夷)·서융(徐戎) 등이 되었고 다른 한 갈래는 요동·한반도 방면으로 이동해 고조선을 세웠다고 보았다. 동이의 발원처는 중원 섬서성 지역 또는 산동반도·회하 지역으로 인식되었기에 예맥계 고조선은 그 지류로 인식되었다.[4] 이러한 시각에 의할 때 고조선 중에서도 중원 지역 선진문화를 동북 지역에 전파한 것으로 여겨지는 기자조선이 가장 중요해진

---

2   傅斯年,「夷夏東西說」,『慶祝蔡元培先生六十五世論文集』下, 國立中央研究院歷史語言研究所集刊外篇 第1種, 1935; 傅斯年(千寬于 譯),「夷夏東西說」,『한국학보』14, 1979.

3   이기동,「기원 연구의 흐름」,『한국사 시민강좌』32, 일조각, 2003, 24~25쪽.

4   김상기,「한·예·맥 이동고」,『동방사논총』, 서울대출판부, 1974(1948), 355~368쪽;「동이와 회이·서융에 대하여」,『동방학지』1·2, 1954·1955.

다. 이러한 시각의 기자조선 인식을 보인 경우로 천관우·김철준이 있다.[5]

물론 중국학계의 동이문화론에 내포된 중화주의적 요소를 거부할 경우 기자조선의 주체를 기자족이 아닌 고조선의 토착족 또는 예맥족으로 바꾸어 기씨조선(奇氏朝鮮: 최남선), 한씨조선(韓氏朝鮮: 이병도), 예맥조선(濊貊朝鮮: 김정배) 등으로 바꾸어 부르거나[6] 아니면 기자집단이 단군조선을 대체한 것이 아니라 단군조선의 서쪽 변방인 난하 하류 동부 유역을 차지한 작은 제후국일 뿐이었다고 보기도 했다(윤내현).[7]

이처럼 한국학계의 초기 예맥 연구는 전근대 중·한의 중화주의적 역사인식에 나타난 기자조선 인식, 또 근대 중국의 동이문화론을 완전히 극복하지 못하고 그 영향을 받았던 측면이 있기에 이를 '중원문화 계통론'으로 분류해 보게 된다.

실제로 중·한 문헌, 또 중·한 학계에 두루 퍼져 있는 기자조선 인식은 워낙 뿌리가 깊고 넓어 고고학 방면에서의 명확한 증거를 통해서만 극복될 수 있는 성질의 것이었다. 곧 1980년대 이후 동북 지역 상고문화의 등장, 또 이에 대한 중국 측의 동북공정과 기자조선론의 재점화에도 불구하고 동북 지역 상고문화의 본령이 중원계 문화가 아닌 예맥계 문화라는 점이 분명해져 기자조선론이 자연스럽게 무너지는 방향으로의

---

5 이기동, 앞의 글, 2003, 25쪽: 천관우, 「箕子攷」, 『동방학지』 15, 연세대 동방학연구소, 1974: 김철준, 『한국고대사회연구』, 지식산업사, 1975, 184~185쪽.
6 김정배, 「고조선 연구의 현황과 과제」, 『단군학연구』 9, 2003, 18~19쪽: 박준형, 「한국 근현대 기자조선인식의 변천」, 『고조선사연구 100년』, 학연문화사, 2009, 103~107쪽.
7 윤내현, 「기자신고」, 『한국사연구』 41, 1983, 1~50쪽: 『고조선연구』, 일지사, 1994, 462~466쪽.

인식의 성숙을 기다려야만 했다. 실제로 고유문화 계통론의 분명한 정립을 통해서만 중원문화 계통론의 완전한 극복이 가능하다고 할 수 있는 것인데, 고유문화 계통론에 대해서는 다음 2절에서 살펴보겠다.

2) 시베리아문화 계통론

일제시기 일인학자들이 한국 청동기문화의 시베리아 기원설을 주창한 이래 광복 이후에도 이러한 시각은 한국학계로 그대로 이어졌고[8] 지금까지도 한국 고고학계의 대세이다.[9] 이러한 경향의 연구자들은 대체로 고조선문화를 청동기문화 중심으로 파악하는 경향을 보였고 고조선 중에서도 특히 고조선의 대표적인 청동기 유물인 비파형동검이 등장하는 후기 청동기시기, 곧 서기전 12세기 이후의 후기 고조선 사회를 집중적으로 강조하는 경향성을 보였다.

주지하듯이 동북 지역의 본격적인 청동기문화는 후기 청동기문화인 하가점상층문화(서기전 1400년~서기전 500년경) 및 십이대영자문화(요령식동검문화·비파형동검문화·능하문화, 서기전 1000년~서기전 400년경)를 대표로 한다. 물론 1980년대 이후 요서 지역 상고문화의 발굴을 통해 하가점상층문화·십이대영자문화에 선행하는 청동기문화로서 후기 신석기·금석병용기 문화인 홍산문화, 전기 청동기문화인 하가점하층문화(서기전 2400년~서기전 1500년경)의 실체가 명확하게 드러났지만 상기 경

8　김정배, 「한국의 청동기문화」, 『한국 민족문화의 기원』, 고려대학교출판부, 1973, 130~131쪽: 김원룡, 『한국고고학개론(제3판)』, 일지사, 1986, 63~65쪽.

9　이청규, 「중국 동북지역과 한반도 청동기문화 연구의 성과」, 『중국동북지역 고고학 연구현황과 문제점』, 2008, 216~217쪽: 강인욱, 「기원전 13~9세기 카라숙 청동기의 동진과 요동·한반도의 초기 청동기문화」, 『호서고고학』 21, 2009, 22~23쪽 이하 다수.

향의 연구자들은 이들 문화와 하가점상층문화·십이대영자문화에 나타난 후기 청동기문화를 직접적으로 연결시키지 않았다.

하가점상층문화·십이대영자문화는 전형적인 청동기문화이기에 이전 시기의 홍산문화-하가점하층문화 등과 직접적으로 연결되지 않으며[10] 대신 시베리아 북방초원계의 청동기문화를 근간으로 하여 그 위에 중원계 문화가 더해져 하가점상층문화·십이대영자문화가 생겨났다고 보았다. 1980년대 이후 요서 지역 신석기·청동기문화의 발굴 성과에도 불구하고 이 지역 청동기문화를 자체 문화의 발전 과정으로 보기보다는 일제시기 이래 시베리아 청동기문화의 영향이라는 기왕의 인식틀을 고수했던 것이다. 중국 측이 요서 지역 신석기·청동기문화에 나타난 문화 수준의 깊이를 바로 인지하고 요하문명론이라는 새로운 문명론을 정립해 간 것과 전혀 다른 태도이다.

이러한 시각의 연구자들은 하가점상층문화·십이대영자문화 중에서도 비파형동검이 집중적으로 나타나는 십이대영자문화만을 예맥-고조선문화로 제한해서 바라보는 경향이다. 십이대영자문화의 종족적·국가적 실체에 대해서는 산융 등 북방족 문화로 바라보는 일부 시각 외에[11] 거의 대부분의 연구자들이 예맥-고조선문화로 바라본다. 또한 십이대영자문화의 중심지 대릉하 일대를 중심으로 고조선의 강역 문제를 인식한다. 곧 대릉하 일대를 중심으로 크게 번성하던 예맥-고조선문화는 서서히 요동 지역을 거쳐 한반도로 밀려나게 되는데, 좀 더 구체적으로는 비파형동검문화의 최대 중심지인 조양 일대를 고조선의 초기 중심지로 보고

---

10 이청규, 「고조선과 요하문명」, 『한국사 시민강좌』 49, 일조각, 2011, 81쪽, 92쪽.
11 송호정, 『한국 고대사 속의 고조선사』, 푸른역사, 2003, 130쪽.

이후에 요하 유역 심양 일대를 거쳐 최종적으로 평양으로 중심지가 이동된 것으로 바라본다.[12]

이상 요서 예맥에 대한 시베리아문화 계통론적 인식, 곧 십이대영자문화 중심의 인식은 근본적인 문제점을 갖고 있다. 곧 비파형동검문화는 서기전 12세기~서기전 10세기 이후에 나타났기에 문헌상 서기전 2400년 무렵에 개창된 것으로 확인되는 단군조선의 시기와 범위를 크게 축소시키게 되는 문제가 있다. 이러한 문제점에 대해서는 '단군과 단군조선이라는 역사와 이름을 피하려다 보니 고조선이라는 애매한 명칭을 사용하게 되었고 더하여 비파형동검의 연대에 걸려 고조선의 연대가 서기전 10세기 전후라는 황당한 역사로 전락하게 되었다. 비파형동검 연구는 넓은 의미에서 고조선의 역사와 문화의 실상을 밝혀주지만 역으로 고조선의 역사와 존속 연대 및 의미를 반감시킬 수 있어 크게 주의를 요한다'는 비판이 제기된 바 있다.[13]

이러한 비판의 선상에서 요서 예맥문화보다 요동 예맥문화에 더 주목하는 시각도 있다. 곧 고조선의 중심지를 요서 비파형동검문화로 보는 견해의 위험성을 지적하면서 고조선의 초기 중심지는 고인돌을 표지로 하는 요동 지역이며 후기 중심지와 관련해서도 요서 지역뿐 아니라 요

---

12 김정학, 「고고학상으로 본 고조선」, 『한국상고사의 제문제』, 한국정신문화연구원, 1987, 80쪽: 임병태, 「고고학상으로 본 예맥」, 『한국고대사논총』 1, 1991, 94~95쪽: 박경철, 「중국 고문헌 자료에 비쳐진 한국고대사상」, 『선사와 고대』 29, 2008, 15쪽: 오강원, 『비파형동검문화와 요령지역의 청동기문화』, 청계, 2006, 410~500쪽: 이청규, 「고조선과 요하문명」, 『한국사시민강좌』 49, 일조각, 2011, 85~91쪽: 박준형, 「대릉하~서북한지역 비파형동검문화의 변동과 고조선의 위치」, 『한국고대사 연구』 66, 2012, 203~204쪽: 조진선, 「중국 동북지역의 청동기문화와 고조선의 위치 변동」, 『동양학』 56, 2014 등.

13 김정배, 「고조선과 비파형동검의 문제」, 『단군학연구』 12, 2005, 25~26쪽.

동 지역을 공히 중요하게 다루어야 한다는 주장이다. 그러나 이 경우도 홍산문화-하가점하층문화를 고조선문화로 연결시켜 보지 않는 점에서는 입장이 동일하다.[14]

이상에서 요서 예맥문화에 대한 시베리아문화 계통론적 인식이 단군조선의 시기와 영역을 크게 축소시키는 문제가 있음을 살펴보았다. 이러한 문제의 본질은 십이대영자문화의 선행문화인 홍산문화-하가점하층문화를 예맥족·예맥문화의 범주에서 배제함으로써 단군조선뿐 아니라 단군조선 이전의 예맥문화, 곧 서기전 4000년~서기전 3000년경에 이미 성립된 배달국 예맥문화를 담아내지 못하게 된 문제라 할 것이다.

이상에서 살펴본바, 요서 예맥문화에 대한 시베리아문화 계통론의 특징을 정리해 보자면, 예맥 역사의 출발점을 고조선시대, 또 고조선의 문화를 청동기문화 중심으로 좁혀 보는 시각적 한계로 인해, 본격적인 예맥문화로 고조선의 표지 청동기인 비파형동검을 부조적으로 강조하게 되고 이러한 비파형동검이 집중적으로 나타나는 십이대영자문화만을 고조선의 대표문화로 바라본다. 또한 십이대영자문화에 대해서도 고조선 토착사회 내에서 자체적으로 발전한 문화라기보다는 시베리아 청동기문화의 절대적 영향하에 성립된 문화로 바라본다. 1980년대 이후 요서 예맥문화의 원류이자 십이대영자문화의 선행 문화로서 홍산문화-하가점하층문화가 분명하게 모습을 드러냈지만 이 부분과의 직접적인 관련성을 부정하고 기왕의 시베리아문화 계통론을 고집했다.

1980년대 이후 요서 지역 홍산문화-하가점하층문화로 대표되는 배달국 청구문화, 더 나아가 요동 지역 백두산 서편의 만발발자 옛 제단을

---

14 조원진, 「고조선의 초기문화 연구」, 『고조선단군학』 34, 2016, 194~197쪽, 206쪽.

위시한 옛 제단군으로 대표되는 배달국 천평문화까지 분명하게 실체를 드러낸 현재의 시점은 예맥문화를 지역 면에서 요서 지역, 고고문화 면에서 후기 청동기 비파형동검 위주의 문화인 십이대영자문화 중심으로 바라보았던 과거의 시각에서 벗어나 지역 면에서는 요서~요동 지역까지, 시기 면에서는 최소한 서기전 4000년 무렵까지, 고고문화 면에서는 요서의 홍산문화-하가점하층문화나 요동 백두산 서편의 문화 등을 적극적으로 끌어안아야 하는 변화의 시기이다.

2. 1990년대 이후의 고유문화 계통론

앞서 요서 예맥문화에 대한 중원문화 계통론 및 시베리아문화 계통론을 살펴보았는데, 이들은 공히 요서 예맥문화에서 중원문화 또는 시베리아문화와 같은 외래문화의 영향을 강조하는 입장이다. 반면 1980년대 이후 동북 지역 상고문화의 발굴 성과를 적극적으로 예맥문화로 수용하며, 더 나아가 이를 외래문화가 아닌 자체적 문화발전에 의한 것으로 바라보는 입장도 있다. 이 경우 특히 요서 지역 상고문화의 중심인 홍산문화-하가점하층문화를 요서 예맥문화의 본격적인 시작점으로 바라본다. 요서 예맥을 중심으로 하는 입장은 같지만 시기를 훨씬 끌어올려 보고 외래문화가 아닌 자체문화의 발전으로 바라보는 시각이 다르다고 할 수 있다.

1980년대 이후 요서 상고문화의 고고 발굴을 주도한 중국 측은 1920년대 이후 인식해 오던 동이문화권의 중심이 산동·회수 지역, 또는 화북·발해만 지역이 아니라 요서 지역임을 곧바로 자각했다. 이에 발빠르게 동북공정을 시작하여, 동이문화권의 중심을 요서 지역으로 옮기고 요서 지역의 홍산문화-하가점하층문화를 중국문명의 시작점으로 삼아 중국사를 전면적으로 개편해 가기 시작했다. 이러한 동북공정의 결과 '요하문명론-장백산문화론'이 정립되었다. 동이문화권의 발원지가 '요서 홍산문화-하가점하층문화'로 확정되었고, 동이문화권의 주족도 '선상족(先商族) 또는 황제족(黃帝族)'으로 확정되었다.

요서 지역 상고문화를 은상족의 선대문화, 곧 선상문화 계통으로 보면서 한국사 또한 선상족이나 은상족의 문화, 곧 기자조선 일색으로 바라보게 되었다. 이전에는 한국사의 첫머리를 그나마 예맥족에 의한 단군조선사로 보았지만 1980년대 이후부터는 예맥족을 은족(기자족)의 방계로, 단군조선을 기자조선으로 대체했다. 한국사는 기자조선을 필두로 하는 은상족의 역사이자 중국사라는 주장이 동북 지역의 공식사관이 되었다.[15] 1980년대 이후 동북 지역 상고문화의 등장과 연이은 동북공정을 계기로 전근대 이래 한국사에 깊이 뿌리내려 온 기자조선론의 깊고 깊은 뿌리가 노골적으로 그 실체를 드러내게 된 것이었다.

중국 측의 변화에 한국학계의 대응도 달라졌다. 이전에는 동북 지역 고고학 성과에 대한 이해가 불비한 상황 속에서 간혹 중국학계의 동이문화론이 수용될 정도로 한국학계의 대응이 허술했지만, 차츰 동북 지역 고고학 성과에 대한 인식이 깊어지면서 (중국 측의 동북공정에도 불구하고) 요서 지역 홍산문화-하가점하층문화의 실체가 중원문화가 아닌 예맥문화이며 이러한 예맥문화가 오히려 중원 지역으로 전파되었던 것

---

15 정경희, 「홍산문화의 제천유적·유물에 나타난 '한국선도'와 중국의 '선상문화'적 해석」, 『고조선단군학』 34, 2016.

임을 인지하는 연구자들이 조금씩 생겨나게 되었다.

이러한 인식 변화에 따라 1990년대 즈음부터는 홍산문화를 배달국문화(임재해·정경희 등) 또는 선(先)고조선문화로 바라보며, 그 후속문화인 하가점하층문화를 전기 고조선문화, 그 후속문화인 위영자문화나 십이대영자문화를 후기 고조선문화로 바라보는 인식이 등장하여 새로운 역사인식으로 자리를 잡아가고 있다.(윤내현·서영수·한창균·복기대·박선희·이형구·신용하 등)[16]

이처럼 1980년대 이후 동북 지역 상고문화의 등장, 중국 측의 동북공정, 동북 지역 상고문화에 대한 한국 측의 인식 진전 등 일련의 과정을 거치면서 중국 기자조선론의 뿌리가 선명하게 드러났고 중국 측의 기자조선론에 대한 한국 측의 대안적 역사인식으로 동북 지역 상고문화의 중심인 홍산문화-하가점하층문화를 예맥문화의 원류로 바라보는 인식이 생겨나게 되었다. 예맥문화가 외래문화의 영향에 의한 것이 아니라 자체적으로 발전된 문화로 오히려 주변 지역에 영향을 주었다는 전혀 새로운 방향의 예맥 인식이 등장하게 된 것이었다.

이렇게 요서 지역 예맥문화가 토착 신석기·청동기문화의 자체적 발전에 의해 성립된 고유문화이며 중원문화나 시베리아문화의 영향을 받은 것이 아니라 오히려 영향을 주었음을 인지하게 되면서 드디어 중화주의적 역사인식의 원류인 기자조선론의 깊고 깊은 뿌리를 확실하게 잘

---

16 윤내현, 앞의 책, 1994: 복기대, 『요서지역의 청동기시대 문화 연구』, 백산자료원, 2002: 서영수, 「고조선의 국가형성의 계기와 과정」, 『북방사논총』 6, 2006: 이형구, 『발해연안에서 찾은 한국고대문화의 비밀』, 김영사, 2004: 신용하, 『한국 원민족 형성과 역사적 전통』, 나남출판사, 2005: 임재해, 『고조선문명과 신시문화』, 지식산업사, 2018: 박선희, 『고조선문명의 복식사』, 지식산업사, 2018.

라낼 수 있게 되었다. 고유문화 계통론이 정립됨으로써 비로소 중원문화 계통론이나 시베리아문화 계통론에서 벗어날 수 있게 된 것이다.

이상에서 한국학계의 예맥 연구를 문화 계통의 측면에서 3계통으로 나누어 살펴보았다. 대체로 동북 지역 고고학의 점진적인 발전 과정 속에서 요서 지역 예맥문화에 대한 인식이 중원문화 계통론 → 시베리아문화 계통론 → 고유문화 계통론으로 서서히 달라져갔던 추세를 확인할 수 있었다. 특히 1980년대 이후 중국의 동북공정, '요하문명론-장백산문화론'의 공세와 한국사 침탈을 경험하면서 한국학계의 요서 지역 예맥문화에 대한 인식이 깊어졌고 이 과정에서 고유문화 계통론이 등장했음을 알 수 있었다.

현재 한국학계에서는 첫째 중원문화 계통론으로서의 기자조선론의 그림자가 완전히 사라진 것이 아니며, 둘째 고고학계를 중심으로 시베리아문화 계통론의 영향력이 매우 높은 편이다. 외래문화 계통론은 고유문화 계통론이 분명하게 정립될 때에야 비로소 극복되고 무화될 수 있는 것인데 아직까지는 고유문화 계통론이 확실하게 자리를 잡지 못하고 있는 것이다.

이상 예맥문화 3계통론의 경우 연구의 주 대상 지역, 곧 예맥문화의 중심지와 관련해서 공히 요서 지역을 중심으로 했다. 그 이유를 살펴보자면 우선 근대 예맥 연구의 개시기, 문헌학 방면의 일차 자료로 채택된 중국 문헌에서 요서 예맥을 중심으로 하고 있었던 이유가 있다. 다음으로 1980년대 이후 고고학 방면의 자료가 중요해지게 되었는데 요서 지역의 고고학 자료가 대부분이었던 이유도 있다.

필자의 경우 예맥문화 3계통론 중에서 고유문화 계통론의 입장을 취하고 있는데, 다만 예맥문화의 연구 대상 지역과 관련해서 요서 지역의 좁은 틀에서 벗어나 요동·요서·한반도 전역을 대상으로 새롭게 상호 관계를 설정하는 입장이다. 이러한 연구를 위한 일차 매개는 1980년대 이후 동북아 요동·요서·한반도 지역을 중심으로 북방초원 지역·일본 열도 등지에 이르기까지 널리 발굴되고 있는 적석 단총 이하 각종 제천 시설물 유적이다. 많은 제천시설물 중에서도 특히 가장 이른 시기에 등장했을 뿐 아니라 통시대적으로 가장 중요한 제천시설물인 적석 단총을 중심으로 했다. 아래에서 2장 요동 지역, 3장 요서 지역으로 나누어 살펴보겠다.

2장

요동 백두산 서편의 강고한 적석 단총제 전통과 맥족의 원향

---

1. 배달국 전기 3층원단류 적석 단총제의 등장과 제천시설의 다변화

애초 요동 지역의 적석 단총으로는 20세기 초 일인 학자들에 의해서 발굴이 시작되었던 요동반도 남단, 곧 요남(遼南) 대련(大連) 일대 적석 단총의 존재가 널리 알려져 있었다. 그럼에도 1980년대 이후 중국 측이 동북공정의 일환으로 요동 지역의 적석 단총군을 조사·발굴하게 되었을 때, 요남 지역 적석총이 아닌, 기존에 전혀 알려져 있지 않던 장백산지구 적석 단총을 집중적으로 조사·발굴했다. 요동 지역 적석 단총의 현황을 가장 정확하게 파악하고 있던 중국학계의 판단이기에 한국학계로서는 특히 유의해 보게 된다.

중국 측의 장백산지구 적석 단총, 곧 옛 제단군 조사·발굴 사업은 1980년대 후반부터 시작되어 1990년대 약 10여 년간 본격적으로 이루어졌다. 특히 1997년~1999년 약 2년 반 사이 요동 지역에서 유례가 없는 수준으로 전면적인 발굴이 이루어졌던 통화 만발발자 옛 제단의 발굴을 끝으로 사업이 최종적으로 마무리되었다. 만발발자 유적의 발굴 결과 중국 측은 동북아 상고문화의 출원이 요서 홍산문화 지역이 아니라 요동 백두산 서편 일대였다는 사실을 확인하게 되었다. 좀 더 정확하게 말하자면, 요동 백두산 서편 일대에서 시작된 맥족계 문화가 요서 홍산문화로 이어졌고 다시 홍산문화가 중원 지역으로 전파되어 중원문명화했던 사실을 확인하게 되었다. 오랜 중화주의적 역사인식의 고정관념에서 벗어날 수 없었던 중국 측은 결국 발굴·조사된 장백산지구 옛 제단군을 은폐하게 된다.

이후 중국 측의 장백산지구 옛 제단에 대한 후속 연구가 어떻게 진행되었는지 자세한 사정을 확인할 방법은 없다. 다만 한 가지 분명한 사실은 요서 지역의 경우 옛 제단류 유적의 발견 또는 발굴과 관련한 소식이 수도 없이 이어졌던 것과 대조적으로 장백산지구에서는 옛 제단류 유적의 발견이나 발굴 소식이 매우 드물며, 간혹 있다 하더라도 한결같이 만주족계 산악신앙과 관련된 유적으로 해석하여, 장백산지구의 문화 전반이 만주족문화로 평가되었다는 점이다.[17] 결국 장백산지구의 적석단총 연구는 1990년대 조사·발굴의 수준에서 멈춰 있는 상태이며 따라서 현재로서는 1990년대까지의 연구 결과를 기준으로 요동 지역 적석단총 문제에 접근하게 된다. 1990년대까지 진행된 장백산지구 옛 제단군 조사·발굴의 결과는 대체로 아래와 같이 정리된다.

1990년대 중국 측은 '요하문명론-장백산문화론'에 따라 장백산지구에서 홍산문화(선상황제족-선상고국-예제문화)의 요소를 찾아내고자 했고

---

17 정경희, 「중국 요하문명론의 장백산문화론으로의 확대와 백두산의 선도제천 전통」, 『선도문화』 24, 2018, 43~49쪽.

일차적으로 통화 지역의 적석 단총에 주목했다. 장백산지구 옛 제단 연구는 1989년 통화 여명 옛 제단의 발견에서 시작되었는데, 중국학계 및 중국공산당의 주목을 받아 1995년까지 여명 옛 제단 및 만발발자 옛 제단을 위시하여 무려 40여 기에 이르는 옛 제단군이 발굴조사되었다. 대체로 시기는 서기전 2000년~서기 전후 무렵, '3층원단' 형태를 기본으로 했음이 밝혀졌고 홍산문화와의 직접적인 관련성이 제기되었다. 옛 제단군을 특징으로 하는 이 문화 유형은 중국 내 타 지역에서는 나타나지 않는, 장백산지구만의 특징으로 강조되었다. 이 모든 일련의 과정은 당시 중국 측이 추진하던 '요하문명론-장백산문화론'에 추동된 것이었다.

장백산지구 옛 제단군의 유형은 대체로 '① 전적인 환계방식: 3층원단, ② 환계·환호 결합 방식: 3층원단+환호, ③ 전적인 환호방식: 환호외 미상'의 3유형으로 구분되었다. 이처럼 백두산 서편의 옛 제단군에는 환계(3층원단) 방식, 또 환호 방식이 많아 유형화의 주요 기준으로까지 등장할 정도였다. 제단의 형태는 3층원단 형태가 많았지만 이외에 단층원단 형태도 있었다. 이에 의하면 백두산 서편 옛 제단군은 첫째 산구릉 정상부에 자리한 점, 둘째 3층원단이 많았던 점, 셋째 환호를 두른 경우가 많았기에, '환호를 두른 구릉성 제천시설(3층원단류)'로 정리된다.

이상의 3유형 구분은 1995년까지의 발굴조사 결과였는데, 이후 1997년~1999년 사이에 만발발자 유적에 대한 전면 발굴이 있었다. 만발발자 유적의 발굴 결과는 1995년의 발굴조사와 합치되는 면도 있었지만 새롭게 밝혀진 면도 있었다.

발굴 결과 만발발자 유적 중 제1차 제천시설 '3층원단(모자합장묘)·방대'가 조성된 시기는 서기전 4000년~서기전 3500년경, 또 1차 제천시설 위로 2차 제천시설인 '선돌 2주·적석 방단·제천사'가 순차적으로 들어서면서 만발발자 지역이 소도제천지로서의 기능을 유지했던 시기는 서기전 4000년~600년경으로 밝혀졌다. 또한 이러한 형태는 한반도 남부의 청동기~초기철기시대 '환호를 두른 구릉성 제천시설(적석단·나무 솟대·제천사·선돌·고인돌류)' 계통과 동일했음도 밝혀졌다.[18]

이상의 결과를 통해 처음 백두산 서편 옛 제단군의 시기로 거론된 서기전 2000년~서기 전후를 서기전 4000년~600년경, 곧 배달국~고구려 시기로 교정할 수 있게 되었다. 또한 제천시설도 처음에는 3층원단이 위주였지만 후대에 이르러 적석단·선돌·나무 솟대·제천사·고인돌 등으로 달라져 갔던 것으로 교정할 수 있게 되었다. 이에 필자는 백두산 서편 천평 지역을 중심으로 하는 요동·한반도 지역의 대표 제천시설을 '배달국~고구려시기 서기전 4000년~600년경 환호를 두른 구릉성 제천시설(3층원단·적석단·선돌·나무 솟대·제천사·고인돌류)'로 교정해 보았다.[19]

애초 서기전 4000년~서기전 3500년경 백두산 천평 지역에서 '환호를 두른 구릉성 제천시설(3층원단류)'가 시작된 이래 600년경까지 '환호를 두른 구릉성 제천시설(3층원단·적석단·선돌·나무 솟대·제천사·고인돌류)'로 지속되었으니, 환호를 두른 구릉성 제천시설의 중심 제천시설이

---

18 만발발자 3층원단 꼭대기층 평대 위로 2차 제천시설인 선돌 2주가 들어서고(2기 이후) 다시 적석 방단·제천사가 들어서(5기) 선돌 2주와 병행되었다. 이러한 형태는 한반도 남부의 청동기~초기철기시대 '환호를 두른 구릉성 제천시설(적석단·나무솟대·제천사·선돌·고인돌류)' 계통에 다름 아니며 이 중에서도 특히 3종의 제천시설이 '중첩'된 형태였다.(정경희, 「통화 만발발자 제천유적을 통해 본 백두산 서편 맥족의 제천문화(Ⅱ)—제2차 제천시설 '선돌 2주·적석 방단·제천사'를 중심으로—」, 『선도문화』 27, 2019)

19 정경희, 「백두산 서편의 제천유적과 B.C. 4000년~A.D. 600년경 요동·요서·한반도의 '환호를 두른 구릉성 제천시설'에 나타난 맥족의 선도제천문화권」, 『단군학연구』 40, 2019; 위의 글, 『선도문화』 27, 2019.

처음 3층원단류에서 차츰 적석단·선돌·나무 솟대·제천사·고인돌 등으로 다변화되어 갔음을 알게 된다.

이처럼 요동·한반도 지역의 경우 배달국 개창과 함께 3층원단 방식의 적석 단총제가 처음 등장한 이래 시대변화에 따라 제천시설이 다변화되는 면모가 두드러졌다. 이는 요서 지역과 대비되었다. 다음 3장에서 자세하게 살펴보겠지만 요서 지역의 경우는 서기전 3500년~서기전 3000년경 '환호를 두른 구릉성 제천시설(3층원단류)'로서 요동 지역과 똑같은 출발점을 보였지만 그 중심 제천시설은 3층원단·적석단 등 적석단 시설을 중심으로 하여, 요동 지역에 비해 상대적으로 제천시설 다변화의 지수가 낮았던 것이다.

선도제천 전통에서 시대변화에 따라 제천시설이 다변화되어 가는 것은 매우 자연스럽다. 더하여 지역에 따라 제천시설 다변화의 정도에 차이가 생겨나는 것도 자연스럽다. 이러한 차이에 대해서는 대체로 선도제천문화 전통의 힘이 강한 곳은 상대적으로 다변화의 지수가 높았고, 반대로 선도제천문화 전통의 힘이 약한 곳은 다변화의 지수가 낮았던 것으로 해석해 볼 수 있다. 이러할 때 요동·한반도 지역이 요서 지역에 비해 상대적으로 제천시설 다변화의 지수가 높았던 것은, 배달국 선도제천문화의 발원지였던 백두산 서편 천평 지역 선도제천문화 전통의 힘 때문으로 설명될 수 있다.

2. 배달국 후기 적석 단총제의 퇴조와 단군조선 전기 고인돌의 부상

앞서 배달국~고구려시기 백두산 서편 천평 지역을 중심으로 하는 요동·한반도 지역 제천시설의 대체가 '환호를 두른 구릉성 제천시설(3층원단·적석단·선돌·나무솟대·제천사·고인돌류)'이었음을 살펴보았다. 또한 요서 지역에 비해 제천시설 다변화의 지수가 상대적으로 높았던 점을 맥족 선도제천문화의 원향인 천평 지역이 지닌 문화의 힘으로 해석해 보았다. 본절에서는 환호를 두른 구릉성 제천시설의 중심 제천시설인 3층원단·적석단·선돌·나무솟대·제천사·고인돌 중에서도 단군조선시기의 대표적 제천시설이자 유독 요동·한반도 지역에서만 나타났던 고인돌의 등장 문제를 살펴보겠다.

단군조선시기 고인돌의 등장은 단순히 제천시설의 한 종류가 더 추가된 의미 정도가 아니며 배달국시기 대표 제천시설이던 적석 단총제를 대신한 단군조선시기의 새로운 대표 제천시설의 등장이라는 의미를 갖는다. 이는 배달국시기 대표 제천시설인 적석 단총제의 상대적 쇠퇴를 의미하기도 한다. 요동 지역 내 적석 단총제 쇠퇴의 면모는 요남 지역에서 잘 나타났고, 고인돌 부상의 면모는 요남 지역 및 백두산 서편 지역에서 잘 나타났다.

1) 배달국 후기 적석 단총제의 퇴조: 요남 지역 적석총

배달국 전·중기 극성하던 적석 단총제 전통이 퇴조하는 조짐은 이미 배달국 후기 요남 지역 적석 단총군에서 나타나고 있었다. 요남 적석 단총 중에서 현재까지 가장 널리 알려져 있고 발굴도 가장 많이 이루어진 경우로 요동반도 남단의 적석 단총군이 있다. 장군산(將軍山)·노철산(老鐵山)·사평산(四平山) 등의 적석 단총군이 널리 알려져 있으며 이외에도 다수의 적석총군이 있어 최근까지도 발굴이 계속되고 있다. 이들 적석총군의 경우 그 시기가 배달국 후기~단군조선 초 무렵인 소주산상층문화(小珠山上層文化: 서기전 3000년~서기전 2500년) 무렵까지 소급되며,[20] 단군조선 전기(전기 청동기) 쌍타자(雙陀子)문화기(서기전 2100년~서기전 1100년) 및 단군조선 후기(후기 청동기) 쌍방(雙房)문화기(서기전 1100년~서기전 400년)에 이르기까지 지속되었다.

주지하듯이 홍산문화기 요서 지역의 대표적 적석 단총 밀집 지역인 대릉하 부신·조양·능원·건평 일대와 요남 요동반도 지역은 발해만을 끼고 서로 인접해 있다. 대릉하 일대 중에서도 적석 단총이 가장 밀집되어 있는 능원 우하량 지역을 기준으로 살펴볼 때, 우하량 상층적석총 단계(서기전 3500년~서기전 3000년)를 마지막으로 더 이상 적석 단총이 조성되지 않는다. 그런데 흥미롭게도 요동반도 남단 지역의 경우 우하량 상층적석총 단계 직후에 해당하는 소주산상층문화 단계에 이르러 새롭게 적석 단총이 등장하고 있다.

지역 면이나 시기 면에서 두 지역 간 적석 단총제의 계승 관계를 충분히 유추해 보게 되며 학계에서도 이러한 가능성을 두고 연구해 왔다. 두 지역 적석 단총의 계승 문제와 관련하여 근래 중국학계에서는 홍산문화 적석 단총을 계승하여 요남 지역에 적석 단총이 등장했다고 보는 입장이 우세한 편이다.[21] 한국학계의 경우는 상호 계승의 측면에 유의해 보아야 한다는 입장이 있고[22] 계승 관계로 보기 어렵다는 입장도 있

---

20 郭大順·張星德(김정열 역), 『東北文化와 幽燕文明』 상, 동북아역사재단, 2005(2008), 449~453쪽.

21 欒豊實, 「論遼西與遼東南部史前時期積石塚」, 『紅山文化研究―2004年紅山文化國際學術研討會論文集』, 2006, 550~560쪽: 王嗣洲, 「遼東半島積石塚研究」, 『旅順博物館創刊號』, 旅順博物館, 2006, 30~33쪽: 張志成, 「大連地區積石墓淺見」, 『大連考古文集』 1, 2011.

22 하문식, 「요남지역의 돌무지무덤 연구」, 『선사와 고대』 38, 2013, 84쪽.

다.[23]

   필자의 경우는 배달국 전기 서기전 4000년~서기전 3500년 요동 백
두산 천평 지역에서 요서 청구 지역으로 적석 단총제가 전파되어, 배달
국 중기 서기전 3500년~서기전 3000년 요서 청구 지역에서 극성하다
가, 배달국 후기 서기전 3000년~서기전 2500년이 되자 요남 지역으로
밀려난 것으로 바라본다.

   배달국 전·중기 홍산문화의 적석 단총제, 특히 배달국 중기에 해당하
는 홍산문화 후기의 적석 단총제가 보여준 정형성을 기준으로 볼 때, 배
달국 후기 요남 지역 적석총은 크게 퇴조된 모습이었다. 곧 지하에 묘광
을 조성하지 않고 지면을 다듬은 후 돌을 깔아 묘실을 만들고 묘 상부
로 막돌을 쌓아 올린 극히 단순한 형태로 홍산문화 후기 단계의 규범적
이고 정세한 형태와 비교할 수 없을 정도였다. 그럼에도 불구하고 이것
이 홍산문화 후기를 잇고 있는 점 또한 분명했다. 가령 배달국시기 적석
단총들은 요동·요서를 막론하고 공히 탁 트여 전망 좋은 산구릉지에 입
지했는데, 요남 지역 적석 단총들도 같은 입지 조건을 갖추고 있었다.[24]
또한 요남 지역 적석 단총의 경우 한 묘역 안에 여러 기의 무덤칸(방)이
있는 방식, 예를 들자면 서기전 8세기경의 무덤인 강상(崗上) 무덤의 경
우 중심묘를 기준으로 16기의 무덤칸이 부챗살처럼 분포되어 있는 방식
을 위주로 했다.[25] 이는 홍산문화 후기 적석 단총이 중심대묘를 중심으
로 주·차 관계를 보였던 것과 같은 방식이었다.

---

23 오대양, 「대련지역 초기적석총 유적의 현황과 특징─홍산문화 후기유형과의 연관성 검
    토」, 『백산학보』 105, 2016, 11쪽, 27~28쪽.
24 하문식, 앞의 글, 2013, 60쪽.
25 郭大順·張星德(김정열 역), 앞의 책 하, 동북아역사재단, 2005(2008), 922~924쪽.

이처럼 요남 지역 배달국 후기~단군조선시기의 적석 단총은 구릉성 입지를 보인 점, 무덤의 주·차 방식 등 배달국시기의 전통을 계승한 면모가 분명했다. 그러한 한편 '3층-원·방-환호'형과 같은 배달국 중기 적석 단총제의 정형성은 사라지고 막돌을 올린 단순한 형태로 바뀌었다. 요컨대 배달국 후기~단군조선시기가 되자 요서 지역 홍산문화 후기의 적석 단총제는 요남 지역으로 밀려나 상대적으로 퇴조된 모습으로 유지되고 있었던 것이다.

요남 지역 적석 단총의 이러한 모습은 동시기 백두산 서편의 적석 단총문화에 대해서도 많은 시사점을 준다. 곧 고인돌이나 적석형 고인돌의 중심지가 공히 이 요남 지역과 백두산 서편 지역이었던 점에서 알 수 있듯이 요동 지역 '석(石) 단총문화'의 양대 중심지가 바로 요남 지역과 백두산 서편 지역이었기에, 단군조선시기 백두산 서편의 적석 단총문화는 요남 지역과 마찬가지로 배달국시기에 비해 상대적으로 침체된 모습이었을 것으로 짐작해 보게 된다.

2) 단군조선 전기 고인돌의 부상: 요남과 요동 백두산 서편 지역

앞서 배달국 후기~단군조선시기 적석 단총제의 쇠퇴 내지 침체 현상을 요남 지역 중심으로 살펴보았는데, 그 배경에는 새로운 제천시설인 고인돌의 등장 문제가 자리하고 있다. 단군조선시기 요동 지역 제천시설은 적석 단총에서 고인돌류의 거석 단총으로 바뀌어 있었던 것이다.

고인돌은 대체로 서기전 1500년~서기전 200년 무렵 요동·한반도 일대에서 성행한 새로운 유형의 거석 단총이다. 요하를 경계선으로 하여 요서 지역에서는 나타나지 않는다. 최대 중심지는 요남 벽류하(碧流河)·대양하(大洋河) 유역이며 다음은 백두산 서북 휘발하(輝發河) 유역

자료1 단군조선 이후 '고인돌 · 적석형 고인돌'의 양대 중심지[26]

이다. 특히 요남 지역의 고인돌은 대형 탁자식으로 규모나 형태 면에서
가장 크고 정세하여 요남 지역이 고인돌의 발원지이자 중심지였음을 보
여주었다.[27]

　고인돌 외에 선돌 또한 거석문화의 범주 내에서 고인돌과 같은 시기
로 평가된다. 이들 거석 단총은 적석 단총과 마찬가지로 주로 하천 주변
의 탁 트여 조망이 좋은 구릉성 산지의 정상 평탄부에 자리하여[28] 양자

26　유태용, 「요동지역의 대개석묘에 대한 검토」, 『고조선단군학』 24, 2011, 84쪽; 백종오·오대
　　양, 「요동지역 지석묘의 연구성과 검토」, 『동아시아고대학』 34, 2014, 50쪽 참조.

27　하문식, 「요동지역 문명의 기원과 교류」, 『동양학』 49, 2011, 18~19쪽.

28　하문식, 「고인돌의 숭배의식에 대한 연구—요령지역을 중심으로—」, 『비교민속학』 35,
　　2008, 119쪽.

의 계승 관계를 더욱 분명하게 보여주었다.

시대변화에 따라 제천시설의 중심이 바뀌는 것은 매우 자연스럽다. 배달국시기의 3층원단류의 적석 단총에서 단군조선시기에 이르러 고인돌류의 거석 단총으로 제천시설의 중심이 바뀌게 되는 문화적 배경은 어떻게 설명될 수 있을까? 필자의 경우 일단은 후기 신석기~동석병용 문화 단계에 해당했던 배달국시기 선도제천문화와 청동기문화 단계에 해당했던 단군조선시기 선도제천문화의 차이에서 기인하는 부분이 있다고 생각한다.

곧 후기 신석기~동석병용문화 사회는 전쟁과 같은 대규모 갈등 요소가 상대적으로 적고 사회 또한 수평적·공동체적 요소가 강하여 선도제천문화가 극대화될 수 있는 여건이었다고 볼 수 있다. 소도제천지나 제천시설물을 만들고 운영하기 위한 인적·물적 투여도가 상대적으로 높은 시기였던 것이다. 반면 청동기문화 단계로 접어들면서는 전쟁이 빈번해지고 사회질서 또한 수직화·서열화되어 갈수록 선도제천문화보다는 군사문화의 요소가 중요해지게 되었다. 소도제천지나 제천시설물을 만들고 운영하기 위한 인적·물적 투여도도 상대적으로 낮아지는 추세였다.

배달국시기의 대표 제천시설인 '3층-원·방-환호'형 적석 단총, 또 단군조선시기 대표 제천시설인 고인돌의 차이점도 이러한 사회변화와 관련해서 새롭게 해석될 수 있다. 가령 배달국 적석 단총의 내부 묘장 및 외부 형식이 인적·물적 투여가 극대화된 방식이었다면 단군조선 거석 단총의 경우는 인적·물적 투여 정도가 상대적으로 감소된 방식이었다. 물론 요남 지역이나 서북한 지역의 거대 제단식 고인돌과 같은 경우도 있지만 이러한 경우는 소수이다. 전체적으로 보아 거석 방식은 적석 방식에 비해 좀 더 거칠고 간소해진 양식임에 틀림없다.

이상에서 살핀 바와 같이, 동북아 상고시기 선도제천문화를 주도했던 양대 국가 배달국과 단군조선의 선도제천문화를 상징하는 양대 제천시설, 3층원단류의 적석 단총과 고인돌은 한결같이 요동 지역, 그것도 백두산 서편 천평 지역을 중심으로 했다. 배달국시기 3층원단류의 적석 단총은 천평 지역에서 발생했으며, 단군조선시기 고인돌은 요남 지역에서 발생하여 요남 지역과 천평 지역 두 곳을 중심으로 성행했던 것이다. 이러한 면모는 배달국시기 선도제천문화의 발원지이자 중심지였던 천평 지역 선도제천 전통의 강고한 힘을 재삼 확인해 준다.

3. 단군조선시기 고인돌 · 적석 단총의 공존과 결합, 적석 단총제의 부활

앞서 배달국 후기~단군조선시기 요동 지역 선도제천문화에서 적석 단총제가 상대적으로 퇴조하고 고인돌 단총제가 부상하여 배달국과 단군조선을 대표하는 양대 제천시설의 교체가 이루어졌음을 살펴보았다. 또한 이들 제천시설이 모두 천평 일대를 중심으로 했던 점을 통해 천평 지역 선도제천 전통의 강고함을 확인했다.

본절에서는 단군조선시기 요동 지역에서 고인돌이 새롭게 등장하여 크게 성행했지만 그 방식이 기존의 적석 단총제를 전면 대체한 방식이 아니라 고인돌과 적석 단총이 상호 '공존' 또는 '결합'되는 방식이었음을 살펴보겠다. 더하여 단군조선 말이 되자 고인돌 방식의 생명이 다하고 재차 적석 단총제가 부활하여 크게 성행하는 면모를 통해 선도제천문화에 있어 적석 단총제가 갖는 의미에 대해서도 살펴보겠다.

배달국시기의 적석 단총제가 단군조선시기 요동 지역에서 고인돌로 '계승'되었다는 사실의 실제적인 의미는 양 방식의 '공존'과 '결합'이다. 문화의 기저부에 자리하여 극히 보수적일 수밖에 없는 단총제의 속성상 구식이 신식으로 전면 교체되는 방식이 아니라 구·신식이 공존하거나 하나로 결합되는 방식이 자연스러운 것이다.

실제로 단군조선 전기(전기 청동기) 요남 지역의 경우 배달국 이래의 구식 적석 단총제와 단군조선의 신식 고인돌 방식, 더하여 요북(遼北) 지역의 석관묘 방식까지 상호 영향을 주고받았고 단군조선 후기(후기 청동기)로 가면서 이들 요소가 뒤섞여 하나의 문화 양식으로 통합되는 양상을 보였다. 이른바 서기전 9세기~서기전 6세기 '미송리문화'가 그러하다.[29]

적석 단총과 고인돌의 '공존'과 함께 더 흥미로운 측면은 '결합'의 측면으로 '적석형 고인돌'(중국명 '대개석적석묘大蓋石積石墓')의 경우가 있다. 적석형 고인돌은 무덤 상부에 적석을 쌓아 올린 후 그 위를 고인돌의 덮개석으로 마감한 형태, 곧 적석 단총과 고인돌이 결합된 방식의 단총제이다.(〈자료2〉)

시기는 서기전 15세기~서기전 5세기 무렵, 고인돌과 마찬가지로 요서 지역에는 나타나지 않으며[30] 요하 이동에서 나타난다. 분포 범위는 고인돌과 흡사하여, 제일 중심지는 요남 지역, 다음은 백두산 서편 휘발

---

29 오대양, 「요동지역 청동기시대 문화의 양상과 전개—소위 쌍방·미송리문화를 중심으로」, 『동양학』 61, 2015, 123쪽.
30 임웅재, 「적석형 고인돌의 문화적 계승성에 대한 연구」, 『고조선단군학』 37, 2017, 315~316쪽, 338~339쪽.

1. 통화 만발발자 M34호

2. 환인 풍가보자 M5호 평·단면도

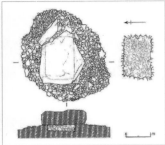

자료2 요남~백두산 서편, 적석형 고인돌의 두 사례

하 유역이다.(〈자료1〉 참조)[31] 단군조선시기 적석총이나 고인돌이 한반도 일대에 널리 나타나듯이[32] 적석형 고인돌 또한 한반도 일대에 널리 나타났다.[33]

이상에서 살펴본 바와 같이 단군조선시기 요하 이동 요남~백두산 서편 지역에서 고인돌 단총제가 새롭게 생겨났지만 기왕의 적석 단총제와 교체되는 방식이 아니라 상호 공존 내지 결합되는 방식이었다. 이 중에서도 특히 결합의 방식인 적석형 고인돌이 주목된다. 이는 새로운 방식이 생겨났어도 구래의 전통이 강고할 경우 구래의 전통은 새로운

---

31 2011년까지 조사된 총 202기 중 요동반도 남부 발해만 연안에 50%(101기), 휘발하 지역에 32.7%, 혼하 무순(撫順)·개원(開原) 지역에 10%, 길림 합달령 북쪽 화전(樺甸)·반석(磐石) 지역에 6.9%가 조사되었다.(유태용, 앞의 글, 2011, 84~85쪽)

32 한반도의 경우 황해를 타고 서해안 경기도 시도(矢島) 및 남해안 부산 영도 동삼동 등지에 이르기까지 한반도 전역에서 적석총이 확인되었다. 이 중 시도 적석총의 경우 시기가 서기전 1500년~서기전 1000년경까지 올라간다.(이형구, 앞의 책, 2004, 99~101쪽)

33 황해도 황주 심촌리 3기, 평남 개천군 20여 기, 강원도 춘천 중도 35기 및 천전리 일대, 경남 사천 덕곡리 등이다.(임웅재, 앞의 글, 2017, 333~373쪽)

방식 일색으로 변모되어 가는 것을 막는 역할을 하게 되고 결국은 상호 절충을 통해 결합의 방식으로 귀결되는 현상으로 해석된다. 또한 이러한 면모는 배달국 이래 최초의 제천시설이자 배달국의 대표 제천시설이던 적석 단총제의 강고한 힘, 좀 더 구체적으로는 적석 단총제의 발원지이자 중심지였던 백두산 서편 천평 지역 적석 단총제의 강고한 힘을 보여준다.

백두산 서편 적석 단총제 전통의 힘은 비단 여기서 그치지 않고 단군조선 말기인 서기전 3세기 무렵 재차 백두산 서편 천평 지역에서 적석 단총제 전통을 되살려내는 엄청난 문화 저력으로 나타났다. 곧 단군조선시기 요동 지역에서 적석 단총제는 여전히 지속되었지만 제천시설의 대세는 아니었다. 그러던 중 단군조선이 와해되는 서기전 3세기~서기전 2세기 무렵이 되자 백두산 서편 천평 지역에서는 재차 고래의 적석 단총 전통이 되살아나게 된다.

배달국시기 대표 제천시설로서 요동~요서에서 만개했던 적석 단총제는 단군조선시기에 이르러 새로운 제천시설 고인돌에 밀려 양자의 공존·결합의 형태로 계속되었는데, 단군조선 와해기가 되자 다시 적석 단총제 전통이 부활하게 된 것이다. 이렇게 되살아난 적석 단총 전통은 고구려로 계승되어 크게 만개했고 고인돌을 대신하여 다시금 대표 제천시설로서의 위상을 회복하게 된다.

배달국시기 본격적인 선도제천시설로서 '환호를 두른 구릉성 제천시설(3층원단류)' 또는 '3층-원·방-환호'형 적석 단총제가 처음 시작되었던 곳, 단군조선시기 적석 단총제의 퇴조 국면 속에서도 적석 단총제가 끝까지 살아남아 서기전 3세기경 재차 부활했던 곳은 다름 아닌 백두산 서편 천평 지역이었다. 통화 만발발자의 거대한 적석 단총으로 상징되는 선도제천문화의 발원처이자 긴 시간의 흐름 속에서도 선도제천문화의 변함없는 중심으로 역할해 왔던 백두산 서편 천평 지역의 강고한 전통의 힘을 알게 된다.

이상 배달국 개창 이래 고구려에 이르는 기나긴 시기 요동 지역, 특히 요남~백두산 서편 천평 지역에서 집중적으로 펼쳐졌던바, '3층원단류 적석 단총제의 발생 → 적석 단총에서 고인돌로의 계승 → 고인돌·적석 단총의 공존과 결합 → 고인돌의 소멸과 적석 단총제의 부활'의 과정을 통해 배달국 선도제천문화의 발상지이자 중심지였던 천평 지역의 문화적 저력, 특히 그 상징물인 적석 단총제의 강고한 힘을 확인해 보게 된다.

3장
요서 적석 단총제와 맥족의 이동

---

1. 배달국 전 · 중기 적석 단총제와 맥족의 요서 진출

앞서 요동 백두산 서편 천평 지역 적석 단총제 전통의 강고한 구심력을 통해 천평 지역이 맥족 선도제천문화의 변함없는 중심이었음을 확인했다. 본장에서는 요서 지역 적석 단총제를 통해 천평 맥족의 요서 진출과 정착, 북방족의 영향, 맥족의 요동 회귀 문제를 살펴보려 한다. 본절에서는 우선 맥족의 요서 진출 문제부터 살펴보겠다.

배달국 초 천평 맥족의 요서 진출을 계기로 맥족의 활동 무대는 요동 천평 지역을 벗어나 요서 청구 지역으로 확대된다. 이는 뒷시기 단군조선 · 부여 · 고구려 · 발해시기 맥족의 활동 범위 문제와도 긴밀하게 관련되어 있기에 맥족 연구의 기본 출발점이 된다. 특히 종래 한국학계의 예맥 연구가 요서 지역에 치우쳤던 문제, 또 예맥의 이동 흐름을 '요서 → 요동'으로 파악해 왔던 문제를 바로잡기 위한 출발점이라는 의미도 갖는다.

1) 배달국 전기 선도제천문화의 시작: 요동 천평 지역 만발발자 옛 제 단과 40여 기의 적석 단총군

필자는 앞서 1990년대 백두산 서편에서 조사·발굴된 적석 단총군 중 가장 대표적인 경우로 만발발자 옛 제단을 든 바 있다. 이는 시기(배달 국 전기 서기전 4000년~서기전 3500년경) 면이나 형태[3층원단(모자합장 묘)·방대] 면에서 배달국시기 선도제천문화의 시작점, 선도제천문화의 내용적 본질 등을 보여주었을 뿐 아니라 요동 천평 지역과 요서 청구 지역의 문화적 계승 관계까지도 보여주었다. 곧 만발발자 '3층원단(총)· 방대'와 똑같은 형태의 적석 단총이 요서 지역 홍산문화기 대표적인 소 도제천지였던 우하량에서 만발발자보다 대략 수백 년 이후의 시기인 우 하량 상층적석총 단계(배달국 중기 서기전 3500년~서기전 3000년경)에서 2건이나 등장했던 것이다.[34]

만발발자 옛 제단의 '3층원단(총)·방대'의 형태뿐만이 아니었다. 백두 산 서편에서는 40여 기의 적석 단총군이 발견되었는데 형태 면에서 첫 째 산구릉 정상부에 위치한 점, 둘째 3층원단이 많은 점, 셋째 환호를 두른 경우가 많은 점을 특징으로 하여 '환호를 두른 구릉성 제천시설(3 층원단류)'로 정리되었다. 요서 우하량 상층적석총 역시 한결같이 산구릉 정상부에 입지하고 있었고 형태상 '3층-원·방-환호' 방식을 특징으로 했기에 백두산 서편 옛 제단군과 동일 계통임이 밝혀졌다.

요컨대 요동 백두산 서편 옛 제단군과 요서 우하량 상층적석총은 '환

---

34 정경희, 「통화 만발발자 제천유적을 통해 본 백두산 서편 맥족의 제천문화(Ⅰ)—B.C. 4000년~B.C. 3500년경 '3층원단(모자합장묘)·방대'를 중심으로—」, 『선도문화』 26, 2019.

호를 두른 구릉성 제천시설(3층원단류)' 또는 '3층-원·방-환호'의 형식을 공유하되, 만발발자 옛 제단의 경우에서 알 수 있듯이 시기 면에서 요동 백두산 서편 지역이 요서 우하량 지역을 수백 년 정도 앞서고 있었다. 이는 배달국 전기 요동 백두산 서편 지역에서 선도사상에 입각한 새로운 형태의 전형적인 선도제천문화가 개시된 이후 수백 년의 시차를 가지고서 요서 지역으로 전파하여, 요서 우하량 지역에서 만개했음을 보여주었다.[35]

2) 배달국 중기 선도제천문화의 요서 이동: 요서 청구 지역 적석 단총제에 나타난 요서 사회

배달국 중기 요동 천평 지역에서 요서 청구 지역으로 전파된 '환호를 두른 구릉성 제천시설(3층원단류)' 또는 '3층-원·방-환호'형 적석 단총 방식은 흥륭와문화 이래 요서 지역의 전통적인 단총 방식인 석권(돌담) 방식의 적석 단총제를 포섭하는 모습을 보였다.

곧 흥륭와문화 이래 요서 지역의 전통적인 적석 단총제는 돌을 둥글게 돌담 방식으로 두른 석권형의 적석 단총제였다. 이에 따라 배달국 전기까지만 하더라도 대릉하 우하량 일대에서는 기왕의 돌담을 무저통형기로 대체한 '부석(敷石)-통형기권묘(筒形器圈墓)'의 형식, 곧 흥륭와문화기 이래의 석권형 적석 단총 전통이 이어지고 있었다. 그러다가 배달국 중기가 되면서 기왕의 석권형 적석 단총 위로 거대한 '3층-원·방-환호' 방식의 적석 단총을 덧씌운 이중 방식의 단총이 나타났다. 석권

---

35 정경희, 「홍산문화기 우하량 '3층-원·방-환호'형 적석 단총제의 등장 배경과 백두산 서편 맥족의 요서 진출」, 『동북아고대역사』 1, 동북아고대역사학회, 2019.

단총 방식이 홍륭와문화 이래 요서의 전통적인 구식, 또 '3층-원·방-환호' 단총 방식이 요동 백두산 서편 일대에서 개시되어 요서로 전해진 신식이었다면, 이러한 구식과 신식의 결합은 요서 지역 구래의 선도제천문화와 요동 백두산 서편 지역에서 시작된 새로운 선도제천문화가 하나로 결합되었음을 상징적으로 보여준다.

사상·종교적 변화의 기저에 정치·사회적 변화가 자리하고 있음은 물론이다. 곧 구식이 요서 지역 토착세력의 전통적인 방식, 신식이 요동 지역 맥족이 가져온 방식이었다면, 양자의 결합은 요서 토착세력과 요동 맥족 간의 교섭을 통한 요서 사회의 대대적인 변화까지 함축적으로 담아내고 있다. 이러한 방식을 통해 배달국 중기 요서 사회가 달라져 갔던 두 가지의 방향성을 확인하게 된다. 첫째, 대릉하 일대 지배세력이 요서 토착세력에서 요동 맥족으로 교체되었던 점이다. 둘째, 요서 토착세력에서 요동 맥족으로 지배세력 교체의 방식이 갈등적 방식이 아닌 융화적 방식이었다는 점이다. 구식을 전적으로 폐기하는 것이 아닌, 구식 위에 신식이 덧씌워지는 방식을 통해 이러한 점을 추론해 보게 된다.[36]

한 가지 더 중요한 사실은 이즈음 새롭게 등장한 맥족계 3층-원·방-환호형 적석 단총제가 서랍목륜하 일대에서는 거의 나타나지 않고 대릉하 일대에서만 집중적으로 나타났던 점이다. 서랍목륜하 일대 여신상이나 옥기류 등에서는 삼원적 상징성이나 선도수행적 표현 등이 분명하게 나타났으며 선도제천문화의 수준이 매우 높아 대릉하 일대와 우열을 가리기 힘들 정도였다. 그럼에도 불구하고 유독 3층-원·방-환호형 적석 단총제는 나타나지 않았던 것인데, 이러한 모습은 홍산문화 후기 서랍

---

36 정경희, 위의 글, 『동북아고대역사』 1, 2019.

목륜하 사회가 요서 지역의 새로운 문화중심으로 부상한 대릉하 사회와의 교섭을 통해 새로운 방식의 맥족계 선도제천문화를 적극 수용했지만 문화적 이해도나 깊이는 대릉하 사회에 미치지 못했음을, 또한 대릉하 사회가 맥족계 새로운 제천문화의 일차적인 중심이었음을 보여주었다.

요컨대 홍산문화 후기 대릉하 일대에 집중적으로 나타난 3층-원·방-환호형 적석 단총은 비단 사상·종교 차원의 변화를 넘어 정치·사회 차원의 변화, 곧 요동 백두산 일대 천평 맥족의 요서 진출, 요동 맥족으로의 지배세력 교체, 요서 토착세력과 요동 맥족 간의 종족적 문화적 융화 등의 변화점들을 시사해 주었다.

이렇게 배달국 전·중기 서기전 4000년~서기전 3000년경 요동~요서 지역 적석 단총 유적의 시기 및 형태 비교를 통해 백두산 서편 배달국 천평 지역에서 대릉하 배달국 청구 지역으로 맥족계 선도제천문화가 전파되어 갔던 점, 또 천평 맥족이 요서 지역으로 세력을 확장해 갔던 점과 그 대체적인 진출 경로를 파악할 수 있었다. 정리해 보면, 배달국시기 맥족계 선도제천문화의 전파 경로 또는 백두산 맥족의 요서 진출 경로는 대체로 ① 요동 백두산 서편 일대(배달국 천평문화) → ② 요서 대릉하 일대(배달국 청구문화) → ③ 요서 서랍목륜하 일대(배달국 서랍목륜하문화)가 된다.[37] (5부 〈자료25〉 참조)

요서 지역 후기 신석기문화의 새로운 시작을 알리는 홍륭와문화(서기전 6200년~서기전 5200년경)에서 알 수 있듯이 배달국 개창 즈음 요서 지역은 동북아 일대에서 가장 선진 지역으로 인적·물적 밀집도가 높아 문명발전을 위한 기반 조건이 두루 갖추어진 곳이었다. 이러한 토양 위

---

37 정경희, 위의 글, 『동북아고대역사』 1, 2019.

에 배달국 개창과 함께 요동 백두산 서편 천평 지역으로부터 전형적인 선도제천문화가 대거 유입되면서 문화 역량이 증폭하여 배달국문화에서 가장 번성한 지역이 되었다. 특히 이곳은 발해만 해로 및 연산(燕山) 지역을 통과하는 육로를 통해 중원 지역과 연결되었을 뿐 아니라 북방초원길 등 다양한 루트를 통해 유라시아 전역으로도 연결되었던바, 동·서·남·북으로 크게 열린 공간이었다. 배달국의 전형적인 선도제천문화가 중원 지역은 물론 유라시아 전역으로 퍼져나가는 문명의 허브 지역으로 손색이 없는 곳이었다. 이러한 사정으로 인해 배달국 말기에는 도읍이 천평에서 청구로 옮겨 가게 되었다.[38] 요컨대 요동 배달국 천평 지역이 선도제천문화가 개시되고 문화원형이 유지·보존되었던 곳이라면 요서 배달국 청구 지역은 선도제천문화가 화려하게 만개, 유라시아 전역으로 퍼져나갔던 대도회(大都會)이자 선도제천문화 세계화의 전당이었다.

2. 단군조선 전기 적석단과 맥족의 요서 정착

1) 하가점하층문화기 단·총의 분리 진전 및 석성의 등장

앞서 배달국 전·중기 서기전 4000년~서기전 3000년경 요서 지역의 적석 단총제를 통해 맥족의 요서 진출 문제를 살펴보았다. 본절에서는 배달국 전·중기를 거치면서 요서 사회에 전파된 맥족의 적석 단총제 전통이 뒷시기, 특히 단군조선 전기에 이르러 요서 사회에서 어떠한 형태

---

38 정경희, 「배달국 말기 천손문화의 재정립과 '치우천왕'」, 『선도문화』 9, 2010, 235쪽.

로 뿌리내리고 있었는지를 살펴보겠다. 요서 지역의 단군조선 전기를 대표하는 고고문화인 하가점하층문화를 중심으로 살펴보겠다.

배달국시기 적석 단총의 분포 범위는 요동~요서에 두루 걸쳐 있었고 특히 배달국 중기에는 요서 우하량 일대에서 극성했다. 단군조선 전기, 곧 하가점하층문화로 접어들면서 요서 적석 단총제에서는 무엇보다도 단·총의 분리 경향이 분명해졌다.

먼저 하가점하층문화의 무덤 제도(총제塚制)를 살펴보면, 나무장구무덤·흙벽돌무덤·생토이층태형무덤·벽홈무덤·돌널무덤·민무덤, 하가점상층문화의 경우는 돌덧널나무널 무덤·돌널무덤·나무장구무덤·돌덧널무덤·움무덤 등이었다. 하가점하층문화와 인근한 고고문화인 고대산(高臺山)문화(서기전 2100년~서기전 1500년경)의 경우도 움무덤 위주였다.[39] 이상의 내용은 하가점하층문화기에 이르러 요서 지역 총제에 있어 앞서 홍산문화기에 성행하던 적석 방식이 약화되었음을 보여준다.

총제에 있어 적석 방식이 약화되었던 반면 단제(壇制)에 있어서는 배달국시기 적석 방식이 확산, 극성하는 모습을 보였다. 주지하듯이 하가점하층문화의 가장 큰 특징으로 석성(石城) 또는 토성(土城)과 같은 성보(城堡) 문화를 든다. 석성과 토성 중에서 토성의 숫자는 매우 적다. 하가점하층문화기 성의 절대다수는 석성으로 주로 단애·언덕·산정 등지에 건축되었다.[40] 하가점하층문화기 석성의 분포 범위는 서랍목륜하 이남 적봉지구, 요령성 서부 및 하북성 동북부 일원이며 노합하 및 대·소릉하의 지류 근방의 산구릉지 정상부에 집중되어 있다. 전형적인 경우

---

39 복기대, 앞의 책, 2004, 30쪽, 80쪽, 111~112쪽.
40 徐昭峰, 「試論夏家店下層文化石城」, 『中原文物』, 2010年 3期, 43쪽.

로 적봉시 영금하(英金河)·음하(陰河) 일대의 석성보군(石城堡群)이 있다.

2) 석성의 유형과 기능

대체로 석성은 입지 면에서 일정의 규식을 갖고 있는데, 이러한 특징들을 통해 석성의 기능 및 성격에 대한 유추가 가능해진다. 하가점하층문화기 석성들은 대체로 강안(江岸)에 연해 있는 구릉성 산지를 따라서 축조되었다. 지세 면에서 산정, 산구릉, 언덕 등지에 건축되는 경우가 일반적이며, 성지의 평면 형태는 방형·원형·타원형·삼각형 등이다. 석성의 분포는 상당히 밀집되어 있으며 특히 연쇄적으로 하나의 연결선, 곧 석성대(石城帶)를 이룬 경우가 많다. 돌담장 형태의 석벽에는 치(중국명 마면馬面) 시설이 갖추어진 경우가 많다. 석성대의 중심에는 중형 혹은 대형 석성이 자리하고 있다. 석성대의 중심이 되는 중형 이상의 석성은 모두 원형 혹은 타원형의 석축 제단 유적을 갖추고 있다. 돌담장 형태의 석벽 내부에는 주거지·석축 제단·교혈(窖穴: 저장구덩이) 등 다양한 석축 시설물이 자리하고 있다.[41]

석성군에 대한 중국학계의 입장은 다기하다. 첫째, 군사 방어시설로 보는 경우다. 화하족이 북방족을 막기 위해 조성한 장성(長城)의 조형, 곧 '원시 장성'으로 바라보는 소병기의 견해에서 비롯되어[42] 중국학계에서 가장 널리 지지를 받아오고 있다.[43] 둘째, 제사시설로 보는 경우로 주

---

41 席永杰 等, 『西遼河流域早期靑銅文明』, 內蒙古人民出版社, 2008: 徐昭峰, 위의 글, 2010年 3期, 40~43쪽.

42 蘇秉琦, 「遼西古文化古城古國」, 『遼海文物學刊』, 1984年 創刊號.

43 徐光冀, 「赤峰英金河陰河流域石城遺址」, 『中國考古學硏究』, 文物出版社, 1986: 王

연평의 견해가 대표적이다.[44] 셋째, 주거시설·군사 방어시설·제사시설 3유형으로 나누어 보는 경우로[45] 첫째 및 둘째 견해를 절충한 견해이다.

이렇게 중국학계에서 주로 군사 방어시설 또는 제사시설이라는 양대 시각을 보여왔다면, 필자는 양자를 상보적 방식으로 바라본다. 곧 배달국 홍산문화 이래 요서 지역에서 형성되어 온 오랜 선도제천문화 전통으로 바라볼 때, 석성의 원류는 제천시설(중국식 제사시설)이며 여기에 군사 방어시설로서의 면모가 더해지게 되었다고 본다. 제천시설에서 출발하되 점차 제천시설 겸 군사 방어시설로 변모되어 갔다는 것이다.

중국학계 일각에서도 하가점하층문화를 포함한 북방 지역 석성의 중요한 기능의 첫 번째는 군사 방어이지만, 적지 않은 석성의 산정 부위에 제사시설이 갖추어져 있는 점에 주목한다. 특히 석성 내 발견된 원형 내지 타원형의 '평대'는 제사시설로서의 특징이 명확하다고 본다. 이는 하가점하층문화 석성의 본래 주요 기능이 제사 장소라는 관점이기도 하다. 하가점하층문화 석성의 위치 선택, 건축상의 특징, 석성 내 건축 특징 등을 분석하여 그 태반이 일종의 제사 기능을 위주로 하는 특수 성질의 유적으로 바라보는 것이다. 이러한 입장에 따르면 석성군이 밀집되어 있는 영금하·음하 일대의 석성들도 일단은 방어용 시설이 아니라 모두 제사지로서의 성질을 기본으로 하며, 영금하·음하 일대는 하가점하층문화 시기에 특별히 중요한 제사 지대로 바라보게 된다.

또한 요서 지역 제사문화의 규모가 전사회적 차원이라는 점에 주목하

惠德 等, 「陰河中下流石城的調查與研究」, 『昭烏達盟族師專學報』, 1998-4期 등.

44 朱延平, 「遼西區古文化中的祭祀遺存」, 『中國考古學跨世紀的回顧與前瞻』, 科學出版社, 2000.

45 鄭紹宗, 「河北平泉一帶發現的石城聚落遺址」, 『文物春秋』, 2003年 4期 등.

여 그 성격을 '공공성(公共性) 제사(祭祀)'라는 방식으로 표현하기도 한
다. 공공성 제사문화는 홍산문화기와 하가점하층문화기의 주요 특징이
며, 특히 하가점하층문화기에 이르러 제사지의 규모와 숫자는 지금 사
람들이 믿기 힘들 정도로 많았다고 보았다. 취락 주변 제사지, 산정의
제사지, 대규모의 석성 등이 그러하며, 이러한 면모는 하가점하층인들의
생활 자체가 제사와 긴밀하게 연동되어 있음을 보여주며 현대인들의 시
각으로 볼 때 불가사의할 정도라는 평을 덧붙이기까지 한다.[46]

중국학계에서는 하가점하층문화기 석성 및 토성을 대체로 3유형으로
나누어 보는 경향이다. 먼저 연구 초창기인 1980년 초 무렵, ① 하천 근
처 산정의 소형 석성, ② 하천 근처 산언덕 아래의 석성, ③ 약간 높은
지면의 평탄하고 넓은 대지 위의 대형 토성의 3유형 구분이 등장했다.[47]

2000년대에 들어서도 상기 구분법의 대체는 이어져 ① 산구릉(山丘)
형 석성, ② 언덕(坡崗)형 석성, ③ 평지토구(平地土丘)형 토성으로 구분
하는 경향이 확인된다.[48] 이 중 ①은 대체로 산정이나 산구릉에 자리한
석축시설물을 중심으로 하는 소규모의 전형적인 제천시설물이다. ②③
유형의 유적은 현재 사람들이 생활하고 있는 촌락지 부근에 위치하고
있는데, 한결같이 하천에 가까워 농경이나 사회활동에 매우 편리한 지
역이다. 출토 유물인 대량의 농업생산 공구, 공예용품, 생활용품, 제사용
예기 등은 이 유적이 대형 주거유적이었음을 보여주며, 그중 규모가 큰
것은 당시의 정치사회적 중심지였음을 보여준다.

---

46 朱延平, 앞의 글, 2000, 219쪽.
47 李恭篤·高美璇, 「夏家店下層文化若干問題研究」, 『遼寧大學學報』, 1984年 5期.
48 王立新, 「試析夏家店下層文化遺址的類型與佈局特點」, 『文物春秋』, 2003年 3期,
    10~12쪽.

결국 이들 3유형은 ① → ② → ③의 순으로, 위치 면에서 산지에서 평지 촌락으로, 규모 면에서 소형에서 대형으로, 기능 면에서 제천 기능 위주에서 주거 기능 위주로 달라지고 있었다. 여기에서 한 가지 중요한 포인트는 이들 모두가 석성이든 토성이든 공히 방어용 성보 형태로 조성되었기에 유사시에 발생하는 전쟁·홍수 등의 재난에 대비하는 방어 기능을 기본으로 갖추고 있었다는 점이다. 방어 기능을 기본으로 한 위에 제천 위주, 주거 위주 등 주된 기능상의 차이를 갖고 있었다는 것이다.

요컨대 하가점하층문화기 성의 3유형은 방어 기능을 기본으로 갖추되 ① → ② → ③의 순으로 가면서 제천 기능 위주에서 주거 기능 위주로 바뀌어갔던 것으로 바라보게 된다. 대체로 산구릉이나 산언덕 지대에 자리한 석성 형태인 ①②는 제천 기능 중심·주거 기능 보조, 평지에 자리한 토성 형태인 ③은 주거 기능 위주·제천 기능 보조로 바라볼 수 있다.

이처럼 하가점하층문화기의 소도제천지는 주로 석성의 방식을 취하여 군사 방어시설로서의 기능을 겸하게 되었다. 형태 면에서 홍산문화기 '환호를 두른 구릉성 제천시설(3층원단)'의 형식을 기본으로 계승하여 하천 근처의 산구릉 또는 언덕 위에 위치했다. 그런 다음 여기에 석성을 두르는 방식을 부가했다. 석성 내에는 대체로 원형의 적석단 방식의 제천시설물을 시설했다.

3) 선도제천문화와 군사문화의 결합

소도제천지에 군사 방어 기능이 부가되는 것은 청동기 사회였던 단군조선 사회에서 매우 자연스러운 현상으로 이해된다. 배달국을 계승한 단군조선은 주족 맥족이 맹주가 되어 흉노·산융·몽골·선비·숙신 등 요동~극동 지역, 또 요서~북방초원 지역의 유목세력들을 연맹 방식으로 결속하고 있던 거대 연맹체 국가였다. 이들 유목세력들 중에서도 특히 단군조선의 서편에 자리한 흉노·산융세력, 또 북편에 자리한 몽골·선비세력은 유목민족으로서의 기본 출발점 위에 청동제 무기 개발에 주력, 막강한 기마군사 실력을 갖추게 되었고 이에 단군조선의 외번(外蕃)세력으로 역할을 했다.

이처럼 요서 지역은 북방족세력과 군사·외교적 접촉이 긴밀하게 이루어지던 곳으로 단군조선의 여타 지역에 비해 상대적으로 기마군사문화의 비중이 높았다. 단군조선시기 맥족이 유목세력들을 연맹·편제하던 방식이 단순한 군사문화적 방식이 아니라 선도제천문화에 기반한 군사문화 방식이었다는 점은 매우 중요하다. 단군조선의 단군은 일반 정치 지도자가 아니라 선도제천문화를 이끌고 주도하는 선인(仙人) 지도자, 곧 스승왕(師王) 또는 천왕(天王)으로서 사상·종교적 권위에 기반하여 연맹 소국들을 결속시키고 있었기에[49] 선도제천문화의 기준하에 군사문화가 하나로 결합되고 있었던 것이다.

단군조선시기 요서 지역의 지역적 특수성을 이해할 때 요서 지역에서 집중적으로 등장하는 석성은 이러한 특수성의 소산으로 본질적으로 당시 단군조선 사회의 양대 문화 요소인 선도제천문화와 군사문화가 하나로 결합되어 나타난 결과물로 바라보게 된다.

이상에서 살펴본바 단군조선 전기 하가점하층문화의 적석 단총제를 정리해 보면 다음과 같다. 배달국 전·중기 요동~요서의 '환호를 두른

---

49 스승왕에 대해서는, 정경희, 「동아시아 '천손강림사상'의 원형 연구」, 『백산학보』 91, 2011, 21~22쪽 참조.

구릉성 제천시설(3층원단류)' 또는 '3층-원방-환호'형의 적석 단총제로 요약되는바, 배달국의 전형적인 적석 단총제는 대체로 단·총이 결합된 방식이었다. 단군조선 전기 요서 지역 하가점하층문화기에서는 단·총의 분리 경향이 분명해졌다. 총제에서 적석 방식이 사라졌던 반면 단제에서는 적석 방식이 계속되고 있었음이 확인된다. 이즈음 적석 방식의 단제는 대체로 '석성'의 형태로 알려져 있지만, 배달국 이래 적석 단총제의 형식을 기준으로 조금만 더 면밀하게 고찰해 보면 '환호·석성을 두른 구릉성 제천시설(적석단)' 형태로 정리될 수 있다. 이즈음 이러한 석성형의 제천시설은 놀라울 정도의 밀도를 보이면서 요서 전역에 퍼져 있었다. 배달국 전·중기 요서 사회에 맥족의 적석 단총제가 전파된 이후 단군조선 전기가 되자 청동기 사회에 적합한 방식, 곧 '석성'과 같은 방식으로 변개되면서 요서 사회에 깊숙이 뿌리내렸음을 알게 되며, 더하여 배달국 전·중기 요서로 진출했던 맥족이 요서 사회에 뿌리를 내려 안착했음도 알게 된다.

3. 단군조선 후기 적석단과 북방족의 영향

1) 하가점상층문화기 제천유적과 '주검 구덩이' 문제

앞서 단군조선 전기 하가점하층문화의 적석단 제도를 통해 맥족의 요서 사회 정착 정도를 가늠해 보았다. 본절에서는 단군조선 후기의 대표 고고문화인 하가점상층문화의 적석단 제도를 통해 이즈음 맥족 사회 내에서 북방족의 영향력이 높아지고 있었던 면모를 살펴보겠다. 단군조선 후기 요서 지역의 고고문화로 하가점상층문화 외에도 노노아호산(努魯

兒虎山) 동쪽 지역에서 발달한 위영자문화·십이대영자문화가 있지만 하가점상층문화만큼 제천시설 관련 유적이 명확치 않다. 위영자문화·십이대영자문화기 제천시설의 문제는 향후 발굴 성과에 유의하면서 지속적으로 보완해 가겠다.

단군조선 후기 요서 지역의 대표 고고문화인 하가점상층문화는 하가점하층문화의 기반 위에 서북방 유목문화의 요소가 이입되어 형성된 문화이다. 하가점하층·하가점상층 양문화의 계승 관계는 여러 측면에서 확인되지만 제천시설 방면에서도 그러하다. 가령 적봉 지역 하가점(夏家店)·지주산(蜘蛛山)·신점(新店)·서도(西都)·대산전(大山前)·가자산(架子山) 등 하가점하층문화기 제천유적의 문화퇴적층 위로 하가점하층문화기 적석단 시설과 유사한 형태의 하가점상층문화기 방형·원형의 적석단이나 돌무지 시설이 나타났다.[50]

이러한 계승 관계에도 불구하고 제천유적의 규모, 중심 제천시설의 종류와 형태 등 여러 측면에서 하가점상층문화 제천유적은 하가점하층문화기에 비해 문화의 내용과 규모가 더없이 축소·약화된 모습이었다. 곧 지금껏 발견된 많은 하가점상층문화 유적지 중에서 제천유적이나 제천시설이 발견된 경우는 드문 편으로, 용두산(龍頭山)·소흑석구(小黑石溝)·남산근(南山根)·삼좌점(三座店)·대왕산(岱王山) 등 소수의 유적이 알려져 있을 뿐이다.[51]

하가점상층문화 제천유적 연구에 앞서 먼저 정리되어야 할 부분으로

---

50 朱延平, 앞의 글, 2000, 222쪽: 黨郁·孫金松, 「夏家店上層文化祭祀性遺存初探」, 『草原文物』, 2016年 1期, 93쪽.

51 黨郁·孫金松, 위의 글, 2016, 87쪽.

중국학계에서 하가점상층문화기 제사유적으로 분류하는 '인제갱(人祭坑)'의 문제가 있다. 하가점상층문화기 유적 중에서는 종종 사람의 시신이 던져져 있는 제사구덩이가 발견되었는데, 중국학계에서는 이를 '인제갱'으로 호칭하며 하가점상층문화기 제사유적의 일종으로 바라보았다. 그 성격과 관련해서는 은대 이후 중원 지역에서 허다하게 등장하는바 사람 희생을 사용하는 인제 풍습의 일종으로 해석한다.

필자는 이른바 '인제갱'의 요소가 예맥계의 선도제천문화와 전혀 다른 차원으로 제천문화의 하위범주로 포함해 볼 수는 없다는 입장이다. 우선 용어 면에서도 중국학자들이 사용하는 '인제갱'이라는 용어에 하가점상층문화기 제천을 단지 인제 정도의 차원으로 바라보는 잘못된 인식이 담겨 있다고 보고 이 대신 '주검 구덩이'라는 일반 용어를 사용했다.

예맥계 선도제천은 일부 지배층에 국한된 폐쇄적 권력형 의례가 아니라 지위 고하를 막론하고 국인(國人) 모두가 제천의 참여자가 되어 구릉성 산지와 같이 탁 트이고 넓은 공간, 곧 대중들이 운집하여 함께 하기에 좋은 공간에서 모여 집단적으로 의례를 치르는 공동체형 의례이다. 내용 면에서도 주술적이거나 기복적인 '종교의례'가 아니라 신인합일·천인합일의 선도수행 과정을 거쳐 제천 참여자 내면의 생명력이 깨어나 모든 존재가 생명의 차원에서 하나임을 자각하고 홍익인간·재세이화의 선도적 사회실천을 선택하는 '수행의례'이다. 뒷시기 중국인들의 기록이기는 하지만 『삼국지』 위지 동이전 등에 나타난 영고·동맹·무천 등의 제천의례도 내용적으로 서로 용서하고 살리며(生生), 음주가무하고 나누는 문화로 기록되어 있다. 이렇게 선도제천의례는 개인 차원을 넘어서 전체 사회 차원의 생명력이 자각되고 살아나는 장이기에 여기에서 결코 생명을 희생시키는 행위가 일어나지 않는다. 실제로 요동 지역은 물론 요서 지역 홍산문화~하가점하층문화기 그 많은 제천유적에서 인제 풍습의 흔적이 나타나지 않음은[52] 이러한 사실을 입증해 준다.

물론 하가점상층문화기에 이르러 소수이기는 하지만 주검 구덩이가 등장하고 있음은 분명 새로운 변화점이다. 하가점상층문화가 기존 문화 위에 북방유목문화 요소가 더해져 나타난 문화이기에, 사람을 희생시켜 구덩이에 던지는 행위의 등장 배경에 대해 일단 북방유목문화와 관련해서 바라보는 것이 사세상 합당하다. 그러나 이러한 행위에 대한 평가 문제는 좀 더 신중할 필요가 있다.

첫째, 사람을 죽여 묻은 것을 꼭 사람 희생을 사용하는 제사로 해석할 수 없는 문제이다. 사람을 죽인 이유와 관련해서는 전쟁·정변·주종 관계에 따른 순장 등 다양한 이유를 생각해 볼 수 있으며, 제사의 용도로 바라볼 근거는 아무 데도 없다. 대체로 중국학계에서 이러한 해석을 하는 이유는 중원 지역, 특히 은대의 인제 전통을 기반으로 해석하기 때문이다. 하지만 하가점상층문화의 경우 중원 지역과 분명 다른 역사문화적 배경을 갖고 있다. 실제로 적석단이 있는 제천유적에 주검 구덩이가 없는 경우, 또 주검 구덩이가 적석단과 같은 제천시설과 함께 있지 않고 단독으로 있는 경우가 많다.

둘째, 하가점상층문화기의 주검 구덩이에 묻힌 주검의 숫자가 많지 않고 발굴 사례도 희소한 문제이다. 어떠한 사정으로 사람을 죽여 구덩이에 묻었다 하더라도 묻힌 사람의 숫자가 많지 않고 빈도도 그리 높지 않으니 중원 지역의 대규모·정례화된 인제문화와 다르다. 중원 지역의 인제 풍습과 동등한 차원으로 놓고 비교할 수 없다.

---

52 정경희, 앞의 글, 『동북아고대역사』 1, 2019, 34쪽.

이상에서 하가점상층문화기의 주검 구덩이를 중원 지역의 인제 차원으로 해석할 수 없으며 따라서 요서 지역 제천문화의 하위범주로 바라볼 수 없음을 밝혔다. 또한 이를 통해 요서 지역 문화의 자체 논리를 살피기보다는 중원 지역을 기준으로 요서 지역 문화를 바라보는 중국 측 동북공정 시각이 갖는 문제점도 재삼 확인하게 되었다.

요서 지역 단군조선 후기 사회인 하가점상층문화의 성격에 기반하여 주검 구덩이 문제에 접근해 보면, 단군조선 후기 청동기문화가 본격화하고 중원 지역과의 전쟁이 잦아지면서 중원 지역과 국경을 맞대고 있던 요서 사회의 사회불안 정도가 높아진 점, 요서 사회의 구조가 점차 수직화·서열화된 점, 요서 사회 내에서 북방족의 역할이 증대하고 군사문화의 요소가 더욱 강화된 점 등의 변화가 있었고, 이러한 변화 국면 속에서 형벌이나 순장 차원의 주검 구덩이가 나타난 것으로 해석해 보게 된다. 그러나 이는 갈등기에 처한 여느 사회에서 나타날 수 있는 현상이며 중원 지역의 대규모·정례화된 인제 문화와 같지 않다.

2) 하가점상층문화기의 주요 제천유적과 북방족의 영향

현재 중국 측은 하가점상층문화 유적 중에서 제단이 발견된 경우는 물론 주검 구덩이가 발견된 경우까지도 공히 제사유적으로 분류하고 있지만, 필자의 경우는 주검 구덩이만 단독으로 발견된 경우는 제천유적으로 보지 않았다. 중국학계에서 주검 구덩이 출토를 이유로 하가점상층문화 제사유적으로 분류한 소흑석구·남산근·상기방영자(上機房營子) 인제갱을 제천유적에서 제외했으며,[53] 원형 또는 방형 적석단과 같은 전

---

53 黨郁·孫金松, 앞의 글, 2016, 87~88쪽.

형적인 제천시설이 발견된 경우만을 제천유적으로 분류했다. 이러한 기준에 따른 하가점상층문화기 대표 제천유적으로는 ① 극십극등기(克什克騰旗) 용두산 유적, ② 적봉 삼좌점(三座店) 석성 유적, ③ 적봉 서량(西梁) 석성 유적, ④ 적봉 대왕산 유적이 있다.

① 극십극등기 용두산 유적은 가장 대표적인 하가점상층문화기 제천유적으로 단독 제사구 유적이다. 극십극등기 토성자진(土城子鎭) 서랍목륜하의 지류 위당하(葦塘河) 서안(西岸)의 나지막하고 완만한 구릉지대(해발고도 860~910m)에 위치한다. 시기는 서기전 11세기~서기전 7세기 무렵이다. 유적지는 제천시설·주거지·회갱·무덤 등이 모여 있는 복합유적으로 주요 분포 범위는 동서 600m, 남북 400m이다. 유적지는 동부·중부·서부로 나뉘는데 서부는 제천구역, 중부는 묘지구역, 동부는 주거구역이다. 이 중 제천구역의 경우, 유적지의 서부 정중앙의 나지막한 구릉 용두산(860m) 산정 부근에 자리한다. 제천구역 외곽으로 환호가 돌아가며, 환호의 안쪽으로 다시 대형 돌담장이 돌아간다.[54] 돌담장 내부에 제사갱·회갱·주거지 등 제천 용도의 각종 시설물이 자리한다. 이상 용두산 유적은 구릉성 위치, 환호, 돌담장 등 여러 측면에서 하가점하층문화기 '환호·석성을 두른 구릉성 제천시설' 방식을 계승하고 있었다.

② 적봉 삼좌점 석성 유적이다. 삼좌점 석성은 전형적인 하가점하층문화기 석성이지만 2005년~2006년 사이 삼좌점 석성 내 하가점상층문

---

54 內蒙古文物考古硏究所 克什克騰旗博物館, 「內蒙古克什克騰旗龍頭山遺址第一·二次發掘簡報」, 『考古』 1991-8, 710쪽: 齊曉光, 「內蒙古克什克騰旗龍頭山遺址發掘的主要收獲」, 『內蒙古東部地區考古學文化硏究文集』, 海洋出版社, 1991.

화기 지층에서 적석단(석제대石祭臺) 10여 처가 발견되었다. 적석단 평면은 사다리형 또는 장방형이다. 개별 돌제단 동쪽 1m 위치에 돌말뚝이 있어 적석단과 일체를 이루고 있다.[55]

③ 적봉 서량 석성 유적이다. 서량 석성은 삼좌점 석성 가까이에 위치하며 2006년에 발견되었다. 석성 자체는 하가점하층문화기의 석성인데 하가점상층문화기 지층에서 평면 형태가 사다리꼴인 적석단 1처가 발견되었다. 돌덩이를 3층으로 첩첩이 쌓아 올려 만들었다. 적석단 외곽은 큰 돌, 안쪽은 작은 돌 또는 흙모래를 채워 넣었다. 주변에서 돌무지 5개가 발견되었는데 4개는 평면 원형, 1개는 평면 타원형이다.[56]

④ 적봉 대왕산 유적은 적봉시 송산구(松山區) 상관지진(上官地鎭) 삼차촌(三叉村) 서남 5km 거리의 대왕산에 위치한다. 유적지 면적은 약 1.5km²이다. 남쪽은 제사구역 및 묘장구역, 서쪽은 주거구역으로 환호를 격해 서로 마주보고 있다. 제사구역은 언덕의 가장 높은 곳에 자리하며 면적은 약 8천m²이다. 제사시설은 산에 의지하여 돌담장을 3단 방식으로 쌓은 방식으로 홍산문화기 이래의 '3층원단' 형식을 본떴다. 산정 제사구에서 의례와 관련된 도기 등이 발견되었다.[57]

이상 하가점상층문화기 제천유적은 구릉성 위치, 환호·돌담장을 두른 점, 여러 기의 적석단을 중심 제천시설로 하고 있는 점 등에서 하가점하층문화기 '환호·석성을 두른 구릉성 제천시설(적석단)' 형태를 계승하고 있었다.

---

55 黨郁·孫金松, 앞의 글, 2016, 89~90쪽.
56 위와 같음.
57 黨郁·孫金松, 앞의 글, 2016, 88~89쪽.

그럼에도 불구하고 하가점하층문화기에 비해 제천유적의 발굴 사례가 많지 않고 하가점하층문화기에서와 같은 대규모 제천유적이 나타나지 않는 점 등으로 미루어 상대적으로 선도제천문화가 약화되었던 것으로 바라보게 된다. 이러한 변화는 앞서 계속 살펴왔던바, 이즈음 중원지역과의 전쟁이 잦아지면서 요서 사회 내에서 군사문화의 요소가 강화되고 북방족의 정치·군사적 영향력이 높아져 갔던 사정을 반영한 것으로 이해된다.

3) 배달국~고구려시기 맥족의 선도제천문화권

필자가 지금까지 살펴온바, 배달국~고구려시기 요동·요서·한반도의 '(환호·석성을 두른) 구릉성 제천시설'을 지역별로 종합 정리해 보면 아래와 같다.[58]

① 요동·한반도 지역

A. 백두산 서편 천평 지역

- 배달국 전기 서기전 4000년~서기전 3500년경: 환호를 두른 구릉성 제천시설(3층원단류)에서 시작

- 배달국~고구려시기 서기전 4000년~600년경: 환호를 두른 구릉성 제천시설(3층원단·선돌·적석단·제천사류)로 다변화

B. 한반도 남부 지역

- 청동기~초기철기시대 환호를 두른 구릉성 제천시설(적석단·나무솟

---

58 정경희, 앞의 글, 『단군학연구』 40, 2019, 128쪽; 앞의 글, 『선도문화』 27, 2019, 25~29쪽에서 정리된 내용에 본고의 내용을 추가해서 정리했다.

대·제천사·선돌·고인돌류)

② 요서 지역
- 배달국 중기 서기전 3500년~서기전 3000년경: 환호를 두른 구릉
  성 제천시설(3층원단류)의 수용
- 단군조선 전기 서기전 2400년~서기전 1500년경: 환호·석성을 두
  른 구릉성 제천시설(적석단류)의 성행
- 단군조선 후기 서기전 1400년~서기전 1000년경: 환호·석성을 두
  른 구릉성 제천시설(적석단류)의 상대적 약화

먼저 요동 천평 지역을 보면, 서기전 6000년경 요서 지역에서 초기적
인 형태의 적석 단총제(석권형 적석 단총제)가 등장한 이래 약 2천여 년
의 시간이 흐른 서기전 4000년경 요동 백두산 천평 지역에서 기왕의 적
석 단총제와 차별화되는 새로운 형태의 적석 단총제[환호를 두른 구릉성
제천시설(3층원단류) 또는 3층-원·방-환호형 적석 단총제]가 등장했다. 이
후 '환호를 두른 구릉성 제천시설(3층원단·선돌·적석단·제천사류)'로 그
형태가 다변화되면서 600년경까지 지속되었다. 한반도 남부 지역의 경
우 청동기~초기철기시대 환호를 두른 구릉성 제천시설(적석단·나무솟
대·제천사·선돌·고인돌류)이 나타나 요동 천평 지역과 같은 문화권을 이
루고 있었음이 확인되었다.

다음 요서 지역을 보면, 백두산 천평 지역의 환호를 두른 구릉성 제천
시설(3층원단류)은 배달국 중기 서기전 3500년~서기전 3000년경 요서
대릉하 일대로 전파되어 화려하게 만개했다. 이는 단군조선 전기 환호·
석성을 두른 구릉성 제천시설(적석단류) 형태로 계승되어 크게 성행하다

가 단군조선 후기에 이르러 상대적으로 약화되었다.

이상에 따르면 동북아 상고·고대시기 맥족의 선도제천문화권은 다음과 같이 정리된다. ① 시기: 배달국~고구려 서기전 4000년~600년경, ② 발원지: 요동 천평 지역, ③ 권역: 요동·한반도 및 요서 지역, ④ 대표 제천시설: 환호를 두른 구릉성 제천시설(3층원단)에서 시작되어 환호·석성을 두른 구릉성 제천시설(3층원단·적석단·선돌·나무 솟대·제천사·고인돌류)로 다변화되었다.

이처럼 요동~요서의 적석 단총제는 사상·종교 면에서 적석 단총문화의 주인공인 천평 맥족이 주도한 선도제천문화의 내용과 성격, 또 그 변화 과정을 보여주는 한편으로 정치·사회 면에서도 배달국 전·중기 맥족의 요서 진출, 단군조선 전기 맥족의 요서 사회 정착의 밀도와 수준, 단군조선 후기 맥족 사회 내 북방족의 영향력 증대 등을 보여주었다.

4. 중국 문헌 속의 요서 맥·예·예맥

앞서 요동~요서 적석 단총제에 나타난 천평 맥족의 요서 사회 진출과 정착, 주변 북방족과의 관계 등을 거칠게나마 살펴보았는데, 본절에서는 중국 문헌에 나타난 요서 지역 맥족에 대해 살펴보겠다. 적석 단총에 나타난 요서 맥족의 존재를 중국 문헌을 통해서도 확인해 보려는 것이다.

중국 문헌 중에 실린 예맥 관련 기록이 요동~한반도보다는 화북~요서 예맥에 편중되어 있는 점에 대해서는 앞서 살핀 바이다. 중국 문헌 중에 등장하는 화북~요서 예맥 관련 기록 중 가장 이른 시기의 것으로 서주(西周) 시대의 기록인 『일주서(逸周書)』「왕회해(王會解)」편이 있다. 서기전 12세기 무렵을 반영하고 있는 이 기록에서는 성주대회(成周大會)시에 특산물을 가지고 참여한 북방족들로 직신(稷愼)·발인(發人)·유인(兪人)·청구(靑邱)·고죽(孤竹)·영지(令支)·동호(東胡)·산융(山戎) 등과 함께 '예인(穢人)'을 기록했다.[59] 또한 서기전 9세기 무렵을 반영하고 있는 『시경(詩經)』「대아(大雅)·한혁(韓奕)」편에서는 서주 선왕(宣王)이 주 왕실을 방문한 한후(韓侯)를 칭송하면서 추(追)와 맥(貊)을 하사한 내용이 나온다.[60] 중화적 시각에서 선왕이 한후에게 맥을 다스리는 것을 허용한 것을 '맥을 하사한' 것으로 기록한 것이다. 이 기록에 등장하는 한성의 위치에 대해서는 섬서 한성현(漢城縣), 하북 방성현(方城縣) 양설이 있지만[61] 연과 가깝다고 했으니 하북설을 보다 근접한 견해로 바라보게 된다.[62]

이상 서주시대의 기록에서는 예·맥의 위치가 분명하게 나타나 있지 않지만 춘추시대 이후의 기록에는 예·맥의 위치까지 어느 정도 나타난다.

① (제 환공이) 천하를 바로잡으려고 북쪽으로 고죽(孤竹)·산융(山戎)·예맥[穢(濊)貉(貊)]에 이르렀고 진하(秦夏)를 구속했다. _『관자』, 서기전 7세기 무렵 반영[63]

---

59 "성주의 모임에…직신은 큰 사슴을, 예인은 전아를 공물로 바쳤다."(『逸周書』 王會解「成周之會…稷愼大鹿 穢人前兒」)
60 "저 웅대한 한성(韓城)은 연나라 군사들이 쌓았네. 선조때부터 명을 받아 백만(百蠻, 오랑캐들)을 다스리네. 왕이 한후(韓侯)에게 하사한 것이 추(追)와 맥(貊)이네. 이들 북국(北國)을 어루만져 그곳의 백(伯)이 되었네."(『詩經』大雅 韓奕「薄彼韓城 燕師所完 以先祖受命 因時百蠻 王錫韓侯 其追其貊 奄受北國 因以其伯」)
61 김상기, 앞의 글, 1974(1948), 358쪽.
62 박준형, 「예맥의 형성 과정과 고조선」, 『학림』 22, 2001, 20~21쪽.
63 『管子』卷8 小匡「(桓公) 一匡天下 北至於 孤竹 山戎 穢貉 拘秦夏」.

② 맥국은 한수(漢水) 동북에 있으며 연나라에 가깝다._『산해경』⁶⁴

③ (흉노가) 상곡(上谷)에서부터 동쪽으로 예맥(穢貊)·조선(朝鮮)과 국경을 맞대고 있었다._『사기』⁶⁵

④ 연(燕)은 발해(渤海)와 갈석산(碣石山) 사이에 있는 도회지이다. 남으로 제(齊)·조(趙)와 통하고, 동북은 흉노 가장자리이다. 상곡(上谷)에서 요동(遼東)에 이르는 지역은 멀고 인민이 적어 자주 침략을 당했다. 조(趙)·대(代)의 풍속과 아주 비슷하다. 인민은 독수리처럼 사납지만 생각이 부족하고, 물고기·소금·대추·밤이 많이 난다. 북은 오환(烏桓)·부여(夫餘)와 이웃해 있고, 동은 예맥(穢貊)·조선(朝鮮)·진번(眞番)의 지리적 이점을 통제하고 있다._『사기』⁶⁶

⑤ 청장수(淸漳水)가 장무현(章武縣)[현 하북성 창주시滄州市(필자 주)] 옛 성(故城)의 서쪽을 경유하는데 옛 예읍(濊邑)이다. 기독(枝瀆)에서 출발하는데 예수(濊水)라 일컫는다._『수경주』⁶⁷

이처럼 춘추시대 이후의 기록을 통해 맥·예맥·예가 연나라의 접경지

---

64 『山海經』海內西經「貊國在漢水東北 地近于燕」.
65 『史記』卷110 匈奴列傳 第50「(匈奴)…直上谷以往者 東接穢貊朝鮮」.
66 『史記』卷129 貨殖列傳 第69「夫燕亦勃碣之閒 一都會也 南通齊趙 東北邊胡 上谷至遼東 地踔遠 人民希 數被冠 大與趙 代俗相類 而民雕捍少慮 有魚鹽棗栗之饒 北鄰烏桓夫餘 東縮穢貊 朝鮮 眞番之利」.
67 『水經注』卷10「淸漳逕章武縣故城西 故濊邑也 枝瀆出焉 謂之濊水」.

대인 화북 지역은 물론 요서 전역에 퍼져 있었음을 알게 된다. 배달국 초 맥족의 요서 진출 이래 오랜 시간이 흐르면서 맥족(예맥족)의 정착과 확산이 전면적으로 이루어져 요서 전역은 물론 중원과의 점이지대인 화북 일대까지 확산되었음을 알게 된다.

이상에서 중국 문헌에 나타난 요서 지역의 맥·예·예맥에 대해 살펴보았다. 앞서 배달국 전·중기 요서 지역의 '환호를 두른 구릉성 제천시설(3층원단)' 또는 '3층-원·방-환호'형 적석 단총, 또 단군조선 전·후기 요서 지역 '환호·석성을 두른 구릉성 제천시설(적석단)'의 주인공이 맥(예맥)이었음을 살펴왔는데, 이를 중국 문헌에서도 확인할 수 있었다.

5. 맥족의 이동 흐름: 단군조선 와해기 요서 맥족의 요동 회귀

1) 단군조선 와해기 요서에 대한 주도권 상실과 요동 송화강 일대의 부여

지금까지 배달국~단군조선시기 요서 지역의 적석 단총제 및 요서 예맥 관련 중국 기록을 통해 천평 맥족의 요서 진출과 정착, 북방족과의 관계 등을 살펴보았다. 본절에서는 단군조선 와해기 요서 맥족의 요동 지역으로의 회귀 문제를 살펴보겠다.

단군조선 후기인 하가점상층문화기까지만 하더라도 요동~요서 일원의 단군조선연맹은 중원 지역을 정치군사적으로 압도하고 있었다. 북방 세력과 긴밀히 연대하고 있던 단군조선연맹의 막강한 군사력 때문이기도 하지만 더 중요하게는 산동~화북 일대에 자리한 많은 맥족계 소국들이 중원세력을 배후에서 견제해 주고 있었던 이유가 컸다.

춘추전국시기를 지나면서 중원세력은 점차 정치적 결속력을 높여갔고 급기야 서기전 7세기 무렵이 되자 연(燕)·제(齊)가 '고죽·산융·예맥'으로 묶여 표현되는 요서 지역의 단군조선세력을 공격하여 타격을 입힐 정도가 되었다.[68] 이후 중원세력의 정치적 통합은 급진전하여, 서기전 3세기 진·한 왕조에 이르러 중원 지역을 통일한 후 여세를 몰아 요서 지역을 압박했고, 급기야 한 무제대에 이르면 요서 지역의 단군조선세력을 무너뜨리고 요서 지역에 한군현을 설치하게 된다. 단군조선은 요서 지역으로부터 서서히 와해되어 갔고, 요동 송화강 일대를 중심으로 새롭게 부여가 등장하여 단군조선을 계승하게 된다. 맥족은 요서 지역에 대한 오랜 정치적 주도권을 상실하고 요동 지역으로 밀려나게 되었고 요서 지역 맥족의 빈자리는 애초 요서의 토착세력이던 산융·동호 등의 북방족으로 채워지게 된다. 이렇게 서기전 3세기 무렵을 전환점으로 배달국~단군조선시기 약 4천여 년간이나 지속되어 오던 맥족 주도의 동아시아 질서는 서서히 중원 중심으로 재편되는 새로운 국면이 펼쳐지게 된다.

이처럼 부여시기에 이르러 맥족은 요서 지역에 대한 주도권을 상실하고 요동 송화강 일대를 주 무대로 활동하게 되었다. 다수의 중국 문헌에서는 부여의 출원, 곧 원부여에 대해 북이(北夷)인 고리국(槀離國) 또는 색리국(索離國) 계통이라고 했고[69] 한국 문헌에서는 고리국이 서랍목륜

---

68 『管子』卷8 小匡「(桓公) 一匡天下 北至於 孤竹 山戎 穢貉 拘秦夏」;『史記』卷32 齊太公世家2 桓公 23年「山戎伐燕 燕告急於齊 齊桓公求燕 遂伐山戎 至于孤竹而還」.

69 중국 문헌 중 『논형(論衡)』에는 '槀離', 『위략(魏略)』에는 '槀(高, 豪)離', 『수신기(搜神記)』에는 '槀離', 『양서(梁書)』에는 '槀離', 『법원주림(法苑珠林)』에는 '寧槀離' 등으로 나타난다.

하 북쪽의 임황(臨潢) 지역에 위치했다고 했다.[70] 배달국 이래 요서 지역에 정착했던 예맥 중 서랍목륜하 일대에 자리 잡은 예맥에서 고리국 또는 원부여가 나왔음을 알게 된다. 이렇듯 애초 고리국의 중심지는 요서 서랍목륜하 일대였지만 서기전 3세기~서기전 2세기 무렵 부여 단계가 되자 요동 송화강 일대를 중심으로 하게 되었다.

2) 고구려시기 백두산 서편 천평 지역으로의 회귀

이즈음 요동 지역으로 옮겨 온 부여계 맥족 외에 요동 지역의 토착 맥족으로 백두산 서편 천평 지역의 '원맥(原貊)'이 있었다. 배달국 이래 천평 맥족의 직접적인 계승 세력이자, '선인(仙人)의 후예(선인지후仙人之後)'[71] 또는 '단군의 후예(단군지후檀君之後)'[72]로서 높은 자부심을 지니고 있던 혼강 일대 비류국(沸流國)을 대표로 했다. 이렇게 서기전 3세기~서기전 2세기경 요동 맥족 사회는 송화강 일대의 부여세력 및 천평 일대의 원맥세력을 양대 중심으로 했고 양 세력의 결합을 통해 고구려가 탄생하게 된다.

---

70 『太白逸史』大震國本紀「大震國南京南海府 本南沃沮古國 今海城縣 是也 西京鴨 綠府 本橐離古國 今臨潢 今西遼河 卽古之西鴨綠河也…臨潢 後爲遼上京臨潢府也 乃古之西安平 是也」.

71 "비류국왕 송양(松讓)이 이르기를, '나는 선인(仙人)의 후손으로 누대에 걸쳐 왕 노릇을 했다. 지금 땅이 좁아 두 왕으로 나누기 어려운데, 그대[동명왕(필자 주)]의 나라 세움이 오래되지 않았으니 내게 기대는 것이 좋지 않겠는가?'라 했다."(『東國李相國集』卷3 東明王篇「讓曰 予是仙人之後 累世爲王 今地方至小 不可分爲兩王 君造國日淺 爲我附庸可乎」)

72 "『동명본기』의 기록에 의하면, 비류왕 송양(松讓)이 '나는 선인(仙人)의 후손으로 누대에 걸쳐 왕노릇을 했으나, 지금 그대의 나라 세움이 오래되지 않았으니 내게 기대는 것이 좋지 않겠는가?'라 했다 한다. 아마도 단군의 후손일 것이다."(『帝王韻紀』卷下「東明本紀 曰 沸流王松讓謂曰 予以仙人之後 累世爲王 今君造國 日淺 爲我附庸 可乎 則此亦疑檀君之後也」)

고구려 건국 이후 맥족의 대표격 지위는 부여에서 고구려로 승계된다. 맥족의 주된 활동무대가 송화강 일대에서 다시 백두산 서편 혼강·압록강 일대, 곧 천평 지역으로 옮겨 갔던 것으로, 이는 지금까지 살펴온 맥족의 이동 문제와 관련하여 극히 중요한 일대 사건이다. 왜냐하면 백두산 서편 혼강·압록강 일대, 곧 천평 지역은 배달국 개창과 함께 맥족사가 시작된 곳으로, 배달국 개창 이후 대략 4천여 년이 흐른 시점에서 다시 한 번 이곳에서 맥족의 대표국가가 탄생되었기 때문이다.

앞서 맥족계 선도제천문화의 원향이자 적석 단총제의 중심으로서 백두산 천평 지역이 갖는 문화적 저력과 구심력에 대해 살펴왔다. 이는 실제로 맥족의 원향이 갖는 민족적 저력과 구심력에 다름 아니었던 것인데, 단군조선 와해기라는 맥족의 위기상황을 맞이하여 맥족의 응집된 힘이 다시 한 번 그 원향으로 모여들었고 여기에서부터 새로운 법고창신의 동력이 생겨나게 되었다.

3) 한반도 북부·중부 지역의 맥

이렇게 배달국~고구려에 이르는 긴 시기, 백두산 천평 지역이 맥족의 원향으로서 변함없는 민족적 문화적 구심으로서의 위상을 이어왔다면 한반도 지역은 당연히 맥족의 활동무대에 포함된다. 실제 문헌 면에서도 한반도 지역은 맥족의 활동무대로 나타난다. 한반도 지역 중에서도 한반도 중부 지역이 가장 분명한 기록과 흔적을 갖고 있다. 아래와 같다.

① 춘주(春州)는 옛 우수주(牛首州)이고 옛 맥국(貊國)이다. 또 혹자는 말하기를 지금의 삭주(朔州)는 맥국(貊國)이며 혹 평양성(平壤城)도 맥국

이라 한다. _『삼국유사』[73]

② 예(濊)는 남쪽으로는 진한(辰韓), 북쪽으로는 고구려(高句麗)·옥저(沃沮)와 접했고, 동쪽으로는 큰 바다에 닿았으니, 오늘날 조선(朝鮮)의 동쪽이 모두 그 지역이다. _『삼국지』[74]

이상의 기록은 춘천 일대에 맥국, 강릉 일대에 예국이 자리하고 있었음을 보여준다. 특히 한반도 북부 평양까지도 맥국으로 불리었다고 하니(①), 대체로 '백두산 서편 혼강·압록강 일대의 맥 → 한반도 북부 평양 일대의 맥 → 한반도 중부 춘천 일대의 맥'으로 맥족이 확산되었음을 알게 된다. 『삼국지』 중에는 '예의 노인들은 스스로를 구려(句驪)와 동종으로 여겼으며 언어와 예절 및 풍속은 대체로 구려와 같되 의복은 다르다'는 기록이 있다.[75] 구려(고구려)는 부여와 함께 대표적인 맥족 국가였는데 예인들이 스스로를 구려와 동종으로 여겼다고 했으니 이즈음 예와 맥의 종족적 차이는 거의 흐려진 상태로 다만 거주 지역에 따른 차이 정도에 불과했던 것으로 바라보게 된다. 이처럼 한반도 북부~중부 지역의 맥이 백두산 서편 천평 맥에서 갈라져 나온 계통임을 이해할 때 근래 발굴된, 서기전 1500년 무렵까지 소급되는 춘천 중도(中島)의 맥국

---

73 『三國遺事』卷1 紀異1 馬韓「春州 古牛首州 古貊國 又或云 今朔州是貊國 或平壤城爲貊國」.

74 『三國志』魏書30 東夷傳 濊「濊 南與辰韓 北與高句麗沃沮接 東窮大海 今朝鮮之東皆其地也」.

75 『三國志』魏書30 東夷傳 濊「其耆老舊自謂與句麗同種…言語法俗 大抵與句麗同 衣服有異」.

유적이 동시기 백두산 서편~요동반도 일대 특유의 단총제 방식인 '적석총·고인돌·적석형 고인돌' 방식을 두루 공유하고 있는 점이 자연스럽게 이해된다.

4) 배달국~고구려시기 맥족의 요서 진출·정착 및 요동 회귀

이상에서 살펴본바, 단군조선을 계승한 부여의 중심지가 송화강 일대, 부여를 계승한 고구려의 중심지가 백두산 서편 혼강·압록강 일대였음은 맥족의 이동 흐름이라는 본고의 주제와 관련하여 두 가지 중요한 변화점을 제시해 주었다. 첫째 단군조선 와해 이후 맥족이 요서에서의 주도권을 상실하고 요동을 주된 활동무대로 하게 되었던 점이다. 둘째 고구려에 이르러 맥족이 그들의 원향인 백두산 서편 천평 지역을 주된 활동무대로 하게 되었던 점이다.

앞서 배달국~단군조선시기 맥족의 '요서 진출과 정착'이라는 이동 흐름을 살펴왔는데 부여~고구려시기에는 맥족이 요서 지역에서 주도권을 상실하고 송화강 일대를 거쳐 맥족의 원향인 백두산 서편 혼강·압록강 일대로 회귀하는 '요동 회귀'의 흐름을 확인하게 되었다. 배달국~고구려시기 '맥족의 요서 진출·정착 및 요동 회귀'의 흐름, 곧 '백두산 서편 혼강·압록강 → 대릉하 → 서랍목륜하 → 송화강 → 백두산 서편 혼강·압록강'으로의 이동 흐름이 그러하다. 여기에다 서기전 3세기~7세기(일본의 야요이彌生~고훈古墳시대) 요서~요동 지역의 혼란을 피해 많은 부여계 유민들이 일본열도로 이주해 들어간 흐름까지[76] 더해 보면 〈자료

---

76 정경희, 「한국선도의 일·삼·구론(삼원오행론)으로 바라본 일본신도」, 『비교민속학』 44, 2011; 「3세기말·4세기초 야마토 부여왕조(스진崇神 왕조)의 개창과 천신족 표방: 신도

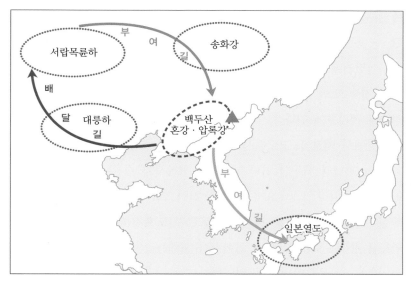

자료3 배달국~고구려시기 맥족의 이동 흐름

3)과 같은 맥족의 이동 흐름이 그려진다.

　이는 앞서 살펴온바, 한국 상고문화의 3계통론 중 시베리아문화 계통론에서 인식하는 고조선문화의 흐름에 대한 인식, 곧 서기전 1000년~서기전 300년경이라는 짧은 시기, '조양 → 심양 → 평양'으로의 단선적·직선적 흐름이 아니라 배달국~고구려에 이르는 긴 시기 '백두산 서편 혼강·압록강 → 대릉하 → 서랍목륜하 → 송화강 → 백두산 서편 혼강·압록강→ 일본열도'로의 순환적 흐름이었다.

　이러한 맥족의 순환적 이동 흐름 중에서도 '백두산 서편 혼강·압록강 → 대릉하 → 서랍목륜하'라는 '요서 진출과 정착'의 경로가 배달국시대에 이루어졌기에 '배달길'이라고 명명할 수 있다면, '서랍목륜하 → 송화강 → 백두산 서편 혼강·압록강'이라는 요동 회귀의 경로는 부여시대에 이루어졌기에 '부여길'로 명명할 수 있다. 부여·고구려시기 맥족의 일본열도 진출 또한 부여의 이산 과정에서 일어난 현상이기에 부여길의 연장으로 바라보게 된다.

이상에서 배달국~고구려시기 맥족의 이동 흐름을 약술해 보았다. 서기전 4000년경 백두산 천평 지역에서 맥족사가 개시된 이래 맥족은 상기 흐름을 따라 요동·요서·한반도 전역으로 퍼져나가 동북아 사회의 중심 종족이 되었고, 또 맥족이 주도한 선도제천문화는 요동·요서·한반도를 중심 근거지로 하여 동아시아 사회는 물론 유라시아 사회로 전파, 세계 상고문화의 발전을 견인했다.

4장

맺음말

———— 🔳 ————

　앞서 배달국 전·중기 본격적인 선도사상에 의한 새로운 형태의 적석 단총제가 백두산 서편 천평 지역에서 발원하여 요서 대릉하 청구 지역으로 확산되었음을 살펴보았다. 6부에서는 그 고찰 시기를 확대하여 배달국 이래 고구려에 이르기까지 요동~요서 적석 단총제의 변천 과정을 살펴보았고 이를 통해 예맥족의 이동 흐름 및 분포 범위에 대해서도 살펴보았다.

　근대 이후 동북 지역 고고학의 점진적인 발전 과정을 거치면서 요서 지역 예맥문화에 대한 인식은 '중원문화 계통론 → 시베리아문화 계통론 → 고유문화 계통론'으로 변화해 왔다. 특히 1980년대 이후 중국의 동북공정, '요하문명론-장백산문화론'의 공세와 한국사 침탈을 경험하면서 한국학계의 요서 지역 예맥문화에 대한 인식이 깊어졌고 이 과정에서 고유문화 계통론이 등장했다. 이상의 3계통론에서는 예맥문화의 중심지를 공히 요서 지역으로 인식한다. 근대 예맥 연구의 개시기, 문헌학 방면의 일차 자료로 채택된 중국 문헌에서 요서 예맥이 중심이 되었고,

1980년대 이후에도 요서 지역의 고고학 성과가 중심이 되어왔던 때문이다.

필자의 경우는 '고유문화 계통론'에 입론하되, 다만 예맥문화의 흐름 및 분포 범위 문제와 관련해서는 기왕의 요서 예맥 중심의 시각에서 벗어나 요동·요서·한반도 전역을 대상으로 하며 지역간 상호 관계에 대해서도 새로운 시각으로 바라보았다. 연구의 매개는 1980년대 이후 동북아 요동·요서·한반도 지역을 중심으로 북방초원 지역·일본열도 등지에 이르기까지 널리 발굴되고 있는 적석 단총이다.

먼저 요동 지역의 경우이다. 배달국 이래 고구려시기까지 지속된 요동·한반도 지역 제천시설의 대체는 '환호를 두른 구릉성 제천시설(3층원단·적석단·선돌·나무솟대·제천사·고인돌류)'이었다. '환호를 두른 구릉성 제천시설'의 중심 제천시설은 애초 3층원단류의 적석 단총이었으나 시간이 흐르면서 고인돌 이하 각종 다양한 제천시설로 다변화되어 갔다. 요서 지역에는 나타나지 않는 고인돌이 등장하는 등 요동 지역은 요서 지역에 비해 제천시설 다변화의 지수가 상대적으로 높았다. 필자는 이러한 현상을 배달국 선도제천문화의 원향이던 요동 백두산 서편 천평 지역의 문화적 저력으로 바라보았다.

시대변화에 따라 제천시설의 중심이 바뀌는 것은 매우 자연스럽다. 요동·한반도 지역의 경우 배달국시기 3층원단류의 적석 단총에서 단군조선시기에 이르러 고인돌류의 거석 단총으로 제천시설의 중심이 바뀌게 된다. 이는 배달국시기 대표 제천시설인 적석 단총제의 상대적 쇠퇴를 의미한다. 지금까지의 발굴 현황으로 볼 때 요동 지역 내 적석 단총제 쇠퇴의 면모는 요남 지역, 고인돌 부상의 면모는 요남 지역 및 백두산 천평 지역에 잘 나타나 있다.

배달국의 대표 제천시설인 3층원단류의 적석 단총은 백두산 천평 지역에서 발생했고, 단군조선의 대표 제천시설인 고인돌은 요남 지역에서 발생하여 요남 지역과 백두산 천평 지역 두 곳을 중심으로 성행했다. 동북아 상고시기 선도제천문화를 주도했던 양대 국가 배달국과 단군조선의 선도제천문화를 상징하는 양대 제천시설, 3층원단류의 적석 단총과 고인돌이 한결같이 요동 지역, 그것도 백두산 천평 지역을 중심으로 했으니 이곳 선도제천 전통의 저력을 재차 확인해 보게 된다.

단군조선시기 요동 지역에서 구식 적석 단총제의 '계승' 형태로서 신식 고인돌 단총제가 생겨났지만 기왕의 적석 단총제와 교체되는 방식이 아니라 상호 '공존' 내지 '결합'되는 방식이었다. 새로운 방식이 생겨났어도 구래의 전통이 강고할 경우 구래의 전통은 새로운 방식 일색으로 변모되어 가는 것을 막는 역할을 하게 되고 결국은 상호 공존 내지 결합의 방식으로 귀결되는 현상이다. 이러한 면모 역시 배달국 이래 적석 단총제의 발원지이자 중심지였던 백두산 천평 지역 적석 단총제의 저력을 보여준다.

단군조선시기 요동 지역에서 적석 단총제는 여전히 지속되었지만 제천시설의 대세는 아니었다. 그러던 중 서기전 3세기경 백두산 천평 지역에서 재차 고래의 적석 단총 전통이 되살아나 고구려 적석 단총문화로 만개, 고인돌을 대신하여 다시금 대표 제천시설로서의 위상을 회복하게 된다.

배달국 개창 이래 고구려에 이르는 긴 시기 요동 백두산 천평 지역에서 집중적으로 펼쳐졌던 '3층원단류 적석 단총의 발생 → 적석 단총에서 고인돌로의 계승 → 고인돌·적석 단총의 공존과 결합 → 고인돌의 소멸과 적석 단총제의 부활'의 과정을 통해 배달국 선도제천문화의 발상지이자 중심지였던 백두산 천평 지역의 막강한 문화적 저력, 특히 그 상징물인 적석 단총제의 강고한 힘을 확인하게 된다.

다음 요서 지역의 경우이다. 요동 천평 지역의 3층원단류 적석 단총제는 배달국 전·중기를 거치면서 요서 지역으로 전파되는데 그 전형은 홍산문화 후기 대릉하 우하량 지역에서 집중적으로 나타난 '3층-원·방-환호'형 적석 단총이다. 이는 요서 사회의 사상·종교 차원의 변화를 보여줄 뿐 아니라 정치·사회 차원의 변화, 곧 요동 백두산 일대 천평 맥족의 요서 진출, 요동 맥족으로의 지배세력 교체, 요서 토착세력과 요동 맥족 간의 종족적 문화적 융화 등을 보여주었다. 배달국시기 맥족계 선도제천문화의 전파 경로 또는 백두산 맥족의 요서 진출 경로는 대체로 ① 요동 백두산 서편 일대(배달국 천평문화) → ② 요서 대릉하 일대(배달국 청구문화)→ ③ 요서 서랍목륜하 일대(배달국 서랍목륜하문화)로 정리된다. 요동 배달국 천평 지역이 선도제천문화가 개시되고 문화원형이 유지·보존되었던 곳이라면 요서 배달국 청구 지역은 선도제천문화가 화려하게 만개, 유라시아 전역으로 퍼져나갔던 대도회이자 선도제천문화 세계화의 전당이었다.

배달국시기 요서 사회에 전파된 맥족의 적석 단총제 전통은 단군조선으로 이어진다. 요서 지역은 북방유목세력과 인접, 단군조선의 여타 지역에 비해 상대적으로 기마군사문화의 비중이 높은 곳이었다. 단군조선시기 맥족이 북방유목세력들을 연맹·편제하던 방식은 선도제천문화에 기반한 군사문화 방식이었다. 단군조선의 단군은 일반 정치지도자가 아니라 선도제천문화를 이끌고 주도하는 선인(仙人) 지도자, 곧 스승왕(사왕) 또는 천왕으로서 사상·종교적 권위에 기반하여 연맹 소국들을 결속시키고 있었기에 선도제천문화의 기준하에 군사문화가 하나로 결합되고 있었던 것이다. 이러한 요서 지역의 특수성을 이해할 때 단군조선 전기 요서 지역의 대표 고고문화인 하가점하층문화기에 집중적으로 등장하는 석성은 이러한 특수성의 소산으로 본질적으로 당시 단군조선 사회의 양대 문화 요소인 선도제천문화와 군사문화가 하나로 결합되어 나타난 결과물로 바라보게 된다.

배달국의 대표 제천시설인 3층원단류의 적석 단총제는 단·총 결합의 방식이었는데, 단군조선 전기 요서 지역 하가점하층문화기에서는 단·총의 분리 경향이 나타났다. 총제에서 적석 방식이 사라졌던 반면 단제에서는 적석 방식이 계속되고 있었음이 확인된다. 이즈음 적석 방식의 단제는 대체로 '석성'의 형태로 널리 알려져 있지만, 배달국 이래 적석 단총제를 기준으로 조금만 더 면밀하게 고찰해 보면 '환호·석성을 두른 구릉성 제천시설(적석단)'으로 정리해 보게 된다. 이즈음 이러한 석성형의 제천시설은 놀라울 정도의 밀도를 보이면서 요서 전역에 퍼져 있었다. 배달국 전·중기 요서 사회에 맥족의 적석 단총제가 전파된 이후 단군조선 전기가 되자 청동기 사회에 적합한 방식, 가령 '석성'과 같은 방식으로 변개되면서 요서 사회에 깊숙이 뿌리내리게 되었음을 알게 된다. 이러한 문화의 깊이를 통해 맥족의 요서 사회 정착의 깊이도 알게 된다.

다음 단군조선 후기 요서 지역의 대표 고고문화인 하가점상층문화의 경우, 제천유적의 구릉성 위치, 환호·돌담장을 두른 점, 여러 기의 적석단을 중심 제천시설로 하고 있는 점 등에서 대체로 하가점하층문화기 '환호·석성을 두른 구릉성 제천시설(적석단)' 형태를 계승하고 있었다. 그럼에도 불구하고 하가점하층문화기에 비해 제천유적의 발굴 사례가 많지 않고 하가점하층문화기에서와 같은 대규모 제천유적이 나타나지 않는 점 등에서 상대적으로 선도제천문화가 약화되었음을 알게 된다. 이즈음 중원 지역과의 전쟁이 잦아지면서 요서 사회 내에서 군사문화의 요소가 강화되고 북방족의 정치·군사적 영향력이 높아져 갔던 사정을 반영한 것으로 이해된다.

이상에 의거해, 동북아 상고·고대시기 맥족의 선도제천문화권을 '① 시기: 배달국~고구려 서기전 4000년~600년경, ② 발원지: 요동 천평 지역, ③ 권역: 요동·한반도 및 요서 지역, ④ 대표 제천시설: 환호를 두른 구릉성 제천시설(3층원단)에서 시작되어 환호·석성을 두른 구릉성 제천시설(3층원단·적석단·선돌·나무 솟대·제천사·고인돌류)로 다변화'로 정리해 보게 된다.

요서 지역 맥족의 존재는 중국 문헌에 잘 나타나 있다. 중국 문헌 중에는 서주 이래 춘추전국시대에 이르기까지 요서 지역의 맥·예·예맥에 대한 기록이 다수 나타나 있는데, 연나라와의 접경지대인 화북 지역은 물론 요서 전역에 맥(예맥)이 퍼져 있었음을 보여주었다. 배달국 초 맥족의 요서 진출 이래 맥족의 정착 및 확산이 진전되었음을 확인해 보게 된다.

단군조선 말기가 되자 중원세력에 밀려 단군조선연맹이 와해되면서 맥족은 요서 사회에 대한 주도권을 상실하고 요동 지역으로 그 활동 중심을 옮기게 되며, 맥족의 빈자리는 단군조선 후기 이래 점차 영향력을 키워오던 북방족으로 채워지게 된다. 단군조선을 계승한 부여의 중심지가 송화강 일대, 부여를 계승한 고구려의 중심지가 백두산 서편 혼강·압록강 일대였던 점은 맥족의 새로운 이동 흐름을 보여주었다. 첫째, 단군조선이 와해된 이후 맥족이 요서에서의 주도권을 상실하고 요동을 주된 활동무대로 하게 되었던 점이다. 둘째, 고구려에 이르러 맥족이 드디어 그 원향인 백두산 서편 혼강·압록강 일대로 회귀하게 되었던 점이다. 요컨대 부여~고구려시기 요서 지역에서 주도권을 상실한 맥족은 송화강 일대를 거쳐 맥족의 원향인 백두산 서편 혼강·압록강 일대로 회귀하는 '요동 회귀'의 흐름을 보였다.

결국 배달국~고구려에 이르는 긴 시간의 흐름 속에서 맥족의 '백두산 서편 혼강·압록강 천평 지역 → 대릉하 청구 지역 → 서랍목륜하 지역 → 송화강 지역 → 백두산 서편 혼강·압록강 천평 지역 → 일본열도'로의 움직임, 곧 '맥족의 요서 진출·정착 및 요동 회귀'라는 순환적 흐름이 나타났다. 맥족은 상기 흐름을 따라 요동·요서·한반도 전역으로 퍼져나가 동북아 사회의 중심 종족이 되었고, 또 그들이 주도한 선도제천 문화는 요동·요서·한반도를 중심 근거지로 하여 동아시아 사회는 물론 유라시아 사회로 전파, 세계 상고문화의 발전을 견인했다.

7부

동아시아 제천유적에 삼원오행적
세계관과 선도수행적 의미가 깃들다

1장

적석 단총의 상·수 상징에 대한
기존의 연구 경향

─────🝓─────

앞서 배달국~고구려시기 서기전 4000년~600년경 요동·요서·한반도 지역 적석 단총제의 변화상을 통해 맥족의 이동 흐름을 가늠해 보았다. 7부에서는 맥족의 적석 단총제에 반영된 주요 형태(象象)·숫자(數數) 상징인 '원·방·팔각형' 상징 및 '3·7·5·9 계단수' 상징의 선도적 의미를 살펴보고, 더하여 이러한 상징의 시기·지역적 변화상을 고찰함으로써 맥족의 선도제천문화가 동아시아 전역으로 확산되어 갔던 면모를 살펴보겠다.

동아시아 적석 단총의 주요 상징으로 '원·방·팔각형' 상징 및 '3·7·5·9 계단수' 상징이 널리 알려져 있다. 기왕에 이를 총체적으로 종합한 연구는 없었지만 이 중 대표 상징인 '원·방' 상징이나 '3 계단수' 상징에 대한 해석은 있어왔다. 이에 대한 기존의 연구 경향은 대체로 두 방향으로 정리해 보게 된다.

첫째, 샤머니즘적 시각이다. 근대 이후 일본인들이 한민족의 시베리아 기원설을 주장한 이래 한민족문화의 원류를 시베리아·만주·몽골 샤머니즘으로 보는 시각이 등장했고[1] 이는 지금까지도 역사학·민속학 방면의 대세적 견해로 지속되고 있다. 광복 이후에는 서구학계에서 샤머니즘의 원류를 서구의 메소포타미아문명에서 찾았던 연구 경향[2]의 영향으로 시베리아 샤머니즘의 원류를 고대 수메르나 메소포타미아문명으로 보며 여기에서 떨어져 나온 한 갈래가 시베리아 샤머니즘이라는 주장이 나왔다.[3] 이러한 시각은 1980년대 이후 홍산문화의 등장으로 인해 홍산문화 연구와 결합되는 경향을 보였다. 곧 서아시아 샤머니즘의 영향으로 홍산문화의 샤머니즘이 발전했고 홍산문화에서 한 단계 더 업그레이드된 샤머니즘이 역으로 전 세계로 영향을 미쳤다는 시각이 그러하다.[4]

이 시각에서는 고대 수메르나 메소포타미아 샤머니즘의 성수(聖數)가 3·7, 홍산문화 이하 동북 지역 샤머니즘의 성수가 1-3-9-81임에 주목한다. 천·지·인에 대해서는 '천계(신의 세계)·지계(죽은 자의 세계)·인계(인간 세계) 삼계(三界)'로 바라보며, 특히 이 중에서도 천계는 총 9층으로 이루어져 있다고 보았다. 이러한 샤머니즘에서 후대 중국의 천·지·인 사상이나 9천(天) 사상 등 중국도교·유교사상이 파생되었고 한국의 선도·풍류도문화가 파생되었다고 보았다.[5] 이외에 샤머니즘의 기원을 서방문화로 연결시키지는 않는다 하더라도 홍산문화나 북방 샤머니즘에

1 정경희, 「배달국 초 백두산 천평문화의 개시와 한민족(예맥족·새밝족·맥족)의 형성」, 『선도문화』 28, 2020.
2 엘리아데 저·이윤기 역, 『샤머니즘─고대적 접신술』, 까치, 1992, 253~254쪽.
3 박원길, 『유라시아 초원제국의 샤머니즘』, 민속원, 2001, 36쪽, 53~54쪽.
4 우실하, 「동북아 샤머니즘의 성수(3·7·9·81)의 기원에 대하여」, 『단군학연구』 10, 2004, 205~240쪽; 「도교와 민족종교에 보이는 3수분화의 세계관」, 『도교문화연구』 24, 2006, 99~133쪽; 『동북공정 너머 요하문명론』, 소나무, 2007, 330~334쪽; 『고조선문명의 기원과 요하문명』, 지식산업사, 2018, 515~564쪽.
5 위와 같음.

서 중국도교나 한국선도가 나왔다고 보는 시각도 있다.[6]

샤머니즘적 시각에 의하면 적석 단총의 원·방 상징은 '천계(원, 신의 세계)·지계(방, 죽은 자의 세계)'가 된다. 원·방 외의 팔각 상징, 또 샤머니즘의 성수 관념과 적석 단총의 계단수 상징 등을 종합한 해석은 제시되지 않았다. 근래 고구려 적석총의 계단수나 석실봉토분의 천장 계단수가 3·5·7·9임에 주목하고 그 배경을 시베리아계 샤머니즘으로 바라본 연구가 나왔지만 계단수에 대한 의미 해석은 제시되지 않았다.[7]

둘째, 동북공정 이후 중국학계의 '(샤머니즘에 기반한) 예제문화'적 시각이다. 중국 측의 동북공정은 애초 동북 지역 상고문화를 중원문화로 연결하기 위한 정치적 목적에서 출발되었기에 동북 지역 상고문화를 있는 그대로 바라보기보다는 중원문화의 본령인 예제문화를 투사해서 바라보았다. 실제로 동북 지역 상고문화의 본령은 선도문화로 이것이 후대 중원 지역으로 들어가서 지역화하고 또 내용적으로도 크게 변질된 것이 예제문화였기에 후대의 문화인 예제문화로서 동북아문화의 원류인 선도문화를 설명할 수는 없었다. 중국학계에서는 예제문화로 접근하되 예제문화로써 설명할 수 없는 문제에 봉착할 경우 예제문화라는 해석 대신 샤머니즘적 해석으로 후퇴하는 경향을 보였다.

이렇듯 현재 중국학계의 시각은 예제문화 및 샤머니즘적 시각이 어설프게 결합되어 있는 형국으로 필자는 이를 '(샤머니즘에 기반한) 예제문화'로 지칭한다. 이 시각에서는 원·방 상징을 '천원(天圓)·지방(地方)'

---

6   정재서, 「도교의 샤머니즘 기원설에 대한 재검토」, 『도교문화연구』 37, 2012, 165~183쪽.
7   김구진, 「고구려 북방계(시베리아) 문화의 특성에 관한 연구—시베리아의 샤머니즘을 중심으로—」, 『북방사논총』 7, 2005.

사상으로 해석하며, 3층 상징에 대해서는 중국사상 일반의 '천(天)·지 (地)·인(人)' 사상으로 해석한다. 이때 천원·지방이나 천·지·인은 창 공·대지·사람의 의미이다.[8] 팔각 상징이나 7·5·9 계단수 상징까지 종 합한 해석은 제시되지 않았다.

이상에서 살핀 바와 같이 샤머니즘적 시각이나 예제문화적 시각에서 는 적석 단총의 '원·방·팔각' 상징이나 '3·7·5·9 계단수' 상징에 대한 총체적 분석이 제시되지 못했다. 반면 필자는 선도문화의 시각으로써 이 문제에 접근해 보았다. 곧 동북 지역 상고문화를 서방계 또는 북방계 '샤머니즘(巫)'이나 중원계 '예제문화'가 아닌 예맥계 '선도문화(仙)'로 보며 따라서 원·방·팔각 상징이나 3·7·5·9 계단수 상징 또한 선도기 학(仙道氣學)인 삼원오행론(三元五行論)을 형상(象) 또는 숫자(數)의 방 식으로 표현한 것으로 바라보았다.

삼원오행론은 모든 존재의 본질이자 우주의 근원적 생명(氣)인 '일 기·삼기(천·지·인, 원·방·각)'가 '1기·3기 ↔ 2기 ↔ 4기 ↔ 8기'의 과 정을 거치면서 현상화(물질화)하고 현상은 다시 본질의 차원으로 수렴된 다는 '존재의 생성과 회귀'에 관한 인식이다. 이러한 존재의 생성과 회 귀 과정은 다양한 상·수로 상징화하여, 단·묘·총 및 옥기 유적·유물에 두루 반영되었는데[9] 적석 단총의 원·방·팔각 및 3·7·5·9 계단수 상

---

8 정경희, 「홍산문화의 제천유적·유물에 나타난 '한국선도'와 중국의 '선상문화'적 해석」, 『고조선단군학』 34, 2016, 128~130쪽.

9 정경희, 「홍산문화 옥기에 나타난 '조천'사상(2)」, 『백산학보』 88, 2010; 「홍산문화 옥기에 나타난 '조천'사상(1)」, 『선도문화』 11, 2011; 「동아시아 '북두-일월' 표상의 원형 연구」, 『비교민속학』 46, 2011; 「홍산문화 여신묘에 나타난 삼원오행형 마고7여신과 마고제천」, 『비교민속학』 60, 2016.

징도 그 일종으로 바라보았다. 또한 이러한 선도문화가 후대에 이르러 샤머니즘 또는 예제문화의 방식으로 변질되어 간 것으로 보았다. 곧 한반도 사회나 북방족 사회의 경우는 선도문화가 샤머니즘으로 변질되었고 중원 사회의 경우는 선도문화를 전수받아 예제문화로 변질시켜 갔다고 보았다.

배달국시기 적석 단총제는 단군조선시기에 이르러 새로운 제천시설인 고인돌 단총제와 공존·결합하는 방식으로 지속되다가 서기전 3세기 무렵 배달국 적석 단총의 발상지인 백두산 천평 지역을 중심으로 재차 부활하여 고구려 적석총으로 만개했고 한반도를 넘어 일본열도까지 전해졌다.[10] 이러하므로 배달국시기 적석 단총제에 나타난 원·방 상징 및 3 계단수 상징의 선도적 의미뿐 아니라 서기전 3세기 이후 백두산 서편·한반도·일본열도의 적석 단총제에 나타난 팔각 상징 및 7·5·9 계단수 상징의 선도적 의미까지 살펴보았고 더하여 중원 지역으로 전해진 단총제의 변화상까지도 살펴보았다.

---

10 정경희, 「요동~요서 적석 단총에 나타난 맥족(예맥족)의 이동 흐름」, 『동북아고대역사』 2, 2020.

2장

선도기학 삼원오행론의
상·수 상징과 그 의미

―――― ⚬ ――――

1. 천·지·인(원·방·각)론

한국선도 인식의 출발점은 기철학적 세계관, 곧 '선도기학'이다. 선도
기학은 존재의 본질 및 시(始)·종(終)에 대한 인식, 많은 존재들 중 만
물의 영장인 사람의 본질에 대한 인식, 사람의 내적 수행 및 외적(사회
적) 실천에 대한 인식 등 선도와 관련된 일체의 사상이 파생되어 나오는
바, 선도문화의 출발점이자 뿌리이다. 선도기학에서는 존재의 본질이자
우주의 근원적인 생명에너지로 '일, 일기'를 제시하고 이것이 천·지·인
삼원(三元, 삼·삼기)으로 이루어져 있다고 바라본다. 한국사 속 선도 전
통에서는 '일', '천·지·인'이라는 표현보다는 우리말 '한', '얼·울·알'이
라는 표현을 더 많이 사용해 왔다.[11]

――――――

11 정경희, 「신라 '나얼(奈乙, 蘿井)' 제천유적에 나타난 '얼(井)' 사상」, 『선도문화』 15, 2013,
    55~57쪽.

천·지·인 삼원은 기에너지의 3대 요소로서 '정보·질료(물질화되기 이전의 원물질)·기에너지', 또는 '빛(광光)·파동(파波)·소리(음音)'로 풀이된다. 일반적으로 기는 '눈에는 보이지 않으나 느껴지는 에너지' 정도로 생각하기 쉽지만 실제로 '정보'나 '질료'까지 포함하여 존재하는 모든 것들은 기이다. '천기=정보·의식=빛(光), 지기=질료·원물질=파동(波), 인기=기에너지=소리(音)'는 이러한 관점의 해석이다.

천·지·인 삼원은 모두 기이며 다만 기의 형태만 다를 뿐이다. 곧 기는 '천기(정보, 빛光) ↔ 인기(기에너지, 소리音) ↔ 지기(질료, 파동波)'의 순으로 밝고 가벼운 차원에서 어둡고 무거운 차원 사이로 끊임없이 움직이고 있다.[12]

천·인·지 삼기 중에서도 특히 '인기'는 삼원을 조화(調和)시키는 중심역할을 담당하고 있다. 이는 물론 인기가 천기나 지기보다 우월하다는 의미는 아니다. 선도에서는 '일'이라는 삼원의 바탕을 중시하므로 천·지·인 삼기의 차이를 인정하면서도 서열성을 부여하지는 않는다. 이러한 '합일·비서열적' 천·지·인관은 '천·지·인 합일관'으로 명명된다.[13]

이처럼 '일(일기)'과 '천·지·인 삼(삼기)'은 존재의 '본질'로서 불가분리성을 띠기 때문에 '일·삼, 일기·삼기'(이하 일기·삼기)로 표현된다. 일기·삼기는 '정보와 원물질을 지닌 기에너지' 또는 '미세한 소리와 진동을 지닌 빛'으로 이것이 동북아 상고 이래의 선도문화에서 이야기하는 '밝음'의 실체이다.

---

12 정경희, 「한국선도의 일·삼·구론(삼원오행론)에 나타난 존재의 생성·회귀론」, 『동서철학연구』 53, 2009, 280쪽.
13 정경희, 「조선초기 선도제천의례의 유교 지제화와 그 의미」, 『국사관논총』 108, 국사편찬위원회, 2006, 117~121쪽.

일기의 우리말이 '한', 천·지·인 삼기의 우리말이 '얼·울·알'이라면 일기·삼기의 분리될 수 없는 속성을 염두에 둘 때 '얼·울·알'은 '한얼·한울·한알'이 된다. 또한 천·지·인 삼기 중에서 대체로 인 차원이 삼기를 조화하는 중심 역할을 담당하여, 인 차원에 천·지·인의 대표성이 부여되어 왔기에 '얼·울·알' 전승 중에서 특히 '알' 전승의 비중이 높은 편이다.

가령 한국의 건국 시조나 영웅들이 알에서 태어난 탄생설화를 갖거나 또는 알 계통의 이름을 갖고 있는데 기왕의 연구에서는 이를 실제의 알(난卵)로 인식하여, 이러한 유의 설화를 난생(卵生) 신화 계통으로 분류했다. 그러나 선도기학의 얼·울·알 전승으로 바라볼 때 알은 실제의 알이 아니라 얼·울·알 삼원의 대표격으로서의 일기·삼기의 의미, 곧 '우주의 근원적인 생명력'의 의미이니 건국시조나 영웅들에게 알 계통의 탄생신화나 알 계통의 이름이 주어지는 것은 이들이 우주의 생명력에서 나온 존귀한 인물임을 강조한 표현임을 알게 된다. 이러하던 것이 후대에 선도문화가 쇠퇴하고 선도 용어의 원의미가 잊히면서 알의 원의미도 퇴색하여 단순 난생설화의 형태로 변질되어 갔던 것이다. 이외에 한국을 대표하는 민요인 '아리랑'의 경우도 '아' 또는 '아리'를 '알', 곧 일기·삼기이자 근원적인 생명으로 바라볼 때 이것이 단순히 한국을 대표하는 민요 정도가 아니라 한국선도의 오랜 생명문화의 진면모를 담고 있는 귀한 무형의 문화유산임을 알게 된다.

한국의 역사 전통에서 일기·삼기는 '삼태극', '원방각', '삼족오' 등으로 형상화되어 왔다. 3갈래 소용돌이 형태의 삼태극 표상의 경우 파랑색 갈래는 천, 빨강색 갈래는 지, 노란색 갈래는 인을 의미하는바, 한국을 대표하는 상징 문양이다.(〈자료1-1〉) 원·방·각의 경우 원=천, 방=지,

자료1 한국사 속의 대표적인 일기 · 삼기 표상

각=인을 의미하는데 기에너지가 '○ → △ → □'의 과정을 거치면서 점점 정형화, 물질화되어 감을 의미한다.(〈자료1-2〉)[14] 기에너지의 실체에 대한 자각이 쉽지만은 않기에 일상에서 쉽게 접할 수 있는 동물을 매개로 좀 더 쉽게 표현한 것이 '삼족오' 표상이다. 하늘동물인 까마귀는 하늘에서 시작된 생명에너지를 상징하며 까마귀에서 갈라져 나온 세 발은 천·지·인 삼원을 상징한다.(〈자료1-3〉)

일기·삼기를 인격화한 표현법도 있다. '하느님(신褆, 일신一褆·삼신三褆)' 이 그것으로 '일'은 '하느님'으로, '삼'은 '삼신'으로 인격화하되 양자의 분리되지 않음을 염두에 두고 '하느님·삼신'으로 표현해 왔다.

하느님·삼신은 우주의 근원적인 생명에너지로서 만물이 생겨나는 출발점이므로 민간에서는 이러한 근원성과 창조성을 여성성으로 보아 '마고(麻姑)할미, 삼신할미, 마고삼신할미' 등으로 불러왔다. '마(麻)'는 '엄

---

14 정경희, 앞의 글, 『선도문화』 15, 2013, 53~56쪽. 〈자료1〉의 원·방·각 표상은 근대 이후 대종교에서 전하고 있는 원·방·각 표상이다. 한국선도 원·방·각 표상의 원형은 '원=천=파랑색, 방=지=빨강색, 각=인=노랑색'이지만, 대종교 표상의 경우 '원=천=파랑색, 방=지=노랑색, 각=인=빨강색'으로 표현하고 있다.

마·어머니'라는 의미의 우리말인 '마'에 대한 한자식 표기이고, '고(姑)'는 '할미=한(一·多·大) 어머니'에 대한 한자식 표기이다. 곧 마고는 '마(어머니)+고(한어머니)'의 첩어로 우주의 근원적 생명에너지인 일기·삼기에 대한 인격화에 다름 아니다.

이러한 마고(마고·삼신, 마고할미, 삼신할미)는 한국 민간신앙의 대표적인 신격으로서 주로 아이를 점지해 주고 무탈하게 성장시켜 주는 생명신(産神産神)의 면모를 띠었다. 선도기학의 '일·삼, 일기·삼기'가 민간신앙에서는 '하느님·삼신' 또는 '마고·삼신할미'에 대한 신앙의 방식으로 나타났던 것이다.

이러한 '일·삼, 일기·삼기, 하느님·삼신, 마고·삼신'이 비롯된 곳, 곧 우주의 한 지점은 '하느님나라(신국神國)' 또는 '천궁(天宮)'으로 표현되었으며 구체적으로는 북두칠성 근방으로 적시되었다. 상고 이래 한국의 오랜 북두칠성 신앙의 원류는 선도로서 하느님삼신 신앙이나 마고삼신할미 신앙과도 하나로 연결되어 있는 것이다. 한국사 전통에서 마고삼신의 이미지는 배달국 홍산문화 이래 현재에 이르기까지 많은 유물·유적, 구비설화·신화 등의 형태로 면면히 이어져 오고 있다.(〈자료2〉)

이러한 마고사상이 가장 잘 나타나 있는 선도 문헌으로 『징심록(澄心錄)』『요정징심록연의(要正澄心錄演義)』「부도지(符都誌)」가 있다. 한국의 많은 선도 문헌들 중에서도 이 책자가 중요한 이유는 선도의 기철학이 마고신화의 방식으로 표현되어 철학과 신화가 하나로 결합되어 있기 때문이다.

여기에서는 '일기(천·지·인 삼기)'가 '마고여신(허달성·실달성·마고성 삼원)'의 형태로 나타나 있다. 일기(천·지·인 삼기)는 존재의 본질로서 물질화(현상화) 이전의 생명 차원이다. 남·여 성별을 논할 수 없는 차원

1. 홍산문화의 3여신 소조상

2. 한국민속 삼신상

3. 민화 속 삼신

4. 지리산 천왕사 마고삼신상

5. 어린이 동화에 나타난 마고삼신할미 이미지 3종

자료2 한국사 속 일기 · 삼기의 인격화, 마고 · 삼신(삼신할미)

이지만 물질화 이전의 생명 차원이기에 생명을 낳고 기르는 여성의 성질로 표현했다.[15] 「부도지」속의 마고여신상은 한국의 구비전승 중에 허다히 등장하는 창세신 한어미(할미, 대모大母) 전승, 또는 돌무지, 지석묘, 선돌, 큰바위, 석성(石城) 등 돌과 연관된 유적·유물과 결부되어 전하는 마고할미 관련 전승의 원류이다.

일반적으로 선도기학이 철학으로 분류되었다면 마고신화를 위시한 각종 마고 전승은 민속학으로 분류되어 별개의 것으로 다루어져 왔다. 「부도지」에서는 이들이 하나로 결합되어, 분리되지 않은 한국정신의 원형을 보여주고 있기에 의미가 깊다. 일기·삼기에 대한 내용을 표로 정리해 보면 아래와 같다.

	우리말	마고신화	기의 속성	기의 형태	기의 색상	동물 상징	인격화	위치
천	얼	허(虛)	빛·정보	원	파랑		하느님·삼신	북두칠성 근방
인	알	마고(麻姑)	소리·에너지	각	노랑	삼족오		
지	울	실(實)	파동·원물질	방	빨강		마고·삼신	

자료3 **한국선도의 일기·삼기**

2. 일·삼·구론(삼원오행론)

선도기학에 의하면 우주의 근원적 생명력이자 존재의 '본질'인 일기·삼기는 거듭 분화하면서 '현상'의 물질세계를 만들어낸다. 곧 선도에서

---

15 정경희, 「「부도지」에 나타난 한국선도의 일삼론」, 『선도문화』 2, 2007.

는 존재의 본질인 '일기·삼기, 하느님·삼신, 하느님나라(신국, 천궁), 북두칠성 근방, 천부'가 소용돌이치면서 현상, 곧 물질세계가 만들어진다고 보았다. 이른바 '존재의 생성' 과정이다.

『천부경(天符經)』·『삼일신고(三一神誥)』에서는 일기·삼기가 움직여 현상의 물질세계가 만들어지는 과정을 '9기'로써 설명한다.(일·삼·구론) 곧 존재의 본질인 '일기·삼기'는 9차원, 곧 9기[천천天天(性)·천인天人(命)·천지天地(精)·인천人天(心)·인인人人(氣)·인지人地(身)·지천地天(感)·지인地人(息)·지지地地(觸)]로 바뀌어가면서 현상화(물질화)한다고 보았다. '일기·삼기'를 본질로, '9기'를 본질의 현상화로 본 것이다.[16]

『천부경』 및 『삼일신고』의 '일·삼·구론'은 『징심록』 「부도지」에 이르러 '삼원오행론'으로 설명된다. 여기에서는 특히 존재의 본질인 '일기·삼기'가 여(呂)·율(律)[음·양의 한국선도적 표현] 이원적 분화 과정, 곧 '1·3기 → 2기 → 4기 → 8기'의 과정을 거쳐 현상의 9기(또는 5기)가 된다고 보았다.

본질인 '일기·삼기'는 명백한 삼원 구조를 갖고 있지만 그 현상화의 과정은 '여·율' 이원의 분화 방식에 의하고 있으니, '일·삼·구론(삼원오행론)' 속에는 '이원론'이 포함되어 있음을 알게 된다. 『징심록』 「부도지」에서는 이렇게 일기·삼기의 움직임을 통해 현상의 물질계가 창조되는 과정을 마고여신이 자녀를 낳아가는 과정으로 설명한다. 곧 마고여신의 두 딸인 궁희·소희, 또 궁희·소희의 자녀인 4천녀·4천인 단계에 이르러 물질계의 4대 원소인 기·화·수·토가 만들어지고 더하여 이들의 작

---

16 정경희, 「『천부경』·『삼일신고』를 통해 본 한국선도의 '일·삼·구론'」, 『범한철학』 44, 2007; 「천부경의 圖象化—천부경에 의한 복희 팔괘·하도의 해석—」, 『선도문화』 3, 2007.

용을 통해 변화무쌍한 물질계가 창조된다고 설명한다.

일기·삼기가 여·율 이원적 분화를 통해 '1기·3기 → 2기 → 4기 → 8기'로 나뉘는 과정은 마고신화에서 '마고(麻姑) → 궁희(穹姬)·소희(巢姬) → 4천녀(天女) 단계(여呂 단계) → 4천녀·4천인 단계(여·율 단계)'로 표현되었다. 일기·삼기가 마고, 2기는 궁희·소희, 4기는 4천녀, 8기는 4천녀·4천인으로 표현된 것이다. 이렇게 '마고, 궁희·소희, 4천녀'까지는 여신(7여신)으로 표현되었고 4천인에 이르러 비로소 남신이 등장한 것으로 표현되었다.

이를 잘 살펴보면, 여신(마고 → 궁희·소희 → 4천녀)까지의 단계는 일기·삼기의 분화 과정 중 물질화 이전의 단계('여'의 단계)임을 알게 된다. 또한 여신(4천녀, 여)과 남신(4천인, 율)이 함께 결합된 단계는 물질화가 이루어진 이후의 단계('여·율'의 단계)임을 알게 된다. 물질화 이전 '1기·3기 → 2기 → 4기'까지를 여신으로 표현한 것은, 보이지 않는 생명(氣)에서 모든 존재가 물질화되어 나오기에 이러한 근원성과 창조성을 여성성에 빗댄 것이고 물질화 이후는 여신과 남신으로 표현해 여성성과 남성성이 함께 작용하는 것으로 빗댄 것이다.

또한 물질화 이후의 여신+남신의 단계인 '4천녀+4천인(4쌍의 여·율)'은 다름 아닌 물질계의 4대 원소인 '공기(氣)·불(火)·물(水)·흙(土)'이라고 했고 이 4대 원소가 어우러져 변화무쌍한 물질계를 만들어간다고 했다. 여기에서 일기·삼기(마고)를 '천부(天符)'로 개념화하고 '기·화·수·토 4대 원소'를 합하면 '기·화·수·토·천부 5기(氣, 5행行)'가 된다.

이때 일기·삼기(마고·삼신)는 '천부'로 호칭하여 기·화·수·토의 차원과 구별한 것은, 본질인 '일기·삼기(마고·삼신, 천부)'에서 현상의 물질세계를 구성하는 기·화·수·토 4대 원소가 파생되어 나오기에 본질 차원과 현상 차원을 명백하게 구분한 것이다. 본질 차원인 일기·삼기, 또 본질-현상 차원인 '기·화·수·토·천부 오행'을 함께 표현하면 '삼원오행론'의 개념이 성립된다.

이처럼 일·삼·구론이나 삼원오행론은 동일한 논의의 다른 표현이다. 존재의 본질을 공히 일기·삼기로 바라보되, 그 현상화(물질화)를 '9기'로 설명하느냐 아니면 '5기'로 설명하느냐의 차이가 있을 뿐이다. 일기·삼기가 '9기'라는 9단계의 전변 과정을 거쳐 물질세계를 구성하는 5대 원소 '5기'로 화하여 현상계(물질계)를 만들어낸다는 의미에 다름 아닌 것이다.

이상의 선도기학은 '일·삼론(일·삼·구론), 마고신화, 삼원오행론, 기·화·수·토·천부론' 등 다양한 방식으로 설명되거나 개념화될 수 있다. 이러한 선도기학은 대체로 다음과 같은 '입체 십자형(十字形)', 또는 '입체 구형(球形)'으로 표상화된다. 중심점의 '일기·삼기, 마고·삼신, 천부'가 '[천부 → 수 → 화 → 토 → 기: 여 단계] → [천부 → 수 → 화 → 토 → 기: 여·율 단계]'의 순서를 2차 반복하면서 현상(물질)화하고 현상(물질)을 조화시키고 있다는 의미이다.(〈자료4〉)

이처럼 수직 순환하는 화·수의 중심 기둥과 수평 순환하는 기·토의 보조 기둥을 갖춘 생명(氣) 표상은 가장 미세한 생명 입자에서부터 인간은 물론 대우주에까지 적용되는 생명의 법칙을 표현한 것이다. '일·삼론(일·삼·구론), 마고신화, 삼원오행론, 기·화·수·토·천부론'이라는 다양한 개념 중에서도 중국적 사유체계인 음양오행론과 대비하여 한국선도의 고유성을 가장 잘 표현할 수 있는 개념이 '삼원오행론'이기에 이를 대표 명칭으로 채택하게 된다.

한국선도의 요체를 담은 이 표상이 역사학적으로도 중요한 이유는 이

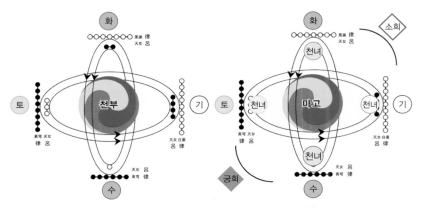

자료4 **삼원오행론 표상(왼쪽) = 마고신화 표상(오른쪽)**

러한 유의 표상이 배달국시기 단·묘·총과 옥기 등 각종 제천유적이나 제천의기류에 반영된 이래 한반도·만주 일대는 물론 중원·일본열도 등으로 널리 전파되어, 동아시아 신성(神聖) 표상의 원형이 되고 있기 때문이다.

선도 전통에서는 일기·삼기의 성질과 작용력에 대해 다음과 같이 설명한다. 먼저 『삼일신고』에서는 일기·삼기의 성질을 '선악(善惡)·청탁(淸濁)·후박(厚薄)이 없는 상태'로 표현했다. 이러한 고전적 해석은 현대에 이르러 '무(無)', '공(空)' 등으로 재해석되는 경우가 많다. 일기·삼기, 곧 '정보와 원물질을 지닌 기에너지', 또는 '미세한 소리와 파동을 지닌 빛'은 순수한 우주의 구성 입자로서 물질적 형태가 생겨나기 이전의 상태이기에, '무'나 '공'의 성질을 지닌다고 본 것이다.

이처럼 무나 공의 성질을 지닌 일기·삼기가 흐르고 움직이는 방향은 특정의 방향으로 편향되어 흐르기보다는 전체적인 균형과 평균을 지향하는 방향으로 흐르게 되니 이를 '공(公)'의 방향이라고 할 수 있다. 일

기·삼기가 갖고 있는 '무(無)·공(空)'의 성질은 '전체(全體)·공(公)'의
성질과도 통하고 있는 것이다.

이렇게 일기·삼기는 '무·공 → 전체·공'의 성질을 지닌 약동하는 생
명력 자체로서 고정된 성질이 없으며 분리가 될 수 없는 차원이다. 반면
현상의 물질계는 고정된 성질을 갖고 각각의 성질에 따른 '분리와 대립'
의 속성을 갖는다. 이러한 물질 차원의 '분리와 대립'의 성격을『삼일신
고』에서는 '선악·청탁·후박'으로 표현했다. 이러할 때 물질의 이면에
자리한 일기·삼기는 '무·공 → 전체·공'의 성질을 발현함으로써 물질
차원의 '분리와 대립'을 해소하고 상호 '조화(調和)'해 가게 된다. 일기·
삼기가 지닌 '무·공 → 전체·공'의 성질이 '조화점(調和點)'이 되어 물
질 차원의 '분리와 대립'을 조화해 냄으로써 물질 차원을 움직여가게 된
다. 이처럼 일기·삼기는 현상의 물질계를 만들어낼 뿐 아니라 물질계를
조화롭게 움직여가는 '법칙' 자체이다.

일기·삼기가 지닌 '조화'의 속성을 좀 더 쉽게 풀어 '공전을 우선하는
자전, 공평을 우선하는 평등, 구심을 우선하는 원심'으로 풀이한 해석도
있다. 선도기학은 에너지 역학(力學)과도 긴밀히 통하고 있으니, 향후 물
리학이나 생명공학 등 자연과학 방면의 연구와도 함께 병행되어야 할
것으로 생각된다.

3. 삼원오행론 내의 여·율 이원론과 음양오행론 변개의 문제점

삼원오행론은 본질인 삼원(일기·삼기, 천부)에서 출발하여 이것이 현
상인 기·화·수·토 4기 내지 8기로 화하는 과정을 담고 있다. 삼원오행

론은 존재를 현상의 차원인 '기·화·수·토 4기 또는 8기'로만 설명하지 않고 그 이면에 자리한 본질의 차원까지 드러내고 밝혀 총 '9기'로 설명했다. 현상의 이면에 자리한 본질을 분명하게 드러낸 것으로 이는 한국 선도에서 본질과 현상을 철두철미 하나로 보아왔던 때문이다. 이러한 의미에서 삼원오행론은 '본질-현상론'으로 표현할 수 있다. 본질의 연장 선상에서 현상을 표현하고 있다는 의미이다.

본질인 일기·삼기가 여·율 이원적 분화 과정, 곧 '2기 → 4기 → 8기'의 과정을 거쳐 현상(물질)화한다고 할 때 삼원오행론 속에 여·율 이원론이 포함되어 있음을 알게 된다. '여·율 이원론'은 본질의 현상화 과정에서 일어나는 '여·율 2기'적 분화 방식에 초점을 맞춘 '현상론'이며 '삼원오행론' 내의 각론이라고 할 수 있다. 다시 한 번 삼원오행론과 여·율 이원론의 관계를 정리해 보자면 '삼원오행론'이 본질의 현상화 과정을 밝힌바, 곧 본질과 현상을 모두 다룬 '본질-현상론'이며 총론이라면, '여·율 이원론'은 현상화 과정의 '여·율 2기'적 분화 방식에 초점을 맞춘 '현상론'이며 '삼원오행론' 내의 각론이라고 할 수 있다.

후대 동아시아 사상계에서 삼원론보다는 이원론(특히 중국의 음양론)이 성행하게 되었음을 이해할 때, 동아시아 사상의 원류인 삼원오행론이 현상론으로서의 이원론(여율론)을 포함하고 있었음을 이해하는 것은 매우 중요한 문제가 된다.

'여·율 이원론'은 삼원오행론의 각론으로서 의미를 가지지만, 이 부분에만 초점을 맞추게 될 경우 '일기·삼기'의 본질을 잊고 '2기 → 4기 → 8기'의 현상론에 매몰될 위험성이 있다. 곧 '삼원오행론'이라는 총론에 대한 이해 없이 여·율 이원론이라는 각론만을 바라볼 경우 본질인 일기·삼기를 보지 못하고 여·율 이원이라는 일기·삼기의 움직임만을 보

게 되는 문제이다.[17]

삼원오행론에서는 이러한 위험성을 경계해 왔는데, 이러한 위험성이 현실로 나타난 경우가 중국의 이원론, 정확하게는 '음양오행론(陰陽五行論, 목木·화火·토土·금金·수론水論)'이다. 중국의 음양오행론은 1기·3기의 자리를 음·양 양태극으로 변개한 모습이며 더하여 오행도 기·화·수·토·천부에서 목·화·토·금·수로 변개한 모습이다. 음·양은 여·율에 대한 중국적 표현이라고 할 수 있으며 목·화·토·금·수는 기·화·수·토·천부의 중국적 표현이라고 할 수 있다.(〈자료5〉)

「부도지」에서는 '목·화·토·금·수 오행론'이 수의 성질(數性)을 물질의 성질(物性)로 이해하는 잘못을 범함으로써 구수(九數)의 성격을 제대로 표현하지 못했다고 비판적으로 인식한다.[18] '기·화·수·토·천부'는 생명(천부)과 물질(기·화·수·토)의 관계를 구수로써 표현, 존재의 생성 및 회귀 과정을 표현한 것인데 '목·화·토·금·수'는 전적으로 물질 차

---

17 정경희, 「중국의 음양오행론과 한국선도의 삼원오행론」, 『동서철학연구』 49, 2008 참조.
18 "소위 오행(五行)[목·화·토·금·수(필자 주)]이라는 것은 천수(天數)의 이치에 이러한 법이 있는 것이 아니다. … 그 배성지물(配性之物)은 금(金)·목(木)·수(水)·화(火)·토(土) 다섯 중에서 금·토를 왜 따로 구별하는가? 그 성질로써 구별하고자 한다면 기(氣)·풍(風)·초(草)·석(石) 따위는 왜 거론하지 않는가? 그러므로 다 들자면 수가 없는 것이요, 엄밀히 구분해서 들자면 금·목·수·화 혹은 토·목·수·화의 넷이요 다섯이 되는 것은 아니다. 더욱이 물성(物性)을 어떤 이유로 수성(數性)에 짝지우는가? 수성지물(數性之物)은 그 원수(原數)가 구(九)요 오(五)가 아니다. 그러므로 오행설은 참으로 황당무계하다. 인간세상에 대한 증리(證理)를 무혹(誣惑)하여 하늘의 재앙을 만드니 어찌 두렵지 않는가?"(『요정징심록연의』 「부도지」, 「且其所謂 五行者 天數之理 未有是法也…又其配性之物 金木水火土 五者之中 金土 如何別立乎 以其所以 亦將別之 則氣風草石之類 豈不共擧耶 故皆擧 則無數也 嚴擧則 金木水火 或土木水火之四也 不得爲五也 尤其物性 由何而配於數性乎 數性之物 其原九也非五也 故五行之說 眞是荒唐無稽之言 以此誣惑證理之人世 乃作天禍 豈不可恐哉」)

1. 중국의 고태극도(古太極圖)　　　　　　2. 현재의 음양오행도

자료5 **삼원오행론의 음양오행론으로의 변개**

원이며 따라서 구수의 원의미에서 멀어져 물질 차원으로만 해석했다는
것이다.

물질 차원들인 '목·화·토·금·수' 중에서도 가장 크게 문제가 되는
부분은 중심점 토이다. 생명, 곧 일기·삼기의 차원인 천부를 물질 차원
인 토로 변개, 중심점을 생명에서 물질로 교체해 버린 문제이다. 물질
차원은 음·양(여·율에 대한 중국적 표현) 2기로 인식되기에, '기·화·수·
토·천부'의 중심점인 '천부=일기·삼기'의 표현인 삼태극을 '토=음양 2
기'의 표현인 양태극으로 변개해 버렸다. 이는 물질 차원의 음·양 2기
를 강조하다 보니 본질까지도 음·양 2기로 인식하여, 생명의 분리할 수
없는 단위인 일기·삼기의 기에너지가 지닌 존재 방식, 곧 1·3의 방식
을 놓치게 되는 문제를 갖는다.[19]

19　정경희, 「한국선도의 '삼원오행론'―'음양오행론'의 포괄」, 『동서철학연구』 48, 2008; 앞의
　　글, 『동서철학연구』 49, 2008.

세계관의 변화는 현실적인 사회질서의 변화와 하나로 맞물려 있기에 더욱 중요하다. 곧 중심점이 '일기·삼기, 천부'에서 '음·양 2기, 토'로 바뀐다는 것은 중심점이 지닌 생명의 '조화' 역할이 사라져 물질 차원의 '분리와 대립'으로 대체된다는 의미가 있고 이는 조화적 사회질서가 패권적 사회질서로 바뀐다는 의미가 있다.

「부도지」에서는 이러한 문제점을 정확하게 지적한다. 곧 「부도지」의 '목·화·토·금·수 오행론'에 대한 비판의 핵심은 논리적 오류에 대한 것보다는 패권적 사회질서의 등장 문제에 집중되어 있다.

[도요(陶堯)가] 일찍이 제시(祭市)[천자국 단군조선에서 제후들을 소집하여 행하는 제천의례(필자 주)]의 모임에 왕래하고 서쪽 보(堡)[단군조선 서쪽 지역에 자리한 제후국(필자 주)]의 간(干)에게서 도를 배웠으나, 원래 수(數)에 엄정하지 못했다. 스스로 구수오중(九數五中)[일·삼·구론 및 기·화·수·토·천부론(필자 주)]의 이치를 잘 알지 못하고 중오(中五) [기·화·수·토·천부 표상의 중심점 천부 자리(필자 주)] 이외의 여덟은 하나로써 여덟을 제어하며 안(內)으로써 밖(外)을 제어하는 이치라 하여 오행(五行)의 법을 만들어 제왕(帝王)의 도를 주창하므로 소부(巢夫)와 허유(許由) 등이 심히 꾸짖고 그것을 거절했다. … 요(堯)가 구주(九州)의 땅을 그어 나라를 만들고 스스로 오중(五中)에 사는 제왕(帝王)이라 칭하여 당도(唐都)를 세워 부도(符都)[천부사상의 중심지, 곧 단군조선의 도읍(필자 주)]와 대립했다.[20]

20 『요정정심록연의』「부도지」, 「(陶堯)…曾來往於祭市之會 聞道於西堡之干 然素不勤數 自誤九數五中之理 以爲中五外八者 以一於(御)八 以內制外之理 自作五行之法 主唱

여기에서는 목·화·토·금·수 음양오행론의 주창자를 '요(堯)'로 보고 '요'가 구수(九數) 중에서 중심점 오(五) 자리의 의미를 알지 못하고 이러한 세계관을 통치에 적용하여 패권적 통치를 행한 점을 비판했다.

곧 중심점 '천부, 생명(氣), 무(無)·공(空), 전체·공(公)' 자리는 4대원소를 조화롭게 엮어주는 '조화점'이 되어야 함에도 불구하고, 목·화·토·금·수 오행론에서는 중심점인 '토(土)'가 '이내제외(以內制外)'의 방식, 곧 힘센 중심점 토가 외방 4대원소를 억압하고 누르는 '통제점'의 의미로 오해되었다고 본 것이다. 또한 이처럼 잘못된 인식이 사회 시스템에 적용되어 힘센 자가 통제자, 곧 제왕(帝王)이 되어 자신보다 약한 사람들을 소외시키는 권력지배의 이데올로기로 전환하게 되었음도 비판했다.[21]

이상은 본질-현상론인 삼원오행론의 하위 이론이자 현상론에 불과한 이원론의 일종인 음양오행론이 삼원오행론을 구축하게 되면서 생긴 문제이다. 세계관의 문제는 단순히 세계관의 문제로 그치지 않고 현실 인식의 문제, 또 실제적인 사회질서의 문제와 하나로 연결되어 있다. 상고시대에 시작된 삼원오행론이나 음양오행론 또한 단순한 고대적 세계관의 문제를 넘어서 상이한 정치사회 질서를 만들어냈던 것이다.

단군조선이 와해된 이후 선도의 삼원오행론은 서서히 사라져갔던 반면 중국의 음양오행론은 크게 성행하여 동양적 세계관을 대표하게 되었고 지금까지도 그 지위를 이어오고 있다. 이러한 상황에서 음양오행론

帝王之道 巢夫許由等 甚責以絶之…堯乃劃地九州 而稱國 自居五中 而稱帝 建唐都 對立符都」.
21 정경희, 앞의 글, 『동서철학연구』 48, 2008, 340~343쪽.

의 출발점이 삼원오행론이었음을 밝히는 것은 상고시대 삼원오행론에서 음양오행론이 파생되어 나온 후 음양오행론이 오히려 삼원오행론을 구축해 가는 과정에서 생겨난 사상적 혼란 및 정치사회적 혼란을 함께 밝히는 의미를 갖는다. 곧 '생명' 위주에서 '물질' 위주로의 동아시아 사상계의 변화, 또 '조화와 상생' 위주에서 '패권' 위주로의 동아시아 정치질서의 변화 문제를 규명해 가는 의미이다.

3장

적석 단총의 '원·방·팔각' 상징에 나타난
삼원오행론

1. 배달국시대 원·방 상징의 등장과 각(사람)의 중심성

일반적으로 동아시아문화 전통에서 제단은 원형, 무덤은 방형으로 알려져 있다. 그러나 동아시아에서 가장 오랜 적석 단총으로 알려진 요서지역 흥륭와문화기(서기전 6200년~서기전 5200년경)의 사례를 살펴보면, 애초 총은 단을 겸했고 평면 원형의 형태였다. 석권(돌담)을 두르고 석권의 한가운데에 부석(작은 돌들을 넓게 펴 넣은 시설)을 둔 방식이었던 것이다. 이후 적석 단총제는 긴 잠복기(쇠퇴기)를 지나 배달국 전·중기 서기전 4000년~서기전 3000년경 요동 백두산 서편 천평 지역 및 요서 대릉하 청구 지역을 중심으로 부활하게 된다. 이때에는 기존에 없던 새로운 방식으로 '환호를 두른 구릉성 제천시설(3층원단류)', 구체적으로는 '3층-원·방-환호'의 방식이 처음으로 등장했다. 원·방 결합형(전방후원형) 구조가 처음으로 등장한 것인데 다시 시간이 흐르면서 원·방이 분리되어 원단·방총의 분기 현상이 생겨났다.

곧 배달국 개창 초인 서기전 4000년~서기전 3500년 무렵 배달국 최고의 소도제천지인 백두산 신시(神市), 또 도읍 비서갑(斐西岬) 신주(神州)가 자리한 백두산 서편 일대 천평 지역에서[22] 기존에 없던 새로운 적석 단총제인 원·방 결합형 단총, 곧 '3층원단(총)·방대, 전방후원'형 적석 단총이 등장했다. 이러한 신식의 적석 단총제는 서서히 배달국의 양대 중심이었던 요서 대릉하 청구 지역으로 전파되었다. 요서 청구 지역의 대표 소도제천지였던 우하량의 상층적석총 단계(서기전 3500년~서기전 3000년경) 조기 무렵이 되자 요동 백두산 천평 지역의 '3층원단(총)·방대'와 똑같은 형태의 단총이 2건이나 나타났다. 다시 우하량 상층적석총 단계 만기가 되자 원·방 결합형(전방후원형)의 구조에서 원단·방총이 분리되는 현상이 생겨났다.

이상의 변화는 우하량 2지점(N2) 상층적석총에 가장 잘 나타나 있다. 곧 2지점 상층적석총의 시기 및 형태는 ① 상층적석총 조기(Z4B1·Z4B2): 3층원단(총)·방대 → ② 상층적석총 만기(Z3): 3층원단 → ③ 상층적석총 만기(Z4A·Z2·Z1): 3층방총(Z1은 층수 미상이나 3층일 가능성이 높음)으로 달라져 갔다. 이러한 변화가 갖는 의미를 설명해 보자면, ① 우하량 상층적석총 조기 단계에 이르러 거대한 원형 단(총)의 보조 제단으로 '방대' 형태가 처음으로 등장했다. 이즈음 총의 규모가 거대해지고 단으로서의 기능이 강화되면서 보조 제단으로서 방대의 필요성이 생겨나게 된 것이다. ② 상층적석총 만기가 되자 2지점 내 여러 총들을 아우르는 순수 제단의 필요성이 대두했고 이러한 필요에 따라 순수 제단 용도의 단을 원형으로 만들게 되었다. ③ 순수 제단이 원형으

---

22 정경희, 앞의 글, 『선도문화』 28, 2020.

로 만들어지자 순수 제단의 하위에 놓이게 된 총은 순수 제단과의 구분을 위해 방형의 형식을 취하게 되었다. 원단 및 방총의 분기가 일어난 것이다. 이러한 과정을 거치면서 동아시아 단총제에서 단은 원형, 총은 (흥륭와문화 이래의 전통적인) 원형 또는 (홍산문화 후기 이래의) 방형이 되었다.[23]

이처럼 배달국 전·중기 서기전 4000년~서기전 3000년경 적석 단총제에서 처음으로 원·방 결합형의 '3층원단(총)·방대, 전방후원' 방식이 등장했고 이것이 다시 원단·방총으로 나뉘게 되었다. 원·방형이 적석 단총의 주요 형태소로서 등장하게 된 것이다.

이러할 때 한 가지 의문점이 생겨나게 된다. 앞서 선도의 천·지·인(원·방·각) 사상에서 천(원)·지(방)·인(각)이 하나이며 특히 인(각)에 천(원)·지(방)를 조화하는 중심 역할이 부여되고 있었음을 살펴왔다. 그런데 적석 단총의 경우에는 천(원)·지(방)의 요소만 나타나고 인(각)의 요소는 나타나지 않고 있다. 이는 어떻게 설명될 수 있는가?

일기(천·지·인, 원·방·각 삼기)는 본질의 차원, 곧 눈에는 보이지 않는 기에너지의 3대 요소 빛·파동·소리의 차원이지만 이러한 일기·삼기가 움직여 물질(현상) 세계가 만들어지게 된 이후에는 눈에 보이는 물질 차원의 천·지·인, 곧 '창공·대지·사람'이 나타나게 된다. 기에너지 차원의 천·지·인(원·방·각)이 물질화한 이후 물질 차원에서도 천·지·인(원·방·각, 창공·대지·사람)이 존재하게 되는 것이다. 요컨대 한국선도에서 천·지·인(원·방·각)은 본질 차원인 기에너지의 3대 요소인 동시에 현상 차

---

23 정경희, 「홍산문화기 우하량 '3층-원·방-환호'형 적석 단총제의 등장 배경과 백두산 서편 맥족의 요서 진출」, 『동북아고대역사』 1, 2019.

원의 창공·대지·사람이라는 중의적인 의미를 갖는다.

원·방형 단총에는 본질 차원의 천·지·인(빛·파동·소리)의 의미 및 현상(물질) 차원의 천·지·인(창공·대지·사람)의 의미가 중의적으로 구현되어 있는 것인데, 물론 양자 중에서도 현상(물질) 차원의 천·지·인(창공·대지·사람)의 의미가 좀 더 일차적이라고 할 수 있다.

왜냐하면 사람들의 인식이라는 것이 물질(현상)의 차원에서(창공·대지·사람) 본질의 차원으로(빛·파동·소리) 깊어져 가기 때문이다. 곧 사람들이 단총 앞에 모여 선도제천을 행할 때, 우선적으로 물질(현상)의 창공·대지·사람이 기에너지의 차원에서 하나임을 자각하게 되고 그 다음 단계로 모든 존재가 눈에 보이지 않는 기에너지(빛·파동·소리)로 이루어져 있음을 자각하게 되는 것이다.

이렇게 선도제천시에 '창공·대지·사람'의 의미가 일차적이라고 할 때, 원은 창공, 방은 대지, 각은 제천의 주인공인 사람이 된다. 여기에서 왜 원·방 상징은 만들면서도 각 상징은 만들지 않았는지 그 이유가 분명해진다. 곧 단총이란 그 자체로서는 아무런 의미가 없고 단총 앞에 제천의 당사자인 사람이 서서 제천을 행할 때에야 비로소 천·지·인(원·방·각) 삼합(三合)의 구조가 완결되면서 단총 본연의 의미가 발휘되는 이유이다. 요컨대 배달국시기 단총에서 원·방 상징만 표현되고 각 상징은 표현되지 않았던 이유는 제천의 주체인 사람을 각으로 보아 별도로 각을 표현하지 않았던 때문이다.

현재 동북 지역 적석 단총의 발굴·연구를 주도하고 있는 중국학계의 인식은 이상의 선도적 인식과 상이하다. 중국을 대표하는 세계관인 음양오행론에서 알 수 있듯이 중국적 사유의 기본은 음양 이원론이며 선도와 같은 형태의 천·지·인(원·방·각) 삼원론은 존재하지 않는다. 곧 중국의 사상 전통에서 천·지·인은 물질(현상) 차원의 창공·대지·사람의 의미이며 그것도 '창공 〉 대지 〉 사람'으로의 서열성을 지니고 있는데, 필자는 이를 선도의 '(합일적·비서열적) 천·지·인 합일관'과 대비하여 '(분리·서열적) 천·지·인 분리관'으로 개념화해 보는 입장이다.[24] 더군다나 사람의 경우 다시 조상신과 일반인을 구분했으니 실제로는 '창공 〉 대지 〉 조상신 〉 일반인'의 서열성을 지닌 것으로 보아도 무방하다.

중국학계는 이상의 전통적인 천·지·인관, 곧 '창공 〉 대지 〉 조상신 〉 일반인'의 방식으로 적석 단총을 바라보았다. 곧 적석 단총의 신격이 모셔진 여신묘를 종묘로 인식하여 여신 신앙의 본질을 '조상신 제사'로 보았고 여기에 '천·지 제사'가 더해졌다고 보았다. 물론 단총의 외관에 나타난 원·방은 단지 '천원(天圓)·지방(地方)'으로 해석되었고, 제천이든 제사이든(중국은 조상제사로 바라봄) 행위의 주체인 인·각(人·角)에 대한 인식은 전혀 없었다. 대표적으로 소병기는 조상신에게 제사하는 '체(禘)'를 언급함과 동시에 천·지에 제사하는 '교(郊)'와 '료(燎)'를 언급함으로써 조상신 제사와 천·지 제사가 하나로 결합되었다고 보았다.[25]

얼핏 보면 중국 측이 단·총, 더 나아가 묘(여신묘)의 신격을 '창공 〉 대지 〉 조상신'으로 바라보는 점은 한국선도의 천·지·인(원·방·각) 사상과 비슷해 보이기도 한다. 그러나 조금만 더 자세히 살펴보면, 이는 한국선도의 본질 차원의 기에너지로서의 천·지·인에 대한 인식이 빠져 있는, 물질(현상) 차원의 '창공·대지·조상신'이며, 더하여 '창공 〉 대지 〉 조상신' 순의 서열성을 지닌바, 유교식 제사의례의 구조로 설명되고 있

---

24 정경희, 앞의 글, 『국사관논총』 108, 2006, 7~10쪽.
25 郭大順 저·김정열 역, 『홍산문화』, 동북아역사재단, 2007.

음을 알게 된다. 선도제천과는 전혀 상이한 해석 방식인 것이다.

물론 후대에 이르러 선도제천 전통이 약화되면서 제천에서 가장 중요한 존재인 '사람', 좀 더 구체적으로는 '사람의 수행'이라는 의미가 잊히고 중국의 경우와 같이 그야말로 창공·대지에 대한 제사, 또는 조상신에 대한 제사라는 종교의례로 변모되어 갔고 이것이 역으로 한국 사회에 도입되었던 점은 분명하다. 하지만 선도제천의 전형이 이루어졌던 배달국시기 제천과 관련해서는 선도제천 본연의 '사람' 중심, '사람의 수행' 중심이라는 관점으로써 접근되어야 할 것이다.

이상에서 배달국시기 적석 단총제 중 원·방 상징의 이면에 깔려 있는 한국선도의 천·지·인(원·방·각) 삼원사상에 대해 살펴보았고 더하여 제천에 참여하는 사람을 각으로 보아 각 상징을 형상화하지 않았음도 살펴보았다.

2. 서기전 3세기 백두산 서편 적석 단총제의 부활과 고구려 적석 단총

1) 고구려 적석총의 기원 문제

앞서 배달국시기 적석 단총제에 나타난 원·방 상징이 실제로는 제천의 참여자인 각(사람) 상징과 세트를 이루고 있었으며 셋 중에서도 각이 가장 중시되었음을 살펴보았다.

배달국시기 적석 단총제의 전형이 등장한 이래 단군조선시기 적석 단총제의 쇠퇴기를 지나 서기전 3세기 이후가 되자 적석 단총제는 재차 활성화하여 고구려 적석 단총제로 이어지게 된다. 본절에서는 배달국시기 적석 단총에 나타난 원·방 상징의 후대적 계승 문제를 살펴보기에 앞서 배달국시기의 적석 단총제가 단군조선시기를 지나 서기전 3세기 이후 다시 부활하고 고구려 적석 단총으로 이어지는 과정부터 살펴보도록 하겠다.

종래 고구려 적석총에 대한 지대한 관심에도 불구하고 그 기원에 대한 연구는 매우 일천하여 단지 단군조선과 부여의 적석총 또는 석관묘를 계승했다는 정도로만 인식되어 왔다.[26] 고구려 적석총의 기원이나 주변 지역 적석총과의 관계 등을 두루 살피기보다는 고구려 적석총 자체에만 집중해 왔던 것이다. 대체로 시기 면에서는 서기전 3세기~서기전 2세기부터 3세기 무렵, 지역 면에서는 압록강 중·하류 및 혼강 본·지류 지역, 형식 면에서는 처음 간단한 돌무지 형태에서 차츰 기단(基壇)이 더해지고, 최종적으로 계단 방식으로 발전되어 간 것으로 이해되었다.[27]

이처럼 기원 문제나 주변 지역과의 관계 등에 대한 천착이 약하다 보니 적석총이 서기전 3세기~서기전 2세기 무렵 갑작스럽게 등장했고 형태 면에서도 단순 돌무지 형태에서 서서히 복잡한 계단식 형태로 변화되었다는 식으로 인식되었다. 배달국 이래 적석 단총이 등장했던 점, 애초 단·총 결합의 방식이었던 점, 고구려 적석총의 많은 형식들이 배달국시기의 방식들을 계승하고 있었던 점 등 가장 본질적이고도 중요한 문제들이 인식되지 못했다.

그러던 중 1980년대 이후 동북 지역 고고학의 눈부신 성과에 힘입어

---

26 사회과학원 고고학연구소, 『고구려문화』, 사회과학출판사, 1975, 91~94쪽.
27 동북아역사재단 편집부, 『고구려 유적의 어제와 오늘 2—고분과 유물』, 동북아역사재단, 2009, 13쪽.

고구려 적석총의 기원 문제에 대한 새로운 접근이 가능해졌다. 특히 고구려 적석총의 주요 분포 지역인 백두산 서편 통화 일대에서 시기가 무려 서기전 4000년~서기전 3500년 무렵까지 소급되는 '3층원단(모자합장묘)·방대' 곧 전방후원 형태의 만발발자 옛 제단(적석 단총)이 발견된 것을 위시하여 장백산지구에서 무려 40여 기의 옛 제단군(적석 단총군)이 발굴됨으로써 고구려 적석총 연구의 신기원이 열리게 되었다. 곧 고구려 적석총의 기원이 무려 서기전 4000년~서기전 3500년 무렵으로 소급되며, 배달국 개창의 문제와 하나로 맞물려 있음이 밝혀졌고 더하여 이러한 형태의 적석 단총제가 서기전 3500년~서기전 3000년 무렵 요서 대릉하 청구 지역으로 전파되었음도 밝혀졌다.

또한 서기전 4000년~서기전 3000년경 요동~요서 지역에서 성행한 배달국의 대표 제천시설이 '환호를 두른 구릉성 제천시설(3층원단류)' 또는 '3층-원·방-환호'형 적석 단총제였던 점, 더하여 배달국 이래 고구려시기까지 지속된 요동~한반도 지역 제천시설의 대체가 '환호를 두른 구릉성 제천시설(3층원단·적석단·선돌·나무솟대·제천사·고인돌류)'이었음도 밝혀졌다. 환호를 두른 구릉성 제천시설의 중심 시설은 애초 3층원단류의 적석 단총이었으나 시간이 흐르면서 고인돌 이하 각종 다양한 방식으로 다변화되어 갔으며, 특히 요동 지역의 경우 요서 지역에서는 나타나지 않는 고인돌이 등장하는 등 요서 지역에 비해 제천시설 다변화의 지수가 상대적으로 높았음이 밝혀졌다.

시대변화에 따라 제천시설의 중심이 바뀌는 것은 자연스럽다. 요동 지역의 경우 배달국시기 3층원단류의 적석 단총에서 단군조선시기에 이르러 고인돌류의 거석 단총으로 제천시설의 중심이 바뀌었는데, 이는 배달국시기 대표 제천시설인 적석 단총제의 상대적 쇠퇴를 의미한다.

지금까지의 발굴 현황으로 볼 때 요동 지역 내 적석 단총제 쇠퇴의 면모는 요남 지역에, 고인돌 부상의 면모는 요남 지역 및 백두산 천평 지역에 잘 나타나 있다. 배달국의 대표 제천시설인 3층원단류의 적석 단총은 백두산 천평 지역에서 발생했고, 단군조선의 대표 제천시설인 고인돌은 요남 지역에서 발생하여 요남 지역과 백두산 천평 지역 두 곳을 중심으로 성행했다. 동북아 상고시기 선도제천문화를 주도했던 양대 국가 배달국과 단군조선의 선도제천문화를 상징하는 양대 제천시설, 3층원단류의 적석 단총과 고인돌이 한결같이 백두산 천평 지역을 중심으로 했으니 배달국 이래 선도제천문화의 원향인 백두산 천평 지역의 문화 저력으로 바라보게 된다.

단군조선시기 요동 지역에서 구식 적석 단총제의 '계승' 형태로서 신식 고인돌 단총제가 생겨났지만 기왕의 적석 단총제와 교체되는 방식이 아니라 상호 '공존' 내지 '결합'되는 방식이었다. 새로운 방식이 생겨났어도 구래의 전통이 강고할 경우 구래의 전통은 새로운 방식 일색으로 변모되어 가는 것을 막는 역할을 하게 되고 결국은 상호 공존 내지 결합의 방식으로 귀결되는 현상이다. 이 역시 배달국 이래 적석 단총제의 발원지이자 중심지였던 백두산 천평 지역 적석 단총제의 저력으로 바라보게 된다.

단군조선시기 요동 지역에서 적석 단총제는 여전히 지속되었지만 제천시설의 대세는 아니었다. 그러던 중 서기전 3세기 무렵이 되자 백두산 천평 지역에서 재차 고래의 적석 단총 전통이 되살아나 고구려 적석 단총문화로 만개하여, 고인돌을 대신하여 다시금 대표 제천시설로서의 위상을 회복하게 된다. 이렇듯 배달국 개창 이래 고구려에 이르는 긴 시기 요동 백두산 천평 지역에서 집중적으로 펼쳐졌던 '3층원단류 적석 단총의 발생 → 적석 단총에서 고인돌로의 계승 → 고인돌·적석 단총의 공존과 결합 → 고인돌의 소멸과 적석 단총제의 부활 → 고구려 적석 단총문화의 만개'의 과정을 통해 배달국 선도제천문화의 발상지이자 중심지였던 백두산 천평 지역의 문화 저력, 특히 적석 단총제의 저력을 확인하게 된다.[28]

이상 1980년대 이후 동북 지역 고고학 성과를 통해 배달국 적석 단총제의 실체, 단군조선시기 고인돌 단총제와의 관계 등이 밝혀지게 되었고 이로써 고구려 적석총의 기원 문제도 자연스럽게 풀리게 되었다. 배달국의 적석 단총제가 백두산 천평 지역에서 시작되었기에 이곳의 적석 단총제 전통이 어느 곳보다 강고했고 이러한 선상에서 서기전 3세기 무렵 재차 적석 단총제가 부활하여 고구려 적석 단총제로 이어졌던 정황이 자연스럽게 드러나게 된 것이다. 과거 요서 서랍목륜하 일대 흥륭와문화기에 적석 단총제가 생겨났다가 오랜 쇠퇴기(잠복기)를 거쳐 배달국시기에 부활하게 되는 과정을 생각해 보면 배달국의 적석 단총제 또한 오랜 쇠퇴기(잠복기)를 거쳐 서기전 3세기경 백두산 서편에서 다시 부활하게 되는 것이 전혀 낯설지 않다. 특히나 백두산 서편은 배달국 적석 단총제가 개시된 곳이기에 더욱 그렇다.

서기전 3세기 백두산 서편 일대를 중심으로 하는 적석 단총제의 부활은 이즈음 동아시아 사회의 변화와 하나로 맞물려 있다. 서기전 3세기 무렵은 동아시아 정치질서의 중심이 맥족계 단군조선연맹에서 화하계 중원왕조로 옮겨 갔던 시기이며 더하여 단군조선연맹에서 떨어져 나간 산융(흉노)·동호(선비)계 북방족들이 동북아 사회의 강자로 부상하여 맥

---

28 정경희, 앞의 글, 『동북아고대역사』 2, 2020.

족과 새롭게 경쟁하기 시작하는 동북아 정치질서의 일대 격변기였다. 이러한 변화 속에서 맥족 사회도 크게 달라져 갔다. 배달국을 이어 동북 아의 종주 역할을 해오던 단군조선연맹이 와해되어 송화강 일대를 주무대로 하는 북방국가 부여로 축소되었고, 부여가 약화되자 다시 배달국의 발상지였던 백두산 서편 일대에서 새롭게 고구려가 탄생하여 맥족 사회를 이끌게 된다. 이렇듯 배달국·단군조선시기 약 4천여 년간 동북아의 종주 역할을 해오던 맥족의 영향력이 약화되면서 맥족 사회 내에서 일종의 위기의식이 생겨나게 되었을 것이 자명하며 이러한 위기의식이 배달국 이래 맥족의 대표 제천시설이자 맥족문화의 상징과도 같았던 적석 단총제 전통의 부활을 이끌어내는 이면의 배경으로 작용했을 것으로 바라보게 된다.

2) 고구려 적석 단총의 한반도 · 일본열도 방면 전파

동북방의 새로운 강자로서 수많은 맥족계 소국들을 아우른 대표 맥족 국가 고구려의 문화상징은 다름 아닌 적석 단총이다. 집안 지역의 경우 현재 남아 있는 적석총은 7천여 기 정도에 불과하지만 1960년대까지만 하더라도 무려 1만 2천 500여 기 정도가 남아 있었다고 할 정도로 그 규모가 대단했다.

고구려 적석 단총제는 백두산 서편 및 한반도 북부 지역을 중심으로 번성하되 한반도 남부·일본열도 방면으로도 널리 전파되었다. 부여·고구려시기 동북아 사회의 혼란을 피해 맥족이 과거 변방 지역이던 한반도·일본열도 방면으로 대거 이동해 가게 된 결과였다. 적석 단총제는 백두산 서편의 집안·환인·통화 일대를 중심으로 한반도 전역(압록강변 자강도·양강도 일대, 대동강 유역 평안남도 일대, 재령강 유역 황해도 일대,

임진강 일대, 북한강·남한강 일대, 충남 아산·예산·대전·부여 일대, 충북 단양, 경남 김해·진주 등지), 또 일본열도에 이르기까지 널리 확산되었다.

고구려 사회에서 번성하던 적석 단총제는 고구려 말기에 이르러 석실 봉토분 제도로 바뀌게 된다. 적석 단총제에서 석실봉토분제로 고분의 외부 구조는 바뀌었지만 내부 구조는 여전히 돌이었다. 이후 선도문화가 점차 약화되는 추세 속에서 석실봉토분은 재차 흙무덤으로 바뀌었고 흙무덤 제도는 지금에 이르기까지 한국 사회의 주된 묘제 형식으로 이어져 오고 있다. 반면 단의 경우는 돌무지 형태의 적석단 방식이 지금까지 이어지고 있다.

여기에서 배달국의 적석 단총, 단군조선의 고인돌·선돌 등 거석 단총, 서기전 3세기 이후의 적석 단총을 거치면서 면면히 지속된 한민족의 '석(石) 단총제' 전통에 주목하게 된다. 이는 중원 지역과 대비되는 면모이다. 중원 지역의 경우 단총은 상고 이래 '토(土) 단총제' 방식이 중심이었다. 총제는 물론 단제의 경우도 중원 지역을 대표하는 단인 수·당대의 천단(天壇)은 전형적인 토단(土壇)이었다.[29] 맥족계 석 단총제 및 화하계 토 단총제의 차이는 맥족계와 화하족계 문화를 구분하는 주요 특징으로 지목되어 왔다.[30] 중국학자들도 맥족계의 돌무덤 전통에 주목한다. 곧 맥족의 돌무덤 전통은 주변 환경에 돌이 많다는 지리환경적 요인도 있지만 더 중요하게는 예로부터의 내세관을 반영한 독특한 매장 풍속을 지속적으로 계승했던 때문으로 보았다.[31] 다만 중국학자들은 맥족

---

29 7부 4장 4절 참조.

30 이형구, 『발해연안에서 찾은 한국고대문화의 비밀』, 김영사, 2004, 96~101쪽.

31 魏存成, 「高句麗積石墓的類型和演變」, 『考古學報』, 1987年 3期, 321~337쪽.

의 돌무덤 전통을 맥족의 선도제천문화 차원으로 연결하지는 못했다.

반면 필자는 맥족이 단총의 소재로 가공이 쉬운 흙을 사용하지 않고 가공이 어렵고 무거운 석재를 사용하여 적석 단총, 거석 단총과 같이 거대 석조 구조물을 고집스럽게 축조해 온 배경으로 선도의 기학적 세계관에 기반한 선도수행문화 전통에 주목한다. 구체적으로는 기에너지를 매개로 하는 선도수행에서 석재 속의 광물 성분에서 나오는 강한 기에너지(자기)가 수행을 용이하게 하는 측면이 있었던 점에 주목했다. 전통적으로 선가들이 너럭바위를 찾아 수련좌로 삼거나 돌탑을 세운 것이 기를 용이하게 모으고 활용하기 위함이었다고 보았고 한국 사회에 널려 있는 신선바위, 신선대 등을 이러한 선도수행문화의 흔적으로 보았다.[32] 맥족의 석 단총제는 3층이나 원·방 등 형태뿐 아니라 소재 면에 이르기까지 전적으로 선도수행문화를 반영한 구조물이었던 것이다.

이상에서 살핀 바와 같이, 배달국시기의 적석 단총제는 단군조선시기 오랜 잠복기를 지나 단군조선의 와해기인 서기전 3세기 무렵 백두산 서편 천평 지역에서 재차 부활하여 고구려 사회에서 크게 만개했다. 서기전 3세기경 동아시아 사회의 정치질서가 맥족계 단군조선연맹 중심에서 화하계 중원왕조 중심으로 바뀌고 단군조선연맹에서 분리된 북방족세력이 맥족세력과 경쟁하게 되는 격변 속에서 맥족 사회 내에서 팽배해진 위기의식이 배달국 이래 맥족의 대표 제천시설이자 맥족의 상징과도 같았던 적석 단총제 전통의 부활을 가져오게 되었던 것으로 이해된다. 이즈음 맥족의 한반도·일본열도 방면 이주와 함께 적석 단총제도 함께 전파되었다.

---

32 정경희, 앞의 글, 『고조선단군학』 34, 2016, 120~121쪽.

3. 백두산 서편·한반도 방면: 원·방의 다변화와 팔각 상징의 등장

본절에서는 서기전 3세기 이후 백두산 서편·한반도 지역의 적석 단총제에 배달국 이래의 '원·방' 상징이 어떻게 계승되고 있었는지를 살펴보겠다. 이즈음 백두산 서편 지역에서 새롭게 부활한 적석 단총제는 처음 단순 돌무지 형식에서 시작되었지만 시간이 지나면서 서서히 배달국 적석 단총제의 특징을 회복했고(구식), 이를 기반으로 고구려 적석 단총만의 특수성도 갖추어갔다(신식). 배달국 적석 단총제의 주요 형태적 특징인 '원·방'의 요소로써 살펴보자면, 배달국시기의 구식으로 ① 전방후원형, ② 원형, ③ 방형의 형식이 계승되는 한편으로, 고구려시기의 신식으로 ④ 방형의 변형, 사우돌출형, ⑤ 전방후방형, ⑥ 전원후방형, ⑦ 내원외방형 또는 상원하방형, ⑧ 팔각형 등이 새롭게 나타났다. 먼저 구식 3종을 살펴본 다음 신식 5종을 살펴보겠다.

① 전방후원형

배달국시기 적석 단총제는 애초 요동 백두산 서편 천평 지역에서 전방후원의 형태로 시작되어 요서 대릉하 청구 지역으로 전파되었으며 이후 시간이 흐르면서 원단·방총으로 분기되었다. 배달국 적석 단총제의 가장 고형이 전방후원형이었는데 서기전 3세기 이후 백두산 천평 지역에서도 이러한 형태가 나타났다.

1980년대 이후 압록강 일대에서 서기전 3세기~서기전 2세기 무렵의 전방후원형 적석 단총 다수가 조사보고되었다. 대체로 원형의 분구 앞에 제단 용도의 방형 부석 시설이 계단식 1~2열로 덧붙여 있는 형태였다. 대표 사례로 1988년 발굴된 압록강변 자강도 초산군(楚山郡) 운

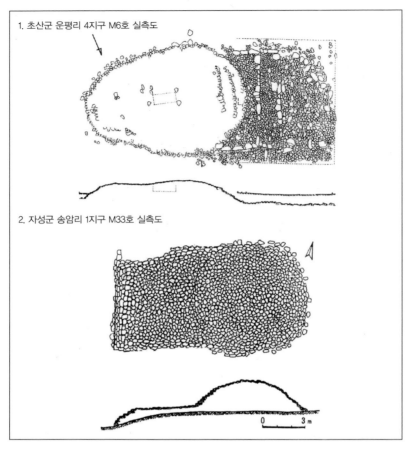

1. 초산군 운평리 4지구 M6호 실측도

2. 자성군 송암리 1지구 M33호 실측도

0   3 m

자료6 백두산 서편의 전방후원형 적석 단총(만발발자 단총류)

평리(雲坪里) 4지구 M6호 무덤을 들 수 있다. 원형의 무기단식 적석총 앞에 제단 용도의 방형 부석 시설이 부가되어 있는 형태이다. 부석 시설은 큰 돌로 테를 두른 후 잔돌로 내부를 채워 넣은 방식이다.[33] 이외에

---

33 리정남, 「운평리 고구려무덤떼 제4지구 돌각담무덤 발굴보고」, 『조선고고연구』 1990-1,

자성군(慈城郡) 송암리(松巖里) 1지구의 M33호, M88호, M106호를 비롯한 적지 않은 무덤들이 이러한 구조였다. 법동리(法洞里) 및 신풍동(新風洞) 2무덤떼 M8호와 M12호 등도 비슷했다.[34] (〈자료6〉)

② 원형

백두산 서편 지역의 대표적인 원형 단총으로 통화 지역 토주자 단총을 들 수 있다. 토주자 단총이 속한 용강 유적군은 비교적 근래인 2005·2006년 무렵에 조사되었으며 시기는 '청동기시기~고구려시기, 또는 청동기 만기~고구려 조기',[35] 또는 '서기전 4000년~서기 전후'[36] 등으로 다양하게 비정되고 있어 향후 더 진전된 연구가 필요하다.

이 중 유일하게 제사유적으로 보고된 토주자 단총은 타원형의 적석 단총이다. 아랫면의 최대 지름은 28m, 높이 10여m, 윗면 평탄부의 지름은 7~8m이다. 2018년 현장 답사시 제단 둘레와 주변으로 많은 돌들이 무너져 내려 있는 가운데 토·석 혼축의 기단부가 드러나 있었다. 주변의 돌 중에는 반듯하게 면처리된 대형의 방형 마감돌들도 많았다. 애초 마을주민들 사이에서 '장군총(將軍塚)'으로 알려져 왔다고 한다.(〈자료7-1〉)

사회과학출판사, 35~42쪽: 동북아역사재단 편집부, 앞의 책, 2009, 88쪽.

34 조선유적유물도감편찬위원회, 『조선유적유물도감(2): 고구려편』, 1990.

35 王志敏(通化市文管會辦公室), 「通化江沿遺蹟群調查」, 『東北史地』 2006-6, 39쪽, 40쪽.

36 http://www.tonghuaxian.gov.cn/mlthx/thxmp/thxms. 通化市人民政府/通化縣名史/龍崗遺址群「先秦時期, 長白山地區渾江流域邊是比較原始的部族村落, 到了戰國晚期至秦漢之際, 古代方國才逐漸形成. 較早的方國有小水貊、沸流國、高句麗、黃龍國等. 龍崗遺址群就是這一時期(從公元前4000年至公元初年)文明的歷史佐證.」

1. 통화 토주자 단총: 전경(왼쪽), 드러난 토·석 혼축의 기단부(오른쪽)

2. 마니산 참성단 전경

3. 태백산 천왕단 복원 도면

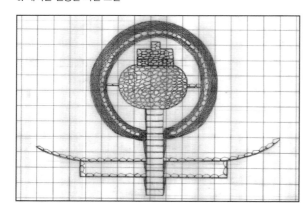

자료7 백두산 서편~한 반도의 원형 적석 단총

자료8 백두산 서편의 방형 적석 단총: 집안 산성하 고분군

한반도 지역의 대표 사례는 마니산 참성단(塹星壇)이다. 제단이 정상부에 위치한 데다 규모가 너무 커 형태가 잘 인지되지 않으며 실제로 제천을 행하는 보조 제단인 방단이 두드러져 보이기도 하지만 기본 형태는 원단이다.(〈자료7-2〉) 참성단의 형식을 그대로 계승한 경우로 태백산 천왕단(天王壇)이 있다. 애초 9층 적석단 형태였다고 하는데, 1970년대 마니산 참성단을 모델로 복원되었다.(〈자료7-3〉)

③ 방형

방형 단총은 고구려 적석총의 대표 양식으로 널리 알려져 있다. 우리가 알고 있는 고구려 적석총의 대부분이 방형이다.(〈자료8〉)

④ 방형의 변형, 사우돌출형(四隅突出形)

서기전 3세기 이후 백두산 서편에서 새롭게 부활한 적석 단총제에 이르러서는 방형의 변형태로서 사우돌출형(네 모서리에 돌출 부분이 있

는 형태) 적석 단총이 나타났다. 가령 압록강변에 위치한 자강도 초산읍 련무리(蓮舞里) 2호분은 무기단식 적석총으로 네 모서리에 돌무지를 쌓아 돌출시켜 놓은 형태이다. 남북 28m, 동서 16.5m, 높이 2.5m이다.[37] (〈자료9〉)

⑤ 전방후방형

전방후방형은 방형의 분구 앞에 제단 용도로 방형의 부석시설을 부가한 형식이다. 자성군 송암리 M1호, 자성군 송암리 1지구 M45호와 M56호, 만포시 연하리(延河里) M1호, 미타리(美他里) M5호, 벽동군(碧潼郡) 용평리(龍坪里) M1호 등이 있다.[38] (〈자료10〉)

⑥ 전원후방형

전원후방형은 방형의 분구 앞에 제단 등의 용도로 원형의 부석시설을 부가한 방식이다. 고구려 초기 왕릉급에 해당하는 대형 계장식(階墻式: 계단식의 초기 형태) 적석총인 마선구(麻線溝) M2378호, 마선구 M626호, 산성하(山城下) 전창(塼廠) M36호에 나타난 형식이다.[39] (〈자료11〉)

⑦ 내원외방형 또는 상원하방형

앞서 단총들에 비해 시기가 내려오고 지역적으로도 한반도 중부 지역

---

37 리정남, 「자강도 초산군 련무리 제2호 무덤 발굴중간보고」, 『조선고고연구』 1989-4, 사회과학원 고고학연구소.
38 석광준, 「고구려 고고학의 새로운 성과」, 『동아시아의 새 발견―조선장학회 창립 100주년 기념 고대사 심포지움 학술대회 자료집』, 2000.
39 張福有·孫仁傑·遲勇, 「高句麗王陵通考要報」, 『東北史地』 2007-4.

1. 전경   2. 실측도

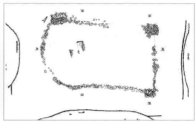

자료9 **백두산 서편의 사우돌출형 적석 단총: 초산읍 련무리 2호분**

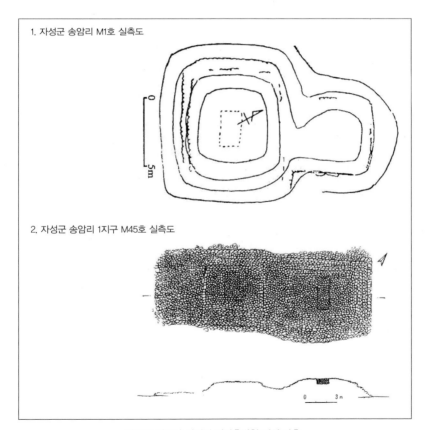

자료10 **백두산 서편의 전방후방형 적석 단총**

1. 마선구 M2378호

2. 마선구 M626호

자료11 백두산 서편의 전원후방형 적석 단총

에 자리한 3세기~5세기 무렵의 백제 석촌동 고분군에서는 내원외방형 적석총이 나타났다.(〈자료12-1〉) 내원외방형과 같은 계통으로 상원하방형이 있는데 대표 사례로 7세기 무렵의 경주 첨성대(瞻星臺, 첨성단瞻星壇)를 들 수 있다. 기단부는 방단, 본체는 원단(솟대·천주天柱 형태)이다.

1. 내원외방형: 석촌동 고분군

2. 상원하방형: 경주 첨성대(단)

**자료12 한반도 남부의 내원외방형
또는 상원하방형 적석 단총**

다시 본체 상단부에 우물 정(井) 자 형태의 정자석(井字石)을 올려 두었
다.(〈자료12-2〉) 우물 정 자는 삼원오행형 표상 중 9기형(팔각형) 표상으
로 그 의미는 경주 나정(蘿井)의 이름, 나정의 최초 구조물이었던 거대

한 솟대, 또 솟대를 계승한 팔각신궁에 전형적으로 나타나 있다.[40] 첨성
단 역시 나정과 동일한 제천건물지였던 것이다.

⑧ 팔각형

원·방형 외에 새로운 팔각 상징도 등장했다. 팔각형은 원·방형과 마
찬가지로 선도 '삼원오행형' 표상 중의 하나이다. 앞서 살펴본 삼원오행
형 표상(〈자료4〉 참조)은 배달국 이래 제천 관련 유물·유적에 1기형,
1·3기형, 여·율 2기형, 1·3-여·율 2기형, 5기형, 9기형 등 다양한 방
식의 신성 표상으로 반영되어 왔다. 팔각형은 이 중 9기형 표상에 해당
하는데 시대별로 대표적인 경우를 들어 보면, 배달국 팔두옥부(八頭玉
斧), 단군조선 청동팔주령과 같은 제천의기(祭天儀器)나 신라 경주 나정
의 팔각건물지(신궁), 고구려 환도산성의 팔각건물지 등 제천유적이 있
다.[41] 선도제천 전통에서 단·총 결합 방식이 일반적이었기에 팔각총은
팔각제천건물지와 같은 계통으로 볼 수 있다.(〈자료13〉)

팔각형은 의미적으로 원형계·방형계·원방형계와 하나로 통한다. 원
형계·방형계·원방형계는 원·방·각 삼원 계통, 팔각형계는 원·방·각
삼원의 물질화 단계인 삼원오행 9기형 단계이기 때문이다.

이상 서기전 3세기 이후 백두산 서편·한반도 지역 적석 단총제에 나
타난 원·방의 요소를 살펴보았다. 배달국 이래의 구식인 ① 전방후원형,

---

40 정경희, 「신라 '나얼(奈乙, 蘿井)' 제천 유적 연구」, 『진단학보』 119, 2013; 앞의 글, 『선도
문화』 15, 2013 참조.
41 정경희, 앞의 글, 『백산학보』 88, 2010; 위의 글, 『선도문화』 15, 2013 참조.

1. 배달국 팔두옥부　　　　2. 단군조선 청동팔주령 · 청동세문경

3. 신라 경주 나정 팔각신궁

4. 고구려 환도산성 내 팔각신궁

자료13 **삼원오행론 표상 중 대표적인 9기형(팔각형) 표상**

② 원형, ③ 방형, 또 이즈음의 신식인 ④ 방형의 변형 사우돌출형, ⑤ 전방후방형, ⑥ 전원후방형, ⑦ 내원외방형 또는 상원하방형, ⑧ 팔각형의 다양한 형태들을 확인할 수 있었다. 배달국 이래 적석 단총의 기본 형태소였던 원·방 상징이 더욱 다변화된 모습이었지만 선도 삼원오행론 내에서의 다변화였다.

4. 일본열도 방면: 원·방·팔각 상징의 다변화

본절에서는 서기전 3세기 이후 백두산 서편·한반도 지역의 적석 단총제가 일본열도로 흘러들어 간 이후, 원·방·팔각 상징 부면에서 어떠한 변화가 나타나고 있었는지를 살펴보겠다.

서기전 3세기 이후 단군조선·부여의 맥족 유민들이 일본열도로 유입되면서 본격적인 금속문명시대인 야요이(彌生)시대(서기전 3세기~3세기)가 시작되었다. 만주와 한반도 지역에서의 혼란이 우심해져 갈수록 도래인들의 출신성분이 점차 높아져 갔고 최종적으로는 왕족급 세력이 옮겨 가게 된다. 특히 3세기 말·4세기 초 무렵이 되자 요서 지역에 자리하고 있던 부여(서부여) 왕실이 선비족 연(燕)에 공파된 이후, 백제와 금관가야를 거쳐 일본열도로 들어가 야마토 부여왕조를 개창하게 된다.[42]

기존의 도래세력을 누르고 새로운 도래왕조를 개창한 부여세력은 강

---

42 정경희, 「3세기말·4세기초 야마토 부여왕조(스진崇神왕조)의 개창과 천신족 표방: 신도 '天神-國神論'의 등장 배경」, 『단군학연구』 38, 2018.

력한 집권화의 의지를 표출하고, 부여족(맥족)의 출원인 요동, 그중에서도 특히 백두산 서편 지역의 적석 단총 전통을 일본열도에 집중적으로 이식했다. 특히 백두산 서편 적석 단총의 대표 형식인 전방후원형 양식은 일본열도에 이르러 더욱 거대화·지역화하여 일본 고분의 표지(標識)로 자리 잡게 되었고, 이로써 '고훈(古墳)시대(4세기~7세기)'라는 시기 구분이 생겨날 정도가 되었다. 이렇게 일본화한 전방후원분이 역으로 한반도 남부, 일부 전라도·경상도 지역에 전해진 경우도 생겨났는데, 전방후원분의 발상지가 일본이 아니라 백두산 서편인 점, 전방후원분이 맥족(부여족)의 묘제인 점이 분명하게 인식되어야 할 것이다.

이처럼 야요이~고훈시대 새롭게 등장한 고분들은 고래로부터의 적석 방식으로 조성되기도 했지만 거대화 과정에서 상대적으로 조성이 용이한 토분(土墳) 형식을 취하는 경우가 많았다. 형태 면에서는 요동·한반도의 기본 형태소인 원·방·팔각형이 훨씬 다양하게 응용되었다. 그러나 크게 보아 배달국 이래 선도제천문화의 기반 이론이자 적석 단총제의 기반 이론이기도 했던 선도 삼원오행 표상에서 벗어나지는 않았다. 삼원오행 표상으로써 일본 고분을 유형화해 보면 원형계, 방형계, 원·방형계, 팔각형계가 된다.(〈자료14-1·2〉)

이들 유형을 다시 배달국의 구식, 서기전 3세기 이후 백두산 서편·한반도의 신식, 일본식으로 구분해 보면, 배달국의 구식: ① 전방후원형(범입패형 포함) ② 원형 ③ 방형, 서기전 3세기 이후 백두산 서편·한반도의 신식: ④ 방형의 변형 사우돌출형 ⑤ 전방후방형 ⑥ 상원하방형 ⑦ 팔각형, 일본식: ⑧ 전원후원형 ⑨ 쌍방중원형이 된다. 이 중 일본식으로 분류된 ⑧ 전원후원형 ⑨ 쌍방중원형도 따져보면 선도사상에 의거한 방식이기에 요동·한반도 계통에서 벗어난 독자 유형은 아니다. 다양한 원·

기반 사상	상위 유형	중위 유형	하위 유형
선도사상	삼원형	원형계	원형
			전원후원형
		방형계	방형
			사우돌출형(四隅突出形)
			전방후방형(前方後方形)
		원·방형계	전방후원형(前方後圓形)
			범입패형(帆立貝形)
			쌍방중원형(雙方中圓形)
			상원하방형(上圓下方形)
	삼원오행형	팔각형계	팔각형

자료14-1 **선도 삼원오행 표상으로 바라본 일본 고분의 유형**

중위 유형	하위 유형
원형	원형 전원후원형
방형	방형 사우돌출형 전방후방형
원·방형	전방후원형 범입패형 쌍방중원형 상원하방형
팔각형	팔각형

자료14-2 **일본 고분의 기본 형태소, '원·방·팔각'**[43]

방 조합의 방식을 생각해 보면 충분히 가능한 조합인 것이다. 이처럼 서기전 3세기 이후 백두산 서편·한반도의 적석 단총제에 나타났던 원·방·팔각 상징은 일본열도에 이르러 더욱 다변화되었지만 역시 선도 삼원오행론의 기본 틀 내에서의 변화였다.

일본 고분의 다양한 유형 중에서도 특히 ① 전방후원형이 숫자나 규모 면에서 단연 우세했다. 배달국 개창 이래 백두산 서편에서 시작된 최초의 적석 단총이 전방후원형이었듯이 적석 단총제가 일본열도로 들어가 종말을 고하게 되는 마지막도 전방후원형이었다. 이는 동아시아 적석 단총 전통에서 전방후원형 단총의 위상을 재차 확인해 준다.

기왕에도 일본 고분이 백두산 서편·한반도 계통임을 지적한 연구가 있어왔다. 전방후원분의 기원이 자강도 초산군 운평리나 자성군 송암리 등의 전방후원형 적석총이었던 점,[44] 사우돌출형의 기원이 자강도 초산군 런무리 M2호 무덤이었던 점[45] 등을 지적한 연구였다. 이제는 여기에서 한 걸음 더 나아가 일본 고분 제도 전반에 넓게는 배달국시기 맥족의 적석 단총제, 좁게는 서기전 3세기 이후 백두산 서편·한반도의 적석 단총제, 사상적으로는 선도 삼원오행론이 자리하고 있었음이 밝혀져야 할 것이다.

---

43 정한덕의 구분을 기본으로(정한덕, 『일본의 고고학』, 학연문화사, 2002, 233쪽) 여기에 빠져 있는 쌍원형과 팔각형을 추가했다. 이러한 기본 유형 외에도 많은 변형태가 존재한다. 비단 고분뿐 아니라 기(記)·기(紀) 신화를 위시하여 신도문화 전반에 나타난 선도제천의 요소와 삼원오행형 표상 등 일본열도 지역은 상고 이래 만주·한반도에서 전파된 선도문화를 형식 면에서 더할 수 없이 잘 보존해 오고 있다. 향후 많은 연구가 필요하다.(정경희, 「한국선도의 일·삼·구론(삼원오행론)으로 바라본 일본신도」, 『비교민속학』 44, 2011 참조)

44 全浩天, 『前方後圓墳の源流―高句麗の前方後圓形積石塚』, 未來社, 1991.

45 리정남, 앞의 글, 『조선고고연구』 1989-4, 사회과학출판사, 44~49쪽.

이상에서 서기전 3세기 이후 단군조선·부여계 맥족 유민들의 일본열도 이주 과정에서 요동·한반도 적석 단총제의 원·방·팔각 상징도 함께 전파하여 다변화되었지만 크게는 삼원오행론 내에서의 변화였음을 살펴보았다.

4장

적석 단총의 '3·7 및 5·9 계단수' 상징에 나타난 삼원오행론

1. 배달국시대 3 계단수 상징의 등장: 천·지·인(원·방·각)론에 기반한 지감·조식·금촉 수행론

앞서 배달국시대 적석 단총제에서 원·방 상징이 처음 등장한 이래 서기전 3세기 이후 백두산 천평 지역에서 적석 단총제가 다시 부활하여 백두산 서편·한반도, 일본열도에서 성행하게 되는 과정에서 재차 원·방·팔각 상징이 등장하고 조합 방식도 다변화되었으나 선도 삼원오행론 내에서의 변화였음을 살펴보았다. 본절에서는 배달국시대 적석 단총제의 또 다른 주요 상징인 '3 계단수' 상징의 선도적 의미를 살펴보겠다.

선도제천의 신격인 일기·삼기는 우주의 근원적인 생명력(氣)에 다름 아니었다. 선도 전통에서는 이러한 일기·삼기의 움직임에 의해 생겨난 사람(人)과 만물(物) 중에서 유독 사람만이 일기·삼기를 온전하게 갖추고 있다고 본다. 사람에 있어 일기·삼기는 눈에 보이지는 않지만 척추선을 따라 존재하는 기에너지 결집체인 단전(丹田)에 자리하고 있다. 구

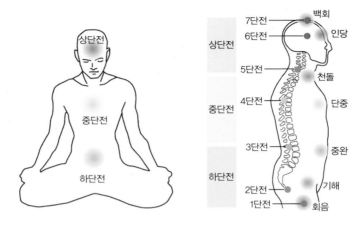

자료15 **인체 내 3단전-7단전의 관계**

체적으로는 인체의 정수리 끝 백회혈(百會穴)부터 척추선을 따라 항문·
생식기 사이의 회음혈(會陰穴)에 이르기까지 '7단전(차크라)' 또는 '3단
전' 시스템으로 설명된다. 선도에서는 7단전보다는 3단전으로 설명하는
것이 좀 더 일반적인데, 7단전을 3묶음으로 표현하면 3단전이 된다. 수
련시의 감각으로 하단전은 배꼽 아래 기해혈(氣海穴), 중단전은 가슴 단
중혈(膻中穴), 상단전은 머리 인당혈(印堂穴) 안쪽에 자리한 구형(球形)의
공간으로 느껴지나 실제 위치는 척추선상이다.[46] (〈자료15〉 참조)

상·중·하 3단전에 일기·삼기가 자리하되, 구체적으로 천기(정보·의
식, 빛, 원)는 상단전, 인기(기에너지, 소리, 각)는 중단전, 지기(원물질, 몸,
파동, 방)는 하단전에 자리하고 있다. 물론 천·인·지 삼기가 하나이기에
천·인·지기가 자리한 상·중·하 3단전 또한 본질적으로 하나이다. 상·

---

46 정경희, 「한국선도 수행의 실제」, 『선도문화』 12, 2012, 107~108쪽.

중·하 3단전의 중심은 중단전으로, 중단전에 상·중·하 3단전의 대표성이 부여된다. 앞서 살펴본바 천·지·인 삼기 중에서 인기가 '삼원 조화'의 중심 역할을 하는 것과 같은 맥락이다.

작용	3단전	일기·삼기		우리말	기의 속성	『삼일신고』 수행론	
						존재의 생성(순順)	존재의 회귀(역逆)
의식	상단전	천	원	얼	빛 정보	성(性)→심(心)→감(感)	지감(止感)
마음	중단전	인	각	알	소리 에너지	명(命)→기(氣)→식(息)	조식(調息)
몸	하단전	지	방	울	파동 원물질	정(精)→신(身)→촉(觸)	금촉(禁觸)

자료16 한국선도의 3단전 인식과 성통(지감·조식·금촉) 수행론

이러한 사람 속의 일기·삼기를 깨우고 회복하는 방법으로 제시된 것이 '1단계 성통(性通: 수행) → 2단계 공완(功完: 사회적 실천) → 3단계 조천(朝天, 조조, 천화仟化: 존재의 궁극적 회귀)'의 3단계론이다. 이 중 1단계 '성통(수행)'에 대해 간략하게 소개하면 다음과 같다.

3단전에 자리한 일기·삼기는 사람의 본래 면목이지만 사람 내기(內氣)의 고착화된 패턴으로 인해 각성이 쉽지 않다. 이에 선도수행에서는 우주에 편만한 일기·삼기를 끌어들여 사람의 내기를 정화함으로써 내면에 잠재된 일기·삼기를 깨우는 방식을 취한다. 이것이 선도수행, 보다 구체적으로는 『삼일신고』에 나타난 '지감·조식·금촉 수행'이다. 곧 사람의 상·중·하 3단전에 자리한 본연의 생명력을 회복하기 위해 상단전 천기(정보·의식) 차원에서는 '지감', 중단전 인기(기에너지, 마음) 차원에

서는 '조식', 하단전 지기(질료, 몸) 차원에서는 '금촉'함으로써 최종적으로 본연의 생명력을 회복하게 된다는 것이다. 상·중·하 3단전은 하나로 연결되어 있기에 지감·조식·금촉 현상은 동시에 일어나지만 3단전의 완성은 '하단전(금촉) → 중단전(조식) → 상단전(지감)' 순의 명백한 방향성과 단계성을 지닌다.

1단계 '금촉'은 하단전에 자리한 지기(질료, 몸) 차원이 각성, 몸의 생명력이 살아나는 단계이다. 몸(觸)을 통어할(禁) 수 있을 정도로 몸에 대한 자기조절 능력이 생겨나는 것이다. 2단계 '조식'은 중단전에 자리한 인기(기에너지, 마음) 차원이 각성하여 마음의 생명력이 살아나는 단계이다. 마음(息)을 조절할(調) 수 있을 정도로 마음에 대한 자기조절 능력이 생겨나는 것이다. 3단계 '지감'은 상단전 가장 깊은 곳에 자리한 '무(無)·공(空), 전체·공(公)'의 의식이 깨어나 외부에서 들어오는 온갖 치우친(私) 의식·정보를 통찰하고 조절, 의식 차원의 생명력이 깨어나는 단계이다. 의식(感)을 조절하고 그칠(止) 수 있을 정도로 의식에 대한 자기 조절 능력이 생겨나는 것이다. '금촉 → 조식 → 지감'의 과정 중 마지막 단계인 지감 단계는 '무·공, 전체·공'의 상태로 설명될 수 있지만 전통적으로는 '천인합일·신인합일·인내천'으로 설명되어 왔다.

요컨대 사람의 척추선을 따라서 천(머리 상단전)·인(가슴 중단전)·지(배 하단전) 3단전이 자리하고 있으며 선도수행을 통해 '금촉[배 하단전에서 지기(몸)의 생명력 회복] → 조식[가슴 중단전에서 인기(마음)의 생명력 회복] → 지감[머리 상단전에서 천기(의식)의 생명력 회복]' 3단계 과정을 거치면서 서서히 생명력이 회복된다.

이상 상·중·하 3단전이나 지감·조식·금촉 3수행의 방식은 7단전의 방식으로도 설명 가능하다. 곧 3단전을 세분해 보면 7단전이 되는데, 선도수행을 통한 3단계의 회복 과정은 척추의 꼬리뼈에서 시작되는 1단전에서부터 머리 정수리 끝 백회혈 7단전 자리에 이르기까지 '1단전 → 2단전 → 3단전 → 4단전 → 5단전 → 6단전 → 7단전'의 회복 과정이기도 한 것이다.[47]

이러한 선도수행의 3단계 과정 또는 7단계 과정을 이해할 때 단·총이 3층, 또는 7층의 계단식을 취하게 되는 이유가 분명해진다. 선도제천을 통해 하늘의 한 지점에서 시작된 생명(氣)과 사람 속의 생명(氣)이 상호 교류함으로써 3단계, 또는 7단계에 걸친 순차적 생명력 회복 작용이 일어나고 천인합일이 이루어진다는 의미인 것이다.

배달국시기 요동 백두산 서편의 적석 단총군, 또 요서 우하량의 적석 단총군에서는 3층식이 일반적이었다. 반면 7층식은 지금까지 한 건도 발견된 바 없으며 고구려 적석 단총에 이르러 비로소 등장했다. 그 이유로 첫째 선도 전통에서 7단전보다는 3단전의 방식이 더욱 일반적이었다는 점이 있다. 둘째 실제 단총을 조성할 때에 7층식의 조성이 쉽지 않다는 현실적인 이유도 있었을 것이다.

2. 백두산 서편 · 한반도 방면: 3 · 7 및 5 · 9 계단수 상징의 등장

1) 고구려 계단식 적석총의 계단수가 지닌 의미

앞서 살핀 바와 같이 배달국시기 적석 단총제에서는 3층식이 일반적이었고 3층 이상의 계단식은 현재까지 확인되지 않았다. 반면 서기전 3

---

47 정경희, 앞의 글, 『선도문화』 12, 2012, 165쪽.

세기 이후 백두산 서편 지역에서 적석 단총제가 부활하여 고구려 적석
단총제로 발전하면서 3·7층 및 5·9층의 계단식이 생겨났다. 3층 일색
의 방식에서 크게 달라진 모습이었다.

고구려 적석총은 형식 면에서 무기단식 적석총이 가장 많았고 기단이
있거나 기단 위에 계단까지 있는 경우는 많지 않다. 집안 지역의 경우
전체 고분 중 적석총이 40% 정도이며 이 중에서 무기단 적석총 26%,
기단 적석총 10%, 계단 적석총이 3%라는 분석이 있다.[48] 서기전 3세기
이후의 적석 단총제에서도 실상 계단식은 매우 드문 편이었던 것이다.

계단식 적석총은 초기 방식인 계장식(階墻式), 후기의 발달된 방식인
계단식(階段式)으로 구분이 가능하지만[49] 층수만으로 볼 때는 3층식이
일반적이었다. 배달국 이래의 구식이 그대로 이어진 것이었다. 이러한
한편으로 고구려 적석총에서는 구식 3층식 외에 7층식, 또 5층식·9층
식이 추가적으로 나타났으니 이는 매우 큰 변화였다.

앞서 3층·7층식이 인체의 단전시스템에 기반한 선도수행 단계에 대한
상징이었음을 살펴보았는데, 5층·9층식 또한 유사 의미를 지닌 상징이다.
다만 3층·7층식이 인체의 단전시스템에 기반한 선도수행 단계론이라면 5
층·9층식은 삼원오행론에 기반한 존재 회귀론이라는 차이가 있다.

삼원오행론 표상에 의할 때(〈자료17-1〉) 중심점의 일기·삼기는 [천부
→ 수 → 화 → 토 → 기: 여 단계: 물질화 이전 단계] → [천부 → 수 → 화
→ 토 → 기: 여·율 단계: 물질화 이전과 물질화 이후가 함께 작용하는 단계]

---

48 李殿福,「集安高句麗墓硏究」,『中國境內高句麗遺蹟』, 1995, 113쪽: 신형식,「고구려의
    석조문화」,『고구려사』, 이화여대출판부, 2003, 284쪽.
49 사회과학원 고고학연구소,『고구려문화』, 사회과학출판사, 1975, 96~97쪽.

9단계	천부	
8단계	수	여 ↑
7단계	화	여 ↑
6단계	토	여 ↑
5단계	기	여 ↑
	천부	
4단계	수	여·율 ↑
3단계	화	여·율 ↑
2단계	토	여·율 ↑
1단계	기	여·율 ↑

5단계	천부
4단계	수 ↑
3단계	화 ↑
2단계	토 ↑
1단계	기 ↑

자료17 **삼원오행론 표상에 나타난 존재의 회귀 5 · 9단계론**

의 순서를 밟아 현상화(물질화)하게 된다. 이른바 존재의 생성과정인데 (순順) 이러한 과정을 되돌려놓으면 존재의 회귀 과정이 된다(역逆). 곧 [천부 ← 수 ← 화 ← 토 ← 기: 여 단계] ← [천부 ← 수 ← 화 ← 토 ← 기: 여·율 단계]이다.[50]

이러한 존재의 생성 및 회귀의 과정은 소우주인 사람에게도 그대로 적용된다. 곧 '순'의 과정은 사람이 태어나 물질(육체)적 존재로 화하는 과정이다. '역'의 과정은 사람이 단순한 물질적인 존재가 아니라는 자각에서 시작하여 선도수행을 통해 내면의 생명력을 깨우고(성통), 더 나아가 사회의 생명력까지 회복하며(공완, 홍익인간·재세이화), 최종적으로 존재의 근본인 일기·삼기(천부)로 화하는 과정이다.

이상 사람의 존재 회귀 과정을 단계로 표현해 보면 '[천부 ← 수 ← 화

50　7부 2장 2절 참조.

← 토 ← 기: 여 단계] ← [천부 ← 수 ← 화 ← 토 ← 기: 여·율 단계]'의 9단계이다. 중심점 천부는 생명력 자체이기에 여·율로 나뉘지 않는다. 또한 이 9단계를 여·율로 나누지 않고 여·율을 합쳐서 표현하면 '천부 ← 수 ← 화 ← 토 ← 기'의 5단계가 된다.(〈자료17-2·3〉)

이상에서 삼원오행론의 존재 회귀 5·9 단계론을 살펴보았다. 이는 앞서의 3·7 단계론과 마찬가지로 선도수행을 통한 기적 진화 단계를 표현하고 있지만 방식 면에서는 차이가 분명하다. 곧 3·7 단계론은 사람의 인체 내 3단전 또는 7단전에서 일어나는 기적인 진화 단계를 표현했고, 5·9 단계론은 존재를 구성하고 있는 5대 요소의 순차적 변화를 통한 기적인 진화 단계를 표현했다. 이러한 3·7계 상징, 5·9계 상징을 표현한 것이 3·7층 단총, 5·9층 단총, 곧 '하늘(일기·삼기)을 향해 나아가는 계단'이었던 것이다.

2) 고구려 석실봉토분의 천장 계단수로 이어진 전통

이상의 3·7, 또 5·9 계단수 상징체계는 적석 단총뿐 아니라 적석 단총의 다음 단계로 등장하는 석실봉토분의 천장 계단식에도 공히 나타나고 있었다. 곧 서기전 3세기 이래 성행하던 적석 단총은 4세기~5세기 무렵이 되면 석실봉토분으로 바뀌게 되는데, 흥미롭게도 석실봉토분의 천장이 계단식이었고 계단수 또한 적석 단총의 계단수와 같은 3·7층식 및 5·9층식이었다.

고구려 적석총은 매장부의 '수혈식 석광' 또는 '횡혈식 석실' 여부에 따라 '수혈식 석광 적석총'과 '횡혈식 석실 적석총'으로 구분된다. 애초 '수혈식 석광 적석총'에서 4세기~5세기 무렵 '횡혈식 석실 적석총'의 형태로 발전했으며 최종적으로 '석실봉토분'으로 바뀌었다.[51] 석실봉토분 단계에서는 과거 적석총의 계단식이 석실 천장의 계단식으로 대체되는 경향이 나타났다.

석실봉토분의 천장 구조는 대략 3가지로, 첫째 석실의 네 모서리를 조금씩 줄여가면서 쌓은 '꺾음천장', 둘째 둥글게 쌓아 올리는 '궁륭천장', 셋째 장대석으로 네 모서리를 돌려 맞춰(말각抹角) 층을 만드는 '고임천장(말각조정抹角藻井)' 3가지 방식인데 모두 계단식이다.[52] 적석총의 계단과 석실봉토분 내 석실 천장의 계단은 '하늘을 향해 나아가는 계단'이라는 동일 의미를 공유했던 것이다. 석실봉토분 내 천장 계단식에서 주목할 점은 층수가 적석총 계단식과 같은 3층식·7층식·5층식·9층식이라는 점이다. 대표 사례는 아래와 같다.

① 3층식: 안악3호분·용강대묘·약수리 벽화분·수산리 벽화분·개마총·오회분 4호묘·진파리 1호분 등
② 7층식: 무용총·산성하 983호분·대안리 1호분·덕화리 1호분·삼실총 등
③ 5층식: 안악 1호분·덕흥리 벽화분·각저총·동암리 벽화분·성총·장천 1호분·쌍영총·수렵총·덕화리 2호분·통구 사신총·내리 1호분·강서대묘 등
④ 9층식: 산성하 절천정(折天井) 무덤·산성하 332호묘·호남리 사신총 등[53]

---

51 사회과학원 고고학연구소, 앞의 책, 1975, 96~97쪽.
52 사회과학원 고고학연구소, 위의 책, 1975, 99~108쪽.
53 김구진, 앞의 글, 2005, 254쪽.

이처럼 고구려 적석총과 석실봉토분에 공히 3·7 및 5·9 계단수 상징이 적용되고 있었던 점을 통해 삼원오행론에 기반한 선도수행 및 존재 회귀에 대한 인식이 고구려 사회 내에서 일종의 규식으로 자리 잡고 있었음을 알게 된다.

3) 백두산 서편~한반도 적석 단총의 계단수 상징 사례

아래에서 적석 단총의 계단수 상징 사례를 살펴보려 하는데, 먼저 배달국 이래의 구식인 3층식을 살펴보고 이어 서기전 3세기 이후의 신식으로 7층식 및 5·9층식을 살펴보겠다.

① 3층식

계단식 적석 단총은 흐트러진 경우가 많아 층수를 확인할 수 없는 경우가 대부분이다. 그럼에도 층수가 분명하게 확인된 경우의 대부분은 3층식이었다. 집안·환인 일대로 살펴볼 때 지금까지 확인된 3층방총으로 환인 M11호·M15호·M19호·M23호, 양민(良民) M74호, 집안 만보정(萬寶汀) M242호 등이 있다. 한반도 중부 백제문화권에서도 3층방총이 잦게 발견되었다. 석촌동 고분군에서 3층 방형 단총 여러 기가 나타났으며 양평 문호리(汶湖里)에서도 동서 6m, 남북 7m의 3층방총이 발견되었다.[54] 최근에는 충남 서천군 봉선리 유적 산정상부에서 '3층원단(제천단)'이 발견되었다.[55] (〈자료18〉)

---

54 황룡혼, 「양평군 문호리지구 유적발굴보고」, 『팔당 소양댐 수몰지구 유적발굴종합조사보고』, 1974, 333~378쪽.

55 「서천군 봉선리 유적지의 백제시대 제단」, 『연합뉴스』, 2014년 12월 13일자: 「백제 최대 규모 제의 유적 확인」, 『금강일보』, 2018년 7월 11일자.

1. 석촌동 고분군 3층방총

2. 서천군 봉선리 3층원단

자료18 서기전 3세기 이후의 3층 적석 단총

② 7층식

계단식 중에서도 특히 3층 이상의 다층식은 왕릉급 무덤에 해당하며 고구려의 근기 지역인 집안·환인 지역에서 주로 발견되었다. 다층식으로는 만보정 M242-2·3·4호, 환인 M21호, 칠성산 M96호, 태왕릉, 장군총, 천추총 등 다수가 있지만 이 중에서 분명하게 층수가 확인되는 경

1. 집안 장군총

2. 산청 (傳) 구형왕릉

자료19 서기전 3세기 이후의 7층 적석 단총

우로는 7층식 장군총이 유일하다.(〈자료19-1〉)[56] 이외에 7층으로 여겨지는 경우로 마선구 M2378호가 있다. 압록강변 자강도 위원군 밀산면 사

---

56 魏存誠, 「高句麗積石墓的類型和演變」, 『考古學報』, 1987年 3期: 주남철, 『한국건축사』, 고려대학교출판부, 2006, 59쪽.

장리 M1호의 경우도 한 변 길이가 18m이며 남아 있는 분구로 미루어 원래 7층이었을 것으로 여겨지는 등[57] 7층식이 종종 나타난다.

한반도 남부 지역의 경우는 3층 이상 다층식의 빈도가 상대적으로 드문 편이다. 다만 금관가야 문화권에서 7층 적석총이 나타났다. 금관가야의 마지막 왕 구형왕(仇衡王)의 무덤으로 전해오는 이 적석총은 비탈진 산의 경사면을 이용하여 무덤을 조성했기에 형태 면에서 원·방형을 벗어나게 되었지만 명백한 7층식이다.(〈자료19-2〉)

이상에서 살핀 바와 같이 서기전 3세기 이후의 계단식 적석 단총에서는 배달국 이래의 전통에 따라 3층식이 가장 많았고 거대 왕릉급 단총에 한해 새롭게 7층식도 나타났다. 3층식 및 7층식이 선도의 3단전 및 7단전론에 따른 선도수행적 의미를 지님은 앞서 살펴본 바이다.

③ 5층식

5층식으로는 개성 장학리의 5층 적석총, 경남 안동 학가산(鶴駕山) 북후면 석탑리에 자리한 5층 적석 단총(경북문화재 자료 제343호)이 있다. 개성 장학리 5층 적석총의 경우 북쪽과 동쪽으로 5단의 기단이 선명하지만 산줄기에 이어진 서쪽으로는 기단을 2, 3단 정도 낮게 쌓았다. 보존상태가 좋은 동쪽 기단 한 변의 길이는 약 17m이고 그쪽에서 바라본 무덤의 높이는 약 2.7m이다.[58] 안동 학가산 북후면 석탑리 적석 단총의 경우 단·총의 여부는 알 수 없다.(〈자료20〉)

---

57 동북아역사재단 편집부, 앞의 책, 동북아역사재단, 2009, 94쪽.
58 조선유적유물도감편찬위원회, 「장학리 적석무덤」, 『조선유적유물도감』 20, 1996, 166~171쪽.

1. 개성 장학리 적석총 실측도

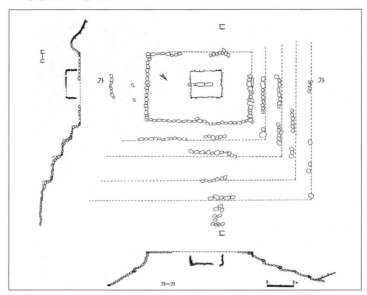

2. 안동 학가산 석탑리 적석 단총

자료20 서기전 3세기 이후의 5층 적석 단총

④ 9층식

먼저 광개토왕릉으로 알려진 집안 소재 태왕릉(太王陵)의 경우 중국 학계에서는 8층식으로 보았지만 9층식으로 보는 견해도 있다.[59] 또한 고구려 동명왕의 구제궁(九梯宮: 아홉사다리 궁전) 전승이 남아 있다. 동명왕은 구제궁에 살면서 하늘을 오르내렸다고 하는데 이는 고구려시기 구제궁으로 불린 9층식의 제천건물지(신궁)의 존재를 시사해 준다.

고구려 지역 이외에도 9층 적석 단층의 전통이 확인되는데, 신라 선덕여왕대 자장(慈藏)의 주도로 만들어진 거대한 황룡사 9층 목탑이 있다. 선덕여왕대는 선·불 습합의 밀교(密敎)가 크게 성행하던 시기로 이즈음 제천 용도의 단층이 불법 공양 용도의 불탑 형식으로 바뀌었다.(〈자료21-1〉) 9층 불탑 전통은 고려시기로 이어졌다. 묘향산 보현사 9층탑(평북 향산군 향암리 소재, 북한 국가지정문화재 국보급 제142호)이나 추봉산 대림사(大林寺) 9층탑(평남 개천시 구읍리 소재, 북한 국가지정문화재 보존급 제58호), 안국사 9층탑(평남 평성시 봉학동 소재, 북한 국가지정문화재 보존급 제52호), 오대산 월정사 9층탑(강원 평창군 진부면 소재, 남한 국보 제48호) 등 주로 고구려문화권에서 발달했다. 이렇게 상고 이래 제천문화에서 출발한 적석 단층은 완연한 불탑으로 바뀌었다.(〈자료21-2〉)

9층 단층 전통은 근현대 한국 사회에서도 여전하다. 강원도 태백산 천왕단(天王壇)의 경우 일제시기까지 구령단(九靈壇), 구단탑(九壇塔)이라고 하여 9층의 적석 제천단 형태였다.[60] 9층 단층 전통이 특히 강하게

---

59 김구진, 앞의 글, 2005, 246쪽, 각주(79).

60 임동권, 「태백산 천제단의 역사성과 문화재적 위상」, 『태백문화』 제7집, 태백문화원, 1993, 40~43쪽.

1. 7세기 황룡사 9층 목탑(추정 모형도)

2. 고려시기 보현사 · 대림사 · 안국사 · 월정사 9층탑

자료21 서기전 3세기 이후 9층 적석 단총 전통의 불탑

남아 있는 북한 지역에서는 1994년 단군릉을 복원하면서 9층 방단(方壇) 방식을 취했다.

이상에서 서기전 3세기 이후의 적석 단총에 나타난 3·7 및 5·9 계단수 상징이 삼원오행론에 기반한 선도수행 및 존재 회귀에 대한 인식을 담고 있었음을 살펴보고 대표 사례들도 제시해 보았다. 선도제천문화의 전형기인 배달국시기에 삼원오행 표상은 단·묘·총 유적, 옥기·도기 유물 등에 더없이 선명하게 나타났다. 배달국-단군조선-부여를 계승한 고구려 사회에 이르러서는 문화 전반에서 고유의 삼원오행론 외에 중국 음양오행론에 기반한 중국문화의 영향력이 높아져 가는 추세였다. 그럼에도 단총제의 계단수 상징에 관한 한 삼원오행적 사유의 기본 틀이 고수되고 계단수 상징이 3·7·5·9로 더욱 다채로워졌던 면모가 확인되었다. 가장 보수적이고 잘 바뀌지 않는 단총문화의 특징으로 이해된다.

3. 일본열도 방면: 3·7 및 5·9 계단수 상징의 원형 전수

1) 일본열도 고분의 계단수 상징 사례

앞서 배달국 이래의 3 계단수 상징이 고구려 적석 단총에 이르러 7·5·9 계단수 상징으로 다변화되었음을 살펴보았다. 본절에서는 이러한 상징이 일본열도 방면으로 전해진 모습을 살펴보겠다.

야요이~고훈시대 단군조선·부여계 유민들의 일본열도 이주와 함께 백두산 서편·한반도의 적석 단총제가 일본열도로 집중 전파되었다. 앞서 일본 고분의 원·방·팔각 상징이 일본열도에 이르러 더욱 다변화되었음을 살펴보았는데 계단수 상징의 경우도 그러했다. 먼저 배달국 이래의 구식 3층식을 살펴보고 이어 서기전 3세기 이후의 신식 7층식 및 5층식을 살펴보겠다.

① 3층식

일본 고분 계단수 상징의 기본은 3층식이다. 일본 고분의 대표 양식인 전방후원분의 대부분이 3층식이었다.(〈자료22〉)

② 7층식

6세기 소가씨(蘇我氏) 가문의 무덤으로 알려진 나라현(奈良縣) 미야

1. 큐슈 에다후나야마(江田船山) 고분 모형

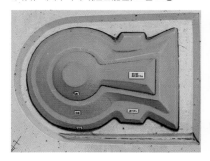

2. 큐슈 사이토바루(西都原) 46호분

자료22 **일본 고분의 3층식**

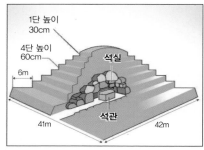

자료23 **일본 고분의 7층식: 나라 미야코즈카 고분 실측도**

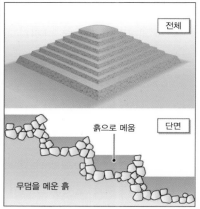

코즈카(都塚) 고분의 경우는 7층식이다. 맨 아래는 기단부이며 그 위로 조성된 고분의 본체가 7층식이다.(〈자료23〉)

③ 5층식

7세기 후반 오카야마현(岡山縣) 오오야(大谷) 1호분은 전형적인 5층식 방총이다. 최상급 고분인 나라(奈良) 덴무(天武) · 지토(持統) 천황릉

(天皇陵), 나라 조메이(舒明) 천황릉의 경우는 5층식에 팔각형이 결합된 형태였다. 5층식이나 8각형이 삼원오행론에 의거한 방식이었음은 계속 살펴온 바이다. 천황릉과 같은 최상급 무덤에서는 삼원오행 표상에 의거하여 '5층 팔각형'이라는 일본열도만의 창의적 형태가 나올 정도로 삼원오행의 원칙이 온전히 지켜지고 있었음을 알게 된다.(〈자료24〉)

9층식은 아직까지 확인되지 않았으나 3·7·5 계단수 상징과 함께 9계단수에 대한 부분도 함께 전파되었을 것이 분명하다. 향후 좀 더 폭넓은 연구가 필요하다.

1. 오카야마 오오야 1호분

2. 천황릉에 나타난 5층 팔각형

① 나라 덴무·지토 천황릉 모형도

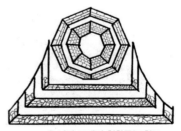

② 나라 조메이 천황릉 모형도

자료24 일본 고분의 5층식

이상에서 백두산 서편·한반도의 3·7·5 계단수 상징이 일본열도로 전해진 모습을 살펴보았다. 3층식을 기본으로 7층식·5층식이 나타났으며 9층식은 아직까지 확인되지 않았다. 특히 천황릉과 같은 최상급 단총에서는 삼원오행의 원칙이 준수되고 삼원오행 안에서의 창안이 생겨날 정도였다. 맥족의 단총제가 원형에 충실한 방식으로 전수되었음을 알게 된다.

2) '환호를 두른 구릉성 제천시설'의 일본열도 전파 문제

마지막으로 한 가지 더 부기할 점이 있다. 맥족(부여족) 적석 단총제의 상·수 상징이 일본열도로 전파된 모습을 살피는 과정에서 일본 고분들이 구릉성 산지에 입지하거나 환호가 둘러진 경우가 많아 배달국 이래 맥족의 대표 제천시설인 '환호를 두른 구릉성 제천시설' 계통으로 바라보게 된 점, 더 나아가 일본 고대 사회의 제의시설들인 '이와쿠라(磐座磐座)·환상열석(環狀列石) 등의 선돌류, 적석단·토단, 나무솟대류, 원·방·팔각형 각종 고분' 등을 크게 보아 서기전 4000년 이래 동북아의 '환호를 두른 구릉성 제천시설' 계통으로 묶어보게 된 점이다.

기왕에 일본학계에서는 야요이시대의 주거유적 유형으로 '고지성(高地性) 환호취락' 유형에 주목해 왔다. 이른바 '고지성 환호취락'은 평지로부터 약 30m 이상의 높은 구릉 위에 위치하며 주위를 환호로 감싸고 있는 취락 유형으로 서일본 지역을 중심으로 300여 개소 정도가 보고되었다. 그 기능에 대해서는 여러 의견이 있어왔지만 대체로 방어용 취락이라는 견해가 많았다.[61] 하지만 이제 서기전 4000년 이래 요동·한반

---

[61] 후루츠 하치만산 입구 안내판의 설명문.

도·요서에서 널리 나타나는 맥족계 제천시설인 '환호를 두른 구릉성 제천유적' 유형이 분명해진 만큼 새로운 시각 전환이 가능해지게 되었다. 이러한 시각 전환을 가능케 한 대표 사례로 호쿠리쿠(北陸) 니가타(新潟) 후루츠(古津) 소재 하치만산(八幡山) 유적을 들 수 있다.

호쿠리쿠 지역 에치고(越後) 평야 일대에서는 니가타 구릉지에서부터 나가오카시(長岡市)에 이르기까지 평야가 내려다보이는 구릉지에 다수의 환호취락이 발견되었는데 그중 최대 유적이 하치만산 유적이다. 하치만산 유적의 조성 시기는 야요이시대 후기(1세기~3세기) 무렵, 조망이 좋은 구릉성 산지 정상부에 위치했으며, 규모는 대체로 남북 400m, 동서 150m 정도이다. 유적지의 최북단 지역에 지름 60~63m 정도의 토제 원단이 자리하고 있다. 토제 원단은 얼핏 보아 2층식으로 보이지만 실상 경사지를 평평하게 고른 후 그 위에 단층 원단을 조성한 것이다. 원단의 주변으로 야요이시대의 환호들(주구周溝 1·2, 외환호外環壕 A·B·C·D, 내환호內環壕 A·B)이 자리하고 있다. 토제 원단의 윗부분을 발굴조사했지만 매장시설은 발견되지 않았으며 원단의 조성 시기를 확인해 주는 유물도 발견되지 않았다. 원단의 남쪽 아래로 야요이시대 수혈식주거지 51좌, 야요이시대 방형(方形) 주구묘(周溝墓: 환호가 부가되어 있는 무덤) 3좌 및 전방후방형(前方後方形) 주구묘 1좌, 토갱(土坑) 등이 남북 방향으로 길게 산포되어 있다.

이렇듯 하치만산 유적은 야요이시대 유적이 분명한데도 일본학계에서는 유독 토제 원단에 대해서만은 야요이시대가 아닌 고훈시대의 고분으로 바라보았다. 고훈시대 초기 4세기 무렵 구릉지 일대에 자리했던 야요이시대의 환호취락이 산 아래로 내려가게 되자 환호취락의 중심부에 새롭게 거대 고분이 조성되었다고 본 것이다. 만약 고분이라고 한다면 매장부가 발견되지 않았던 점이 문제가 되는데 이에 대해서는 후대에 매장부 부위가 깎여나간(삭평削平) 것으로 추정했다. 원단의 평탄부 중심 지역에서 헤이안시대 9세기경의 직사각형 건물지 또는 무덤지 흔적(구溝)이 나왔는데 이때 무덤의 매장부가 깎여나갔을 것으로 추정한 것이다.[62] 그러나 건물지 등을 새롭게 조성하면서 지표 깊숙한 곳의 매장부를 흔적도 없이 완벽하게 제거하고 더 나아가 전체 지면까지도 평평하게 만드는 엄청난 작업을 한 위에 건물지 등을 조성했다는 식의 추정은 매우 무리한 해석으로 여겨진다.

필자는 기존에 연구해 왔던, 서기전 4000년 이래 동북아의 '환호를 두른 구릉성 제천시설', 또 그 진원지였던 요동 백두산 일대의 '환호를 두른 구릉성 제천시설'의 오랜 전통, 더하여 백두산 일대의 고구려문화가 호쿠리쿠 지역으로 직수되었던 정황 등을 두루 고려하여, 이 토제 원단이 고훈시대의 무덤이 아닌 야요이시대의 '환호를 두른 구릉성 제천시설', 곧 제천을 위한 순수 단(제천단)일 것으로 보았다. 이러할 때 원단에서 매장시설이 발견되지 않았던 이유가 분명해진다. 곧 이 원단은 야요이시대 마을의 중심 시설인 소도제천시설로서 긴 시간 지속되었으며 이후 시간이 흘러 헤이안시대가 되자 제의시설로서의 시의성을 상실해버린 원단 위로 건물지(역시 제의기능을 지녔을 가능성이 높음) 등이 들어서게 되었을 것이다.

야요이시대 사상·종교문화를 동북아 사상·종교문화의 큰 범주 속에서 바라볼 것을 제안하며, 더하여 환호취락을 단순 방어취락만으로 바

---

62 『國史蹟 古津八幡山古墳 確認調査 現地說明會資料』, 新潟市文化財센터, 2011年 10月 16日, 1쪽: 新潟市/ 史蹟 古津八幡山 遺跡(https://www.city.niigata.lg.jp)

1. 유적지 최북단에 위치한 토제 원단 일대 조감도

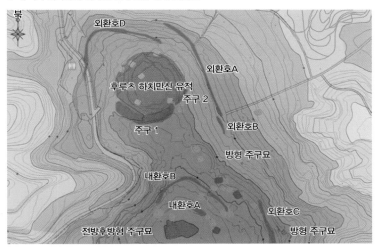

2. 토제 원단 단면 모식도

3. 토제 원단 복원 상상도

자료25 **일본열도로 전해진 환호를 두른 구릉성 제천시설: 하치만산 유적**

라보는 시각에서도 벗어날 것을 제안한다. 향후 하치만산 유적 외에도 좀 더 많은 사례 조사 및 연구를 통해 이른바 '고지성 환호취락'이 대체로 '환호를 두른 구릉성 제천시설'을 중심으로 하는 취락 형태로서, 종교 기능을 기본으로 한 위에 방어 기능까지 갖추고 있었음을 밝혀가야 할 것이다.(〈자료25〉)

이처럼 맥족 적석 단총제의 상·수 상징이 일본열도로 전해졌듯이 맥족의 대표 제천시설인 '환호를 두른 구릉성 제천시설' 또한 일본열도로 전해졌음을 확인할 수 있었다. 이에 필자는 계속 살펴온바, 동북아 상고·고대 맥족의 선도제천문화권[63]에 일본열도까지 포함, '① 시기: 배달국~고구려 서기전 4000년~600년경, ② 발원지: 요동 천평 지역, ③ 권역: 요동·한반도·요서(넓게는 일본열도 포함), ④ 대표 제천시설: 환호를 두른 구릉성 제천시설(3층원단)에서 시작되어 환호·석성을 두른 구릉성 제천시설(3층원단·적석단·토단·선돌·나무솟대·제천사·고인돌류)로의 다변화'로 바라보았다.

4. 중원 방면: 음양오행론에 의한 변이

본절에서는 일본열도 방면의 전승을 이어 중원 방면의 전승을 살펴보겠다. 중국 문헌 중에 허다히 등장하는 영고·동맹·무천 등 맥족 사회의 제천문화, 또 현재 한반도의 높고 낮은 산과 언덕, 마을 등지에 허다하게 남아 있는 적석단·고인돌·선돌·솟대·장승·신목·성황당 등 각종

---

63 정경희, 앞의 글, 『단군학연구』 40, 2019; 앞의 글, 『동북아고대역사』 2, 2020.

제천시설에서 알 수 있듯이 배달국 이래 요동·요서·한반도 사회에서 선도제천은 지배층은 물론 일반 대중 모두에게 열려 있던 일상의 생활 문화였다.

선도제천의 이러한 면모는 중원 지역으로도 전파되었지만 중원 지역에 이르러서는 지배층, 그중에서도 오직 한 사람 천자만이 지닐 수 있는 특권 의례로 변모되었다. 이러한 추세는 특히 주대 이후 중원적인 천자제후 질서가 자리 잡아가는 정치질서 변화와 하나로 맞물려 진행되었다. 제천단 시설도 오직 왕조 차원에서만 조성할 수 있었기에 현재 중국 지역에서는 제천단류의 유적이 거의 없다. 지금까지 확인된 중원왕조의 공식 제천단은 단 2건이다. 서안(西安)의 수당대 천단(天壇), 북경(北京)의 명청대 천단이 그것이다. 일본열도와는 전혀 다른 양상이다. 양 천단의 계통과 성격은 크게 다른데 본절에서는 특히 계단수의 차이, 곧 수당대 천단의 4층식, 명청대 천단의 3층식에 주목해 보았다.

1) 수당대 4층식 천단: 음양오행론에 의한 변이

현재까지 중원 지역에서 나온 가장 이른 시기의 단인 수당대 천단은 1999년 수당대 도읍인 장안(현 서안)에서 발굴되었다.[64] 수 문제(文帝) 개황(開皇) 10년(590)에 조성되어 당대에 이르기까지 300여 년간 사용되었다. '4층 원단' 형식으로 높이 8m, 최하층 지름 54m, 꼭대기층 지름 20m이며 총 12방향으로 분할되어 매 방향마다 계단이 조성되었다. 전적으로 흙만 사용된 전형적인 토단(土壇)이다. 유적지는 2018년 '천단유지공원(天壇遺址公園)'으로 단장되었으며, 복원된 천단은 '중화제일

---

64 「陝西西安唐長安城圜丘遺址的發掘」, 『考古』, 2000年 7期.

1. 평면도

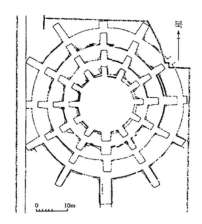

북

0 ____ 10m

2. 2018년 천단유지공원 내 복원된 천단

자료26 **수당대 4층식 천단**

단(中華第一壇)'으로 홍보되고 있다.(〈자료26〉)

　4층식은 배달국 이래 동아시아 적석 단총의 기본 계단수였던 3층식에서 벗어난 방식이다. 민간의 소소한 제단이 아닌 중원왕조의 최상급

황실 제단에서 3층식이 아닌 4층식이 채택된 이유는 상고 이래 동북아의 유서 깊은 3층식 전통에 대한 무지라기보다는 중국적 세계관인 음양오행론을 우선했기 때문으로 여겨진다. 특히 서안 지역은 황하문명 이래 중원문화의 본산으로 중국적 세계관인 도교(한국선도와 차별화되는 중국도교)나 유교가 기반한 음양오행론의 중심지이기도 했다.

배달국의 선도문화가 중원 지역으로 전해져 지역화한 것이 중국도교·유교문화였는데 중국도교·유교에 이르러 선도 삼원오행론이 음양오행론으로 변개되었다. 물론 삼원오행론 내에는 여·율 이원론이 포괄되어 있었지만, 음양오행론의 경우는 여·율 이원론의 차원이 아니며 새로운 방식의 음양오행론으로써 삼원오행론을 대체했던바, 삼원오행론과는 전혀 다른 세계관이었다.[65]

음양오행론으로써 수당대 천단을 바라보면, 4층식은 목·화·토·금·수 오행으로 이해된다. 제천시 꼭대기층에 오행의 중심 '토'를 상징하는 황제가 올라서면 오행이 완성되는 방식이었을 것으로 추정된다. 외관상으로도 삼원 구조가 아닌 이원 구조가 드러났다. 소재 면에서도 배달국 이래의 적석단이 아닌 토단 방식이었던 점도 다르다. 이처럼 수당대 천단은 배달국 이래 삼원오행론에 기반한 맥족계 단총제가 중원 지역에 이르러 음양오행론에 의해 변이된 중원계의 단총제였던 것이다.

2) 명청대 3층식 천단: 삼원오행론 계통

명청대 천단은 수당대 천단과 달리 맥족의 대표적인 계단수 상징인 3층식을 계승한 형태였다. 명 건국 직후 태조 홍무제는 홍무(洪武) 10년

---

65 7부 2장 3절 참조.

(1377) 기왕의 천·지 분제(分祭) 방식을 통합하고 대사전(大祀殿)을 만들어 천·지 합제(合祭)를 시작했다. 2대 성조 영락제는 영락(永樂) 18년(1420) 남경에서 북경으로 천도하면서 북경에 다시 대사전을 건립했다. 방식은 홍무제대의 방식을 그대로 따른 천·지단 합제 방식이었다. 이 '천지단·대사전'이 현재 북경 천단공원 내 북쪽에 자리한 '기곡단(祈穀壇)·기년전(祈年殿)'이다.(〈자료27-1〉)

백여 년이 흐른 후인 가정(嘉靖) 9년(1530) 명 세종 가정제가 자금성의 동쪽에 일단(日壇), 북쪽에 지단(地壇), 서쪽에 월단(月壇)을 추가로 건립하면서 '하늘에 대한 제천은 단 위에서, 상제(上帝)에 대한 제사는 집안에서(단상제천壇上祭天 옥하제제屋下祭帝)'라 하여 천지단(현 '기곡단·기년전')의 남쪽에 재차 '천단'을 건립하게 된다. 현재 천단공원 내 남쪽에 자리한 '환구단(圜丘壇)'이다.(〈자료27-2〉) 이때부터 환구단에서는 '동지 제천', 기곡단·기년전에서는 '정월 기곡제천'으로 제천의 용도가 분리되었다. 현재는 양자를 통칭해서 '천단'이라 한다.[66]

천지단(기곡단·기년전)과 천단(환구단)은 형식 면에서 배달국시대 단층의 기본인 '3층원단' 형식을 그대로 잇고 있다. 곧 천지단은 3층원단 위에 3층의 제천건물지가 자리한 모습이다. 또한 천단은 3층원단으로 특히 4방향으로 난 계단이 9층계인 점, 꼭대기층의 바닥돌이 9배수 방식으로 확산되어 나가는 점 등에서 삼원 구조가 나타났다.[67] 이원 구조가 드러난 수당대 천단과 판이하다.

---

66 姚安, 「以天壇爲個案看祭壇建築的文化意蘊」, 『中國紫禁城學會論文集』 5, 2007, 764~765쪽.

67 姚安, 위의 논문, 2007, 769쪽.

1. 명 1420년, 천지단(현 기곡단 · 기년전)

2. 명 1530년, 천단(현 환구단)

자료27 **명청대 3층식 천단**

수당대 천단의 이원 구조 및 명청대 천단의 삼원 구조의 차이는 중원 지역 내에서도 중원문화의 발상지인 서안 지역과 북방족문화의 최대 거점이었던 북경 지역의 차이로 이해된다. 배달국시기 맥족의 요서 지역 진출 이래 단군조선에 이르기까지 요서~화북 지역의 주족은 예맥이었다. 다만 단군조선 후기 이래 산융·동호 등 북방족의 영향력이 높아지기 시작했고 급기야 단군조선이 와해된 이후에는 북방족이 이 일대의 주도세력이 되고 예맥은 요동·한반도 지역으로 밀려나게 되었다.[68] 이러한 구도는 후대로 이어졌다. 명이 수도를 북경으로 옮기기 이전 북경 지역은 원의 오랜 수도였다. 서기전 2800년~800년경까지 지속된 몽골 초원의 적석 단총문화가 맥족계 단총문화와 같은 계통이었음은 널리 알려진 사실이다.[69]

홍무제·영락제대의 '천지단' 이후 가정제대에 천·지·일·월단 체제가 도입되고 '천단'이 새롭게 조성되었음은 명대 천단제도가 애초 맥족계 선도제천의 기본을 따르던 방식에서(홍무제·영락제, '천지단' 단계) 중원계 유교제천의 방식으로 변모되어 갔던 추세를 보여준다.(가정제, '천·지·일·월단' 단계)

맥족계 선도제천문화에서 모든 의례는 제천 하나로 귀결되며 제천은 실상 천·지·인 합일제에 다름 아니다. 반면 중원계의 천·지·일·월단 제도는 음양 이원론에 따라 천·지, 일·월을 분리한 것이며 이에 따라 천단과 지단이 분리되었고, 천단의 경우도 하늘에 제사하는 제단과 상제에 제사하는 건물지로 분리되었다. 모든 것을 나누고 분리하는 유교

---

68 정경희, 앞의 글, 『동북아고대역사』 2, 2020.
69 우실하, 앞의 책, 2018, 282~290쪽.

예제의 방식을 따르게 되면서 생겨난 변화로 선도제천의 본질에서는 크게 멀어진 방식이었다.

1980년대 이후 중국 측은 요서 지역 홍산문화를 중국문명의 기원으로 변개한 후 홍산문화와 중국문명을 연결하는 작업을 진행해 오고 있다. 홍산문화를 배달국이 아닌 '황제계(黃帝系) 고국(古國)'으로 보는 차이는 있지만 홍산문화가 중원 지역으로 흘러들어 간 점만은 명확하게 인지하고 있는 것인데, 특히 홍산문화의 많은 요소들 중에서도 3층식 단총제가 명청대 3층식 천단으로 이어졌음을 널리 홍보하고 있다. 그러나 이는 실상 화북 지역의 북방족문화 계통이며, 중원계 단총의 대표격인 수당대 천단은 음양오행론에 의거한 4층식이었음이 분명하게 인지되어야 할 것이다.

요컨대 중원 지역 내 수당대 4층식 천단 및 명청대 3층식 천단의 존재는 맥족계 단총제가 중원 지역에 이르러 음양오행론에 의한 단총제로 변형된 점, 그러한 한편으로 북방족 단총제를 매개로 맥족계 단총제의 영향도 남아 있었던 점을 보여주었다.

5장

맺음말

7부에서는 동아시아 상고·고대문화에 대한 '중원계 예제문화'적 시각, 또 '서·북방계 샤머니즘'적 시각과 차별화되는 '한국계 선도문화(선도제천문화)'적 시각으로서 동아시아 적석 단총제에 나타난 '원·방·팔각' 상징 및 '3·7·5·9 계단수' 상징의 선도적 의미와 지역적 변화상을 살펴보았다.

선도문화는 삼원오행론이라는 기학적 세계관에 기반한 문화이다. 삼원오행론은 모든 존재의 본질이자 우주의 근원적 생명(氣)인 '일기·삼기(천·지·인, 원·방·각)'가 '1기·3기 ↔ 2기 ↔ 4기 ↔ 8기'의 과정을 거치면서 현상화(물질화)하고 현상은 다시 본질의 차원으로 수렴된다는 '존재의 생성과 회귀'에 관한 인식이다. 이러한 존재의 생성과 회귀 과정은 다양한 형상(象) 및 숫자(數)로 상징화, 배달국시기 단·묘·총 및 옥기 유적·유물에 두루 반영되어 있다.

삼원오행론에서는 모든 존재의 본질이자 우주의 근원적인 생명(氣)으로 '일·삼(일기·삼기, 천·지·인, 원·방·각)'을 제시한다. 선도에서 천·

지·인(원·방·각)은 눈에 보이지 않는 기에너지의 3대 요소 빛·파동·소리인 동시에 눈에 보이는 창공·대지·사람이라는 중의적인 의미를 갖는다. 천·지·인(원·방·각)은 일기·삼기로서 불가분리의 성질을 갖기에 원·방의 형태로 제작된 단총도 원·방의 요소와 함께 각의 요소를 내포하고 있으며, 의미적으로 빛·파동·소리 및 창공·대지·사람이라는 중의적 의미를 갖는다. 따라서 단총에는 원·방의 요소가 겉으로 드러나 있지만 한편으로는 각의 요소가 내포되어 있다.

단총에서의 선도제천시에 제천 참여자들의 인식은 '창공·대지·사람'의 차원에서 '빛·파동·소리'의 차원으로 나아가게 되기에 원·방·각은 일차적으로 '창공·대지·사람'의 의미를 갖게 된다. 여기에서 단총에 원·방형은 표현되면서도 각형은 왜 표현되지 않았는지를 알게 된다. 곧 창공이나 대지는 그 자체로서는 아무 의미가 없고 그 앞에 제천의 주인공인 사람이 설 때 비로소 천·지·인(원·방·각) 삼합의 구조가 완결된다. 요컨대 각은 제천의 주인공인 사람을 의미하기에 별도로 각을 형상화하지 않았다.

선도의 천·지·인(원·방·각)관은 천·지·인 삼원의 중심을 '인 차원'으로 바라보면서도 삼원을 분리하지 않고 하나로 보며 서열성도 부여하지 않는 방식, 곧 합일적 비서열적 방식의 '천·지·인 합일관'이다. 따라서 천·지·인(원·방·각)의 일차적 의미인 '창공·대지·사람' 중에서 '사람'이 가장 중시된다. 이는 선도제천이 제천의 당사자인 사람과 분리되는 특정의 신격을 상정하고 신앙하는 '종교의례'가 아니라 제천의 주체인 사람을 가장 중시하고 사람이 곧 제천의 신격이 되는 '천인합일·신인합일·인내천'의 '수행의례'라는 의미이다.

배달국시기의 대표 제천시설인 '환호를 두른 구릉성 제천시설(3층원단류)' 또는 '3층-원·방-환호'형을 표준으로 하는 적석 단총제는 단군조선시기 고인돌 단총과 공존·결합되는 면모를 보이다가 단군조선 와해기인 서기전 3세기~서기전 2세기경 백두산 서편 천평 지역에서 재차 부활, 백두산 서편·한반도·일본열도에서 성행하게 된다. 서기전 3세기 이후 백두산 서편·한반도·일본열도에서 부활한 적석 단총제는 처음 단순 돌무지 형식에서 시작되었지만 시간이 지나면서 서서히 배달국 적석 단총제의 특징을 회복했고(구식), 이를 기반으로 고구려 적석 단총만의 특수성도 갖추어갔다(신식).

먼저 배달국 적석 단총제의 주요 형태소인 '원·방'의 요소이다. 우선 백두산 서편·한반도 지역의 경우이다. 배달국시기 구식의 ① 전방후원형, ② 원형, ③ 방형의 형식을 계승하는 한편으로, 신식으로 ④ 방형의 변형 사우돌출형, ⑤ 전방후방형, ⑥ 전원후방형, ⑦ 내원외방형 또는 상원하방형, ⑧ 팔각형 등을 새롭게 발전시켰다. 배달국 이래 적석 단총의 기본 형태소였던 원·방 상징을 기본으로 더욱 다변화된 모습이었지만 선도 삼원오행론 내에서의 다변화였다.

다음 일본열도의 경우는 배달국의 구식, 서기전 3세기 이후 백두산 서편·한반도의 신식, 일본식으로 구분된다. 배달국의 구식: ① 전방후원형(범입패형 포함) ② 원형 ③ 방형, 서기전 3세기 이후 백두산 서편·한반도의 신식: ④ 방형의 변형 사우돌출형 ⑤ 전방후방형 ⑥ 상원하방형 ⑦ 팔각형, 일본식: ⑧ 전원후원형 ⑨ 쌍방중원형이다. 이 중 일본식으로 분류된 ⑧ 전원후원형 ⑨ 쌍방중원형도 따져보면 선도사상에 의거한 방식이기에 요동·한반도 계통에서 벗어난 독자 유형은 아니다. 서기전 3세기 이후 백두산 서편·한반도의 적석 단총제에 나타났던 원·방·팔각 상징은 일본열도에 이르러 더욱 다변화되었지만 역시 선도 삼원오행론 내에서의 변화였다.

일본열도의 유형들 중에서도 특히 ① 전방후원형이 숫자나 규모 면에서 단연 우세했다. 배달국 개창 이래 백두산 서편에서 시작된 최초의 적석 단총이 전방후원형이었듯이 적석 단총제가 일본열도로 들어가 종말을 고하게 되는 마지막도 전방후원형이었던 것으로 동아시아 적석 단총 전통에서 전방후원형 단총의 위상을 재차 확인하게 된다.

다음으로 배달국시대 적석 단총제의 또 다른 주요 상징인 '3 계단수' 상징의 선도적 의미이다. 선도문화는 지감·조식·금촉 선도수행에 기반한 문화이며 가장 대표적인 선도수행이 제천수행이다. 선도에서는 사람의 척추선을 따라서 천(머리 상단전)·인(가슴 중단전)·지(배 하단전) 3단전이 자리하고 있으며 선도수행을 통해 '금촉[배 하단전에서 지기(몸)의 생명력 회복] → 조식[가슴 중단전에서 인기(마음)의 생명력 회복] → 지감[머리 상단전에서 천기(의식)의 생명력 회복]'의 3단계 과정을 거치면서 서서히 생명력이 회복되어 간다고 보며 이렇게 생명력이 회복된 선인(仙人)을 이상적 인간형으로 제시한다.

상·중·하 3단전이나 지감·조식·금촉 3수행은 7단전의 방식으로도 설명가능하다. 곧 3단전을 세분해 보면 7단전이 되며, 선도수행을 통한 3단계의 생명력 회복 과정은 척추의 꼬리뼈에서 시작되는 1단전에서부터 머리 정수리 끝 백회혈 7단전 자리에 이르기까지 '1단전 → 2단전 → 3단전 → 4단전 → 5단전 → 6단전 → 7단전'의 회복 과정으로도 설명할 수 있기 때문이다. 이러한 선도수행의 3단계 또는 7단계 과정을 이해할 때 단·총이 3층, 또는 7층의 계단식을 취한 이유를 알게 된다. 선도수행을 통해 하늘의 한 지점에서 시작된 생명(氣)과 사람 속의 생명(氣)이 상호 교류함으로써 3단계, 또는 7단계에 걸친 순차적 생명력 회복 작용이 일어나고 천인합일이 이루어져 간다는 의미인 것이다.

선도수행 과정에 대한 다른 표현법도 있다. 곧 삼원오행 표상에 의할 때 중심점의 일기·삼기는 [천부 → 수 → 화 → 토 → 기: 여 단계: 물질화 이전 단계] → [천부 → 수 → 화 → 토 → 기: 여·율 단계: 물질화 이전과 물질화 이후가 함께 작용하는 단계]의 순서를 밟아 현상화(물질화)하게 된다. 이른바 존재의 생성과정인데(順) 이러한 과정을 되돌려놓으면 존재의 회귀 과정이 된다(逆). 이러한 존재의 생성 및 회귀의 과정은 소우주인 사람에게도 그대로 적용되는데, 존재 회귀 과정을 단계로 표현해 보면 '[천부 ← 수 ← 화 ← 토 ← 기: 여 단계] ← [천부 ← 수 ← 화 ← 토 ← 기: 여·율 단계]'의 9단계가 된다. 이때 중심점 천부는 생명력 자체이기에 여·율로 나뉘지 않는다. 이 9단계에서 여·율을 합해보면 '천부 ← 수 ← 화 ← 토 ← 기'의 5단계가 된다.

이상 삼원오행론의 존재 회귀 5·9 단계론은 앞서의 3·7 단계론과 마찬가지로 선도수행을 통한 기적 진화 단계를 표현하고 있지만 방식 면에서는 차이가 있다. 곧 3·7 단계론은 사람의 인체 내 3단전 또는 7단전에서 일어나는 기적인 진화 단계를 표현했고, 5·9 단계론은 존재를 구성하고 있는 5대 요소의 순차적 변화를 통한 기적인 진화 단계를 표현했다. 이러한 3·7 계통 상징, 5·9 계통 상징이 3·7층 단층, 5·9층 단층, 곧 '하늘(일기·삼기)을 향해 나아가는 계단'으로 표현되었다.

배달국시기 적석 단층제에서는 3층식이 일반적이었고 3층 이상의 계단식은 현재까지 확인되지 않았다. 반면 서기전 3세기 이후 백두산 서편 지역에서 적석 단층제가 부활, 고구려 적석 단층제로 발전하면서 3·7층 및 5·9층의 계단식이 생겨났다. 3층 일색의 방식에서 크게 달라진 모습이었다. 배달국-단군조선-부여를 계승한 고구려 사회에서는 문화 전반에서 고유의 삼원오행론 외에 중국 음양오행론 이하 중국문화의 영향력이 높아져 가는 추세였는데, 이러한 와중에도 단총제의 계단수 상징에 관한 한 삼원오행적 사유의 기본이 고수되고 계단수 상징은 3·7·5·9로 더욱 다채로워진 면모가 확인되었다. 잘 바뀌지 않는 단총 문화의 보수성으로 인한 것이었다.

이상 배달국 이래의 3 계단수 상징이 고구려 적석 단총에 이르러 7·5·9 계단수 상징으로 다변화된 면모는 일본열도로 고스란히 전해졌다. 일본 고분에서도 3층식을 기본으로 7층식·5층식이 나타났으며 9층식은 아직까지 확인되지 않았다. 특히 천황릉과 같은 최상급 단총에서는 삼원오행 원칙 내에서의 창안까지 생겨났다.

한 가지 더 중요한 것은, 맥족 적석 단총제의 상·수 상징이 일본열도로 전해졌던 것과 같은 맥락에서 맥족의 대표 제천시설인 '환호를 두른 구릉성 제천시설' 또한 일본열도로 전해졌다는 점이다. 이에 필자는 동북아 상고·고대 맥족의 선도제천문화권에 일본열도까지 포함, '① 시기: 배달국~고구려 서기전 4000년~600년경, ② 발원지: 요동 천평 지역, ③ 권역: 요동·한반도·요서(넓게는 일본열도 포함), ④ 대표 제천시설: 환호를 두른 구릉성 제천시설(3층원단)에서 시작되어 환호·석성을 두른 구릉성 제천시설(3층원단·적석단·토단·선돌·나무솟대·제천사·고인돌류)로의 다변화'로 바라보았다.

배달국 이래 요동·요서·한반도 사회에서 선도제천은 지배층은 물론 일반 대중 모두에게 열려 있던 일상의 생활문화였다. 선도제천의 이러한 면모는 중원 지역으로도 전파되었지만 중원 지역에 이르러서는 지배층, 그중에서도 오직 한 사람 천자만이 지낼 수 있는 특권 의례로 변모되어 갔다. 이러한 추세는 특히 주대 이후 중원적인 천자제후 질서가 자리 잡아가는 정치질서 변화와 하나로 맞물려 진행되었다. 제천단 시설도 오직 왕조 차원에서만 조성할 수 있었기에 현재 중국 지역에서는 제천단류의 유적이 거의 없다. 지금까지 확인된 중원왕조의 공식 제천단은 단 2건, 서안의 수당대 천단, 북경의 명청대 천단이 있을 뿐이다.

수당대 천단은 4층식, 명청대 천단은 3층식으로 이원 구조 및 삼원 구조의 차이를 보였다. 이는 중원 지역 내에서도 중원문화의 발상지인 서안 지역과 북방족문화의 최대 거점 지역이었던 북경 지역의 차이를 보여준다. 곧 수당대 4층식 및 명청대 3층식의 방식은 맥족계 단총제가 중원 지역에 이르러 음양오행론에 의한 단총제로 변형되어 갔던 점, 한편으로는 북방족계 단총제를 매개로 맥족계 단총제의 영향도 남아 있었던 점을 보여주었다.

이상에서 동아시아 적석 단총제의 다양한 형태소들이 선도의 삼원오행적 세계관과 선도수행적 의미를 표현하고 있었음을 살펴보았다. 지금껏 동아시아 상고·고대문화에 관한 일반적 접근법이었던 '서·북방계 샤머니즘'적 시각, 또 1980년대 이후 중국학계에 의해 새롭게 제기된 '중원계 예제문화'적 시각으로는 결코 설명될 수 없는 문화인 것이다. '한국계 선도문화'로의 시각 전환이 이루어지지 않는 한 동북아 상고문화의 내용성에 대한 진전된 이해로 나아갈 수 없기에 향후 '한국계 선도문화'적 시각에 의한 많은 연구가 요구된다.

8부

배달국 초 백두산 천평문화가 시작되고
한민족(예맥족 · 새밝족 · 맥족)이 형성되다

1장

한국 민족학 연구의 현황과 전망

1. 일제시기 한국 민족학 연구의 개시

한민족 기원에 대한 연구는 일제시기에 본격적으로 시작되었다. 연구는 일차적으로 중국 문헌에 나타난 기록들을 중심으로 했고 이에 중국 문헌기록의 한계점과 문제점 들이 고스란히 한국학계로 전이되었다. 주지하듯이 주변 민족에 대한 중국 문헌의 기록은 국외자의 무지함·오해·선입견에서 오는 부정확함의 문제는 차치하고라도 중국인들의 전통적 화이관에 따른 왜곡 문제가 심각하다. 주변 민족들은 자체의 기록을 갖지 못하거나 또는 중국적 화이관을 수용해야만 했던 사정 등으로 중국 문헌을 널리 사용해 왔다. 시간이 흘러 중국 문헌에 나타난 역사상이 고착되면서 독자적 사서를 편찬할 때에도 중국 문헌을 답습하는 경우가 많았고 이것이 다시 중국 측에 전달되어 잘못된 역사상을 확대재생산했다.[1]

---

1   이성규, 「중국 고문헌에 나타난 東北觀」, 『동북아시아 선사 및 고대사 연구의 방향』, 학

중국 문헌 중에 등장하는 한민족의 종족 호칭은 '맥(貊, 貉·貘·狢·陌·栢·沐)·예(濊, 獩·薉·穢)·한(韓, 寒·馯·汗)' 3계통이다. '맥·예·한'은 원래 한자어가 아니라 우리말인데 중국인들이 다양한 한자식 표기를 사용하되 주로 폄훼의 의도를 담아 '사나운 말 한(馯), 찰 한(寒), 거칠 예(穢), 더러울 예(濊)' 등으로 표기한 것이었다.

'맥·예·한'은 단칭으로 사용되는 한편으로 종종 '한맥(馯貊)·한맥(寒貊)·한예(寒穢)·예맥(濊貊)' 등으로 연칭되었다. '한맥'은 한과 맥의 조합, '한예'는 한과 예의 조합, '예맥'은 예와 맥의 조합으로, 이렇듯 '맥·예·한'이 다양한 방식으로 조합된 점은 3종족의 결합 정도가 매우 높았음을, 또 동일 민족 내 3계통의 존재를 보여준다. 이들 3종족이 동일 민족이면서도 3계통을 유지하고 종족명까지 보존하게 된 분명한 이유가 있었겠지만 이상의 명칭들만으로는 그 배경이나 이유를 알기 어렵다. 이렇듯 중국 문헌에 나타난 '맥·예·한' 관련 기록은 극히 단편적이고 애매하며, 더하여 화이론으로 폄훼된 문제점을 갖고 있기에 이들만으로는 결코 한민족의 종족적 기원 문제에 대한 답을 찾을 수 없다.

일제시기 일인 관학자들에 의해 시작된 연구는 이러한 근본적인 한계를 안고 출발하게 된다. 근대 일본인들의 한민족 기원에 대한 연구는 도쿠가와(德川) 막부시대부터 시작되었다. 먼저 언어학 방면에서 한·일 언어의 뿌리가 같기에 한·일이 동족이라는 주장이 나타났다. 대표 논자는 도 데이칸(藤貞幹: 1732~1797), 가나자와 쇼자부로(金澤庄三郎: 1872~1967) 등이다.[2] 여기에서 짐작해 볼 수 있듯이 일본의 한민

연문화사, 2004, 12~13쪽.

2 이기동, 「기원 연구의 흐름」, 『한국사 시민강좌』 32, 일조각, 2003, 7~9쪽.

족 기원 연구는 실상 한·일 민족의 기원에 대한 연구의 의미를 지닌 것이었다.

일제의 한일합병 이후 한민족 기원 연구는 고고학 방면의 연구와 결합되면서 보다 전문화되어 갔다. 고고학 방면에서 민족의 기원 문제 탐구는 구석기 말 춥고 긴 빙하기가 끝나고 급격하게 기온이 상승하면서 인류의 본격적인 정착생활이 시작되었던 신석기시대부터 시작하게 된다. 이에 학자들의 관심은 신석기문화, 그중에서도 특히 신석기문화의 핵심 표지인 토기 방면에 집중되는 경향이다. 일제시기 일인학자들의 한민족 기원 문제, 더 본질적으로는 한·일 민족의 기원 문제에 대한 관심도 역시 신석기 토기 문제부터 시작되었다.

먼저 도리이 류조(鳥居龍藏: 1870~1953)는 만주·한국의 석기시대 유문(有紋, 후수厚手) 토기 및 무문(無紋, 박수薄手) 토기에서 야요이(彌生) 토기가 비롯되었다고 주장하면서 한·일 민족의 동북기원설을 주장했다. 유문·무문으로 토기를 구분했을 뿐 신석기 유문 토기(빗살문 토기)·청동기 무문 토기라는 시대적 차이를 구분하지 못할 정도로 초보적인 연구였지만, 토기 분야를 통해 민족 기원 문제를 바라보려는 기본 방향은 도리이 류조에 의해 제시되었다고 볼 수 있다.

도리이 류조에 이어 후지타 료사쿠(藤田亮策: 1892~1960)는 시베리아 출토 빗살문 토기가 북유럽 신석기 토기인 캄케라믹(Kamm keramik) 토기에서 발원하여, 시베리아를 거쳐 한반도로 들어왔다고 주장했다.[3] 또한 서기전 3세기경 전국 말기~한 초 무렵 중국인들이 청동기·철기문

---

3 藤田亮策, 「櫛目文樣土器の分布について」, 『靑邱學叢』 2, 1930, 107~122쪽; 『朝鮮考古學研究』, 高東書院, 1948, 162쪽.

화를 가져오면서 신석기시대에서 갑작스럽게 철기시대로 이행했다고 보았고 이를 금석병용기(金石竝用期)라고 불렀다. 이후 한반도 각처에서 비중국계 청동기가 나오자 우메하라 스에지(梅原末治: 1893~1983) 등은 한국 청동기의 시베리아 기원설을 주창하게 된다.[4]

이처럼 고고학 방면의 한민족 기원 연구는 '한민족 시베리아 기원설'로 귀착되었는데, 문헌 연구에 기반한 민족학 분야에서도 역시 그러했다. 민족학 분야에서의 한민족 기원 탐구는 일차적으로 중국 문헌에 나타난 '맥·예·한' 관련 기록을 중심으로 했다.

연구 방향은 대체로 한반도 북부에는 예맥족이 있어 조선·부여·고구려·동예를 건국했고, 남부에는 한족이 있어 한(삼한)을 건국했는데, 북쪽의 예맥족은 북방 대륙족, 남쪽의 한족은 남방 해양족 계통이며 두 계통 중 예맥족이 주족이라는 식이었다. 애초 이러한 시각은 구한말 미국인 헐버트(Hulbert)에 의해 처음 제시되어[5] 일본인 학자들에게 수용된 것이었다.

예맥족과 한족 중 주족으로 인식된 예맥족의 종족적 출원에 대해서는 도리이 류조 이래 동시베리아 일대 퉁구스족으로 보는 견해가 일반적이었고 일부 퉁구스·중국인 혼혈, 또는 중국인·동호족(東胡族) 혼혈 등의 시각도 있었다.[6] 예맥족의 종족 구성에 대해서는, 예맥족을 동일 종족에 대한 범칭으로 보거나(미시나 쇼에이三品彰英),[7] 예족과 맥족 두 종족으

---

4 김원룡, 『한국고고학개론(제3판)』, 일지사, 1986, 61~62쪽: 최몽룡·이헌종·강인욱, 『시베리아의 선사고고학』, 주류성, 2003, 466~467쪽.
5 김정배, 「한국민족과 예맥」, 『한국 민족문화의 기원』, 고려대학교출판부, 1973, 7~8쪽.
6 김정배, 위의 글, 1973, 8~9쪽.
7 예맥동종설의 대표 논자로, 三品彰英, 「濊貊族小考」, 『朝鮮學報』 4, 1953.

로 나누어 보는 견해(미카미 쓰기오三上次男),[8] 예맥을 맥의 일종으로 보는 견해(나카 미치요那珂通世·시라토리 구라키치白鳥庫吉)[9] 등이 있었다.

이상 고고학·민족학 방면의 '한민족 시베리아 기원설 또는 통구스족설'은 민속학 방면으로도 확장되었다. 대표 논자는 아키바 다카시(秋葉隆: 1888~1954)로 한국의 무속을 만주·몽골·시베리아의 샤머니즘 계통으로 연결했다.[10]

이상에서 살핀 바와 같이 일제시기 일인학자들은 고고학에 기반하여 한민족의 기원을 연구하고, 한국 신석기·청동기문화의 시베리아 기원설을 주장했고 종족적 출원에 대해서도 동시베리아 통구스족으로 보았다. 통구스계 대륙족인 예맥족은 한반도 북부, 해양족인 한족은 한반도 남부에 자리했다고 보았다.

2. 광복 이후~1980년대의 연구 경향

일제시기의 연구 방향은 광복 이후 한국학계로 계승되었다. 특히 고고학 방면에서 한민족 시베리아 기원설이 충실하게 답습되었다. 한반도의 신석기인들이나 청동기인들은 토착세력이 아니라 시베리아에서 남하

---

8 예맥이종설의 대표 논자로, 三上次男, 「穢人とその民族的性格について (一)」, 『朝鮮學報』 2, 1951; 『古代東北アジア史硏究』, 吉川弘文館, 1966.

9 那珂通世, 「貊人考」, 『史學雜誌』 5-5, 1894: 白鳥庫吉, 「穢貊は果して何民族と見做すべきか」, 『史學雜誌』 44-7, 1933.

10 秋葉隆, 『滿洲民族誌』, 東方國民文庫, 1938; 『朝鮮巫俗の現地硏究』, 養德社, 1950; 『朝鮮民俗誌』, 六三書院, 1954 등.

해 온 이주세력으로 여겨졌고 신석기시대에서 청동기시대로의 변화는
전적인 주민 교체 방식으로 이해되었다. 이러한 시각은 한국전쟁 이후
한국학계의 연구가 안정적으로 개시되는 1960년대에 재등장하여
1970·1980년대에 이르기까지 크게 성행했다. 대표 논자로 김정학(金廷
鶴)·김정배(金貞培)·김원룡(金元龍)이 있다.

먼저 김정학·김정배는 한반도의 신석기 선주민은 고(古)아시아족이
며 청동기시대에 이르러 서시베리아 알타이족 계통의 예맥족으로 교체
되었다고 보았다. 한민족의 기원을 고아시아족과 알타이계 예맥족(한족
韓族 포함)의 결합으로 본 것이다.[11] 다음 김원룡은 한반도의 신석기인
은 고아시아족이었는데, 이후 동시베리아 퉁구스족 계통의 예맥족으로
교체되었다고 보았다. 한민족의 기원을 고아시아족과 동시베리아 퉁구
스계 예맥족(한족 포함)의 결합으로 본 것이다. 이때 한족은 예맥족이 남
한 지역에 내려오면서 남방적 요소가 가미되어 지방화한 것으로 이해되
었다. 예맥과 한은 같은 종족이며, 다만 지역차가 생긴 데 불과하다고
보았다.[12]

이러한 한민족 시베리아 기원설을 좀 더 구체화하여 바이칼호 주변을
한민족의 기원지로 지목한 견해가 나왔으며[13] 바이칼 기원설은 지금까
지도 많은 학자들에 의해 면면히 계승되어 오고 있다.[14]

---

11 김정학, 「고고학상으로 본 한국민족」, 『백산학보』 1, 1966: 김정배, 앞의 책, 1973,
  106~159쪽.
12 김원룡, 앞의 책, 1986, 22~25쪽, 58쪽.
13 한영희, 「유물로 본 알타이와 한반도」, 『알타이문명전』, 국립중앙박물관, 1995, 186~189
  쪽.
14 이평래, 「근현대 한국 지식인들의 바이칼 인식―한민족의 기원문제와 관련하여―」, 『민속
  학연구』 제39호, 2016 참조.

요컨대 광복 이후 고고학계의 한민족 기원 연구는 일제시기의 한민족 시베리아 기원설을 계승한 것으로, 대체로 첫째 서시베리아 알타이 지역이나 동시베리아 퉁구스 지역으로부터 민족 이동이 있었고, 둘째 신석기인은 고아시아족, 청동기인은 예맥족이라는 것이었다.

　이러한 시베리아 기원설에 대한 비판도 있었다. 고고학의 발전으로 구석기시대 이래 한반도에 지속적으로 사람들이 살고 있었음이 밝혀지면서 신석기시대나 청동기시대 시베리아로부터 외래의 종족, 또 외래의 선진문화가 이식되었다는 식의 논의에서 벗어나 토착인에 의한 토착문화의 발전으로 바라보려는 반성이 생겨나게 되었던 것이다. 물론 이러한 반성이 과할 경우 문제가 생겨나기도 한다. 문화란 이전 시대로부터의 토착문화 위에 새로이 전래된 외래문화가 더해지면서 계속 새롭게 발전되어 가는 것이기에 토착문화 요소를 과도하게 강조할 경우 무리한 해석이 생겨나게 되는 문제이다. 북한학계의 경우가 그러하다.

　북한학계는 1970년대 초부터 북한의 공식적 역사관인 주체사관에 따라 한민족의 기원 이론을 만들어냈고 이를 실물자료를 통해 증명하고자 했다. 1970년대 무렵 평양 일대, 곧 평남 승리산 유적, 평양 만달리 유적 등에서 구석기 말기의 화석 인골이 발견되자 이를 '조선 옛 유형 사람'으로 개념화했고 조선민족은 직립원인 단계의 고대 인류로부터 시작해서 조선반도 내에서 이루어진 장기간의 인류 진화 결과 구석기 말에 형성된 소위 '조선 옛 유형 사람'을 기원으로 한다고 했다. 이 이론이 1980년대 말 정립된 '조선민족 단혈성(單血性) 기원론'이다.[15] 주체사상

15　이선복, 「민족 단혈성 기원론의 검토」, 『북한의 고대사연구』, 일조각, 1991, 1~24쪽; 「화석 인골 연구와 한민족의 기원」, 『한국사 시민강좌』 32, 2003, 58~61쪽.

에 입각하여 북한정권의 정당성을 담지해 내려는 정치적 목적성에서 출발한 비학문적 접근 방식으로, 역사학 방면에서 한반도 평양 중심의 역사 이론인 '대동강(大同江) 문화론'과 하나로 연동되어 있다. 그 학문적 한계는 명백하다.

3. 1980년대 이후 동북아 고고학의 발달: 한국 민족학 연구의 전환점

앞서 살펴본바 남한학계에서 1960년대~1980년대까지 성행하던 한민족 시베리아 기원설은 1980년대를 기점으로 달라지게 된다. 무엇보다도 단선적 종족 교체설에 대한 원론적 비판이 일었다. 신석기문화에서 청동기문화로의 변화는 이를 담당한 종족의 교체에 의한 결과라기보다는 장기간에 걸쳐 계속되어 온 신석기문화 자체의 발전에다 외부로부터 영향이 더해진 것이라는 문제의식의 발로였다.[16]

이러한 인식의 전환을 가능하게 한 일차 배경은 1980년대 무렵부터 본격화한 동북아 신석기 고고학의 눈부신 성과였다. 이전부터 동북아 각처에서 지속적으로 업데이트되어 왔던 고고학 성과, 특히 신석기시기의 고고학 성과는 1980년대 무렵이 되자 동북아 전체의 문화 흐름상 가장 중요한 발굴 성과로 이어지게 되었다. 이에 동북아 신석기문화를 전체적으로 조망하는 큰 시야가 열리면서 동북아 신석기문화를 단선적인

---

16 이선복, 「신석기·청동기시대 주민 교체설에 대한 비판적 검토」, 『한국고대사논총』 1, 한국고대사회연구소, 1991, 41~66쪽; 이기동, 「민족학적으로 본 문화 계통」, 『신편 한국사』 1, 국사편찬위원회, 2002, 122~123쪽.

전파 관계로 바라보기보다는 각 지역문화 간의 상호 관련성을 추구하는 방향으로 바라보게 되었다. 이러한 변화의 추세 속에서 일방적이고 단선적인 문화 전파론은 더 이상 설 자리를 잃게 되었다.

1980·1990년대 이후 동북아 지역의 고고학 성과들 중에서도 동북아 신석기문화를 바라보는 시각을 새롭게 열어주었을 뿐 아니라 특히 한민족의 기원 문제와 관련해서 중요 시사점을 던져준 성과는 두 지역에서 나타났다. 첫째 흑룡강 일대, 둘째 요서·요동 일대이다.

1980년대 이후 2000년대 초반에 이르기까지 흑룡강·연해주 일대에서 동아시아 최고의 조기 신석기문화가 집중적으로 발굴되었다. 특히 흑룡강 하류 일대의 오시포프카문화(Osipovka Culture: 서기전 11000년~서기전 9000년)에서는 동아시아에서 가장 시기가 올라가는 원시무문토기편 다수가 발굴되었다. 이즈음 전 세계적으로 후빙기의 끝자락에서 급격한 기후 상승이 일어나면서 신석기문화가 개시되었는데, 동아시아 지역에서는 흑룡강 일대에서 가장 먼저 변화가 시작된 것이었다. 이는 동시기 한반도의 끝자락인 제주도 한경면 고산리 유적의 토기편, 또 일본열도 큐슈 지역의 조몬(繩文) 초창기 토기편과 같은 계통임이 밝혀졌고 양자강 일대에서도 동시기의 원시 토기편들이 발굴되었다. 이를 통해 동아시아 조기 신석기인 서기전 11000년 무렵 동시베리아 바이칼호·흑룡강·한반도·양자강 일대·일본열도가 동일 문화권이었음이 밝혀지게 되었다.[17]

17 임효재, 「신석기시대」, 『신편 한국사』 2, 국사편찬위원회, 2002, 306쪽: 최몽룡, 「다원론의 입장에서 본 한국문화의 기원과 시베리아」, 『한·러 공동발굴 특별전 아무르·연해주의 신비』, 국립문화재연구소, 2006, 142쪽.

이러한 발굴 성과를 종합하여 1990년대 오누키 시즈오(大貫靜夫)는 토기 형태를 기준으로 동아시아의 조기 신석기 광대한 문화권역을 구분했고 이러한 구분법은 학계에 널리 수용되었다. 곧 서기전 7000년~서기전 6000년 무렵 기후가 한층 더 온난해지면서 해수면이 크게 상승하고 동북아 전역에서 문명이 크게 확산되는데,[18] 이즈음을 전후하여 동아시아의 토기문화권은 대체로 3지역으로 구분되었다. ① 동시베리아: 첨저(尖底)·환저(丸底) 토기문화권, ② 양자강 이남: 승문(繩文) 환저 토기문화권, ③ 극동: 평저(平底) 토기 문화권이다. 이 중에서도 오누키 시즈오의 주된 관심사였던 ③ 극동 평저 토기문화권은 다시 3지역으로 세분되었다.(〈자료1〉 참조)

  A. 눈강평원·흑룡강 중류: 앙앙계문화·그로마투하문화

    −융기문(隆起紋: 덧무늬) 토기

  B. 흑룡강 하류·연해주·삼강평원: 콘돈문화·말르이쉐보문화·보이스만문화·신개류문화

    −아무르 편목문(編目紋) 토기

  C. 요서·요하평원·요동반도·길장(吉長)지구·압록강: 흥륭와문화·신락하층문화·소주산하층문화·좌가산1기문화·후와하층문화·미송리하층문화

---

18 구석기 말~조기 신석기의 이행 과정은 기후변화와 밀접하게 연결되어 있다. ① 기후 회복기: 서기전 15000년~서기전 7000년, ② 고온기: 서기전 7000년~서기전 3300년, ③ 기후 하강기: 서기전 3300년 이후이다.(장호수, 「신석기시대」, 『신편 한국사』 2, 국사편찬위원회, 2002, 318~319쪽)

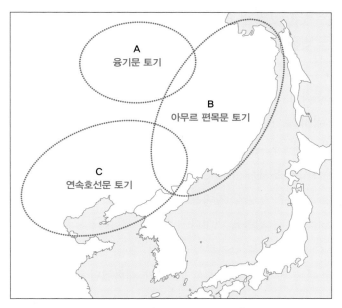

자료1 **동아시아 신석기 '극동 평저 토기문화권' 내 3권역**

　-연속호선문(連續弧線紋) 토기[19]

　물론 '고고학적 문화권역'이 종족 범위와 온전하게 일치하는 것은 아니며 따라서 종족 기원 문제에 대한 절대적 지표가 되는 것은 아니지만 종족의 기원 문제에 대해 중요 시사점을 주는 것은 분명하다. 종족의 기본 출발점은 '혈연' 요소이지만 어차피 이주 등을 통한 혼혈로 인해 순

19　大貫靜夫, 『東北アジアの考古學』, 同成社, 1998: 정한덕, 『일본의 고고학』, 학연문화사, 2002, 64~67쪽: 안승모, 「고고학으로 본 한민족의 계통」, 『한국사 시민강좌』 23, 일조각, 2003, 92~93쪽.

혈이라는 것은 있을 수 없기에 종족 형성에 있어 혈연 요소와 함께 중요해지는 것이 '정신적·문화적 공동체 의식'이요, 이러한 공동체 의식을 보여주는 일차 단위가 문화권역이고 이러한 문화권역은 일차적으로 고고학적 문화권역으로 가시화되기 때문이다.

극동 평저 토기문화권 내 3권역 중에서 A 융기문 토기문화권: 흑룡강 중류 및 B 아무르 편목문 토기문화권: 흑룡강 하류 일대, 곧 흑룡강 일대는 동아시아 일대에서 가장 이른 시기의 조기 신석기문화가 개화한 지역으로 연해주·두만강 일대를 거쳐 한반도의 동해안, 또 남해안 일대에 이르기까지 큰 영향을 미쳤다.

다음 C 연속호선문 토기문화권: 요서·요동 일대는 동아시아 일대에서 가장 이른 시기의 조기 신석기문화가 개화했던 흑룡강 일대보다 문화의 발전이 한참 늦다. 흑룡강 일대에서 서기전 11000년 무렵부터 토기가 나타났다면 이 지역에서는 그 정도로 오랜 토기가 등장하지 않는다. 대체로 후기 신석기인 서기전 7000년~서기전 6000년 무렵부터 문명이 발달하기 시작하는데 특히 요서 지역 흥륭와문화기(서기전 6200년~서기전 5200년)에 이르러 전기적 변화가 생겨났다. 그 대표적인 토기 형태가 '연속호선문 토기'이다. 연속호선문은 지그재그 문양으로 중국학계에서는 '지자문 또는 인자문', 한국학계에서는 '빗살문'으로 불린다. 한국 신석기의 대표 토기인 빗살문 토기는 이 연속호선문 토기의 일종이다.

연속호선문 토기문화권은 요서 홍산문화기(서기전 4500년~서기전 3000년: 전기 서기전 4500년~서기전 4000년·중기 서기전 4000년~서기전 3500년·후기 서기전 3500년~서기전 3000년으로 구분)에 이르면 화려한 채도(彩陶) 위주의 방식으로 달라지게 된다. 특히 홍산문화 중·후기에는 토기 방면 외에 모든 부면에서 문화가 급진전하여, 홍산 사회는 초기 국가 단계인 고국(古國) 단계로 평가되었다. 특히 단·묘·총 유적 및 옥기 유물로 대변되는 전형적인 제천문화가 발달하여, 동아시아 상고문화 더 나아가 세계 상고문화의 원형이라고 하기에 손색없는 모습이었다. 연속호선문 토기권은 홍산문화기에 이르러 앞서 최선진 문명 지역이던 흑룡강 일대를 추월하고, 동북아 일대에서 새로운 최선진 문명 지역으로 부상했던 것이다.

이상 1980년대 이후 동북아 고고학에서는 흑룡강 일대 및 요서·요동 일대 두 지역이 동북아 신석기문화의 양대 중심으로 새롭게 주목되었다. 조기 신석기 흑룡강 일대가 문화의 중심이었다가 후기 신석기 서기전 6000년 무렵이 되자 요서·요동 지역으로 문화의 중심이 옮겨 갔음이 밝혀지게 되었던 것이다.

흔히 만주·한반도 지역 한민족의 토기문화 형태에 대해서는, 조기 신석기 이래의 원시무문 토기·편목문 토기·융기문 토기 등은 흑룡강 문화권의 영향, 융기문 토기 다음으로 등장하는 후기 신석기 빗살문 토기는 요서·요동 문화권의 영향으로 이야기된다.[20] 이는 한민족 문화의 변천 과정, 더 나아가 한민족 기원 문제에 대해서도 많은 시사점을 준다. 첫째, 조기 신석기 이래 주로 흑룡강 일대의 영향을 받았던 점이다. 둘째, 서기전 6000년 무렵부터는 흑룡강 일대의 문화 외에 요서·요동 일대 문화의 영향을 주로 받게 되었던 점이다.

이상 1980년대 이후 흑룡강 일대 및 요서·요동 일대에서 드러난 고

---

20 최몽룡, 「고고학적으로 본 문화계통—문화계통의 다원론적 입장」, 『신편 한국사』 2, 2002, 108~110쪽.

고학 성과를 통해 일제시기 이래의 한민족 시베리아 기원설, 또는 신석기-청동기 종족 교체설 등이 자연스럽게 폐기될 수 있게 되었다. 동아시아 조기 신석기문화가 개시되었던 흑룡강 일대에 대한 이해, 또 후기 신석기문화의 중심지로서 동아시아 상고의 문화원형을 창출했던 요서·요동 일대에 대한 이해에 기반하여 후대에 한민족의 종족적 실체로 알려진 '예·맥·한족'의 문제를 풀어가야 하는 새로운 연구 조건이 마련된 것이었다.

이러한 연구 조건의 변화에도 불구하고 실상은 일제시기 이래의 연구 성과 및 방향에서 크게 나아가고 있지 못한 것이 현재 한국학계의 현실이다. 일례로 일제시기 이래의 '북방의 예맥족과 남방의 한족'이라는 기본 틀을 그대로 계승한 점이 있다. 곧 청동기시대 만주~한반도 중부 이북 지역의 주인공을 예맥족, 한반도 남부 지역의 주인공을 예맥족이 지역화한 한족으로 보며 이러한 예맥족이 고조선을 비롯하여 부여, 진국(辰國) 등 많은 국가를 건설하고 다시 삼국으로 이어지면서 한민족의 근간을 형성했다고 본다.[21] 예맥 동종설, 예맥 이종설이라는 접근 방식, 또 대체로 예맥은 동일 계통 내 다른 갈래로 사회·정치적으로는 구분되지만 종족적으로는 큰 차이가 없다고 보는 인식 등도 일제시기와 같다.[22]

이러한 학계 현실에 더하여 1980년대 이후 중국학계가 요서·요동 일

---

21 이기동, 「한민족의 기원」, 앞의 책, 2002, 123쪽.
22 '예맥 동종설'로는, 이병도, 「玄菟郡考」, 『한국고대사연구』, 박영사, 1976: 김정학, 「중국 문헌에 보이는 동이족」, 『한국사』 23, 국사편찬위원회, 1978: 윤무병, 「예맥고」, 『백산학보』 1, 1963 등이다. '예맥 이종설'로는, 리지린, 「예족과 맥족에 대한 고찰」, 『고조선연구』, 학우서방, 1963: 김정배, 「예맥족에 관한 연구」, 『백산학보』 51, 1968 등이다.

대의 상고문화에 대해 동북공정을 진행하면서 사태는 더욱 복잡해졌다. 동북아 고고학 성과를 통해 한민족의 기원 문제에 새롭게 접근할 수 있는 여건이 마련되었지만 엉뚱하게도 중국 측이 요서·요동 문화의 주인공임을 자처하고 나섬으로써 혼란을 가중시키게 된 것이다. 아래에서 살펴보겠다.

4. 중국의 동북공정과 한국 민족학의 위기

현재 요서·요동 일대 신석기~청동기문화 연구는 중국에 의해 주도되고 있다. 이는 물론 이 지역이 현재 중국령이며 중국이 발굴을 주도했기 때문이기도 하지만 그 기저에는 이 지역 문화가 갖는 세계사적 위상에 대한 중국 측의 탐욕이 자리하고 있다.

요서 지역의 여러 고고문화 중에서도 특히 중·후기 홍산문화(서기전 4000년~서기전 3000년)는 시기나 내용 면에서 동아시아, 더 나아가 세계 상고문화의 원형으로 새롭게 자리매김해 가고 있다. 중국 측은 이를 배타적 중국문화로 독점하고 중국사를 영토·시기·내용 면에서 한 차원 끌어올림으로써 동아시아, 더 나아가 세계문화의 중심 국가가 되고자 했다. 이에 과거 이 지역 문화의 실제 주역이었던 한민족(예맥족) 이하 여진족·선비족·몽골족·흉노족 등 동북방 여러 민족의 역사문화를 중원의 역사문화로 끌어안는 역사공정, 곧 동북공정을 시작했다.

먼저 1980년~1990년대 홍산문화를 중국문명의 원형이자 기원으로 삼아 새롭게 중국사 체계를 잡아나가는 '요하문명론'을 시작했다. 중국 측이 홍산문화를 바라보는 기본 시각은 중국 고대 왕조인 은상 왕조와

연결짓는 방식이었다. 홍산문화의 주된 흐름을 '홍산문화 → 하가점하층
문화 → 은상문화'로 바라본 것이다. 이러한 흐름은 은상문화를 기준으
로 한 것이기에 홍산문화나 하가점하층문화는 '선상문화(은상의 선대 문
화, 황제족 문화)'로 평가되었다. 또한 은상문화의 성격을 '(샤머니즘巫에
기반한) 예제문화'로 바라보기에 홍산문화나 하가점하층문화 역시 같은
성격으로 평가되었다. '홍산문화[선상황제족-선상고국-(샤머니즘에 기반
한) 예제문화]'론은 요하문명론의 기본이 되는 역사인식이다.[23]

중국 측은 요서 지역을 중심으로 요하문명론을 정립하는 한편으로 이
를 요동 지역으로 확대하여 '장백산문화론'을 진행했다. 요하문명론의
요체인 '홍산문화(선상황제족-선상고국-예제문화)'론은 애초 중원이나 요
서 지역에 대한 이론으로 출발했으나 점차 요하문명의 동쪽, 곧 요동·
한반도 지역으로도 확대되었고 이 과정에서 요하문명의 동진 이론으로
서 '장백산문화론'이 등장한 것이다. 요하문명론의 '홍산문화 → 하가점
하층문화 → 은상문화' 계통론은 장백산문화론에 이르러 [홍산문화 →
하가점하층문화→ 은상] → (연·)기자조선 → 위만조선 → 한사군→ 고구
려·부여 → 발해' 계통론으로 확대되었다. 이러한 계통 인식은 요하문
명론의 은상족 중심의 역사인식을 확장한 것으로 연·기자조선은 물론
고구려·부여까지도 은상계 국가임이 강조되었고 한국사는 뿌리에서부
터 말살되었다.[24] 이렇듯 '요하문명론-장백산문화론'의 진행 결과 동북
아 상고문화의 주역으로 화하족(華夏族, 한족漢族)이 내세워지고 한민족

---

23 정경희, 「홍산문화의 제천유적·유물에 나타난 '한국선도'와 중국의 '선상문화'적 해석」,
    『고조선단군학』 34, 2016.
24 정경희, 「중국 요하문명론의 장백산문화론으로의 확대와 백두산의 선도제천 전통」, 『선도
    문화』 24, 2018, 15~19쪽, 19~35쪽.

562 · 백두산문명과 한민족의 형성

은 화하족의 지류로 화하족의 일원일 뿐이라는 논리가 만들어졌다.

　동북아 고고학의 발전으로 한국학계의 민족 기원 문제에 대한 새로운 접근 가능성이 열렸지만 동북공정에 의해 그 가능성이 원천적으로 차단되고 만 것이다. 이러하므로 한민족의 기원 문제를 풀기 위한 첫 단추는 중국 '요하문명론-장백산문화론'의 오류를 밝히는 것이 된다. 아래에서는 중국 동북공정의 굴레에 갇히지 않고 새롭게 한민족의 기원 문제를 접근했던 선구적인 연구 사례, 2건을 살펴보겠다.

5. 단군사화에 기반한 한국 민족학의 등장

　중국 측의 동북공정이 큰 장애이자 걸림돌이 되기도 했지만 한국학계 일각에서는 중국 측의 함정에 빠지지 않고 동북아 고고학 성과를 적극 수용하면서 새롭게 상고·고대사를 조금씩 교정해 가게 되었다.[25] 동북공정은 한국학계에 큰 자극을 주었고 민족문화의 기원, 민족문화의 내용적 실체, 중국문화와의 차이점 등 여러 측면에서 새로운 방식의 접근을 가능하게 했던 것이다. 이러한 가운데 한민족의 기원 문제와 관련해

25　이형구, 「발해연안 석묘문화의 원류」, 『한국학보』 50, 일지사, 1988, 321~322쪽: 「발해연안 빗살무늬토기 문화의 연구」, 『한국사학』 10, 한국정신문화연구원, 1989, 1~76쪽: 윤내현, 『고조선연구』, 일지사, 1994: 한창균, 「고조선의 성립배경과 발전단계 시론」, 『국사관논총』 33, 국사편찬위원회, 1992, 13~33쪽: 복기대, 『요서지역의 청동기시대 문화 연구』, 백산자료원, 2002: 서영수, 「고조선의 국가형성의 계기와 과정」, 『북방사논총』 6, 2006: 이형구, 『발해연안에서 찾은 한국고대문화의 비밀』, 김영사, 2004: 우실하, 『동북공정 너머 요하문명론』, 소나무, 2007: 신용하, 『한국 원민족 형성과 역사적 전통』, 나남출판사, 2005: 임재해, 『고조선문명과 신시문화』, 지식산업사, 2018: 박선희, 『고조선문명의 복식사』, 지식산업사, 2018 등.

서 단군사화에 기반한 새로운 연구 방법론이 등장했다.

한민족의 기원 문제를 단군사화로써 풀어가게 된 것은, 무엇보다도 1980년대 이후 동북아의 고고학 성과가 시기나 내용 면에서 단군사화와 크게 합치되고 있었기 때문이다. 이에 한국학계 일각에서는 기왕의 단군신화를 '신화'가 아닌, '사화(史話)'로써 접근하기 시작했고 더하여 한민족 기원 문제도 단군신화를 대입해서 바라보는 시각이 등장하게 되었다. 대표 논자는 윤내현과 신용하이다.

윤내현은 단군신화 대신 단군사화라는 새로운 개념어를 만들어 사용한 첫 번째 연구자이다. 그는 한민족의 기원 문제를 단군신화에 대입해서 풀어내는 획기적인 시도를 했는데, 다만 단군사화에 나타난 '환웅족·웅족·호족' 3종족 중에서 '환웅족'만을 고조선의 종족, 곧 '조선족'으로 제한하는 모습을 보였다. 곧 '환웅족'에 의해 고조선이 건립되는데 '조선'이라는 명칭은 종족의 명칭인 동시에 나라의 명칭이기도 했기에 종족명을 '환웅족'이 아닌 '조선족'으로 부르는 것이 타당하다고 보았다. 이러한 조선족이 숙신·부여·고구려·옥저·예·맥 등 여러 종족(소국)들을 다스렸는데, 예와 맥의 경우는 고조선의 서부 변경에 자리한 종족(소국)으로 고조선 건국의 중심세력이 될 수 없다고 보았다.[26]

요컨대 단군사화에 나타난 3종족, 그중에서도 환웅족을 중심으로 한민족의 기원을 설명했고 이러한 과정에서 기왕의 '예·맥·한'설은 과감하게 폐기되었다. 그러나 한·중 문헌에 널리 등장하는 '예·맥·한'은 오랜 역사기억을 통해 걸러진 한민족의 종족적 요체이며, 따라서 한민족 기원 문제를 풀어가는 출발점이자 귀결점이 될 수밖에 없다. 그렇게 쉽

---

26 윤내현, 위의 책, 1994, 166~169쪽.

게 폐기될 수 있는 부분이 결코 아니다.

신용하는 단군사화에 나타난 '환웅족·웅족·호족'을 '한족·맥족·예족'으로 연결하는 새로운 시각을 제시했다. 단군사화에 나타난 3종족을 '환웅족=천신족(天神族), 웅족=곰토템족, 호족=호랑이토템족'으로 바라보는 시각은 일제시기 이래 지금에 이르기까지 많은 논자들에 의해 널리 수용되고 있다.[27] 반면 '환웅족=한족, 웅족=맥족, 호족=예족'으로 바라보는 방식은 이와는 별개의 문제로 전혀 다른 차원의 접근법인데, 종래 이러한 인식은 있어왔지만[28] 구체적인 논증으로는 나아가지 못한 상태였다.

신용하는 '환웅족=한족, 웅족=맥족, 호족=예족'이라는 새로운 접근법을 취하는 한편으로 일제시기 이래의 '예·맥·한족' 인식과 절충하는 면모도 있었다. 곧 한반도의 초기 신석기인들 중 대동강 일대를 중심으로 한반도에 정착해서 남은 종족이 한족, 북상하여 요하 동쪽·송화강 등지에 정착한 종족이 예족, 북상하여 요서 대릉하·서랍목륜하 등지에 정착한 종족이 맥족이라고 했다.[29] 일제시기 이래의 '북방의 예맥족과 남방의 한족'이라는 기본 구도를 수용하되 다만 그 영역을 크게 확장한 차이가 있다.

이상에서 1990년대 이후 한민족의 기원 문제를 단군사화와 연결해

---

27 최남선, 「단군고기 잔석」, 『단군신화연구』, 온누리, 1986, 24쪽: 김정배, 「단군조선과 고아시아족」, 앞의 책, 1973, 161~179쪽: 김정학, 『한국상고사연구』, 범우사, 1990, 62쪽: 윤내현, 앞의 책, 1994, 712~713쪽: 임재해, 앞의 책, 2018, 193~198쪽.

28 이성규, 「문헌에 보이는 한민족문화의 원류」, 『신편 한국사』 1, 국사편찬위원회, 2002, 146쪽.

29 신용하, 앞의 책, 2005, 29쪽, 30쪽: 「한국민족의 기원과 형성에 대한 '한'·'맥'·'예' 3부족 결합설」, 『학술원논문집(인문·사회과학편)』 제55집 1호, 2016, 77쪽.

서 새롭게 바라보았던 선구적 연구 두 사례를 살펴보았다. 일제가 한민족 기원 이론의 기본 틀을 제시한 이래 백여 년 가까이 큰 변화 없이 지속되어 온 틀에서 벗어나 1980년대 이후 본격화된 동북아 고고학 성과를 적극 수용하고 그 위에 단군사화까지 더하여 민족 기원 문제를 새롭게 풀어가기 시작하는 변화의 조짐을 보여주는 시도로서 큰 의미가 있다.

6. '맥족–배달국–선도문화'적 시각의 한국 민족학 제안

필자는 중국 측이 주도해 온 동북아 고고학 성과를 중국인이 아닌 한국인의 시각으로 새롭게 검토하는 작업을 진행해 왔다. 그 결과 '요하문명론–장백산문화론'의 기본 시각인 '선상황제족–선상고국–(샤머니즘巫에 기반한) 예제문화'의 허구성을 인지하게 되었고 그 실체가 '맥족–배달국–(샤머니즘이 아닌) 선도문화(仙)'임을 확인하게 되었다. 곧 1980년대 이후 모습을 드러낸 동북아 상고문화의 표지 유적·유물인 단·묘·총 유적 및 옥기 유물 연구를 통해, 서기전 4000년~서기전 2400년경 요동~요서 지역에서 지속된 후기 신석기·동석병용 문화를 맥족(예맥족)이 주도한 배달국의 선도문화(선도제천문화)로 바라보았다.

먼저 요서 지역의 여신묘·여신상 분석, 또 옥기 분석을 통해 홍산문화의 사상·종교적 배경이 샤머니즘(巫)이 아니라 삼원오행론이라는 선도적 세계관에 기반한 선도문화(仙)였음을 밝혔다.[30]

─────────────

30 정경희, 「홍산문화 여신묘에 나타난 삼원오행형 마고7여신과 마고제천」, 『비교민속학』 60,

또한 요동~요서 지역 '적석 단·총'의 시기 및 형태 분석을 통해 배달국 개창 초인 서기전 4000년~서기전 3500년 무렵 요동 백두산 서편 천평 지역에서 '환호를 두른 구릉성 제천시설(3층원단류)' 또는 '3층-원·방-환호'형 적석 단총제로 대표되는 전형적인 선도제천문화가 시작되어 서기전 3500년~서기전 3000년 무렵 요서 대릉하 청구 지역으로 전파, 만개했음을 밝혔다. 요동~요서 적석 단총제의 형태 변화를 기준으로 할 때, ① 서기전 4000년~서기전 3500년: 배달국 전기 → ② 서기전 3500년~서기전 3000년: 배달국 중기 → ③ 서기전 3000년~서기전 2400년: 배달국 후기로의 분기 구분이 가능함도 밝혔다.[31]

또한 서기전 4000년~서기전 3000년경 요동~요서 지역의 '환호를 두른 구릉성 제천시설(3층원단류)' 또는 '3층-원·방-환호'형 적석 단총제가 시간적·공간적으로 확장되어 간 범주 연구를 통해 동북아 상고·고대시기 맥족의 선도제천문화권을 '① 시기: 배달국~고구려 서기전 4000년~600년경, ② 발원지: 요동 천평 지역, ③ 권역: 요동·한반도·요서(넓게는 일본열도 포함), ④ 대표 제천시설: 환호를 두른 구릉성 제천시설(3층원단)에서 시작되어 환호·석성을 두른 구릉성 제천시설(3층원단·적석

2016; 「요서 지역 홍륭와문화기 마고여신상의 등장과 '마고제천'」, 『선도문화』 22, 2017; 「요서 지역 조보구문화~홍산문화기 마고여신상의 변화와 배달국의 '마고제천'」, 『단군학연구』 36, 2017; 「홍산문화 옥기에 나타난 '조천'사상(2)」, 『백산학보』 88, 2010; 「홍산문화 옥기에 나타난 '조천'사상(1)」, 『선도문화』 11, 2011.

31 정경희, 「통화 만발발자 제천유적을 통해 본 백두산 서편 맥족의 제천문화(1)—B.C. 4000년~B.C. 3500년경 '3층원단(모자합장묘)·방대'를 중심으로—」, 『선도문화』 26, 2019; 「홍산문화기 우하량 '3층-원·방-환호'형 적석 단총제의 등장 배경과 백두산 서편 맥족의 요서 진출」, 『동북아고대역사』 1, 2019; 「요동~요서 적석 단총에 나타난 맥족(예맥족)의 이동 흐름」, 『동북아고대역사』 2, 2020.

단·토단·선돌·나무솟대·제천사·고인돌류)로의 다변화'로 바라보았다.[32]

더하여 이러한 선도제천문화권 내에서 '백두산 서편 지역을 축으로 하는 맥족의 요서 진출·정착 및 요동 회귀'라는 순환적 이동 흐름, 곧 '백두산 서편 혼강·압록강 지역 → 대릉하 지역 → 서랍목륜하 지역→ 송화강 지역 → 백두산 서편 혼강·압록강 지역 → 일본열도'로의 이동 흐름이 있었음도 확인했다.[33]

이상의 연구를 이어 본서에서는 맥족의 형성 문제에 집중해 보았다. 계속 살펴온바 서기전 4000년경 배달국 개창과 맥족에 의한 본격적인 선도제천문화의 개시라는 시각, 곧 '맥족-배달국-선도문화'의 시각으로 맥족의 형성 문제를 바라보았으니 한민족 기원 문제에 대한 선행 연구들과 접근법이 다르다. 1980년대 이후 동북아 고고학의 발달로 '맥족-배달국-선도문화'가 드러났기에 맥족의 기원 문제 또한 이러한 시각으로 새롭게 조명한 것이다.

이렇게 1980년대 이후 동북아 고고학 성과에 기반하여 맥족의 형성 문제를 바라보았기에 문헌 면에서도 1980년대 이후 동북아 고고학 성과와 합치되는 문헌으로 한국의 선도사서(仙道史書)에 주목하게 되었다. 선도사서는 동북아 상고시기의 선도적 세계관에 의한 역사인식, 곧 '선도사관(仙道史觀)'[34]에 따라 기술된 역사서이다. 기왕에는 '민족주의 역

32　정경희, 「백두산 서편의 제천유적과 B.C. 4000년~A.D. 600년경 요동·요서·한반도의 '환호를 두른 구릉성 제천시설'에 나타난 맥족의 선도제천문화권」, 『단군학연구』 40, 2019; 위의 글, 『동북아고대역사』 2, 2020; 「동아시아 적석 단총에 나타난 삼원오행론과 선도제천문화의 확산」, 『선도문화』 29, 2020.

33　정경희, 위의 글, 『동북아고대역사』 2, 2020.

34　선도적 역사인식, 곧 선도사관의 특징에 대해서는, 정경희, 「한국선도와 『징심록』」, 『선도문화』 14, 2013 참조.

사인식' 또는 '민족사관' 등으로 호칭되어 왔지만, 1980년대 이후 동북 지역 상고문화의 등장, 중국 측의 동북공정, 동북 지역 상고문화에 대한 한국 측의 인식 진전 등 일련의 과정을 거치면서 민족사상·민족문화의 내용적 실체가 선도사상·선도문화임이 분명해졌기에 민족사관이라는 애매한 표현 대신 선도사관으로 구체화해 보게 된다.

선도사서에서는 동북아 상고 선도문화의 원형기인 배달국·단군조선 시기를 가장 자세하게 다루고 있다. 삼국 이후 유교사관 및 유교사서의 성행 속에서 저류적 역사인식으로 근근이 유통되는 과정에서 탈루·착간(錯簡)·첨입(添入)·오사(誤寫) 등의 문제가 생겨나기도 했지만, 더욱 본질적이고 중요한 사실은 이들이 시기나 내용 면에서 1980년대 이후 동북아 고고학 발굴성과와 그 대체가 합치되고 있다는 점이다. 무엇보다도 홍산문화 단·묘·총 및 옥기는 선도문헌 중의 일·삼론(마고·삼신론, 삼원오행론)이나 선도제천문화로서만이 제대로 해명가능하다. 이처럼 선도 문헌은 1980년대 이후 동북아 고고학 발굴 성과와 대체가 합치되는 유일한 문헌자료로 그 사료적 가치는 한국 사회 일각의 위서(僞書) 논쟁이 무색할 정도이다. 불우한 전승 과정에서 생겨난 한계와 미비점을 조심스럽게 살펴가면서 고고학 성과와 맞추어간다면 동북아 상고문화 복원의 핵심키가 될 수 있다.

이렇듯 동북아 고고학 성과와 맞물려 한국 측 선도사서의 가치가 새로워지고 있는 지금은 중국 문헌에만 의존해서 한민족의 기원 문제를 바라보았던 과거의 태도에서 벗어나 고고학 성과를 기반으로 하여 선도사서 이하 각종 한·중 문헌을 두루 종합하는 방식으로 연구 방향의 전환이 필요하다고 보았다. 본고에서는 이러한 방식에 의거하여 맥족의 형성 문제를 살펴보았다.

2장

배달국의 개창과 백두산 천평문화의 개시

1. 배달국의 중심 권역, 천평: 백두산의 동·서·북

1) 배달국을 언급한 문헌

단군사화에는 동아시아 상고·고대문화의 본령인 선도제천문화의 전승 과정이 잘 온축되어 있다. 단군사화의 주된 화소(話素)인 환웅천왕의 태백산 강림과 신시(神市) 건설, 웅녀의 금기수행과 환골탈태 등은 얼핏 보기에도 전형적인 선도제천문화의 요소들이다. 여기에는 상고시기 선도제천문화를 지녔던 천손족 환웅족이 상이한 문화를 지닌 웅족과 연합하여 선도제천문화를 확장시켜 나간 한민족의 역사적 체험이 압축되어 있는데, 그 압축되어진 시간들을 풀어내면 대체로 환인시대 → 환웅시대 → 단군시대 3시기가 된다.

이상의 3시기 구분법은 선도사서의 시기 구분법과도 일치하는데, 선도사서에서는 '환인시대 → 환웅시대 → 단군시대' 3시기를 '환국(桓國) → 배달국(倍達國) → 단군조선(檀君朝鮮)'이라는 명확한 국가 형태로 기술하여, 단군사화가 단순 신화가 아니라 상고시대 역사의 신화적 표현임을 분명히 보여주었다. 또한 선도사서에서는 선도제천문화의 전승이라는 관점에서 '환국 → 배달국 → 단군조선'의 변화가 갖는 의미를 설명하고 있다.

선도사서들 중에서도 선도제천문화의 가장 오랜 연원을 제시하고 있는 책자는 단연 『징심록(澄心錄)』[『요정징심록연의(要正澄心錄演義)』]「부도지(符都誌)」이다. 여기에서는 '마고성(麻姑城) → 황궁씨(黃穹氏) → 유인씨(有因氏) → 환인씨(桓因氏) → 환웅씨(桓雄氏) → 임검씨(任儉氏) → 부루씨(夫婁氏) → 읍루씨(浥婁氏)'라는 계통 인식을 보였다. 이외에 『환단고기』·『규원사화』를 위시한 대부분의 선도사서들에서는 '환국 → 배달국 → 단군조선'이라는 인식을 보였다.

이상 『징심록』「부도지」·『환단고기』·『규원사화』의 계통론과 역년(曆年) 인식, 또 선도제천문화의 진전 단계에 대한 인식을 정리해 보면, ① (선도제천문화의) 이상기(마고신화, 역사철학): 마고성시대 → ② 기반 조성기: 환국시대: 서기전 7000년~서기전 3900년경 → ③ 본격 보급기: 배달국시대: 서기전 3900년~서기전 2300년경 → ④ 난숙기: 단군조선시대: 서기전 2300년~서기전 200년경이 된다.

선도사서 중 선도제천문화의 단계적 진전에 대해 가장 분명한 기준을 제시한 경우는 『환단고기』이다. 『환단고기』에서는 선도제천문화의 진전 단계를 '조화(造化) → 교화(教化) → 치화(治化)'의 3단계론, 곧 (선도제천문화의 보급 방식이) '기반 조성 → 본격화 → 체제화' 단계를 거치면서 서서히 뿌리내려 갔다고 보았다. 이러한 단계성은 역대 환인·환웅·단군의 통치 방식상의 차이로 풀이하여 '부도(父道) → 사도(師道) → 군도(君道)'로도 설명되었다. 곧 환국은 선도제천문화를 펼치기 위한 문명 기반이 마련된 시기(조화·부도), 배달국은 선도제천문화가 널리 알려지고 문명이 크게 개화한 시기(교화·사도), 단군조선은 선도제천문화가 정치·사회 제도화함으로써 사회 깊숙이 뿌리내린 시기로 바라본 것이다.(치화·군도)[35] 표로 제시하면 아래와 같다.[36]

『징심록』「부도지」		『환단고기』			『규원사화』	선도제천문화 진전 단계
마고성						이상기 (마고신화, 역사철학)
황궁씨	서기전 7000년~ (약 1천 년)	환국 (3301년)	서기전 7199년~ 서기전 3898년	조화기 부도	조판기	기반 조성기
유인씨	서기전 6000년~ (약 1천 년)					
환인씨	서기전 5000년~ (약 1천 년)					
환웅씨		배달국 (1565년)	서기전 3898년~ 서기전 2333년	교화기 사도	태시기	본격 보급기
임검씨	(약 1천 년)		서기전 2333년~ 서기전 1285년 (1048년)			
부루씨		단군조선 (2096년)	서기전 1285년~ 서기전 425년 (860년)	치화기 군도	단군기	난숙기
읍루씨			서기전 425년~ 서기전 238년 (188년)			

자료2 **선도사서류의 한국 상고사 계통 인식**

---

35 정경희, 「배달국 말기 천손문화의 재정립과 '치우천왕'」, 『선도문화』 9, 2010, 249~250쪽; 「동아시아 '천손강림사상'의 원형 연구」, 『백산학보』 91, 2011, 20~21쪽.
36 정경희, 앞의 글, 『선도문화』 22, 2017, 232쪽.

종래 이러한 역사인식은 비합리적 신화적 역사인식으로 논외의 대상일 뿐이었지만, 1970년대 말·1980년대 초 이래 요서·요동 일대에서 상고문화가 본격적으로 발굴되어 세상에 알려지기 시작하면서 고고학 성과와 문헌을 결합하는 방향의 연구가 진행되어 오고 있다. 근래 눈부시게 발달한 동북아 요동·요서 지역의 고고학 성과에다 이상의 시기 구분법을 결합하는 시도가 가능할 수 있었던 것은 이 지역이 예로부터 동이족의 근거지로 알려져 있었기 때문이기도 하지만 더 본질적으로는 고고학 발굴 결과에서 너무나도 분명하게 드러난 선도제천문화적 요소 때문이다. 요동·요서 신석기·청동기문화 전반에서 선도제천문화의 요소가 나타나고 있었던 것이다.

2) 배달국의 개창 배경 및 방향

　　요동·요서 여러 지역 중에서도 선도제천문화적 요소가 가장 선명한 지역은 단연 요서 지역이다. 특히 홍륭와문화기(서기전 6200년~서기전 5200년) 서랍목륜하 일대에서 적석 단·총 및 여신상으로 대변되는 선도제천문화적 요소가 나타나기 시작했다. 필자는 이러한 선도제천문화적 요소들에 주목하고, 이를 단군사화나 선도사서에 나타난 환인시대 또는 환국시대, 9한 64민으로 이루어진 12환국 연맹 중의 지역문화적 전개 양상으로 바라보았다.[37]

　　선도사서에는 환국 말 배달국이 새롭게 개창되는 시대 상황이 간략하게나마 나타나 있다. 곧 '환국 말에 이르러 인구는 늘고 생산은 적어 사람들의 삶이 곤궁해지게 되었다'는 구문이 등장한다. 서기전 11000년

37　정경희, 위의 글, 『선도문화』 22, 2017.

무렵 동아시아 일원에서 신석기문화가 개시된 이래 서기전 7000년~서기전 6000년 무렵이 되자 기후가 한층 더 온난해지면서 해수면이 상승하여 동북아 전역에서 문명이 크게 확산되었음은 앞서 살핀 바이다.[38] 이렇게 인구가 크게 늘어나면서 사회가 한 차례 변화해야 할 전환기를 맞게 되었던 것으로 이해된다.

이러한 변화기를 맞아 환국의 환웅이라는 인물은 환국시대의 느슨한 통치 방식에서 벗어나 시대 변화에 따른 통치 방식의 변화를 꾀하게 되었다. 이즈음 환국은 천산(天山) 지역에 자리하고 있었다고 하는데 지금으로서는 그 정확한 위치를 확인하기는 어렵다. 환인은 환웅의 뜻을 수용하여 새롭게 정치를 펼칠 장소를 물색했다고 하는데, 금악(金岳)·삼위산(三危山)·태백산(太白山)을 두루 살펴본 후 태백산을 '널리 사람들을 이롭게 할 수 있는' 곳, 곧 새로운 다스림을 위한 적지로 판단했다. 환인은 환웅에게 '개천(開天)·제천(祭天), 부권(父權) 확립, 사도(師道)의 수립'을 명했고 신표(信標)로서 천부삼인(天符三印)을 내려주었다.[39]

여기에는 배달국 개창의 방향이 그대로 나타나 있다. 먼저 '개천·제천'은 선도제천문화의 본격적인 보급을 의미한다. '부권 확립'은 모계제 사회에서 부권제 사회로의 변혁을 의미한다. '사도 수립'은 선도제천문화의 본격적인 보급을 주도해 가야 하는 환웅의 역할을 '스승'으로 정해

---

38 장호수, 앞의 글, 2002, 318~319쪽.
39 『太白逸史』神市本紀「朝大記曰 時人多産乏 憂其生道之無方也 庶子之部 有大人 桓雄者 探聽興情 期欲天降 開一光明世界于地上 時安巴堅 遍視金岳三危太白 而 太白可以弘益人間 乃命雄…開天施教 主祭天神 以立父權 扶携平和歸一 以立師道 在世理化 乃授天符印三個 遣往理之」;『三聖紀全』下「桓國之末 安巴堅 下視三危 太白 皆可以弘益人間…誰可使之 五加僉曰 庶子有桓雄 勇兼仁智 嘗有意於易世以 弘益人間 可遣太白而理之」.

준 것이다. 선도제천문화 수립의 관건은 스승을 통한 본격적 교화에 있었기에 스승의 의미를 분명히 하고 스승을 준거 삼는 선도수행문화의 풍토를 진작하게 한 것이었다. 이때 '천부삼인'을 내려준 것은 환인을 이은 선도문화의 정통 계승자가 환웅이라는 의미이다. 선도문화의 정통 계승자로서 환웅이 갖고 있던 선인으로서의 수행력과 사람들을 살리려는 책임의식, 곧 스승으로서의 책임과 역할이 천부삼인으로 상징되고 있었던 것이다. 환웅의 천부삼인은 역대의 환웅들로 이어져 배달국 1565년간이나 전승되었다.(서기전 3898년~서기전 2333년) 역대 환웅들은 천부삼인의 전승자로서 수행과 정치, 곧 정(政)·교(敎) 양 방면의 주재자로서 사도를 지켜갔다.[40]

한국의 단군사화나 선도사서에서는 배달국의 개창주이자 초대 환웅인 거발환(居發桓) 환웅을 '개천(開天)' 시조로 누누이 강조한다. 이때 '개국'이라는 표현 대신 '개천'이라는 표현을 사용한 것은 '선도제천문화의 본격적 개시'라는 의미이다. 실제로 환웅은 배달국의 개창주이자 통치자이기에 앞서 선도수행의 경지에 오른 선인으로 사람들에게 선도제천을 전수하고 선도수행을 가르친 선도 스승, 곧 스승왕(사왕師王)의 모습으로 나타난다.[41]

3) 배달국의 양대 중심 권역: 요동 천평과 요서 청구

환인의 명을 받은 거발환 환웅은 풍백(風伯)·우사(雨師)·운사(雲師)

---

40 정경희, 앞의 글,『백산학보』91, 2011.
41 정경희,「요서 지역 조보구문화~홍산문화기 마고여신상의 변화와 배달국의 '마고제천'」,『단군학연구』36, 2017, 254쪽.

를 위시한 환웅족 3천 명을 거느리고 태백산을 지표로 삼은 후 '흑수(黑水, 현 흑룡강)·백산(白山, 태백산, 현 백두산) 방면으로 나아갔다. 태백산은 개마대산·백산(밝산)·불함산·도태산·태백산·장백산 등 다양한 이름으로도 불리었으며 현재의 백두산이다. 선도사서에서는 환웅이 도래한 백두산 일원을 '천평(天坪)'으로 기록하고 이곳에서 정전제가 시행되었다 했다. 그 내용은 아래와 같다.

> (환웅이) 백산(白山)[백두산(필자 주)]·흑수(黑水)[흑룡강(필자 주)]의 사이에 내려온 후 천평(天坪)에 자정(子井)과 여정(女井)을 긋고, 청구(青邱)에 정지(井地)를 그었다. 천부인(天符印)을 지니고서 오사(五事)[주곡·주명·주형·주병·주선악(필자 주)]를 주관하여 재세이화(在世理化)·홍익인간(弘益人間)했으니 도읍은 신시(神市)요, 국호는 배달(倍達)이다.[42]

곧 환웅족은 백두산 일대로 옮겨 온 후 정전제를 실시하되 자정(子井)·여정(女井)으로 남녀의 성별을 구분했다. 환웅족에 의해 새롭게 혼인제도가 도입됨으로써 모계제 전통에 익숙했던 토착 웅족의 여성들이 비로소 '남녀의 분을 알게 되었다'고 하니[43] 배달국 개창 이후 웅족 사회가 모계사회에서 부계사회로 변화되어 갔음을 알게 된다. 환웅족이 여정 외에 자정을 별도로 획급하여 자정·여정 제도를 시행한 것은 모

---

42 『三聖紀全』上「降于白山黑水之間 鑿子井女井於天坪 劃井地於青邱 持天符印 主五事 在世理化 弘益人間 立都神市 國稱倍達」.
43 『太白逸史』神市本紀「熊氏諸女 自執愚强 而無與之爲歸 故每於壇樹下 群聚以呪願 有孕有帳 雄乃假化爲桓 得管境而使與之婚 孕生子女 自是群女群男 漸得就倫」.

계사회를 부계사회로 바꾸어가기 위한 제도적 장치였던 것으로 여겨진다.

또한 이러한 정전제를 천평 지역에 이어 청구 지역에도 실시했다고 했는데, 천평과 청구의 관계는 어떻게 설명될 수 있을까? 청구 지역은 홍산문화의 중심지로 널리 알려진 요서 '대릉하 일대 및 조양 이북 지역'이다.[44] 현재의 고고학 성과로써 살펴보더라도 이곳은 흥륭와문화 이래 신석기문화가 크게 발달했으며 배달국 문화의 중심 시기인 중·후기 홍산문화, 서기전 4000년~서기전 3000년 무렵에는 세계 신석기문화의 명실상부한 중심이었다. 특히 대릉하와 서랍목륜하 사이에 위치한 교래하(敎來河) 지대는 인구밀도가 가장 높고 번화하여 홍산문화기 최중심 지역으로 평가된다.[45] 또한 대릉하 일대에는 굽이굽이 펼쳐진 대릉하 지류들 사이로 거대한 소도제천지 우하량(牛河梁)·전가구(田家溝)·호두구(胡頭溝)·초모산(草帽山)·동산취(東山嘴) 등이 밀집되어 있었다.

이러할 때 환웅족이 당시 가장 선진 지역이던 청구 지역을 도읍으로 삼지 않고 요하를 넘어 다스리기 어려운 강족(强族)인 웅족과 호족이 살고 있던 백두산 일대 천평 지역을 개척한 것이 다소 의외의 선택으로 여겨진다. 환웅족이 청구 지역이 아닌 천평 지역을 개척한 것은 여러 측면을 두루 고려한 선택으로 이해된다. 곧 환웅족은 입국이념인 선도사상에 따라 선도제천문화를 본격적으로 보급하고자 했기에 기성의 질서와 틀이 강고한 청구 지역보다는 새로운 변화의 여지와 가능성을 가진

---

44 『山海經』海外東經「青邱國在其北 其狐四足九尾 一曰在朝陽北 其人食五穀 衣絲帛」.

45 劉國祥, 『紅山文化研究』上, 2015, 26~32쪽.

땅이 필요했고 이에 멀리 백두산 일대, 문명의 수준은 높지 않지만 강인한 종족 성향으로 변화와 발전의 가능성이 높은 종족인 웅족을 선택한 것으로 이해된다.

또 한 가지 중요한 이유로 흑룡강 일대의 신석기문화권을 경영하기 위한 목적이 있었던 것으로 보인다. 흑룡강 일대는 서기전 11000년 무렵 가장 이른 시기의 신석기문화가 개화된 곳이면서 서기전 7000년~서기전 6000년 이후에도 여전히 동아시아 신석기문화의 일축으로 번성하고 있었기 때문에 환웅족으로서는 이 지역에 대한 경영도 요서 지역 못지않게 중요했을 것임에 분명하다. 흑룡강 일대의 문화에 강하게 반영된 홍산문화적 요소에서 이러한 사실을 확인해 보게 되는데 이에 대해서는 별고를 통해 자세하게 살펴보겠다. 요컨대 백두산 지역은 요서 지역과 흑룡강 지역의 중간 요로에 위치하여 동북아 전역을 두루 경영하기에 매우 적합한 곳이었다.

이렇듯 환웅족은 천평 지역에 도읍 신시를 조성했고 청구 지역은 천평 지역과 함께 공동 경영하는 방식을 취했다. 천평과 청구를 배달국의 동·서 양대 중심으로 삼아 청구·천평·흑룡강 일대를 두루 경영했던 것이다.

배달국의 정전제와 관련해서는 '일정(一井)을 4가구가 사용하며 20분의 1세가 시행되었다'는 기록,[46] 또 '신시의 구정(邱井)·균전(均田)의 유제(遺制)가 은(殷) 기자(箕子)의 홍범(洪範)사상으로 이어지고 또 고조선 단군왕검의 태자 부루의 오행치수법(五行治水法)과 황제중경(黃帝中經)

---

46 『太白逸史』三韓管境本紀 馬韓世家上「自是蘇塗之立 到處可見 山像雄常 山頂皆有 四來之民 環聚墟落 四家同井 二十稅一」.

사상으로 이어지게 되었다'는 기록[47]이 있다. 또한 중국 전국시대의 인물인 맹자의 경우 당시 단군조선을 의미하는 '맥(貊, 貉)[또는 대맥大貊·소맥小貊]'의 정전세법에 대해 20분의 1세라 하여 중국 요순의 정전세법(9분의 1세)보다 훨씬 가벼운 세법으로 기록하고 있어[48] 고유의 정전제 및 20분의 1세법의 존재를 증명해 주고 있으며, 더 나아가 이것이 중국으로 전해진 이후 훨씬 무거운 세법으로 바뀌었음을 보여주었다.

천평과 청구의 관계에 있어 또 한 가지 기억해야 할 점으로, 배달국 말기 14대 치우천왕대에 이르러 청구 지역에서 가까운 중원 지역에서 전쟁이 잦아지자 중원 일대를 안정시키기 위해 천평에서 청구로 도읍을 옮겼던 점이 있다.[49] 배달국문화가 주로 서·남 방면으로 널리 전파되어 갔기에 배달국의 중심 또한 서서히 동 천평에서 서 청구로 옮겨 가게 되었던 것이다.

이상에서 배달국의 양대 중심 권역이 요동 천평 지역과 요서 청구 지역이며, 양 지역 중에서도 요동 천평 지역에 도읍이 자리했음을 살펴보았다. 이제부터는 천평 지역의 구체적인 범위에 대해 살펴보겠다. 현재의 시점에서 배달국시대 천평의 위치를 정확하게 규명한다는 것은 실로 불가능한 일로 여겨질 수도 있지만 다행히도 백두산 일대에는 천평이라

---

47 『太白逸史』神市本紀「後復爲箕子之陳洪範於紂王者 亦卽黃帝中經五行治水之說 則蓋其學 本神市邱井均田之遺法也」.

48 『孟子』告子下「白圭曰吾欲二十而取一何如 孟子曰 子之道貉道也 萬室之國一人陶 則可乎 曰不可 器不足用也 曰夫貉五穀不生 惟黍生之 無城郭宮室宗廟祭祀之禮 無諸侯幣帛饔飧 無百官有司 故二十取一而足也 今居中國 去人倫無君子 如之何其 可也 陶以寡 且不可以爲國 況無君子乎 欲輕之於堯舜之道者 大貉小貉也 欲重之 於堯舜之道者 大桀小桀也」.

49 정경희, 앞의 글, 『선도문화』 9, 2010, 235~236쪽.

는 지명이 조선시대는 물론 지금까지도 면면히 남아 전해져 오고 있다. 시간이 흐르면서 백두산 일대에서 펼쳐졌던 배달국 역사의 구체적인 사건들은 망실되었지만 배달국 역사의 요체가 담긴 지명 등은 사라지지 않고 남게 된 현상이다.

조선시대 천평에 대한 기록을 전하고 있는 문헌으로는, 조선 후기 함경도 경성의 문인 박종(朴琮)의 「백두산유록(白頭山流錄)」(1764), 정조대 문인 성해응(成海應)의 『동국명산기(東國名山記)』(정조 연간), 정조대 함경도 경흥부사(慶興府使)를 지낸 홍양호(洪良浩)의 「백두산고(白頭山考)」 등이 있다.

① 백두산 아래 끝없이 광활한 곳을 천평(天坪)이라고 한다. _『당주집(鐺洲集)』「백두산유록(白頭山流錄)」[50]

② 백두산의 동·서·북은 모두 천평이다. _『동국명산기(東國名山記)』[51]

③ 두강(豆江)과 토문강 북쪽, 압록강과 파저강(波瀦江)[혼강(필자 주)]의 서쪽, 혼동강(混同江) 좌우의 땅이 천평이 아님이 없다. _『이계집(耳溪集)』「백두산고(白頭山考)」[52]

---

[50] 『鐺洲集』권14 流錄 白頭山流錄 5월 24일 을해「蓋白頭之下 莽瀾無際者 曰天坪」.
[51] 『東國名山記』記關北山水 白頭山「山之東西北 皆天坪」.
[52] 『耳溪集』耳溪外集 권12 白頭山考「自長坡至分水嶺 地勢平夷 通謂之天坪 而天坪之上 已見高山大嶽 皆在膝下 自分水至絶頂 又直上八九里 其高也旣如此 天坪之在我地者 無慮數百里 且豆江土門之北 鴨綠波瀦之西 混同左右之地 無非天坪 而天坪無非白山 其廣也又如此 往往大池散布於天坪四面臨望 燦燦若星宿之羅列」.

1. 「북방강역도」

2. 「대동여지도」

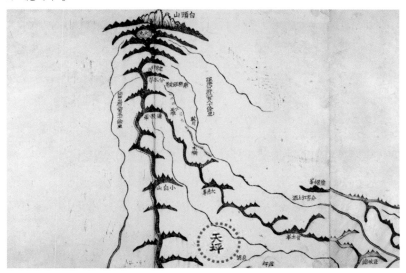

자료3 고지도에 나타난 백두산 '천평' 지역

위의 기록들을 잘 살펴보면 천평은 '백두산의 동·서·북 일대'에 대한 총칭이며, 구체적으로는 현재의 서북 양간도를 지칭한 것임을 알게 된다.[53]

이러한 지리적 범주 외에 구체적인 지명으로 남은 사례도 있다. 가령 백두산 삼지연의 동북 방면으로 단군왕검이 신정(神政)을 행했다는 신무성(神武城) 지대가 있다. 신무성 지대를 지나 원지(圓池)에 이르는 일대는 높이 1,500m, 반경 30km의 광막한 평탄면인데 예부터 '천리천평(千里天坪)'으로 일컬어져 왔다.[54] 18세기 「북방강역도」나 19세기 「대동여지도」(1861)에도 삼지연 동북쪽으로 '천평'이라는 지명이 나타나 있다.(〈자료3〉)

또한 백두산 동북쪽 기슭에서 바로 두만강을 건넌 지역인 화룡(和龍) 일대에는 '하천평(下天坪)'이라는 지명이 지금까지도 남아 있다.(현 중국 길림성 연변조선족자치주延邊朝鮮族自治州 화룡시和龍市 하천평촌下天坪村) 이상에서 배달국 개창 초 환웅족이 백두산 일대에 이르러 새롭게 개척한 천평 지역이 대체로 백두산의 동·서·북 일대에 대한 지칭이었음을 살펴보았다.

2. 천평 권역의 으뜸 소도제천지, 신시(신밝·신불): 백두산

앞서 천평 지역이 백두산의 동·서·북 일대였음을 살펴보았다. 본절

---

53 최남선 저·임선빈 역, 『白頭山觀參記』, 경인문화사, 1927(2013), 119쪽.
54 최남선 저·임선빈 역, 위의 책, 1927(2013), 127쪽.

에서는 천평 지역의 으뜸 소도제천지가 백두산 신시(神市, 신불·신밝)였음을 살펴보겠다. 선도사서에서는 천평 지역의 중심 소도제천지로 백두산 내 신단수터, 곧 '신시'를 들고 여기에서 소도제천의 풍습이 비롯되었다고 했다.

> 환웅이 무리 삼천을 이끌고 처음으로 <u>태백산(太白山)[백두산(필자 주)] 신단수(神檀樹) 아래로 내려오니 이를 신시(神市)라 한다.</u> … 대개 환웅천왕의 처음 내려옴이 이미 이 산에서 시작되었으며 또한 이 산은 신주(神州)의 왕들이 일어난 신령스런 땅이다. <u>소도(蘇塗) 제천(祭天)의 고속(古俗)이 이 산에서 비롯되었고</u> 예부터 환족(桓族)의 숭경하는 마음 역시 이 산에서 비롯되었으니 심상치 않다. 또한 이곳의 새와 짐승들도 모두 신화(神化)를 입어 편안하게 깃들고 일찍이 사람을 해하지 않으며 사람들도 산에 오를 때에 감히 똥오줌을 누어 더럽히지 않았으니 언제나 만세에 공경히 지켜갈 표상이 되었다.[55]

환웅족이 천평 지역으로 옮겨 온 것을 상징적으로 표현하여 '환웅이 무리 삼천을 거느리고 백두산 신단수 아래로 내려왔다'고 표현한 것은 천평 지역 최고의 소도제천지로서 백두산의 위상과 상징성을 잘 보여준다. 현재 환웅시대 백두산 일대의 신단수터, 곧 소도제천지의 위치는 정확하게 알 수 없다. 관련 유적이 확인되지 않았기 때문이며, 더하여 백

---

55 『太白逸史』神市本紀「雄率徒三千 初降于太白山神檀樹下 謂之神市…蓋桓雄天皇之肇降 旣在此山 而又此山 爲神州興王之靈地 則蘇塗祭天之古俗 必始於此山 而自古桓族之崇敬 亦此山始 不啻尋常也 且其禽獸悉沾神化 安棲於此山 而未曾傷人 人亦不敢上山 溲溺而瀆神 恒爲萬歲敬護之表矣」.

두산 자체가 활화산으로 간헐적인 폭발 현상이 있어왔던 점도 생각해 보게 된다.[56] 다만 선도사서에는 백두산 내 '봉래(蓬萊)·방장(方丈)·영주(瀛洲)'라는 세 성소(聖所)에 대한 기록이 나타나 있다.

> 봉래(蓬萊)는 뭉게구름이 일면서 잡초가 우거진 자리로 환웅이 하늘로부터 내려온 곳이다. 방장(方丈)은 사방 한 길이 되는 전각인데 소도가 있는 곳이다. 영주(瀛洲)는 바다가 둘린 섬 모양인데 천지(天池)의 물이 나오는 곳이다. … 그러나 더욱 황탄한 것은 삼신의 근본을 알지 못하여 금강산이 봉래, 지리산이 방장, 한라산을 영주라 하는 것이다.[57]

이들 3곳의 성소가 실제 배달국 개창 초 백두산 내 소도제천지의 상황을 반영한 것인지는 알 수 없다. 다만 분명한 것은 이 기록이 쓰일 때까지만 하더라도 백두산 내 환웅천왕의 도래를 기념하는 장소(봉래), 제천건물지(방장), 천지의 발원처(영주) 3곳의 성소가 있었다는 인식이 남아 있었던 점이다. 백두산 천지 주변을 소도제천지로 신성시하는 인식은 현재의 한국 사회도 그렇지만 조선시대에도 널리 확인이 된다. 대표적으로 19세기 「함경도」 지도에는 백두산 산정의 대택(大澤, 천지天池)

---

56 후기 신석기 이래 백두산의 화산 폭발 시기는 대체로 아래와 같다. 1차: 서기전 8240년 전후, 2차: 서기전 6990년 전후, 3차: 서기전 6460년 전후, 4차: 서기전 5040년 전후, 5차: 서기전 3790년 전후, 6차: 서기전 3550년 전후, 7차: 서기전 2770년 전후, 8차: 서기전 2160년 전후, 9차: 서기전 1840년 전후, 10차: 서기전 1540년 전후, 11차: 서기전 1000년 전후 등이다.(우실하, 『고조선문명의 기원과 요하문명』, 지식산업사, 2018, 163~165쪽)

57 『太白逸史』 神市本紀 「燕齊海上怪異之方士…又復推演附會曰 三神山是蓬萊方丈瀛洲 在渤海中云云…實則非三神山各在三島山也 蓬萊蓬勃萊徑之處 卽天王所降 方丈四方一丈之閣 卽蘇塗所在 瀛瀛環洲島之貌 卽天池所出…然尤其荒怪者 不知三神之源委 而乃金剛曰蓬萊 智異曰方丈 漢挐曰瀛州 是也」.

자료4 19세기 「함경도」 지도 중 백두산 소도제천지 표식, '천년단목'

주변에 '천년단목(千年檀木)'이 그려져 있다.[58] 이는 백두산을 3성소가 있는 소도제천지로 지목한 선도사서의 기록과 통한다.

신시는 천평 지역에 자리한 '배달국의 백두산 소도제천지' 개념으로 사용되었지만, 다른 한편으로는 천평 지역에 자리한 '배달국의 도읍' 개념으로도 사용되었다. 협의의 신시는 백두산 소도제천지를 지칭하지만 광의의 신시는 백두산 소도제천지 신시를 중심으로 하는 천평 지역의 도읍지, 더 나아가서는 천평 권역의 의미로도 사용되었던 것이다. 구체적인 장소를 지목한 협의의 개념이 광의의 권역 개념으로 확장되었음은

---

58 2006년 이찬 씨가 서울시에 기증한 고지도첩 중 '함경도' 지도이다. 천하도, 중국도, 일본도, 조선전도, 도별도, 유구도 등 13장으로 구성된 채색필사본이다. 1795년에 개칭된 경기도 시흥(始興), 1800년도에 개칭된 함경도 이원(利原) 등이 반영되어 있어, 1800년 이후에 제작된 지도로 이해된다.(서울역사박물관 편, 『(이찬 기증) 우리 옛지도』, 2006, 129쪽)

배달국의 입국이념인 선도제천문화를 상징하는 백두산 신시의 의미가 그만큼 컸던 때문이다.

백두산의 원래 이름인 '태백(太白)'은 '한(太)+밝(白), 큰 밝음'의 의미로, 모든 존재의 본질인 우주의 근원적 생명력으로서의 기에너지, 곧 '일기·삼기'의 속성인 '빛, 밝음'을 의미한다. '일기·삼기'의 '한밝, 큰 밝음'을 인격화한 표현이 '하느님(一褐)·삼신(三褐),[59] 마고·삼신'이므로 백두산은 '삼신산(三神山, 원래는 三褐山)'으로도 불리었다.[60] 따라서 백두산의 주재신은 주로 삼선녀(三仙女) 또는 백의성모(白衣聖母)와 같은 여신으로 나타난다. 이러한 여신 전통은 후대 불교와의 습합 과정을 거치면서 백의관음(白衣觀音)으로 변모되어 갔다.

여신 외에 호랑이를 부리는 남성 산신(산신아비·산신야)이 거론되기도 하는데 배달국시대 마고제천의 주재자였던 환웅천왕의 신격화이며, 불교와의 습합 과정에서 문수보살(文殊菩薩)로 변모되어 갔다.[61] '백두산-환웅천왕-문수보살'의 관계를 정확하게 보여주는 자료로 고려 중기 선가 묘청(妙淸)이 건립한 서경(西京) 팔성당(八聖堂)에 제일 위로 모셔진 신격이 '호국백두악태백선인(護國白頭嶽太白仙人), 실체는 문수사리보살(文殊舍利菩薩)'이라는 기록이 있다.[62] 이 경우는 백두산의 신격으로 여

---

59 한국선도의 '하느님'은 애초 한자로 '신(褐, 하느님 신)'으로 표기되었다. 후대에 이르러 선도문화의 쇠퇴 과정에서 사어화하고 대신 유사한 한자로 '귀신 신(神)'자의 사용이 일반화되었다.(정경희, 「한국선도의 '삼신하느님'」, 『도교문화연구』 26, 2007, 44~45쪽 참조)

60 『太白逸史』 神市本紀 「太白山 獨壓崑崙之名 亦有餘矣 古之三神山者 卽太白山也 亦今白頭山也」.

61 정경희, 앞의 글, 『선도문화』 24, 2018, 48~49쪽.

62 "내시(內侍) 이중부(李仲孚)를 보내어 서경(西京) 임원궁(林原宮)에 성을 쌓고 팔성당(八聖堂)을 궁궐 안에 설치했으니, 첫째는 호국백두악태백선인 실덕 문수사리보살(護國白頭嶽太白仙人 實德 文殊師利菩薩)이고…".(『高麗史節要』 권9 인종 9년 8월): "김안

신 마고 계통(삼선녀·백의성모·백의관음)이 아닌 남신 환웅 계통을 내세운 경우이다.

이처럼 백두산의 신격 자체가 '한밝, 큰 밝음'이기에 필자는 '신시'의 우리말 어원이 '신(하느님禮)+밝(불, 생명氣의 3대 요소인 빛·파동·소리 중의 빛)'으로 '하느님의 밝음, 우주의 근원적인 생명(氣)의 빛'의 뜻을 지닌 것으로 보았다. 이러한 우리말 '신밝·신불'이 한자로 표기되는 과정에서 '신(神)+불(市)'로 표기되었지만, '市(초목무성할 불: 巾부 1획)'이 '市(저자 시: 巾부 2획)'와 글자 모양이 비슷하여 최종적으로 '신시(神市)'로 귀착되었다고 보았다. 필자 외에도 여러 논자들이 '시(市)'의 원 글자가 '불(市)'임을 지적한 바 있지만, 정작 '불'의 의미에 대해서는 '무성한 초목'으로 보거나[63] '물리적인 햇빛'으로 보았다.[64] 반면 필자는 선도적 시각에서 '생명(氣)의 빛'으로 바라보았다.

우리말 한밝 또는 신밝(불)에서 알 수 있듯이 백두산의 소도제천지는 본질적으로 제천을 통해 사람 속의 '빛·밝음'을 살려내는 선도수행처였고, 이러한 전통은 후대까지 이어지고 있었음이 확인된다.

(金安) 등이 아뢰어 임원궐(林原闕) 안의 팔성(八聖)에게 치제하기를 청했다. 정지상(鄭知常)이 그 제문을 지어 이르기를…그 사이에 여덟 명의 선인을 모시고 백두(白頭)를 받들어 시작으로 삼았으니 빛이 밝게 살아있는 것 같고 신묘한 작용이 눈앞에 나타나는 것 같으니 황홀하옵니다."(같은 책, 권9 인종 9년 9월)

63 이성규, 「문헌에 보이는 한민족문화의 원류」, 앞의 책, 2002, 157~158쪽.
64 해를 강조하다 보니 신까지도 해로 풀이해 신불의 원래 우리말이 '해불'이라고도 했다.(임재해, 앞의 책, 2018, 448~449쪽, 644쪽) 한민족의 고대 사상·종교를 태양 신앙으로 바라보았기 때문이다. 그러나 한민족의 선도 전통에서 밝음이란 기(氣)가 지닌 빛의 속성을 의미한다. 또한 근원적인 기는 태양이 아닌 북두칠성 근방의 하늘에서 나오는 것으로 인식된다.

먼저 단군조선시기 단군이 직접 백두산에서 제천한 기록,[65] 또는 단군
이 보낸 사자(使者)가 백두산에 올라 제천한 기록이 있다.[66] 또 고구려
시기에는 선가 을지문덕(乙支文德)이 백두산에 올라 10월 제천을 행했
던 기록이 있다.[67] 고구려를 계승한 발해 역시 백두산을 성산으로 삼았
다. 발해 개창주 대조영(大祚榮)은 태백산 영궁(靈宮) 안에 제단을 쌓아
제천했으며[68] 3대 문왕 대흠무(大欽茂)는 왕실 장서각인 영보각(靈寶閣)
에 있던 고구려판 『삼일신고(三一神誥)』가 전란에 사라질 것을 염려하여
백두산 보본단(報本壇) 돌상자에 옮겨 보관했다.[69] 이상의 기록은 발해
초까지도 백두산에 제천건물지(영궁) 및 제천단(보본단)이 자리하고 있
었음을 알려준다.

발해시대 백두산이 얼마나 신성시되었는지는 3대 문왕대 국상(國相)
임아상(任雅相)의 '삼천궁(三天宮)' 사상에서 단적으로 드러난다. 임아상
은 『삼일신고』 천궁훈(天宮訓)의 각주를 달면서 3개의 천궁으로 ① 천
상 천궁, ② 지상 천궁, ③ 사람 속 천궁을 들었다. 선도 전통에서 ① 천
상 천궁은 일기·삼기가 시작되는 북두칠성 근방의 한 지점을 의미한다.
② 지상 천궁은 다름 아닌 백두산으로 '태백산의 남·북 마루가 신국(神

---

65 『檀君世紀』四世檀君 烏斯丘 元年「冬十月 北巡而回到太白山 祭三神 得靈草 是謂
   人蔘 又稱仙藥」; 十五世檀君 代音「丁未二十八年 帝登太白山立碑 刻列聖群汗之
   功」.
66 『太白逸史』三韓管境本紀 馬韓世家下「於是 帝(檀君索弗婁) 擇齋七日 授香祝于黎
   元興 至十六日早朝 敬行祀事于三韓大白頭山天壇」.
67 『太白逸史』高句麗國本紀「乙支文德…每當三月十六日 則馳往摩利山 供物敬拜而
   歸 十月三日則登白頭山祭天 祭天乃神市古俗也」.
68 『檀君敎五大宗旨書』.
69 『三一神誥』「三一神誥奉藏記」.

國, 하느님나라)으로 이곳에 신이 강림한 곳이 천궁이다'는 인식이다.[70]
③ 사람 속 천궁은 머릿골(뇌)이다. 사람의 몸을 신국으로 보며 이 중 머릿골을 천궁으로 인식하는 것이다.

　발해 이후 한민족은 만주를 상실했지만 백두산의 위상은 여전했다. 후신라에서 성행한 오대산 신앙에서 오대산이 백두산의 영험함을 이어받은 산으로 포장된 점,[71] 고려 태조 왕건의 가계가 백두산을 출원으로 표방한 점,[72] 고려 인종대 정지상 등이 백두선인에게 치제한 점[73] 등이 그러하다. 다만 유교국가인 조선시대에 이르러서는 그 위격이 현저히 약화되어 유교적 산천(山川) 제사의 대상이 되었다.

　백두산에서 선도수행 전통을 이어가던 선파(仙派)의 존재도 확인된다. 곧 19세기 말·20세기 초 백봉신사(白峰神師)를 위시한 13인의 선인들은 1904년 음력 10월 3일 백두산 대숭전(大崇殿) 고경각(古經閣)에서 『단군교포명서(檀君敎布明書)』를 반포하고 만주·몽골·일본 등지에 포교원 20인을 파견했다. 선도, 곧 단군교 중광의 중심인물로 홍암 나철을 선택한 후 1906년부터 수 차례 나철을 만나 『삼일신고』·『신사기(神事記)』·『단군교포명서』 등을 전하여 단군교에 입교시켰고, 종내 1909년 대종교 개창(중광)을 이끌어냈다. 그들이 전한 서책 중 『신사기』는 발해 문왕대 백두산 보본단 돌상자에 비장해 둔 것을 백봉신사가 찾

70　『三一神誥』天宮訓 任雅相注「天宮 非獨在於天上 地亦有之 太白山 南北宗 爲神國 山上神降處 爲天宮」.

71　『三國遺事』卷3 塔像4 臺山五萬眞身「此山乃白頭山之大脈 各基眞身常住之地」.

72　『帝王韻紀』卷下 本朝君王世系年代「聖骨將軍 諱虎景 今九龍山天王也 初自白頭山率九人 遊獵而來」.

73　주62와 같음.

아낸 것이라 한다.[74] 백봉신사 선파는 고구려-발해의 선도 전통을 계승하고 있었던 것이며 이러하므로 대종교의 역사인식에서 백두산의 비중은 대단히 높다.

1900년대 백봉신사 선파의 존재로써 바라볼 때, 1906년 무렵 백두산 천지가의 팔각형 건물지 종덕사(宗德寺)가 백봉신사 선파와 유관한 제천건물지였음을 알게 된다. 2009년 북한의 월간화보 『조선』 9월호에서는 1906년 백두산 천지 주변에 세워졌던 종덕사의 옛 사진을 공개했다. 종덕사 건물은 목제로 방이 무려 99칸이며 가운데에 내당이 있고 그 둘레로 8칸, 16칸, 32칸, 즉 2배씩 늘어나게 된 3중 8각 방식이었다 한

---

74 조준희, 「백봉신사의 도통 전수에 관한 연구」, 『선도문화』 1, 2006 참조.

다.[75] (〈자료5〉) 특히 선도제천 전통과 관련하여 주목할 것은 팔각형의 건물 양식이다. 팔각형은 대표적인 삼원오행 표상으로 신라 나정의 팔각신궁, 고구려 환도산성의 쌍팔각신궁 등에서 알 수 있듯이 전형적인 제천건물지 양식이었다.[76] 현재 중국 측은 장백산문화론에 따라 백두산 신앙을 만주족계 중국문화로 몰아가며 종덕사에 대해서도 중국도교식 팔괘 신앙이 행해진 팔괘묘(八卦廟)로 해석한다.[77] 필히 중국도교계가 아닌 한국선도계 제천건물지로 교정되어야 할 것이다.

75 「北잡지, 백두산천지 종덕사 옛 사진 공개」, 『연합뉴스』, 2009년 9월 22일자.

76 정경희, 「신라 '나얼(奈乙, 蘿井)' 제천유적 연구」, 『진단학보』 119, 2013; 「신라 '나얼(奈乙, 蘿井)' 제천유적에 나타난 '얼(井)' 사상」, 『선도문화』 15, 2013 참조.

77 「八卦廟的由來與傳說」, 『每日頭條』, 2017년 7월 17일자.

3장
천평 권역의 도읍, 신주 비서갑과 통화 지역

---◯⊂◯⊃◯---

1. 신주 비서갑과 발해시대 신주의 위치

앞서 환웅족이 백두산에 소도제천지 신시를 조성한 후 이를 중심으로
천평 권역을 경영했음을 살펴보았다. 본절에서는 천평 권역 중에 자리
한 배달국의 도읍지 문제를 살펴보겠다. 앞서 신시가 좁은 의미에서 백
두산 소도제천지를 뜻하지만 배달국 으뜸 소도제천지로서의 상징성으로
인해 천평 지역의 도읍이라는 의미로 확대 사용되기도 했음을 살펴보았
다. 선도사서 중에는 천평 지역의 도읍이라는 의미로 신시 외에 '신주
(神州)'라는 용어도 나타난다. 아래와 같다.

> 대개 환웅천왕의 처음 내려옴이 이미 이 산[백두산(필자 주)]에서 시작되
> 었으며 또한 이 산은 신주(神州)의 왕들이 일어난 신령스런 땅이다.[78]

---

[78] 『太白逸史』神市本紀「蓋桓雄天皇之肇降 旣在此山 而又此山 爲神州興王之靈地」.

곧 배달국 천평 권역 중에서도 특정 지역을 '신주'로 지칭하고 이곳에서 환웅천왕 이래 왕들이 계속 이어졌다고 했다. '배달의 개창주 환웅천왕 이래 왕들이 일어난 신령스러운 땅'으로 표현된 신주는 배달국의 도읍지로 볼 수 있다. 배달국 천평 권역, 곧 백두산 동·서·북 산록 일대 중에서 배달국의 도읍지 신주의 위치는 어디인가?

필자는 우선적으로 토착 웅족의 터전에 주목해 보아야 한다고 생각한다. 배달국 개창과 함께 소수의 이주세력 환웅족과 다수의 토착세력 웅족이 결합하여 천평 권역을 개척했다면, 천평 권역의 중심지 신주는 다수의 토착세력이 살고 있던 웅족의 터전이 될 수밖에 없는 이유이다. 선도사서 중에는 웅족의 터전에 대한 기록, 또 환웅족과 웅족의 연맹 방식에 대한 중요한 기록이 실려 있다.

> 후에 웅녀군(熊女君)은 천왕(天王)[환웅천왕(필자 주)]의 신임을 얻어 비서갑(斐西岬)의 왕검(王儉) 자리를 세습했다. 왕검의 속언은 '대감(大監)'이며 영토를 지키고(관경管境) 백성들을 구제했다.[79]

곧 환웅족의 제일 연맹세력인 웅족의 여성 통치자 웅녀군이 비서갑 지역의 왕검을 대대로 세습했다고 했는데, 이 기록은 두 가지 중요한 사실을 알려준다. 첫째 웅녀군으로 상징되는 웅족의 터전이 '비서갑(斐西岬)' 지역이었고, 둘째 비서갑 웅족의 수장 웅녀군이 비서갑 지역의 '왕검(王儉)', 곧 환웅의 후왕(侯王)으로서의 지위를 세습했음을 보여준다.

---

79 『太白逸史』三韓管境本紀「後熊女君 爲天王所信 世襲爲斐西岬之王儉 王儉俗言 大監也 管守土境 除暴扶民」.

천평 권역 및 청구 권역을 양대 중심으로 하는 배달국 전 강역의 통치자는 환웅천왕이었지만 천평 권역 중 비서갑 지역에는 웅녀군으로 대표되는 웅족이 환웅천왕의 핵심 보위세력으로 자리하고 있었음을 알 수 있다. 비서갑 지역이 천평 권역의 중심지였음은 '환웅천왕이 비서갑에서 제천했다'는 아래의 기록에서도 확인된다.

> 태백산(太白山)[백두산(필자 주)]이 북쪽으로 뻗어 높이 솟은 비서갑(斐西岬) 땅에 강을 등지고 산을 안고 또 빙 둘린 곳이 있으니 대일왕(大日王)[환웅천왕(필자 주)]께서 제천한 곳이다. 전하기를 환웅천왕께서 순행하시다가 이곳에 머물러 사냥하여 제천했다 한다. 풍백(風伯)은 천부(天符)를 거울에 새겨 나아가고 우사(雨師)는 북을 치며 환무(環舞)를 추며 운사(雲師)는 밝검(백검佰劍)으로 섬돌을 지켰으니 천제께서 산으로 나아가는 의장(儀仗)이 이처럼 성대했다. 이 산 이름을 불함(不咸)이라 하고 지금은 또한 완달(完達)이라 하니 음이 비슷하다.[80]

이렇게 선도제천문화의 종주 환웅천왕의 제천처가 자리한 비서갑 지역을 천평 권역의 중심지로 볼 수 있을 것이다. 이상에서 천평 권역의 도읍지 신주가 곧 비서갑이었음을 살펴보았다.

배달국 천평 권역의 중심지이자 배달국의 도읍지가 '신주 비서갑'이었다고 한다면 그 다음으로 주목해 보게 되는 문제로 백두산 서편 지역

---

80 『太白逸史』三韓管境本紀「太白山北走 屹屹然立於斐西岬之境 有負水抱山 而又回焉之處 乃大日王祭天之所也 世傳桓雄天王 巡駐於此 佃獵以祭 風伯天符刻鏡而進 雨師迎鼓環舞 雲師佰劍陛衛 蓋天帝就山之儀仗 若是之盛嚴也 山名曰不咸 今亦曰完達 音近也」.

에 '신주'라는 지명이 발해시대까지 이어지고 있었던 점이다. 발해 서경 압록부(西京鴨綠府) 소속 4주 중 수주(首州)가 곧 '신주'였던 것이다. 배달국 천평 권역의 도읍지가 신주 비서갑이라 할 때 발해시대까지 이 일대에 남아 있던 '신주'라는 호칭은 결코 예사롭지가 않다.

발해시대 신주라는 지명도 그렇지만 신주의 3속현(屬縣)인 '신록(神鹿)·신화(神化)·검문(劍門)'도 공히 '신'자로 시작되었다. 검문 중의 '검(劍)'은 '곰·고마·감·금마·개마' 등으로도 표현되었던바, 곰(熊)에서 나온 우리말로 역시 '신(神)·천(天)'의 의미이다.

중국 역대왕조에서 사용된 수많은 행정지명 용례 중에 신주는 일절 나타나지 않는다. 다만 전국시대 음양가 추연(鄒衍)이 '적현신주(赤縣神州)'라는 용어를 처음 사용했는데, '구주(九州)'와 같이 중국 전체를 지칭하는 의미였다.[81] 이후에 '적현신주'는 '적현' 또는 '신주'로 나뉘어 사용되기도 했는데 역시 동일 의미였다. 이처럼 중국에서 신주는 일반 행정지명으로는 결코 사용될 수 없는 지극히 특별한 호칭이었다. 반면 발해에서는 백두산 천평 권역 중의 일 지역, 또 그 3속현에 모두 '신'자를 사용했다. 동북아 상고문화의 원형인 배달국 선도제천문화의 발상지인 백두산 천평 지역의 더없이 특별한 역사문화 전통을 반영한 것으로 바라보게 된다.

발해는 고구려를 계승한 국가로, 개창주 고왕대의 어려운 시기를 지나 2대 무왕대가 되면서 영토가 비약적으로 확대되어 고구려의 옛 땅을 거의 수복하게 된다. 과거 고구려의 팽창기 시절 고구려의 서쪽 경계는

---

81 『史記』卷74 孟子荀卿列傳14 「中國名曰赤縣神州赤縣神州內自有九州 禹之序九州 是也 不得爲州數 中國外如赤縣神州者九 乃所謂九州也」.

당시의 서안평(西安平) 지역이던 요서 서랍목륜하 북쪽의 임황(臨潢) 지역[82]까지 뻗쳐 있었다. 고구려의 팽창기인 영양왕 23년(612)에도 임황 지역에 화룡(和龍)·분주(汾州)·환주(桓州)·풍성(豊城)·압록(鴨綠)이 설치되었던 바 있다.[83]

발해 역시 고구려와 마찬가지로 임황 지역에 서경압록부가 있었다는 기록이 있다.[84] 발해 개창 초인 2대 무왕대 거란과의 협의에 의해 임황을 서쪽 경계로 했던 적이 있다 하니[85] 이 무렵으로 여겨진다. 거란의 팽창과 함께 발해의 서쪽 국경이 후퇴하면서 후대의 서경압록부는 현재의 백두산 서편 혼강·압록강 일대로 밀려나게 되었던 것으로 확인이 된다. 한·중 문헌 다수는 대체로 후대의 서경압록부를 기준으로 하고 있다. 본고에서 살핀 서경압록부 또한 후대의 서경압록부를 기준으로 했다.

발해 서경압록부의 수주(首州)인 신주의 경우 『신당서』에서는 신주(神州), 『요사』에서는 녹주(淥州)로 나타난다.

　① 국토는 5경 15부 62주이다. … 고려(高麗)의 고지(故地)로 서경(西京)

　을 삼으니, 부명(府名)은 압록부(鴨淥府)이며, 신(神)·환(桓)·풍(豊)·정

---

82 『遼史』卷37 志7 地理志1 上京道 上京臨潢府「本漢遼東郡西安平之地 新莽曰北安平」.
83 『太白逸史』高句麗國本紀「弘武二十三年(612)…乙支文德…和龍汾州桓州豊城鴨綠 屬於臨潢 皆仍舊而置吏 至是强兵百萬境土益大」.
84 『太白逸史』大震國本紀「大震國南京南海府 本南沃沮古國 今海城縣 是也 西京鴨綠府 本槀離古國 今臨潢 今西遼河 卽 古之西鴨綠河也…臨潢 後爲遼上京臨潢府也 乃古之西安平 是也」.
85 『太白逸史』大震國本紀「太子武藝立 改元曰仁安 西與契丹 定界烏珠牧東十里 臨潢水」.

(正)의 4(州)를 통치한다. _『신당서』[86]

② 녹주(淥州): 압록군(鴨淥軍)이 설치되었으며 절도를 두었다. 본래 고구려의 고국(故國)이며 발해는 서경압록부(西京鴨淥府)라고 불렀다. 성의 높이는 3길이며 너비는 20리나 된다. 신주(神州)·환주(桓州)·풍주(豊州)·정주(正州) 등 4주의 일을 관할했다. 옛 현은 신록(神鹿)·신화(神化)·검문(劍門) 등 셋인데 모두 폐지되었다. … 환주(桓州): 고구려 중도성(中都城)[집안(필자 주)]으로 옛 현은 환도(桓都)·신향(神鄕)·기수(淇水) 등 셋인데 모두 폐지되었다. … 풍주(豊州): 발해가 반안군(盤安郡)을 설치했는데 옛 현은 안풍(安豊)·발각(渤恪)·습양(隰壤)·협석(硤石) 등 넷인데 모두 폐지되었다. … 정주(正州): 본래 비류왕(沸流王)의 고지(故地)로 공손강(公孫康)에게 병합되었다. 발해가 비류군(沸流郡)을 설치했다. 비류수(沸流水)가 있다. _『요사』[87]

발해시대 서경압록부 내 신주를 위시한 환주·풍주·정주 4주의 위치는 구체적으로 어디로 비정되고 있는가? 대체로 환주는 집안, 정주는 환인·신빈·통화, 풍주는 무송(撫松) 등으로 비정된다.[88]

---

86 『新唐書』卷219 列傳 第144 北狄 渤海「地有五京十五府六十二州…高麗故地爲西京曰鴨淥府 領神桓豊正四州」.

87 『遼史』卷38 志8 地理志2 東京道 東京遼陽府「淥州 鴨淥軍節度 本高麗故國 渤海號西京鴨淥府 城高三丈 廣輪二十里 都督神桓豊正四州事 故縣三 神鹿神化劍門 皆廢 大延琳叛 遷餘黨於上京 置易俗縣居之…桓州 高麗中都城 故縣三 桓都神鄕淇水 皆廢…豊州 渤海置盤安郡 故縣四 安豊渤恪隰壤硤石 皆廢…正州 本沸流王故地 國爲公孫康所倂 渤海置沸流郡 有沸流水」.

88 한규철, 「발해의 서경압록부 연구」, 『한국고대사연구』 14, 1998, 384~388쪽.

신주의 경우 『신당서』「지리지」에서는 '환도성에서 동북 200리'라고 했다.[89] 또한 청 말의 지리지인 『성경강역고(盛京疆域考)』(1903)에서 '통화현(通化縣)의 동쪽'이라고 했다.[90] 현재 중국학계에서는 신주를 임강(臨江)으로 보는 경우가 일반적이다. 일부 집안설이나 이동설(移動說)도 있다.[91]

한국 측 연구로는 조선시대 이래 다양한 견해가 제기되었지만 현재 중국학계의 임강설과 가장 유사한 견해를 제출한 경우로 정약용이 있다.[92] 정약용의 『강역고(疆域考)』「발해고」(1811) 이하 『대동수경(大東水經)』(정약용 저, 1814), 『동환록(東寰錄)』(정약용의 외손 윤정기尹廷琦 저, 1859)에서는 발해시대 신주를 우예(虞芮) 자성(慈城, 현 평북 자강도 자성읍)의 북쪽 압록강 너머의 땅으로 비정했다.[93]

---

89 『신당서』「지리지」 중에는 신주의 위치에 대한 자세한 설명이 나타나 있다. 곧 가탐(賈耽: 730~805)의 『변주입사이(邊州入四夷) 도리기(道里記)』에 실린 '압록조공도(鴨淥朝貢道: 발해·당 간의 뱃길 사행로)'에 의하면 '압록강 입구로부터 배를 타고 100여 리를 간 후 다시 작은 배를 타고 동북으로 30리를 거슬러 올라가면 박작구(泊汋口)가 나오니 발해의 영역이다. 다시 500리를 거슬러 올라가면 환도현성(丸都縣城)이 나오니 고구려의 왕도였다. 여기에서 다시 동북(東北)으로 200리를 거슬러 올라가면 신주(神州)가 나온다'고 했다.(『新唐書』 卷43下 志 第33下 地理 7下 河北道 登州 「自鴨淥江口舟行百餘里 乃小舫泝流東北三十里 至泊汋口 得渤海之境 又泝流五百里 至丸都縣城 故高麗王都 又東北泝流二百里至神州」)

90 『성경강역고』에서는 『신당서』나 『요사』 중에 실린 발해 서경압록부 관련 기록에다 해석을 추가하는 방식을 취했다. 먼저 『신당서』 중 서경압록부 조항에서 신주를 '통화현 동쪽'으로 비정했다.(『盛京疆域考』 卷3 渤海 「西京鴨淥府(今通化縣東 並下神州 見遼志淥州)」) 다음 『요사』 중 서경압록부 조항에서도 녹주(신주)를 '통화현 동쪽'으로 비정했다.(『盛京疆域考』 卷4 遼 「淥州(今通化縣東境)」)

91 한규철, 앞의 글, 1998, 375~377쪽.

92 한규철, 위의 글, 1998, 377~378쪽.

93 『疆域考』 卷2 渤海考 「鏞案 遼之淥州 卽渤海之鴨淥府 蓋以神州爲治也 唐書地理志稱 自丸都城 泝流東北二百里 至神州 又陸行四百里 至顯州中京 則所謂神州西京 當在今虞芮慈城之北隔水之地也」.

이처럼 현재 중국학계에서는 발해 신주의 위치에 대한 '임강설'이 우세한 편이지만 그 문헌적 근거가 되는 '환도성에서 동북 200리', '통화현 동쪽'이라는 기록이 매우 범범한 수준이기에 명확한 확정은 어려우며 다만 '환도성에서 동북 200리', '통화현 동쪽'이라는 기록에 준해서 향후 좀 더 연구를 해가야 할 것으로 생각된다.

이상에서 배달국 천평 권역의 중심 도읍지가 신주 또는 비서갑으로 호칭되고 있었던 점, 신주라는 호칭이 발해시대까지 이어지고 있었던 점, 발해시대 신주의 위치가 '환도성에서 동북 200리'(『신당서』), '통화현 동쪽'(『성경강역고』)으로 인식되고 있었던 점을 살펴보았다.

다음 단계로 필자는 앞서 살펴온바, '백두산 동·서·북 산록의 광범한 천평 권역의 도읍지 신주=웅족의 원거주지=배달국 개창시 환웅족·웅족 연맹의 터전 비서갑'이라는 고찰과 '발해시대의 신주=환도성에서 동북 200리 또는 통화현 동쪽'이라는 고찰을 상호 연결해 보게 되었다. 곧 배달국시대 신주 비서갑의 위치를 '발해시대의 신주=환도성에서 동북 200리 또는 통화현 동쪽', 곧 '통화 일대'로 좁혀 볼 수 있는 가능성을 엿보게 되었던 것이다. 이후 1990년대 중국 측에 의해 조사·발굴된 장백산 지구 옛 제단군의 분포 범위 및 중심지 문제를 연구하는 과정에서 이러한 가능성을 사실로 확인하게 되었다.

2. 혼강 · 압록강 일대의 옛 제단군과 통화 지역

앞서 배달국시대 백두산 동·서·북 산록 천평 권역의 도읍지가 신주 비서갑이었던 점, 또 발해시대 '환도성에서 동북 200리, 또는 통화현 동쪽' 일대가 신주로 불리고 있었던 점을 살펴보았다. 본절에서는 1990년대 백두산 서편 지역에서 조사·발굴된 옛 제단군, 곧 '적석 단·총'의 분포 범위 및 중심지가 이상의 고찰과 일치됨을 살펴보겠다.

백두산 동·서·북 산록 천평 권역에서 신주 비서갑 지역을 찾고자 할 때 일차적으로 백두산의 서편 혼강(비류수)·압록강 일대에 주목해 보게 된다. 곧 『삼국지』·『후한서』 등에서 혼강 일대에 살고 있는 종족을 '소수맥(小水貊)', 또 압록강 일대에 살고 있는 종족을 '대수맥(大水貊)'이라 하여 혼강·압록강 일대를 '맥이(貊夷)'의 땅, 곧 맥족의 터전으로 기록해 왔기 때문이다.[94] 맥은 혼강 주변 지역에서도 확인되는데 태자하(太子河) 일대의 양맥(梁貊)이 그러하다.[95] 배달국 개창 이래 환웅족과 웅족의 결합 결과 시간이 흐르면서 이들이 맥족으로 불리게 되었다면, 후대에 이르러 맥족의 터전으로 나타난 혼강·압록강 일대가 애초 웅족이 정착해 살고 있던 곳, 또 환웅족의 도래 이후 환웅족과 웅족의 연맹이 이루어졌던 신주 비서갑 지역이었음을 알게 된다.

이상 맥족의 근거지를 혼강·압록강 일대로 기록한 『삼국지』·『후한서』의 기록은 1990년대 중국 측에 의해 조사·발굴된 장백산지구 옛 제단군의 분포 범위와 일치되고 있다. 중국 측은 1990년대 초 장백산문화론을 본격적으로 진행하면서 장백산지구에서 40여 기에 이르는 옛 제단

---

94 『後漢書』卷85 東夷列傳 第75 高句麗 「句驪 一名貊耳 有別種 依小水爲居 因名曰 小水貊 出好弓 所謂貊弓 是也」;『三國志』卷30 魏書 高句麗傳 「句麗作國 依大水 而居 西安平縣北有小水 南流入海 句麗別種 依小水作國 因名之爲小水貊 出好弓 所謂貊弓是也」.

95 "가을 8월에 왕이 오이(烏伊)와 마리(摩離)에게 명하여 군사 2만을 거느리고 서쪽으로 양맥(梁貊)을 정벌하여 그 나라를 멸망시켰다."(『三國史記』卷13 高句麗本紀1 琉璃王 33 「秋八月 王命烏伊摩離 領兵二萬 西伐梁貊 滅其國」)

군, 곧 적석 단·총군을 조사·발굴했다. 그중 가장 대표적인 옛 제단으로 지목하여 1997년~1999년간 전면적인 발굴조사가 이루어졌던 경우로 현 통화시 소재 만발발자 옛 제단이 있다.

만발발자 옛 제단의 조성 시기는 서기전 4000년~서기전 3500년경, 형태는 '3층원단(모자합장묘)·방대' 방식이었다. 3층원단의 꼭대기층 평대는 모자합장묘였는데, 이곳에서 신석기시대 '곰소조상(도웅)'이 출토되었다. 모자합장묘 출토 '곰소조상'은 만발발자 사회의 오랜 '곰신앙' 전통을 보여주었다. 혼강·압록강 일대 맥족의 종족 명칭인 '맥'이 곰의 신격화된 표현임을 이해할 때, 모자합장묘의 묘주였던 여성 통치자가 다스리던 당시의 통화 지역이 웅족 사회이며 후대의 맥족 사회로 이어졌음을 알게 된다.

이렇게 곰신앙 전통을 지닌 웅족 사회의 여성 통치자라면 단연 앞서 살펴본바 웅녀군과 같은 존재로 바라보게 된다. 또한 그녀가 3층원단·방대라는 전형적인 제천단 방식의 무덤에 묻혔던 점을 통해 곰 신앙이라는 구래의 전통 위에 새롭게 선도제천문화가 결합되었던 정황도 알게 된다.

요컨대 만발발자 옛 제단은 시기·위치·형태·출토품 등 모든 측면에서 배달국 개창 초 웅족 사회가 환웅족의 선도제천문화를 수용함으로써 맥족 사회로 바뀌어갔던 역사적 정황을 보여주었다. 통화 일대의 후기 신석기 제단으로 만발발자 제단 외에도 휘남현 대의산향 하동 제단, 유하현 향양향 왕팔발자 제단 등이 있으니 통화 일대를 중심으로 배달국 천평 제천문화권역이 형성되어 있었음도 알게 되었다.[96] 1990년대 조

---

96 정경희, 앞의 글, 『선도문화』 26, 2019 참조.

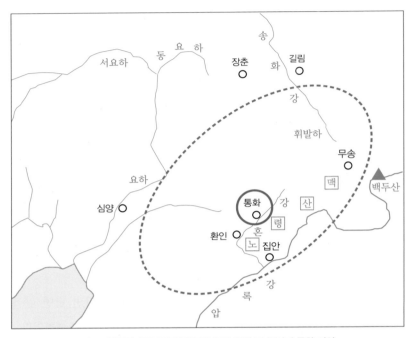

자료6 백두산 서편 적석단총군의 분포 범위 및 중심지 통화 지역

사·발굴된 백두산 서편 적석 단총군의 분포 범위 및 그 중심지 통화 지역의 위치는 〈자료6〉과 같다.

앞서 필자는 '백두산 동·서·북 산록의 광범한 천평 권역의 도읍지 신주=웅족의 원거주지=배달국 개창시 환웅족·웅족 연맹의 터전 비서갑'을 '발해시대의 신주=환도성에서 동북 200리 또는 통화현 동쪽', 곧 '통화 일대'로 좁혀 볼 수 있지 않을까 하는 생각을 가져왔다. 그런데 실제로 1990년대 중국 측에 의해 조사·발굴된 장백산지구 옛 제단군의 분포 범위가 중국 문헌에 맥족의 근거지로 나타난 혼강·압록강 지역과 합치되었고, 또 그 중심지가 다름 아닌 통화 지역이었음을 확인하게 되었다. 한·중의 여러 문헌기록들과 고고학 발굴 결과가 하나로 합치되고 있었던 것이다. 이상의 고찰을 종합하여, 필자는 최종적으로 신주 비서 갑의 위치를 장백산지구 옛 제단군의 중심지였던 '현재의 통화시를 중심으로 하는 통화 일대'로 바라보게 되었다.

통화 지역은 문헌이나 고고학의 측면 외에 지정학적 측면에서도 배달국 천평 지역의 도읍지로서의 조건을 두루 갖추고 있었다. 첫째, 인구와 물산의 중심지로서의 측면이다. 통화 지역은 혼강 상·중류의 수많은 지류들이 모여 만들어낸 드넓은 충적평원의 중심부에 위치하여, 고래로 '풍요로운 땅'으로 불려왔고 후기 신석기 이래 현재에 이르기까지 이 일대 최고의 중심지로서의 위상을 이어왔다.[97]

둘째, 배달국 최고의 소도제천지 백두산 신시와의 연결성이다. 통화에서 동북 방향으로 혼강 상류를 따라 무송에 이른 다음 남쪽으로 방향을 틀면 백두산이 나온다. 무송에서 백두산 산정에 이르는 길은 현재 '서파(西坡)' 길로 알려져 있는데 아주 평탄하고 완만하여 백두산 정상에 오르기에 더없이 좋다. 물론 백두산의 화산 폭발이 간헐적으로 계속되어 왔던 점을 고려해 볼 때 현재의 서파길에 절대적 의미를 부여하기는 어렵다. 그러나 한 가지 분명한 점은 배달국시기 신주 비서갑에서 백두산 신시에 오르고자 했을 때 거리·위치 등 모든 측면에서 백두산 서쪽 방면을 통했을 것임에는 틀림없다.

셋째, 요서 청구 지역과의 연결성이다. '요동 천평 지역(혼강 통화 지역) ↔ 요하 심양·무순 지역 ↔ 요서 청구 지역(대릉하 조양 지역)'은 위도가 거의 비슷하며 막힌 곳이 없어 요동 천평 지역과 요서 청구 지역

---

97 정경희, 앞의 글, 『단군학연구』 40, 2019 참조.

이 연결되는 기본 통로였다.

이처럼 통화 지역은 인구와 물산을 결집시키는 대도읍의 조건을 갖추었을 뿐 아니라 백두산 신시나 요서 청구 지역과의 연결성까지 갖추고 있는 등 배달국 천평 권역의 도읍지 신주 비서갑으로 손색없는 지정학적 조건을 갖추고 있었다.

이와 관련하여 조선 후기 이래 일제시기에 이르기까지 백두산 일대를 '단군 탄강지 또는 도읍지', 곧 '한민족사의 발상지'로서 강조해 왔던 전통이 주목된다. 조선 후기 안정복이 『동사강목(東史綱目)』(1756)에서 백두산을 단군의 하강처로 지목한 이래[98] 일제시기 신채호가 1908년 『독사신론(讀史新論)』에서 백두산, 특히 압록강 일대를 민족사의 발상지로 강조한 것이 시작이었다. 아래와 같다.

> 개아(蓋我) 부여족 시조가 장백산허의 고원에서 기(起)하여 압록강류로 추하(趨下)하여 부근 평원에 산처(散處)하니 강 이서는 요동이 시야(是也)요, 강 이동은 조선(차조선은 평안·황해도 등만 단지單指함)이 시야(是也)니 초민시대(初民時代)의 문명은 압록강 유역에서 발인(發軔)한 바라.[99]

나철도 1909년 『단군교포명서』에서 단군의 강림처를 '백두산 단목(檀木) 영궁(靈宮)'으로 보았고 박은식, 김교헌 등도 그러했다. 최남선은 백

---

98 『東史綱目』附卷下 地理考 太伯山考 「今白頭山而上 所謂長白山是也 卽檀君所降地也」.

99 신채호, 「독사신론(1908)」, 『단재신채호전집』 3, 독립기념관 한국독립운동사연구소, 2007, 312쪽.

두산 신무성 일대 천리천평(千里天坪) 지역을 신시, 곧 단군의 탄강지요 도읍지로 보았고, 안재홍 또한 천리천평 지역을 아사달로 보았다. 이렇 듯 1908년 신채호 이래 국내외 지식인들 사이에서는 '백두산=단군 탄 강지 또는 도읍지'라는 인식이 일반화되어 있었다.[100] 이러한 인식의 배 경에 대해서는 향후 좀 더 많은 연구가 필요하겠지만 1980년대 이후 백 두산 서편 옛 제단군 발굴 성과와 통하는 점이 크게 주목된다.

이상에서 『삼국지』·『후한서』 등 중국 문헌에 기록된 맥족의 근거지가 혼강·압록강 일대였던 점, 1990년대 중국 측이 조사·발굴한 장백산지 구 옛 제단군의 분포 범위가 혼강·압록강 일대였던 점, 특히 서기전 4000년~서기전 3500년경 '3층원단(모자합장묘)·방대' 형식의 거대한 만발발자 옛 제단이 현재의 통화시에서 발굴되었던 점, 통화 지역이 대 도읍으로서의 입지 조건을 갖추었고 실제로도 후기 신석기 이래 현재에 이르기까지 이 일대 최고 중심지로서의 위상을 유지해 왔던 점, 동으로 백두산 신시 및 서로 요서 청구 지역과의 연결성이 좋았던 점 등을 통 해 배달국 천평 권역의 도읍지 신주 비서갑의 위치를 '현재의 통화시를 중심으로 하는 통화 일대'로 비정해 보았다.

---

100 이명종, 「1910·1920년대 조선 지식인들의 '만주=단군강역' 담론」, 『한국근현대사연구』 74, 한국근현대사학회, 2015, 100~105쪽.

4장

한민족(예맥족·새밝족·맥족)의 형성: 선도제천문화의 수용과 천손족화

———— ⊃◎⊂ ————

1. 주족: 환웅족과 웅족이 연맹하여 맥족(밝족)을 이루다

　　앞서 천평 권역의 도읍 신주 비서갑의 위치가 통화 지역이었음을 살펴보았다. 본절에서는 이주세력 환웅족과 토착세력 웅족·호족이 여하의 과정을 거쳐 한민족의 종족적 원류가 되었는지를 살펴보겠다. 단군사화에서 극히 비유적인 방식으로 압축된 환웅족의 천평 권역 개척 과정은 선도사서에 이르러 자세하게 풀어져 있다.

　　『삼성밀기(三聖密記)』에 이르기를, 환국(桓國) 말기에 다스리기 어려운 억센 겨레가 있어서 이를 근심했다. 환웅은 삼신(三神)으로써 가르침을 베풀어 무리를 모아 맹세케 했으며, 몰래 (악을) 제거할 뜻을 지녔다. 당시 종족의 호칭이 달랐고 풍속 또한 차츰 나뉘어서 원주자는 호(虎), 새로 옮겨 온 자는 웅(熊)이라 했다. 호족의 성격은 욕심스럽고 잔인하여 오로지 약탈을 일삼았고 웅족의 성격은 어리석고 괴팍하며 뽐내어 함께 어울리기를 좋아하지 않았다. 비록 같은 마을에 살면서도 오랫동안 더욱 소원해져 서로 거래하지 않고 혼인하지 않았으며 일마다 불복하는 경우가 많아 하나로 합칠 방도가 없었다. 이때 웅녀군(熊女君)[웅족의 여성 통치자(필자 주)]이 환웅이 신령스러운 덕이 있음을 듣고 무리를 이끌고 가서 "원컨대 한 고을을 내려주시면 천신(天神)의 계율을 따르는 백성이 되겠습니다"라고 했다. 환웅이 허락하여 혼인하게 하여 아이를 낳고 생활하게 했다. 호족은 능히 고치지 못하여 사해(四海) 밖으로 추방되었으니 환족(桓族)의 일어남이 여기서 비롯되었다.[101]

먼저 환국시대 말 백두산 일대의 토착세력으로 다스리기 어려운 강족인 웅족과 호족이 서로 대립하고 있었음을 알 수 있다. 당시 웅족의 수장이 '웅녀군(熊女君: 웅족의 여성 통치자)'으로 표현되었던 점에서 이들 사회가 후기 신석기 모계제 사회 단계에 머물러 있었음을 알 수 있으며, 더하여 웅·호라는 족호가 사용되고 있었던 점으로 미루어 동북아 조기 신석기 이래의 동물토템의 유제(遺制)를 간직한 사회발전 단계에 머물러 있었음도 알 수 있다. 웅족이나 호족은 환웅족과 같이 선진적인 선도제천문화를 영유하던 종족과 차별화되었기에, 환웅족을 선도제천문화에 따른 천손으로서의 자의식을 지닌 '천손족(天孫族)' 세력이라고 한다면

---

101 『太白逸史』神市本紀「三聖密記曰 桓國之末 有難治之强族 患之 桓雄爲邦 乃以三神設敎 而聚衆作誓 密有剪除之志 時族號不一 俗尙漸岐 原住者謂虎 新移者爲熊 然虎性貪嗜殘忍 專事掠奪 熊性愚悷自恃 不肯和調 雖居同穴 久益疏遠 未嘗假貸 不通婚嫁 事每多不服 咸未有一其途也 至是 熊女君聞桓雄有神德 乃率衆往見 曰願賜一穴廛 一爲神戒之氓 雄乃許之 使之奠接 生子有産 虎終不能悷 放之四海 桓族之興 始此」.

웅족이나 호족은 그와 대비되는 의미, 또는 천손사상에 비해 격이 떨어지는 동물토템을 중심으로 했다는 의미에서 '지손족(地孫族)'으로 부를 수 있다.

환웅족의 이거로 인해 웅·호 양 종족은 환웅족이 제시하는 새로운 문화와 통치 방식을 수용해야 했을 것인데 그 과정에서 적지 않은 갈등이 생겨났을 것이다. 결국 웅족은 환웅족이 제시한 신문화를 적극 수용하여 그 연맹세력이 되었으나 호족은 그러지 못하여 외곽 지역으로 밀려나게 되었다.

상기 기록에서 특히 주목되는 부분은 환웅족이 웅족과 혼인동맹을 이룸으로써 '환족(桓族)'이 성립되었다는 부분이다. 환웅족은 웅족을 연맹세력으로 삼았지만 환웅족이 소수이고 웅족이 다수인 상황에서 실질적으로 웅족의 역할과 비중을 높이 고려하지 않을 수 없었을 것이다. 환웅족은 웅족과의 공고한 결합을 위해 혼인동맹 방식을 취했다. 환웅족과 웅족의 혼인동맹 방식은 대체로 환웅족이 천왕족이 되고 웅족에서 왕비를 내는 방식이었던 것으로 여겨졌다.[102]

환웅족과의 혼인동맹을 통해 웅족 사회는 모계사회에서 부계사회로 변모되어 갔다. 특히 오랜 혼인동맹을 거치면서 점차 환웅족과 웅족의 구분이 없어지게 되었는데, 그 방식은 전적으로 웅족이 환웅족화하는 방식이었다. 다음의 기록이 분명하게 알려주고 있다.

대개 우리 환족(桓族)은 모두 신시[환웅천왕(필자 주)]가 이끈 3천 무리

---

102 신용하, 앞의 책, 2005, 28~29쪽.

의 장적에서 나온 것이다.[103]

　이렇게 환웅족과 웅족의 결합은 실제적으로 '웅족의 환웅족화'를 의
미했고 이에 환웅족과 웅족의 결합 결과는 '환웅족'의 첫머리 글자를 딴
'환족'의 탄생을 의미하게 되었다. 주지하듯이 '환(桓)'은 선도사상의 요
체를 담은 핵심 개념어로 어원은 '한(一, 一氣)'이다. 선도의 기학적 세
계관, 곧 선도기학(仙道氣學) 전통에서 '한'은 모든 존재의 본질이자 우
주의 근원적인 생명력(氣)으로 천·지·인(빛光·파동波·소리音, 정보·원물
질·에너지)의 세 차원(삼원三元)을 갖는다. 이에 '일·삼(一氣·三氣)'으로
표현되는 경우가 많으며 실제적으로는 '미세한 소리와 파동을 지닌 빛'
으로 자각된다. 우주의 근원적 생명력으로서의 '한'의 속성은 전체를 살
리고(生生, 弘益) 조화(調和)롭게 하며 끊임없이 변화하는 창조성(조화造
化) 자체이다.[104] 이러한 '한(一)·환(桓)'이 후대에 이르러 '한(韓)'으로
표기되어 현재에 이르고 있다.

　이상에서 환웅족과 웅족의 혼인동맹 결과 웅족이 환웅족화함으로써
환족(한족)이 형성되었음을 살펴보았다. 요동~요서를 아우르는 배달국
의 광대한 통치권 내에는 많은 종족들이 있었겠지만 웅족이 가장 적극
적으로 환웅족의 신문화를 수용하여 종내 환웅족화했던 것이다.

　선도제천문화(천손문화)의 관점에서 보면 이는 천손족 환웅족이 가져
온 선도제천문화가 지손족 웅족 사회에 성공적으로 뿌리내린 의미를 갖

103　『太白逸史』神市本紀「蓋我桓族 皆出於神市所率三千徒團之帳」.
104　정경희, 「한국선도의 '삼원오행론'—'음양오행론'의 포괄」, 『동서철학연구』 48, 2008; 「중국
　　　의 '음양오행론'과 한국선도의 '삼원오행론'」, 『동서철학연구』 49, 2008; 「한국선도의 일·
　　　삼·구론(삼원오행론)에 나타난 존재의 생성·회귀론」, 『동서철학연구』 53, 2009 등.

는다. 웅족의 환웅족화(천손족화) 문제는 환웅족의 통치이념인 선도제천 문화의 보급이라는 사상·종교 방면의 문제와 맞물려 있는 것이다.

웅족의 환웅족화(천손족화) 결과 웅족과 환웅족의 차이가 없어져 배달 국의 주족이 곧 웅족인 것으로도 나타나게 되었다. 가령 배달국 초 배달 국의 선도문화를 섬서성 강수(姜水, 岐水) 일대에 전파한 소전씨(少典氏), 산동성 일대에 전파한 소호씨는 모두 웅족 출신으로 배달국의 개창 주 거발환 환웅의 우가였던 고시씨의 후예였다. 따라서 소전씨의 후예 신농씨(神農氏), 소전의 후예이자 신농의 족친인 황제 헌원도 '웅씨(熊氏)', 또는 '유웅씨(有熊氏)'의 성씨를 지녔다. 이는 웅씨가 배달국의 주족이었음을 보여준다.[105]

곰이 천손족(환족)의 상징이 되면서 곰을 신수의 이미지로 분식한 '맥'의 개념이 생겨났다. 곰을 천신의 상징으로 내세우게 될 때 '힘센' 이미지 대신 '신령스러운' 이미지, 곧 신수(神獸)의 이미지를 내세워야 했고 이러한 과정에서 곰은 상상 속의 신수인 '맥(貊)'으로 분식되었다. '맥'이 곰의 신격화임은 중국 측 문헌에 특히 잘 나타나 있다. 곧 중국 문헌 중에는 '맥'이라는 신수가 널리 등장하는데 대체로 '곰(熊)과 유사한 형상'으로 설명되어 왔다.[106]

'맥(貊)'은 '貉·貊·貘·狛'과 통용되었으며 원음은 우리말 '밝·박', 또는 그 전음인 '백'[107]이다. 선도문화의 요체인 '밝(일기·삼기의 밝음)'이

---

105 정경희, 앞의 글, 『선도문화』 9, 2010, 227~228쪽.
106 정경희, 앞의 글, 『선도문화』 26, 2019, 48~49쪽.
107 『후한서』에서는 '맥(貊)의 음은 백(陌)', 『설문해자』는 '맥(貊)의 음은 백(百)'이라고 했다.(『後漢書』 卷1下 光武帝紀 建武 25年 春正月 「貊人穢貊國人也 貊音陌」: 『說文解字』 第9 豸部 貉 「北方貉…注云 貉讀爲十百之百」)

'夫餘·貊·發·亳·白' 등 다양한 한자로 차자(借字)되었음은[108] 널리 알려진 사실인데[109] 그중 하나가 '맥'인 것이다. 요컨대 선도문화의 요체인 '밝'을 웅족의 표상인 곰에다 대입하여 '밝은 동물(신수)'의 의미로 만든 글자가 '밝(貊)'이었고 이것이 후대에 '맥(貊)'으로 전음되었다.

한·중의 맥은 일본열도에 이르러 '박(狛)'으로 전화되었다. 일본에서 '웅(熊)'과 '박(狛)'의 훈독은 공히 '고마'이다. 물론 '고마'의 어원은 한국어 '곰(熊)', 의미는 '천(天)·신(神)'이다. 한국의 '곰·고마·개마(蓋馬)·금마(金馬)', 또 일본의 '고마·구마·가무·가모·가미' 등이 공히 '천·신'의 의미를 지님은 주지의 사실이다.

한·중의 '맥', 일본의 '박'은 동북아 상고문화의 원류인 배달국의 주족 맥족의 상징물이라는 동일한 역사문화적 배경을 지녔지만 지역·시대·민족·문화의 차이에 따른 지역화 양상이 생겨나면서 형태 면에서 큰 차이를 보이게 되었다. 한·중·일 3국의 맥 전승 및 그 이동점에 대해서는 별고에서 자세하게 살펴보겠다.

2. 부족: 추방된 호족이 맥족과 융화하여 예족(새족)을 이루다

앞서 배달국 초 환웅족과 웅족이 결합함으로써 배달국의 주족인 맥족이 형성되었음을 살펴보았다. 본절에서는 배달국 초 환웅족에 의해 추방되었던 호족이 후대에 맥족과 융화하여 배달국의 부족(副族) 예족이

---

108 양주동, 『增訂古歌研究』, 일조각, 1965(1987), 388쪽.
109 박대재, 『중국 고문헌에 나타난 고대 조선과 예맥』, 경인문화사, 2013, 267쪽.

되었고, 예·맥족 간의 동족화가 진행된 결과 종내 동종이 되었음을 살펴보겠다.

호족은 비록 사해 밖으로 추방당해 배달국 주족의 범주에서 제외되었지만 후대에 이르러 예족의 이름으로 나타나고 있다. 호족이 후대의 예족임을 보여주는 기록으로는 『삼국지』 동이열전 예전(濊傳)이 있다.

> [예(濊)는] 해마다 10월이면 하늘에 제사를 지내는데 주야로 술 마시고 노래 부르며 춤추니 이를 무천(舞天)이라 한다. 또 호(虎)를 신으로 여겨 제사지낸다.[110]

이 글에서는 예족 사회에 10월 제천문화와 함께 호랑이를 신으로 여기는 문화가 있었음을 기록했다. 배달국 이래 수천여 년의 시간이 흐르면서 한민족 사회에서 선도제천은 일상의 생활문화가 되었기에 예족 사회의 10월 무천은 매우 자연스럽다고 할 수 있는데 이와 함께 호랑이토템의 유제(遺制)가 간직되어 오고 있었음을 알게 된다.

물론 무천이라는 선도제천문화의 큰 범주 내에서 호랑이를 신으로 모셨으니 이를 단순 호랑이 신앙으로 볼 수 없음은 명백하다. 선도제천문화의 범주 내에서 호랑이가 신수로 여겨지고 있었던 것으로, 맥족 사회에서 곰이 선도제천문화의 범주 내에서 신수로 여겨졌던 것과 같은 맥락이다. 과거 신석기시대 호족 사회의 호랑이토템에서 출발한 호랑이

---

110 『三國志』魏書30 烏丸鮮卑東夷傳 濊「常用十月節祭天 晝夜飲酒歌舞 名之爲舞天 又祭虎以爲神」. 『삼국지』보다 늦은 기록인 『후한서』에도 똑같은 내용이 실려 있다.(『後漢書』卷85 東夷列傳 濊「常用十月祭天 晝夜飲酒歌舞 名之爲舞天 又祠虎以爲神」)

신앙은 배달국 개창 이후 호족 사회가 선도제천문화를 수용하면서 그 성격이 변화하여 전통의 유제 차원으로 선도제천문화 속에 그 흔적을 남기게 되었던 것이다.

호족이 선도제천문화를 수용하게 되면서 호족의 족칭 또한 예족으로 바뀌게 되었다. 토템 신앙 차원의 '웅'이 선도제천문화 차원의 '맥'으로 바뀐 것처럼 토템 신앙 차원의 '호'가 선도제천문화 차원의 '예'로 바뀌게 된 것이다.

맥이 '밝'의 음차이듯이 '예' 또한 우리말의 음차인데 결과적으로는 '더러울 예 또는 거칠 예(濊·獩·薉·穢)' 등 나쁜 의미의 한자로 귀착되었다. 실제 우리말 예는 결코 나쁜 의미가 아니었겠지만 후대에 이르러 어떠한 의도성이 개입되면서 나쁜 의미의 한자로 기록된 것이다.

'예'의 원음 및 원의미에 대해서는 다행히도 선학의 연구가 있다. 원음은 '새·세', 원의미는 '새로움(新)·새벽(曙)·동쪽(東)'이라고 했다.[111] 곧 '새·세'의 원의미는 '밝음으로 어두움을 갈라 새롭게 한다는 의미(新)', '밝아 오는 새벽의 의미(曙)', '밝은 해가 동쪽에서 떠오른다는 의미(東)'였는데, 후대에 이르러 '더럽다·거칠다'로 변질되었음을 알게 된다. 또한 '새·세'의 원의미가 선도제천문화의 요체인 '밝'과 상통하기에 밝족(맥족)과 새족(예족)이 같은 선도제천문화(밝문화) 계통의 족칭임을 알게 된다.

예의 원음과 원의미인 '새-밝'은 배달국 개창 이후 호족의 위상 변화

---

111 양주동, 앞의 책, 1965(1987), 38쪽, 387~392쪽, 562~564쪽. 이외에 '쇠(鐵)'의 의미도 있었다. "본디 예(濊)의 고국(古國)이다. 혹 '쇠국(鐵國)'으로도 불리었다."(『世宗實錄』 卷 153 地理志 江原道 江陵大都護府)

를 단적으로 보여준다. 곧 호족은 애초 환웅족의 통치 방식에 적응하지 못하고 추방되었지만 후대의 달라진 족칭 '새족(의미적으로는 밝족)'을 통해 점차 시간이 흐르면서 맥족(환웅족+웅족)의 통치 방식에 적응하고 선도제천문화(밝문화)를 수용하여 배달국의 일원으로 흡수되어 갔음을 알게 된다.

이러한 정황은 한과 맥, 한과 예가 결합된 한맥·한예라는 호칭에서도 확인된다.[112] 중국 문헌 중에 등장하는 한맥·한예라는 호칭의 접두어 한(寒·韓·馯·桓·汗)은 선도제천문화의 요체인 '한(일·삼, 일기·삼기, 하느님·삼신, 마고·삼신)'으로 맥족과 예족이 선도제천문화를 공유하고 있는 같은 천손족임을 보여준다.

그럼에도 불구하고 배달국 내 맥족과 예족의 위상은 같지 않았다. 예족은 애초 환웅족과 웅족의 통합으로 배달국의 주족 맥족이 형성된 이후에 통합된 세력이었기 때문이다. 이를 보여주는 실물자료로 한반도·만주 일대는 물론 멀리 중원 일대에까지 나타나는 '산신도(山神圖)'가 있다. 서기전 3세기 무렵의 동아시아 사회를 반영하고 있는 중국 문헌 『산해경』에서는 '동북방 군자국의 군자는 큰 호랑이 두 마리를 옆에서 부린다'[113]고 하여 산신도의 오랜 역사성을 확인해 주었다.

한반도·만주·중원 지역에 이르는 광역의 '산신도' 분포 권역 중 핵심

---

112 『尚書正義』卷18 周官 第22「成王旣伐東夷 肅愼來賀 海東諸夷駒麗扶餘馯貊之屬 武王克商 皆通道焉」; 『逸周書』卷7 王會解 第59「歲入前兒…穢 韓穢 東夷別種」.

113 "군자국이 그 북쪽에 있는데, 의관을 갖추고 검을 가지고 있으며 짐승을 먹이고 큰 호랑이 두 마리를 옆에 부린다(君子國在其北 衣冠帶劍 食獸 使二大虎在旁)."(『山海經』海外東經)

자료7 한국 산신도에 나타난 예·맥족의 주·부 관계. 산신은 맥족, 호랑이는 예족의 상징이다.

분포 지역은 단연 한반도 지역, 곧 배달국·단군조선의 문화를 직접적으로 승계한 한국 사회이다. 종래 한국의 산신도는 무신도(巫神圖) 차원으로 인식되어 왔지만, 1980년대 이후 고고학의 발달로 배달국사가 복원되어 가는 현재의 시점에서는 단군사화, 또는 단군사화 형태로 압축된 한국상고사를 한 편의 그림 형태로 요령 있게 담아낸 농밀한 역사화(歷史畵)로 바라보게 된다.

　배달국 개창 과정을 염두에 두고 산신도를 살펴보면 산신도의 주인공, 곧 흰 수염 긴 소매옷의 신선은 단군이 아니라 배달국의 개창주 환웅천왕(거발환 환웅)이다. 환웅천왕은 애초 환웅족의 상징이었지만 환웅족·웅족의 결합으로 맥족이 성립되면서는 맥족의 상징이 되었다. 이렇게 '산신=환웅천왕=맥족의 상징'이라면 그의 곁에서 또는 아래에서 엎드려 주인을 모시고 있는 호랑이는 다름 아닌 예족의 상징이 된다. 이렇게 산신을 맥족, 호랑이를 예족의 상징으로 보면, 곰과 호랑이 중에서 호랑이만 그려진 이유가 분명해진다. '산신=환웅천왕=맥족'이었기 때문에 별도로 곰을 형상화할 필요가 없었던 것이며 또 '호랑이=예족'이 부속적 지위로 표현되었던 것이다.

이처럼 한국의 산신도는 단군사화를 농밀하게 압축해 낸 역사화로 배달국사 연구의 귀중한 실물자료이다. 조기 신석기 이래 요동 백두산 일대의 곰토템이나 호랑이토템 문화가 서기전 4000년경 배달국 개창 이후 환웅족이 주도한 새로운 선도제천문화 속으로 어떻게 흡수되어 갔는지를 여실히 보여주는 명백한 기록화인 것이다.

이상에서 살핀 바와 같이 배달국시기 맥족·예족은 배달국의 주·부족으로서 위격의 차이를 보였지만 시간이 흐르면서 선도제천문화를 공유한 천손족으로서 동종화가 진행되었다.

가령 『삼국지』 중에 '예의 노인들은 스스로를 구려(句驪)와 동종으로 여겼으며 언어와 예절 및 풍속은 대체로 구려와 같되 의복은 다르다'는 기록이 있다.[114] 구려(고구려)는 부여와 함께 대표적인 맥족계 국가인데 예인들이 스스로를 구려와 동종으로 여겼던 점에서 예·맥의 동종화를 확인하게 된다. 예족(새족)과 맥족(밝족)은 동종화하여 종내 예맥족(새밝족)이 되었던 것이다.

여기에서 한자 표기인 '예맥(濊貊)' 이전 한민족 호칭의 원형으로서 우리말 '새밝'의 기준점을 강조하고자 한다. '예맥' 중에는 '더러울 예(濊)'라는 후대의 왜곡이 들어가 있지만 우리말 '새밝'에는 이러한 왜곡이 없으며 '새롭다, 동녘, 밝다'라는 민족문화의 정체성과 본령이 정확하

---

114 『三國志』魏書30 濊傳「其耆老舊自謂與句麗同種…言語法俗 大抵與句麗同 衣服有異」.

게 나타나 있기에 예맥에 앞서 민족 호칭의 원형으로 일차적으로 강조
되어야 하는 것이다.

요컨대 예는 배달국 개창 초 환웅족에게 축출되었지만 점차 선도제천
문화를 수용함으로써 배달국 부족의 지위에 올랐고 종내 선도제천문화
와 천손의식을 하나로 공유하게 됨으로써 예맥 동종이 되었다.

마지막으로 한국계 산신도의 동북아 일대 전승의 문제를 간단하게 짚
어본 후 본절을 마무리하겠다.

산신도 전통은 주로 한반도 방면으로 전승되었지만 배달국·단군조선
의 주 강역이었던 동북3성 일대에도 그 흔적이 자못 역력하다. 특히 만
주족 사회에서는 지금까지도 호랑이를 탄 노인을 '산신아비, 산신야'로
부르며 신앙하고 있다.[115] 다만 산신의 실체를 호랑이로 보는 등 산신도
의 원형에서 크게 멀어진 모습이다.(〈자료8-1〉)

산신도 전통은 중국도교 속으로도 습합되어 들어갔다. 한국선도가 중
국도교로 화하면서 적지 않은 내용상의 변화를 보이게 되었듯이[116] 산
신도 역시 중국도교의 세례를 받은 결과 큰 변형을 보였다. 특히 산신도
의 주인공 산신이 후한 말의 도사 장천사(張天師, 장도릉張道陵)로 바뀐
문제가 있다.(〈자료8-2〉) 이렇듯 한반도는 물론 만주·중원 지역까지 널
리 전승된 산신도 전통은 동북아 상고시기 배달국 맥족문화의 위상을
보여주는 또 다른 지표이다.

이상에서 배달국 개창 이후 시간이 흐르면서 호족이 맥족 주도의 선

---

115 오수경, 「중국 고대 호랑이 신앙 연구」, 『비교민속학』 35, 2008, 29~30쪽.
116 정경희, 앞의 글, 『동서철학연구』 49, 2008; 「한국의 선도 수행으로 바라본 중국의 내단
　　　수행」, 『선도문화』 13, 2012 참조.

1. 현재 중국에서 시판 중인 산신야상

2. 호랑이를 탄 장천사상

자료8 **중국도교와 습합된 산신도**

도제천문화를 수용함으로써 예족(새족)으로 불리게 되었던 점, 서서히 맥족과의 통합이 진전되어 배달국 부족으로서의 위상을 갖게 되었던 점, 종내 '예맥족(새밝족)'으로 연칭될 정도가 되어 '이종적 출발점을 지닌 동종'이 되었음을 살펴보았다. 요컨대 예맥은 '이종적 출발점을 지닌 동종', 결론적으로 '동종'이다.

3. 맥족과 예족이 한민족(예맥족 · 새밝족 · 맥족)을 이루다

앞서 배달국의 주족 맥족 · 부족 호족의 동종화 결과 예맥족(새밝족)이 성립되었음을 살펴보았는데 본절에서는 예맥족의 종족적 문화적 정체성의 문제를 살펴보겠다.

배달국의 주족을 맥족(환웅족+웅족), 부족을 예족(호족)이라고 할 때 이러한 주·부를 나누는 기준은 다름 아닌 배달국의 입국이념인 선도문화의 주도성 및 수용성이었다. 맥족은 선도제천문화를 주도해 간 계열, 예족은 선도제천문화를 수용한 계열인 것이다.

이렇게 배달국의 입국이념인 선도제천문화는 맥족에 의해 주도되었기에 맥족이 배달국의 종족적 대표성을 지니게 되었다. 이에 맥족과 예족을 연칭해서 예맥족으로 칭하기도 하지만 줄여서 맥족으로 부르는 경우가 더욱 일반적이게 되었다. 이는 국외자인 중국인들의 시각에서 분명하게 확인된다.

> 정현(鄭玄)이 이르기를 북방을 맥(貊)이라고 한다. 또 이르기를 동북이(東北夷)이다. 『상서정의』[117]

> 8월에 북맥(北貊)과 연인(燕人)이 효기(梟騎)를 바쳐와 한(漢)을 도왔다. 응소(應劭)가 이르기를 '북맥(北貊)은 국(國)이다'고 했다. … 사고(師古)가 이르기를 '맥(貊)은 동북방(東北方)에 있으며 삼한(三韓)에 속한 족속으로 모두 맥류(貊類)이다. 대개 맥인(貊人) 및 연(燕)이 모두 와서 한(漢)을 도왔을 것이다'고 했다. 공영달(孔穎達)이 이르기를 '경(經)과 전(傳)이 맥(貊)은 대부분 동이(東夷)라고 설명한다'고 했다. 옛 직방(職方)은 구이(九夷)·구맥(九貊)을 관장한다. 『정지(鄭志)』「답조상(答趙商)」 조항에 이르기를 '구맥(九貊)은 곧 구이(九夷)이다'고 했다. 『자치통감』[118]

---

117 『尙書正義』 卷18 周官 第22 「鄭玄云 北方曰貊 又云 東北夷也」.
118 『資治通鑑』 卷10 漢紀2 太祖高皇帝 4年 「八月 北貊燕人來致梟騎助漢 應劭曰: 北

곧 정현·안사고·공영달 등 중국의 사가들은 한결같이 '동북방 삼한에 속한 족속이 모두 맥', '맥은 동이(東夷)', '구이(九夷)가 곧 구맥(九貉)'이라 하여 맥족을 동북방(동방) 민족 전체로 설명했다. 맥이 동북방(동방) 민족, 곧 이족(夷族)의 주족이었기에, 종내 동북이(동이)에 대한 범칭으로 확대 사용되었던 것이다.

이상의 예맥족 또는 맥족은 선도제천문화를 공통분모로 했기에, 이러한 공통분모에 초점을 맞출 경우 선도제천문화의 요체인 '한·환'을 따와 '한민족'으로도 부를 수 있게 된다. '예맥족=맥족=한민족'인 것이다. 현재 우리 민족을 표현할 때 종족적 의미를 강조할 경우는 예맥족 또는 맥족, 민족적 정체성을 강조할 경우는 한민족으로 부르는 경우가 많다. 특히 우리가 이 두 표현법 중에서 한민족이라는 표현을 주로 사용하게 되는 것은 민족적 정체성을 강조하는 뜻이 은연중에 저변에 깔려 있기 때문이다.

이상에서 필자는 서기전 4000년~서기전 2400년경 동북아에서 만개한 상고문화를 '맥족-배달국-선도문화'로 바라보는 시각으로써 '[맥족(환웅족+웅족)]+예족(호족) → 한민족(예맥족·새밝족·맥족)'의 과정을 살펴보았다. 이는 기존 선행 연구에 나타난 예맥족 및 한족 인식과 크게 다르다. 곧 선행 연구에서는 대체로 북방의 예맥족, 남방의 한족이라 하여 예맥족과 한족을 따로 분리하는 경향이었다. 그러나 '배달국-선도문화'적 시각으로 볼 때 예맥족이 곧 한족이 된다. '예맥족=한족'의 시각인 것이다. 이상의 내용을 종합적으로 정리해 보면 아래와 같다.

貉 國也…師古曰: 貉在東北方 三韓之屬 皆貉類也 蓋貉人及燕皆來助漢 孔穎達曰: 經傳說貉多是東夷 故職方掌九夷九貉 鄭志答趙商云: 九貉卽九夷也」.

구분 기준	종족 구성 · 문화적 정체성		
배달국 개창시 3대 종족	환웅족 (천왕족)	웅 족 (왕비족)	호 족 (추방)
선도제천문화 주도 · 수용 여부	주도	수용(제일 연맹)	불수용
	→ 주도		→ 수용
선도제천문화 수용 결과	웅족의 환웅족화		호족의 맥족화
	맥족(밝족)		예족(새족)
배달국의 주족 · 부족 여부	주족		부족
	맥족		
공통의 문화 기반	한 · 환: 선도제천문화		
	한(환)민족		

자료9 **한민족(예맥족 · 새밝족 · 맥족)의 종족 구성과 문화적 정체성**

    이상에서 살펴본바 한민족(예맥족·새밝족·맥족)의 종족적 문화적 정체성을 가시적으로 확인해 주는 실물자료로 서기전 2세기 무렵 부여문화권이던 요령성 평강(平崗) 지구(현 요령성 철령시鐵嶺市 서풍현西豐縣 평강진平崗鎭 일대)에서 출토된 '금도금 청동 패식(牌飾)'(높이 7cm, 가로 13cm)이 있다.(〈자료10〉)

    패식의 도안을 자세히 살펴보면 상단은 날개를 편 거대한 매이다. 하단의 왼편은 호랑이, 오른편은 곰으로 매의 날개 품에 안겨 서로를 마주보고 있다. 곰의 뒤편 낮은 위치에 뾰족한 주둥이를 특징으로 하는 이리(狼)의 얼굴이 작게 그려져 있다.

    중국학자들은 이 패식을 흉노 계통으로 분류하며, 도안 해석에 있어서도 곰 뒤의 동물을 멧돼지(야저野猪)로 판독하고 동물토템 차원으로

자료10 서기전 2세기경 부여 청동 패식에 나타난 한민족의 종족 구성

해석하는 등 심상하게 여겼다.[119] 반면 한국학자들은 단번에 이 패식이 부여 계통이며 단군사화를 표현한 것임을 알아보았고 크게 주목하고 있다. '삼족오 아래의 곰과 호랑이로 고구려인들의 단군신화 인식을 보여준다'는 인식(박선희),[120] '새(삼족오)토템의 한족이 곰토템의 맥족과 호랑이토템의 예족을 끌어안아 단군조선을 세웠고 이리토템의 실위·산융족까지 다스렸다'는 인식(신용하),[121] '단군조선이 아닌 배달국 환웅천왕의 웅족(곰)·호족(호랑이) 및 북방족(이리)에 대한 교화를 다룬 것'이라는 인식(임재해)[122] 등이 제시되었다. 필자 역시 이 도안이 단군사화를

119 徐秉琨·孫守道,「東北文化: 白山黑水中的農牧文明」,『中國地域文化大系』, 上海遠
　　　東出版社, 1998, 129쪽, 그림149.
120 박선희,『고조선 복식문화의 발견』, 지식산업사, 2011, 362쪽;『고구려 금관의 정치사』, 경
　　　인문화사, 2013, 84~85쪽.
121 신용하,「고조선문명권의 삼족오태양 상징과 조양 원태자 벽화묘의 삼족오태양」,『한국학
　　　보』105, 2001; 앞의 글, 2016, 102~103쪽.
122 임재해, 앞의 책, 2018, 230~236쪽.

표현한 것이되 특히 부여족의 종족적·문화적 정체성을 표현한 것으로
바라본다. ① 매, ② 곰·호랑이, ③ 이리로 나누어 살펴보겠다.

① 매의 경우, 필자는 도안 속의 새를 매로 바라보았다. 배달국 선도
제천문화에서 새 상징이 현실 속의 매를 모델로 하여 하늘의 기에너지
를 상징하는 봉을 표현했던 관행에 따른 인식이다. 배달국 선도제천문
화에 나타난 다양한 상징소 중에서 동물형 상징으로는 단연 '곰(용)·매
(봉)' 표상이 있다. 땅 수기운을 상징하는 곰(용)과 하늘 화기운을 상징
하는 매(봉)를 조합하여, 천지합일 또는 수승화강(水昇火降)이라는 생명
(氣)에너지의 법칙을 상징한 것이다.[123]

부여 패식 역시 크게 보아 '곰(용)·매(봉)' 표상 계통으로 볼 수 있다.
곧 매로 상징되는 천(화)이 곰·호랑이·이리로 상징되는 지(수)와 상호
교류한다는 의미에서 상징 구조가 동일한 것이다. 이러한 상징 구조를
염두에 두고 부여 패식을 살필 때 '매(봉)=천(화)=선도제천문화를 내려
준 환웅족의 상징'이기도 하다. 배달국 이래 선도문화는 한민족문화의
실체로서 종족적 정체성 문제에 이르기까지 깊은 영향을 미치고 있었던
것이다.

② 곰·호랑이의 경우, 한눈에 곰은 '맥족'의 상징, 호랑이는 '예족'의
상징임을 알게 된다. ③ 이리의 경우 몽골·흉노·돌궐·고리·선비 등 여
러 북방족의 신수이기에[124] 배달국·단군조선·부여의 주족인 맥족에게
연맹 후국(侯國) 형태로 긴속되어 있던 북방족의 상징으로 이해된다. 이
리를 호랑이가 아닌 곰의 뒤쪽 낮은 곳에 위치하게 한 것은 북방족이

---

123 정경희, 앞의 글,『선도문화』22, 2017, 220~222쪽.
124 임재해, 앞의 책, 2018, 241~247쪽.

맥족(당시 맥족의 주족인 부여족)의 휘하에 있었음을 보여준다. 북방족들은 부여족의 힘이 약화되면서 서서히 연맹에서 이탈해 갔다. 이상의 곰(맥족)과 그 휘하의 이리(북방족), 또 호랑이(예족)는 모두 선도제천문화를 수용하여 천손족이 되었기에 매로 상징되는 환웅족의 날개 품 안에 안긴 모습으로 표현되었다. '곰·이리·호랑이(용)=지(수)=선도제천문화를 받아들인 맥족·예족·북방족의 상징'인 것이다.

삼국시대 이후 유교적 역사인식이 대세가 되면서 배달국 초 환웅족·웅족·호족에 의한 한민족(예맥족)의 형성 과정, 또 선도제천문화로써 북방족까지 두루 끌어안았던 배달국·단군조선·부여의 역사가 잊혀 갔다. 현재 많은 한국인들은 곰과 호랑이를 단지 과거의 토템동물 또는 종족의 족휘 정도로 생각하며, 더욱이 곰과 호랑이 중에서 호랑이를 한국적 상징으로 생각하는 경우가 많다. 1988년 서울올림픽 마스코트가 곰이 아닌 호랑이였던 점은 이러한 인식을 단적으로 보여준다. 물론 2018년 평창올림픽에 이르러 호랑이와 함께 곰이 공동 마스코트로 등장하여 균형이 잡히게 되었다.(《자료11》)

정리하자면, 1980년대 이후 동북아 고고학의 발달로 한국사의 진정한 출발점이 되는 배달국사가 복원되면서 한국인의 종족적 문화적 정체성을 분명히 할 수 있게 되었다. 그 방향은 대체로 아래와 같이 정리된다.

첫째, 한민족(예맥족)의 성립기는 배달국이며 배달국문화의 요체인 선도제천문화로 인해 토템족에서 천손족으로 정체성 전환이 있었다. 전기 신석기 웅족·호족은 토템족 단계에 머물렀지만, 후기 신석기·금석병용기 배달국 개창을 계기로 환웅족과 웅족·호족의 결합으로 한민족(예맥족·새밝족·맥족)이 형성되었고 새로운 형태의 '선도제천문화'가 민족문화의 요체가 되면서 한민족은 토템족에서 천손족으로 변모되었다.

자료11 현대 한국 사회의 호랑이 · 곰 상징

　둘째, 배달국시기 정립된 한민족의 선도제천문화는 주변 지역으로 널리 전파되어 주변민족까지 천손족으로 변모시켰다. 배달국 이후 단군조선 시기에 이르기까지 한민족의 선도제천문화와 천손사상은 중원 지역으로 전파되었고, 중국문명을 계도했을 뿐 아니라 북방족을 매개로 동·서·남아시아를 넘어 유라시아 일대로 전파되었다. 배달국 선도제천문화와 천손사상은 인류문화의 발전 방향에 대한 깊은 이해와 통찰을 제시함으로써 민족문화의 차원을 넘어 인류문화의 발전에 크게 기여했다.

5장

맺음말

고려 이래 한국 사회에서 유교적 역사인식이 대세가 되면서 한국사의 진정한 출발점이 되는 배달국사, 배달국 이래 한민족의 형성 과정, 또 선도제천문화로써 북방족 및 중원 일대의 화하족까지 두루 끌어안았던 배달국·단군조선·부여의 역사가 잊혀 갔다. 1980년대 이후 동북아 고고학의 눈부신 발전으로 배달국사, 또 배달국문화의 요체인 선도제천문화의 실체가 서서히 모습을 드러내기 시작하면서 한민족의 기원 문제, 한민족의 종족적 문화적 정체성 문제에 대한 접근이 비로소 가능해지게 되었다.

서기전 4000년경 환웅족은 백두산 천평 지역에 도읍을 조성한 후 요동 천평 지역과 요서 청구 지역을 배달국의 동·서 양대 중심으로 삼아 청구·천평·흑룡강 일대를 두루 경영했다. 천평 권역은 백두산의 동·서·북 산록 일대에 대한 지칭이었으며, 그 구심은 단연 배달국의 으뜸 소도제천지인 백두산 신시(神市, 신불·신밝)였다. 협의의 신시는 백두산 내 소도제천지를 지칭했지만 광의의 신시는 백두산 소도제천지 신시를

중심으로 하는 천평 권역의 도읍지, 더 나아가서는 천평 권역의 의미로
도 사용되었다. 구체적인 장소를 지목한 협의의 개념이 광의의 권역 개
념으로 확장되었음은 배달국의 입국이념인 선도제천문화를 상징하는 백
두산 신시의 의미가 그만큼 컸기 때문이다. 백두산의 소도제천지 신시
는 선도국가 배달국의 정신적 구심이었다.

우리말 '한밝(太白)'이나 '신밝·신불'에서 알 수 있듯이 백두산의 소
도제천지는 본질적으로 제천을 통해 사람 속의 '밝음'을 살려내는 선도
수행처였고, 이러한 전통은 고려시대까지 이어졌다. 다만 유교국가인 조
선시대에 이르러서는 그 위격이 현저히 약화되어 유교 산천제의 대상이
되었다. 백두산에서는 선도수행 전통을 이어가던 선파의 존재도 확인되
는데, 19세기 말·20세기 초 백봉신사 일파가 그러하며 여기에서 근대
의 대표적 민족종교 대종교가 나왔다. 20세기 초 무렵 백두산 산정 천
지가에는 백봉신사 선파와 유관했을 것으로 여겨지는 제천건물지도 자
리하고 있었다.

배달국 천평 권역 최고의 소도제천지가 백두산 신시였다면 중심 도읍
지는 신주 또는 비서갑이었다. 백두산 일대에서 배달국의 개창주 환웅
천왕 이하 왕들이 계속 일어난 곳이 신주로 나타나며, 또 배달국 개창시
환웅족·웅족 연맹이 이루어졌던 곳이 비서갑으로 나타나기에, 신주=비
서갑=배달국 천평 권역의 중심 도읍지로 바라보게 된다.

흥미로운 점은 발해시대까지 백두산 서편 지역에 신주라는 지명이 남
아 있었고 위치는 대체로 '환도성에서 동북 200리'(『신당서』), '통화현 동
쪽'(『성경강역고』)으로 인식되고 있었던 점이다. 이에 필자는 배달국시대
신주 비서갑의 위치를 곧 발해시대 신주, 곧 '환도성에서 동북 200리 또
는 통화현 동쪽' 또는 '통화 일대'로 좁혀 볼 수 있는 가능성을 엿보게

되었는데, 1990년대 중국 측에 의해 조사·발굴된 장백산지구 옛 제단 군의 분포 범위 및 중심지 문제를 연구하는 과정에서 이러한 가능성을 사실로 확인하게 되었다.

『후한서』·『삼국지』 등에서는 맥족의 근거지를 혼강·압록강 일대로 기록하고 있는데 1990년대 중국 측이 조사·발굴한 장백산지구 옛 제단 군의 분포 범위도 혼강·압록강 일대였으며 특히 현재의 통화시 일대에 서 서기전 4000년~서기전 3500년경 '3층원단(모자합장묘)·방대' 형식 의 거대한 만발발자 옛 제단이 발굴되었다. 지정학적인 면에서도 통화 지역은 대도읍으로서의 조건을 두루 갖추어 후기 신석기 이래 현재에 이르기까지 이 일대 최고 중심지로서의 위상을 이어왔다. 또한 동으로 백두산 신시 및 서로 요서 청구 지역과의 연결성도 좋았다. 이러한 면들 을 두루 종합해 볼 때 배달국 천평 권역의 도읍지 신주 비서갑의 위치 를 현재의 통화시를 중심으로 하는 통화 일대로 비정해 보게 된다.

다음은 신주 비서갑 일대에서 이루어진 한민족의 형성 과정이다. 극 히 비유적인 방식으로 내용이 압축된 단군사화와 달리 선도사서에는 단 군사화의 내용이 자세하게 풀어져 있다. 천평으로 이거해 온 환웅족은 토착세력 웅족과 혼인동맹의 방식으로 연맹했고 웅족의 환웅족화가 진 행되면서 배달국의 주족인 맥족(환웅족+웅족)이 형성되었다. 요동·요 서·극동을 아우르는 배달국의 광대한 통치 권역 내에는 수많은 종족들 이 있었지만 웅족이 가장 적극적으로 환웅족의 신문화를 수용하여 종내 환웅족화했던 것이다. 선도제천문화(천손문화)의 관점에서 보면 이는 천 손족 환웅족이 가져온 선도제천문화가 지손족 웅족 사회에 성공적으로 뿌리내린 의미를 갖는다.

웅족의 환웅족화로 곰은 천손족의 상징이 되었고 이에 곰을 신수(神

獸)의 이미지로 분식한 '맥'의 개념이 생겨났다. 선도문화의 요체인 '밝음'을 웅족의 족휘인 곰에다 대입하여 '밝은 동물(신수)'의 의미로 만든 글자가 '밝(貊)'이었고 이것이 후대에 '맥(貊)'으로 전음되었다.

백두산 일대 토착세력 중 호족은 웅족과 달리 환웅족이 가져온 신문화에 적응하지 못하여 사해 밖으로 추방당해 배달국 주족의 범주에서 제외되었다. 이후 선도제천문화를 수용하게 되면서 호족의 족칭은 예로 바뀌게 되는데, 예의 원음은 '새', 의미는 '새로움·새벽·밝음'이었다. 토템 신앙 차원의 '웅'이 선도제천문화 차원의 '맥'으로 바뀐 것처럼 토템 신앙 차원의 '호'가 선도제천문화 차원의 '예'로 바뀐 것이었다. 이처럼 예는 배달국 개창 초 환웅족에게 축출되었지만 점차 선도제천문화를 수용함으로써 배달국 부족의 지위에 올랐고 종내 선도제천문화와 천손의 식을 하나로 공유하게 됨으로써 예맥 동종이 되었다. 곧 예맥은 '이종적 출발점을 지닌 동종', 결론적으로 '동종'이다.

배달국의 주족을 맥족(환웅족+웅족), 부족을 예족(호족)이라고 할 때 이러한 주·부를 나누는 기준은 다름 아닌 배달국의 입국이념인 선도문화의 주도성 및 수용성이었다. 맥족은 선도제천문화를 주도해 간 계열, 예족은 선도제천문화를 수용한 계열인 것이다. 이렇게 배달국 선도제천문화는 맥족에 의해 주도되었기에 맥족이 배달국의 종족적 대표성을 지니게 되었다. 이에 맥족과 예족을 연칭해서 예맥족으로 칭하기도 하지만 줄여서 맥족으로 부르는 경우가 더욱 일반적이게 되었다.

예맥족 또는 맥족은 선도제천문화를 공통분모로 했기에, 이러한 공통분모에 초점을 맞출 경우 선도제천문화의 요체인 '한·환(밝과 동일 의미)'을 따와 '한민족'으로도 부를 수 있게 된다. '예맥족(새밝족)=맥족=한민족'인 것이다. 현재에도 종족적 의미를 강조할 경우는 예맥족 또는 맥족, 민족적 정체성을 강조할 경우는 한민족으로 부른다. 기존의 선행 연구에서는 대체로 북방 예맥족과 남방 한족이라 하여 예맥족과 한족을 분리해 왔지만 실상 예맥족이 곧 한족인 것이다.

한민족(예맥족·새밝족·맥족)의 종족적 문화적 정체성을 가시적으로 확인해 주는 실물자료로 서기전 2세기 무렵의 부여 패식이 있다. 매(환웅족)의 품 안에 곰(맥족)과 그 휘하의 이리(북방족), 또 호랑이(예족)이 안긴 형상이다. 이는 사상·문화적으로 맥에 의해 개척된 동북아 선도 제천문화 권역을, 정치적으로는 배달국·단군조선·부여의 통치 권역을 보여준다.

결론

선도적 역사인식을 바탕으로 한
고유문화 계통론 정립의 필요성

한국 역사학의 성립 이래 한민족의 출원, 또 한민족문화의 출원에 대해서는 다양한 시각차가 있어왔다. 이는 크게 중원문화 계통론, 시베리아문화 계통론, 고유문화 계통론의 3계통론으로 정리될 수 있다.

첫째, 중원문화 계통론의 뿌리는 중국의 중화주의적 한국사 인식의 원류인 기자조선 인식이다. 중국의 기자조선 인식은 고려 이후 중화주의 유교사학과 함께 한국 사회에 본격 도입되었고 전형적인 유교국가인 조선에 이르러 미개한 단군조선과 차별화되는 진정한 문명개화의 시발점으로 인식되기에 이르렀다. 조선시대가 끝나고 근대 역사학이 시작된 이후에도 기자조선 인식은 고고학에 기반한 근대 역사학적 방법론으로 계속 모습을 바꾸어가면서 끈질기게 생명력을 이어왔다. 특히 중국학계는 20세기 초 은허 발굴을 계기로 기자조선 인식을 강화시켜 갔다. 20세기 말 동북 지역에서 상고문화가 발견된 이후에는 동북공정을 통해 기자조선 인식을 더욱 노골화하여 한국사를 아예 은상족에 의한 중국사로 대체하기에 이르렀다. 이러한 시각에 의할 때 한국인(맥족)의 출원은 은상족의 방계, 한국문화(맥족문화)의 출원은 은상계 예제문화가 되기에 중원문화 계통론은 '중화사관-중원-예제문화 계통론'으로 구체화해 보게 된다.

둘째, 시베리아문화 계통론은 20세기 초 일제시기 일인학자들에 의해 처음 제기되었다. 일인학자들은 한·일 문화의 원류를 만주에서 찾는 경향성을 보였다. 한국 신석기문화·청동기문화의 시베리아 기원설을 주창했고 같은 맥락에서 한국 샤머니즘의 시베리아 기원설도 등장했다. 이후 이 관점은 한국학계에 널리 수용되어 광복 이후로 이어져 현재에 이르고 있다. 이는 현재 한국 고고학계의 대세이자 한국 역사학이나 민속학 방면에서도 널리 수용되어 지속적으로 확대 재생산되고 있다. 이러한 시각에 의할 때 한국문화(맥족문화)의 출원은 북방 시베리아, 문화의 내용은 북방 또는 서방 샤머니즘이 되기에, 시베리아문화 계통론을 '식민사관-시베리아-샤머니즘 계통론'으로 구체화해 보게 된다.

이상 중원문화 계통론과 시베리아문화 계통론은 한민족과 한민족문화의 출원에 대해 공히 요서 지역을 중심으로 인식한다. 요서 지역을 맥족문화의 최중심지로 바라보고 이곳에서의 중원문화 또는 시베리아문화와 같은 외래문화의 영향을 강조하는 것이다. 그 배경은 중국 문헌기록 중 예맥이 요서 예맥에 집중되어 있었던 점, 근대 이후 고고학 발굴 성과가 요서 지역에 집중되었던 점 등이다.

셋째, 고유문화 계통론이 있다. 중원문화 계통론이 중화사관, 시베리아문화 계통론이 식민사관에 기반하고 있다면, 고유문화 계통론의 뿌리는 한국 상고 이래의 선도적 역사인식, 곧 '선도사관(仙道史觀)'이다. 기왕에는 '민족주의 역사인식' 또는 '민족사관' 등으로 호칭되어 왔지만,

1980년대 이후 동북 지역 상고문화의 등장과 중국 측의 동북공정, 동북 지역 상고문화에 대한 한국 측의 인식 진전 등 일련의 과정을 거치면서 민족사상·민족문화의 내용적 실체가 선도사상·선도문화임이 분명해졌 기에 민족사관이라는 애매한 표현 대신 선도사관으로 구체화해 보게 된 다.

이 경우는 요동·요서·한반도 일대의 맥족문화가 토착 신석기·청동 기문화의 자체적 발전에 의한 고유문화이자 동아시아 상고문화의 원형 으로 중원문화나 시베리아문화의 영향을 받은 것이 아니라 오히려 이들 문화의 발전을 이끌었던 것으로 바라본다. 이러한 시각에 의할 때 한국 인(맥족)의 출원은 요동·요서·한반도 지역의 토착 예맥, 한국문화(맥족 문화)의 실체는 선도문화가 되기에, 고유문화 계통론을 '선도사관-요 동·요서·한반도-선도문화 계통론'으로 구체화해 보게 된다. 여기에서 고유문화 계통론이 바로 설 때에야 비로소 중원문화 계통론이나 시베리 아문화 계통론의 영향력에서 온전히 벗어날 수 있음을 알게 된다.

앞서의 중원문화 계통론 및 시베리아문화 계통론에서는 맥족문화를 요서 지역 중심으로 바라보는 경향이었지만 고유문화 계통론에서는 맥 족문화의 중심을 요서 지역 중심으로 보지 않는다. 본서에서도 적석 단 총 이하 각종 제천유적 연구를 통해 기왕의 예맥 연구에서 일종의 기본 전제와도 같았던 요서 중심의 시각에서 벗어나고자 했다. 곧 동북아 상 고·고대의 시기, 백두산 서편 지역을 중심축으로 하는 요동·한반도·요 서 지역을 좁은 의미의 맥족문화 권역(사상·문화적으로는 선도제천문화 권역)으로 보았고, 넓게는 일본열도 지역까지 포함해 보았다. 요동 백두 산 서편 지역을 중심축으로 요서에서 일본열도에 이르기까지 동북아 전 역을 맥족의 선도제천문화 권역으로 바라본 것이다.

맥족의 선도제천문화 권역은 구체적으로, '① 시기: 배달국~고구려 서기전 4000년~600년경, ② 발원지: 요동 천평 지역, ③ 권역: 요동·한반도·요서(넓게는 일본열도 포함), ④ 대표 제천시설: 환호를 두른 구릉성 제천시설(3층원단)에서 시작되어 환호·석성을 두른 구릉성 제천시설(3층원단·적석단·토단·선돌·나무솟대·제천사·고인돌류)로의 다변화'로 정리되었다. 또한 이러한 선도제천문화 권역 안에서 '백두산 서편을 축으로 하는 맥족의 요서 진출·정착 및 요동 회귀'라는 순환적 이동 흐름이 드러났다. 구체적으로는 '백두산 서편 혼강·압록강 천평 지역 → 대릉하 청구 지역 → 서랍목륜하 지역→ 송화강 지역 → 백두산 서편 혼강·압록강 천평 지역 → 일본열도'로의 이동 흐름이다.

맥족의 선도제천문화 권역의 중심지와 관련해서는, 배달국시기 적석 단총문화의 발상지이자 고구려시기 적석 단총문화의 부활지로 면면히 이어왔던 백두산 서편 천평 권역, 그중에서도 만발발자 유적이 자리한 통화 일대를 배달국의 도읍지 신주 비서갑 지역이자 맥족 선도제천문화의 최중심지로 보았다. 특히 배달국 개창 초 천평 권역에서 '[맥족(환웅족+웅족)]+예족(호족) → 한민족(예맥족·새밝족·맥족)'의 방식으로 한민족의 실체가 성립되었다고 보았으니 백두산 지역을 한민족문화의 원향으로 보았다.

1980년대 이후 동북 지역 상고문화의 등장과 함께 동북아 상고문화의 원형인 '맥족-배달국-선도문화'의 실체가 드러나면서, 고려 중기 이래 오랜 세월 동안 한국사에 덧씌워져 왔던 중화사관, 또 일제시기 중화사관 위로 재차 덧씌워졌던 식민사관이 1천여 년 만에 드디어 그 존립의 근거를 상실하게 되었다. 또한 한국 상고 이래 '국학(國學)'이었던 선도, 또 선도에 입각한 주체적 역사인식이었던 선도사관이 되살아나면서 중국이나 일본의 패권주의적 역사인식의 그늘에서 벗어날 수 있게 되었다.

이러한 변화의 흐름을 타고 본서에서는 한국 역사학계가 고려 중기 이래의 '중원문화 계통론(중화사관-중원-예제문화 계통론)', 또 근대 이래의 '시베리아문화 계통론(식민사관-시베리아-샤머니즘 계통론)'에서 벗어나 1980년대 이후의 '고유문화 계통론(선도사관-요동·요서·한반도-선도문화 계통론)'으로 나아가기 위한 기본 방향을 제시해 보고자 했다.

현재 전 세계 선사고고학의 성과들이 지속적으로 누적되면서 기존의 세계사, 특히 세계 상고사 분야가 크게 요동치고 있다. 그 선두에 홍산문화로 대표되는 동북 지역 상고문화를 등에 업은 중국이 자리하고 있음은 물론이다. 현재 중국은 동북 지역에서 시작된 세계 최고 수준의 상고문명이 북미·서남아시아·유럽 일대 등으로 확산되었음을 전 세계 학계를 대상으로 공공연하게 주장하기 시작했다. 전통적으로 중국이 추구하는 패권 질서의 최중심부에는 언제나 중화주의적 역사인식이 자리해왔지만 지금은 그 극점의 상황인 것이다.

이러한 중국 측의 동향에 맞물려 한국사도 덩달아 요동치게 되었고 결국 '모 아니면 도' 식의 선택의 기로에 놓이게 되었다. 중화주의적 역사인식에 말려 중국사 속으로 편입되어 들어갈 수도 있고, 아니면 새로운 반성과 성찰을 통해 '맥족-배달국-선도문화'에서 새롭게 출발하는 한국사, 더 나아가서는 동아시아사를 새롭게 서술할 기준과 방향을 잡아갈 수 있는 변화의 시점을 맞이한 것이다.

역사학은 고정불변의 정형태가 아니다. 시대변화의 흐름 속에서 늘상 바뀌어왔고 지금 이 시간도 바뀌어가고 있으며 앞으로도 계속 바뀌어갈 것이다. 한국인들, 특히 한국사 연구자들은 지금 세계 상고사 분야에서 불고 있는 새로운 변화의 바람을 정확하게 인지하는 가운데, 역사인식

면에서는 지난 1천여 년간 한국인·한국문화의 정체성을 옥죄는 굴레였던 중화사관·식민사관, 문화 계통론 면에서는 중원문화 계통론·시베리아문화 계통론에서 과감하게 벗어나 '한국인이 주체적으로 인식하는 역사인식'으로서의 선도사관, 또 '한국인이 주체적으로 인식하는 문화 계통론'으로서의 고유문화 계통론을 새롭게 정립해 가야 할 것이다.

부록

통화 만발발자 제천유적
추보(追補) 연구:
『통화만발발자유지고고발굴보고』를 중심으로

통화 만발발자 유적 이하 백두산 서편 일대 옛 제단 유적에 대한 필자의 연구는 2015년부터 시작되었고 결과물들은 2019년 2월부터 순차적으로 학술지에 등재되었다. 이때까지 만발발자 유적의 정식 발굴보고서는 나오지 않은 상태였다. 이후 본서 출간을 준비하던 중인 2020년 4월 말, 정식 발굴보고서인『통화만발발자유지고고발굴보고(通化萬發撥子遺址考古發掘報告)』[1] (이하 '보고서')가 한국 인터넷 서점에 올라와 있음을 보게 되었다. 발간일은 2019년 9월이었고 2020년 4월부터 국내 판매가 시작되고 있었다. 아마존 서점에도 올라가 있었다. 한국 인터넷 서점에 중국 발굴보고서가 올라온 것을 본 것은 이때가 처음이었다. 가령 중국 동북 지역에서 이루어진 발굴 중 국내외에서 가장 주목을 받았던 홍산문화 우하량 유적 발굴보고서[『우하량홍산문화유지발굴보고(牛河梁紅山文化遺址發掘報告)─1983~2003』, 2012]조차도 발간된 지 10여 년이 되어가는 지금까지 한국 온·오프라인 서점은 물론 아마존 서점에 올라와 있지 않다. 이러한 정황은 중국 측이 만발발자 유적 발굴보고서를 한국을 위시하여 전 세계에 보급하고자 의도했음을 보여주었다.

중국 측으로서는 1995년 여러 언론들을 통해 전 세계에 공포했던 장백산지구 옛 제단군의 문제를 정리해야 하는 압박감을 갖고 있었을 것

---

1   吉林省文物考古硏究所·通化市文物管理辦公室 編,『通化萬發撥子遺址考古發掘報告』, 科學出版社, 北京, 2019年 9月.

이 분명하며, 결국 이렇게 최종 입장을 정리한 것으로 이해되었다. 보고서는 1995년 중국 측이 널리 공포한 장백산지구 옛 제단군의 존재를 공식적으로 무화하는 마무리작업이자 중국의 동북공정 '요하문명론-장백산문화론'의 마침표 작업이었다.

물론 보고서는 기왕에 중국 측이 제출한 두 계통의 보고 중 공식 입장인 국가문물국의 보고 계통에 속했다. 무엇보다도 이수림의 보고에서 나타났던 3층원단(모자합장묘)·방대, 선돌 2주, 적석 방단이 배제되었다. 또한 제천사는 의례시설이 아닌 일반 주거시설의 차원에서 다루어졌다. 얼핏 보고서를 보면 만발발자 유적은 주거지와 무덤이 공존하는 일반 유적지로 여겨지기 쉽다.

이러하므로 아무 생각 없이 보고서가 안내하는 방향을 따라가다 보면, 만발발자 유적은 이른바 '선(先)고구려' 유적으로 비추어지며 이에 대한 연구도 '고구려문화에 준하여 그와 유사한 모습을 찾는' 방식의 연구가 되기 쉽다. 실제로 보고서 발간 직후 이러한 시각의 연구가 등장했다. 보고서가 고구려문화의 기원 및 계승 관계를 밝혀주는 매우 중요한 자료이며, 특히 무덤과 생활 유구가 공존하는 유적 형태로 인해 선고구려~고구려 취락의 생활상을 파악할 수 있게 해준다고 했다.[2] 이런 식의 연구가 확산될 때 만발발자의 제천유적으로서의 본질은 완전히 잊히게 될 것이다. 이는 물론 중국 측이 의도하는 바이기도 하다.

이러한 문제에도 불구하고 보고서에는 발굴 유구 및 출토 유물 전반에 대한 워낙 자세한 정보들이 실려 있어 이들을 입체적으로 바라볼 경

---

2 이종수, 「고구려 문화 기원의 보고—통화 만발발자유지 고고발굴보고」, 『야외고고학』 37, 2020.

우 보고서에서는 언급되지도 주목되지도 않은 새로운 사실들이 읽히는 많은 접점들이 있었다. 예를 들면 보고서상에 배제되었던 3층원단(모자합장묘)·방대의 존재가 간접적으로나마 드러나 있었다. 또한 보고서에 나타난 주거시설을 제천사로 바라볼 경우 제천사의 종류, 위치, 형태, 기능, 분기별 변천상 등이 그려지며 이를 통해 유적지 전반의 변화 흐름까지도 그려볼 수 있었다. 기왕에 제출된 두 계통의 보고를 하나로 맞추는 연구를 해왔던 필자로서는 이번 보고서를 통해 기왕의 연구를 점검하고 많은 내용을 수정·보완할 수 있었다. 본고는 이러한 점검의 결과물이다.

길림성문물고고연구소 수장고에는 과거 동북 지역사의 주역이었던 예맥계 유물을 중심으로 동북 지역사의 기원과 전개를 밝힐 수 있는 수많은 자료들이 빛을 보지 못하고 묻혀 있다. 특히 최근까지도 발굴조사가 이루어지고 있는 길림시 일원의 동단산과 모아산 일대 부여 관련 유적은 1980년대부터 발굴이 진행되었지만, 지금까지도 발굴보고서는 한 번도 발간된 적이 없다.[3] 이러한 와중에 발간된 만발발자 유적 발굴보고서는 한눈에 드러나는 동북공정의 시각, 또 그간의 발굴 상황과 발표 논문들을 두루 파악하고 있는 연구자들의 높아진 안목과 눈높이에 미치지 못하는 의도적이고도 부실한 편집으로 인해, 그들이 기왕에 공포한 장백산지구 옛 제단군에 대한 관심을 잠재우기는커녕 중국 측의 유적 은폐와 역사 왜곡의 실상을 재삼 확인해 주었다.

향후 이 보고서를 보게 될 국내외 많은 연구자들은 보고서가 철저하게 중국 동북공정 '요하문명론-장백산문화론'에 의거, 유구와 유물을 취

---

3 이종수, 위의 논문, 2020, 167쪽.

사선택하는 방식으로 집필되었음을 우선적으로 인식해야 할 것이며 이러한 인식 위에서 역시 취사선택적인 접근을 해야 할 것이다.

1장

『통화만발발자유지고고발굴보고』의
편찬 및 발굴 경위

---

1. 편찬 과정과 시각

필자는 우선적으로 1999년 10월 발굴이 종료된 이후 무려 20년 만에
보고서가 나오게 된 경위와 집필자가 매우 궁금했다. 집필자는 실제 발
굴에 참여하지 않은 여정(餘靜)이라는 인물이었다. 보고서 말미에 실린
후기(後記)에 의하면 발굴이 마무리된 지 10년이 지난 2010년, 길림성
문물고고연구소 소속의 여정을 중심으로 유물정리 작업이 시작되었다.
2012년 여정이 동북사범대학(東北師範大學)으로 근무지를 옮긴 후에도
정리 작업은 계속되었다. 2013년 봄에는 조사단이 꾸려졌는데 과거 발
굴자들이 거의 참여하지 않았다. 조사단은 새롭게 발굴 현장을 방문하
여 발굴기록과 유물을 종합정리하기 시작했다. 당시 발굴 현장은 이미
매립된 상태였고 발굴기록의 일부분은 두 차례에 걸친 이동 및 담당자
전출 등의 과정을 거치면서 내용을 파악할 수 없을 정도로 흐트러져 있
었다. 또한 일부 표본은 다른 곳에 옮겨져 있는 상태였다. 통화 임시 창

고에서 나온 유물의 경우 유물에 붙여놓은 정보표가 부식, 유물 정보가 모호해진 경우도 있었다고 한다.[4] 이는 만발발자 유적 발굴 이후 발굴기록 및 수습 유물에 대한 중국 측의 관리가 매우 부실하게 이루어졌음을 보여주었다.

조사단의 정리 작업은 2017년 12월 무렵에 최종 마무리되었다. 앞서 살펴보았듯이 2017년 10월 통화박물관이 개장, 만발발자 유적에서 출토된 일부 유물들이 전시되기 시작했다. 또한 같은 시기 길림성박물원에서도 만발발자 유적 출토품 일부를 전시하기 시작했다.[5] 이러한 변화가 실상 2017년 여정의 발굴보고서 정리 작업과 함께 맞물려 진행되었음을 알 수 있었다. 이후 다시 2년여의 정리 작업을 거친 후 최종적으로 2019년 9월에 발굴보고서가 출간된 것이었다.

이처럼 직접 발굴에 참여하지 않은 조사단이 발굴 종료 후 15여 년의 긴 시간이 흐른 후 창고에 폐기되어 있던 자료와 유물 들을 모아서 새롭게 정리를 시작했던 점, 일부 유물들은 앞서 다른 곳으로 옮겨진 상태였던 점, 자료가 뒤섞이고 유물 정보가 부정확했던 점 등을 두루 고려해 볼 때 보고서 작성에 많은 어려움이 있었을 것이며 내용적으로도 적지 않은 문제를 갖게 되었을 것임을 알게 된다.

이러한 문제보다 좀 더 심각한 문제는 시각의 문제, 곧 보고서 작성의 관점이다. 보고서는 전적으로 동북공정 '요하문명론－장백산문화론'의 시각을 취하고 있다. 보고서는 첫머리인 1장 도입부에서부터 여지없이 '요

---

4   吉林省文物考古硏究所·通化市文物管理辦公室 編, 앞의 책, 2019, 588~590쪽.
5   정경희, 「통화 만발발자 제천유적을 통해 본 백두산 서편 맥족의 제천문화(Ⅱ)—제2차 제천시설 '선돌 2주·적석 방단·제천사'를 중심으로—」, 『선도문화』 27, 2019, 47~49쪽.

하문명론-장백산문화론'을 드러내고 있었다. 곧 은·주 교체기에 은의 귀족 기자가 요동 지역으로 달아나 고조선의 후국(侯國)을 세웠는데 통화 지역은 기자조선에 속했다고 했다. 전국시기에는 연 진개가 압록강까지 진출하면서 연에 예속되었고, 진의 중국 통일 이후에는 연 위만이 장백산 일대로 망명하여 중원 지역의 유민들을 모아 위만조선을 세우면서 다시 위만조선에 예속되었다고 했다. 한 무제가 위만조선을 멸망시킨 후에는 한사군 중 하나인 현도군에 예속되었으며, 이후 현도군에서 갈라져 나온 고구려 역시 중원왕조에 신속(臣屬)되었다고 했다.[6] 이러한 시각은 보고서가 '요하문명론-장백산문화론'에 따라 정리되었음을 보여주었다. 발굴보고서는 기본적으로 발굴 상황을 객관적이고 충실하게 전하는 데 주안점이 두어져야 함에도 불구하고 이러한 원칙이 지켜지지 않았던 것이다.

이러한 시각의 문제와 관련하여 만발발자 유적의 조사·발굴 시점이 새삼 주목되었다. 곧 보고서 1장 첫머리에는 만발발자 유적의 단계적인 발굴 과정이 나와 있는데, 1961년 1차 정밀조사, 1985년 2차 정밀조사, 1987년 1차 발굴(보고서 미발간), 1997년~1999년 2차 발굴의 순이었다. 이는 중국 측 동북공정과 관련하여 만발발자 유적 이하 장백산지구 옛 제단군에 대한 조사·발굴의 시점을 재고하게 했다.

최초로 장백산지구 옛 제단군의 존재가 공포되었던 1995년 6월, 『인민일보』에서는 1989년 통화현 쾌대무진 여명촌에서 여명 유적이 최초로 발견되었고 이후 계속해서 40여 기가 발견되었다고 했다.[7] 그러나

6　吉林省文物考古硏究所·通化市文物管理辦公室 編, 앞의 책, 2019, 1~2쪽.
7　「李樹林業餘考古有新發現」, 『人民日報』, 1995年 6월 8日.

보고서에 따르면 1985년~1987년 무렵에 이미 만발발자 유적에 대한 정밀조사 및 1차 발굴이 완료된 상태였다.

정리해 보자면 1985년~1987년 만발발자 유적의 1차 발굴이 있었고 이어 1989년 여명 유적이 발굴되었다. 삼환제단(三環祭壇) 유적으로 크게 주목되었던 두 유적에 대한 발굴은 장백산지구 옛 제단군 40여 기에 대한 조사로 이어졌고 최종적으로 1995년 6월 4일자 『중국문물보』를 통해 장백산지구 옛 제단군의 존재가 공식화되면서 언론을 통해 전 세계로 홍보되었다. 결국 홍산문화의 요동 지역 전파라는 시각의 장백산지구 옛 제단군에 대한 중국 측의 관심과 연구는 1989년이 아니라 1985년부터 시작되고 있었다. 홍산문화의 등장을 계기로 촉발된 요동 지역 옛 제단군에 대한 조사·발굴은 요서 지역과 거의 동시적으로 진행되었음을 확인하게 되었다.

이렇듯 만발발자 유적 발굴보고서는 발굴 후 15여 년간이나 묵혀 있던 자료들을 정리하는 과정에서 파생될 수밖에 없는 여러 가지 문제, 더 중요하게는 동북공정 '요하문명론-장백산문화론'이라는 편향된 시각의 문제를 안고 있었다. 보고서를 활용하기에 앞서 심각하게 고려되어야 하는 부분임에 틀림없다.

2. 발굴 구역과 분기

보고서는 전체 5장으로 이루어져 있으며 말미에 부록으로 유물표, 연구논문(무덤에서 출토된 인골·동물뼈를 분석한 논문 4편)[8], 도록이 실려 있다. 총 600여 쪽의 분량이다.

1장은 유적 개관이다. 2장은 유적에 대한 구역별(총 8구역) 고찰로 각 구역의 지층 퇴적 양상을 분기 구분으로 연결했다. 3장은 유적에 대한 분기별 고찰이다. 분기별로 각 구역의 매 지층에서 출토된 기물(地層出土器物), 방지(房址: 주거지), 회갱(灰坑: 재구덩이), 회구(灰溝: 재고랑), 묘장(墓葬: 무덤)을 살펴보았다. 4장은 시기를 확인하기 어려운 유물, 유적지 주변에서 채집하거나 경작지 위에서 출토된 유물을 별도의 장으로 모은 것이다. 5장은 결론이다. 각 분기별 유구·유물의 특징과 성격을 정리하되 특히 3~5기의 무덤을 별도 항목으로 설정하여 형태 및 계승 관계를 정리했다.

발굴은 구역별, 연도별로 나누어 진행되었다. 보고서에 나타난 8구역의 위치 및 발굴 연도를 표시해 보면 다음과 같다. '2층 환계(二級環階)'나 '산정(山頂) 평대(平臺)'와 같이 3층원단(모자합장묘)·방대의 존재를 시사하는 용어가 그대로 사용되고 있는 점이 주목된다. 본고에서는 논의상 편의를 위해 3층원단 거북머리 부위의 1·3·4구역을 A지구, 방대 거북목 부위의 2구역을 B지구, 거북어깨 부위의 5·6·7·8구역을 C지구로 구분했다.(〈자료1〉)

이곳 전역에서 발굴된 유구는 최종적으로 방지 24(20)좌(座),[9] 회갱

8　賈瑩·朱泓·金旭東·趙殿坤,「通化萬發撥子墓葬顱骨人種的類型」,『社會科學戰線』, 2006年 2期: 朱泓·賈瑩·金旭東·趙殿坤,「通化萬發撥子遺址春秋戰國時期叢葬墓 顱骨的觀察與測量」,『東北、內蒙古地區古代人類的種族類型與DNA』, 吉林人民出 版社, 2006: 賈瑩·朱泓·金旭東·趙殿坤,「通化萬發撥子明代墓葬出土人骨的硏究」, 『東北、內蒙古地區古代人類的種族類型與DNA』, 吉林人民出版社, 2006: 湯卓煒·蘇 拉提薩·金旭東·楊立新,「通化萬發撥子聚落遺址動物遺存初步分析—新石器時代晚 期至魏晉時期」,『環境考古研究』 3, 北京大學出版社, 2006.

9　실제로는 24좌인데 F1, F5, F6, F18의 자료 결실로 제외하여 총 20좌가 되었다고 한다.

방위	유적 출발점	속칭	발굴 구역	위치	발굴 연도
서부	A 3층원단 (모자합장묘)	거북머리	1구역	산정 대지(臺地) 위	1997
			3구역	2층 환계(二級環階) 위	1998
			4구역	산정 평대(平臺) 위	1998
	B 방대	거북목	2구역	산등성(山脊) 위	1997
동부	C 무덤지	거북어깨	5구역	동부	1999
			6구역	동부의 서편	1999
			7구역	동부 산정 위	1999
			8구역	동부 산정 위	1999

자료1 만발발자 유적 8구역의 위치 및 발굴 연도

137개(箇), 회구 9조(條), 환호 1조, 묘장 56좌로 정리되었다. 앞으로 계속될 유구 관련 논의에서 방지는 F, 회갱은 H, 회구 및 환호는 G, 무덤은 M으로 표시함을 미리 밝혀둔다.

보고서에는 구역별 평면도만 나와 있을 뿐 전체 평면도가 나와 있지 않았기에 논의를 위해 유적 항공사진(2014년 1월 28일) 위에 구역별 위치를 대략 구분했다.(〈자료2〉)

이렇게 구역별로 나누어 발굴을 진행하되, 지층퇴적 관계 및 출토 유물 비교 분석을 통해 각 구역별로 분기가 설정되었다. 분기 설정의 기준은 출토 유물, 그중에서도 특히 토기의 형태 및 문양이었다. 이를 주변 지역 고고문화의 경우와 비교하여 연대를 상정하는 방식이었다.[10]

---

10   吉林省文物考古研究所·通化市文物管理辦公室 編, 앞의 책, 2019, 501~525쪽.

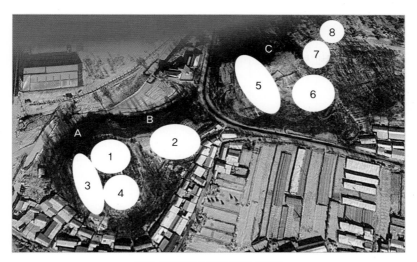

자료2 만발발자 유적의 8구역 위치도

　　이렇게 도출된 보고서의 분기 구분은 앞서 보고된 두 계통의 분기 구분과 같았다. 이들 분기는 공히 동북공정의 시각과 기준에 의한 것이었다. 그간 필자의 연구에 기반하여 이를 교정해 보면, '1기-조단: 배달국 전기, 1기-만단: 배달국 중기, 2기: 단군조선 후기, 3기: 단군조선 말기, 4기: 고구려 개창 전후, 5기: 고구려 중기, 6기: 명'이 된다.(〈자료3〉)

　　앞서 두 보고와 달리 이번 보고서에서는 분기와 구역이 정확하게 매치되어 있어 유적의 전체상, 특히 시대 흐름에 따른 변화상을 그려보는 데 많은 도움이 되었다. 다음 장에서 구역별 차이에 유의하면서 분기별 변천상을 살펴보겠다.

교정 분기	보고서의 분기				기준 고고문화	구역
배달국 전기	1기	신석기	조	서기전 4000년 ~ 서기전 3500년	후와 원보구	1, 2, 4
배달국 중기			만	서기전 3500년 ~ 서기전 3000년	서단량산2기 좌가산3기 흥성	
단군조선 후기	2기	은상 만기 ~ 서주		서기전 13세기 ~ 서기전 8세기	마성자 A동 · C동 무덤	1, 2
단군조선 말기	3기	춘추전국	조	춘추 서기전 8세기 ~ 서기전 5세기	쌍방 조기 오녀산성2기	4 제외 전 구역
			만	전국 서기전 5세기 ~ 서기전 3세기		
고구려 개창 전후	4기	한 (선고구려)		서기전 3세기 ~ 3세기	간구자 무덤 오녀산성3기	4, 6 제외 전 구역
고구려 중기	5기	위진 (고구려 중기)		3세기 ~ 5세기	오녀산성4기	1, 2, 4, 6
명	6기	명				3

자료3 **보고서의 분기 및 교정 분기**

2장

『통화만발발자유지고고발굴보고』에
나타난 분기별 변천상

———— 〰️ ————

1. 배달국 전·중기: 간결하고 담백한 소도제천문화의 원형

1) 3층원단 '북쪽 계단지' 및 '북·서쪽 2층 환계'의 흔적

만발발자 유적의 변천상을 살피고자 할 때 그 출발점이 되는 1기 유적의 형태가 가장 중요해진다. 앞서 연구에서 그 출발점이 '3층원단·방대'였음을 살펴보았다. 보고서에서는 이 부분이 배제되었지만 '3층원단·방대'의 존재를 직·간접적으로 보여주는 사진·도면 자료들이 실려 있었다. 구역별 발굴 사진 및 평면 중 '3층원단·방대'의 모습이 나타난 자료 3건이다.(1구역 발굴 사진, 3구역 발굴 사진과 평면도)

첫째, 1구역 발굴 사진이다. 1구역의 북쪽 경사면을 찍은 사진으로 여겨지는데, 흙과 돌이 번갈아 가면서 층층이 나타나 있다. 이수림의 보고에서는 1구역 북쪽에 1층 환계에서 2층 환계로 올라가는 계단지(階段地)가 있었다고 했다. 이 계단지 유구로 여겨진다.(〈자료4〉)

자료4 1구역 발굴 사진에 나타난 3층원단의 북쪽 계단지

　둘째, 3구역 발굴 사진 및 평면도이다. 2018년 길림성박물원 방문시 3구역 발굴 사진이 벽면에 전시되어 있었고 사진 하단에 '북쪽 환계(環階)'로 표시되어 있었다. 살펴보면 3구역의 북쪽, 곧 사진 오른쪽 방면으로 환계의 흔적인 돌무지가 쌓여 있다.(〈자료5-1〉 참조) 보고서에서도 3구역 사진으로 동일 사진을 제시했다.(〈자료5-2〉) 더하여 보고서에서는 3구역이 '3층원단 중 2층에 해당하는 둥근 계단(二級環階)'에 위치했다고 했다. 이를 종합해 보면, '3구역 사진상의 북쪽 환계=3층원단의 2층 환계'가 된다. 그런데 보고서에 실린 3구역 평면도를 살펴보면, 유적의 서쪽 방면으로 긴 돌무지가 늘어서 있다.(〈자료5-3〉) 이는 3구역의 북쪽으로 2층 환계가 자리하고 있었을 뿐 아니라 서쪽으로도 역시 2층 환계가 돌아가고 있었음을 보여준다. 이렇듯 3구역의 북·서쪽에 자리한 환계를 통해 1기 유적으로 보고된 3층원단의 존재를 확인하게 된다.

1. 2018년 길림성박물원 벽면 사진

2. 3구역 발굴 사진　　　　　　　　　　3. 3구역 평면도

자료5 3구역 발굴 사진 및 평면도

이상에서 1구역 발굴 사진, 3구역 발굴 사진 및 평면도에 3층원단의 계단지 및 북·서쪽 2층 환계의 흔적이 나타나고 있었음을 살펴보았다. 이외에 4구역 및 2구역 발굴 사진을 참고자료로 제시하면 〈자료6〉과 같

자료6 4구역 발굴 사진(위) 및 2구역 발굴 사진(아래)

다. 4구역은 3층원단의 중심인 3층 평대(모자합장묘) 부분, 2구역은 방대 부분에 해당한다.

2) 1기의 구역별 유구

다음으로 보고서에 나타난 1기의 구역별 유구를 통해 1기 제천시설 인 '3층원단(모자합장묘)·방대'의 모습, 또 여기에서 행해진 제천의례의 동선 등을 가늠해 보겠다. 1기의 유구로는 회갱 6좌, 방지 1좌가 보고되 었는데, 조단·만단으로 구분되고 있었다.

	구역		유구		시기	기능	동선
A	1	2층 환계 위	회갱 3	H43 H59 H58	1-조단	제천단 앞 준비처	2
	3		×				
	4	3층 환계 평대 모자합장묘	회갱 3	H149	1-조단	제천단	3
				H146 H148	1-만단		
B	2	방대	방지 1	F15	1-만단	제천사	1
C	5		×				
	6		×				
	7		×				
	8		×				

자료7 1기의 구역별 유구 일람

3) A-1 · 4구역: 제천사 없이 소수의 회갱만 등장

(1) 1기-조단

1기-조단의 유구는 1구역 회갱 3좌(H43·H58·H59), 4구역 회갱 1좌(H149)이다. 회갱은 제의시 토기 이하 각종 기물, 제물 등을 폐기하는 구덩이로 원형 계통이 많다. 각종 제의 관련 기물들이 버려진 회갱에 대한 연구는 제의유적 연구에 있어 더없이 중요하다.

1구역이 2층 환계 위, 4구역이 3층 환계(평대·모자합장묘, 제천단의 역할)에 자리하고 있었다고 할 때 1구역의 회갱 3좌는 2층 환계 위에서 준비 의례가 행해졌음을 보여준다. 또한 4구역이 3층 환계에 자리하고 있었다고 할 때 4구역의 회갱 1좌는 3층 환계에서 본 의례가 행해졌음을 보여준다.

1구역 및 4구역 중에서도 1구역 회갱의 시기가 더 올라가며 숫자도 많았다. 곧 1구역에서는 만발발자 지층 중 최하위층인 13층부터 11층까지 자리했는데 여기에서 회갱 3좌가 나왔다.(H43·H58·H59) 이들은 한결같이 동일 지점에 위치하고 있는데, H58이 H59를 파괴하고, H59가 다시 H43을 파괴하는 방식, 곧 'H43 → H59 → H58'의 층위를 보였다.

1구역 회갱 내부에서는 토기, 석기(타제 및 마제), 골각기 등의 유물이 수습되었다. 이들 중 특히 토기가 분기 구분의 주요 기준이 되어주었다. 먼저 조단의 경우, 토기는 통형관(筒形罐: 원통 형태의 높은 그릇) 위주이다. 무늬가 없는 경우도 있지만 각획(刻劃) 방식의 횡선문(橫線紋)과 변형된 빗살문(지자문之字紋) 위주였다. 소량의 거친 빗살문(인자문人字紋)과 사선문(斜線紋), 압인종횡선문(壓印縱橫線紋)도 있었다.[11] 이러한 유

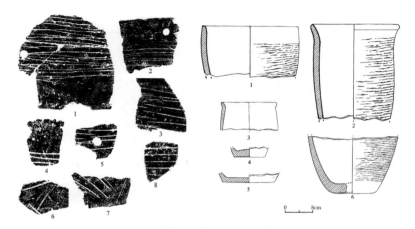

자료8 H43 출토 도편(왼쪽) 및 통형관(오른쪽)

의 토기 문양은 서기전 4000년~서기전 3500년의 고고문화인 후와상층(後洼上層)문화(요동반도 단동丹東 일대) 및 원보구(元寶溝) 유적(길림성 농안農安 일대) 등에서 확인되었기에 보고서에서는 1기-조단을 서기전 4000년~서기전 3500년으로 비정했다.[12] 1구역 회갱 3좌 중 가장 이른 시기의 회갱인 H43 출토품은 〈자료8〉과 같다.

  1구역에서 가장 오래된 회갱 3좌가 발견되고 더하여 4구역에서도 같은 시기의 회갱 1좌가 발견된 것은 본 의례처인 평대보다는 준비 의례처인 1구역에 더욱 많은 흔적이 남게 된 것으로 해석된다. 또한 이러한 회갱의 분포 방식을 통해 당시 제천의례시의 동선도 그려진다. 곧 1구역 2층 환계 위에서 제물 등이 준비되어 3층 환계(평대) 앞으로 이동하

---

11 吉林省文物考古硏究所·通化市文物管理辦公室 編, 위의 책, 2019, 501쪽.
12 吉林省文物考古硏究所·通化市文物管理辦公室 編, 위의 책, 2019, 503쪽.

여 의례를 행했을 것으로 여겨지는 것이다. 조단에는 방지가 등장하지 않아 별도의 제천사 시설이 마련되지 않았음도 알게 된다.

이상의 고찰을 통해 평대가 제천단의 역할을 하고 있었음이 분명히 드러났지만 보고서에는 평대 및 평대의 실체였던 모자합장묘에 대한 내용이 일절 나타나 있지 않다.

(2) 1기-만단

1기-만단에는 4구역에서 회갱 2좌가 조사되었다.(H146·H148) 1기-조단을 이어 1기-만단에도 4구역 평대 제천단에서의 의례가 지속되었음을 보여준다.

회갱 2좌에서는 통형관, 작은 술잔(소배小杯), 권족완[圈足碗: 둥근 다리(권족)의 납작 그릇] 등이 출토되었다. 문양은 화문(花紋), 압인문(壓印紋), 착인문(戳印紋) 방식이 많았고 일부 각획문(刻劃紋) 방식도 있었다. 형태는 빗살문(인자문), 석문(席紋), 망격문(網格紋), 사점문(斜点紋), 사선문(斜線紋), 비점문(篦点紋), 복합문(複合紋) 등이다.[13] 이러한 문양은 서단량산(西斷梁山)2기문화(길림성 동풍東豊 일대) 및 좌가산(左家山)3기문화(길림성 농안 일대), 흥성(興城)문화(길림성 화룡和龍 일대)에서 출토되었다. 좌가산3기문화의 연대는 서기전 3500±120년, 서단량산2기문화는 서기전 3000년 무렵, 흥성문화는 서기전 2800년~서기전 2300년이므로 1기-만단은 서기전 3500년~서기전 3000년으로 비정되었다.[14] 4구역 H146 회갱에서 출토된 토기편은 〈자료9〉와 같다.

---

13 吉林省文物考古研究所·通化市文物管理辦公室 編, 위의 책, 2019, 502쪽.
14 吉林省文物考古研究所·通化市文物管理辦公室 編, 위의 책, 2019, 504쪽.

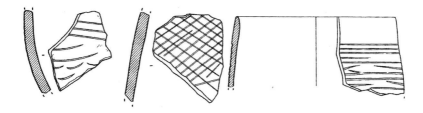

자료9 회갱 H146 출토 도편

4) B-2구역: 1기-만단에 최초의 제천사가 등장

1기-만단이 되자 방대 부분, 곧 B-2구역에서 최초로 제천사가 등장하는 변화가 있었다. B-2구역의 11층~9층은 1기-만단에 해당하는데 그 남쪽 지역에서 방지 1좌(F15)가 조사된 것이다.(〈자료10-1〉) F15는 원형의 반수혈식(半竪穴式, 천지혈식淺地穴式) 건물로 지름 4.4~5.5m의 규모이다. 중앙에 할석을 세워 만든 노지(爐址: 화로터)가 있고 주거지의 벽면 둘레로 40여 개의 주혈(柱穴: 기둥 구멍)을 둘렀다. 신석기 만기의 방지로는 꽤 큰 규모로 용도는 제천사, 곧 제천을 위한 준비 공간으로 볼 수 있다.(〈자료10-2·3〉) 이후 2기, 4기에 이르기까지 이 건물지 위로 계속 같은 용도의 건물지가 올라가는 점도 흥미롭다.(〈자료10-4〉)

F15에서는 빗살문(인자문·지자문) 토기편, 석기 7점, 골기 3점과 함께 토기 4점, 곧 통형관, 작은 술잔, 권족완, 평저기(平底器: 바닥이 평평한 그릇)의 그릇받침이 출토되었다.(〈자료11〉)

1. B-2구역 내 F15
방지의 위치

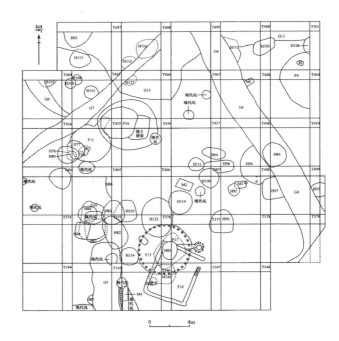

2. 평·단면도

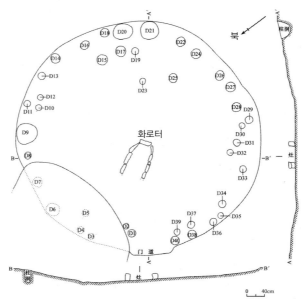

3. 발굴 전경 및 건물지 중앙의 화로터

4. B-2구역 남쪽, '1기 F15 → 2기 F17 → 4기 F10'의 중복 양상

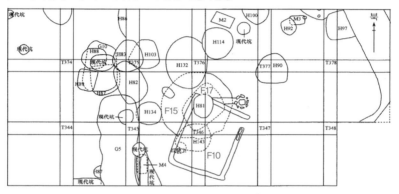

자료10 1기 B-2구역의 F15(제천사)

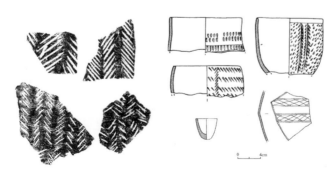

자료11 F15 출토 인자문·지자문 도편(왼쪽) 및 토기(오른쪽)

5) 소결

① 1기-조단의 시기, 선도사상의 요체인 삼원(천·지·인, 원·방·각)의 상징성을 요령있게 담아낸 거대 규모의 '3층원단(모자합장묘)·방대'가 조성되었다. 별도의 제천사는 마련되지 않았다. 2층 환계 A-1구역 위에서 회갱 3개, 평대 A-4구역에서 회갱 1개가 나왔는데, 주로 한 지점 위로 계속 겹쳐서 조성된 방식이었다. 이즈음의 제천이 매우 조심스럽고 간결한 방식이었음을 보여주었다.

② 제천단의 거대 규모와 대비되는, 간결하고 담백한 제천의 흔적은 선도제천문화가 처음 태동하는 초창기의 분위기를 전해준다. 번잡한 형식성과 군더더기가 덧붙기 이전, 선도제천문화의 본령인 '천인합일·신인합일·인내천'이라는 기준이 강조되던 초창기의 순수성과 원형성의 표현으로 이해된다. 군더더기 없이 기본에 충실한 선도제천문화의 출발점을 엿보게 된다.

③ 1기-만단의 시기, A-4구역 평대 위에서 회갱 2개가 나와 1기-조단의 제천 전통이 지속되었음을 보여주었다. 다만 방대 B-2구역에 새롭게 제천사가 조성되어 좀 더 격식을 갖추게 되었다.

④ 1기에 나타난 제천시의 동선은 아래와 같다. 계속 살펴보겠지만 이러한 기본 동선, 또 기본 동선에 담긴 의례의 3단계는 놀랍게도 1~5기에 이르기까지 지속되었다.

ⅰ) 방대 위 B-2구역: 창고·부엌 기능

ⅱ) 2층 환계의 북쪽 A-1구역: 준비 의례·수행 기능

ⅲ) 3층 환계(평대·모자합장묘)의 앞 또는 위, A-4구역: 본 의례·수행 기능

⑤ 제천단인 평대(모자합장묘)의 묘주가 웅녀군이었음은 맥족 사회 내에서 웅녀군의 위상을 보여주었다. 맥족 사회의 두 국조(國祖)인 환웅천왕과 웅녀군 중 환웅천왕에 대한 부분은 그나마 알려져 있지만, 웅녀군에 대한 부분은 거의 알려져 있지 않다. 웅녀군의 모자합장묘는 이를 보완해 주는 실물자료로서 의미가 크다.

⑥ 평대(모자합장묘)에서의 제천은 맥족의 웅녀군에 대한 추념이 단순한 조상제사의 차원이 아니라 제천의례의 형식으로 이루어지고 있었음을 보여주었고, 더 나아가 맥족에게 웅녀군은 국조 이상의 존재였음을 보여주었다. 웅녀군은 환웅족과의 연맹을 통해 웅족 사회에 선도제천문화를 본격적으로 도입하여 토템족 웅족을 천손족 맥족(환웅족+웅족)으로 변화시키는 일대 방향 전환을 이루어낸 역량있는 선인(仙人) 지도자였다. 1기부터 5기까지, 무려 4천여 년이 넘도록 면면히 지속되어 온, 웅녀군을 매개로 한 만발발자에서의 제천은 맥족의 모신(母神) 웅녀군의 위상을 단적으로 보여주었다.

6) 추보: 후기 홍산문화의 '옥웅녀군상(玉熊女君像)'

① 배달국시기 웅녀군의 위상과 의미를 보여주는 유물로 '곰(맥) 얼굴의 여성 선인상' 형상의 '옥웅녀군상'이 있다. 앞으로 차차 소개하겠지만 후기 홍산문화(서기전 3500년~서기전 3000년, 배달국 중기에 해당)의 옥기 중에는 곰(맥)과 사람의 이미지가 결합된 남신상과 여신상이 널리 나타나는데 그중 하나이다. 대만의 저명한 홍산옥기 소장처인 진단예술박물관 소장품으로 근래 들어 진단예술박물관은 상해시로 이전한 상태이다. 중국의 2차 국공내전 과정에서 북경 고궁박물원에 소장된 많은 옥기류가 대만으로 유출되었는데 그 과정에서 대만으로 옮겨 가게 된 것으로

자료12 후기 홍산문화의 옥웅녀군상

여겨진다.(〈자료12〉)

② 요서 지역 상고 이래 지속적으로 마고여신상이 등장하고 있지만 마고여신상의 얼굴은 수면(獸面)이 아닌 인면(人面)으로 표현되는 것이 일반적이었고 특히 맥과 결합된 얼굴, 곧 '맥면(貊面)' 형태는 단 한 건도 나타나지 않았다. 그도 그럴 것이 마고삼신은 맥족과 같은 특정 종족의 신이 아니라 보편의 생명신이었기 때문이다.[15]

③ 이렇게 마고삼신이 맥형으로 표현될 수 없는 존재임을 이해할 때 맥면 여성 선인상은 요서 지역 상고 이래 제작된 마고여신상 계통과 달리 배달국시기에 등장한 새로운 유형의 선인상임을 알게 된다. 후기 홍

---

15 정경희, 「요서 지역 흥륭와문화기 마고여신상의 등장과 '마고제천'」, 『선도문화』 22, 2017; 「요서 지역 조보구문화~홍산문화기 마고여신상의 변화와 배달국의 '마고제천'」, 『고조선단군학』 36, 2017.

산문화의 '맥면 치우상'과 같은 계통으로 바라보게 되는 것이다. 제작 시기, 출토지 등에 대한 명확한 확인은 불가능하지만, 대체로 옥치우상과 같은 시기에 제작되었을 것으로 추정할 수 있다. 후기 홍산문화의 시기에 맥면 형태로 선인의 얼굴을 표현하는 방법이 등장했다면 이 선인상이 그러한 계통에 속하기 때문이다.

④ 곰(맥)이 백두산 맥족의 족휘이며, 맥족의 전형적인 선도제천문화의 출발점인 만발발자의 '3층원단(모자합장묘)·방대' 방식의 적석 단총문화가 서기전 3500년~서기전 3000년 무렵 요동 지역에서 요서 지역으로 본격적으로 전파되었다고 할 때,[16] 이즈음 등장한 맥면 치우상이나 맥면 여성 선인상을 통해 맥족의 요서 지역 진출을 재차 확인해 보게 된다.

⑤ 특히 맥면은 해당 인물이 맥족 출신임을 표현한 것으로, 맥족의 역사에서 비중있는 지위를 지녔던 역사적인 인물이었을 것임을 시사해 주었다. 곧 치우가 맥족의 군왕이었듯이 이 여성 또한 맥족의 군왕격 지위를 가진 인물이었던 것으로 볼 수 있다. 맥족의 역사에서 이 정도의 비중을 가진 여성은 단연 '웅녀군'이다. 문헌 면에서 단군사화나 선도사서에 나타나는 웅녀군의 위상,[17] 또 고고학 면에서 만발발자의 '3층원단(모자합장묘)·방대'가 갖는 기념비적 위상을 생각해 보면 웅녀군은 맥족의 모신(母神)으로서 오래도록 추념되었을 것임이 분명하기 때문이다.

---

16 정경희, 「홍산문화기 우하량 '3층-원·방-환호'형 적석 단총제의 등장 배경과 백두산 서편 맥족의 요서 진출」, 『동북아고대역사』, 1, 동북아고대역사학회, 2019, 49~53쪽.
17 정경희, 「배달국 초 백두산 천평문화의 개시와 한민족(예맥족·새밝족·맥족)의 형성」, 『선도문화』 28, 2020, 54~58쪽.

2. 단군조선 후기: 소도제천 전통의 지속

1) 2기의 구역별 유구

보고서에서는 2기 출토 토기의 형태나 문양 등이 마성자(馬城子)문화 (요동반도 북부 일대) A동(洞) 및 C동 단계와 유사한 점을 들어 2기를 은 상 말~서주 초로 비정했다.[18] 보고서에 나타난 2기 유구는 방지 2좌 (F14·F17), 회갱 5좌(H139·H141·H142·H140·H115, 이 중 H140·H115

구역		유구		기능	비고
A	1	방지 1	F14	주 제천사	
		회갱 4	H139 H141 H142 H140		
	3	×			
	4	×		제천단	
B	2	방지 1	F17	부 제천사	1기 F15 위로 겹침
		회갱 1	H115		
C	5	×			
	6	×			
	7	×			
	8	×			

자료13 2기의 구역별 유구 일람

18 　吉林省文物考古研究所·通化市文物管理辦公室 編, 앞의 책, 2019, 507쪽.

는 3기까지 걸쳐 있음)이다.(〈자료13〉)

2) A-1구역: '주(主) 제천사'의 등장

2기 1구역 북단, 곧 2층 환계 위 북쪽 지역에서 제천사 1좌(F14)와 회
갱 4개가 조사되었다. F14는 모서리를 둥글게 돌린 장방형(圓角長方形)
으로 조사 지역 트렌치 경계 너머까지 이어지고 있어 정확한 범위는 파
악되지 않았다. 주거지 중앙에 의례 흔적인 붉은색 불탄 흙(홍소토紅燒
土)이 과할 정도로 넓게 산포되어 있어 일반 주거지가 아니었음을 확인
해 주었다. 건물 내부에서 유물은 출토되지 않았다고 한다.(〈자료14-1〉)

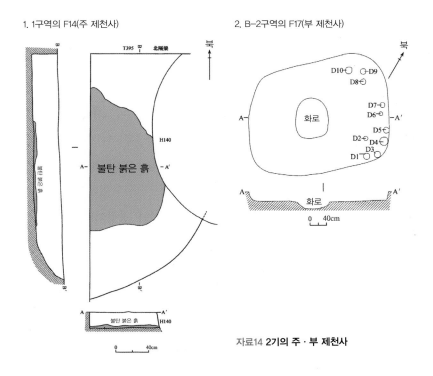

1. 1구역의 F14(주 제천사)

2. B-2구역의 F17(부 제천사)

자료14 2기의 주 · 부 제천사

3) B-2구역: 1기 '제천사' 위치의 '부(副) 제천사'

B-2구역에서는 3.4m×2.76m 정도의 소규모 반수혈식 방지 1좌가 나왔다(F17). 1기 제천사(F15) 위로 겹쳐서 조성되었고 바닥면은 울퉁불퉁했다. 중앙에 노지가 설치되어 있었으며 주거지 동쪽 벽면 주변으로 크기가 일정하지 않은 기둥 구멍 10여 개가 있다.(〈자료14-2〉)

이는 1기-만단의 제천사를 계승한 창고·부엌 용도의 제천사였다. 2기에 들어 제천사는 A-1구역 및 B-2구역에서 2좌가 조성되면서 주·부로 나뉘게 된다. A-1구역의 주 제천사는 '준비 의례·수행'의 용도, B-2구역의 부 제천사는 '창고·부엌' 용도였다. 또한 주 제천사가 방형, 창고 용도의 부 제천사가 원형이었음은 이즈음 고급 건물지가 원형이 아닌 방형으로 차별화되고 있었음을 보여준다. 이러한 경향은 이후에도 계속 확인된다.

4) 출토 의기류

앞서 국가문물국의 보고에서 2기의 주목할 만한 의기류로 누공권족두(鏤孔圈足豆: 긴 원형의 다리에 구멍을 뚫어 장식성을 더한 고급형 두)와 대족격(袋足鬲: 포대자루 모양의 다리 3개가 달린 삼족기)이 언급되었다.[19]

그런데 보고서에는 이와 관련한 내용이 전혀 나타나 있지 않다. 보고서에서는 대체로 삼족기를 3기의 유물로 설명하는 경향이다. 곧 3기에 이르러 비로소 삼족기 '정(鼎)'이나 '격(鬲)'의 파편이 나온 것처럼 보고

---

19 金旭東·安文榮·楊立新,「探尋高句麗早期遺存及起源—吉林通化萬發撥子遺址發掘獲重要收獲」,『中國文物報』, 2000年 3月 19日版.

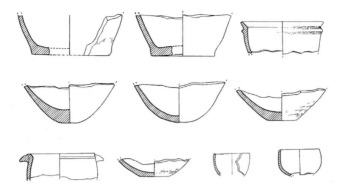

자료15 2기 1구역 9층 출토 도기

되어 있다.[20] 보고서에 나타난 2기 출토품은 석기, 골기가 대부분이며 도기류로는 관(罐), 완(碗) 등이 있는데 〈자료15〉와 같다.

2기 출토품 중 가장 중요한 의기류로 주목된 유물이 보고되어 있지 않은 점은 대단히 아쉽다. 비록 보고서에는 나와 있지 않지만 국가문물국의 보고에 따라 누공권족두 및 대족격이 2기의 대표 유물이 됨을 기억해야 할 것이다. 이외에 약간의 복골, 사슴뿔 장식 등도 보고되었는데, 이는 3기에도 공히 나타나는 품목들이기에 3기 부분에서 함께 살펴보았다.

5) 소결

① 1기의 시기, 2층 환계 위 A-1·4구역에는 회갱 6개만 자리했는데, 2기에 들어 A-1구역에 주 제천사 1좌와 회갱 4개가 들어섰다.

---

20 吉林省文物考古研究所·通化市文物管理辦公室 編, 앞의 책, 2019, 509쪽.

② 1기 방대의 B-2구역에 제천사 1좌가 자리했는데, 2기에 들어 그 위로 다시 부 제천사(창고·부엌 용도) 1좌와 회갱 1개가 이어졌다. 2기에 들어 제천사는 A-1구역의 주 제천사, B-2구역의 부 제천사로 기능이 양분되었다.

③ 2기 만발발자의 드넓은 소도제천지에는 A-1구역과 B-2구역 국부에 주·부 제천사 각각 1좌가 들어서 있었을 뿐이었고 출토 유물도 적었다. 소도제천지가 대체로 1기의 기본 틀을 좇아 관리되고 있었던 것으로 여겨지며, 따라서 1기에 자리 잡힌 소도제천문화의 기본 틀이 유지되고 있었던 것으로 볼 수 있다. 보고된 내용이 많지 않아 깊은 논의가 어렵다.

3. 단군조선 말기: 번속화(繁俗化)하는 소도제천문화

1) 3기의 구역별 유구

3기는 만발발자 사회가 가장 분주하고 일이 많던 시기였다. 제천단 지역인 A-4구역을 제외한 모든 구역에서 문화층이 나타났으며 특히 B·C지구에 처음으로 무덤이 등장하는 변화가 있었다. 3기 유구는 방지 11좌, 회갱 70좌, 회구 5조, 묘장 33좌이다.(〈자료16〉)

2) A-1·3구역: 주 제천사 6좌에 나타난 제천문화의 번속화 경향

3기에 들어 가장 큰 변화는 2기의 주 제천사 자리인 1구역에 5좌의 건물지가 들어서고 주변 3구역에 부속건물지 1좌까지 들어섰던 점이다. 먼저 1구역에 건물지 5좌(F3·F8·F9·F12·F13)가 들어섰다. 이곳에 새

구역		유구		형태	기능
A	1	방지 5 (회갱 40 · 회구 2)	F8		주 제천사
			F3 F9 F12 F13		주 제천사의 부속건물
	3	방지 1 (회갱 1)	F21		주 제천사의 부속건물
	4	×			제천단
B	2	방지 2 (회갱 19 · 회구 3)	F11 F16		부 제천사
		무덤 4	M1	토광묘	보조의례인 무덤
			M3	토광묘	
			M2	토광묘	
			M4	토광묘	
C	5	무덤 5 (회갱 2)		석관묘	
	6	무덤 19 (회갱 8)	M20	토광묘, 4인 합장	여성사제 · 관련인 무덤
			M21	토광묘, 35인 합장	여성사제 · 관련인 무덤
			나머지	토광묘 15, 석관묘 2	
		방지 3	F22 F23 F24		무덤 관련
	7	무덤 2		대개석묘 2	
	8	무덤 3		석관묘 1 대개석묘 2	

자료16 3기의 구역별 유구 일람

롭게 등장한 건물지들 중 4좌는 장방형과 변형凸자형 등 방형 계통이며 원형은 단 한 건에 불과하다.(F13) 이즈음 고급 건물지는 원형이 아닌 방형으로 정착화되었음을 알게 된다.

이 중 가장 크고 가장 정세하게 만들어진 건물지는 F8로 반듯하게 잘 구획된 장방형 반수혈식 건물지이다. 무려 6.4m×5.22m의 규모로 5좌 중에서도 주 제천사 역할을 했던 것으로 보인다. 2기 주 제천사는 1구역의 북쪽 끝자락에 위치했는데, 3기에는 1구역의 동쪽 끝자락으로 주 제천사의 위치에 변화가 있었다.

1구역의 나머지 건물 4좌는 모두 규모가 작다. F3은 3m×1.8m, F9는 3.1m×1.64m, F12는 4.22m×2.42m, F13은 지름 3.2m이다. 3구역에 자리한 원형 소규모 건물지 1좌(F21)도 조사되었는데, 지름 3.56~3.96m에 불과하다. 규모가 작고 외곽에 따로 떨어져 있었던 점, 중앙 화로 부근에서 홍소토, 재가 많이 나왔던 점으로 보아 보조창고 등 부속건물이었을 것으로 여겨진다. 이즈음 2층 환계 위에 많은 건물지가 들어서면서 이러한 부속건물까지 필요하게 되었던 것으로 이해된다.(〈자료17〉)

3) B-2구역: 부 제천사 외에 보조의례인의 무덤까지 등장

(1) 부 제천사의 지속

3기에 들어 B-2구역에서는 건물지 2좌(F11·F16)가 조사되었다. 2기의 부 제천사가 B-2구역 하단에 위치했다면 3기에 들어서는 B-2구역 중앙으로 위치가 바뀌었다. 먼저 F11(지름 3.66~4m)이 세워졌다가 이를 허물고 그 위치에 다시 F16(지름 5.2~6m)이 들어섰다. 둘 다 원형이며 중심부에 돌·재 구덩이, 불탄 붉은 흙, 기물 보관용 구덩이(기물갱器物

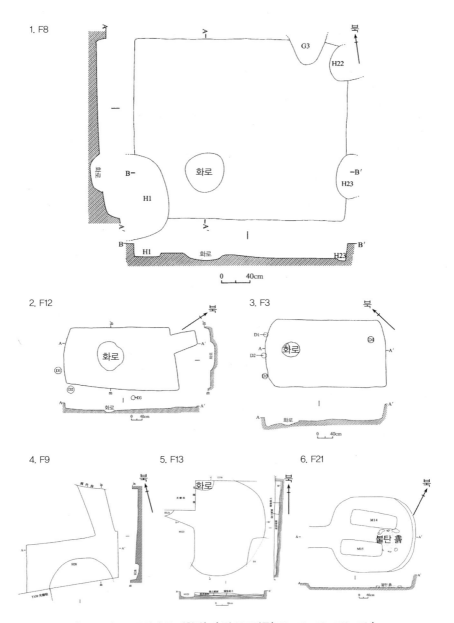

1. F8

북

G3

H22

A−

A−

한로

화로

B−

−B′

H1

H23

B−

H1

화로

H23

B′

0   40cm

2. F12

북

화로

A−

−A′

D1

D2

B

D3

화로

0   40cm

3. F3

북

D1

D4

화로

A−

−A′

D2

D1

화로

0   40cm

4. F9

북

A−

−A′

H28

5. F13

화로

북

6. F21

북

M14

불탄 흙

A′

M13

불탄 흙

0   40cm

자료17 3기 1·3구역의 주 제천사(F8) 및 보조건물(F12·F3·F9·F13·F21)

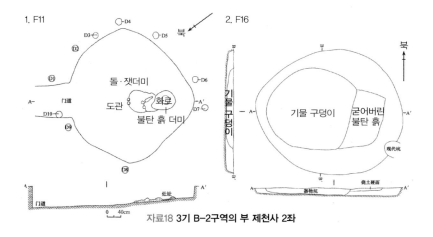

자료18 **3기 B-2구역의 부 제천사 2좌**

坑) 등이 있어 부 제천사(부엌·창고) 용도였음을 보여주었다.(〈자료18〉)

(2) 보조의례인의 무덤 4기 등장

B-2구역에서는 3기에 들어 최초로 무덤 4기가 등장했다.(M1·M2·M3·M4) 이 중 M1은 단인장(55세 정도 남성), M3은 단인장(30세 정도 남성), M2는 2인합장(연령·성별 모호), M4는 2인합장(묘주 35세 정도 여성, 모자합장母子合葬)이다. 매우 작고 소박한 무덤으로, 이 일대가 부 제천사(부엌·창고) 자리였기에 이곳에서 관련 업무를 하던 보조의례인의 무덤으로 바라보게 된다. 토광묘 4기 중 M4를 소개한다.(〈자료19〉)

필자는 앞서 연구에서 3기 방대 지역(B-2구역)과 거북어깨 지역(C지구)에 무덤이 들어섰다면 두 곳 중 방대 위치인 B-2구역의 무덤이 더 고급 무덤이었을 것으로 보았다.[21] 그런데 이번에 보고서를 통해 B-2구

---

21 정경희, 앞의 글, 『선도문화』 27, 2019, 17쪽.

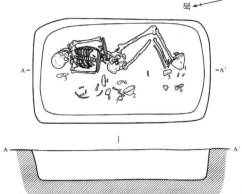

자료19 3기 B-2구역 M4(모자합장묘)

역에 오히려 보조의례인의 무덤이, C지구에 사제급의 고급 무덤이 들어
섰던 사실을 확인했다.

4) C-6구역: 위계성이 부각된 여성 선인(사제)의 무덤 등장

3기에 들어 B지구에 무덤이 들어섰을 뿐 아니라 무덤은 C지구까지
확장되었다. B지구와 달리 C지구에는 위계이 높은 무덤이 들어섰다. 5
구역의 석관묘 5기, 6구역의 토광묘 17기와 석관묘 2기, 7구역의 대개
석묘 2기, 8구역의 석관묘 1기와 대개석묘 2기이다.

본고에서는 이들 모두를 다루지 않았으며, 본고의 주제와 관련하여
중요하다고 판단된 2좌, 6구역의 M20과 M21만을 살펴보았다. M20과
M21은 다인합장 방식의 토광묘(중국명 총장묘叢葬墓)로 총 56좌의 만발
발자 무덤 중 가장 크게 주목을 받았던 무덤이다. 두 무덤은 토층벽을
사이에 두고 나란히 연결되어 있었다.(〈자료20〉)

이 두 무덤은 청동단검, 청동검집, 청동환, 청동장식, 소형 옥장식 등

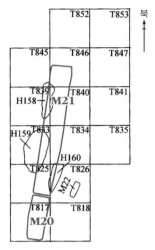

자료20 3기 C-6구역의 M20 · M21 배치 정황

이 나온 최상급의 무덤으로 주목되었지만 본고에서는 두 무덤의 묘주가
여성이라는 점에 주목해 보았다. 앞서 두 보고를 통해 M21의 묘주가 두
명의 여성이라는 점을 알았지만 이번에 M20의 묘주도 여성이었음을 알
게 되었다. 먼저 M20이다.

(1) M20

M20은 4인합장묘이다. 묘주는 여성으로 이 여성을 가운데에 두고 좌
우에 남성이 자리했다. 무덤 중앙에 놓인 3기의 인골 중 가운데가 30세
정도의 여성이다. 여성의 왼편 인골은 30세 정도의 남성으로 오른팔 위
치에 청동단검이 놓여 있다. 여성의 오른편 인골은 50세 정도의 남성이
다. 3인의 발 아래에 놓인 인골은 35세 정도의 남성으로 인골의 위치를
통해 종속적 지위의 인물이었음을 알게 된다.(〈자료21〉)

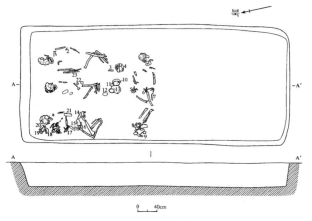

자료21 M20 평·단면도

(2) M21

M21은 16.7m×2.5m의 좁고 긴 묘광 속에 35인이 일렬횡대로 매장
되어 있는 특이한 형태의 다인합장묘이다. 매장된 35구 중 성별이 확인
된 경우는 남자 4구, 여자 3구 정도이며 연령은 6개월부터 많게는 60세
까지 다양하다. 묘주는 중앙에 자리 잡은 19호·20호 인골로 25세~30
세 어름의 여성이다. 이 여성의 높은 신분을 보여주듯이 19호 묘주 주
변에서 도방륜(陶紡輪) 1, 청동환(靑銅環) 1, 석도(石刀) 1, 백석관(白石管)
4, 녹송석관(綠松石管) 4, 옥환(玉環) 1, 옥관(玉管) 2, 마노관(瑪瑙管) 1,
아도(牙刀) 1, 방식(蚌飾) 1, 20호 묘주 주변에서 도방륜 2, 청동환 3, 석
분(石錛) 1, 녹송석식(綠松石飾) 1, 아식(牙飾) 2, 방환(蚌環) 26, 방식 2
등 많은 부장품이 나왔다.[22] (〈자료22〉)

---

22 吉林省文物考古研究所·通化市文物管理辦公室 編, 위의 책, 2019, 271쪽.

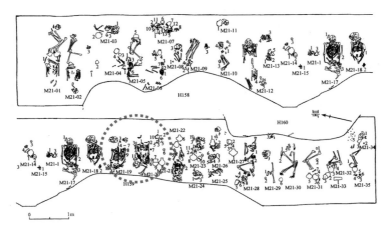

자료22 **M21 평면도(원 내: 19호 · 20호 인골)**

　이상 M20과 M21은 유서깊은 소도제천지 만발발자 사회의 제천 습속과 관련하여 많은 시사점을 주었다. 앞서 필자는 1기 '3층원단(모자합장묘)·방대'의 묘주를 웅녀군으로 보았다. 만발발자 제천문화의 출발이 배달국 초 여성 통치자 겸 선인(仙人, 사제司祭)이었던 웅녀군 전통에서 비롯되었으며 이러한 전통은 3기의 대표 무덤인 M21의 사례처럼 후대 만발발자 사회로 지속되었다고 보았다.[23] 이번에 다시 보고서를 통해 M20도 같은 계통의 무덤이었음을 알게 되었다. 이렇듯 만발발자 유적의 출발점인 3층원단이 여성선인의 무덤이었고 이러한 전통이 3기까지 이어지고 있었으니 배달국 초 이래 만발발자의 소도제천문화에서 여성 선인 전통이 면면히 이어지고 있었음을 재삼 확인하게 된다.

　한 가지 더, 여성선인의 무덤에서 위계성이 두드러지고 있었음도 주

23　정경희, 앞의 글, 『선도문화』 27, 2019, 19~20쪽.

목된다. 선도제천문화의 본령인 '천인합일·신인합일·인내천' 문화에서 모든 인간은 지위 고하를 막론하고 공히 내면의 완전성을 갖춘 존재로 인식되며, 적어도 인간의 본질에 관한 한 위계적인 차등은 존재하지 않는다. 대표 사례로 우하량 적석 단총의 경우, 무덤의 크기 및 부장품의 정도에 있어서는 차이가 분명한데 중국 측은 이를 5단계로 구분하여 홍산 사회를 '고국(古國)' 단계로 설정하는 주요 기준으로 삼기도 한다.

그런데 잘 살펴볼 것이 무덤의 등급성은 있지만 하나의 무덤 내에서 부속적 지위의 배종인들을 등급화하여 묻은 경우는 거의 나타나지 않는다. 세상에서의 위계는 있지만 무덤 내에서까지 위계를 적용하지는 않았던 것이다. 만발발자 1기의 3층원단(모자합장묘)의 경우도 거대한 무덤 규모와 달리 배종인이나 순장인이 보고되지 않았다. 반면 만발발자 3기의 M20과 M21에서는 묘주를 둘러싼 위계성이 분명했다. 이는 일차적으로 단군조선 말기, 안팎으로 전쟁이 잦아지고 사회 혼란이 우심해진 시대상의 반영으로 보인다. 물론 시대상으로 볼 때는 충분히 자연스럽기도 하지만 선도제천문화의 원형성을 기준으로 볼 때는 원형에서 멀어져 간 모습으로 해석된다.

5) 출토 의기류

3기의 건물지 내부 및 주변에서 토기·석기·골각기 등이 다수 출토되었다. 토기는 관·호·완 등이 대부분이었다. 의기류 계통으로는 두, 작은 술잔 등이 다수 보고되었고 삼족기의 다리 파편인 '정족(鼎足)'과 '격족(鬲足)'도 보고되었다. 앞서 국가문물국의 보고에서 대족격 등의 삼족기를 2기 유물로 보았으나, 보고서에 이르러 3기로 낮추어졌음은 상기한

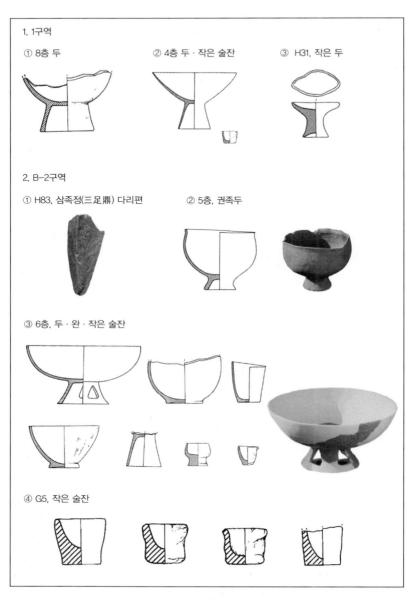

1. 1구역

① 8층 두　　　② 4층 두 · 작은 술잔　　　③ H31, 작은 두

2. B-2구역

① H83, 삼족정(三足鼎) 다리편　　　② 5층, 권족두

③ 6층, 두 · 완 · 작은 술잔

④ G5, 작은 술잔

자료23 3기 출토 의기류

1. 2기 1구역의 복골   2. 3기 1·2구역의 복골

자료24 **2기 및 3기의 복골**

바이다.[24] (〈자료23〉)

6) 다수의 복골과 제천문화의 성격 변화

이외에 의례와 연관시켜 볼 수 있는 유물로 불에 탄 복골이 있다. 만발

발자 2기에서부터 복골이 나타나기 시작하는데 2기에 2건, 3기에는 다수

의 복골이 나타났다. 특히 3기에 많은 양의 복골이 나왔다.[25] (〈자료24〉)

복골은 애초 요서 지역 상고문화에서 처음으로 등장했다. 내몽골 서

랍목륜하 파림좌기(巴林左旗) 일대의 후기 신석기문화인 부하문화(富河

文化: 서기전 5200년~서기전 5000년)의 복골이 그것이다.[26] 이후 복골문

화는 동아시아 사회로 널리 전파되는데, 특히 요서 지역에서 출원한 은

상족들이 중원 지역으로 들어가 은상왕조를 개창하면서 중원 지역에서

극성했다.

이렇듯 복골은 애초 맥족의 문화가 아니었다. 서기전 4000년 이후 백

---

24 吉林省文物考古研究所·通化市文物管理辦公室 編, 앞의 책, 2019, 509~511쪽
25 吉林省文物考古研究所·通化市文物管理辦公室 編, 위의 책, 2019, 511쪽, 517쪽.
26 우실하, 「부하문화와 한반도」, 『고조선문명의 기원과 요하문명』, 지식산업사, 2018,
    305~329쪽.

두산 서편 요동 천평 지역에서 배달국이 개창하면서 맥족이 주도하는 전형적인 선도제천문화는 맥족의 요서 진출과 함께 요서 사회로 널리 전파되었다. 맥족의 선도제천문화는 내용 면에서 천인합일의 선도수행을 통해 인간 본연의 생명력 회복을 지향하며 이러한 생명력 회복을 사회적으로도 확장해 가는 홍익인간·재세이화를 궁극적인 목표로 한다. 점을 쳐 길흉을 판단하는 복골문화와는 분명한 차이가 있는 수행문화이고 실천문화이다.

실제로 배달국 맥족의 선도제천문화 발상지인 요동 천평 지역, 그 대표 유적인 통화 만발발자 1기 문화에는 복골이 나타나지 않았다. 요서 청구 지역의 대표 유적인 우하량 유적 이하 홍산문화 유적에서도 복골은 나타나지 않았다.[27] 맥족의 요서 진출과 새로운 형태의 선도제천문화 보급으로 요서 지역 고래의 복골문화가 쇠퇴한 것으로 해석된다.

이렇듯 배달국시기에는 복골문화가 성행하지 않았지만 단군조선시기가 되면서 재차 복골문화가 되살아나게 된다. 곧 요서 하가점하층문화나 하가점상층문화에서 복골이 다시 나타난 것이다. 이는 단군조선시기 맥족과 요서 지역 토착세력 간의 문화적 결합이 크게 진전되면서 재차 복골문화가 되살아나 맥족 사회로도 수용되었던 것으로 해석된다. 단군조선시기 요서 사회의 복골문화는 요동 지역으로도 전파되었다. 만발발자 2·3기에 등장하는 복골은 당시 요서 사회에서 성행하던 복골문화가 요동 지역으로 확산된 것으로 볼 수 있다.

현재 한반도 일대의 가장 오랜 복골로 함북 무산군 무산읍 '범의구석(호곡동虎谷洞)' 유적에서 발견된 서기전 1000년~서기전 500년 무렵의

---

27 위와 같음.

복골을 든다. 이제 만발발자 2·3기의 복골이 새롭게 추가된다면 범의구석 유적을 포함한 한반도 일원의 복골은 단군조선시기 요서 지역과 요동 지역을 거쳐 한반도 일대로 전파된 것으로 바라보게 된다. 이것이 배달국시기 맥족이 시작한 전형적인 선도제천문화와 거리가 있는 문화였음은 물론이다.

정리하자면, 복골문화는 애초 서기전 5000년 무렵 요서 지역 서랍목륜하 일대에서 발생한 문화로 배달국시기 맥족에 의해 시작된 전형적인 선도제천문화의 본령인 천인합일 사상과 거리가 있는 문화였다. 배달국 개창 이후 맥족이 요서 사회로 진출, 요서문화와 교섭하면서 복골문화도 맥족 사회로 수용되었다. 이를 보여주듯이 만발발자 1기에는 복골이 보고되지 않았고 2·3기에야 보고되었다. 만발발자 2·3기, 특히 3기에 복골 다수가 나왔다고 한다면 이즈음 만발발자 사회 내에서 요서문화의 영향이 강해진 점은 분명하다 할 것이다. 이는 다른 의미에서 배달국 선도제천문화의 원향인 만발발자 사회에서조차 애초 만발발자 1기에서와 같은 선도제천문화의 원형성에서 멀어져 오히려 요서 지역의 박잡해진 선도제천문화의 영향을 받는 등 다양한 요소들이 뒤섞이고 있었음을 보여준다.

7) 만발발자 사회의 사상·종교에 대한 중국 측 시각의 위험성

한 가지 더, 만발발자 사회의 사상·종교적 성격에 대한 중국 측 접근 태도의 문제를 지적하고자 한다. 보고서에서는 제천 관련 유구 및 주요 유물들을 전적으로 배제했을 뿐 아니라 만발발자 사회의 사상·종교를 단순 원시신앙의 차원으로 바라보았다. 대표적으로 2기 1구역 9층 및 3기 1구역 8층에서 출토된 사슴뿔 장식(녹각추鹿角墜)을 생식 숭배의 일

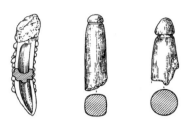

자료25 2기의 사슴뿔 장식(왼쪽), 3기의 사슴뿔 장식(오른쪽)

종인 도조(陶祖) 신앙으로 보았다.[28] (〈자료25〉)

무려 4천 6백여 년간 지속된 제천문화 관련 유구나 유물들을 전적으로 배제한 위에 이러한 유의 유물만으로 만발발자 사회의 사상·종교문화를 설명하는 방식은 더없이 위험하다. 제천문화의 큰 범주 내에서의 하위 생활신앙으로 접근하는 것이 보다 정확하다.

8) 소형 토제품, '돼지소조상·곰소조상'의 문제

복골 외에 소형 토제품으로 인면(人面)소조상(3.3cm×2.1cm), 돼지소조상(도저陶猪, 6cm×2.6cm), 개소조상(도구陶狗, 3.4cm×2.9cm) 등이 보고되었다.(〈자료26〉)

물론 이들은 당시 맥족의 삶을 보여주는 생활 소조품의 차원으로 여기에 적극적인 사상·종교적 의미를 부여하기는 어렵다. 다만 이 중에서 '도저'는 만발발자 1기-조단의 평대(모자합장묘) 내 출토품인 신석기 '도웅'과 얽힌 문제가 있어 관련 내용이 정리될 필요가 있다.

앞서 이수림의 보고에서는 1기 평대(모자합장묘) 내에서 도소인두상

---

28 吉林省文物考古硏究所·通化市文物管理辦公室 編, 앞의 책, 2019, 511쪽.

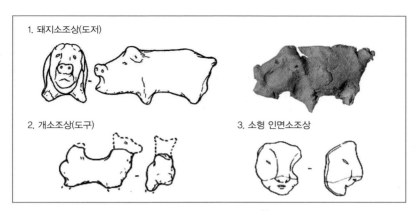

자료26 3기의 소형 토제품들[29]

자료27 1기 모자합장묘 도웅(왼쪽) 및 3기 B-2구역 F16 도저(오른쪽)

(陶塑人頭像), 십자문(十字紋) 토기, 각종 옥기류 등과 함께 도저가 출토
되었다고 했다. 이후 2017년 통화시박물관에서 만발발자 출토 유물 전
시를 시작하면서 '진·한 시기(4기에 해당) 국가3급문물'로 표시된 '도저'
를 전시한 바 있다. 도저로 전시했지만 실제 모습을 살펴보면, '납작한
코'를 조형적 특징으로 하는 도저와 거리가 멀었으며, 조기 신석기 이래
흑룡강·두만강 일대에서 빈번하게 등장하는 전형적인 신석기 도웅의

---

29 도저·도구는 F16 출토품, 인면 소조상은 H35 출토품이다.

모습이었다.(〈자료27〉 왼쪽) 이에 필자는 이수림이 모자합장묘 출토품으로 언급한 도저가 이 전시품 도저(실제로는 도옹)였을 것으로 보았다. 요컨대 '이수림의 보고 중 평대(모자합장묘) 출토 도저=실제 신석기 도옹=통화시박물관에서 4기 도저로 소개·전시'이다.[30] 그런데 보고서에서는 '3기의 도저' 1건만을 보고했을 뿐(〈자료27〉 오른쪽) 통화시박물관 전시품은 보고하지 않았다.

이는 만발발자 출토 유물에 대한 중국 측의 이해 및 관리의 수준을 여실히 보여주었다. 중국 측은 만발발자 출토품 중 도옹과 도저를 명확하게 구분하지 않았으며, 유물에 대한 편년도 부정확했다. 또한 현재 통화시박물관에서 만발발자 출토 유물로 전시중인 주요 유물조차도 보고서에 누락했다. 우리로서는 중국 측의 보고자료에 기반하여 연구를 할 수밖에 없는 상황이지만 이를 전적으로 수용하기보다는 다면적인 고찰을 통해 균형을 잡아가는 자세가 필요하다.

9) 소결

① 2기의 시기, 2층 환계의 북쪽 A-1구역에는 주 제천사 1좌 및 회갱 4개가 자리했는데 3기가 되자 A-1·3구역에 무려 6좌에 달하는 주 제천사·부속건물이 들어섰고 회갱·회구 43개가 조성되었다. 3기 소도 제천문화의 번속화 추세를 보여준다.

② 2기 방대의 B-2구역에는 부 제천사 1좌 및 1개의 회갱이 자리했는데, 3기가 되자 부 제천사 2좌가 들어서고 회갱·회구 22개가 조성되

---

30 정경희, 「통화 만발발자 제천유적을 통해 본 백두산 서편 맥족의 제천문화(I)—B.C. 4000년 ~B.C. 3500년경 '3층원단(모자합장묘)·방대'를 중심으로—」, 『선도문화』 26, 2019, 42~52쪽.

었다. 역시 번속화 추세이다. 이외에 보조의례인의 무덤 4좌도 들어섰으니 2기까지 엄격하게 유지되던 소도제천지 관리가 허술해졌음을 알게 된다.

③ 거북어깨 C지구에는 고급 무덤지가 조성되어 번성했다. 이 중에서도 특히 많은 배장인들을 거느린 여성선인(사제)의 무덤 2좌가 발견되었다. 이는 만발발자 1기 웅녀군의 모자합장묘에서 확인된 여성선인(사제)의 전통이 후대로 이어졌음을 보여주었다. 또한 이들의 무덤에 나타난 위계성은 선도제천문화의 원형에서 멀어진 모습으로 이즈음 단군조선 말기 사회의 분열·와해 국면 속에서 선도제천문화도 더불어 위계화·세속화되어 가고 있었음을 보여주었다.

④ 1기에 자리 잡은 소도제천문화의 기본 틀이 2기까지 유지되었다고 한다면 3기가 되면서 형식화되고 번잡해졌으며 이전에 보이지 않던 위계성까지 생겨났으니 번속화 추세로 요약된다.

4. 고구려 개창기: 다시금 안정을 찾는 소도제천문화

1) 4기의 구역별 유구

보고서에 나타난 4기 유구는 방지 3좌, 회갱 32좌, 회구 2조, 묘장 7좌이다.(〈자료28〉)

2) A-1구역: 주 제천사가 6좌에서 1좌로 간소화

4기에 들어 A-1구역에 방지 1좌(F7)가 들어섰다. 3기 1·3구역의 주 제천사 건물은 총 6좌였지만 4기가 되자 1구역에 단 1좌(F7)만 조성,

구역		유구		형태	기능
A	1	방지 1 (회갱 17)	F7	장방형 온돌방지	주 제천사
	3	(회갱 1)			
	4	×			제천단
B	2	방지 2 (회갱 14 · 회구 2)	F10 F4	장방형 온돌방지 원형 온돌방지	부 제천사
C	5	무덤 4		석관묘 2 석곽석관묘 1 대개석적석묘 1	
	6	×			
	7	무덤 1		무기단석광적석묘	
	8	무덤 2		석관묘 1 대개석적석묘 1	

자료28 **4기의 구역별 유구 일람**

분위기가 일신되었다.

F7의 위치는 3기의 주 제천사인 F8 부근이었고, 형태도 F8과 마찬가지로 장방형이었다. 규모는 6.1m×3.7m로 주 제천사의 위격에 맞는 큰 건물이다. 현대의 구덩이에 의해 파손되어 형태가 완정하지는 않다. 서벽 중간에 불탄 붉은 흙(홍소토)이 나왔다. 특히 F7은 온돌시설을 갖춘 고급 건물지로 원형의 화로 서남쪽에 벽면을 따라 'ㄴ'자형 온돌이 조사되었다. 만발발자의 방지들은 4기부터 모두 온돌시설을 갖춘 고급 건물지로 변모되었고 5기까지 그러했다.(〈자료29〉)

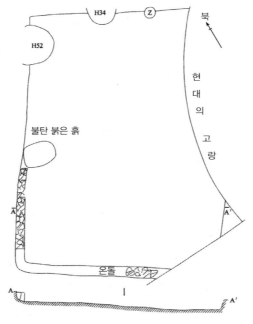

자료29 4기 A-1구역의 F7(주 제천사) 평·단면도

3) B-2구역: 부 제천사만 남고 무덤지 기능 소멸

4기 B-2구역에서는 방지 2좌(F10·F4)가 조사되었다. F10은 5.7m×4.5m의 장방형 온돌건물지다. 1기와 2기 방지가 들어섰던 위치에 겹쳐서 조성되었다. 주거면은 비교적 평평하며 기둥 구멍의 흔적이 없다. 온돌이 깔려 있고 북벽에 돌로 된 원형의 화로 유적이 돌출되어 있다. 서벽에는 반원형의 불탄 흙더미가 있다. 장방형의 규식을 갖춘 건물지로 이즈음에는 부 제천사까지도 정성껏 조성되었음을 알게 된다.

F4는 지름 5.94m의 원형 방지로 F10에서 북쪽으로 다소 떨어진 곳에 단독 조성되었다. 파손되어 반원 정도만 남았는데, 기둥 구멍이 있으

1. F10(부 제천사) 평 · 단면도

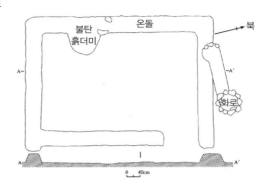

2. F4(보조건물) 평 · 단면도

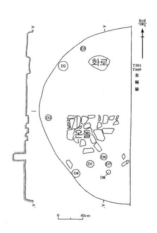

자료30 B-2구역의 F10 · F4(부 제천사)

며 북서측에 화로가 설치되어 있다. 방의 남쪽으로 두 줄의 석렬이 깔린
온돌시설이 있다. 건물의 형태나 규모가 F10에 미치지 못했던 점, 이즈
음 장방형보다 원형 건물지의 격이 낮았던 점, 이전 시기에도 원형 건물
이 창고였던 적이 많았던 점 등 여러 측면에서 F4는 F10을 보조하는
창고지 건물이었을 것으로 추정된다.(〈자료30〉)

1. 1구역 F7. 작은 술잔   2. 2구역 3층. 두와 술잔

자료31 **4기 출토 의기류**

4기에 들어 B-2구역에서 생겨난 가장 큰 변화로, 3기의 무덤지 기능이 사라진 점을 들 수 있다. 4기에 들어 A지구의 제천사 건물이 대거 정리되었듯이 B지구 역시 무덤지가 사라지면서 어수선한 분위기가 일신된 것이다. 이즈음 만발발자 사회가 소도제천지로서 새롭게 관리되기 시작했음을 보여준다.

4) 출토 의기류

4기 출토 의기류로 보고된 것은 〈자료31〉과 같다.

5) 소결

① 3기 2층 환계 위 A-1·3구역에는 무려 6좌에 달하는 주 제천사·부속건물, 회갱·회구 43개가 자리했는데, 4기가 되자 주 제천사 1좌, 회갱 18개로 대폭 정리되었다.

② 3기 방대의 B-2구역에는 부 제천사 2좌와 회갱·회구 22개가 자리했는데, 4기에는 부 제천사 2좌, 회갱·회구 16개가 들어서 부 제천사의 기능이 대동소이 유지되었다. 다만 이곳에 보조의례인의 무덤을 쓰는 전통은 사라졌다. 3기의 허술해진 소도제천지에 대한 관리가 다시 중심을 찾아가고 있었다.

③ 3기 거북어깨 C지구에는 여성선인의 무덤을 비롯하여 무려 29좌

의 무덤이 자리했는데, 4기가 되자 7좌로 줄어들었다. 역시 관리가 이루어지고 있었다.

④ 종합해 보면, 3기에 들어 번속화했던 소도제천문화는 4기가 되자 간소화 추세 속에서 새롭게 안정 국면을 맞게 되었다. 고구려 사회가 개창되고 맥족 사회가 다시 안정을 찾아가는 시대 분위기와 맞물린 변화였다.

5. 고구려 중기: 축소되는 소도제천문화

1) 5기의 구역별 유구

5기 유구는 방지 3좌, 회갱 16좌, 회구 2조, 환호(環壕, 환산위구環山圍溝) 1조, 묘장 1좌이다.(〈자료32〉)

2) A-1·4구역: 4천 년 만의 변화, 모자합장묘 위에 들어선 제천사

(1) 1구역: 부 제천사 1좌

5기 A-1구역에서는 방지 1좌(F2)가 조사되었다. 모서리를 약간 둥글게 돌린 장방형(원각장방형圓角長方形)에다 바닥을 얕게 판(천지혈식淺地穴式) 건물지로 4.45m×3.5m 규모이다. 현대의 구덩이로 인해 파괴되기는 했지만 화로와 연도(烟道: 연기 구멍)가 분명하게 나타나 있는 U자형 온돌건물이다. 부근에서 5기 전체 회갱 16좌 중 14좌, 회구 2좌가 발견되어 이 건물지가 제천을 준비하는 부 제천사 용도였음을 보여주었다. 퇴적층 중에 출토된 도편은 많지 않았다고 한다.(〈자료33〉)

구역		유구		형태	기능	비고
A	1	방지 1 (회갱 14 · 회구 2)	F2	원각장방형 천지혈식 온돌건물지	부 제천사	
	3	×				
	4	방지 2 (회갱 1)	F19	원각장방형 천지혈식 온돌건물지	주 제천사 1	
			F20	원각장방형 천지혈식 온돌건물지	주 제천사 2	
		적석방단		평대 위 동쪽	소형 신 제천단	−이수림의 보고에서 추가 −이수림은 5기로 봄
		큰 자연바위 세트		평대 위 정남쪽	천주(선돌)	−이수림의 보고에서 추가 −이수림은 5기로 봄
B	2	환호 1 (회갱 1 · 회구 2)	G4	산을 둥글게 에워쌈	환호를 두른 구릉성 제천시설	−이수림은 3∼4기로 봄 −국가문물국은 4기로 봄
C	5	×				
	6	무덤 1		계단적석총 (3층방총)		
	7	×				
	8	×				

자료32 **5기의 구역별 유구 일람**

(2) 4구역: 주 제천사 2좌

5기 A–4구역 평대(모자합장묘)에서는 방지 2좌가(F19·F20) 조사되었다. 1기-조단의 시기, 3층원단·방대가 조성된 이후 4기에 이르기까지

1. 전경

2. 평·단면도

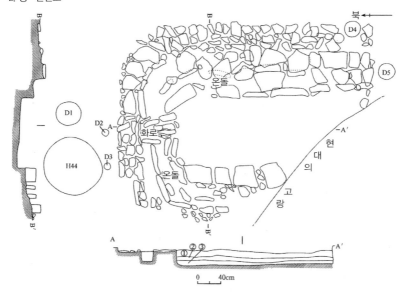

자료33 5기 A-1구역 F2(부 제천사)

무려 4천 년이 넘는 기나긴 시간 동안 3층 환계인 평대(모자합장묘)에는 어떠한 시설물도 들어서지 않았다. 배달국 초 웅녀군이 묻힌 모자합장묘이면서 (단·총 일체 방식의) '제천단'이었기 때문이다. 다만 평대 주변으로 1기-조단의 회갱 1개 및 1기-만단의 회갱 2개가 조사되었는데, 평대에서 행해진 의례의 흔적이었다. 1구역이나 3구역에 제천사 건물, 또 수십 개의 회갱이 조성되었던 것과 명백히 달랐다.

이처럼 무려 4천 년이 넘는 시간 동안 4구역에 어떠한 시설물도 조성되지 않았음은 모자합장묘의 존재, 곧 배달국 초 웅녀군의 존재가 만발발자 사회 내에서 지속적으로 기억되고 있었음을 보여주기에 더욱 의미가 깊다. 그러다가 5기가 되자 평대 위에 제천사가 들어섰다.

이는 이때에 들어 갑작스럽게 웅녀군의 존재가 잊혔다기보다는 이즈음 단총 위에 제천사(향당享堂)를 세우는 추세를 따른 것으로 이해된다. 단총 위에 제천사를 세우는 전통은 배달국 이래 고구려시기에 이르기까지 지속된 맥족의 제천 유속의 일종이다. 가장 시기가 올라가는 사례로 우하량 유적 제13지점의 경우를 들 수 있다. 이 경우 거대 규모의 '3층원단 계통의 제천사'로 1층 원형 돌계단, 2층 원형 토대(土臺) 위에 제천사가 자리했다.[31] 이러한 전통은 시대를 뛰어넘어 고구려 사회에서도 똑같이 나타났다. 계단식 적석총인 태왕릉이나 장군총의 꼭대기에 제천사가 자리했음은 널리 알려진 사실이다. 4구역에 새롭게 들어선 제천사는 2좌였다. 이들은 4구역의 북쪽에 나란히 자리했다.(〈자료34〉)

---

31 정경희, 앞의 글, 『동북아고대역사』 1, 55~56쪽.

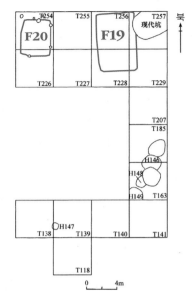

자료34 **5기 A-4구역 유구 배치도**

4구역의 북쪽은 1구역의 남쪽과 닿아 있었으니 전체적으로 보면 A지구의 중앙에 해당한다. 정확하게 평대 중심부에 제천사를 올린 것이다. 2좌 중 큰 건물지인 F19를 제1건물지, 작은 건물지인 F20을 제2건물지로 보게 된다.

① F19: 주 제천사 1

F19는 F2와 같은 원각장방형 천지혈식 건물지로 만발발자에서 발굴된 건물지 중 가장 큰 편이다.(7.5m×5.5m) 서·남부는 현대에 조성된 도랑에 의해 파괴되었다. 바닥면은 평평하게 다듬어져 있고 서쪽과 북쪽에 3열로 배치된 온돌시설이 있다. 4구역 2층에서는 기와(판와板瓦)가

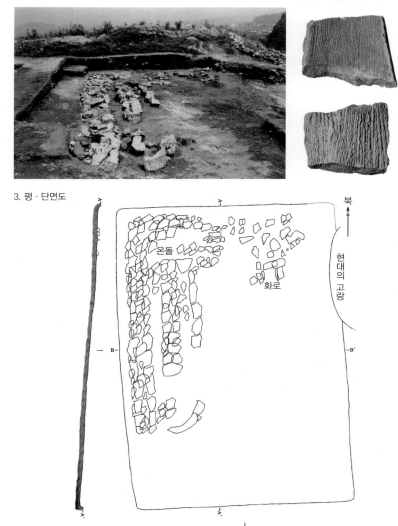

1. 전경

2. 4구역 2층 출토 기와

3. 평·단면도

북

온돌

화로

현대의 고랑

B-

-B'

A'

B

B'

0   40cm

자료35 5기 A-4구역의 F19(주 제천사 1)

1. 전경

2. 평 · 단면도

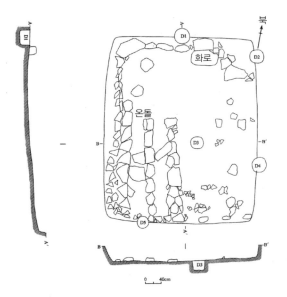

자료36 5기 A-4구역의 F20(주 제천사 2)

나와 F19가 기와를 올린 고급 건물지였음을 보여주었다.[32] 내부에서 소량의 도편이 발견되었으나 파쇄되어 기형을 알 수 없으며 출토 기물은 없다고 보고되었다.(〈자료35〉)

② F20: 주 제천사 2

F20은 F19와 같은 원각장방형 천지혈식 건물지로 규모는 F19에 비해 훨씬 작다.(4.95m×3.9m) 화로를 중심으로 동쪽 벽면과 서쪽 벽면을 따라 한 줄의 단 U자형 온돌시설이 이어져 있다. 방지 외벽 주위로 기둥 구멍 5개가 발견되었고 붉은 불탄 흙(홍소토)이 나왔다. 소량의 도편이 출토되었으나 파쇄되어 기형을 구분할 수 없으며 출토 기물은 보고되지 않았다. F19에서의 제천을 보조하는 건물지로 여겨진다.(〈자료36〉)

(3) '적석방단·큰 자연바위 세트'의 추가 문제

한 가지 더, 보고서에는 나와 있지 않지만 이수림의 보고에서 평대 위의 5기 유구로 보고된 '석체 방단(이하 적석 방단)' 및 '천연 대괴암석 일조(이하 큰 자연바위 세트)'의 문제가 있다. 적석 방단의 경우 평대의 동쪽에 자리하고 있었으며 시기는 5기, 그중에서도 '고구려 초(구체적으로는 한·위 시기)'라 했다. 큰 자연바위 세트는 평대 위 정남 방향이라고 했다.[33] 국가문물국의 보고에는 나타나 있지 않은데, 보고서 역시 그러했다.

---

32 吉林省文物考古研究所·通化市文物管理辦公室 編, 앞의 책, 2019, 524쪽.
33 李樹林, 앞의 글, 2000年 1月, 120쪽, 122쪽: 李樹林·정원철 역, 「길림성 고구려 3319호 무덤 日月神闕에 대한 고증과 이와 관련된 몇가지 중요한 문제에 대한 연구」, 『고구려연구』 15, 2003, 275쪽.

이렇듯 이수림의 보고에 의하면 5기 평대 위치에 주 제천사 2좌 외에 적석 방단 및 큰 자연바위 세트가 함께 들어서 있었다. 필자의 경우 적석 방단을 소형의 신 제천단으로(평대가 대형의 구 제천단이 되기 때문), 큰 자연바위 세트를 '선돌(입석立石) 2주(柱)'로 보는 입장이다. 한국의 전근대 제천 전통에서 고인돌·선돌·돌돌림 제단·적석제단·나무솟대·제천사 등 각종 제천시설들이 다양한 방식으로 조합되거나 중첩되었던 많은 사례들에 비추어, 만발발자 5기 평대 위의 제천사·적석 방단·선돌 2주를 '제천시설의 중첩' 현상으로 보기 때문이다[34]

그러나 이들의 조성 시기와 관련해서는 과연 5기로 볼 수 있을지 의문이 있다. 물론 평대 위에 제천사가 들어선 것은 큰 변화이기에 (이수림이 그러했듯이) 제천사와 동시에 적석 방단·선돌 2주가 들어선 것으로 볼 수도 있지만, 적석 방단·선돌 2주가 그 이전의 시기에 평대 위에 동시적, 또는 순차적으로 들어왔을 여러 가능성들을 배제할 수 없기 때문이다.

3) B-2구역: 사라진 제천사와 환호에 얽힌 문제

(1) 사라진 제천사: 제천 공간의 축소

5기에 들어 B-2구역에서는 제천사가 조사되지 않았다. 1기-만단부터 4기에 이르기까지 이 구역에는 늘 제천사가 자리했으나 5기에 들어 드디어 제천사가 사라졌다. 제천의 기능이 3층원단 쪽으로 집중되면서 제천의 공간이 축소되는 의미가 있다.

---

34 정경희, 앞의 글, 『선도문화』 27, 2019, 37~40쪽.

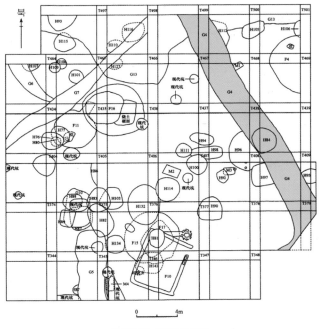

북

자료37 B-2구역의 환호

(2) 환호 유구: '환호를 두른 구릉성 제천시설'의 문제

5기 B-2구역에서는 환호 1기(G4)가 조사되었다. 호형(弧形)으로 길
이 24m, 너비 2.8m, 깊이 1.1m이며 바닥은 둥글다. 여기에서 삼족기인
정족(鼎足)의 조각, 각종 토기, 석기, 청동기, 철기 등 102건이 출토되었
다.[35] (〈자료37〉)

호형의 환호는 대체로 방대를 북에서 남으로 가로지르면서 산(3층원
단)을 에워싼 형태였다. 발굴 구역의 제한으로 인해 이 정도 모습이 드

---

[35] 吉林省文物考古研究所·通化市文物管理辦公室 編, 위의 책, 2019, 554쪽.

러났지만 발굴 구역을 넓혀 보면 만곡의 정도를 정확하게 알 수 있을 것이다. 발굴 당사자인 중국 측도 '산을 둥글게 둘러싼(환산위구環山圍溝)' 형태라 했으니, 대체로 산(3층원단)을 에워싼 형태였던 것으로 여겨진다.

제천시설이 자리한 구릉지를 환호가 둥글게 에워싼 형태는 '환호를 두른 구릉성 제천시설'에 다름 아니다. 앞서 필자는 이수림과 국가문물국 두 계통의 보고를 통해 방대 위치에 환호가 자리했음을 알았지만 당시로서는 정확한 위치나 형태를 확인할 수 없었고 이에 '환호를 두른 구릉성 제천시설' 여부를 확정하지 못했다.[36] 이제 보고서에 이르러 3층원단을 둥글게 감싸고 있는 형태였음이 밝혀졌기에 '환호를 두른 구릉성 제천시설'로 확정하고자 한다.

이러할 때 만발발자 유적의 제천시설은 ① 1차 시설: 1기-조단의 3층원단(모자합장묘)·방대, ② 2차 시설: 1기-만단 이후 다수의 제천사들·선돌 2주·적석 방단·환호로 최종 정리된다.

(3) 환호의 조성 시기 문제

보고서에서는 환호를 5기 유구로 보았는데, 국가문물국 또는 이수림의 보고와 같지 않다. 먼저 국가문물국의 보고에서는 '4기에 비교적 엄밀하게 조직된 대형 환호취락이 형성되어 있었다'고 하여[37] 환호를 4기의 유구로 보았다. 또한 이수림의 보고에서는 방대 위치에서 춘추시대(3기에 해당) 및 양한시대(4기에 해당) 환호가 발견되었고 춘추시대 환호

---

36 정경희, 앞의 글, 『선도문화』 27, 2019, 33~44쪽.
37 金旭東·安文榮·楊立新, 앞의 글, 2000年 3月 19日.

내에서 주거지 13좌, 또 양한시대 환호 내에서 주거지 3좌가 확인되었다고 했다. 환호의 용도와 관련해서는 야수를 방어하기 위한 용도로 보았다.[38]

보고서를 통해 환호가 1건임을 알게 되었으니 이수림이 지목한 환호가 3기와 4기의 2건이 아니라 총 1건, 곧 '1건의 환호가 3~4기 동안 지속되었다'는 의미였음을 알게 된다. 또한 이수림이 언급한 '3기의 13좌 환호취락, 4기의 3좌 환호취락'이 보고서의 내용과 일치함도 확인했다. 그런데 보고서에서는 앞서의 두 보고와 달리 환호를 '5기'의 유구로 보았다. 용도에 대해서도 국가문물국의 '엄밀하게 조직된 대형 환호취락', 또는 이수림의 '야수 방어용' 대신 '배수구'로 보았다.[39]

이러한 혼선은 환호의 조성 시기가 재검토되어야 함을 보여준다. 가장 시기를 올려 본 이수림의 보고를 통해 1997년 발굴 당시 환호의 조성 시기가 최소한 3기까지 올라가는 것으로 논의가 이루어졌음을 알게 된다. 한반도 남부의 발굴 사례로 보더라도 환호를 두른 구릉성 제천시설은 주로 청동기~초기철기시대에 조성되었다. 고구려 중기는 이러한 유형의 제천시설이 유지되는 시기일 수 있지만 새롭게 조성되는 시기는 아니다. 환호의 시기를 5기 이전으로 올려 볼 여지가 있다.

4) 출토 의기류

보고서에 나타난 5기의 의기류는 〈자료38〉과 같다.

---

38 李樹林, 앞의 글, 遠方出版社, 2000年 1月.
39 吉林省文物考古研究所·通化市文物管理辦公室 編, 앞의 책, 2019, 452쪽.

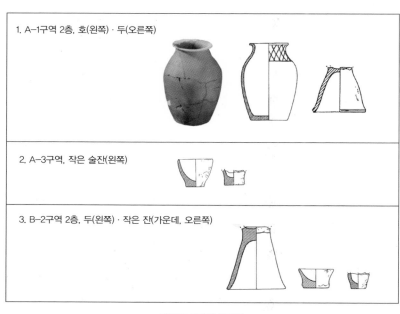

1. A-1구역 2층, 호(왼쪽) · 두(오른쪽)

2. A-3구역, 작은 술잔(왼쪽)

3. B-2구역 2층, 두(왼쪽) · 작은 잔(가운데, 오른쪽)

자료38 **5기의 의기류**

5) 소결

① 4기 2층 환계 위 A-1 · 3구역에 주 제천사 1좌, 회갱 18개가 자리했는데 5기에 들어 부 제천사 1좌, 회갱 · 회구 16개로 이어졌다. 규모는 대동소이했지만 기능은 주 제천사에서 부 제천사로 바뀌었다.

② 과거 1~4기 동안 A-4구역 평대는 제천단 자리로서 1기-조단의 회갱 1개, 1기 만단의 회갱 2개를 제외하고는 어떠한 시설물도 들어섰던 적이 없었다. 그런데 5기에 들어 이곳에 주 제천사 2좌, 회갱 1개가 들어섰다. 4천여 년 만의 변화로 이즈음 고구려 사회에서 단 · 총 위에 제천사를 올리는 관행을 따른 것으로 이해된다.

③ A-4구역 평대 위에 새롭게 조성된 주 제천사 2좌의 동쪽과 남쪽

에 (조성 시기를 확정할 수 없는) 적석 방단·선돌 2주가 자리했다. 이렇듯 평대 위 좁은 공간에 제천사·적석 방단·선돌 2주가 오밀조밀 중첩되어 있었다. 제천시설의 중첩 및 소규모화 현상이다.

④ 4기 방대의 B-2구역에는 부 제천사 2좌, 회갱·회구 16개가 자리 했는데, 5기가 되자 부 제천사가 없어지고 회갱·회구 3개만 조성되었다. 부 제천사가 3층원단 지역으로 이동한 결과이다. 제천 공간의 축소 현 상이다.

⑤ 산을 둥글게 둘러싼 환호도 나타났다. 이는 서기전 4000년~600년 무렵 맥족의 대표 제천시설인 '환호를 두른 구릉성 제천시설' 계통에 다 름 아니었다. 다만 환호의 조성 시기와 관련해서는 5기로 확정하기보다 는 여지를 둘 필요가 있다.

⑥ 4기 거북어깨 C지구에는 무덤 7좌가 자리했는데, 5기가 되자 무덤 1좌로 줄어들었다. 무덤지로서의 기능이 거의 사라졌다.

⑦ 이상 5기의 주요 특징인 제천시설의 중첩 및 소규모화 현상, 또 제 천 공간의 축소 현상은 1기 3층원단·방대가 등장한 이래 4기에 이르기 까지 거대한 3층원단·방대 시설을 두루 활용하며, 더 나아가 주변 지역 (거북어깨 지역)까지 보조시설로 활용하던 소도제천문화에 비해 활성도 가 크게 떨어진 모습이다. 고구려 중기 선도제천문화의 위상이 서서히 낮아져 가는 추세를 엿보게 된다.

⑧ 종합해 보면, 3층원단·방대가 배달국 이래 단군조선에 이르기까지 긴 시간 동안 동아시아 사회를 주도했던 맥족, 또 맥족계 선도제천문화 의 위상을 대변해 주었다면 3기의 혼란상은 단군조선 와해기 선도제천 문화의 위상 변화를 보여주었다. 단군조선 와해 이후의 혼란을 딛고 고 구려 사회가 성립되는 4기의 안정적 조정 국면을 거쳐 고구려문화가 자

리 잡게 되는 5기가 되면 최종적으로 선도제천문화가 축소되는 방향으로 귀결되었다. 이후 선도제천문화는 급격하게 약화되어 민속문화의 차원으로 떨어지게 된다.

3장

맺음말

이상 통화 만발발자 제천유적에 대한 필자의 기존 연구와 『통화만발발자유지고고발굴보고』를 종합, 만발발자 유적의 분기별 변천상을 새롭게 조명해 보았다. 내용은 아래와 같다.

1기-조단(서기전 4000년~서기전 3500년), 선도사상의 요체인 삼원(천·지·인, 원·방·각)의 상징성을 요령있게 담아낸 거대 규모의 적석단총, '3층원단(모자합장묘)·방대'가 조성되었다. 주인공은 배달국 초 환웅족이 가져온 선진적 선도제천문화를 수용하여 토템족 웅족 사회를 천손족 맥족(환웅족+웅족) 사회로 바꾸어놓은 역량있는 선인 지도자 웅녀군이었다.

1기(서기전 4000년~서기전 3000년, 배달국 전·중기), 제천단의 거대 규모와 대비되는 간결하고 담백한 제천의 흔적은 선도제천문화의 태동기, 군더더기 없이 기본에 충실한 선도제천문화의 출발점을 보여주었다.

2기(서기전 13세기~서기전 8세기, 단군조선 후기), 만발발자의 드넓은 소도제천지에는 3층원단·방대의 국부에 주·부 제천사 2좌가 들어서 있었을 뿐이었다. 1기에 자리 잡힌 소도제천문화의 기본 틀이 유지되고 있었던 것으로 바라보게 된다.

3기(서기전 8세기~서기전 3세기, 단군조선 말기), 소도제천문화가 크게 형식화되고 번잡해졌으며, 이전에 보이지 않던 위계성까지 생겨났다. 단군조선 말기 맥족 사회의 분열·와해 국면 속에서 선도제천문화도 번속화했다.

4기(서기전 3세기~3세기, 고구려 개창 전후), 종래 번속화 방향으로 흘렀던 소도제천문화가 간결화하면서 새로운 안정 국면을 맞았다. 고구려의 개창으로 맥족 사회가 안정을 찾아가는 시대 분위기와 맞물린 변화였다.

5기(3세기~5세기, 고구려 중기), 제천시설의 중첩 및 소규모화 현상, 또 제천 공간의 축소 현상이 두드러졌다. 고구려 중기 선도제천문화의 위상이 서서히 약화되어 가는 추세를 보여주었다.

자료 출처

2부

자료2	國家文物局, 「東北考古獲重大發現—長白山區首次發現古代文化祭壇群址」, 『中國文物報』, 1995年 6月 4日.
자료4-1	구글어스.
자료4-2	필자 촬영[중국 길림성박물원 4층 기획전시 「족적(足跡)·회망(回望)·전승(傳承): 길림성(吉林省) 고고성취전(考古成就展)—1997~2016」].
자료4-3	필자 촬영.
자료5	필자 촬영(중국 길림성박물원 4층 기획전시 「족적·회망·전승: 길림성 고고성취전—1997~2016」).
자료7-1	(오른쪽) 遼寧省文物考古研究所, 『牛河梁-紅山文化遺址發掘報告(1983~2003年度)』上·中·下, 文物出版社, 2012, 도판242.
자료7-2	(왼쪽) 『고구려 유적의 어제와 오늘 2: 고분과 유물』, 동북아역사재단, 2009, 63쪽. (오른쪽) 이하우, 「한국 윷판형 바위그림 연구—방위각을 중심으로」, 『한국암각화연구』5, 2004, 도면28.
자료10	遼寧省文物考古研究所, 『牛河梁-紅山文化遺址發掘報告(1983~2003年度)』中, 文物出版社, 2012, 470쪽.
자료12	위의 책 上, 138쪽.
자료13	위의 책 中, 312쪽.
자료14	필자 촬영.
자료15-1	(왼쪽, 가운데) 중국국가박물관(中國國家博物館). (오른쪽) 형주박물관(荊州博物館).
자료15-2	(왼쪽) 趙錫金·郭富純 主編, 『大連古代文明圖說』, 吉林文史出版社, 2010, 52쪽. (가운데) 흑룡강성박물관(黑龍江省博物館). (오른쪽) 국립중앙박물관.
자료16-1	①②③ 국립문화재연구소 편, 『한·러 공동발굴 특별전 아무르·연해주의 신비』,

2006, 31쪽, 36쪽. ④ 국립문화재연구소·러시아과학원 시베리아지부 고고학민족

학연구소 편,『러시아 아무르강 하류 수추섬 신석기시대 주거유적 발굴조사보고서

(Ⅱ)』, 2002, 4쪽, 248쪽.

자료16-2 ① 양양 오산리 선사유적박물관. ② 부산 동삼동 패총박물관.

자료17　(왼쪽) 국립문화재연구소 편,『한·러 공동발굴 특별전 아무르·연해주의 신비』,

2006, 36쪽. (오른쪽) 필자 촬영.

자료18-1　① 遼寧省文物考古硏究所,『牛河梁-紅山文化遺址發掘報告(1983~2003年度)』下,

文物出版社, 2012, 도판69, 같은 책 上, 81쪽. ② 같은 책 下, 도판85, 같은 책 上,

100쪽. ③ 같은 책 下, 도판284.

자료18-2　① 위의 책 下, 도판276, 같은 책 中, 404쪽. ② 같은 책 下, 도판84, 같은 책 上,

95쪽.

자료19-1　필자 촬영.

자료19-2　「我省考古新發現或將中華玉文化提前千年」,『每日頭條』, 2018년 4월 5일자.

자료20-2　(위) 遼寧省文物考古硏究所,『牛河梁-紅山文化遺址發掘報告(1983~2003年度)』

下, 文物出版社, 2012, 도판79. (아래) 같은 책 下, 도판287.

3부

자료1-1　필자 촬영.

자료1-2　遼寧省文物考古硏究所,「遼寧阜新縣代海遺址發掘簡報」,『考古』, 2012-11期, 도

판4-6.

자료1-3　趙錫金·郭富純 主編,『大連古代文明圖說』, 吉林文史出版社, 2010, 94쪽.

자료2　필자 촬영(중국 길림성박물원 4층 기획전시「족적·회망·전승: 길림성 고고성취

전-1997~2016」).

자료3-1　(위) 國家文物局,「吉林通化萬發撥子遺址」,『1999中國重要考古發現』, 文物出版

社, 2001, 27쪽. (아래) 吉林省文物考古硏究所·通化市文物管理辦公室 編著,

『通化萬發撥子遺址考古發掘報告』, 科學出版社, 2019年 9月, 268쪽.

자료3-2　(위 왼쪽 3컷) 國家文物局,「吉林通化萬發撥子遺址」,『1999中國重要考古發現』,

文物出版社, 2001, 27쪽. (위 오른쪽 2컷) 필자 촬영(중국 길림성박물원 4층 기획

전시관「족적·회망·전승: 길림성 고고성취전-1997~2016」전시품). (아래 2컷) 같

은 책, 27쪽, 31쪽.

자료4-1　(왼쪽) 배기동, 강병학,『부천 고강동 선사유적 제4차 발굴조사보고서』, 부천시 한양

대학교박물관, 2000, 156~158쪽. (오른쪽) 김권구, 「청동기시대-초기철기시대 고지성 환구에 관한 고찰」, 『한국상고사학보』 76, 2012, 57쪽.

자료4-2 (오른쪽) 중앙문화재연구원, 『경주 나정』, 2008, 39쪽.

자료4-3 정의도 외, 『울산 연암동 환호유적—학술조사연구총서 제54집』 울산광역시종합건설본부 · 경남문화재연구원, 2006, 119~120쪽.

자료4-4 중원문화재연구원, 『안성 반제리유적—조사보고서 제45책』, 2007, 533쪽, 577쪽.

자료4-5 (위) 경남발전연구원, 『마산 진동 유적II』, 2011, 59~66쪽. (아래) 필자 촬영.

자료5-1 ①② 국가지식포털 북한지역정보넷. ③ 문화재청.

자료5-2 ①② 국립민속박물관 편, 『충북지방 장승 · 솟대신앙』, 국립민속박물관 학술총서 15, 1994.

자료6   ①②④ 문화재청. ③ 국립문화재연구소 문화유산 연구지식포털.

자료7-1 필자 제작. 밑그림 평면도는 김도경 · 주남철, 「集安 東臺子遺蹟의 建築的 特性에 關한 硏究」, 『대한건축학회 논문집』 19, 2003, 120쪽.

자료7-2 필자 촬영(중국 길림성박물원 벽면 자료).

자료8   국립민속박물관 편, 『충북지방 장승 · 솟대신앙』, 국립민속박물관 학술총서 15, 1994, 73쪽, 181쪽.

자료9   필자 촬영.

4부

자료3   國家文物局, 「東北考古獲重大發現—長白山區首次發現古代文化祭壇群址」, 『中國文物報』, 1995年 6月 4日.

자료4   公茂祥 · 宋玉文, 「用知識捍衛國家的領土主權—人武幹部李樹林業餘自費考古十年獲重大發現」, 『國防』 1999-7, 31쪽.

자료5   구글어스.

자료6   필자 촬영.

자료7-1 國家文物局, 「東北考古獲重大發現—長白山區首次發現古代文化祭壇群址」, 『中國文物報』, 1995年 6月 4日.

자료7-2 구글어스.

자료9   遼寧省文物考古研究所, 『牛河梁—紅山文化遺址發掘報告(1983~2003年度)』 中, 文物出版社, 2012, 312쪽.

자료10   (왼쪽) 위의 책 下, 도판181. (오른쪽) 같은 책 上, 229쪽.

자료11   위의 책 上, 138쪽.

5부

자료1-1   內蒙古文物考古硏究所,『白音長汗: 新石器時代遺址發掘報告』下, 2004, 彩板9-1.

자료1-2   오대양,「요서지역 적석총 문화의 기원과 형성 과정」,『동북아역사논총』45, 2014,
          242쪽.

자료1-3   內蒙古文物考古硏究所,『白音長汗: 新石器時代遺址發掘報告』上, 2004, 31쪽.

자료2   索秀芬·郭治中,「白音長汗遺址紅山文化遺存分期探索」,『內蒙古文物考古』,
          2004-1期, 46쪽.

자료4-1   遼寧省文物考古硏究所,『牛河梁-紅山文化遺址發掘報告(1983~2003年度)』中,
          文物出版社, 2012, 291쪽.

자료4-2   위의 책 中, 274쪽.

자료5   위의 책 中, 363쪽.

자료7   위의 책 上, 138~139쪽.

자료8   (왼쪽) 위의 책 下, 도판130. (오른쪽) 같은 책 上, 142쪽.

자료9   위의 책 上, 143쪽.

자료10-1   (왼쪽) 위의 책 下, 도판135. (오른쪽) 같은 책 上, 152쪽.

자료10-2   (왼쪽) 위의 책 下, 도판139. (오른쪽) 같은 책 下, 도판143.

자료11-1   위의 책 中, 366쪽.

자료11-2   위의 책 中, 366쪽.

자료11-3   위의 책 中, 368쪽.

자료12-1   (왼쪽) 위의 책 下, 도판265, 도판266.

자료12-2   위의 책 下, 도판269.

자료12-3   위의 책 下, 도판271.

자료13   (왼쪽) 위의 책 下, 도판149. (오른쪽) 같은 책 上, 184쪽.

자료14   위의 책 上, 138쪽.

자료16   (왼쪽) 위의 책 下, 도판119. (오른쪽) 같은 책 上, 133쪽.

자료17   (왼쪽) 위의 책 上, 191쪽, 188쪽. (오른쪽) 같은 책 上, 134쪽.

자료18   위의 책 上, 71쪽, 121쪽, 193쪽.

자료19   위의 책 中, 312쪽.

자료20   (왼쪽) 위의 책 下, 도판181. (오른쪽) 같은 책 上, 229쪽.

자료22	위의 책 中, 312쪽.
자료23	(위) 方殿春·劉葆華, 「遼寧阜新縣胡頭溝紅山文化玉器墓的發現」, 『文物』 1984-6, 3쪽. (아래) 方殿春·劉曉鴻, 「遼寧阜新縣胡頭溝紅山文化積石塚的再一次調查與發掘」, 『北方文物』 2005-2, 2쪽.
자료24	(위) 위키매피아. (아래) 徐秉琨·孫守道, 『中國地域文化大系—東北文化』, 上海遠東出版社, 1998, 38쪽, 그림27.
자료26	(위 왼쪽, 오른쪽) 遼寧省文物考古研究所, 『牛河梁-紅山文化遺址發掘報告 (1983~2003年度)』 中, 文物出版社, 2012, 401쪽, 402쪽. (아래) 같은 책 下, 도판 279, 도판276.
자료27	위의 책 下, 도판2.

6부

자료2-1	國家文物局, 「吉林通化萬發撥子遺址」, 『1999中國重要考古發現』, 文物出版社, 2001, 29쪽.
자료2-2	하문식, 「渾江유역의 적석형 고인돌 연구」, 『선사와 고대』 32, 2010, 203쪽.

7부

자료2-1	폭 4.1cm, 높이 5.1cm, 조양시(朝陽市) 덕보박물관(德輔博物館).
자료2-2	민족문화대백과사전.
자료2-3	(왼쪽) 금성당 샤머니즘박물관. (오른쪽) 국립민속박물관 e뮤지엄.
자료2-4	문화재청.
자료2-5	(왼쪽) 최은규 글, 백남원 그림, 『마고할미』, 웅진씽크하우스, 2007. (가운데) 정서하 지음, 최보윤 그림, 『삼신할머니』, 키움, 2011. (오른쪽) 정근 지음, 조선경 그림, 『마고할미』, 보림출판사, 2006.
자료5-1	『欽定四庫全書』 經部 10 『六書本義』 圖考. 명 초 조휘겸(趙撝謙)의 『육서본의(六書本義)』 중에 실린 「천지자연하도(天地自然河圖)」[또는 「천지자연지도(天地自然之圖)」].
자료6	김병곤, 「임진강 유역의 적석총과 마한」, 『동국사학』 43, 2007, 15쪽.
자료7-1	(왼쪽) http://www.tonghuaxian.gov.cn/ 通化市人民政府. (오른쪽) 필자 촬영.
자료7-2	강화군청.
자료7-3	문화재청 국가문화유산포털.

자료8   동북아역사재단,『고구려 유적의 어제와 오늘』, 2009, 66쪽.

자료9-1   국가지식포털 북한지역정보넷.

자료9-2   리정남,「자강도 초산군 련무리 제2호 무덤 발굴중간보고」,『조선고고연구』1989-4,
           사회과학원 고고학연구소.

자료10   김병곤,「임진강 유역의 적석총과 마한」,『동국사학』43, 2007, 16쪽.

자료11-1   吉林省文物考古研究所·集安市博物館 編著,『集安 高句麗王陵―1990~2003年
           集安 高句麗王陵調査報告―』, 文物出版社, 2004.

자료11-2   동북아역사재단,『고구려 유적의 어제와 오늘』, 2009, 81쪽.

자료12   문화재청 국가문화유산포털.

자료13-1   邵國田 主編,『敖漢文物精華』, 内蒙古文化出版社, 2004, 74쪽.

자료13-2   (왼쪽) 문화재청. (오른쪽) 국립문화재연구소 문화유산연구지식포털.

자료13-3   중앙문화재연구원·경주시,『경주 나정』, 2008, 29쪽.

자료18-1   문화재청 국가문화유산포털.

자료19-1   필자 촬영.

자료19-2   문화재청 국가문화유산포털.

자료20-1   조선유적유물도감편찬위원회,『장학리 적석무덤』,『조선유적유물도감』20, 1996,
           166~171쪽.

자료20-2   문화재청 국가문화유산포털.

자료21-1   문화재청 국가문화유산포털.

자료21-2   (왼쪽 3컷) 국가지식포털 북한지역정보넷. (오른쪽) 문화재청 국가문화유산포털.

자료22-2   일본 미야자키(宮崎) 현립(縣立) 사이토바루고고박물관(西都原考古博物館) 홈페
           이지.

자료24-2   ① 일본 나라 덴무(天武)·지토(持統) 천황릉 입구 안내판. ② 일본 나라 조메이(舒
           明) 천황릉 입구 안내판.

자료25-1   일본 후루츠(古津) 하치만산(八幡山) 유적 안내판.

자료25-2   『國史蹟 古津八幡山古墳 確認調査 現地説明會資料』, 新潟市文化財센터, 2011
           年 10月 16日.

자료25-3   일본 후루츠 하치만산 산록에 자리한 야요이 언덕전시관(弥生の丘展示館) 내 벽
           면 사진.

자료26-1   國家文物局,「陝西西安隋唐園丘遺址」,『1999中國重要考古發現』, 文物出版社,
           2001, 106쪽.

8부

자료3-1 순천군청.

자료3-2 서울대학교 규장각한국학연구원.

자료4 서울역사박물관.

자료7 (왼쪽) 국립중앙박물관. (오른쪽) 순천 송광사.

자료8-2 百度百科.

자료10 徐秉琨·孫守道, 「東北文化: 白山黑水中的農牧文明」, 『中國地域文化大系』, 上海遠東出版社, 1998, 129쪽.

자료11 위키미디어.

부록

자료2 구글어스.

자료4 吉林省文物考古研究所·通化市文物管理辦公室 編, 『通化萬發撥子遺址考古發掘報告』, 科學出版社, 北京, 2019年 9月, 圖版5-1.

자료5-1 필자 촬영.

자료5-2 위의 책, 圖版6-1.

자료5-3 위의 책, 12쪽.

자료6 위의 책, 圖版5-2, 圖版6-2.

자료8 위의 책, 36~37쪽.

자료9 위의 책, 47쪽.

자료10-1,4 위의 책, 11쪽.

자료10-2 위의 책, 32쪽.

자료10-3 위의 책, 圖版7-1·2.

자료11 위의 책, 33~34쪽.

자료12 높이 7.5cm, 너비 4.7cm, 두께 2.5cm, 대만 震旦藝術博物館. 吳棠海, 『紅山玉器』, 臺北 震旦文教基金會, 2007, 90~91쪽.

자료14-1 위의 책, 70쪽.

자료14-2 위의 책, 71쪽.

자료15 위의 책, 59쪽.

자료17 위의 책, 138쪽, 137쪽, 129쪽, 135쪽, 127쪽, 143쪽.

자료18 위의 책, 140쪽, 142쪽.

자료19   위의 책, 261쪽.

자료20   위의 책, 16쪽.

자료21   위의 책, 264쪽.

자료22   위의 책, 268쪽.

자료23-1   위의 책, 79쪽, 89쪽, 191쪽.

자료23-2   위의 책, 544쪽(圖版15-4), 101쪽(圖版15-6), 98쪽(圖版15-7), 236쪽.

자료24-1   위의 책, 509~511쪽.

자료24-2   위의 책, 511쪽, 517쪽.

자료25   왼쪽은 길이 10.6cm, 오른쪽은 길이 5.8cm, 6.5cm. 위의 책, 68쪽, 80쪽.

자료26   위의 책, 143쪽, 193쪽.

자료27   (왼쪽) 필자 촬영. (오른쪽) 위의 책, 143쪽.

자료29   위의 책, 343쪽.

자료30   위의 책, 346쪽, 354쪽.

자료31   위의 책, 344쪽, 330쪽.

자료33   위의 책, 圖版28-1, 431쪽.

자료34   위의 책, 13쪽.

자료35   위의 책, 圖版29-1, 圖版30-6, 433쪽.

자료36   위의 책, 圖版29-2, 434쪽.

자료37   위의 책, 11쪽.

자료38   위의 책, 403쪽, 424쪽, 414쪽.

참고문헌

1. 전근대 문헌자료

1) 국내

『三國史記』『三國遺事』『三聖紀全 上·下』『北扶餘紀』『檀君世紀』『帝王韻紀』『東國李相國集』『高麗史節要』『世宗實錄』『太白逸史』『揆園史話』『鐎洲集』『東史綱目』『東國名山記』『耳溪集』『檀君敎五大宗旨書』『三一襘誥』『疆域考』『要正澄心錄演義』

2) 국외

『逸周書』『詩經』『尙書』『管子』『山海經』『史記』『漢書』『後漢書』『三國志』『水經注』『爾雅』『說文解字』『六書故』『孟子』『資治通鑑』『新唐書』『遼史』『盛京疆域考』

2. 고고학 자료

1) 국내

경남발전연구원, 『마산 진동 유적Ⅱ』, 2011.

국립문화재연구소 편, 『한·러 공동발굴 특별전 아무르·연해주의 신비』, 2006.

국립문화재연구소·러시아과학원 시베리아지부 고고학민족학연구소 편, 『러시아 아무르강 하류 수추섬 신석기시대 주거유적 발굴조사보고서(Ⅱ)』, 2002.

국립민속박물관, 『충북지방 장승·솟대신앙』, 국립민속박물관 학술총서 15, 1994.

기전문화재연구원, 『오산 가장지방산업단지내 문화유적 시발굴조사 약보고서』, 2006.

리정남, 「자강도 초산군 연무리 제2호 무덤 발굴중간보고」, 『조선고고연구』 1989-4, 사회과학원 고고학연구소.

_____, 「운평리 고구려무덤떼 제4지구 돌각담무덤 발굴보고」, 『조선고고연구』 1990-1, 사회과

학출판사.

배기동·강병학,『부천 고강동 선사유적 제4차 발굴조사보고서』, 부천시·한양대학교박물관, 2000.

서울문화재연구원,『구리 토평동 유적 발굴조사보고서』, 2017.

정의도·현창호·김하나,『울산 연암동 환호유적―학술조사연구총서 제54집』, 울산광역시종합건설본부·경남문화재연구원, 2006.

정태진,「구리-포천 고속도로 부지내 구리 교문동유적」,『중부고고학회 학술대회 및 유적조사발표회 자료집, 중부고고학회, 2015.

조선유적유물도감편찬위원회,『조선유적유물도감(2): 고구려편』, 1990.

＿＿＿＿＿＿＿＿＿＿＿＿＿＿,『조선유적유물도감(20)』, 1996.

조선총독부 편,『조선고적도보1―고구려시대』, 1915.

중앙문화재연구원,『안성 반제리유적―조사보고서 제45책』, 2007.

＿＿＿＿＿＿＿＿＿＿＿,『경주 나정』, 2008.

황룡혼,「양평군 문호리지구 유적발굴보고」,『팔당 소양댐 수몰지구 유적발굴종합조사보고』, 1974.

「고구려 유적 下―유적 현장의 역사왜곡 실태」,『한국일보』, 2005년 8월 3일.

「공주 송산리 고분군 3단 계단식 석축시설 확인」,『아주경제』, 2018년 12월 5일.

「발해 유적으로 알려진 보마성, 中 '금나라가 세운 건축물' 주장」,『한국일보』, 2014년 10월 12일.

「백제 최대 규모 제의 유적 확인」,『금강일보』, 2018년 7월 11일.

「北잡지, 백두산천지 종덕사 옛 사진 공개」,『연합뉴스』, 2009년 9월 22일.

「서천군 봉선리 유적지의 백제시대 제단」,『연합뉴스』, 2014년 12월 13일.

「전기 청동기시대 '제의용 환호' 평택-구리에서 잇달아 발견」,『동아일보』, 2015년 10월 15일.

「中작가, 백두산 천지에 '여진제단' 복원 주장」,『연합뉴스』, 2006년 9월 11일.

2) 국외

康家興,「渾江中流的考古調査」,『考古通訊』, 1956年 第6期.

郭大順·張克擧,「遼寧省喀左縣東山嘴紅山文化建築群址發掘簡報」,『文物』1984-11.

郭大順·洪殿旭,『紅山文化玉器鑒賞』, 文物出版社, 2014.

國家文物局 主編,「東北考古獲重大發現―長白山區首次發現古代文化祭壇群址」,『中國文

物報』, 1995年 6月 4日.

國家文物局,「吉林通化萬發撥子遺址」,『1999中國重要考古發現』, 文物出版社, 2001.

_____,「陝西西安隋唐圜丘遺址」,『1999中國重要考古發現』, 文物出版社, 2001.

吉林省文物考古研究所·通化市文物管理辦公室 編著,『通化萬發撥子遺址考古發掘報告』, 科學出版社, 2019年 9月.

金旭東·安文榮·楊立新,「探尋高句麗早期遺存及起源—吉林通化萬發撥子遺址發掘獲重要收獲」,『中國文物報』, 2000年 3月 19日.

內蒙古文物考古研究所 克什克騰旗博物館,「內蒙古克什克騰旗龍頭山遺址第一·二次發掘簡報」,『考古』1991-8.

遼寧省文物考古研究所,『牛河梁-紅山文化遺址發掘報告(1983~2003年度)』上·中·下, 文物出版社, 2012.

方殿春·劉葆華,「遼寧阜新縣胡頭溝紅山文化玉器墓的發現」,『文物』1984-6.

方殿春·劉曉鴻,「遼寧阜新縣胡頭溝紅山文化積石塚的再一次調查與發掘」,『北方文物』2005-2.

北京大學考古學碳十四實驗室,「碳十四年代測定報告(六)」,『文物』4, 1984.

「陝西西安唐長安城圜丘遺址的發掘」,『考古』, 2000年 7期.

趙錫金·郭富純 主編,『大連古代文明圖說』, 吉林文史出版社, 2010.

「東北考古獲重大發現—長白山區首次發現古代文化祭壇群址」,『中國文物報』, 1995年 6月 4日.

「李樹林業餘考古有新發現」,『人民日報』, 1995年 6月 8日.

「人才: 軍旅中的考古人才—李樹林」,『焦點信息網』, 2017年 2月 11日.

「長白山區首次發現大型祭壇群遺址, 對東北歷史文化意義重大」,『新華網 吉林頻道』, 2008年 6月 23日.

「千年神鱉現古國 通化王八脖子遺址探秘(李樹林)」,『吉林日報』, 2002年 8月 17日.

「八卦廟的由來與傳說」,『每日頭條』, 2017年 7月 17日.

『星島日報』, 1995年 6月 26日.

구글어스(www.google.com/earth), 2014년 1월 28일 / 2014년 9월 11일.

http://www.tonghuaxian.gov.cn/mlthx/thxmp/thxms. 通化市人民政府.

3. 단행본

1) 국내

김원룡, 『한국고고학개론(제3판)』, 일지사, 1986.

김정배, 『한국 민족문화의 기원』, 고려대학교출판부, 1973.

김철준, 『한국고대사회연구』, 지식산업사, 1975.

동북아역사재단 편, 『중국의 '장백산문화론' 논문 선역』, 동북아역사재단, 2008.

동북아역사재단 편집부, 『고구려 유적의 어제와 오늘 2―고분과 유물』, 동북아역사재단, 2009.

박대재, 『중국 고문헌에 나타난 고대 조선과 예맥』, 경인문화사, 2013.

박선희, 『한국고대복식―그 원형과 정체』, 지식산업사, 2002.

_____, 『우리금관의 역사를 밝힌다』, 지식산업사, 2008.

_____, 『고구려 금관의 정치사』, 경인문화사, 2013.

_____, 『고조선문명의 복식사』, 지식산업사, 2018.

박원길, 『유라시아 초원제국의 샤머니즘』, 민속원, 2001.

백종오, 『요하유역의 청동기문화와 고조선』, 지식산업사, 2018.

복기대, 『홍산문화의 이해』, 우리역사연구재단, 2019.

_____, 『요서지역의 청동기시대 문화연구』, 백산자료원, 2002.

사회과학원 고고학연구소, 『고구려문화』, 사회과학출판사, 1975.

서울역사박물관 편, 『(이찬 기증) 우리 옛지도』, 2006.

서정록, 『백제금동대향로』, 학고재, 2001.

송호정, 『한국 고대사 속의 고조선사』, 푸른역사, 2003.

신용하, 『한국 원민족 형성과 역사적 전통』, 나남출판사, 2005.

_____, 『고조선문명의 사회사』, 지식산업사, 2018.

신채호(단재신채호전집편찬위원회 편), 『단재신채호전집』, 독립기념관 한국독립운동사연구소, 2007.

양주동, 『증정고가연구』, 일조각, 1965(1987).

오강원, 『비파형 동검문화와 요령지역의 청동기문화』, 청계, 2006.

우실하, 『동북공정 너머 요하문명론』, 소나무, 2007.

_____, 『고조선문명의 기원과 요하문명』, 지식산업사, 2018.

유태용, 『한국 지석묘 연구』, 주류성, 2003.

유태용 · 김영창, 『고인돌』, 대원사, 2017.

윤내현, 『고조선연구』, 일지사, 1994.

이덕일, 『이덕일의 한국통사』, 다산북스, 2019.

이서행 외, 『백두산 현재와 미래를 말한다』, 한국학중앙연구원, 2010.

이정재, 『동북아의 곰문화와 곰신화』, 민속원, 1997.

이찬구, 『홍산문화의 인류학적 조명』, 개벽사, 2018.

이형구, 『발해연안에서 찾은 한국고대문화의 비밀』, 김영사, 2004.

_____, 『한국 고대문화의 비밀』, 김영사, 2004.

이형구 · 이기환, 『코리안루트를 찾아서』, 성안당, 2009.

임재해, 『고조선문명과 신시문화』, 지식산업사, 2018.

임찬경, 『고구려와 위만조선의 경계─위만조선, 졸본, 평양의 위치 연구』, 한국학술정보, 2019.

정구복, 『한국중세사학사』, 집문당, 1999.

정수일, 『고대문명교류사』, 사계절, 2000.

정한덕, 『일본의 고고학』, 학연문화사, 2002.

주남철, 『한국건축사』, 고려대학교출판부, 2006.

최남선 저 · 임선빈 역, 『백두산근참기』, 경인문화사, 1927(2013).

최몽룡 · 이헌종 · 강인욱, 『시베리아의 선사고고학』, 주류성, 2003.

2) 국외

耿鐵華(박창배 역), 『中國高句麗史(중국인이 쓴 고구려사)』 상 · 하, 고구려연구재단, 2002(2004).

郭大順, 『紅山文化』, 文物出版社, 2005.

郭大順 · 張星德(김정열 역), 『東北文化와 幽燕文明』 상 · 하, 동북아역사재단, 2005(2008).

吉林省文物志編委會, 『通化市文物志』, 1986.

大貫靜夫, 『東北アジアの考古學』, 同成社, 1998.

劉國祥, 『紅山文化研究』 上 · 下, 科學出版社, 2015.

劉澤華 · 梁志玖 · 王玉哲, 『中國古代史』, 人民出版社, 1979.

馬大正 · 李大龍 · 耿鐵華 · 權赫秀(서길수 역), 『古代中國高句麗歷史續論(동북공정고구려사)』, 사계절, 2003(2006).

葉舒憲, 『熊圖騰─中華祖先神話探源』, 上海錦繡文化出版社, 2007.

楊軍·王秋彬, 『中國與朝鮮半島關系史論』, 社會科學文獻出版社, 2006.

엘리아데 저·이윤기 역, 『샤머니즘—고대적 접신술』, 까치, 1992.

王秋義 主編, 『遼寧地域文化通覽: 阜新卷』, 遼寧民族出版社, 2013.

全浩天, 『前方後円墳の源流—高句麗の前方後円形積石塚』, 未來社, 1991.

한스요하임 파프로트 지음·강정원 옮김, 『퉁구스족의 곰의례』, 태학사, 2007.

4. 논문

1) 국내

강석화, 「조선 후기 백두산 인식의 변화」, 『조선시대사학보』 56, 2011.

강인욱, 「기원전 13~9세기 카라숙 청동기의 동진과 요동·한반도의 초기 청동기문화」, 『호서고
　　고학』 21, 2009.

기수연, 「중국학계 고구려의 商人, 炎黃後裔說에 대한 비판적 고찰」, 『고구려연구』 27,
　　2007.

＿＿＿, 「중국학계의 단군조선, 한사군 인식에 대한 비판적 검토」, 『고조선단군학』 23, 2010.

김구진, 「고구려 북방계(시베리아) 문화의 특성에 관한 연구—시베리아의 샤머니즘을 중심으
　　로—」, 『북방사논총』 7, 2005.

김권구, 「청동기시대~초기철기시대 고지성 환구에 관한 고찰」, 『한국상고사학보』 76, 2012.

김상기, 「동이와 회이·서융에 대하여」, 『동방학지』 1·2, 1954·1955.

＿＿＿, 「한·예·맥 이동고」, 『동방사논총』, 서울대출판부, 1974(1948).

김선자, 「홍산문화의 황제영역설에 대한 비판—곰신화를 중심으로」, 『동북아의 곰신화와 중화주
　　의 신화론 비판』, 동북아역사재단, 2009.

김성철, 「만발발자 유적의 성격에 대하여」, 『조선고고연구』 2009-1, 사회과학출판사.

김용국, 「백두산고」, 『백산학보』 8, 1970.

김정배, 「예맥족에 관한 연구」, 『백산학보』 51, 1968.

＿＿＿, 「고조선 연구의 현황과 과제」, 『단군학연구』 9, 2003.

＿＿＿, 「고조선과 비파형동검의 문제」, 『단군학연구』 12, 2005.

김정열, 「요서지역 출토 상·주 청동예기의 성격에 대하여」, 『요하유역의 초기 청동기문화』, 동북
　　아역사재단, 2009.

김정학, 「고고학상으로 본 고조선」, 『한국상고사의 제문제』, 한국정신문화연구원, 1987.

김창규, 「傅斯年의 민족문제 이해와 '동북' 인식」, 『역사학보』 193, 2007.

김철수, 「광명문화와 백산신앙—고대 조선과 일본의 비교를 중심으로—」, 『선도문화』 18, 2015.

리지린, 「예족과 맥족에 대한 고찰」, 『고조선연구』, 학우서방, 1963.

박경철, 「중국 고문헌 자료에 비쳐진 한국고대사상」, 『선사와 고대』 29, 2008.

박선미, 「동북공정에 나타난 고조선사 인식 논리 검토」, 『동북공정과 한국학계의 대응논리』, 여유당, 2008.

박정민, 「청조 발상지 鄂多理城 논의에 대한 재검토—문화설의 타당성을 중심으로」, 『동북아역사논총』 제52호, 2016.

박준형, 「예맥의 형성 과정과 고조선」, 『학림』 22, 2001.

_____, 「한국 근현대 기자조선인식의 변천」, 『고조선사연구 100년』, 학연문화사, 2009.

_____, 「대릉하~서북한지역 비파형동검문화의 변동과 고조선의 위치」, 『한국고대사 연구』 66, 2012.

배기동, 「고강동 청동기 주거유적 발굴 성과와 의의」, 『선사와 고대의 의례 고고학』, 2004.

배성준, 「장백산문화론에 대한 비판적 검토」, 『중국의 장백산문화론 논문 선역』, 동북아역사재단, 2008.

백종오 · 오대양, 「요동지역 지석묘의 연구성과 검토」, 『동아시아고대학』 34, 2014.

서영수, 「고조선의 국가형성의 계기와 과정」, 『북방사논총』 6, 2006.

석광준, 「고구려 고고학의 새로운 성과」, 『동아시아의 새 발견—조선장학회 창립 100주년 기념 고대사 심포지움 학술대회 자료집』, 2000.

송용덕, 「고려 · 조선 전기의 백두산 인식」, 『역사와 현실』 64, 2007.

신용하, 「한국민족의 기원과 형성에 대한 '한' · '맥' · '예' 3부족 결합설」, 『학술원논문집(인문 · 사회과학편)』 제55집 1호, 2016.

신형식, 「고구려의 석조문화」, 『고구려사』, 이화여대출판부, 2003.

안승모, 「고고학으로 본 한민족의 계통」, 『한국사 시민강좌』 23, 일조각, 2003.

안창범, 「동양사상 발생과 우리나라의 백두산」, 『한국종교사연구』 7, 1996.

오강원, 「만발발자를 통하여 본 통화지역 선원사문화의 전개와 초기 고구려문화의 형성과정」, 『북방사논총』 창간호, 2004.

_____, 「현대 중국의 고조선 연구와 그 맥락」, 『중국의 고대 한국사 연구』, 고구려연구재단, 2005.

오대양, 「요남지역 청동기시대 유적의 발굴 현황과 연구 성과」, 『고조선단군학』 29, 2013.

_____, 「요서지역 적석총 문화의 기원과 형성 과정」, 『동북아역사논총』 45, 2014.

_____, 「홍산문화 적석총 유적의 형식과 발전과정」, 『동양학』 57, 2014.

_____, 「요동지역 청동기시대 문화의 양상과 전개―소위 쌍방·미송리문화를 중심으로」, 『동양학』 61, 2015.

_____, 「대련지역 초기적석총 유적의 현황과 특징―홍산문화 후기유형과의 연관성 검토」, 『백산학보』 105, 2016.

오수경, 「중국 고대 호랑이 신앙 연구」, 『비교민속학』 35, 2008.

우실하, 「동북아 샤머니즘의 성수(3·7·9·81)의 기원에 대하여」, 『단군학연구』 10, 2004.

_____, 「도교와 민족종교에 보이는 3수분화의 세계관」, 『도교문화연구』 24, 2006.

유태용, 「양평 신원리 제의유적의 연구」, 『경기사학』 10, 2007.

_____, 「요동지방의 대석개묘에 대한 검토」, 『고조선단군학』 24, 2011.

_____, 「한국 청동기시대 환상열석 소고」, 『동북아고대역사』 2, 2020.

윤내현, 「기자신고」, 『한국사연구』 41, 1983.

윤명철, 「고구려의 단군조선 계승성에 관한 연구 1」, 『고구려연구』 13, 2002.

윤무병, 「예맥고」, 『백산학보』 1, 1963.

윤휘탁, 「중국의 동북 문화강역 인식 고찰―장백산문화론을 중심으로」, 『중국학보』 55, 2007.

_____, 「중국, 남·북한의 백두산 연구와 귀속권 논리」, 『한국사학보』 51, 2013.

_____, 「중국의 백두산의 중국화 전략」, 『동북아역사논총』 48, 2015.

이기동, 「민족학적으로 본 문화 계통」, 『신편 한국사』 1, 국사편찬위원회, 2002.

_____, 「기원 연구의 흐름」, 『한국사 시민강좌』 32, 일조각, 2003.

이명종, 「1910·1920년대 조선 지식인들의 '만주=단군강역' 담론」, 『한국근현대사연구』 74, 한국근현대사학회, 2015.

이병도, 「현도군고」, 『한국고대사연구』, 박영사, 1976.

이선복, 「민족 단혈성 기원론의 검토」, 『북한의 고대사연구』, 일조각, 1991.

_____, 「신석기·청동기시대 주민 교체설에 대한 비판적 검토」, 『한국고대사논총』 1, 한국고대사회연구소, 1991.

이성규, 「문헌에 보이는 한민족문화의 원류」, 『신편 한국사』 1, 국사편찬위원회, 2002.

_____, 「중국 고문헌에 나타난 동북관」, 『동북아시아 선사 및 고대사 연구의 방향』, 학연문화사, 2004.

이융조·우종윤, 「영동지역의 선사문화」, 『호서문화 창간호』, 2013.

이종수, 「고구려 문화 기원의 보고―통화 만발발자유지 고고발굴보고」, 『야외고고학』 37, 2020.

이청규, 「중국 동북지역과 한반도 청동기문화 연구의 성과」, 『중국동북지역 고고학 연구현황과 문제점』, 2008.

_____, 「고조선과 요하문명」, 『한국사 시민강좌』 49, 일조각, 2011.

이평래, 「근현대 한국 지식인들의 바이칼 인식―한민족의 기원문제와 관련하여―」, 『민속학연구』 제39호, 2016.

이형구, 「발해연안 석묘문화의 원류」, 『한국학보』 50, 일지사, 1988.

_____, 「발해연안 빗살무늬토기 문화의 연구」, 『한국사학』 10, 한국정신문화연구원, 1989.

_____, 「대릉하유역의 은말주초 청동기문화와 기자 및 기자조선」, 『한국상고사학보』 5, 한국상고사학회, 1991.

임동권, 「태백산 천제단의 역사성과 문화재적 위상」, 『태백문화』 제7집, 태백문화원, 1993.

임병태, 「고고학상으로 본 예맥」, 『한국고대사논총』 1, 1991.

임웅재, 「적석형 고인돌의 문화적 계승성에 대한 연구」, 『고조선단군학』 37, 2017.

임효재, 「신석기시대」, 『신편 한국사』 2, 국사편찬위원회, 2002.

장호수, 「신석기시대」, 『신편 한국사』 2, 국사편찬위원회, 2002.

정경희, 「한국선도의 수행법과 제천의례」, 『도교문화연구』 21, 한국도교문화학회, 2004.

_____, 「조선 초기 선도제천의례의 유교 지제화와 그 의미」, 『국사관논총』 108, 국사편찬위원회, 2006.

_____, 「「부도지」에 나타난 한국선도의 '일·삼론'」, 『선도문화』 2, 2007.

_____, 「『천부경』·『삼일신고』를 통해 본 한국선도의 '일·삼·구론'」, 『범한철학』 44, 범한철학회, 2007.

_____, 「중국의 음양오행론과 한국선도의 삼원오행론」, 『동서철학연구』 49, 한국동서철학회, 2008.

_____, 「한국선도의 '삼원오행론'―'음양오행론'의 포괄」, 『동서철학연구』 48, 한국동서철학회, 2008.

_____, 「한국선도의 일·삼·구론(삼원오행론)에 나타난 존재의 생성·회귀론―한국선도의 수행이론―」, 『동서철학연구』 53, 2009.

_____, 「배달국 말기 천손문화의 재정립과 '치우천왕'」, 『선도문화』 9, 2010.

_____, 「홍산문화 옥기에 나타난 '조천'사상(2)―2기·5기·9기형 옥기를 중심으로」, 『백산학보』 88, 2010.

_____, 「동아시아 '북두-일월' 표상의 원형 연구」, 『비교민속학』 46, 비교민속학회, 2011.

_____, 「동아시아 '천손강림사상'의 원형 연구―배달고국의 '북두(삼신하느님) 신앙'과 천둥번개신(뇌신) 환웅」, 『백산학보』 91, 2011.

_____,「한국선도의 일·삼·구론(삼원오행론)으로 바라본 일본신도」,『비교민속학』 44, 비교민속학회, 2011.

_____,「홍산문화 옥기에 나타난 '조천'사상(1)—1기·3기형 옥기를 중심으로」,『선도문화』 11, 2011.

_____,「한국선도 수행의 실제」,『선도문화』 12, 2012.

_____,「한국의 선도수행으로 바라본 중국의 내단 수행」,『선도문화』 13, 2012.

_____,「신라 '나얼(奈乙, 蘿井)' 제천유적 연구」,『진단학보』 119, 2013.

_____,「신라 '나얼(奈乙, 蘿井)' 제천유적에 나타난 '얼(井)' 사상」,『선도문화』 15, 2013.

_____,「신라의 천제문화」,『제1회 팔공산 천제단 복원 학술대회 자료집』, 대구국학운동시민연합·대구국학원, 2016.

_____,「홍산문화 여신묘에 나타난 삼원오행형 마고7여신과 마고제천」,『비교민속학』 60, 비교민속학회, 2016.

_____,「홍산문화의 제천유적·유물에 나타난 '한국선도'와 중국의 '선상문화'적 해석」,『고조선단군학』 34, 고조선단군학회, 2016.

_____,「요서 지역 조보구문화~홍산문화기 마고여신상의 변화와 배달국의 '마고제천'」,『단군학연구』 36, 2017.

_____,「요서 지역 흥륭와문화기 마고여신상의 등장과 '마고제천'」,『선도문화』 22, 2017.

_____,「3세기말·4세기초 야마토 부여왕조(스진崇神 왕조)의 개창과 천신족 표방: 신도 '천신-국신론'의 등장 배경」,『단군학연구』 38, 2018.

_____,「중국 요하문명론의 장백산문화론으로의 확대와 백두산의 '선도제천' 전통」,『선도문화』 24, 2018.

_____,「백두산 서편의 제천유적과 B.C. 4000년~A.D. 600년경 요동·요서·한반도의 '환호를 두른 구릉성 제천시설'에 나타난 맥족의 선도제천문화권」,『단군학연구』 40, 2019.

_____,「통화 만발발자 제천유적을 통해 본 백두산 서편 맥족의 제천문화(Ⅰ)—B.C. 4000년 ~B.C. 3500년경 '3층원단(모자합장묘)·방대'를 중심으로—」,『선도문화』 26, 2019.

_____,「통화 만발발자 제천유적을 통해 본 백두산 서편 맥족의 제천문화(Ⅱ)—제2차 제천시설 '선돌 2주·적석 방단·제천사'를 중심으로—」,『선도문화』 27, 2019.

_____,「홍산문화기 우하량 '3층-원·방-환호'형 적석 단총제의 등장 배경과 백두산 서편 맥족의 요서 진출」,『동북아고대역사』 1, 동북아고대역사학회, 2019.

_____,「배달국 초 백두산 천평문화의 개시와 한민족(예맥족·새밝족·맥족)의 형성」,『선도문화』 28, 2020.

_____, 「요동~요서 적석 단총에 나타난 맥족(예맥족)의 이동 흐름」, 『동북아고대역사』 2, 동북아고대역사학회, 2020.

_____, 「동아시아 적석 단총에 나타난 삼원오행론과 선도제천문화의 확산」, 『선도문화』 29, 2020.

_____, 「통화 만발발자 제천유적 추보(追補) 연구: 『통화만발발자유지고고발굴보고』를 중심으로」, 『동북아고대역사』 3, 동북아고대역사학회, 2020.

정재서, 「도교의 샤머니즘 기원설에 대한 재검토」, 『도교문화연구』 37, 2012.

정치영, 「조선시대 지도에 표현된 백두산에 대한 고찰」, 『문화역사지리』 23-2, 2011.

조법종, 「중국의 장백산문화론과 고구려」, 『백산학보』 76, 2006.

_____, 「한국 고·중세 백두산신앙과 만주 명칭의 기원」, 『한국사연구』 147, 2009.

_____, 「백두산과 장백산, 그리고 만주」, 『백두산 현재와 미래를 말한다』, 한국학중앙연구원, 2010.

조원진, 「기자조선 연구의 성과와 과제」, 『단군학연구』 20, 2009.

_____, 「요서지역 출토 상주 청동기와 기자조선 문제」, 『백산학보』 88, 2010.

_____, 「고조선의 초기문화 연구」, 『고조선단군학』 34, 2016.

조준희, 「백봉신사의 도통 전수에 관한 연구」, 『선도문화』 1, 2006.

천관우, 「箕子攷」, 『동방학지』 15, 연세대 동방학연구소, 1974.

최몽룡, 「고고학적으로 본 문화계통─문화계통의 다원론적 입장」, 『신편 한국사』 2, 2002.

_____, 「다원론의 입장에서 본 한국문화의 기원과 시베리아」, 『한·러 공동발굴 특별전 아무르·연해주의 신비』, 국립문화재연구소, 2006.

_____, 「마한연구의 새로운 방향과 과제」, 『한국 청동기·철기시대와 고대사회의 복원』, 주류성, 2008.

_____, 「호남의 고고학─철기시대 전후기와 마한」, 『21세기의 한국 고고학 3』, 주류성 2011.

탁경백, 「고비-알타이 아이막의 히르기수르 검토: 2009~2010 한·몽 공동조사 결과를 중심으로」, 『한국전통문화연구』 9, 2010.

허문식, 「고조선의 돌돌림유적 연구: 추보」, 『단군학연구』 16, 2007.

_____, 「청동기시대 제의 유적의 몇 예─경기지역을 중심으로」, 『문화사학』 27, 2007.

_____, 「경기지역 선돌 유적과 그 성격」, 『고문화』 72, 2008.

_____, 「고인돌의 숭배의식에 대한 연구─요령지역을 중심으로─」, 『비교민속학』 35, 2008.

_____, 「혼강 유역의 적석형 고인돌 연구」, 『선사와 고대』 32, 2010.

_____, 「요동지역 문명의 기원과 교류」, 『동양학』 49, 2011.

_____, 「요남지역의 돌무지무덤 연구」, 『선사와 고대』 38, 2013.

한규철, 「발해의 서경압록부 연구」, 『한국고대사연구』 14, 1998.

한영희, 「유물로 본 알타이와 한반도」, 『알타이문명전』, 국립중앙박물관, 1995.

한창균, 「고조선의 성립배경과 발전단계 시론」, 『국사관논총』 33, 국사편찬위원회, 1992.

2) 국외

賈瑩·朱泓·金旭東·趙展坤, 「通化萬發撥子墓葬顱骨人種的類型」, 『社會科學戰線』, 2006
    年 2期.

_____, 「通化萬發撥子明代墓葬出土人骨的研究」, 『東北、內蒙古地
    區古代人類的種族類型與DNA』, 吉林人民出版社, 2006.

顧頡剛, 「二監的結局」, 『文史』 總30期, 1988.

曲巖, 「長白山文化及其在東北亞地區和平與穩定中的作用」, 『黑龍江社會科學』 88, 2005-1.

公茂祥·宋玉文, 「用知識捍衛國家的領土主權—人武幹部李樹林業餘自費考古十年獲重大
    發現」, 『國防』 1999-7.

郭大順, 「遼河文明的提出與對傳統史學的衝擊」, 『尋根』 6, 1995.

_____, 「中華五千年文明的象徵—牛河梁紅山文化壇廟塚」, 『牛河梁紅山文化遺址與玉器精
    髓』, 文物出版社, 1997.

黨郁·孫金松, 「夏家店上層文化祭祀性遺存初探」, 『草原文物』, 2016年 1期.

杜家驥, 「清代滿族皇帝對長白山的高度神化及其祭祀之禮」, 『滿族研究』 第3期, 2010.

滕海鍵, 「紅山文化的分期和類型」, 『赤峰學院學報(漢文哲學社會科學版)』, 2017年 第11期.

欒豐實, 「論遼西與遼東南部史前時期積石塚」, 『紅山文化研究—2004年紅山文化國際學術研
    討會論文集』, 2006.

劉厚生, 「長白山與滿族的祖先崇拜」, 『清史研究』, 1996年 第3期.

_____, 「滿族薩滿教神詞的思想內涵與藝術魅力」, 『民族研究』, 1997年 6期.

_____, 「長白山文化的界定及其他」, 『中國邊疆史地研究』, 2003年 4期.

_____, 「長白山考—關於長白山地區歷史上的歸屬問題研究—」, 『中國歷史地理研究』, 2006
    年 2月.

苗偉, 「試論遼西積石塚與遼東半島積石塚的演變關係」, 『赤峰學院學報(自然版)』, 2015(11).

朴眞奭, 「關於古代朝鮮的幾個問題」, 『朝鮮史通訊』 1980-2.

方起東, 「集安東臺子高句麗建築遺址的性質和年代」, 『東北考古與歷史』 1982-1.

傅斯年, 「夷夏東西說」, 『慶祝蔡元培先生六十五世論文集』 下, 國立中央研究院歷史語言研

究所集刊外篇 第1種, 1935.

傅斯年(千寬于 譯), 「夷夏東西說」, 『한국학보』 14, 1979.

索秀芬·郭治中, 「白音長汗遺址紅山文化遺存分期探索」, 『內蒙古文物考古』, 2004-1期.

徐光冀, 「赤峰英金河陰河流域石城遺址」, 『中國考古學研究』, 文物出版社, 1986.

徐秉琨·孫守道, 「東北文化: 白山黑水中的農牧文明」, 『中國地域文化大系』, 上海遠東出版
　　社, 1998.

徐昭峰, 「試論夏家店下層文化石城」, 『中原文物』, 2010年 3期.

徐子峰, 「紅山文化積石塚與遼東半島石墓文化」, 『大連海事大學學報(社會科學版)』 5-3,
　　2006.

席永杰 等, 『西遼河流域早期靑銅文明』, 內蒙古人民出版社, 2008.

蘇秉琦, 「遼西古文化古城古國」, 『遼海文物學刊』, 1984年 創刊號.

閻海, 「箕子東走朝鮮探因」, 『北方文物』 2001-2.

王綿厚, 「關於漢以前東北貊族考古學文化的考察」, 『文物春秋』 1994-1.

_____, 「通化 萬發撥子 遺址에 관한 考古學的 觀察」, 『고구려연구』 12, 2001.

王芬·欒豊實, 「牛河梁紅山文化積石塚的分期和年代」, 『中原文物』 2016-4, 山東大學歷史
　　文化學院.

汪玢玲, 「長白山-自然保護神崇拜的文化內涵」, 『社會科學戰線』, 1994年 第6期,

王嗣洲, 「遼東半島積石塚研究」, 『旅順博物館創刊號』, 旅順博物館, 2006.

王素玲, 「長白山文化研討會綜述」, 『社會科學戰線』, 1994年 6期.

王立新, 「試析夏家店下層文化遺址的類型與佈局特點」, 『文物春秋』, 2003年 3期.

汪亭存, 「滿族長白山崇拜論析」, 『民族文學研究』 第4期, 2009.

王惠德 等, 「陰河中下流石城的調査與研究」, 『昭烏達盟族師專學報』, 1998-4期.

姚安, 「以天壇爲個案看祭壇建築的文化意蘊」, 『中國紫禁城學會論文集』 5, 2007.

魏存誠, 「高句麗積石墓的類型和演變」, 『考古學報』, 1987年 3期.

李恭篤·高美璇, 「夏家店下層文化若干問題研究」, 『遼寧大學學報』, 1984年 5期.

李德山, 「高句麗族稱及其族屬考辨」, 『社會科學戰線』 1992-1.

_____, 「試談長白山文化的特點」, 『中國邊疆史地研究』 2003-4.

李樹林, 「躍進文化的考古發現與高句麗民族起源研究」, 『黑土地的古代文明: 中國社科院
　　邊疆史地研究中心 主編 東北民族與疆域研究論文集』, 遠方出版社, 2000年 1月.

_____, 「通化渾江流域燕秦漢遼東長城障塞調査」, 『東北史地』, 2012年 第2期.

_____, 「燕秦漢遼東長城障塞結構研究」, 『第七次長白山文化研究論文集』, 2013年 9月.

_____, 「秦開東拓與燕修築遼東長城時間新考」, 『通化師院學報』, 2013年 第1期.

_____, (정원철 역), 「길림성 고구려 3319호 무덤 日月神闕에 대한 고증과 이와 관련된 몇가지 중요한 문제에 대한 연구」, 『고구려연구』 15, 2003.

李自然, 「試談淸代的長白山封禪及其特點」, 『內蒙古工業大學學報(社會科學版)』 第9卷 第1期, 2000.

李殿福, 「集安高句麗墓硏究」, 『中國境內高句麗遺蹟』, 1995.

張碧波, 「古朝鮮銅鏡性質初探」, 『黑龍江社會科學』 2001-3.

_____, 「長白山與太白山考論」, 『滿語硏究』 2002-2.

張福有, 「長白山文化述要」, 『長白學刊』, 2007年 5月.

張福有 · 孫仁傑 · 遲勇, 「高句麗王陵通考要報」, 『東北史地』 2007-4.

張志成, 「大連地區積石墓淺見」, 『大連考古文集』 1, 2011.

田廣林, 「論紅山文化壇廟塚與中國古代宗廟陵寢的起源」, 『史學集刊』 2, 2004.

田廣林 · 翟超, 「對牛河梁遺址第二地點遺蹟年代的認識」, 『遼寧師範大學學報(社會科學版)』, 2017年 6期.

田子復, 「中國長白山文化本原論」, 『東北史地』 2005-1.

鄭紹宗, 「河北平泉一帶發現的石城聚落遺址」, 『文物春秋』, 2003年 4期.

齊曉光, 「內蒙古克什克騰旗龍頭山遺址發掘的主要收獲」, 『內蒙古東部地區考古學文化硏究文集』, 海洋出版社, 1991.

趙賓福 · 薛振華, 「以陶器爲視角的紅山文化發展階段硏究」, 『考古學報』 2012-1.

朱延平, 「遼西區古文化中的祭祀遺存」, 『中國考古學跨世紀的回顧與前瞻』, 科學出版社, 2000.

朱泓 · 賈瑩 · 金旭東 · 趙展坤, 「通化萬發撥子遺址春秋戰國時期叢葬墓顱骨的觀察與測量」, 『邊疆考古硏究』 2, 2004.

崔巖勤, 「胡頭溝紅山文化墓葬再探」, 『赤峰學院學報』 2006-5.

湯卓煒 · 蘇拉提薩 · 金旭東 · 楊立新, 「通化萬發撥子聚落遺址動物遺存初步分析—新石器時代晚期至魏晉時期」, 『環境考古硏究』 3, 北京大學出版社, 2006.

通化市文管會辦公室(王志敏), 「通化江沿遺蹟群調査」, 『東北史地』 2006-6.

郝慶雲, 「肅愼族系長白山觀念透析」, 『中國邊疆史地硏究』 2003-4.

三上次男, 「穢人とその民族的性格について (一)」, 『朝鮮學報』 2, 1951.

三品彰英, 「濊貊族小考」, 『朝鮮學報』 4, 1953.

白鳥庫吉, 「穢貊は果して何民族と見做すべきか」, 『史學雜誌』 44-7, 1933.

那珂通世,「貊人考」,『史學雜誌』5-5, 1894.

藤田亮策,『櫛目文樣土器の分布について』,『靑丘學叢』2, 1930.

찾아보기

롯데학술총서 001

백두산문명과 한민족의 형성

초판 1쇄 펴낸 날 2020. 9. 1.

지은이   정경희
발행인   양진호
책임편집   최명지
디자인   김민정
발행처   도서출판 |만권당▮

등 록   2014년 6월 27일(제2014-000189호)
주 소   (07207) 서울시 영등포구 양평로21가길 19, 우림라이온스밸리
            B동 512호
전 화   (02) 338-5951~2
팩 스   (02) 338-5953
이메일   mangwonbooks@hanmail.net

ISBN   979-11-88992-11-9 (94910)
           979-11-88992-07-2 (세트)

이 도서의 국립중앙도서관 출판예정도서목록(CIP)은 서지정보유통지원시스템 홈페이지
(http://seoji.nl.go.kr)와 국가자료공동목록시스템(http://www.nl.go.kr/kolisnet)에서
이용하실 수 있습니다. (CIP제어번호: CIP2020032543)